高等院校市场营销系列教材

第4版

营销策划
方法、技巧与文案

孟韬　毕克贵 ◎ 编著

Marketing Planning
Methods, Skills and Scenarios

机械工业出版社
CHINA MACHINE PRESS

图书在版编目(CIP)数据

营销策划:方法、技巧与文案/孟韬,毕克贵编著. —4版. —北京:机械工业出版社,2021.1(2025.7重印)
(高等院校市场营销系列教材)
ISBN 978-7-111-67266-1

I. 营… II. ①孟… ②毕… III. 营销策划-高等学校-教材 IV. F713.50

中国版本图书馆CIP数据核字(2020)第269703号

本书包括基础篇、专题篇和行业篇:基础篇侧重策划流程、方法与创意;专题篇打破4P框架,摒弃了不能体现"策划"色彩,而实际上是"管理"行为的价格、渠道等内容,增加了企业形象策划、广告策划、网络营销策划等内容;行业篇选取了营销策划中最引人注目的三个代表性行业,分别是房地产行业、医药保健品行业和快速消费品行业。本书是一本有理念、有方法、有技巧、有文案,阐述透彻、案例丰富的全典式营销策划教科书。

本书可以作为高等院校市场营销、工商管理等专业本科生与研究生的教材,也可以作为营销策划和营销管理人员、销售业务与销售管理人员、广告策划人员的学习和培训用书。

出版发行:机械工业出版社(北京市西城区百万庄大街22号 邮政编码:100037)
责任编辑:吴亚军 程天祥   责任校对:殷 虹
印 刷:北京联兴盛业印刷股份有限公司   版 次:2025年7月第4版第11次印刷
开 本:185mm×260mm 1/16   印 张:29.75
书 号:ISBN 978-7-111-67266-1   定 价:85.00元
客服电话:(010)88361066 68326294

版权所有·侵权必究
封底无防伪标均为盗版

前　言

《营销策划：方法、技巧与文案》现已修订到第 4 版，第 1 版于 2008 年出版，第 2 版于 2012 年出版，第 3 版于 2016 年出版。在我们的精心"策划"和出版社的有效"营销"下，本书获得了"顾客满意"，得到了许多同行教师、学生和业内人士的认可，在几大网络书店的营销策划类图书中销量名列前茅。

营销策划是最能与时代同步发展、创新的一门学问和方法。随着以微信、社交网站、短视频平台、社交电商平台为载体的社交营销时代的到来，随处可见基于互联网策划出的前所未有的创意方案。没有这些，"口红一哥""带货一哥"李佳琦不可能创造直播 5 分钟卖光 15 000 支口红的销售纪录；董明珠等名人也不会纷纷直播带货，在"6·18"直播活动中突破百亿元销售额；拼多多不可能创出新一代的社交电商模式，成立仅 3 年就火速赴美上市。在"互联网+""共享+""智能+"时代下的企业越来越需要创新的营销策划。由此，我们的这本书也必须与时俱进、不断创新。

我们从事营销策划的教学与实践已有整整 20 年了，在教学中一直感觉缺乏一本不同于市场营销教材，能够教会读者怎么做策划、怎么写策划案的营销策划教材。在为企业提供营销策划咨询服务的实践中，我们也有一种强烈的想法要把实践中的体会总结成有条理的文字。现在的营销策划类书籍很多，其中不乏精品，但主要还是由两类构成：一是照搬市场营销的 4P 框架，只是把"策略"一词改为"策划"；二是堆积了大量策划案例，但是没有告诉读者能够举一反三的策划方法。因而数年前我们动议写出一本不同于已有同类书籍的，有理念、有方法、有技巧、有文案，阐述透彻、案例丰富的营销策划教科书。

第 4 版继承了前 3 版的总体架构，替换了大部分开篇案例、策划案例与文案以及专栏内容，对部分正文内容也有调整。本书的特点以及改进之处如下。

1. 增加利用互联网思维的营销策划案例与方法，体现"互联网+营销策划"

近年来，营销策划呈现出的一个最大发展特点便是应用社交网站、移动互联网平台等新媒体进行网络式传播，形式层出不穷，并且行之有效。营销策划的学习者必须把握这种趋势，具备互联网思维，做出"互联网＋营销策划"。因此，本书在前3版的基础上，又增加并阐述了一些互联网营销策划的方法，如平台战略策划、生态战略策划、大数据营销、互联网调查、品牌社区营销等，也增加了许多最新的、大学生读者感兴趣的案例，如李佳琦和李子柒等网红、王者荣耀、故宫文创产品、抖音、《魔道祖师》动漫、江小白、良品铺子、周黑鸭等，还有作者实际策划的某海参品牌网络营销策划全真方案。这些新增的方法和案例提升了本书的时效性和趣味性。

2. 使用大量"消费者"熟悉的案例，追求"消费者体验"

读者就是消费者，了解消费者的需求是开展营销策划的关键。一本关于营销策划的书，其自身必须要"以身作则"，洞察并满足读者获得体验、追求乐趣的需求，让读者感觉这本书新颖、有趣，在快乐和感性认识中学到知识。首先，本书在每章的开篇设有"开篇案例"，目的是通过一个与本章内容相关的、读者比较熟悉的、经典且很有意思的案例，吸引读者继续读下去。诸如喜茶的跨界营销、海尔的微博营销、汉堡王的品牌设计等，都作为开篇案例，让读者对营销策划产生更多的感性认识和更大的兴趣。其次，"相关链接"介绍和本章内容相关但又比较独立的一些内容，以扩大向读者提供的信息量。例如，第1章相关链接的题目是"你想成为它们的员工吗"，旨在介绍国外知名的营销策划或管理咨询公司。本书还在每章的正文中设有专栏，穿插介绍一些专题知识。最后，本书的第1章"感悟营销策划"，通过对中国营销策划人、策划案和策划业的全盘梳理，使读者从感性上加深对营销策划的认识，而不是生硬地直接给读者一个营销策划的定义。

3. 不同于市场营销，自成体系

营销策划和市场营销的本质都是关于营销的决策活动。国内的大部分营销策划教材不仅沿袭了"STP+4P"的框架，而且内容基本与营销战略、营销策略相同。显然，对于已经学完市场营销课程的学生，再使用这样的营销策划教材，无异于浪费时间。实际上，营销策划并没有独立的理论体系，即使国外关于营销策划的教材，如韦斯特伍德的《怎样策划营销方案》、科恩的《营销策划》，也沿用市场营销的框架和方法。但是，营销策划与市场营销有许多明显的不同，营销策划实战性很强，富有创意，许多行业由于其独特性甚至形成了营销策划的分支。因而本书构想出基础篇、专题篇和行业篇三大部分。基础篇侧重策划流程、方法与创意；专题篇打破4P框架，摒弃了不能体现"策划"色彩，而实际上是"管理"行为的价格、渠道等内容；行业篇选取了营销策划最引人注目的房地产、医药保健品和快速消费品三个代表性行业。这种体例在国内现有的营销策划书籍中是非常前沿的。

4. 充分体现实战性，突出文案

本书旨在让读者学习完就能独立地开展营销策划，写出规范的营销策划文案，因而必须充分体现实战性。我们在每章末尾设计了"策划实战"，这不是每本营销策划教材都有的理论化的思考题，而是根据现实案例设计出一个合理的市场背景，让读者自己构想策划思路或策划文案。第 4 版的实战案例都很新颖。每章还附有"策划案例与文案"，有的是一个比较完整的案例，比开篇案例详细、全面，有的是一个正式策划文案的缩略或节选。这些策划案例与文案会让读者更加深入、实际地掌握营销策划，把知识转化成文案。有的"相关链接"也体现了实战性，如介绍创业计划书和可行性研究报告的写法、介绍国外知名的营销策划公司等。此外，我们尽力向读者提供条理化、图表化的方法、流程，便于读者记忆和在实践中运用。

本书既可以作为市场营销专业和管理专业本科生、研究生的教材，也可以作为营销策划和营销管理人员、销售业务与销售管理人员、广告策划人员的学习和培训用书。

一些市场营销专业的研究生参与了本书的资料收集、案例撰稿等工作。各章的分工如下：导论，孟韬；第 1 章，孟韬、陈梦圆；第 2、3 章，孟韬、姚晨；第 4、5 章，孟韬、徐广林；第 6、7 章，孟韬、赵非非；第 8 章，孟韬、姜妍慧；第 9、10 章，毕克贵；第 11 章，毕克贵、杨晨；等 12 章，毕克贵、张芮；第 13 章，毕克贵、袁凌雪；第 14 章，毕克贵、张雪峰；第 15、16 章，毕克贵。孟韬设计全书结构和大纲，并负责全书的总纂。

在编写和出版的过程中，我们得到了机械工业出版社的支持。本书还参考借鉴并引用了国内营销书籍和杂志刊登的一些同行编写的案例与资料，在此一并表示最诚挚的谢意。一些网站的文章没有找到作者姓名，故而无法刊列，特此说明。此外，我们向所有直接或间接为我们提供了素材的营销策划一线经理人表示谢意和敬意。同时，希望广大读者能够对本书的瑕疵之处不吝赐教，以便再版时修订，我们的电子邮箱是：mengtao@dufe.edu.cn 或 bikegui@dufe-sba.edu.cn。

孟韬　毕克贵

2020 年 11 月

目录

前言

导论　欢迎来到精彩的营销策划世界 ··· 1
开篇案例　"口红一哥"李佳琦：网红直播引爆互联网营销 ························ 1
0.1　营销策划：精彩的世界 ·· 2
0.2　营销策划：竞争的利器 ·· 3
0.3　营销策划：目标与特点 ·· 4
0.4　营销策划：框架与内容 ·· 6
相关链接　精彩的网络营销策划 ··· 8
策划实战 ·· 10
本章小结 ·· 10

基础篇

第1章　感悟营销策划 ·· 12
开篇案例　李子柒：借力古风文化的营销范本 ···································· 12
1.1　中国营销策划人、策划案 ··· 13
1.2　中国营销策划业的昨天、今天与明天 ·· 18
策划案例与文案　故宫文创产品营销策划 ··· 22
相关链接　你想成为它们的员工吗：国外知名营销策划/管理咨询公司概览 ··· 24
策划实战 ·· 25
本章小结 ·· 26

第2章 营销策划的内涵、流程与功效 ································· 27

开篇案例 用抖音记录你的美好生活 ······································· 27
2.1 策划、营销策划与营销管理 ··· 28
2.2 营销策划的原理与流程 ··· 35
2.3 营销策划的认识误区、影响因素及功效 ····························· 41
策划案例与文案 2014年辽宁省可口可乐公司营销方案 ··············· 46
相关链接 关于营销策划的两个软件介绍 ································ 50
策划实战 ··· 51
本章小结 ··· 52

第3章 营销策划的组织与管理 ·· 53

开篇案例 周黑鸭的"丑小鸭"变形记 ··································· 53
3.1 营销策划的组织 ·· 54
3.2 策划方案的营销 ·· 57
3.3 营销策划的实施 ·· 62
3.4 营销策划的控制 ·· 68
3.5 营销策划的评估 ·· 70
策划案例与文案 尚品宅配：定制，从服务开始 ························ 72
相关链接 8S营销模式 ·· 74
策划实战 ··· 75
本章小结 ··· 76

第4章 营销策划的创意与方法 ·· 77

开篇案例 喜茶、百雀羚携手，演绎品牌跨界营销 ······················ 77
4.1 认识营销策划的创意 ·· 77
4.2 创意的一般步骤与方法 ··· 80
4.3 创意思维的技法 ·· 84
4.4 创意思维的培养与开发 ··· 90
策划案例与文案 《魔道祖师》：引领动漫产业发展的新标杆 ·········· 95
相关链接 "水平营销"与创造力的逻辑 ································ 96
策划实战 ··· 97
本章小结 ··· 97

第5章 整合营销策划 ··· 99

开篇案例 良品铺子：高端零食领跑者 ··································· 99

5.1 整合营销策划的内涵与类型 ································· 100
5.2 营销策划书的结构与写作技巧 ································· 101
5.3 营销诊断书的结构与写作技巧 ································· 107
5.4 年度营销计划书的结构与写作技巧 ································· 110
策划案例与文案　××银行信用卡市场营销策略 ································· 112
相关链接　商业计划书与项目可行性研究报告的写作 ································· 115
策划实战 ································· 116
本章小结 ································· 116

专题篇

第6章　市场调研策划 ································· 118

开篇案例　调研为王 ································· 118
6.1 市场调研内容 ································· 118
6.2 市场调研的方法 ································· 123
6.3 市场调研策划的流程 ································· 131
6.4 市场调研报告的内容、结构及可视图的运用技巧 ································· 135
策划案例与文案　大连某商业地产项目市场调查计划书 ································· 143
相关链接　市场调查问卷设计中几类问题举例 ································· 148
策划实战 ································· 149
本章小结 ································· 150

第7章　营销战略策划 ································· 151

开篇案例　仅仅是极致服务与体验吗 ································· 151
7.1 营销战略策划的步骤 ································· 152
7.2 营销战略的类型与选择 ································· 161
7.3 几种新兴的营销战略及其策划 ································· 167
策划案例与文案　三只松鼠缘何发展如此之快 ································· 176
相关链接　互联网思维重塑传统商业价值链 ································· 177
策划实战 ································· 179
本章小结 ································· 179

第8章 品牌策划 ... 180

开篇案例　途家"暖南三重奏"营销，挖掘品牌理念新资产 ... 180
8.1　品牌的内涵及策划内容 ... 182
8.2　品牌建设策划 ... 187
8.3　品牌发展策划 ... 197
策划案例与文案　华为手机的品牌策划 ... 200
相关链接　YOU时代的品牌管理 ... 203
策划实战 ... 204
本章小结 ... 205

第9章 企业形象策划 ... 206

开篇案例　汉堡王的企业形象策划 ... 206
9.1　企业形象识别系统的内涵、演进、构成及特征 ... 207
9.2　企业形象识别系统的导入 ... 211
9.3　企业理念识别系统策划 ... 216
9.4　企业行为识别系统策划 ... 220
9.5　企业视觉识别系统策划 ... 223
策划案例与文案　宜家家居企业形象识别系统 ... 228
相关链接　CI的类型 ... 231
策划实战 ... 233
本章小结 ... 233

第10章 促销策划 ... 235

开篇案例　屈臣氏的促销 ... 235
10.1　促销及促销策划要求 ... 236
10.2　促销策划流程 ... 244
10.3　典型促销策划 ... 252
策划案例与文案　××商场元旦家电促销活动策划 ... 256
相关链接　促销活动的两个环节与七个关键点 ... 258
策划实战 ... 260
本章小结 ... 260

第11章 广告策划 ... 262

开篇案例　百事可乐："2019把乐带回家"之"摘星者" ... 262

11.1 广告及广告策划概述 ·· 262
11.2 广告策划的内容、程序，及广告策划书的内容结构与写作技巧 ············ 265
11.3 广告定位策划 ··· 271
11.4 广告创意策划 ··· 274
11.5 广告媒体策划 ··· 277
11.6 广告时机与排期策划 ·· 285
策划案例与文案 ××户外俱乐部广告活动策划 ································ 287
相关链接 从消费者心理角度看网络广告发展 ······································· 290
策划实战 ·· 292
本章小结 ··· 292

第12章 公共关系策划 ·· 293

开篇案例 杜蕾斯的数字公关 ·· 293
12.1 公共关系活动及公共关系策划概述 ····························· 294
12.2 公共关系策划的程序 ·· 300
12.3 公共关系专题活动策划 ··· 305
12.4 危机公关策划 ··· 312
策划案例与文案 中石化危机公关成功案例 ·· 321
相关链接 公共关系策划书的撰写 ··· 322
策划实战 ·· 325
本章小结 ··· 325

第13章 网络营销策划 ·· 327

开篇案例 海尔的微博营销 ·· 327
13.1 网络营销策划概述 ·· 328
13.2 网络营销产品策划 ·· 332
13.3 网络营销定价策划 ·· 339
13.4 网络营销渠道策划 ·· 344
13.5 网络促销策划 ··· 349
策划案例与文案 "野猪礁"海参网络营销策划书 ································· 358
相关链接 微营销的含义、特征及发展 ··· 363
策划实战 ·· 366
本章小结 ··· 367

行业篇

第14章 房地产营销策划 ... 370

开篇案例 2018年全国房地产市场回顾及2019年房价展望 ... 370
14.1 房地产营销策划概述 ... 371
14.2 房地产市场调查 ... 375
14.3 房地产市场定位策划 ... 377
14.4 房地产品牌策划 ... 380
14.5 房地产营销渠道策划 ... 383
14.6 房地产促销策划 ... 388
策划案例与文案 万科养老型房地产营销策略研究 ... 394
相关链接 "足球+地产"再升级，复制恒大模式不可能 ... 396
策划实战 ... 398
本章小结 ... 398

第15章 医药保健品营销策划 ... 399

开篇案例 互联网医疗在中国的实践：春雨医生 ... 399
15.1 医药保健品营销策划概述 ... 400
15.2 医药保健品营销渠道与终端策划 ... 402
15.3 医药保健品促销策划 ... 412
15.4 医药保健品广告策划 ... 417
15.5 医药企业网络营销特点及现状 ... 421
策划案例与文案 盘龙七"1+1"风湿组合营销策划 ... 422
相关链接 盘点我国医药营销六大成功模式 ... 425
策划实战 ... 427
本章小结 ... 428

第16章 快速消费品 ... 429

开篇案例 优衣库KAWS联名遭疯抢 ... 429
16.1 快速消费品概述 ... 429
16.2 快速消费品产品策划 ... 431
16.3 快速消费品价格策划 ... 438
16.4 快速消费品渠道策划 ... 442

16.5 快速消费品促销策划	448
策划案例与文案　欧莱雅营销策划方案	454
相关链接　快速消费品行业市场发展与趋势思考	457
策划实战	459
本章小结	459

参考文献 ·· 461

导论
欢迎来到精彩的营销策划世界

开篇案例

从"昵称瓶""摩登瓶""反转瓶"到"暖心瓶":引爆可口可乐社交媒体新营销

作为全球最大的饮料公司之一,可口可乐总能给消费者带来各种新花样,已然成为消费者心中的常青树。在互联网时代做营销创新,可口可乐可谓是老手,它很懂消费群体想要什么,深谙互联网时代的营销之道,能够整合内外资源达到其营销目标。接下来,让我们一起揭秘可口可乐如何通过营销魔法棒,将普通的可乐瓶变成一个会说话、会唱歌、会社交的瓶子。

2013年夏季,可口可乐面向中国市场,利用社交网络推出新包装,这就是荣获当年艾菲广告大奖的"可口可乐中国昵称瓶"活动。在线上,可口可乐事先邮寄印有明星名字的定制昵称瓶,使明星们纷纷在微博上"晒瓶子",引爆话题,之后,又在官方微博高调证实"换装"——可口可乐昵称瓶。在线下,可口可乐邀请偶像团体代言,在武汉、南京、成都等九大城市巡回开展"快乐昵称瓶"活动,并面向公众接受个人昵称瓶定制。昵称瓶使其在中国市场大放异彩,由此也开启了可口可乐在中国的"玩瓶子之路"。

近年来,可口可乐延续风格先后推出"歌词瓶""台词瓶""点赞瓶""摩登瓶""反转瓶""暖心瓶"等。其中,2019年可口可乐推出的"反转瓶"在社交媒体上再次掀起热议,微博关键意见领袖(KOL)发布7条,内容总阅读量超过3 000万,互动量超过50 000;相关话题#可口可乐语音反转瓶#阅读量超过3.7亿、讨论超过70万。活动引发70多家主流网站主动报道,覆盖受众超过2亿,曝光量超过4 000万,再次玩转"瓶子营销"。可口可乐的社交媒体营销让一个普通的饮料瓶成为传播载体,而不是单纯的包装;让消费者成为传播载体,而不是被动接受信息的"木瓜";让产品和消费者发出自己的声音,实现"产品即媒体,消费者即媒体"。

根据《中欧商业评论》,该系列新包装平均每年为可口可乐带来两位数的销量增长率。骄人的营销效果并不是仅靠"卖萌"就能达到的,每场营销活动也并不是表面看到的换标签、找明星、发帖子那么简单,背后有大量的销售数据分析、消费者跟踪与分析、跨职能合作与协调等工作,这才构成完整的市场营销。就像可口可乐公司首席营销官Tripodi在《哈佛商业评论》的文章里所说的,从消费者印象(impressions)到消费者表达(expressions),很清楚地诠释了社会化给品牌带来的本质变化，可口可乐不再是布道者，而是主持人。难怪营销人纷纷感叹："营销的玩法变了，该这么玩了！"

资料来源：1. 谢园."歌词瓶"：为什么是可口可乐？[J].成功营销，2014（9）.

2. 食品代理网."反转瓶"拉开夏季营销大战，"元老级参赛选手"可口可乐今年怎么玩？[EB/OL].（2016-05-17）[2022-09-01]. https://www.spdl.com/news/10002.html.

0.1 营销策划：精彩的世界

打开本书，意味着你进入了精彩的营销策划世界，欢迎你。

可以说，营销策划推动着我们这个精彩的世界发展，营销策划本身也正是一个精彩的世界。创新性和艺术性是营销策划永恒不变的两大主题。面对日趋白热化的竞争和同质化的产品，企业必须不断地实施与竞争对手不同的、新的营销策划的思路、方法，再与文化、情感结合，使策划活动充满艺术性、观赏性，这才能够使消费者和公众对企业和产品产生较高的认同感，从而转化为购买行为。营销策划在不断地创新，又富有艺术性，甚至会经常制造出轰动的、吸引眼球的事件、新闻。因而，营销策划充满了趣味和激情，已成为当前企业竞争中最亮丽的一道风景线，往往能够激发最具创造力的灵感，产出最有竞争力的产品，也最能吸引我们去关注它、研究它，并投身于这项事业。

对每一位营销策划的学习者来说，认识到营销策划的精彩、有趣非常重要。营销策划的这一特征是很多其他学科、课程所不具备的，它与我们的日常生活息息相关，也牵连着很多重要的、轰动的经济社会活动。只要将营销策划的知识、方法与我们感兴趣的现实、实践结合，学习者就会产生极大的学习热情和兴趣，兴趣是推动我们事业成功的源动力。

"口红一哥"李佳琦及其代表的网红营销只是众多精彩的营销策划活动中的一例，在我们身边，每天都在上演精彩的营销策划案例。

例如，《战狼2》《哪吒之魔童降世》《流浪地球》《小猪佩奇过大年》等国产电影营销。这几部电影在2017～2019年创造出了一个个电影营销纪录，在营销策划方面也都可圈可点。《战狼2》是目前唯一进入世界影史票房榜前100位的华语电影，总票房达56.8亿元。《哪吒之魔童降世》重新演绎了一个活灵活现、老少喜爱的哪吒形象，共获得了49.34亿元的票房，位居内地总票房第二。2019年春节档冠军《流浪地球》，作为国产科幻片的一座里程碑，全球票房达46.3亿元。2019年春节前后，一个亲情满满、看哭众人的短视频《啥是佩奇》在刷爆朋友圈的同时，也成功宣传了电影。这些营销奇迹的背后离不开口碑营销、网络营销、全民营销、悲情营销、亲情营销、故事营销、噱头营销等营销策划的策略与方法，每一部电影都是一个精彩的、值得大书特书的营销策划案例。

再如，星巴克设计出"用星说"社交礼品微信小程序，筷子科技公司运用人工智能技术为用户自动发送定制广告，西贝的顾客上传亲嘴照片到微信公众号就可以打折，等等。这些营销活动的共同点是"数字化驱动"。在当前"大智移云"的时代，企业积极拥抱大数据、人工智能、移动互联、云计算等数字技术，不断迎合消费者的新需求、新习惯，投其所好，更新营销方式，在线上线下掀起阵阵消费、互动狂潮，不断创造出营销策划的新风景线。不仅是这些数字技术，"互联网+"战略延伸出的"O2O""P2P""C2C""C2M"等新兴的商业模式，也是营销策划与时俱进的重要策划思维与方法。

营销策划离我们的生活很近，只要留心，你就会发现，它在电视和报纸广告里、在超市商场中、在你的微信和其他手机App里。凡是有商业竞争的地方，就会有营销策划。

0.2 营销策划：竞争的利器

在现代管理中，营销的重要性已经被绝大多数企业所认识，营销策划也已成为企业经营不可或缺的部分。但是，仍有一些企业还不能真正理解营销策划有什么意义，营销策划的重要性急需被中国企业理解，方法急需被中国企业灵活应用。"企业离不开营销，营销离不开策划"，不进行营销策划的企业是没有活力、没有竞争力的企业，营销策划已是现代企业竞争必备的利器。营销策划的作用如下所述。

第一，**营销策划有利于塑造市场导向型企业**。市场经济下的企业是以满足顾客需求并追求盈利为根本任务的；树立市场导向的观念，建设营销型的企业是市场经济的客观要求。营销策划的实质是对需求的策划，对顾客的策划。一个营销策划本身必须建立在对顾客的需求、心理充分分析的基础上，这样才能使策划出来的方案有利于产品或服务的营销。营销策划的直接结果是让产品畅销，如果长期进行营销策划，那么其最终的结果是，建立起一个以市场为导向、创新性地综合应用多种营销手段的营销型企业。养生堂就是一个通过营销策划塑造出的市场导向型企业，正因为这样，它所推出的几乎每一个产品都获得了很大的市场成功，农夫山泉、龟鳖丸、朵而、清嘴、农夫果园、成长快乐系列保健品等产品都是该企业成功策划的结果。

第二，**营销策划有利于提高产品销量**。正如前面所讲，这是企业进行营销策划的直接目的。通过营销策划，企业能够认真分析自己所处的营销环境，辨明市场机会和竞争威胁，找到一个能够显示企业比较竞争优势的市场位置，引起消费者的关注并产生兴趣，从而激发消费者的购买欲望。不同水平的营销策划对产品销量提高的效果不同，通过扎实地了解顾客需求，系统地运用营销方法所做出的整合营销策划（而非一招两式的促销策划），对产品销量的影响更为长远、有效。即便是一些消费者对脑白金的广告产生反感，脑白金仍然是一个通过营销策划有力地推动产品销售的很好的例子。

第三，**营销策划有利于提升企业形象**。营销策划不仅仅是为了产品销量的迅速提高，也需要长远考虑企业形象和核心竞争力的提升。营销策划中的战略策划、市场定位、公关策划等都是以后者为着眼点的。例如，故宫博物院近年来不断利用"故宫淘宝"微博、北京国贸地铁站总长135米的"故宫雪景长卷图"等平面广告、《上新了·故宫》系列视频等多种吸引眼球的营销形式，宣传故宫口红、睡衣、饰品等文创产品，进而实现了故宫百年品牌的年轻化和跨界营销的战略意图。

营销策划对企业经营非常重要，20世纪90年代中期以来，在我国的人才市场中，营销策划人员始终是企业急需的人才。因此，可以说，营销策划不仅是企业竞争的利器，而且是个人在职场中竞争的利器。

0.3 营销策划：目标与特点

营销策划服务于企业目标，以"企业更好地生存与发展"为总目标。

具体来说，处于不同市场、不同发展阶段、不同竞争程度的企业，其营销策划的具体目标是不同的，有的是提高市场份额，有的是提高品牌知名度，有的是打击竞争对手，有的是培养消费者的忠诚度，等等。但是归根结底，营销策划的具体目标都是在特定的时间和地点，通过对企业各类资源的整合利用，使营销策划的对象以消费者偏好的形式出现在市场上，并在这一特定时空条件的市场上具有唯一性、排他性和权威性，从而获得长期的或至少是一段时间的竞争优势。

总体看来，营销策划是一项既具有复杂性又要求系统性，既要求具体性又要求整体性的工作。营销策划有以下六个特点。

1. 商业性

营销策划的目的是给企业带来销量和利润，而不仅仅是设计某个轰动的活动、做出富有艺术性的广告。"口红一哥"李佳琦如果没有其背后的网络直播平台的商业化运作，他可能还是一个只能线下一对一服务的柜台销售，不会有现在如此大的影响力。《哪吒之魔童降世》的剧本打磨了66版，哪吒的形象设计了100多种，虽然其创作团队历时5年精心制作才使得该影片上市，但随后的系列口碑营销、情怀营销直接推动该影片成为国内电影市场最卖座的动画片。有效的营销策划可以使企业的市场份额快速变大，给企业带来利润的快速增长、品牌知名度和美誉度的迅速提升，使企业能够在可预测的未来获得经济上或声誉上的收益。把握住了现在，才有掌握未来的可能。营销策划必须能够产生理想的效益，或者能推动效益的增长，不能给企业带来效益的策划不是好的策划。

2. 创新性

营销策划是解决营销过程中某一领域、某一问题的创意思维，是一种高智力密集型活动。营销策划的魅力就是创新性，创新性决定了营销策划的有效性。营销策划的逻辑可以用下式表示：

$$科学的创意 \times 实现的可能性 = 最大的预期效果$$

营销策划要求策划者具有创新性思维，而这种创新性思维才是策划生命力的源泉。创新性的具体要求包括：丰富的想象力，能突破某些关键，产生特殊效果；思维的发散性，即能够从不同角度、方向思考；创造性想象力；敏锐的洞察力；积极的求异性，不易从众、轻言、盲从。在营销实践中，往往越具有创新性的营销策划所带来的营销效果越好。例如，与很多电商平台一味强调自身的高端调性不同，"拼多多"就另辟蹊径，找准了被淘宝筛掉的客户群，玩起了"低价策略"，长期对外输出在拼多多上买东西便宜的印象，利用人们想要以最少的钱买到所需商品的心理，使得拼多多购物的链接在微信中大肆免费传播，一方面不断获取新用户，另一方面不断提高交易量。

3. 时效性

营销策划的另一个特点就是时效性。去年效果很好的营销策划案今年可能就不好用了，对别的企业好用的营销策划对我们企业可能就派不上用场了。就如同神舟五号发射成功的第二天，蒙牛与神舟五号密切结合的广告满天飞，让人们在热谈神舟五号的同时也记住了蒙牛，实际带来的经济收益也让蒙牛满意。但是等到神舟六号上天的时候再用这个营销策划，效果明显就比上一次差很多。例如，云南海鑫茶叶有限公司、云南康乐茶叶交易中心两家公司提供10克云南普洱茶搭载"神六"，其目的是提高普洱茶的知名度，促进产品销售，但最终的结果是，几乎很少有人因为神舟六号的成功上天而知道了还有这么一个普洱茶，还有云南海鑫茶叶有限公司、云南康乐茶叶交易中心这么两家公司。即便是蒙牛自己这次借助神舟六号对产品进行宣传的营销策划，效果比起上一次也差很多。

4. 综合性

综合性是营销策划的又一重要特点。菲利普·科特勒在论及营销学时曾经指出，"经济学是其父，行为学是其母"。同样，对营销策划来说，我们可以套用一下，"市场营销学是其父，策划学是其母"。市场营销学本身就是综合了哲学、数学、经济学、行为学、社会学、心理学等学科的精华而形成的跨学科性质的学科，营销策划更是在市场营销学的基础上集战略、文学、美学、心理学之大成。国内外很多知名的营销策划家都是知识面宽、阅历丰富、学习能力非常强的人。也就是说，综合性对营销策划人员提出了更高的要求，要求营销策划人员是通才、杂家，具有广泛的、全面的能力。

5. 灵活性

孙子曾经说过，"兵无常势，水无常形"，这句话一样适用于营销策划。营销策划的灵活性是由营销活动所面临的环境的复杂性、多变性决定的。在当今复杂多变的市场环境下，营销策划如果僵硬、机械，不具备灵活性、应变性、适应性，必将出现失误。营销策划的灵活性是指在营销策划过程中，必须注意策划方案的整体方向性与方案具体细节的灵活性相结合，对方案中不可预测性较强的环节应特别指出，并准备几套风险应对方案，以便对营销策划方案的某个环节进行调整。同时，在方案实施过程中，随着市场环境的变化以及影响市场的各种客观条件和因素的变化，应不断调整方案的进程，保证方案执行在可控制的范围之内。

6. 可行性

可行性是指营销策划必须是企业经过努力可以实现的。要做到这一点，必须将良好的创意与企业现在能够利用的各种内外部资源（包括人力、物力、财力）合理结合，最终落到实处。那种叫好不叫座、无法实现的创意不是真正的营销策划。再好的创意，如果无法实施，只不过是启发了人们的思路，并不可以被称为营销策划。有一则寓言故事恰好说明了这一点。传说老鼠为了防备猫的袭击，在一起开会商量对策，一只非常聪明的小老鼠提出了一个极具创意的建议：在猫脖子上挂一个铃铛，猫一过来，老鼠就会听到铃声。马上就有一只年长的老鼠问道：谁去给猫挂铃铛呢？结果，没有一只老鼠敢去。这就是一个无法实现的创意，这种创意如果在企业现在能够利用的各种内外部资源的帮助下都实现不了，那么就不能被称为营销策划。

0.4 营销策划：框架与内容

营销策划是对企业市场营销活动的决策，它涉及对企业所处宏观环境和微观环境的分析，营销战略规划，营销策略设计，营销行动方案的设计、执行和控制等。总体来说，营销策划在基本确定了策划的任务之后，其策划框架可以用"策划一条龙"来描述，大致分为四部分：龙珠——内外部环境分析；龙头——策划思路确定；龙身——策略与技巧设计；龙尾——方案执行与调整。具体如图0-1所示。

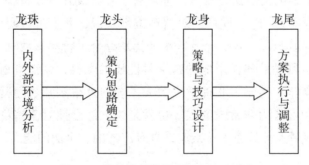

图0-1 营销策划总体框架"一条龙"

1. 龙珠：内外部环境分析

营销策划是对内部资源和条件、外部机会和威胁的反应，内外部环境分析是营销策划之始。正如舞龙时，整条龙都要围绕龙珠转，内外部环境分析就像龙珠一样，决定了营销策划以后步骤的方向。环境是一个多因素、多层次的复杂的综合体，各种环境因素不但分别对企业的营销活动产生影响，而且各因素之间又有相互交叉的影响。企业总是处于一定的、不停变化的营销环境当中的，这给企业的营销策划带来制约与威胁的同时，也给营销策划活动创造了良好的机会。所以在进行营销策划时，首先要考虑的就是如何对企业的内外部环境进行全面且有效的分析。不仅要分析外部环境中的政治、经济等宏观要素和消费者、竞争者等微观要素，而且要分析内部环境中的企业资源条件、战略模式、企业文化、组织结构等。分析企业营销环境的方法很多，可以使用 PESTEL（政治、经济、社会、技术、环境、法律）分析法、SWOT（优势、劣势、机会、威胁）分析法、波士顿矩阵法、通用电气公司经营矩阵法等。

2. 龙头：策划思路确定

在对企业的内外部环境进行系统分析之后，下一步就需要确定营销策划的总体思路，它具有纲举目张的作用，是"策划一条龙"的龙头。确定什么样的思路主要取决于营销策划的内容是什么。如果是整合营销策划，即一个企业整体的营销策划，策划思路确定就主要意味着制定企业营销战略，而制定企业营销战略的主要内容又是进行市场定位。如果是单项的专题性营销策划，如调研策划，策划思路确定主要是确定调研方法、调研对象；如果是企业形象策划，策划思路确定主要是确定企业精神、价值观等，以及视觉系统要传递的诉求点。也就是说，营销策划的内容不同，策划思路的类型也就不同。举个例子，七喜饮料的经典广告中，"七喜，非可乐"有口皆碑，这句广告语策划的前端一定是策划思路确定，即差异化甚至反向的市场定位思路，让七喜与可乐类企业的产品区分开来，欲树立七喜在非可乐饮料中第一品牌的形象及地位。

3. 龙身：策略与技巧设计

在策划思路确定的基础上，需要对营销策略和策划技巧给予具体可实施的设计。营销策略即大家熟悉的"4P"——产品、价格、渠道、促销，在整合营销策划中离不开对这四个营销可控要素的策划。营销策划之所以不同于营销管理，主要在于营销策划需要更多技巧性、艺术性、创新性。借势和造势就是常用的营销策划技巧。借力打力往往比单纯自己用力的效果更好。阿基米德曾经说过："给我一个支点，我就能撬起地球。"通过借助外界的力量，一方面可以节省企业的营销费用，另一方面又可以让目标顾客在毫无防备的情况下记住我们的产品、品牌等，真正起到事半功倍的作用。造势就是通过对具有轰动效应的事件或信息的安排、设计，使产品或服务的知名度短时间内大幅度提高。借力和造势都能以几何级数扩大营销策划的效果。

4. 龙尾：方案执行与调整

当企业经营比较规范或策划活动的影响较大时，都需要制订一个策划方案，作为指导企业实施的蓝图。企业须认真按照策划方案去执行。执行力很重要，"细节决定成败"，方案的执行决定了营销策划的最终结果。而且，执行也是一个能动的过程，要不断地、积极地审视营销策划结果与执行中的内外部环境是否协调，相机做出方案调整。方案调整是在不对方案伤筋动骨的情况下，对方案局部的细节再经过多方求证，对方案中的具体目标、行动步骤、策略、预算等进行调整、修改。在方案付诸实施以后，可以由企业内部的高层管理人员或第三方专家对策划方案的实施情况进行评估、鉴定。可以预先设立一系列的评估指标，对方案实施过程中出现的各种情况进行监督，一旦出现偏离策划的事件，要及时反馈给相关人员，以便他们及时地对营销策划进行调整和控制。

营销策划是一项复杂而又要求系统性，具体而又要求整体性的工作，其内容极其丰富。一个大的营销策划，往往由若干个小的策划组合而成。这些基础性的营销策划包括营销调研策划、营销战略策划、产品策划、品牌策划、企业形象策划、渠道策划、广告策划、营销传播策划、营销组织策划等。这些内容也是本书要重点介绍的专题性的营销策划内容。

相关链接　精彩的网络营销策划

网络具有信息传播爆发性，网络传播爆发出来的力量往往是惊人的。营销策划人必须敏感地关注网络给营销传播和营销策划带来的巨大变革与机遇，善于利用网络的力量进行营销策划。

星巴克：饥饿营销"猫爪杯"

2019年年初，星巴克推出了一款可爱系的猫爪杯，其粉粉嫩嫩、圆嘟嘟的样子着实戳人萌点，售价为199元。按照星巴克的公告，2月26～28日，每天上午10点开售，单日仅出售500个猫爪杯。星巴克通过限量供应，引得粉丝疯狂抢购，淘宝上不知真假的"黄牛"更是离谱到以双倍、799元甚至1 000元以上的价格出售。有网友感叹："这是圣杯之战！"据统计，围绕此次"猫爪杯"展开的话题有猫爪造型、少女心、双层玻璃、樱花、可爱等，猫爪造型的话题讨论数远高于其他话题。后因猫爪杯的爆红，星巴克官微称："补货已在安排中，即将登陆天猫星巴克官方旗舰店。"补货的猫爪杯仍通过每天500个限量销售让消费者产生紧迫感、珍贵感，不仅实现了饥饿营销的目的，还为星巴克带了一大波话题。

《啥是佩奇》：情怀营销，引爆泪点

2019年贺岁档动画电影《小猪佩奇过大年》的宣传短片《啥是佩奇》火爆网络，这个短片因为创意新颖迅速刷爆朋友圈。视频讲述了生活在大山里的留守老人为从城里回家过年的孙子准备新年礼物，问遍全村"啥是佩奇"的故事。视频以粗糙的方言、温情的桥段和幽默的剧情，慢慢浸透人们疲倦的、渴望被亲情感动的心。全片也在爷爷拿出鼓风机做的小猪佩奇时达到了高潮。春节，总能唤起中国人心底最朴素的思乡情感。《啥是佩奇》正是抓住了这份国民情绪，在春运前夕狠狠带了一波充满温度的话题，击中最广大的目标受众——每一个普通的中国人。短片《啥是佩奇》让动画电影《小猪佩奇过大年》未映先火，通过短片宣传，《小猪佩奇过大年》的预售票房增加了200多万元，这种情怀营销对电影票房起到了拉动作用，从营销的角度来看，这种尝试无疑是成功的。

涪陵榨菜：借势营销

"最近日子太好了，榨菜都能随便吃了""土豪标配——涪陵榨菜"……继"大陆人吃不起茶叶蛋"的厥词之后，2019年夏，台湾"名嘴"黄世聪嘲讽大陆人吃不起榨菜的视频传到大陆并登上了微博热搜。两天内微博的话题阅读量接近7亿，涪陵榨菜则迅速回应并真的给黄世聪寄了一箱榨菜过去，还拍了一张快递单号的照片发了微博。各大媒体持续散热，角度更是出奇地一致：台湾的节目主持人说大陆人吃不起榨菜，涪陵榨菜真寄了一箱榨菜过去，并@央视新闻等官微；网友们则纷纷以"吃不起榨菜"和"吃榨菜炫富"为主题，开始了自己的趣味创作……在这次热门事件中，涪陵榨菜在第一时间把握热点信息，有回有应，不间断互动，让消费者把品牌当成话题，让消费者感受到参与感和互动的乐趣，引发了大量网友的分享和转发，涪陵榨菜借势营销大火了一把。

大白兔：跨界营销

2019年5月，大白兔联合气味图书馆，凭借联名大白兔奶糖沐浴乳、身体乳、护手霜等一系列产品冲上微博热搜，引发国民热烈讨论。作为中华老字号，大白兔是很多人的童年回忆，日积月累的积淀已经让这个品牌家喻户晓。但随着时间推移，由于它的产品口味一成不变、竞争对手日益涌现等因素，大白兔的市场表现日趋沉闷，年轻一代对于大白兔的记忆也被封存在了深处。但这并不代表遗忘。自带"回忆杀"的它，天生就是一个优质IP。跨界营销让大白兔以全新样貌出现在消费者面前，不是让消费者认识它，而是唤醒他们内心深处的情怀。脑洞越大，跨界越远，就越能激发大众的兴奋点，越是新、奇、特的产品，越能符合当下年轻人的心理和消费需求。传统品牌跨界联名，推出以新制造为代表的新国货已形成滚滚"国潮"，很快受到大众的热捧，"守得住经典，当得了网红"也成了一些传统品牌的营销座右铭。

宝马、奔驰：互怼营销

2019年5月，奔驰全球总裁迪特·蔡澈正式退休。奔驰的老对手宝马发布了一条"蔡澈在奔驰总部的最后一天"的短视频：坐上奔驰离开总部大楼，最后一次回眸看着渐行渐远的总部大楼，蔡澈似乎有些不舍，在轻柔悠扬的惜别音乐的铺垫下，镜头突然一转，画面显示"free at last"（终于自由了），只见蔡澈开着时尚的宝马i8呼啸而去。观众才发现，宝马原来是在致敬："谢谢你，迪特·蔡澈先生，为这么多年来我们鼓舞人心的竞争。"

像宝马、奔驰这样互怼的竞争对手还有很多，汉堡王 vs. 麦当劳，可口可乐 vs. 百事可乐，苹果 vs. 三星，等等，每个行业都存在"踩"对手、"捧"自己的情况。互怼营销的高明之处在于，能快速提升品牌曝光率，让品牌在市场竞争中多一份展示机会，幽默和睿智的形式不但不会败坏路人缘，很多时候还能帮助品牌怒刷一波好感。两方品牌就在相爱相杀的过程中，分别赢得了一批唯粉，甚至是CP粉，从而实现了双赢的局面。

资料来源：2019年10大经典营销案例盘点及分析–网络营销 [EB/OL]. (2019-12-17).http://www.mysemlife.com/12546.；诙谐又感人，《啥是佩奇》是如何刷屏的?[EB/OL]. (2019-01-18).https://www.digitaling.com/articles/98664.html.

策划实战

网红直播已俨然成为一个成熟的产业链,在这个流量为王的互联网时代,各大平台也在不断推出各种各样的网红吸引着消费者的注意力。假设你是某直播平台的负责人,你如何运用营销策划的理论和方法,在原有基础上对直播节目进行改进和创新,以延续之前的营销奇迹?

本章小结

营销策划在不断地创新,又富有艺术性,也会经常制造出轰动性的事件、新闻。因而,营销策划充满了趣味和激情。欢迎你来到精彩的营销策划世界!

营销策划已是现代企业竞争必备的利器,有利于塑造市场导向型企业,有利于提高产品销量,有利于提升企业形象。营销策划服务于企业目标,以"企业更好地生存与发展"为总目标。营销策划具有商业性、创新性、时效性、综合性、灵活性、可行性六大特点。营销策划框架可以用"策划一条龙"来描述,大致分为四部分:龙珠——内外部环境分析;龙头——策划思路确定;龙身——策略与技巧设计;龙尾——方案执行与调整。

PART

基础篇

第1章
感悟营销策划

◆ 开篇案例

李子柒：借力古风文化的营销范本

2016年，经历了开淘宝店败北，而自导自拍古风美食视频却意外受到欢迎后，李子柒加入了短视频创业的千军万马。这位貌似柔弱的姑娘，在视频中却仿佛老江湖，上山爬树、砍柴捕鱼，动作麻利，无所不能。截至2019年12月，她在海外YouTube网站上拥有735万订阅者，直逼美国有线电视新闻网（CNN）在该平台的订阅数；即便她的视频并无英文字幕，平均播放量也远超500万，全网视频播放量目前已经超过30亿，微博粉丝量破1 000万。然而，李子柒不是网红脸，也没有大长腿，仅凭借古风美食视频，她是如何成为知名网红的呢？

首先，"李子柒"的品牌形象具有独特性，在目前自媒体市场大环境下独具一格，差异化的品牌形象才具有吸引力。其独特之处具体体现在她的视频展现带有古风色彩的田园牧歌式生活，与深处都市的我们的生活相去甚远，能够瞬间引起观看者的注意，进而演变出好奇、羡慕、欣赏等情绪。在视频的情绪渲染方面，李子柒通过采集悠扬的鸟鸣、山中袅袅的炊烟、树叶上的薄露、现采摘的果子上的糖霜等非常具象化的事物传递恬静、闲适的感受。李子柒发布的短视频中，美食带有强烈的古风色彩，如桃花酱、秋梨膏等；拍摄的场景在乡间田园，不仅展现了食物的自然样貌，而且她使用的炊具也极具古风色彩。她发布的内容不仅有美食，还包括中国的传统技艺，如造纸术、木活字印刷术等。精确独特的内容定位，对李子柒塑造品牌差异性具有促进作用。

其次，多渠道营销极大地增加了李子柒品牌的曝光率。李子柒不仅把短视频和微博作为传播的手段，还广泛与其他IP联名。2018年8月，李子柒携手故宫食品，联名打造宫廷"苏造酱"；2019年5月，李子柒和《国家宝藏》联名的产品签约活动于北京举行，引得网友直呼联名月饼"美炸了"。通过和故宫、《国家宝藏》这类具有历史感的IP联名生产产品，李子柒强化了自身古风唯美的品牌形象。

最后，借力古风文化塑造粉丝经济。自2018年8月李子柒与故宫食品达成合作后，李子柒天猫旗舰店正式营业，开业时店铺粉丝已近65万；开卖10分钟，人参蜜、草本茶、苏造酱销售数据飞速飙升，纷纷破万。李子柒天猫旗舰店的营业，是李子柒对于电商的初次探索，在获取到第一拨销售数据后,围绕着"东方传统美食"这个内核,李子柒的产品线还在不断扩大。3年时间个人IP的塑造,终于使李子柒一朝收获了巨大的流量和品牌效应,在品牌的红利期得以变现:对自己追随的网红所创立的品牌店铺,粉丝会自带信任光环,极易形成转化,甚至比明星更能达到"精准粉丝营销"的目的。李子柒于古风美食、田园生活领域深耕,使粉丝对李子柒自带古风美韵的身份认同感很强,很容易构建品牌形象与粉丝信任之间的纽带,产品有特性,品牌有调性,才具有吸引力。此外,粉丝营销还能为用户塑造出一种心理优越感,创造粉丝的情感归属和身份标签。

李子柒的爆红离不开她的认真和专业精神,但如果没有杭州微念科技有限公司的支持与营销推广,李子柒个人很难将品牌形象大范围传播。除了好产品,深入人心的品牌塑造和恰逢其时的营销推广也极为重要,它们不仅能够恰当地向粉丝传递田园幽静之美,还能通过内容塑造将产品融入其中,这才使李子柒终成为具有广泛影响力的大品牌。李子柒品牌的营销手段有独特的创新点,可谓借力古风文化的营销范本。

1.1 中国营销策划人、策划案

在中国营销策划短短二十几年的发展过程中产生了一大批策划人,他们都有着不凡的经历,有的至今仍在营销策划舞台上绽放光彩,有的却已锒铛入狱,他们的故事构成了精彩的中国营销策划发展历程。我们可以从中收获启示与感悟,他们的成功无疑是中国营销策划业的宝贵经验,他们的失败也折射出中国营销策划业前进的足迹。我们不但要学习成功者的经典案例与经验,还要认识到那些昙花一现的策划人的局限性,以便对中国营销策划业的历程与未来形成更清晰的理解和判断。

1.1.1 何阳:点子策划

1988年毕业于北京化工学院的何阳创办了"北京市和洋民用品技术研究所"并担任所长,后又设立"北京和洋咨询公司"并担任总经理,以"点子"多并将其商品化而闻名。2001年3月15日,何阳被银川市城区人民法院以诈骗罪判处有期徒刑12年。

在他任职期间,有一次,一家塑料厂的一次性塑料杯大量积压,何阳出点子说,把京广铁路沿线站名印在杯子上,再印个小地图,在铁路沿线的火车上卖。塑料厂一试,果然大灵。一家灯具厂的台灯卖不出去,何阳想起海湾战争中大显神威的爱国者导弹,便建议工厂设计一种爱国者导弹形台灯,样品拿到香港的博览会上居然脱销,何阳收到6万元酬金。军功章月饼、顾客可以自己用奶油写祝福语的生日蛋糕、女士香烟等也都是何阳策划的典型案例。

中国策划人的神话时代发轫于何阳的点子,他的点子热销之时正是中国市场开始从卖方市场向买方市场过渡之时,随着市场竞争渐呈角逐之势,企业经营者们发现仅靠自己的点子不够了,于是开始借用别人的点子。何阳是第一位为自己的点子标出天价并成功实现销售的人。从某种意义上说,何阳的榜样作用催发了中国营销策划业的诞生和中国咨询业的萌芽。但是，这种"点子策划"主要依赖富有创意的促销策划，没有对企业及产品做出系统的、全面的调研和计划，虽然能够在短期内刺激销售额的增长，但不能从实质上提升企业的营销能力。因而，何阳的没落和点子策划时代的终结是中国营销策划业前进历程中不可避免的结果。

1.1.2 王力：公关策划

做过记者的王力于1987年创办我国第一家公关策划咨询机构"恩波智业研究所"。当中国特色的市场经济向纵深发展时，经济生活中的各种问题愈来愈错综复杂地交织在一起，王力的"公关策划"开始从"点子市场"的低迷中脱颖而出。从"亚都公关"到"百龙"矿泉壶大战，再到曾一度被称为百货业商战典范的郑州"亚细亚"商战，王力都是强有力的介入者。

1989年，王力对郑州亚细亚商场进行了公关策划，形成了被企业效仿及研究的"亚细亚现象"：全体员工每日举行商场开门仪式，创办《亚细亚人报》与消费者沟通，"3·5"纪念日员工上街学雷锋，部分男职员每月在特定公关目标区域跑步，提出"微笑服务""顾客是上帝"等口号并付诸实践等，这些举措在当时引起了极大的轰动。

王力的全程策划、全面介入的运作模式，促使国人的思维全面超越"点子策划"阶段。王力采用的交易和服务方式是将策划方案以标准的策划文本方式呈交给客户，并全面、具体地指导运作，这种方式亦为中国咨询策划业确立了交易和服务模式。王力还第一次把咨询业以富有中国本土特色的词——"智业"命名，从而将咨询业在国人心目中的地位和档次提高到一个前所未有的高度。然而，"公关策划"毕竟是一种形式大于内容且容易被人模仿的咨询服务，当王力模式在中国普及盛行导致效应骤减，尤其是当中国市场发展到开始需要"营销"的阶段时，"公关策划"很快陷入休克状态。

1.1.3 牟其中："飞天策划"

牟其中于1988年9月成立南德经济集团，1992年牟其中自称资产高达20亿元人民币，被称为中国的首富。2000年5月30日，武汉市中级人民法院一审判决南德集团及牟其中等犯有信用证诈骗罪，判处牟其中无期徒刑；2003年9月，牟被改判为有期徒刑18年。

牟其中的成名得益于他的"飞天计划"。1989年，牟其中得知正面临解体的苏联准备出售一批"图-154"飞机，但找不到买主。他觉得这是一个值得冒险的生意，但是南德既没有外贸权，也没有航空经营权，更没有足够的现金，要做成飞机贸易简直是天方夜谭。当时四川航空准备购买飞机，牟其中认为银行担心三角债和资金沉淀，不敢放贷；大量国有企业日用品积压仓库，变不成效益；而苏联飞机过剩却急缺日用轻工业产品。牟其中认为潜在的优势和潜在的需要分散如沙，如果把它们有机地串联在一起就能获利。经过运作，牟其中的"飞天计划"成功了，1991年年中，南德、川航与苏联方面达成协议，中方用价值4亿元人民币的500车皮日用小商品换购四架苏制图-154飞机。这笔贸易经媒体报道后，牟其中顿时成为全国热点人物，他自称从中赚了8 000万～1亿元，这更让他对自己的"空手道理论"深信不疑。在后来的十年里，牟其中把它的策划思路称为"99°+1°"理论，并把这个理论一再地付诸行动，他策划了一大堆"宏大计划"，其中包括：将喜马拉雅山炸开一个宽50公里，深2 000多米的口子，把印度洋的暖湿气流引入中国干旱的西北地区，使之变成降雨区，这个故事后来成为某喜剧电影里的笑料。

通过整合资源的方式在流通环节中获取利益，这是营销策划人和企业家常用的"点石成金"的手段。然而，如果不考虑这种策划的可行性，或者缺乏规范的资本工具和商业道德，这些经营活动便往往会显得荒唐，甚至会因触犯法律而受到制裁。

1.1.4 余明阳：CI策划

20世纪90年代中期，取得营销专业博士学位的余明阳，把所学的企业形象（corporate identity，CI）理论引入国内，成立了一个CI策划组，为国内企业提供策划服务。1994年夏季，雅戈尔集团在余明阳CIS专家组的帮助下，从理念、行为、视觉三个方面，全面导入CI。在CI导入的启动阶段，雅戈尔集团动员了近100名专业人员，组织了1万多名的调查人员，对全国的衬衫市场进行了全面的调查，涉及12万消费者，历时半年。他们又收集了1985～1994年国内外服装市场走势案卷，对服装流行与技术更新，进行了全面的文案调查。与此同时，余明阳两次率领28位企业管理、市场营销、工业设计、环境艺术、企业文化等方面的专家，就雅戈尔的企业管理架构、企业理念、企业行为、视觉传达进行了全面谋划，尔后，他们又进行了多次缜密的论证，如"未来15年雅戈尔集团的发展战略框架""雅戈尔名牌战略的具体构想""雅戈尔营销体系的实际操作方案"等，这一切使得一家普通的镇办服装厂，在短短的几年内，从激烈的衬衫市场中脱颖而出，一举荣登"中国十大名牌衬衫"榜首。

此外，余明阳还以总策划、首席顾问的身份为长安汽车、沱牌曲酒、乐百氏、曲美等诸多企业服务，现在在上海交通大学任营销学教授。余明阳是我国CI策划设计的代表人物，他策划的主要特点是从公关学角度进行CI的研究与实际操作，善于调动宣传舆论的作用。

1.1.5 王志纲：房地产策划

在20世纪90年代中期，营销策划业出现了专注于某一行业的专业策划。王志纲就是房地产策划的代表人物。王志纲曾在社会科学院从事经济理论研究工作，也做过新华社记者。他在1994年下半年成为独立策划人，创办了王志纲工作室。王志纲成功主持了诸多项目，包括广东碧桂园、1999年昆明世博会、山东双月园、重庆龙湖花园、广东金业集团、杭州宋城集团等策划项目。2001年他主持的广州星河湾、南国奥林匹克花园的"华南板块"之战在地产界引起轰动。

1993年，王志纲对碧桂园进行差异化定位和策划。碧桂园在当时市场低迷的情况下，巧妙地从教育办学切入，通过兴建贵族国际学校，吸引富裕人士子女就读，并以此带动学生家长到附近买楼定居，实现捆绑销售，达到以人气带旺财气的效果。碧桂园的营销并未单纯地采用广告轰炸方式，而是制造新闻事件，引爆传播热点，制造出轰动效应，使碧桂园成为当时社会关注的对象。他们还通过将文化意蕴注入房地产，借助文化的冲击力和渗透力制造新的理念，实现从"卖房子"到"卖生活方式"的概念输出，也提出了"像卖白菜一样卖房子""给你一个五星级的家"等新的销售主张。

王志纲的书也对策划界产生了一定的影响。1996年王志纲推出介绍其策划经历的《谋事在人——王志纲策划实录》一书，随后又有《成事在天》《策划旋风》《行成于思》《找魂》等。在王志纲等人的推动下，房地产行业成为营销策划的一个主战场，目前专业的房地产营销策划公司和机构在全国已不计其数。

1.1.6　史玉柱：保健品策划

史玉柱1989年从深圳大学研究生毕业后下海创业。1991年，巨人公司成立，推出汉卡M-6403。1993年，巨人公司进军房地产行业，设计方案从38层改为70层的巨人大厦动土，号称当时中国第一高楼，所需资金超过10亿元。巨人还进入了保健品行业，推出巨不肥、脑黄金等12种保健品，利用"地毯式"广告投放方式，打开了保健品市场。后因资金"抽血"补充房地产过量，再加上管理不善，巨人公司陷入困境，欠下巨额债务，名存实亡。2000年，史玉柱东山再起，推出了脑白金。2004年11月，又成立征途公司，进入网络游戏产业。近年来，史玉柱又成为资本市场的能手。

脑白金的成功不仅让史玉柱还清了债务，还重新展示了其策划的天生才能。脑白金自1998年开始，用极短的时间启动了市场，在短短的两三年内创造了十几亿元的销售奇迹。脑白金把一个"润肠通便、改善睡眠"的功能性极强、理性选择的保健产品，弱化功效概念，强化关联性不大的礼品诉求并高频率灌输，从而将其做成了一个像女人买化妆品一样感性的产品。脑白金跳出保健品营销的固有框架，避免了单一的同质性的产品功能诉求，不把眼光局限于脑白金这种产品本身，而是在一个更高的层面上，准确把握"礼尚往来"这一中国人的礼品情结，将脑白金定位成礼品。虽然脑白金以及巨人以前的保健品在广告策略、产品定位、公关造势等方面受到很多非议，也曾有人把"今年过节不收礼，收礼只收脑白金"评为"中国十大恶俗广告"之首，但脑白金确实是国内营销策划界的一个成功案例。

1.1.7　屈云波：营销教育策划

具有市场营销硕士学位的屈云波于1994年创办了北京派力营销咨询公司，主要从事营销管理书籍的出版。屈云波曾组织专家出版了在营销界产生广泛影响的《派力营销思想库》丛书上百册，这套丛书在科学与专业的基础上强化实战性，将许多前沿的营销理论和方法介绍给企业和学界。这套书是我国内地迄今为止面向市场营销人员的规模最大的、最系统的一套专业营销丛书。《派力营销思想库》被上万家公司选作企业内部培训教材，对中国企业和营销人员的专业成长起到了很大的启蒙作用。

近年来，在多媒体培训手段广泛应用的背景下，屈云波针对国内企业对"见效快、成本低"的企业培训方式的需求，拍摄了国内第一部情景剧式的多媒体营销培训课程。屈云波分析，销售人员培训市场不仅需要高、中、低档的划分，更需要产品的细化，例如服装销售培训、饮品销售培训、保险销售培训、房地产销售培训、汽车销售培训、网络销售培训……而派力的课程就是针对这种市场细分趋势的。今后，派力还会依托自己强大的专业优势，不断推出更加细化的产品。

屈云波的营销教育行为也是一种策划，如同美国加利福尼亚淘金潮中的卖水者一样，他为奋斗在营销第一线的人员提供补给。哪里有需求，哪里就需要营销，哪里就需要策划。独辟蹊径、永远创新是营销策划的灵魂。

1.1.8　叶茂中：广告策划

叶茂中即北京叶茂中营销策划有限公司董事长。他曾服务过大红鹰、白沙、红金龙、金六福酒、柒牌男装、雅客、长城润滑油等企业，擅长广告策划，著有《广告人手记》《转身看策划》《新策划理念》《创意就是权力》《叶茂中策划·上卷·做》[一]等。

亲亲八宝粥的策划是叶茂中的经典案例。1994 年年底，欣欣食品有限公司委托叶茂中在上海搞一次抢滩广告活动。叶茂中除了安排电视台、报纸、广播等媒体正常发布广告外，特别为亲亲八宝粥策划了一个名为"行走着的亲亲八宝粥"活动，来加强广告力度。该活动持续一周，安排了 20 位"亲亲"姐姐在商业街上行走，为小朋友送上八宝粥、宣传品和电影票。同时，一辆电视广告车巡游在这些路段，滚动式连续播放亲亲八宝粥广告片。活动的最后两天，包租市中心的五家电影院，放映儿童十分喜欢的动画片，分发印有亲亲八宝粥图案的年历片及兑奖券，以亲亲八宝粥为奖品。活动开始前，还邀请各大媒体出席新闻发布会。这样大规模的广告活动当时在上海是第一次，产生了很大的轰动效应，目前亲亲八宝粥已成为国内八宝粥市场的第一品牌。

以叶茂中为代表的广告人已经成为营销策划队伍中的一支主力军。广告策划在方法、手段上的不断丰富也为营销策划起到了很大的促进作用。

1.1.9　沈南鹏：资本运营策划

营销策划的客体不局限于实体产品，企业、资本也需要营销策划。沈南鹏是国内资本运营策划界的代表人物。沈南鹏曾先后在上海交大数学系、美国哥伦比亚大学数学系、耶鲁大学商学院学习，毕业后进入花旗银行华尔街分行，后来在德意志银行任中国资本市场主管。目前在我国，只有沈南鹏一人通过资本运营策划，把两个中国企业带入纳斯达克上市。

1999 年，国内互联网还不太热，但沈南鹏看到美国互联网发展得如此火爆，他便离

[一] 本书 2006 年 1 月已由机械工业出版社出版。

开投资银行，投身于互联网事业中。1999年5月，沈南鹏创立携程旅行网，将该网站打造成集订机票、订酒店、旅游等为一体的服务平台。2003年，沈南鹏带领携程在纳斯达克上市。目前已有近千家酒店与携程长期合作，公司的盈利水平也很高。

2001年，携程网的运营逐步走上正轨后，沈南鹏开始向产业链上游延伸。沈南鹏在考察后发现经济型酒店很有潜力，尽管事实上中国不缺酒店，但高档酒店基本上被外国品牌占领，干净、规范、安全、价格可承受的酒店还很少，中档酒店有很大的市场需求，于是如家快捷酒店应运而生了。创立仅5年的时间，如家已经超越了对手成为同类市场的第一名，并于2006年10月实现了在纳斯达克上市。

此外，活跃在我国营销界的职业策划人还有孔繁任、陈放、朱玉童、李颖生等人，不断出现的营销策划人使营销策划界始终保持着勃勃生机。除了上文介绍的职业营销策划人之外，在企业内部还有一大批善于营销策划的企业家，他们也是影响中国营销策划业发展的杰出策划人，如小米董事长雷军、娃哈哈董事长宗庆后、万科董事长王石、养生堂总裁钟睒睒等。相应地，也就有了一批优秀的营销策划型公司，它们遍及快速消费品、房地产、旅游、商贸、家电制造、电子信息、金融、教育等行业。从这些企业家和企业的成长案例中，我们可以学习到最鲜活、最现实的营销策划理念和方法。

1.2　中国营销策划业的昨天、今天与明天

1.2.1　中国营销策划业的昨天

在中国经济快速发展、竞争日益激烈的时代背景下，中国营销策划也发展得非常快速，且精彩纷呈，充分展现出现代商业竞争中的东方智慧。风雨沧桑，中国营销策划业从20世纪80年代末开始到现在已经走过了三十多载风雨。从营销策划的发展阶段来看，它大致经历了以下三个阶段。

第一阶段：启蒙期（1988～1993年）。中国第一代营销策划人开启了策划行业的启蒙期，其代表为何阳等人。他们靠的是"个人智慧"，为企业提供的是"点子激活市场"的策划。何阳时代的中国策划业就像一张白纸，只要在上面点上一个"点"，就能创造一个市场"奇迹"，因为任何营销创新，甚至是大胆敢想就能超越别人，就能让消费者感到激动，让市场生命力勃发。何阳影响了中国一大批后继策划人，引来了中国策划行业的春天。这个时候营销策划人的成长是伴随着中国市场的日益开放和卖方市场向买方市场过渡产生的。遗憾的是第一阶段中的营销策划过于随意，往往是经验式、拍脑袋式的决策，缺乏对市场整体的洞察和理解。

第二阶段：萌芽成长期（1994～2000年）。20世纪90年代末期，随着越来越多的外资企业进入中国，第二代营销策划人登台。中国营销策划业的环境发生了巨大的变化，策划业也从混乱走向规范，专业化、职业化、行业化的时代到来，也出现了策划人的优胜劣汰，基本结束了"单打独斗"的时代，出现了真正意义上的策划公司。这个时期的

营销策划有几个显著的特点，一是专业化程度提高了，有许多国外归来的学者创办策划公司；二是规模较小，品牌还很弱；三是市场发育落后，先天不足；四是国外咨询公司进入，如麦肯锡、罗兰贝格等已基本成为国内咨询市场的主力。

由于一些策划人的漫天要价和不负责任，企业逐步从非理性消费过渡到理性消费，主要表现为需求细分，对策划业的鉴别力提高。但是这个时期的营销策划也只是局限于对企业某一方面的策划，如广告热、公关热、企业形象热等，缺乏对企业整体的长远策划。

第三阶段：整合策划期（2000年以后）。进入21世纪，由于国外跨国企业大举登陆我国市场，面对日益激烈的竞争，中国企业对营销策划的实际投入呈增长态势，营销策划的价值得到进一步认识，潜在的市场需求扩大。中国的营销策划逐渐走上了良性发展的轨道，开始出现对企业全方位的整合营销策划，包括战略策划、促销策划、广告策划、网络营销策划、营销组织策划等。企业和策划公司开始建立战略联盟关系。国际知名咨询公司大举登陆中国后开始面临如何本地化的问题。咨询与实践脱节和咨询过度介入企业的现象逐渐得到解决，客观、公正、独立的咨询人员与组织正在形成，市场逐渐细分。尤其是以移动互联、社交网站为代表的新媒体兴起以来，新媒体推广、网络营销策划、大数据分析成为营销策划的有效工具，已有一批专业公司专门从事网络营销策划。

这个时期，营销策划深入各行各业，IT、通信、医药、房产、影视、公益活动、娱乐、图书教育等各个领域到处活跃着策划人的身影。这个阶段的发展告诉人们，中国策划业在一个市场主导的新型商业环境下必须得到足够的重视，经济发展从没有像现在这样依赖于资源、科技和策划的投入。

以下再分析营销策划在我国迅速发展的原因。营销策划业是20世纪90年代以来在世界上迅速发展的知识密集型产业。现代意义上的营销策划是社会化大生产的产物，随着企业规模的不断扩大，以及专业分工的细化，营销策划作为一种专门职业逐渐从一般管理职能中分离出来。下述几方面使这个行业在我国日益兴旺成为可能。

（1）营销策划涉及许多不同的科学领域，如公司战略、组织结构、公共部门管理、信息技术及产品开发等。其中一些学科领域在20世纪80年代发展十分迅猛，从而带动了营销策划的发展。改革开放以来，我国高校逐渐建立了经济和管理类的院系。20世纪90年代后期开展的MBA教育，为我国经济建设培养了大批优秀人才，客观上为营销策划业在我国的发展打下了一定的人才基础。21世纪以来，数字经济与网络技术发展迅速，为营销策划业提供了强有力的分析工具和先进的营销传播技术手段。

（2）企业经营环境的变化。20世纪90年代以来，企业界面临着前所未有的竞争、惊人的技术进步以及关于组织机构的新理念。中国的经济正在由计划经济向市场经济过渡，产业结构、相关法律、法规不断调整完善。国企改革、社会主义市场体系的建立、企业规模的扩大以及中国加入WTO等，这些企业生产经营内外环境的变化都导致了营销策划业的巨大需求，推动营销策划业迅速发展。

（3）世界著名咨询公司对中国市场的开拓。目前，世界各国对咨询服务的需求均在增长。美国、日本咨询专家的服务已经遍布全球各大公司，帮助各公司开拓国内市场和敲开国外市场的大门。

1.2.2　中国营销策划业的今天

随着中国加入世界贸易组织，逐渐融入国际经济大潮，各类策划、咨询公司如雨后春笋般蓬勃发展，让人们真正感受到了策划带来的巨大冲击力。据研天下数据中心统计，2018年我国营销策划行业市场规模达到227亿元，专业营销策划公司1 036家，其他与营销策划相关的广告公司、调查公司、公关公司等数量更为庞大。策划业作为一个新兴行业，在新经济时代越来越起着举足轻重的作用。在这些专业策划公司中，又以营销策划为主。有研究者根据营销策划人各自的特点，把他们分为5大流派，分别为管理规范的西洋派，理论基础扎实的学院派，善于打知名度的飞天派，用常规方法踏实作战的落地派，还有正合奇胜的实战革命派。

在营销策划迅猛发展的带动下，中国管理咨询业也成长起来了。事实上，营销策划业是管理咨询业的一种，是其重要的一个组成部分。现代管理咨询是一种主要通过专业顾问团队，有针对性地利用先进适用的管理技术和经验，协助委托企业系统地认识和解决管理中的关键问题、获取竞争优势的专业服务活动。管理咨询涉及多学科知识，它以管理学、哲学、市场营销学、美学等软科学理论和方法为指导，以数学、计算机科学、数理统计等工科知识为背景，运用先进技术、分析软件及仪器设备，具有很强的实践性、创造性和复杂性。

应该承认，近年来中国营销策划业在探索中有着长足的进步，但也存在着诸多问题与不足，具体表现为：从业人员鱼龙混杂，策划人员的素质参差不齐；自封的策划大师满天飞，自吹自擂；策划方法简单，缺乏科学性；一些策划企业盲目承担力所不及的业务；策划企业间竞争无序。这些问题已经在激烈竞争和行业监管规范的过程中逐步改善。

1.2.3　中国营销策划业的明天

随着互联网时代的到来，全球经济更加一体化，市场竞争将更加激烈，知识在经济中的含量越来越高，对营销策划的需求越来越大，而且这种需求正以迅猛的速度向前发展。中国营销策划业越来越成为一个专业化分工的社会经济门类，成为国民经济中一个新的经济增长点，具有十分广阔的发展前景。

国外咨询公司大举进入中国，企业家素质越来越高，对策划业的要求也越来越高，要求策划业走专业化、规范化、网络化、国际化和集团式作战之路，要求策划人具有扎实的专业基础、丰富的实践经验，懂得规范化经营、网络媒体推广、国际化运作。具体来讲，中国营销策划将面临以下几方面的转型趋势。

1. 营销策划业从单目标向多目标的转型

着眼于当前的策划，同时又思考更长远的未来发展，是我国营销策划业发展的趋势。我们在进行项目策划时既要考虑经济利益和社会效益，又要注意有效地利用和保护自然资源，防止环境污染，以免造成公害。为企业策划扩大企业规模、扩大再生产的同时要考虑为社会增加就业机会，保证社会安定。既要考虑到企业的近期目标，又要考虑到企业的中长期目标；既要考虑到企业的经济效益，又要考虑到企业的整体形象和品牌形象，品牌的知名度、美誉度的提升，产品的科技含量，市场占有率，潜在的消费群以及新市场的开发等。

2. 营销策划业从艺术向科学的转型

营销策划业将逐渐走向科学化。过去，中国的策划公司更多地把策划当作一种艺术，更多地强调咨询顾问与企业及企业家互动的过程，认为营销策划是一个驾驭各种矛盾关系的过程，是从价值观上达成共识的过程，是一个情感探索和交融的过程。策划在方法上也更多地讲究创意，这种方法以个人构想或集体构想为主要特征，属于单纯的智慧性策划，多了热情，少了一份理性。不可否认，热情和创意在营销策划中起很大作用，往往会带来出奇制胜的效果。经过近30年的发展，中国策划人的素质已经有了很大提高，对于营销策划有了更为理性的认识。人们意识到营销策划不仅仅是艺术，更是科学，营销创意是其灵魂，知识理论是其骨骼，量化分析是其经络。未来的中国营销策划业会以更加科学的姿态出现在人们面前。

3. 营销策划业从个人英雄主义式向团体智囊机构型的转型

现代策划创新需要多学科、多领域的联合与协作，这带来了策划的复杂性。随着策划科学的应用向各个领域渗透及学科专业的高度分化，现代策划科学及技法越来越具有综合性。比如CI策划，其系统设计就须由专家系统来完成，而绝非个别的所谓策划家或策划大师所能完成的。完整的CI策划，不仅需要懂广告策划、营销策划、管理策划、企业诊断、平面设计、三维设计方面的专家，更需要懂得企业的生存哲学、文化个性、经营理念、营销战略方面的高级专家通力合作。现代科学技术突飞猛进，所引起的知识积累和信息膨胀，已非个别策划专家所能搜集、传递、分析和处理的。我们现在处于数字技术驱动、知识飞速迭代的时期，跨界、颠覆成为时代的特征。这就使得我们在策划任何项目或决策任何问题时，必须掌握多学科的知识并处理大量的信息，这样的工作量绝不是个别策划专家所能完成的。

中国的策划业从个人英雄主义式的策划向团体智囊机构型发展是不可逆转的历史趋势，顺应这种趋势的策划者会受益无穷。反之，若对这一趋势熟视无睹，仍然迷信于个人智慧、个人英雄主义式的策划方法，则是在逆当代策划业发展潮流而动，其策划之路将越走越窄。

> **专栏1-1** 　　　　　　　　　　　国际管理咨询协会理事会
>
> 　　国际管理咨询协会理事会（International Council of Management Consulting Institutes, ICMCI）创建于1987年，发起国为澳大利亚、奥地利、加拿大、丹麦、南非、西班牙、瑞士、英国、美国、意大利，共10个国家。其成立宗旨是促进各地区管理咨询协会或组织之间紧密的工作关系，加速各协会共有目标的实现，帮助各个协会或组织提出管理咨询的专业标准。经过发展，ICMCI已成为国际上具有广泛影响力的咨询业组织。在联合国经济和社会理事会（ECOSOC）的2001年年会上，ICMCI被该委员会承认为具有特殊咨询身份的非政府组织。目前，ICMCI在50多个国家和地区拥有会员。
>
> 　　当然，有世界影响力的市场营销协会还包括美国市场营销协会（AMA）、欧洲市场研究协会（ESOMAR）等。
>
> 资料来源：The International Council of Management Consulting Institutes[EB/OL]. https://www.cmc-global.org/.

⊙ 策划案例与文案　　　　　　　故宫文创产品营销策划

　　2019年12月9日，故宫文化创意馆推出了故宫首款彩妆"故宫口红"，6款色号均取自故宫国宝色，膏体纹饰、图案则来自后妃服饰绣品纹样，并引入3D打印黑科技，生动地雕刻出织物的纹理和刺绣的立体感，该系列上线两天6款颜色全部售罄，再一次证明了故宫IP超强的带货能力。

古老的故宫，年轻的文创产品

　　到2020年就满600岁的故宫，从营销角度来看，可谓一个相当有历史的老品牌了。近年来，故宫在不断进行着品牌年轻化的革新，呈现给消费者一个既有厚重底蕴，又有反差萌，积极入世的潮流"网红"IP的品牌形象。从2013年故宫第一次面向公众征集文创意见并举办"把故宫文化带回家"文创设计大赛起，故宫便紧跟社会化媒体的步伐，开启了品牌年轻化营销之路。

拥有互联网思维的故宫

（1）社会化营销思维。故宫文创利用微博、微信等新媒体平台进行线上社会化营销，"故宫淘宝"微博风格一向保持着历史与现代感碰撞的"反差萌"感：宫女摆剪刀手、鳌拜比心,雍正卖萌……从现代社会化和娱乐精神的角度诙谐呈现陈旧严肃的历史人物,以深受现代年轻一代喜欢的"软贱萌"画风,持续在品牌传播方面发力;产品的策划力求好玩有趣:爆红的可以缠口红的胶带、御猫摆件、"冷宫"冰箱贴、真丝团扇、行李牌……故宫将厚重的中华传统文化和消费者息息相关的日用品巧妙结合起来,并利用文创众筹的方式生产制作。对文创产品而言,众筹销售的方式更易于把控年轻消费群的购买需求,能够按需生产,有效避免过剩积货。

(2)跨界营销思维。2019年8月,故宫文化服务中心联合农夫山泉限量推出9款"农夫山泉故宫瓶",文案和包装上十分年轻化,以瓶身为载体,让消费者在有趣的古画和文字中感受到故宫里那些真实的人间烟火,建立起情感勾连;之前故宫和Kindle联合推出的Kindle Paperwhite X 故宫文化联名礼盒及定制保护套,以"阅"动紫禁为传播主题,产品的包装风格结合经典的故宫色调与元素、中国古代的祥瑞之物,将年轻化的阅读方式与故宫的厚重文化巧妙融合。老品牌进行年轻化创新,借年轻化品牌的"粉丝经济"进行创意跨界营销,定制具备年轻群体吸引力的跨界产品,能够建立和年轻受众群的情感勾连,形成更整体全面的品牌印象,促成双赢。

(3)迭代营销思维。文创行业这些年来的发展一直存在着很多问题和障碍,各个博物馆推出的文创产品也饱受争议,无趣、缺乏创新、不够吸引人等声音不绝于耳。而故宫凭借创意文创和优秀的网络营销实现了传扬传统文化精华与创造高增长收益的双赢,故宫文创产品摒弃了古老沉闷的艺术品风格,将历史元素和现代工艺充分融合创新,打破历史与现代的隔离,用生动有趣的创意文创产品,戳到了现代年轻人追求新奇特的点,以诙谐亲和的形象征服了消费者。

(4)平台营销思维。故宫文创商品通过多元的合作方式让营销更加灵活。2016年,故宫先后与阿里巴巴、腾讯两大互联网巨头达成合作,阿里巴巴方面搭建了文创产品销售平台。和腾讯的合作,故宫则看重QQ与微信庞大的用户量,已尝试推出故宫定制版游戏,未来的QQ表情中将出现故宫的元素,将原创IP通过社交软件传播。2016年9月,故宫博物院还和凤凰领客文化达成战略合作,签约之后双方将充分利用故宫具有丰富历史背景、文化故事的馆藏进行创意合作,以增强现实技术(AR)、互动沉浸技术(MR)、3D等科技手段,提升其文化价值,传播故宫文化内涵,满足公众对故宫文化认知的需求。早在2014年,故宫官方就推出了3款App:胤禛美人图、紫禁城祥瑞、皇帝的一天。3款App极具趣味,吸引了众多用户的关注。除了实体的文创产品,故宫在网络上也陆续"打"开了宫门,开发出了各类App:每日故宫、故宫展览、清代皇帝服饰、韩熙载夜宴图、紫禁城祥瑞、胤禛美人图……这些App都蝉联App Store精选榜单。

"故宫博物院要改变传统的传播方式,要学会运用多种方式来传播优秀传统文化,我们要让故宫文化遗产资源活起来。作为一个博物馆,最重要的,是要把你的文化资源真正地融入人们的生活。"

——前故宫博物院院长单霁翔

资料来源：阿柯阿珂.故宫口红一夜爆红：老品牌如何进行年轻化的营销革新？[EB/OL]. (2018-12-13) http://www.woshipm.com/marketing/1732548.html/comment-page-1. 有改编。

讨论题

1. 收集案例中涉及的文创产品的资料或其他你感兴趣的故宫文创产品的资料，分析其从产品设计到推广促销的营销策划思路与方法。

2. 商业化的经营会给故宫形象带来风格上的转变，也许会带来用户的流失，分析故宫如何在商业和坚持自我中间寻找平衡。

相关链接　你想成为它们的员工吗：国外知名营销策划/管理咨询公司概览

波士顿咨询公司：不断创新咨询工具和理论

波士顿咨询公司（BCG）成立于1963年，是一家著名的美国企业管理咨询公司，在战略管理咨询领域被公认为先驱。公司的最大特色和优势在于公司已经拥有并还在不断创立的高级管理咨询工具和理论，著名的"波士顿矩阵"就是由该公司在20世纪60年代创立的。

BCG经过50多年的发展，现已成为一家提供全方位企业策略的顾问机构，其使命是帮助客户超过其竞争对手，其在世界各地的主要客户都是知名的大企业。涉及的主要行业有：金融服务、快速消费品、工业、医疗保健、电信和能源。BCG的4大业务职能是企业策略、信息技术、企业组织、营运效益。该公司在全球40多个国家和地区设有分支机构。大中华区目前由4个办事处组成，包括上海办事处、香港办事处、北京办事处以及台北办事处。

资料来源：波士顿咨询公司[EB/OL]. https://baike.baidu.com/item/波士顿咨询公司/8311297?fr=aladdin.

麦肯锡：公司一体的合作伙伴关系

麦肯锡公司是世界级领先的全球管理咨询公司。自1926年成立以来，公司的使命就是帮助领先的企业机构实现显著、持久的经营业绩改善，打造能够吸引、培育和激励杰出人才的优秀组织机构。麦肯锡采取合伙人制度，在全球50多个国家设有分公司。在过去10多年中，麦肯锡在大中华区完成了1 000多个项目，涉及公司整体与业务单元战略、企业金融、营销/销售与渠道、组织架构、制造/采购/供应链、技术、产品研发等领域。麦肯锡的经验是：关键是找那些企业的领导们，使他们认识到公司必须不断变革以适应环境变化，并且愿意接受外部的建议，这些建议能帮助他们决定做何种变革和怎样变革。麦肯锡的咨询服务集中于客户可以量化的业绩改进，比如说改进销售收入、成本利润率、供货时间、质量等。

资料来源：麦肯锡咨询公司[EB/OL]. https://baike.baidu.com/item/麦肯锡咨询公司/1406648?fr=aladdin.

奥美广告公司：全方位管理品牌

奥美广告公司是全球十大传播公司之一，隶属于WPP集团。它为客户提供多方面品牌传播服务，如广告、直效营销、公共道德、互动营销、促销和视觉管理等，可以称其为品牌管家。品牌管家是一个完整的计划，以确保所有和品牌相关的活动能反映且忠于品牌的核心价值和精神。在奥美，每个服务小组都是以品牌为名的，每个小组都可以有客户服务、媒体、创意及公关等许多成员。这种小组形式的好处在于它能确保所有意见都适用于有关的、独特的品牌。品牌管家可以说是一个过程，即建立品牌后，还要不停地培育它，令其茁壮成长，在客户和消费者的心中更具有价值。品牌管家的责任就是协助广告主管理品牌资产。

资料来源：奥美广告 [EB/OL]. https://wiki.mbalib.com/wiki/ 奥美广告 .

罗兰·贝格：多文化咨询

罗兰·贝格国际管理咨询公司于1967年在德国建立，现已成为欧洲最大的管理咨询公司之一，隶属于德意志银行集团，目前在全球30多个国家和地区设有办事处。公司的咨询顾问来自全球近40个国家，形成了行业中心与功能中心互为支持的跨国服务力量，为企业提供公司战略、重建、重组、市场营销、物流营运、企业兼并后联合及人力资源管理等咨询服务，解决在市场进入战略确定、营运模式的建立、合资企业重建与购并、全国销售网络控制，以及招聘与保留人才方面的问题。公司借助紧密联系的公司内部网络和全球知识库为客户提供国际水准的优质服务。

资料来源：罗兰·贝格咨询公司 [EB/OL]. https://baike.baidu.com/item/ 罗兰·贝格咨询公司 /5869621?fromtitle= 罗兰贝格咨询公司 &fromid=13845707&fr=aladdin.

埃森哲咨询：专业化服务

作为《财富》全球500强企业之一的管理咨询、信息技术和外包服务公司，埃森哲是全球领先的企业绩效提升专家。凭借丰富的行业经验、广泛的全球资源和在本土市场的成功实践，埃森哲帮助客户明确战略，优化流程，集成系统，引进创新，提高整体竞争优势，成为绩效卓越的组织。埃森哲在全球50多个国家和地区设有100多家分支机构。同时在公司战略目标的指导下，为了全方位地满足客户的需求，埃森哲正在不断拓展业务服务网络，包括管理咨询、信息技术、经营外包、企业联盟和风险投资。

资料来源：埃森哲咨询 [EB/OL].https://www.baidu.com/link?url=IN8nE1UrCXZDAhe5S1Y7QokyPh3C7JuVmXuWzcpxRQYzeTADV8lTsbjNoOoN6StYfkTYZnVYKqAtYTTqQq1x-K&wd=&eqid=b32a7597000278ef000000065ebc0fa8.

策划实战

玉兰油作为连续7年名列"天猫双11美妆前10榜"的品牌，是美妆产品里少数能跨越周期的品牌。作为从妈妈辈就火起来的美妆品牌，它一直被视作美妆行业内的营销弄潮儿，但随着时间的推移和日韩欧美美妆品牌的冲击，玉兰油的品牌形象逐渐从亲切优雅的形象衰落成土气陈旧的代表。自2010年后，玉兰油的销售情况每况愈下，品牌转型迫在眉睫，而社交媒体2.0的崛起使得玉兰油的翻身仗正式打响。

它从2015年开始策划转型，第一步便是淡化早期品牌形象，往高端化转型。2016年，中国内地广告不再使用"玉兰油"这个中文名。2017年，产品包装一律采用英文商标Olay，不再沿用电视广告女郎的营销方案，配合着社交媒体营销，转投向美妆关键意见领袖（key opinion leader，KOL）及当红流量带货的互联网新渠道。其产品"小白瓶"的爆火标志着品牌的转型成功，对标 SK-II"小灯泡"的"小白瓶"横扫社交媒体，在新年轻一代消费者的眼中，"小白瓶"的口碑扶摇直上，几度成为双 11 美妆必囤货。

2019 年成了玉兰油的高光时刻，请最火的流量明星带货，已成为品牌方常规的营销手段，从宝洁签流量小生的速度来看，玉兰油时刻保持着对当下需求热点的快速追踪，并对社交媒体的运营和维护保持着专业的营销水准。值得注意的是，玉兰油的起死回生对宝洁来说也至关重要：2013 年，宝洁的全球销售额一度停滞甚至下滑，2015 年，宝洁启动成本削减计划，品牌削减了 100 多个。玉兰油作为曾经的明星产品，被寄予厚望，玉兰油而后的一系列动作也确实见效，自 2017 年后，玉兰油实现了比本品类更高也更持久的增速。宝洁首席财务官乔恩·莫勒（Jon Moeller）甚至会在电话会议中专门点名："第一季度中国市场继续保持稳定增长，尤其是高端护肤品牌 Olay 受到中国消费者的欢迎，实现快速增长。"

通过营销策划，玉兰油品牌走向年轻化、高端化，实现了品牌转型和业绩提升。请结合新媒体、新营销模式，围绕当前的品牌定位，为下一年度玉兰油的营销活动做出策划。

资料来源：新国货美妆们，能否比 1.0 时代的淘品牌们走得更远？[EB/OL]. (2020-04-08). http://dy.163.com/article/F9M4VKSQ05118O92.html.

本章小结

中国营销策划业正在不断地走向成熟，一些策划人以及他们成功或失败的案例见证了中国营销策划业的发展足迹。纵观其发展历程，可以看出中国营销策划业从启蒙期、萌芽成长期逐步走向整合策划期，策划趋向规范化，并更加注重实用性。虽然在发展的过程中仍存在着一些问题，但其主流仍是注重整体战略和科学性。

由于营销策划涉及许多不同的科学领域，企业经营环境发生了巨大变化，再加上世界著名咨询公司对中国市场的开拓，中国营销策划业迅速发展起来。

中国营销策划业在探索中取得了长足的进步，但当前又潜藏着诸多问题与不足。在中国未来的营销策划业的发展中，将面临从单目标向多目标的转型，从艺术向科学的转型以及从个人英雄主义式向团体智囊机构型的转型等。

第2章
营销策划的内涵、流程与功效

🔷 开篇案例

用抖音记录你的美好生活

5G 的推广和应用催生了新的互联网商机。在争夺眼球的流量时代,短视频行业依靠自身多元化、低门槛、易传播的特性逐渐发展壮大并得到市场认可。目前,新媒体行业人士普遍将"抖音"视为重要的发布平台,与微博、微信并称为"两微一抖"。《2019 年抖音数据报告》显示:2019 年抖音凭借平台优势,为知识、艺术和非遗的传播做出了一定的努力,已成为中国最大的知识、艺术和非遗传播平台。截至 2020 年 1 月 5 日,抖音日活跃用户数已经突破 4 亿,一个人带火一座城、一个视频拯救一个贫困县等神话在抖音平台上屡屡实现。那么,抖音是如何一步一步发展成为家喻户晓的短视频平台的呢?

2016 年 9 月抖音的 1.0.0 版本正式上线,上线之初,快手和美拍是全国短视频平台发展较好的两个品牌。其中,快手作为头部品牌,其市场渗透率远高于其他同类 App 渗透率的总和。但是,随着快手的不断发展,其问题逐渐暴露了出来。快手平台一直遵循的原则是不给用户贴标签,以一种去中心化的方式发展,正如快手广告所说的那样:生活没有高低之分,每个人都值得被纪念。在用户平等的理念下,快手获得大量用户的同时也降低了品牌的形象。短视频平台上充斥着大量的低俗视频,用户通过模仿、夸张等手段博取眼球,获得点赞量,导致一大部分关注时尚与潮流的年轻人和追求品质生活的用户十分反感。在强大的对手面前,抖音既看到了挑战,又看到了发展的机遇,通过分析竞争对手的问题,抖音制定了相应的营销策略。

策略一:以音乐短视频的形式进入短视频市场

(1)强化音乐短视频功能。抖音将音乐作为短视频的市场细分方向,通过脍炙人口的流行歌曲提高视频的表现力和感染力。同时,抖音联合知名音乐人和评委推出原创音乐计划,寻找向往自由和独立的原创音乐制作人。抖音还扩充了社区的音乐库,为平台用户提供了大量的视频素材,获得了年轻人的追捧。

(2)市场细分。抖音关注的是一二线城市的年轻人,他们关注时尚潮流、爱新鲜、敢尝试,并且对短视频的质量有较高的要求。抖音不同于快手,只有优质的视频才有更高的曝光率,因此激励用户发布较高质量的短视频。抖音的内容也追求"简洁",绝大部分视频只有 15

秒，符合年轻人碎片化获取信息的特点。

策略二：短视频音乐社区化运营

（1）抖音在上线一个月后发布的 1.1.0 版本中加入了社交功能。通过查找通讯录、邀请 QQ 好友和微博好友等策略，抖音将短视频发布平台发展为一个短视频音乐社区，通过利用用户原本的社交圈尽快拉动用户增长。

（2）拉近用户距离，促进社交。抖音在社交方面优化了页面的设计，并且增加了星座、城市等信息，在拉近用户之间的距离的同时促进了社交。

策略三：话题挑战

与快手放任用户自然增长的方式不同，抖音雇用了大量大学生、专业的舞蹈或音乐达人拍摄视频上传至平台，引导和吸引用户拍摄优质的短视频。抖音还设立了多种形式的话题挑战，如通过明星吸引用户录制视频集赞，以明星签名、明星定制礼品作为获奖礼物回馈用户。

策略四：快速曝光

（1）明星效应。抖音通过明星效应增加曝光率和知名度，如岳云鹏、胡彦斌、杨幂、沈梦辰等明星通过在微博转发带有抖音水印的短视频吸引了大量的用户，并且增加了品牌的娱乐性和趣味性。

（2）与各大热门节目合作以提高知名度。抖音通过大量的资金投入，与各类热门节目合作，其中包括《快乐大本营》《天天向上》《中央电视台春节联欢晚会》，极大地提高了品牌的知名度。另外，2020 年年初抖音与欢喜传媒达成合作，大年初一免费首播春节档电影《囧妈》。数据显示，该片在头条系四大平台及智能电视鲜时光 3 日总播放量超过 6 亿，正片用户留言 32 万余条，为抖音积累了大量的用户口碑和热度。

策略五：直播 + 直达淘宝功能

抖音上线了直播功能，同时平台关联了淘宝的卖货链接，多个百万级以上的抖音号均出现了购物车按钮，用户只需点击商品的推荐信息，便可以直接链接到淘宝平台。线上的直达淘宝功能增加了用户的黏性，同时为抖音达人带来了可观的收入。

由此可见，营销策划对于企业的发展非常重要，那么什么是营销策划？其内涵是什么？营销策划又遵循着什么样的流程呢？本章将对这些问题做详尽的论述。

2.1 策划、营销策划与营销管理

2.1.1 策划的内涵与类型

1. 策划的内涵

"策划"之说可谓历史悠久，如《后汉书·隗嚣列传》中所载，"是以功名终申，策画复得"，这里的"画"通"划"，又如《淮南子·要略》中所述，"擘画人事之终始者也"，这里的"擘画"即为"策划"之意。而策划活动更是贯穿于人类的历史长河之中，从古至今，为了达到特定的目标，人们总是有意无意地进行着策划活动。应该说策划最早始于军事领域，在我国的战争史上可谓处处皆策划，其中不乏大量的令今人啧啧称赞的经典策划活动，如"完璧归赵""鸿门宴""火烧赤壁"等。古人所说的"运筹于帷幄之中，决胜于千里之外""谋定而后动"，本质上就是在进行军事策划。后来，尤其是在当今社会，从事商业领域的人渐渐发现这样一个道理，即商场如战场，许多军事上的谋划同样适用于商业场合，于是他们也开始对自己的商业活动进行策划，希望通过策划来提高商业活动的成功率。

就广义而言，策划是社会组织或个人为了提高成功可能性而对未来活动所进行的谋划。随着社会的发展，人们对于策划的认识逐步深化并赋予其新的诠释。日本策划家和田创认为，策划是通过实践活动获取更佳成果的智慧或智慧创造行为；而菲利普·科特勒则认为，策划是一种程序，在本质上是一种运用脑力的理性行为。其实，策划就是一套为了提高成功可能性，针对未来要发生的事情做出决策的过程。

2. 策划的类型

按照不同的划分标准，可将策划划分为不同的类型，这里我们分别依据策划所涉及的行业和所涵盖时间的长短这两个划分标准来对策划进行分类。

策划按照不同的行业分有如下几种。

（1）企业策划。企业策划是企业对各种经营管理业务进行的策划活动，如企业战略策划、资本运营策划、人力资源管理策划、物流策划等。营销策划就在企业策划的范畴之内，是其一个分支。

（2）事业策划。事业策划是指事业单位进行的各种策划。比如各大学为吸引优秀学生报考而进行的招生策划，社会上为了各种公益事业进行的公益事业策划等。

（3）文化策划。文化策划是指为举办各种文化活动、文化演出进行的各种策划。例如为了弘扬爱国精神而进行的策划等。

（4）政府策划。政府策划是指政府部门所进行的各种策划，譬如政府为招商引资进行的策划。

（5）军事策划。军事策划是指在军事活动中实施的各种策划。比如各种军事打击、军事突袭等。

策划按照其所涵盖时间的长短又可分为战略策划和战术策划。

（1）战略策划。战略策划通常是未来3～5年的计划。

（2）战术策划。战术策划所涵盖的时间比战略策划要短得多，一般在一年以内。

将战略策划和战术策划进行区分是很有必要的。战略策划解决的是"效果"的问题，即做正确的事的策划；战术策划解决的则是"效率"的问题，即怎么样去做事的策划。具体地讲，战略策划就是制定战略，同时要考虑如何通过各种有创意的战术提高实现战略意图的可能性；战术策划则是对某一项具体的活动进行规划，考虑如何有效地利用有限的资源，使该项活动达到预期的结果。在两者的联系上面，战略策划对战术策划实施具有指导作用，而战术策划则对战略策划实施具有支撑作用，也就是说，没有战略策划的战术策划将迷失方向，而没有战术策划的战略策划只能停留在理论层面而无法落地。

> **专栏 2-1　　　　　　　　Keep：让你的世界动起来**
>
> 　　Keep 是一个致力于提供健身教学、运动记录、健身饮食指导，以及交友、装备购买等一站式运动解决方案的运动健身 App。Keep App 上线于 2015 年，其愿景是打造一个"自由运动场"，即在自由运动场上，用户可以找到喜欢且适合自己的运动形式，并且可以迅速参与其中。同时，在平台上也可以找到志同道合的伙伴进行交流，去感受运动的快乐，而愿景的由来是因为其创始人——王宁。Keep 创始人王宁是一个健身爱好者，在健身过程中发现网络针对健身的信息较为零散，并且不会制订科学的健身计划，最重要的是缺乏同伴的鼓励，这一系列的困惑使他萌生了做一款移动健身 App 的想法。针对产品愿景，Keep 进行了一系列优质的营销策划。
>
> 　　Keep 在构建健身教学、运动记录、社交和商城等核心功能模块之外，着重发展健康饮食指导功能和社区属性。网络信息的复杂性和分散性使用户不能准确、科学地选择适合自己的运动健身饮食方案，而 Keep 的饮食指导模块为用户提供丰富的健康食物库、科学饮食指南和分类菜谱，并且为用户提供较为全面的食品营养信息，以更科学和高效的方式为用户提供健身、减肥的饮食方案。
>
> 　　在产品宣传方面，随着《复仇者联盟 4》的上映，Keep 通过课程设计、活动宣传等方式，与多部漫威系列电影合作，打造了 IP 合作模式的经典营销范本。一方面，通过场景式的体验，与用户建立情感联系；另一方面，在社交媒体上，通过打造多种超级话题，引发网友关注。《复仇者联盟 4》作为最终章，与 Keep 合作更是突破了以往。在线上，Keep 打造了终极战队助力赛，用户只需联合其他 3 位队友共同完成平台指定的卡路里目标便可挑战成功。Keep 还推出了多节超级英雄主题课配合这项活动。而在线下，Keep 在国内多个一线城市打造了漫威电影主题快闪店以及专场活动，极大地提升了品牌的知名度和影响力。
>
> 　　正是对用户体验的足够重视，精准解决用户的实际问题，让 Keep 迅速成长为一个大型运动健身平台。

2.1.2　营销策划的内涵与类型

1. 营销策划的内涵

　　所谓营销策划，是指市场营销策划活动的主体，根据企业的整体战略，在企业内部条件和外部环境分析的基础上，设定预期的营销目标并精心构思、设计和组合营销因素，从而高效地将产品或服务推向目标市场的操作程序。营销策划是现代企业管理的重要内容，是企业竞争力提升的必由路径。在策划的特点和营销策划定义的基础之上，我们可以归纳出营销策划的以下特点。

（1）前瞻性。营销策划是对未来营销活动所做的当前决策，因而具有前瞻性。

（2）战略依托性。一个营销策划不能脱离企业的整体战略而独立存在，否则，这个营销策划无论多么优秀，那也是无效果可言的，因为它与公司的整体战略方向发生冲突，结果只能是费力不讨好。

（3）科学性。营销策划是一门思维的科学，要求定位准确，审时度势，把握主观与客观，辩证地、客观地、发散地、动态地把握各种资源。要进行营销策划，必须得对企业的自身条件和外部环境进行分析，以便有的放矢。没有环境分析作为营销策划的基础，所做出的营销策划就变成无源之水、空中楼阁，毫无根据，是极不科学的。

（4）目的性。在营销策划中，一定要设定企业的营销目标，即企业希望达到的预期目标，比如在销售量、市场份额、利润等方面，而且应该对这些目标进行量化。一个营销策划若没有相应的营销目标，就无法检测营销策划的质量，同时也失去了存在的意义。

（5）程序性。理论和实践均证明了营销策划的进行应该遵循一定的程序。程序是营销策划质量的保障，脱离程序不但会提高营销策划本身的难度，而且会使营销策划的质量大大降低。同时应该看到，营销策划的程序性并不会阻碍创造性思维的发挥，而会使创造性思维得到更合理的发挥。

（6）创新性。创新性是营销策划的灵魂所在。营销策划切忌模仿他人、没有创意，否则就会失去策划的生命力。只有那些拥有创意的营销策划才能在如今激烈的市场竞争中脱颖而出，取得最终的成功。

2. 营销策划的类型

营销策划由于覆盖的领域广阔，内容丰富，因此可以从不同的角度对其进行划分。

（1）按营销策划作用时间的长短划分。可以将其分为过程策划、阶段策划和随机策划。过程策划指的是贯穿于企业营销全过程的长期策划；阶段策划则是指处于企业营销的不同阶段的短期策划；随机策划是指在企业营销的某一时点随时策划，属于更短期的策划。

（2）按营销策划的主体划分。可以将营销策划分为企业内营销策划和第三方营销策划。其中企业内营销策划指的是由企业的市场部或企划部人员做出的营销策划；第三方营销策划则是由独立的营销策划公司、管理咨询公司等中介机构做出的营销策划。

（3）按营销策划的客体划分。可以将其划分为市场调研策划、营销战略策划、新产品开发策划、价格策划、渠道策划、促销策划、品牌策划、企业形象策划、广告策划、网络营销策划等，本书在后面将对这些策划客体的大部分进行专题论述。

（4）按营销策划的目标划分。可以将其划分为营销战略策划和营销战术策划。营销战略策划注重企业的营销活动与企业总体战略之间的联系，内容涉及企业战略发展方向、战略发展目标、战略重点等，并依此设计企业的营销战略，例如营销战略目标的策划、营销战略重点的策划和STP的策划等；营销战术策划则注重企业营销活动的可操作性，是为实现企业的营销战略所进行的战术、措施、项目和程序的策划，例如产品策划、价格策划、分销策划和促销策划等。营销战略策划与营销战术策划关系密切，前者为后者指明方向，后者则为前者的完成提供支撑和保障。

上面对营销策划按照不同的划分标准进行了分类，但读者需要明白的是，这几种划分彼此并不是孤立的，比如过程策划可以视为战略策划，阶段策划可看作战术策划，而价格策划、品牌策划等本身也是战术策划，所以这几种分类之间是相互联系、密切相关的。

2.1.3 营销策划与营销管理的关系

1. 营销管理

营销（marketing）是个人和集体通过创造，提供出售，并同别人自由交换产品和价值，以获得其所需所欲之物的一种社会和管理过程。从管理的角度，营销经常被描述为"推销产品的艺术"，然而这本身是对营销的一种误解，正如管理大师彼得·德鲁克所言，"营销的目的就是要使推销成为多余"。营销本身是一个整体，而销售仅仅是营销这座冰山露出水面的一角而已。营销管理则是企业为了实现其经营目标，通过以需求为核心的市场活动分析、规划、执行和控制而实施的产品与服务构思、定价、分销及促销的管理行为，是为满足目标顾客需求和企业利益而创造交换机会的动态、系统的管理过程。营销管理作为一种艺术和科学，需要选择目标市场，通过创造、传递和沟通优质的顾客价值，获得、保持和增加顾客。

2. 营销管理与营销策划的区别和联系

一般来讲，营销策划的内容都包含在营销管理中，二者的不同之处在于营销管理侧重于营销理论的阐述，告诉企业营销管理都涉及哪些方面、如何做和为什么要这样做，而营销策划则告诉营销策划人员怎样做营销计划和如何设计与实施制订出来的营销计划，侧重于营销理论在实践中的运用。具体来讲，营销管理和营销策划作为两个具有内在密切联系的不同概念，二者的区别和联系主要表现在如下几个方面。

（1）营销管理是营销策划的土壤，而营销策划则是营销管理的内容之一，它们之间是皮与毛的关系。营销策划是营销管理这个大系统下的一个子系统，它依存于营销管理，没有营销管理，也就不存在营销策划。

（2）营销策划是实现营销管理任务和目标的手段。营销策划作为营销管理的重要构成部分，其功能的充分发挥可以促进营销管理任务的顺利完成和保障营销目标的实现。

（3）营销管理的范畴覆盖营销活动的全过程，而营销策划则着重于营销理念的创意、营销方案的构架和设计。营销策划虽然寄身于营销管理之中，却对营销管理具有指导作用。应该说营销策划是整个营销管理的灵魂。

（4）营销管理和营销策划的终极目标是一致的，即顾客满意和实现企业利润最大化。虽然营销管理和营销策划的侧重点不同，表现方式也不尽相同，但两者是殊途同归的。营销策划开拓市场和营造市场的目标最终要落实在营销管理的目标上，满足顾客的需求和实现企业利润的最大化。

3. 营销管理的四种范式

随着市场内外部环境的变化和营销实践的发展，营销管理呈现出以下四种范式。

（1）交易营销式。交易营销式的营销管理是以交易为中心，以销售活动为主，追求销售额的增长，注重开发新顾客。

（2）关系营销式。关系营销式的营销管理以顾客关系为中心，以增加顾客黏性、促成多次交易、形成持续的客户关系为目的，注重顾客满意度。

（3）价值营销式。价值营销式的营销管理以品牌价值为中心，追求获得更高顾客资产和品牌资产，注重挖掘顾客价值。

（4）价值网营销式。价值网营销式的营销管理以网络和价值网络为中心，关注引入外部资源和利用网络效应，从而提高管理水平和效率，注重价值网络的建立和使用。

2.1.4 营销策划人员的基本素质

作为一名营销策划人员必须具备以下几种基本素质。

（1）丰富的知识。任何一个营销策划方案由于涉及的对象和主题的不同，其所需要的相关知识也不一样。因为营销策划人员面临着对象和主题的经常变动，所以就需要其具备丰富的知识。营销策划人员需要具备的知识包括：理论知识、社会生活知识和政策法规知识。其中，理论知识包括经济学、统计学、心理学、营销学、传播学等方面的知识；社会生活知识是有关社会心理、社会风俗以及社会现象等方面的知识；政策法规知识则是涉及一些影响企业营销活动而企业又无法控制的政策法规等方面的知识。

（2）敏锐的观察力。营销策划人员要从过去和现在的资料中，迅速地察觉出可供策划的资料，分辨出问题的症结所在，这就需要其具有敏锐的观察力。敏锐的观察力可以使营销策划人员迅速觉察到一般人未注意到的情况甚至细节，能够抓住一般人熟视无睹的现象及其本质，捕捉市场机会，更加快速地找到解决问题的办法。

（3）宽广的包容心。营销策划人员需要具有广阔的视野和谦虚的态度，要善于学习和借鉴他人的长处，虚心倾听别人的意见和建议，从而博采众家之长，提高营销策划方案的质量。如果营销策划人员缺乏容纳不同意见的气度，就会使自己陷入故步自封、刚愎自用的境地，大大降低策划方案的适应性和成功率。

（4）科学严谨与创造精神。营销策划是一种高智商的创造性活动，这就要求策划人员具有科学严谨和创造的精神。营销策划人员需要具备崇尚科学、实事求是的态度，以及严密的思维，重视论证，追求策划方案的科学性、严密性和高效性。同时，营销策划人员要有独特的见解和与众不同的想法，避免人云亦云、轻附众议，要勇于创新，求新图变。

（5）良好的表达力。一个营销策划书能否最终成为指导未来的行动指南，取决于企业的高层管理者是否接受它。因此，策划人员必须具备良好的表达能力，以便将营销策划书的内容简洁、生动地传达给企业的高层管理者，以赢得其青睐。良好的表达能力要求策划人员必须掌握一定的数值化技巧和图像化技巧，熟练地运用统计图表、流程图、实体模型等。

（6）执行能力。营销策划的执行和实施，需要策划人员有坚韧的意志力，排除外界的干扰，拥有处理各方面关系的沟通说服能力和协调能力，从而将营销策划书如实地贯彻下去，否则，营销策划书就会沦为纸上谈兵，毫无意义。

专栏2-2　　　　　　　　营销策划的跨界思维

跨界策划，是一种新锐的策划理念和思维模式，通过嫁接外行业价值而进行创新，制定出全新的企业和品牌发展战略战术，让原本毫无关系甚至相互矛盾的行业相互渗透和融合，品牌相互映衬和诠释。当今时代，企业需要互联网思维，即学会互联网式的生存发展模式，依靠网络进行传播、销售产品，让网络更多地融入企业的价值链当中，这本身就是一种跨界战略。以下是几种常见的跨界策划类型。

（1）产业跨界。这实际上是一种产业多元化的发展战略。例如中国IT巨头联想，除了电脑业务之外，也开始涉足现代农业和白酒行业，在自身的战略版图中绘制了一张舌尖上的蓝图。无论是食品饮料行业的产业延伸，还是传统企业向互联网企业转型，产业跨界都要以企业自身核心竞争力为基础。

（2）产品跨界。产品跨界创新的常见模式是1+1，可以通过主流+主流创造新蓝海，也可以通过边缘+边缘创造新主流。乐视的超级电视跨界现代互联网视频产业和传统电视产业，不仅获得了用户，还颠覆了产业，引发小米、阿里巴巴等互联网公司纷纷跟进，形成跨界智能电视热潮。

（3）人群跨界。一些企业会对自身产品和品牌进行重新定位和概念创新，如云南白药气雾剂产品，既定位于"我的装备"来锁定原有年轻、运动一族市场，又定位"家中常备"来影响家庭中老年消费群。

（4）传播跨界。如今可选择的传播媒介很多，企业不仅要探寻适合自己的跨界融合全媒体传播模式，还要对各种新媒体的出现有更敏锐的感知力。

（5）渠道跨界。在企业未来的渠道布局中，线上线下的渠道交融成为一种重要的渠道战略能力。互联网风口上的小米，线上营销只是一小部分，70%的销量来自线下渠道；乐视也在大力拓展线下渠道——寻找超级合伙人。

（6）文化跨界。企业实施文化跨界营销，重要的是找到自身文化优势和消费者文化需求特征的共鸣点，从而对产品进行文化差异性定位和包装植入。奔驰CLK敞篷跑车的设计理念就融合了阿玛尼的"少即是多,注重舒适"的设计哲学,找到了共同的文化语言,成为跨界合作的经典案例。

资料来源:一种新的理念:跨界策划[J].销售与市场(管理版),2015(01):42-46.

2.2 营销策划的原理与流程

2.2.1 营销策划的原理

营销策划原理就是指通过科学总结而形成的对营销策划活动具有理性指导作用的规律性知识。营销策划原理具有客观性、稳定性和系统性。营销策划所依据的原理主要有下列几个方面。

1. 人本原理

所谓人本原理是指营销策划以人力资源为本,通过探究消费者的需求和发挥策划人的创造性来推动企业发展的理论。这里的人主要是指企业内部人员,也包括企业外部的消费者。在拟订营销策划方案时,一方面要调动和激发企业内部相关人员的积极性和创造性,以企业员工的智慧来充实和丰富营销策划方案;另一方面也要体现"以消费者为中心"的理念,把企业行为与销售对象紧密地连接在一起,使营销方案有利于目标顾客接受。因此,营销策划不能脱离企业内部人员和企业外部目标顾客而孤立设计,否则就会导致策划活动的有劳无功。另外,人本原理特别崇尚"天人合一"的理念,即营销策划要把企业发展、社会发展和自然生态发展统一起来,形成绿色营销策划的最高境界,以实现可持续发展,维护人类的根本利益。

2. 差异原理

差异原理是指在不同时期,对不同主体,视不同环境而做出不同选择的理论体系。这追溯到哲学上就是唯物主义辩证法。唯物主义辩证法要求认识事物必须从实际出发,一切以条件、时间和空间为转移。营销策划不是空洞的玄学,在策划过程中必须审时度势,用动态的观念从客观存在的市场环境、策划对象、消费者等具体情况出发,因事制宜地进行营销方案的设计和制订。这就是说,营销策划没有固定的模式,营销策划工作不能刻舟求剑、生搬硬套。不同的策划主体和客体以及不同的时间和环境都决定了营销策划文案的差异性。那种无视客观环境变化而盲目照抄照搬别人现成的"模式"的营销策划行为,本身就违背营销策划的内涵,是不科学的乱干行为。当然,对那些没有经验的初学者来说,一段模拟学习的过程是必要的,也是不可避免的,但真正的实战则不能停留在模仿的水平上,必须要有创意。在激烈的市场竞争中,只有具有创意的营销策划方案才能出奇制胜。

3. 整合原理

整合原理是指营销策划人要把所策划的对象视为一个系统，用集合性、动态性、层次性和相关性的观点处理策划对象各个要素之间的关系，以正确的营销理念将各个要素整合统筹起来，从而形成完整的策划方案并达到优化的策划效果。整合原理要求营销策划围绕策划的主题，把策划所涉及的各方面以及构成文案的各部分统一起来，形成一个有机整体。同时，整合原理还强调策划对象的优化组合，包括主附组合、同类组合、异类组合和信息组合等。营销策划在整合原理的指导下，就会产生产品功能组合、营销方式组合、企业资源组合、企业各种职能组合等策划思路。

4. 效益原理

效益原理是指在营销策划活动中，以成本控制为中心，追求企业与策划行为本身的双重效益（经济效益和社会效益）。企业在进行各种活动时都要与其盈利性相一致，这种盈利既可能是短期的，也可能是长期的。同样，企业在进行营销策划时也要注重其投资回报率，不要为策划而策划，要抓住最根本的东西，即营销策划活动能为企业带来的利润是多少。所以，营销策划效益是策划主体和对象谋求的终极目标。企业之所以要进行营销策划，就在于谋求企业的经济效益和社会效益（好的社会效益能为企业带来长期的利润）。营销策划如果不能为企业带来利润，就会丧失它的存在意义，也就不会有公司愿意做营销策划。

2.2.2 营销策划的流程

营销策划作为一种实践性很强的科学性与艺术性相结合的企业市场行为，其本身既有严谨的内在逻辑联系性，又有可操作的市场营销程序。因此在进行营销策划时，应该按照一定的流程逐步进行，以提高营销策划的质量和科学性。一般来说，营销策划可以按照图 2-1 所示的流程逐步进行。

由图 2-1 可以看出，营销策划的流程由七个环节组成，而且是一个闭合的通路。下面我们将对每一个环节进行解说。

1. 环境分析

环境分析是指企业营销策划者通过对企业的外部环境和内部条件进行调查和分析，确定外部市场机会和威胁以及企业自身的优势与劣势，从而明确企业目前所处位置的一种方法。任何营销策划都必须从环境分析入手，这一步骤对整个营销策划的质量是至关重要的，若不进行环境分析，所做的营销策划就没有根据，成了无源之

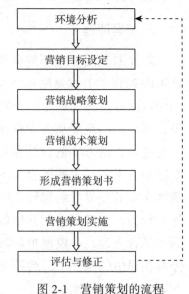

图 2-1 营销策划的流程

水、空中楼阁了。

（1）环境分析的形式。任何一家企业都面临着两个变量：一是企业无法直接控制的变量，它们以外部环境、市场和竞争变量的形式存在；二是企业完全可以控制的变量，即企业内部的经营环境。由此我们可以将环境分析分为两种形式：外部环境分析和内部环境分析。外部环境分析从调查分析整体经济信息入手，然后对企业所服务的市场以及竞争对手进行考察分析，与不可控变量有关。内部环境分析则与可控变量有关，目的是评价企业所拥有的与外部环境有关的资源以及与企业竞争对手有关的资源。进行营销策划时，必须既有外部环境分析又有内部环境分析，这样的环境分析才算完整，才可以作为营销策划后续流程各环节的依据。

（2）环境分析的内容。这里我们按照外部环境分析和内部环境分析这两种形式，将营销策划中所要进行的环境分析的内容归纳起来。这些内容是十分广泛的，企业在具体的营销策划中应根据自身的具体情况而有所侧重。环境分析的内容具体如表2-1所示。

表2-1 环境分析的内容

外部环境			内部环境
宏观环境	行业环境	经营环境	
政治环境：国家政治局势、法律制度、税收政策、商业法规等 经济环境：金融货币政策、财政税收政策、收入分配政策、产业政策、通货膨胀率、失业率、能源相关政策、行业规则等 社会文化环境：人口分布和流动、文化传统、伦理道德、风俗习惯、价值观念、环保意识、消费者生活方式等 技术环境：与企业所在行业相关的技术改进和革新	产业结构：潜在入侵者、替代者、供方、买方、业内竞争者等 产业盈利能力：进入市场的障碍、经营成本的结构、产业利润的来源、投资成本、投资回报率等	对企业营销活动影响最直接的因素，包括主要竞争对手的市场目标、现行市场营销战略、资源和能力、消费者的心理状况和购买行为、供应者、债权人、总市场规模、增长和趋势、市场的特点等	企业内部所有对营销活动产生直接和间接影响的因素，包括企业资源、企业目标、企业任务、企业整体战略、企业组织结构、企业权力结构、企业文化、战略业务单元的竞争战略、营销部门在企业的地位、企业产品的市场占有率、产品质量、分销渠道、产品价格、促销、公共关系、产品开发、信息系统等

外部环境分析在顺序上，应当从大到小，即先宏观环境，再行业环境，最后是经营环境，但从关注的程度和花费的精力上，则应该重小轻大，即最重要的是经营环境，其次是行业环境，最后是宏观环境。另外，在外部环境分析中，对消费者和竞争者的调查与分析是重中之重，应该尽量做得细致和深入，而其他环境因素有时则可以省略。内部环境分析的重点一般应当放在企业的总体战略和企业资源的优劣势等方面，目的在于找到符合企业自身状况的营销策划方案，因为一个营销策划方案的实施需要得到企业内部各方面的支持，所以切不可脱离企业自身的状况来进行营销策划方案的设计。

2. 营销目标设定

在完成了环境分析之后，下一步就是在环境分析的基础上确定营销目标，这是营销策划整个流程的关键环节。目标就是你想完成什么，目标的设定应该遵循SMART原则，即具体（specific）、可衡量（measurable）、可达到（attainable）、相关性（relevant）、时限性（time-bound）。营销目标在设定时也要遵循上述SMART原则。

营销目标就是营销策划要实现的期望值，如一年内企业某一产品的市场份额达到10%。应该明确的是，营销目标只与产品和市场有关，通行的原理是仅仅通过把某些东西卖给某些人，从而达到公司的财务目标，而广告、定价、服务水平等只是取得成功的方式，所以定价目标、促销目标、广告目标以及其他类似目标不应与营销目标相混淆。营销目标应包括下列一项或多项内容：为既有市场而生产的既有产品；为既有市场而生产的新产品；为新市场而生产的既有产品；为新市场而生产的新产品。

营销目标的设定要明确，否则策划对象就会很模糊，不易产生策划构想。在设定营销目标时必须注意以下几点。

（1）营销策划目标要尽量量化，以便于测量。对于不易量化的目标，也要尽量想出较为客观的评价标准。

（2）营销目标不要设定得太高，也不要设定得太低。太低的话，起不到激励效果，达不到营销策划的目的；太高的话，又难以实现，容易造成消极后果。

（3）如果存在多个营销目标，那么应该使营销目标相互协调一致。在目标之间有难以协调的矛盾时，要明确表述目标的优先顺序。

值得一提的是，营销目标的设定应当在一定假设的基础之上，所有公司在营销目标设定之前不得不做出一些假设，而这些假设则是营销策划能否成功的主要决定因素。所谓假设就是对企业未来所面临环境的一种预计，营销策划的成功程度取决于这种假设与实际情况符合的程度，通常，假设与实际情况的符合程度越高，营销策划的成功率越高。当然，假设是不能任意做出的。例如，如果两个负责产品经销的经理做出了假设，其中一个相信市场将增长10%，而另一个相信会下降10%，这种假设对企业是没有益处的。真正的假设应将营销策划环境标准化。例如，考虑到企业所处的产业气候，假设：当新工厂投入运营时，产业的过剩能力将从125%增长到130%；价格竞争将迫使董事会把价格水平降低5%；在第三个季度末之前，我们的主要竞争对手将在某个领域推出一款新产品。假设的数量应尽量少，避免一些无用假设的出现。

3. 营销战略策划

营销策划目标告诉你要到达的目的地，而营销战略策划则勾画了你如何到达这一目的地。营销战略策划在整个策划流程中居于十分重要的地位，因为营销目标的实现完全取决于营销战略策划这一环节，故它是整个策划流程的核心所在。营销战略策划主要包括市场细分、市场目标化、目标市场定位等，也就是营销中常提到的STP活动。

（1）市场细分。所谓市场细分就是按照购买者所需要的产品或营销组合，将一个市场分为若干不同的购买者群体，并描述其轮廓的营销行为。被细分出来的市场是由拥有可识别的相同欲望、购买能力、地理位置、购买态度和购买习惯的庞大人群构成的，是介于大众化营销和个别营销之间的中间层群体。假设同属于一个细分市场的消费者群体他们有相同的需要和欲望，虽然并不存在两个购买者是完全一样的。在细分市场上，企业能创造出针对目标受众的产品或服务，制定出价格、分销渠道和传播渠道，并且面临较少的竞争对手，这也是市场细分的优点和促使企业进行市场细分的驱动力量。然而并非所有的市场细分都是有效的，要使市场细分有效，它必须具备五个特点：可衡量性，即用来划分细分市场大小和购买力的特性程度应该是能够测定的；足量性，即细分市场的规模要大到足够获利；可接近性，即能够有效地到达细分市场并为之服务；差别性，即细分市场在观念上能被区分，并且对不同的营销组合因素和方案有不同的反应；行动可能性，即为吸引和服务细分市场而系统提出有效计划的可行程度。

（2）市场目标化。所谓市场目标化就是指当企业进行了市场细分后，在权衡了外部各细分市场的吸引力，以及企业自身的能力和资源的基础上，企业决定要进入哪些细分市场的营销决策行为。在评估各种细分市场时，企业必须要考虑两个因素：细分市场的吸引力，以及企业的目标和资源。只有那些与企业目标相一致并且企业有能力和资源进入的具有吸引力的细分市场才能最终成为企业市场目标化的对象，即目标市场。企业在对不同的细分市场评估后，可以考虑五种目标市场模式，即密集单一市场、有选择的专门化、产品专门化、市场专门化和完全覆盖市场。另外在市场目标化过程中，还必须考虑到其他一些因素，比如目标市场的道德选择、细分相互关系与超级细分、进入逐个细分市场的计划以及内部细分合作等问题。这些因素往往对市场目标化起着十分重要的影响，比如公众关注容易被侵入群体或有弱点的群体的不公平的营销手段，或促销潜在的有害产品等，这就使得营销者在选择目标市场上必须考虑社会责任问题。

（3）目标市场定位。所谓目标市场定位就是确定企业或其产品和服务相对于竞争对手在目标市场上处于一个什么样的位置。营销策划中必须对竞争对手现阶段所处的市场地位有所了解，然后结合企业自身的具体条件选择适合企业发展的市场位置。目标市场定位的策略主要有两种：其一是市场空间定位策略。它包括三种定位选择：市场空位争夺者，即企业争取成为新兴市场的第一进入者；市场深度开发者，即通过营销策划，纵深开发，从而挤入已被占领的目标市场；抢占市场者，即凭借雄厚实力，打败竞争对手，从而使自己成为目标市场新的占领者。其二是市场竞争定位策略。它主要有市场领导者、市场挑战者、市场追随者和市场补缺者等定位选择。

4. 营销战术策划

营销战术策划是指企业根据营销战略策划而制定的一系列更为具体的营销手段，具体内容包括产品策划、价格策划、分销策划、促销策划、品牌策划等。营销战术策划是营销战略策划由宏观层面向微观层面的延伸，它在营销战略策划的总体指导框架之内，对各种各样的营销手段进行综合考虑和整体优化，以求达到理想的效果。在营销战术策划中需要强调以下两点。

（1）营销战术策划中可利用的可控因素有多种，且对于不同的企业，其被侧重的程度是不同的。企业不能将可利用的营销策划的可控因素教条化，不能局限于在营销学科中常常被提及的4P，即产品、价格、分销和促销，或者认为只有这四个P才是最重要的。其实企业在营销策划中可利用的可控因素远不止这四个，而且营销学中的4P理论是基于日常消费品提出的，对于其他产品的有效性不一定像对日常消费品那样可靠，因此企业应根据所处行业的具体环境以及自身的条件，有选择地利用和侧重供营销策划用的可控因素，不能把自己局限在一个框框中，自缚手脚。

（2）企业的营销战术策划可以是全面的，比如一个企业整体的营销策划，也可以是单项的，比如一个企业的品牌策划。不管是全面策划还是单项策划，其策划的思路是基本相同的，需要考虑的战术要素也是相似的。

5. 形成营销策划书

营销策划书是整个营销策划内容的书面载体，它一方面是营销策划活动的主要成果，另一方面也是企业进行营销活动的书面行动计划。营销策划书凝聚着整个策划活动的智慧，其写作水平的高低直接影响着营销策划方案的表达，进而影响市场营销决策。营销策划书的写作要遵循一定的基本格式，本书后面的章节将对此进行详细的论述，这里主要谈一下营销策划书的作用。一般来讲，营销策划书有如下几点作用。

（1）帮助营销策划人员整理信息，全面、系统地思考企业面临的营销问题。

（2）帮助营销策划人员与企业高层决策者进行沟通。

（3）帮助企业决策者判断营销方案的可行性。

（4）帮助企业营销策划管理者更有效地实施营销管理活动。

6. 营销策划实施

一个营销策划通过营销策划书表现出来以后，接下来的工作就是将营销策划书中所列的营销策划方案付诸实施。营销策划实施，指的是营销策划方案实施过程中的组织、指挥、控制和协调活动，是把营销策划方案转化为具体行动的过程。再理想的营销策划方案，如果不通过企业各相关部门的有力实施，其结果只能是纸上谈兵，对企业来说毫无意义。所以，企业必须根据营销策划方案的要求，分配企业的各种资源，处理好企业内外的各种关系，加强领导，提高执行力，把营销策划方案落到实处。

7. 评估与修正

营销策划一旦进入实施阶段，伴随而来的就是营销策划的效果评估和修正。所谓营销策划的评估就是将营销策划方案的预期目标与现实中得到的实际目标加以比较，通过比较对营销策划实施的效果进行评价；营销策划的修正则是当发现营销策划的实际实施效果不理想时，对造成不利影响的因素加以修正，以便营销策划能够达到策划者希望达到的目标。营销策划的评估与修正主要包括项目考核、阶段考核、最终考核和反馈改进等内容。

（1）项目考核。项目考核是指每完成一个项目以后，对项目完成的情况进行一个评估，以便及时发现和解决存在的问题。当一个项目完成不理想时，营销策划人和营销管理者应首先找出原因，然后提出相应的解决办法，必要时，还要对整个营销策划方案做出调整。

（2）阶段考核。阶段考核指的是当营销策划一个标志性的阶段完成后，对其实施效果进行的评估。一般一个营销策划方案可分为几个标志性的阶段来进行，当一个阶段完成后，就要对这一阶段的营销策划实施情况进行评估，以防止营销策划在实施过程中出现大的偏差。

（3）最终考核。最终考核就是对营销策划实施的结果进行分析，以便查看营销策划的期望值与实际结果是否有差异。若发现有较大的差异，就必须找出原因并提出相应的解决办法。营销策划人员要善于总结营销策划方案及其实施过程中的经验教训，以便提高下一次营销策划的质量。

（4）反馈改进。营销策划书在实施过程中出现的问题，必须加以总结并反馈到下一次的营销策划中，只有这样企业营销策划的水平才会不断提高。这一步骤也使得营销策划的流程成为一个闭合的循环通路。

2.3 营销策划的认识误区、影响因素及功效

2.3.1 营销策划的认识误区

进入20世纪90年代后，中国市场的竞争变得十分激烈，许多企业逐渐认识到了营销策划的作用，纷纷做起了营销策划。然而由于大多数企业缺乏营销策划的知识，只能借助于外脑，即外部的策划公司和策划人员。但是，过去一些策划公司和策划人员为了自己的短期利益，不负责任地设计了一些质量低下的方案，使不少企业耽误了营销机会，结果不但没有为企业带来利润，反而造成了许多损失，致使一些身受其害的企业至今对营销策划不敢问津。这种局面的造成主要是因为人们对营销策划存在一定的认识误区，当前营销策划中存在的认识误区具体主要表现在以下几个方面。

1. 营销策划是"包治百病"的良方

一些企业的管理人员认为营销策划是解决企业在经营和管理中所遇到的难题的万能钥匙，这本身就是对营销策划的一种误解，也无形中夸大了营销策划的作用。其实营销策划只是企业众多职能之一，它不可能包办企业中的所有问题。而且营销策划要取得成功，光靠营销策划过程自身是不够的，有许多因素影响着营销策划的成功率，这些因素包括公司的规模、国际化程度、管理风格、公司高层的支持力度等。因此企业的管理人员要正确看待营销策划，要认识到营销策划的局限性。一个企业要在激烈的竞争中生存发展，其首要任务是苦练内功，企业自身的综合素质才是决定企业成败的关键因素，要不断地加强企业的市场应变能力，提高企业的核心竞争能力。只有企业自身的综合素质得到提高，企业才能更好地运用营销策划和驾驭营销策划。

2. 营销策划是误人子弟的东西

一些企业认为营销策划对企业是毫无用处的，并且会给企业带来损失。这种观点显

然是另一个极端。造成这种想法的原因是多方面的，例如在现实中，一些在营销策划方面比较粗心的公司经营得很好，而那些在营销策划方面做得很好的公司却经营得很差；一些企业曾经利用外部策划机构和人员做过策划，结果却十分不好；社会上一些策划公司和策划人员缺乏职业道德，只考虑自身利益，坑害了客户等。造成上述现象的原因是多样的，比如前面讲的营销策划受许多因素的制约以及各个企业所处的行业环境不同等，但这些均不能证明营销策划的一无是处。营销策划建立在多个市场理论和管理理论的基础之上，并随着市场实践的探索而不断完善、发展，是一种有严密的逻辑和操作程序的边缘应用型综合技巧，它本身是科学性和艺术性的紧密结合，其效果并不因为某些失败或过错的案例而被否定。反而，随着世界经济一体化趋势和市场竞争激烈程度的加剧，企业的经营活动与管理活动更加需要营销策划，以便为企业的竞争和发展指明方向，为决策者提供有价值的参考。

3. 营销策划方案可以模仿着做

在如今激烈的市场竞争中，企业要获取竞争优势就必须进行一系列的创新，在营销策划方面更是如此。创新性是营销策划的灵魂所在，只有有创新的营销策划才能为企业带来胜利。那些模仿他人的营销策划而做出来的营销策划本身就是对营销策划核心的误解，是不能取得成功的。因此，企业在做营销策划时要彻底摆脱"营销策划方案是可以模仿着做"的误区，一定要从创新的基点出发来进行营销策划方案的构思和设计。同时，营销策划要从实践入手，总结有价值的策划方案，结合企业的具体战略和品牌特点，制订适宜企业发展的营销策划，这样才能真正体现出营销策划方案的价值，为企业带来竞争优势。

4. 有专业知识就能做好营销策划

一些人认为拥有专业的知识就能做好营销策划，这也是营销策划认识上的一个误区。应该指出的是，一个好的营销策划方案的诞生是离不开经济理论、市场营销理论、策划理论等方面的专业知识的，但是成功的营销策划除了专业知识外，还需要策划人更加广博的知识，涉猎的知识面越广越好，更需要丰富的行业营销管理经验，这是由营销策划实践性很强的特性决定的。这就说明了有专业知识只是制作优秀营销策划方案的必要条件，而不是充分条件，对于实践经验也是同样的道理。

5. 营销策划越复杂越好

做好营销策划需要丰富的理论知识和实践经验，但这并不等于说营销策划越复杂越好。营销策划的目的在于高效率、高效果地完成营销任务，而不在于追求复杂。如果简单地认为简洁的营销策划意味着质量不高，复杂的营销策划则代表高质量，那么就犯了形而上学、舍本逐末的错误。此外，营销策划要根据企业高层管理者的特点来进行，一些企业高层管理者是不喜欢复杂的策划书的，他们更青睐于简单有力的形式，这时候复杂的策划书往往会引起他们的反感而遭到否决。所以，营销策划书要考虑其服务对象的特点，选择其表达方式的复杂程度。

6. 营销策划方案一定要不折不扣地执行

这种误区体现在营销策划方案的实施和控制过程中。营销策划方案的制订，是调查和分析了过去和当时的状况之后，在对未来的不确定性所做的预测的基础上形成的。这种预测虽然有一定的依据，但无法保证未来就是按照方案中所预测的那样进行。现在社会中唯一不变的就是变化，市场往往是瞬息万变的，这就会导致一些策划者没有考虑到的问题冒出来或实际的情况与原来设想的有偏差，这时候就需要企业在执行营销策划方案时具有一定的灵活性，针对情况的变化对策划方案做一定的调整，必要时甚至可以放弃原方案，这样才能使营销策划方案达到理想的效果。

7. 营销策划就是概念创新

营销的本质是"研究人性和人心"，即满足用户的真实需求。在移动互联网社交时代，帮助用户找到真正的心理需求，找到用户需要的服务，找到用户需要的价值产品，为用户真正解决问题，通过创造价值、宣传价值、传递价值获得并留住用户是营销策划应该达到的目标。而市场营销从最初的"广告驱动时代"到"科学竞争时代"再到现阶段的"价值驱动营销时代"，信息交互方式的变革改变了人与人沟通的方式，但是不变的是营销策划的本质。简单的概念创新或许会达到"事件营销"的短期目的，但并不是长久之计，只有满足目标用户真正需求的营销策划才能让企业持续地获得关注和利益。

以上七点均是营销策划认识上的误区，当然人们对营销策划的认识还存在着其他一些误区：将营销策划等同于出点子，认为会出"鬼点子"就能做好营销策划；认为营销策划是未来营销的决策；认为营销策划就是密切关注广告、促销等。由于篇幅所限，这里就不逐一做介绍了。

2.3.2 营销策划的影响因素

营销策划的流程单纯从概念上来讲是很简单的，而且能普遍适用。但是，一旦考虑到大量的影响因素后，营销策划就变得极为复杂，操作起来十分困难，这也是大多数企业不能成功地完成营销策划的原因，也是造成前述误区的一个重要原因。营销策划的影响因素是众多的，这里主要介绍如下几个影响因素：高层管理者的支持力度、经济环境的波动情况、竞争的激烈程度和企业自身实力。

1. 高层管理者的支持力度

一个营销策划书即使写得再优秀，若得不到公司高层管理者尤其是执行总裁的支持，它所发挥的作用也将微乎其微。在以部门管理分工为基础的公司，情况更是如此。因为在这些公司，营销主管没有完成利润指标的责任，同时也没有直线管理的权力。在这种情况下，负责经营的高级管理者是相当容易制造"政治"困难的，在最为严重的情况下，他们会对新的营销策划方案视而不见。这就造成了营销策划方案的名存实亡，得不到有力的贯彻，最终只能黯然收场。造成企业的高层管理者对营销策划支持力度不够的原因大致可分为三个方面：①一些高层管理者缺乏营销导向的理念，他们可能对基本的营销原理一知半解甚至一无所知，这往往导致了他们对营销策划的偏见，认为营销策划者只会纸上谈兵，对实际的利润毫无贡献，增加的只是公司的成本而已。②营销策划者与高层管理者缺乏沟通，这使得高层管理者搞不清楚营销策划的始末，面对营销策划书中令人摸不着头脑的报表、流程图以及类似的资料，他们往往感到愤怒，然后便是拒绝。③当前经营和奖励系统往往会加剧高层管理者对面向未来的营销策划的抵制，面向现在的奖励系统和薪酬体系往往使高层管理者只关心现在，而对未来看起来渺茫的收益一点兴趣也没有。因此营销策划方案的设计应考虑到高层管理者，包括其管理风格、知识架构、态度等方面，否则一旦营销策划缺少高层管理者的支持，它的作用将大打折扣。

2. 经济环境的波动情况

经济环境的波动情况对营销策划有着重要的影响，尤其是企业行业环境的波动。一般来说，经济环境的波动幅度越大，其对营销策划的削弱作用越强，因为在这种情况下，许多问题的出现是营销策划者在营销策划过程中无法预见的，这就需要在执行营销策划的过程中对这样的问题进行相应的处理，适当调整原来的方案。有时候当实际经济情况与事前预测的完全相左时，就意味着以原来预测为基础的营销策划方案的失效，需要完全抛弃它。经济环境的波动也会使原来的营销策划目标难以达到或远远超出，整个行业的经济萧条会使企业遭受不可避免的损失，即使其营销策划是实施得当的；相反，当整个行业一片景气时，营销策划的结果往往会超出原有预期。

3. 竞争的激烈程度

企业所面临竞争的激烈程度也对营销策划有影响。一般来讲，企业的竞争环境越宽松，其对营销策划的需要程度就越低，对营销策划的质量要求越不高；相反，企业面临的竞争对手越强大，竞争越激烈，企业对营销策划的依赖程度就越大，对营销策划方案的创新性越看重，此时营销策划就越需要被有力地贯彻下去。在激烈的市场竞争中，营销策划取得成功的概率大小更加依赖于营销策划自身的质量和营销策划的实施状况，这也对企业营销管理者提出了更高的要求。同时也应看到，营销策划的价值就体现在其能在激烈的市场竞争中使企业出奇制胜，赢得竞争优势。

4. 企业自身实力

企业自身实力也是影响营销策划的一个因素，甚至可以说企业自身实力影响着营销策划的全过程。实力雄厚的企业，一般是指那些在人才、资金和设备等方面都具有相当储备的企业，对营销策划的理解往往比那些实力差的企业更加到位，营销策划的执行也更加有力。实力强大的企业对营销策划的质量要求更高，同时它们也愿意为高质量的营销策划方案花上一大笔钱。自身实力强的企业往往雇用外部知名的营销策划机构为其服务，而这些知名机构的营销策划方案的质量一般来说是比较高的，其要价也相应较高，由于较高的要价，一般实力的企业就无法聘用这样的策划机构为其服务，这在一定程度会影响营销策划方案的质量。当然这里并不是在提议实力一般的企业去找那些要价高昂的知名策划机构做营销策划，企业在做任何事情时都要考虑自身的成本和投资回报率，不能盲目迷信知名策划机构，要知道企业的发展还是要靠企业自身的力量。所以，企业要根据自身的具体情况选择由谁来做营销策划，并且要有力地贯彻之。

影响营销策划的因素还有很多，比如企业的国际化程度、市场份额、科技变革、企业文化等，这里就不做进一步阐述了。应该指出的是，了解影响营销策划的因素有利于我们更加全面深入地理解营销策划，同时也使我们在做营销策划时考虑得更加周详，从而提高营销策划的质量。

2.3.3 营销策划的功效

营销策划是市场经济发展的产物，是现代企业获取竞争优势的手段之一。具体来讲，营销策划的作用主要表现在以下几个方面。

1. 营销策划能够提高企业的经营管理水平

随着科学技术的发展，社会生产力不断得到提高，各种产品充斥着市场，产品同质化的程度越来越高，消费者有了足够的选择余地，从而形成了消费主权的时代，当今的市场已经转变为买方市场。这种形势直接导致了企业间竞争的白热化，迫使企业改变以往以产品为中心的市场导向，转而实施以消费者需求为中心的市场营销导向。现阶段的企业虽然接受了一些市场营销的观念和方法，但更多的是按惯例和经验来进行营销活动，缺乏科学的理论指导和系统的营销管理基础。营销策划可以帮助企业有效地解决这一问题，它以需求管理为核心，把市场需求作为市场经济条件下一切生产经营活动的起点和归宿，以市场营销为龙头改造整个经营管理流程，按市场需求配置企业的资源，这无疑促进了整个企业经营管理水平的提高。

2. 营销策划能够促进企业营销资源的高效配置

营销策划以市场需要为中心，通过多学科知识的集合和碰撞，打破传统观念，用创新的思维和系统的观念，把企业既有的和可利用的人才、资金、技术、设备以及信息等资源有效地整合起来，高效配置出企业营销的高效益。总之，营销策划是知识高度密集型的活动，它将企业的营销资源引向能有效满足市场需求的地方，使企业资源的运用更有效率。

3. 营销策划能够帮助企业降低未来的不确定性

如今的市场环境是极不稳定的，波动性很大，这就给企业带来了更多的不确定性，而不确定性就意味着风险，这增加了企业管理的难度。一套合理的、流程化的营销策划可以帮助企业管理者有效地降低这种不确定性，提高企业未来期望的某些方面的实现程度。这是因为营销策划是建立在对未来所进行的科学性预测的基础之上的，考虑了将来可能出现的各种情况，这就使企业管理者能够做到未雨绸缪，对未来有更好的把握。所以，营销策划在一定程度上能够克服不断增加的外界环境的不确定性。

4. 营销策划能够增强企业的市场竞争实力

营销策划以多学科知识的整合为基础，用创造性的营销思维打破传统观念的禁锢，用富有创意的营销理念和经营哲学指导企业进行营销制度、营销方式、营销策略和产品等方面的创新，并用这种创新去适应需求、创造需求和满足需求。企业在正确的营销策划的指导下，以消费需求为中心，能够高效率地配置自身的有限资源，更好地满足和创造需求，提高企业的盈利能力，增强企业的市场竞争能力，从而提高企业的整体市场竞争实力。

⊙ 策划案例与文案　　　　　　**2014年辽宁省可口可乐公司营销方案**

一、策划案背景

中国的市场目前是可口可乐全球发展最快，也是最重要的市场之一。2012年3月29日，可口可乐辽宁营口新厂落成，这标志着可口可乐在华投资的加速，及其对中国饮料市场的巨大信心。中国饮料市场已经成为饮料行业一个巨大的消费市场。可口可乐、百事可乐、统一、康师傅、达能、立顿等品牌在瓜分着中国饮料市场的份额。面对激烈的竞争，所有的饮料公司都需要生存和发展。在公司的整体经营战略中，产品的核心竞争力、市场营销策略变得越来越重要，它们决定着公司的未来。

二、环境分析

可口可乐公司于1984年进入中国，其目前软饮料市场份额居全国第一。随着中国改革开放的深入，人民生活水平不断提高，我国饮料工业发展迅速，年均增速20%。作为饮料巨头的可口可乐公司也看中了中国饮料市场发展的巨大潜力。同时，尽管市场一直呈现两位数的增长，但2013年尼尔森数据显示，2013年饮料整体大盘有缩水的趋势。

1. 宏观环境

（1）政治法律环境。政府支持外资，招商引资的政策一直是不变的，各级政府的产业及税收政策也在相当长的时间里保持足够的稳定，这为可口可乐在中国的大发展提供了非常好的政治和法律环境。

近年来，和企业经营密切相关的经济法律法规正在得到不断发展和完善。这些法律制度向全世界提供了一个自由、开放、稳定的中国市场，以确保实现所有企业的合法权益，为企业的经营提供了更加公平公正的大环境。

（2）经济环境。2013年全省城镇居民人均可支配收入25 578元，实际增长7.6%；农民人均纯收入达到10 523元，实际增长9.5%。消费者购买力的增强对饮料这种快速消费品而言意味着更大的市场机会。这种有利的经济环境对于辽宁可口可乐公司的发展是大有好处的。

同时企业生产所需的原材料价格也随之上涨,特别是饮料生产中所使用的糖的价格。在零售价格不变的情况下,可口可乐公司需要重新审视自身以控制成本。

(3)社会文化环境。辽宁省位于我国的东北部,四季分明,在高温难耐的季节可口可乐会有很好的业绩表现,可是到了低温严寒的季节销售量就会降低。2013年,辽宁省60岁以上老年人口占比18.5%,比全国高出3.6个百分点,人口老龄化形势严峻。这给市场上可口可乐的销售带来了压力,饮料对老年人来说本就属于一种下降需求,加之人们健康意识的不断提高,对碳酸饮料的需求也在减少,因此要结合实际情况,选择合适的产品组合并开发新的产品来迎合人口结构的改变和人们对健康饮品的追求。

2. 微观环境

(1)潜在竞争者。可口可乐国际化的资源保证,先进的生产设备和技术,丰富的产品,对潜在进入者产生很大的竞争压力,形成了较高的行业壁垒。

(2)替代品竞争者。饮料的替代品很多,替代作用较强的有瓜果、啤酒、冷饮和奶制品等,这些替代品的供求价格以及普及程度的变化对碳酸饮料的需求有很大影响。

(3)现有竞争者。2012年可口可乐两大竞争对手康师傅和百事结成战略联盟。康百联盟最直接的优势就在于两家的优势可以互补,通过合作不但有望在短期内提高双方的业绩,而且将把未来的增长潜力最大化。

(4)供应商。饮料主要原材料价格均有大幅度增长,因此成本有大幅提高的趋势。

(5)购买者。经销商和企业的聚合度很高,而且大经销商的数量在减少,由于可口可乐是饮料市场的主导品牌,经销商很难在折扣和返点方面与厂家讨价还价。

三、SWOT 分析

1. 优势

(1)可口可乐目前在辽宁市场中仍然占据着领导地位。

(2)可口可乐是世界知名品牌,在市场上享有较高的知名度,在消费者心目中的信誉很好。

(3)拥有先进的生产设备,生产质量高且稳定。本地建厂,运输成本低,且方便进行各种市场活动操作。

(4)相对于竞争对手,可口可乐公司产品品种齐全,在碳酸及非碳酸领域都有非常出色的产品占据领导地位。

(5)销售渠道经过几年的建设已经非常健全,各级经销商看好公司的整体实力和未来发展前景,对公司的各项举措都很支持。

2. 劣势

(1)产品成本及市场零售价格相对于竞争对手一直偏高。

(2)相对于其主要竞争对手,可口可乐的整体品牌形象在部分消费者心目中有老化趋势。

(3)乡镇及农村的营销渠道建设还不完善,有待进一步加强。

3. 机会

（1）辽宁省人口保持持续增长，增加了市场销售机会，饮料整体市场扩大。

（2）经济持续稳定增长，人们生活节奏不断加快，对快速消费品的需求也在不断增加。

（3）城镇居民可支配收入和农民人均纯收入保持一定幅度的增长，人民的消费能力进一步增强，社会消费品零售总额将保持一定幅度的增长。

4. 威胁

（1）人们对健康越来越重视，对饮料的需求因此减少。

（2）康师傅和百事的战略联盟使终端销售压力增大。主要竞争对手百事可乐公司在市场投入及渠道建设上投入加大，使其销量及市场份额有很大提高。

（3）越来越多的人深化了功能饮料"有益健康"的印象，从红牛、脉动到现在越来越受欢迎的加多宝和王老吉，功能性饮料以其健康的形象在当今市场中越来越重要。

四、市场选择与定位

1. 市场细分

（1）根据地域属性分为三部分：第一部分为一线城市沈阳和大连，称为中心市场（U1）；第二部分为其余地级市，称为二级市场（U2）；第三部分为县级市（C）及乡镇市场（T）。

（2）根据产品属性，分为含气饮料市场、果汁及茶饮料市场、奶饮料市场、瓶装饮用水市场。

（3）根据消费者的不同需求和特点，细分为如下三个主要的群体：12～19岁年龄段的消费群体；20～29岁年龄段的消费群体；30～39岁年龄段的消费群体。

2. 目标市场选择

通过对市场的细分，分析不同目标市场的特点，选择以下几个主要目标市场作为持续发展的突破口：U1和U2市场、含气饮料、果汁及茶饮料市场、12～19岁以及20～29岁年龄段的消费者。

五、营销目标

（1）含气饮料的市场要与百事展开全面竞争，使可口可乐含气饮料的市场占有率达到整个含气饮料市场的50%。

（2）确立果汁饮料的领导地位。在果汁饮料方面，利用美汁源强有力的品牌形象挑战康师傅。通过产品的创新，弥补果汁饮料下滑的趋势，使果汁饮料的市场占有率达到整个果汁饮料市场的30%。

（3）拓展茶饮料和乳饮料在辽宁省内的市场。

六、营销策略

1. 产品策略

（1）保持经典弧形瓶的设计，包装的颜色突出各个产品品类的经典颜色。

（2）标签的设计要根据促销活动的不同及时更新。

（3）目前可口可乐的产品品类分为5大类：含气饮料、果汁饮料、茶饮料、奶饮料、包装水，每一个产品品类之下又有多种品牌组合，不同类型的产品满足不同消费者的需求。

（4）根据消费场合的不同，消费者饮用习惯的不同，相应地设计出多种多样的包装组合。

2. 价格策略

（1）制定产品价格就是在成本和费用的基础上，加上公司期望的利润以及给中间商的利润，另外预留出上下浮动的空间，用于促销活动或价格折让。

（2）产品价格应该与竞争对手保持相对一致或略低一点，这样可以更加有效地打击竞争对手，吸引消费者购买。

3. 渠道策略

（1）大型商场和超市。这个渠道中会销售可口可乐全系列的产品，家庭包装以及多联装组合是这个渠道需要重点发展的销售方式。

（2）零售店、加油站内的便利店等。在这个渠道内需要不断调整铺货的重点以及排面上不同品类产品的分布。例如，加油站周边的售点要更多地售卖即饮包装这种便携包装，而居民区内的零售店就应当重点发展家庭包装。

（3）餐饮饭店。针对不同规模和类型餐饮渠道的特点安排不同品类产品的销售重点和比例。

4. 促销策略

（1）线上广告促销主要是由总部负责，包括媒体洽谈、广告公司招标、广告片设计、创意的形成。主要通过当地的报纸和平面媒体，或在人流量较大的商圈投放墙体广告来宣传企业形象。

（2）主要围绕各个品牌进行，如围绕可口可乐、雪碧、芬达、美汁源等进行的路演和赠饮。

（3）推出多种进货套餐，惠及客户，使其产生售卖积极性。

（4）在终端售点内对产品进行陈列，并加以礼品的捆绑销售，增加交易频次；在大型超市进行捆绑销售的同时，增加抽奖，刺激消费者更多地购买。

5. 公关策略

（1）赞助公益事业，如赞助公益小学、海滩净滩活动等。

（2）积极宣传保护环境的意识，树立积极健康、美好生活的理念。

七、组织与实施计划

1. 营销组织的改进

营销组织包括销售和市场两个独立的功能组，分别设置销售总监和市场总监，各自负责各自的部门运作。

（1）在销售和市场两个功能组之上设置营销副总，统领销售部和市场部两个功能组，整合资源，减少内耗，统一行动，提高市场策略执行力。

（2）明确各个岗位的工作职责，采用项目负责人制度推动跨部门项目的推动和执行。

如针对春节促销计划，成立专门的项目小组，确定项目负责人，制定明确分工表和时间跟进表，定期召开项目进度会议，按既定安排执行并完成项目。

2. 营销人员的培训

（1）市场培训。主要针对市场部以及销售部的相关人员。市场知识培训可以分为基础概念、沙盘演练、案例和实战演练。

（2）销售培训。销售的知识包括销售线路的划分、客户资料卡填写、冰柜投放及冰柜陈列标准、售点成功图像的建立与保持、客户投诉的处理等相关培训课程。

（3）促销人员培训。促销人员应当掌握产品陈列、产品特点、促销与价格信息等多方面的知识。

八、费用预算

费用的预算会分为含气饮料、果汁饮料、茶饮料、奶饮料和包装水五个部分，还会对各个细化的品牌做进一步分配和安排。2013年辽宁省可口可乐市场费用预算为1.5亿元，其中含气饮料预算占总金额的65%；果汁饮料预算占总金额的20%；茶饮料预算占总金额的5%；包装水预算占总金额的5%；奶饮料预算占总金额的5%。

讨论题

1. 你认为该策划方案是否有需要改进的地方？如何完善？
2. 收集资料，了解可口可乐近期的营销策划活动。

相关链接　关于营销策划的两个软件介绍

这里简单地介绍两个在营销策划方面十分有用的软件，一个是营销工程软件（Marketing Engineering），另一个是营销策划专业软件（Marketing Plan Pro）。这两个软件可以帮助营销策划人员高效地进行策划工作。

1. 营销工程软件

虽然国内许多企业的营销人员已经逐步接受了菲利普·科特勒的以顾客为导向的营销艺术，理解了市场营销的概念，但是面对顾客需求多样化、市场竞争加剧以及网络时代的到来等复杂多变的企业经营环境，仅凭概念性营销对现实中的营销活动做出决策，往往会出现决策失误，显得不够科学。而营销工程则是对这种概念性营销的有利补充，大大提高了营销决策的科学性。营销工程软件集中体现了营销工程思想的精华所在，它运用分析技术、定量技术和计算机建模技术，将概念转化成因地制宜的决策行动，大大提高了营销管理人员的营销决策水平。

营销工程软件由3个不同类型的软件模块组成：①在营销工程软件主菜单下直接运行的Windows程序，其中包括聚类分析程序、多项式对数分析程序和市场定位分析程序。②在Excel下加载运行的电子报表模型，其中包括广告预算模型、沟通计划模型、预测市场模型、巴斯模型、基于选择的市场细分模型、竞争广告模型、竞争性投标模型、促销分析模型、GE

业务组合规划模型、学习曲线定价模型、PIMS 战略模型、促销费用分析模型、销售拜访计划模型、销售资源分配模型、使用价值定价模型、可视反应模型和饭店收益管理模型。③与主菜单关系松散，激活后就可执行的独立程序，其中包括广告文案设计程序、层次分析程序、联合分析程序、决策树分析程序、地理人口网点规划程序和神经网络预测程序。

营销工程软件包括 Excel 电子报表和软件商的非 Excel 模型。在使用营销工程软件前，使用者必须熟悉计算机的使用，用过 Windows 操作系统和 Microsoft Excel 软件。在计算机上安装了该软件之后，用户可以通过"帮助"菜单中的"索引"了解各个模型的相关信息和使用方法。如果想进一步了解营销工程软件，请访问：http://www.mktgeng.com/。

2. 营销策划专业软件

营销策划专业软件能够帮助营销人员更加方便地制作出一份专业的营销策划，从而使其高效率地完成营销策划任务。营销策划专业软件为营销人员提供了强大且易于操作的工具，将营销策划分为几个步骤并形成模板，营销人员按照该软件提供的模板就能够高效率地完成营销策划。这些步骤一般包括业务回顾、问题与机会、目标市场与营销目标、战略规划、战术营销组合工具、预算、实施和评估等。在每一个步骤中，该软件都提供了强大的支持工具，这些工具可以很好地引导营销策划者如何去做该环节相应的内容。营销策划专业软件同时还提供了大量的相关资源，这些资源可以为用户营销策划过程中的各个方面提供有益的帮助。

营销策划专业软件基于网页资源的支持和辅助，以"向导"的方式指导用户完成计划过程的每一步，从而完成对一份营销计划书的文字和图表描述。用户可以自由设计封面、选择字体和打印尺寸，并打印已完成的营销策划书。此外，营销策划专业软件还提供了一些真实的案例分析，诠释许多公司或非营利组织是怎样在众多问题和选择面前做出决策的；其中，每一个案例都包含所有输入资料的指导说明和样本公司的文字信息，以及一套完整的对案例文字信息的图表说明。这些案例涵盖了不同的组织、产品和客户群，但是在营销策划专业软件中，它们都遵循着一个统一的格式，这使得这些案例可以被有效地加以对比。如果想进一步了解营销策划专业软件，请访问：www.paloalto.com/prenticehall/。这两个软件的封面图如下。

图 2-2　营销工程软件和营销策划专业软件封面图

策划实战

"李宁"是知名运动品牌，创始人是我国家喻户晓的奥运会冠军。在个人 IP 的影响下，通过与国内外大型运动赛事合作,品牌已经在国内外拥有一定的影响力。但是在快速发展之后,李宁公司面临以下挑战和机遇:一方面,在运动品牌的竞争中,国际品牌在国内的市场份额一直居高不下,代表的品牌有Nike、Adidas、Reebok、Puma、Fila等,并且在篮球、跑步、户外运动、游泳、网球、高尔夫、足球等领域均有代表性品牌。同时,国内的竞争者同样有很多,安踏、飞跃、回力、特步等代表企业与李宁公司产生了激烈的竞争。在定价方面,李宁公司一直处于较为尴尬的境地。若产品价格高于国内同类产品,国内消费者会选择国际品牌;价格与国内同类产品持平又无法取得更高的利润,也无法体现国内优质运动品牌的地位。因此,近年来,李宁公司在市场营销方面一直在通过营销策划不断调整自身的定位和品牌形象。

另外,对李宁公司有利的是目前国内外经济、政治等外部因素,国家希望扶持一部分优秀的民族企业,希望民族企业能够形成自身的竞争优势;同时,随着国潮热的流行,90后和00后显示出对民族品牌的更大支持。

如果你是李宁公司营销部的策划人员,你如何针对这一背景进行公司的市场策划?请结合本章所学内容进行营销策划,并与李宁公司实际的营销策划做法和效果进行比较分析。

本章小结

营销策划作为策划的一个分支,对企业的经营活动发挥着十分重要的作用。营销策划是指市场营销策划活动的主体,根据企业的整体战略,在企业内部条件和外部环境分析的基础上,设定预期的营销目标并精心构思、设计和组合营销因素,从而高效率地将产品或服务推向目标市场的操作程序。它具有前瞻性、战略依托性、目的性、程序性、创新性等特点。

营销策划的原理包括人本原理、差异原理、整合原理、效益原理。一个完整的整体性营销策划的流程依次经过环境分析、营销目标设定、营销战略策划、营销战术策划、形成营销策划书、营销策划实施、评估与修正这七大环节。

现实中,人们对营销策划存在着种种误区,这些误区包括:营销策划是"包治百病"的良方,营销策划是误人子弟的东西,营销策划可以模仿着做,有专业知识就能做好营销策划,营销策划越复杂越好,营销策划方案一定要不折不扣地执行,营销策划就是概念创新等。营销策划的影响因素很多,主要包括高层管理者的支持力度、经济环境的波动情况、竞争的激烈程度、企业自身实力等。营销策划是企业获取竞争优势的重要手段,其作用体现在提高企业的经营管理水平,促进企业营销资源的高效配置,帮助企业降低未来的不确定性,增强企业的市场竞争实力等方面。

第 3 章
营销策划的组织与管理

开篇案例

周黑鸭的"丑小鸭"变形记

湖北周黑鸭食品有限公司是一家主要以鸭类、鹅类、鸭副产品和素食产品等熟卤制品生产为主的品牌企业。年轻消费者大都知道,湖北最有名的小吃除了热干面就是周黑鸭了。那么周黑鸭如何从一只"丑小鸭"变成"白天鹅"的呢?

周黑鸭创始人周富裕出生在重庆的贫困山区,1994 年 19 岁时来到武汉打工,看到了市场机遇的他一年之后决定自主创业。经过上百次实验,他终于研制出一种口味奇特的卤鸭产品,命名为"周记黑鸭"。一开始,周富裕是为酒店供货,但是大酒店赊账、小酒店跑账等问题使得周富裕决定采取零售模式。由此开始,周黑鸭从一间小门店的"丑小鸭",逐渐变成了全国连锁的"白天鹅"。因为味道独特,周黑鸭的生意非常好,2005 年,周黑鸭开了 8 家连锁店,并注册了"周记黑鸭"和"周黑鸭"品牌标识,并于 2006 年成立武汉周黑鸭控股公司。2007 年起,为保证口味的始终如一,统一规范流程的中央厨房模式被逐步引入,同时利用直营店策略进行品牌扩张,将原来个体散户改为统一标识、着装、销售、管理的连锁经营模式,并且扩大了产品线,很快在武汉本地成为家喻户晓的品牌。2011 年,"周黑鸭"被认定为"中国驰名商标"。那么周黑鸭是如何进行营销策划的呢?

1. 市场细分、市场定位

周黑鸭在对消费群体进行市场调查后发现,中青年往往更容易接受新鲜事物,且对重口味的辣味产品适应力更强,因为可以成为周黑鸭忠诚的品牌购买者,对周黑鸭迅速占领市场有积极影响。

中青年包括白领和学生。年轻白领生活时尚,收入稳定可观,下班回家还有吃夜宵、零食的习惯,因此对快捷食品具有较强的购买需求和消费能力。另外,由于保鲜期限的延长和更加精致的包装,周黑鸭也已成为年轻的旅游人士馈赠亲友的上乘礼物。中青年成为周黑鸭最为看重的消费群体。

2. 产品策略

周黑鸭的产品线包括鸭类、鹅类、鸭副产品和素食熟卤制品。在包装上强调绿色环保理念,以实现卫生、便捷、新鲜。现阶段顾客对于便捷食品的环保功能、便捷程度和健康理念均有较高的要求，因此周黑鸭的产品在主打保健功能的基础上，通过卫生、环保的包装结合产品美味的口感共同吸引消费者进行选购。

3. 价格策略

周黑鸭采用竞争导向定价法的定价策略，其产品价格在同类产品中虽然没有太大优势，保健功能却能给予周黑鸭一定的价格优势。周黑鸭还会通过上游材料的价格波动、居民消费水平变化以及高频市场调查情况对产品进行灵活定价。对于已经形成一定忠诚度的老顾客，周黑鸭推出一系列的积分奖励活动，消费越多，积累的积分越高，积分可以用来兑换周黑鸭产品。通过这样的手段，顾客满意度得到极大的增强，周黑鸭间接在价格方面占据优势。

4. 分销策略

周黑鸭为保证口味和品质，维护品牌形象，一直坚持"不做加盟、不做代理、不传授技术"的直营理念。在分销渠道方面，周黑鸭选择间接渠道，采用窄渠道的方式虽然在一定程度上限制了品牌的发展，但可以把控品牌的质量。并且周黑鸭属于休闲类食品，单价低、体积小，适宜采用间接分销渠道。

5. 宣传策略

周黑鸭在交通运输枢纽区域增加广告投放，并且拓展新媒体营销渠道。作为湖北武汉特色卤味食品之一，周黑鸭依托武汉在交通上的优势，大举布局火车站、机场等交通枢纽；为扩大品牌影响力，2014 年周黑鸭冠名武汉至北京部分高铁列车，并获准在 5 小时车程内播放广告。2014～2015 年，周黑鸭将产品提供为航班零食来"高位"推广产品。在微博、微信等新媒体上，周黑鸭也开设了官方账号，与用户进行积极互动。

2018 年周黑鸭又盯上了旅游市场，从"美食鸭"跨界成为"旅游鸭"。周氏惊喜官小周周是周黑鸭推出的 IP 人物，通过 IP 人物和会员免费旅行活动打造周黑鸭新的宣传策略。从 2018 年上半年厦门站的"活出新花 YOUNG"到下半年珠海站的"甜辣 CP 秀"，再到 2019 年的"寻味 cool 辣广西之旅"，每一次旅行都为周黑鸭赚取了流量和品牌好感度。

从周黑鸭的营销策划方案中可以看出，策划的成功与否很大程度上取决于不同策划内容的一致性和可行性，更取决于在策划的过程中能否进行有效的组织和管理。那么，究竟什么是营销策划的组织与管理，如何实现有效的策划组织和管理，从而提高策划的成功率？读者将能在本章中寻找到答案。

3.1 营销策划的组织

营销策划是一种复杂的且富有创意的智慧行为。选择有效的策划实现途径，能使企业的营销策划活动取得事半功倍的效果；而建立完备的营销策划组织和选取优秀的策划人才，则是营销策划活动顺利开展的重要前提和保证。

3.1.1 选择有效的策划实现途径

企业进行营销策划，主要可以通过两种途径来实现：一种是通过"自力更生"的方式，即企业自行组织企业内的营销管理人员，建立自己的策划部门进行策划；另一种则是借助于"外脑"，即通过外聘专门的策划人员或专业的策划公司来进行策划。当然，企业也可以把"自力更生"与"借助外脑"的方式结合起来运用。具体采用哪种途径，企业应根据实际情况灵活掌握。

实力较强的大型企业可以建立自己的策划部门，委派专人负责企业的策划工作。自己组建策划部门，一方面能为企业节约大量的咨询费用，另一方面也能适应大企业发展对策划工作的客观需求。策划部门就像企业的大脑，通过它，企业就能自行策划多种事项。作为企业自身的一个职能部门，策划部门对企业的各种情况是较为熟悉的，也较易获得来自企业内部的各种相关信息和数据，由其制定出的策划方案也更能贴近企业需要，更易与企业的发展战略保持一致。

而对大多数中小企业来说，借助外脑进行策划则比建立专门的策划部门负责策划有效得多。一方面，企业小，事也少，专门去组建策划部门反而会增加企业成本，降低效率，相比之下，借助外脑更省事；另一方面，大多数中小企业并不具备组建策划部门的条件。当然，借助外脑也要有一定的度。外脑的作用应当是参谋性或辅助性的，而不是代替企业进行决策。过度迷信或依赖外脑，反而容易使企业走入营销策划的误区。

究竟是自己策划还是依靠外脑，并没有什么统一的标准。企业应在综合考虑自身的规模、实力，以及策划工作的频度和复杂程度等多项因素的前提下，认真分析投入产出比，从而选择一种适合企业的有效的策划实现途径。

3.1.2 建立完备的营销策划组织

策划的过程虽然可以通过不同途径来实现，但无论是哪种，都需要围绕策划的主题设置专门的行动机构，以保证策划工作的顺利进行。

所谓的营销策划组织，一般也称作营销策划委员会或营销策划小组，它将策划活动所需的各类人员整合在一起，是在充分发挥策划主创人智慧的基础上形成的团结合作的组织系统。这种组织机构依策划主题而设，具有临时性的特点，当营销策划项目或任务完成，策划小组便可以宣告解散，其后续工作可由企业的常设机构如企划部（科）来负责实施、监督及控制等。虽然是临时性的组织，营销策划组织仍具有较强的权威性、专业性和严密性，对整个策划活动的成败起着关键性的作用。

专栏 3-1   **营销策划组织的绩效管理**

在知识经济时代，营销策划组织需要将"绩效考核"转化为"绩效管理"，管理者与员工应建立一种平等合作的工作关系，激发员工的工作积极性，释放其工作能量，从而提高组织的整体绩效。绩效管理包括以下四个过程。

明确工作任务。对每个下属员工来说，组织在"目标管理"中确定的各环节"绩效目标"（个人级 KPI）只是一个抽象的概念。管理者必须指导下属员工，把"绩效目标"转化为"工作任务",并促进下属形成见解、思路、对策和计划。

明确成长方向。尽管人们常说"员工是企业的财富",但很少有组织关注"人才队伍"的培养,把员工的工作、学习、成长和业绩联系起来。相反,组织往往省略了员工的"学习和成长"的环节,驱使员工在"工作"和"业绩"中循环往复、疲于奔命。

纠正工作偏差。这个环节贯穿于整个工作年度,由上司持续跟踪下属的工作过程和任务完成情况,不间断地进行检查,发现偏差则寻找原因、采取措施、及时纠偏,确保整体协同的有效性,确保每个员工如期完成任务。

评价个人价值。它包括"年中综合评价""中期述职报告""年终综合评价"。"评价"不同于"考核":考核是检验"人的工作"是否到达"预期的绩效目标",考核工作"对事不对人",并不深究人的功过是非以及主观动机和内在原因;评价是分析和判断"工作者"或"工作中的人"是否发挥出应有的作用,目的是要促进每个人更好地在职务工作上做出贡献,发挥出应有的价值。

通常,营销策划组织由一名策划总监(主任、组长)、2~3名副主任(副组长)和若干成员组成。一个完备的营销策划组织的主要成员及其相互间的关系如图3-1所示。

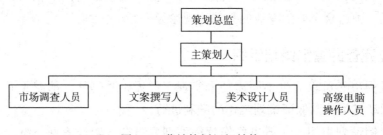

图3-1 营销策划组织结构

(1)策划总监。策划总监全面负责监督和管理营销策划组织的各项工作,其主要工作职责和任务是协调营销策划组织与企业各部门及各方人士的关系,安排、保证工作进度和效率等。一般应由企业的总经理、营销副总经理或策划部经理担任。

(2)主策划人。主策划人如同文艺类节目中的编导,在策划过程中起着关键性的作用。他不仅指挥各类策划人员的调研活动,而且牵头组织策划人员的创意活动并最后负责策划文案的拟定。营销策划的成功,很大程度上就是在主策划人充分发挥聪明才智的基础上集思广益的结果。主策划人不仅应具备较强的业务素质和多方面能力,也应富有企业营销策划的成功经验和高度的责任感。

(3)市场调查人员。准确、完备的市场信息对策划活动来说是十分关键的。这就要求策划组织必须设立专门的人员来负责策划活动所需的相关信息的调查、收集、整理和分析等工作。对调查人员来说,敏锐的观察力、准确的判断力和有效获取信息的能力都是其应具备的最基本的素质与能力。

（4）文案撰写人。通常，策划文案的撰写应在主策划人的领导下由多个撰写人共同完成，这样既能保证策划工作的效率，也有利于集思广益，提高策划工作的质量。单个文案撰写人虽然只负责部分文案的撰写，但他们必须熟悉和了解整个策划过程。娴熟的文字表达能力、认识问题的深刻性和富于创新思维是衡量文案撰写人水平的主要标准。

（5）美术设计人员。优质的商品都要有精美的包装，营销策划的过程实际上也是一个对企业、产品美化包装的过程。美术设计人员可以利用美学原理，通过创造性的想象来丰富和完善企业的视觉形象、商品标识、广告等，以增强策划文案的感染力和冲击力，提高策划活动的有效性。

（6）高级电脑操作人员。数据库的建立与整理、提案中特殊图形制作等任务的电脑处理是比较复杂的，需要专业技术人员来完成。高级电脑操作人员为策划活动能及时有效地获取信息提供了保证。

总之，营销策划的组织应尽量完备，同时它也应是一个由多方人士组成的、富于创造性的机构。只有这样，才能集思广益、博采众长，使营销策划这项复杂的活动顺利进行。

3.1.3 选取优秀的策划人才

营销策划活动的成功与出彩，不仅取决于理念和创意，也和高效的组织管理密切相关。然而，无论是理念、创意还是管理，都是与策划人的素质和能力密切相关的。当今的社会是依赖人才竞争的社会。离开高素质的策划人才，营销策划活动根本无法顺利开展。

一个优秀的营销策划人，首先应是一个既有广博理论知识，又有丰富实践经验的复合型人才；其次，要有敏锐的观察力、判断力和驾驭市场的能力；再次，要具备良好的社会公德和职业道德；最后，要具备深厚的文字功底并善于运用各种表达技巧。这些方面的内容和要求，不仅说明了一个优秀的营销策划人所应当具备的素质和能力，同时也为策划组织选拔人才提供了基本的参考依据和标准。

然而，企业如何选取营销策划组织所需的各类策划人才呢？首先，企业的领导者要了解一个完备的营销策划组织是由哪些人员构成的，从而确定组织对策划人员的具体需求；其次，要根据组织对策划人员条件的具体要求进行甄选，并且秉持"最优秀的并不一定是最合适的，最合适的才是最好的"这样的科学用人观。

3.2 策划方案的营销

策划方案反映了策划人对策划活动全盘的构想与筹划。策划方案能否被企业决策者们顺利接纳与认可，对策划方案的营销活动起着巨大的作用；而要想实现对策划方案的成功营销，策划人就必须了解和掌握有效提案的一般步骤、方法与技巧。

3.2.1 策划方案同样需要营销

当策划方案在拟订完成后，策划人要做的第一件事就是向营销策划评审会议或策划委托人提出策划案，争取他们的认同。

正如一件商品，要想得到"买家"的认可和青睐，需要进行大量的营销工作，策划人也须如此。首先，策划人要了解评审者或决策者的兴趣点在哪里，什么是他们关注或比较看重的；其次，策划人要设法突出策划方案的"卖点"，即策划活动能为企业带来什么，策划方案有何独特之处等；最后，策划者要能以适当的方式和形式将策划方案展现出来。用营销学中的话来讲，就是要"千方百计地将产品利益与顾客需求相结合，在不断发现和满足顾客需求的过程中获利"。只有得到认可，策划方案才有意义。

一份优秀的策划方案凝结着策划人无数的心血和汗水，策划方案一定要百分之百通过，这是任何一个策划人都应有的正确态度，而那种"酒香不怕巷子深"的错误观念和想法是不可取的。策划方案再好，如果在评审和决策过程中未能通过，那么为之所做的一切努力都将付之东流。这不仅是一种巨大的浪费，也是任何一个策划组织和策划人所不愿看到的。

3.2.2 推出策划方案的一般步骤

策划方案的推出并不是无章可循的。通过对大量策划活动实践经验和教训的总结，我们可以得到推出策划方案的一般方法与步骤，即模拟演练、事前协调、准备报告中使用的工具、寻找提案的恰当时机、提案汇报，如图 3-2 所示。它虽然并不能保证每份策划方案都能顺利通过，但至少大大降低了提案推出过程的盲目性。

图 3-2　推出策划方案的一般步骤

1. 模拟演练

所谓模拟演练，就是模拟提案在评审过程中可能会遇到的各种场景。其中，模拟演练较多的是进行"模拟问答"，即对策划方案推出过程中评审委员会或决策者可能会提出的各种问题或质疑，事先进行准备并拟定答案。

模拟演练不同于同事间就策划内容进行的意见交换，它是对评审过程真实场景的模拟。在演练过程中，策划人可以邀请自己的同事来扮演评审委员或决策者，并请他们在仔细阅读策划方案后，站在评委的角度来提问或质疑，而策划人则应考虑如何回答才能令人满意。真实性应是模拟演练力求实现的。

通过模拟演练，策划人可以及时发现策划方案中那些被忽视的或是尚未被察觉到的问题，从而在提案前采取措施使之得到解决；同时，对各种场景和问题的模拟，能使策划人获得处理各种问题的经验和技巧，从而有效提高其现场应变能力；另外，多次的模拟演练，对策划人胆量及说服能力的提高也有很大帮助。

如果提案是由一个小组提出的，那么在模拟演练时，可以将该小组的成员分成两部分，一部分人扮演评委，另一部分人扮演策划人。而对于一些特殊情况，如策划方案的保密程度较高,又无法找到可靠人员进行配合,则利用录音机进行自我演练也不失为一种好方法。其具体做法是,策划人先模拟评委提问并录音;然后,用录音机播放问题,根据问题作答并用另一台录音机录音;接下来,回放录音并找出回答过程中失误或不满意的地方,加以改进。如此反复多次,同样能达到分组模拟的效果。

虽然是模拟,演练者也应认真对待。对于演练过程中出现的问题,策划人绝不能回避或视而不见。不及时解决,一旦问题在实战中真的出现,影响了提案的通过,则后悔晚矣。另外,演练者应把每一次模拟都当作实战来对待,尽自己最大努力去说服对方。如果在这种假想的评审会上都不能有效地说服对方,提案在真实评审过程中被搁置的可能性就很大。

2. 事前协调

事前协调是指在正式评审之前,为取得有关人员的理解、认同及协助而做的准备工作。事前协调是一种提案的技巧,也是一种提案的策略。尽管经过模拟演练后提案通过的概率大大增加,但若缺少必要的事前协调,提案过程仍会遇到意想不到的阻力。

说到底,事前协调其实是协调"人"的问题。提案的评审是由人来完成的,人在评审过程中所起的作用是巨大的,认识到这一点非常重要。不同的人认识问题的角度不同,即使同一个人对同一问题,在不同情况下的看法也存在较大差异。消除误解与偏见,获取支持与同情,是事前协调要努力实现的目标。

进行事前协调,有如下一些具体做法可供借鉴。

(1)虚心请教,请求指点。在提案之前,策划人可以先找到评审委员进行面谈,把策划书的内容向其说明并请他们给出修改意见。然后,结合评委们的意见,对策划书进行认真改进,并请其再做指点。经事先指点并改进后的提案,在评审过程中一般不会再受到评委们的刻意刁难。

(2)共同参与,共同策划。如果有可能,策划人可以请评审委员也参与到策划方案的拟订过程中来。一般情况下,没有人愿意否定自己的看法和意见。因此,由策划人和评审人共同拟订出来的策划方案,在评审过程中通过的概率会明显提高。

(3)创造机会,有效沟通。在这里,沟通的对象主要是两类:一类是在评审过程中有较大影响力的委员,另一类则是对提案有明显反对倾向的委员。策划人可以利用拜访、宴请等多种机会与他们进行沟通协调。对那些持反对意见的委员,策划人更应设法转变其态度,获得他们的支持。

当然,不进行事前协调能使提案通过更好,但毕竟提案一次性通过评审的概率并不是很高。因此,策划人要认真对待事前协调工作,绝不可马虎大意。

3. 准备报告中使用的工具

在提案汇报过程中,为了向评审者和决策者们有效介绍、展示策划方案,策划人除了要提供必备的资料、图表和进行口头上的说明外,多种表现工具和辅助设备的配合使用也是必不可少的。尤其是当策划人无法用语言、文字或手势去表达某种意思时，运用工具和辅助设备来说明会非常有效。

报告中最常用到的工具和设备通常有简报、投影胶片、演示磁盘、录像机、投影仪等。它们不仅能从视听角度让枯燥的报告内容变得生动形象，也能将报告的形式变得丰富多样。灵活运用这些工具，能使提案的内容更具表现力和说服力，使提案更易为评审者、决策者们认同和接受。

在正式报告之前，策划人应将所需的各种工具和设备准备齐全。具体准备什么样的工具和设备，策划人应根据所报告的内容及听众的人数等具体情况而定。

准备报告中使用的工具，说简单也简单，说难也难，不过有一点需要注意，那就是准备工作要多在细节之处下功夫。例如，简报的内容应采用图片、艺术字、图表等；投影胶片的内容或磁盘投影文件的内容应尽量简洁，字数不宜太多；采用电脑投影时最好能适当地设置动画效果，以增强所报告内容的趣味性和吸引力等。越多地注重细节，成功的把握就会越大，正所谓"细节决定成败"。

4. 寻找提案的恰当时机

时机的选择对于提案能否顺利通过有着重要的影响。然而，仍有不少人尚未意识到这一点，在他们看来，策划完成后随时都可以提案。这种想法当然是十分错误的。不辨时机地进行提案，只会增加提案被否决的可能。

那么，如何才能有效地寻找和把握提案的恰当时机呢？其实这并不难。

首先，策划人要善于观察和审时度势。假如众多的提案已经堆满了决策者和评审委员们的案头，那么此时提出策划方案只能是给他们"添乱"。要么，你的提案被搁置一旁，长期得不到受理；要么，干脆就遭受否决的厄运。所以，此时较为明智的做法是耐心地等待一段时间再进行提案。

其次，策划人要善于创造提案机会。对于一些实效性较强的策划方案，提案时机的获得不能靠等待，而要靠策划人主动去创造。尽管决策者们有大堆的提案要去评审，假如你能说服其召开一次特别的会议专门来讨论你的策划方案，你就获得了一个良好的提案时机。

最后，策划人要学会"察言观色"。有时决策者或评审委员的情绪或心情对评审结果也可能产生较大的影响。因此，策划人要善于了解决策者或评审委员平时的喜好，掌握其情绪或心情变化的规律，正所谓"知彼知己，百战不殆"。假如你能在决策者心情特别好的情况下推出提案，成功的可能性一定很高。

在此还有两个帮助策划人有效把握提案时机的小诀窍。诀窍一是在评审会开始之前，策划人最好能先打听一下是否有自己的"支持者"出席。这些"支持者"，既指参与合作策划的评审委员，也包括那些经事先协调而转变态度的反对者。如果有他们出席，此时进行提案成功的把握将会增大。诀窍二是策划人可以通过巧妙地利用排序来增加提案胜出的概率。就像招聘面试一样，排序靠前的提案往往会受到评委们严格的审查，而排序靠后的议案的评审却相对较松。因此，设法将自己提案的评审次序安排得靠后些，对策划人来说是非常有利的。

5. 提案汇报

当提案前所有的准备工作就绪以后，利用恰当的时机，策划人就可以进行提案了。策划方案能否通过，能否得到认可，关键也就在此一举。俗话说得好，"养兵千日，用兵一时"。此时，策划人要设法使出浑身解数，向评审委员会及决策者们推销和展示自己的策划方案。

要想在汇报过程中取得满意的结果，策划人必须在以下几个方面多加注意。

（1）汇报要讲求策略。策略的灵活使用，能使策划人因势利导，增大胜算。例如，当策划的内容相对较多，若能依据策划的过程或组成部分进行分段汇报，效果会更好；又如，当策划的过程较为复杂或比较难把握时，策划人最好能利用开始的几分钟对汇报内容进行一下概述，这样不仅能方便与会者抓住报告主旨，也能引起评审委员对策划内容的进一步注意。

（2）巧妙地使用辅助工具和设备。策划人在利用事先准备好的工具对报告内容进行展示时，要掌握一定的方法和技巧。例如，在进行录像、幻灯片播放时，不要将全部灯关掉，只关掉 1/3 效果最佳；在使用投影仪或演示板进行演示时，策划人最好能站在演示屏旁边，而不要坐下；同时，还要注意演示屏的位置与摆放，以免后排的观众因看不清楚而导致注意力分散；另外，在使用需要配合的工具和设备时，策划人要与配合者做好衔接，如一个眼神或一个手势，配合者就能适时配合。

（3）策划人要注意自己在现场的表现。首先，策划人要充满自信。在进行内容陈述和回答评委提问时，策划人应尽量使用肯定性的语气，以表现出对自己的策划有十足的把握和信心。当然，这种自信要以谦虚、礼貌等能使人产生好感的态度来表现，而不是骄傲或自大的态度。其次，对于评委们的提问，策划人要按顺序——作答，并且要保证答案简洁明了、逻辑性强且具有说服力。如果遇到较难回答或拿不准的问题，策划人要尽量避免慌张，保持冷静。同时，要多动脑筋、灵活应对，含糊其词或胡乱作答是不可取的。最后，策划人切忌意气用事。汇报过程中，意见、批评的出现是在所难免的，面对这种情况，策划人反唇相讥、与评委争吵，是极其不明智的做法。

3.2.3 策划方案成功营销的关键

1. 了解决策者的情况

向决策者推销策划方案前，了解决策者具备的知识理论水平非常必要。只有了解了决策者的水平，策划者才能"因人制宜"地选择一种能让其接受的介绍方式推出策划方案。

例如，在向理论水平不高的决策者推销策划方案时，就不宜过多地使用抽象的专业术语、图表或公式。如果你的介绍把决策者搞得一头雾水，那么你的策划方案被其接纳的可能性就会很低。

要想说服决策者接受你的策划方案，仅仅向其展示策划所采用的理论和方法是远远不够的，你必须使你的讲解引起他们的共鸣。然而，要想得到这种共鸣，就必须依据决策者的水平选择一种适合他们的沟通方式。因此,"准确地把握决策者的水平",可以看成是策划方案成功营销的重要前提。

2. 突出策划方案的"卖点"

从某种意义上来说,策划方案也是一种商品。既然是商品,那么要被买家接纳和认可,就必须有一个能让其接纳和认可的理由,即它必须具有吸引人的地方。这个能吸引人的地方就是"卖点"。策划人如果能有效地利用和抓住这些卖点,要实现策划方案的成功推销并不困难。

一般来讲,能作为策划方案卖点的东西有很多,但真正能引起决策者注意的是那些与他们兴趣点比较接近的卖点。从决策者的角度来看,他们关心的并不是策划的过程或理论,而是策划是否能为企业带来经济效益。因此,策划人在推销自己的策划方案时,应尽可能地了解决策者的兴趣,使策划方案的卖点与之接近。

另外,策划方案的卖点一定要具体,量化的卖点是更具吸引力和说服力的。例如用数字来表示营业额、市场占有率等指标,将更能引起决策者的兴趣。

3. "持之以恒"进行提案

提案被否决、被搁置是很平常的事,策划人绝不能因遇到小小的挫折就灰心丧气。此时,任何的牢骚、攻击甚至谩骂都是于事无补的。如果你对自己的策划方案有十足信心,不妨从头再来。即使再次失败,只要坚持不懈、持之以恒,最终一定会成功的。

当然,再次提案之前,你必须对上次提案失败的原因进行认真分析,因为上次的失败里面包含有这次成功的因素,此所谓"失败是成功之母"。只有查找到失败原因,才能知道如何去改进;只有认真改进,才可能取得最终成功。

"持之以恒"既是一种策略,也是一种态度。对策划人来说,要想实现策划方案的成功营销,"持之以恒"的策略和态度是必不可少的。

3.3 营销策划的实施

策划方案在提案成功后,策划工作就进入了最为关键的实施阶段。要想使策划方案得到顺利实施,策划活动的组织者一方面要注意做好策划方案实施前的各项准备,另一方面要选择有效的步骤和方法使策划方案的各项措施落到实处,还要对策划实施过程中的注意事项有所了解。

3.3.1 策划的关键在于实施

对整个营销策划活动来说,策划方案的实施是最为关键的一环。这其中的道理其实很简单:策划得再好,谋划得再周全,如果不能使策划方案有效地实施和付诸实践,那么一切都将是空谈。对策划活动的领导者来说,能否让策划方案中的各项措施落到实处,能否让策划者的意图得到真正的体现,将直接影响着策划活动的效果以及策划目标的实现。

我们都知道，每项成功的策划方案，无论是其最初的创意、开发，还是后来的制作、文案到提案成功，无不凝结了策划者大量的心血和辛勤的劳动。如果策划方案得不到落实，或是在实施过程中变形走样，那么这些工作的成绩都将被抹杀。如果将策划方案的通过看作是策划工作阶段性的小胜，那么真正的完胜将是来自策划方案的成功实施。

另外，策划的实施阶段也是对策划方案的检验阶段。策划过程中，策划者在制订策划方案时难免会出现考虑不周或过于理想的部分，即使经过提案前的反复改进，错误仍然不可避免。只有通过实施过程的检验，策划者才能进一步发现策划方案中存在的不足，从而为今后更好地进行策划工作积累经验。

总之，策划的实施对整个策划活动来说，既重要，又关键。策划者或具体的实施者都必须对策划的实施工作予以高度重视。

专栏 3-2　　　　　　　　　一次成功的事件营销策划方案

说到 2018 年俄罗斯世界杯，多数人会想到两件事：法国队夺冠和华帝营销案例。这个成功营销案例还要从华帝的一份公告说起。2018 年 5 月 30 日华帝发布了一则公告，"为庆祝华帝正式成为法国国家足球队官方赞助商，并迎接 6·18 到来，经过公司慎重考虑，华帝做出如下决定：若法国国家足球队在 2018 年俄罗斯世界杯夺冠，则对于在 2018 年 6 月 1 日 0 时～2018 年 6 月 30 日 22 时期间购买华帝'夺冠套餐'的消费者，华帝将按所购'夺冠套餐'产品的发票金额退款。特此通知！"公告一出，立即风靡全网。

6 月 23 日，华帝的百度指数仅为 1 279，而 6 月 30 日，随着华帝"法国夺冠，全额退款"的持续发酵，指数出现了上涨趋势。7 月 11 日，法国 1:0 战胜比利时，出现了关注度的大高潮，百度指数飙升至 44 188，比上个月提高了 34.8 倍。而此次营销活动为华帝带来了超过 10 亿元的销售额，而"退款"成本却在 7 900 万元左右，2018 年华帝以最低广告成本撬动了最大营销收益。并且在退款程序中，退款方式并不是现金，而是天猫/京东超市卡，与淘宝和京东的合作一定程度上又缩减了"退款"的成本。由此看来，华帝在此次世界杯事件营销中成了大赢家。

3.3.2　做好策划实施前的准备

策划实施是一件相当复杂的工作，实施者不仅要面对动态环境的变化，还要接受各种不确定因素带来的挑战。要想使策划的实施工作进展顺利，首先就必须在策划实施前做好充分的准备，避免"打无准备之仗"。

1. 落实执行组织和人员

任何方案的实施都必须有人来执行，策划方案的实施也不例外。落实策划方案的执行组织和人员，是进行策划实施准备工作的首要任务。

执行组织和人员的落实,要围绕策划方案和具体的行动计划来进行。首先,要根据行动计划明确执行策划方案的机构,并组编、调配各层级组织及设立相应的领导班子;然后,在此基础上划定每个职位的职责、权限以及与其他相邻组织间的关系;同时,要制定相应的规章、制度,并交代注意事项等。虽然组织安排和人员调配的工作是如此复杂,但也必须做好,因为这是策划方案顺利实施的基础。

落实策划方案的执行组织和人员,比较关键的一点是要使每个执行组织和人员的分工和责任明确,从而使每个执行者都能各司其职,各负其责,使策划方案的各项措施都能落到实处。其实,这也正是组织落实的目的所在。组织落实的目的就是要以最合理的组织安排和人员调配来保证策划方案执行活动所需的各项资源得到有机整合,使各项资源的效用得到最大限度发挥,以保证策划活动的顺利实施。

2.做好物资筹办工作

古代用兵打仗,有"三军未动,粮草先行"的说法。由此,我们不难想到,事先做好物资筹办工作是多么的重要。当然,事实情况也确实如此。任何一项策划活动,无论其规模大小、内容多少、时间长短,假如离开了作为"粮草"的各种经费和物资的保障,想要成功简直是天方夜谭。

物资的筹办工作主要是由两部分内容构成的,一是物资的筹措,另一项则是对物资进行部署。物资筹措与物资部署之间,既有联系又有区别,在进行物资筹办过程中要注意区分和把握。物资筹措,主要是对有形物资进行筹集。这些有形物资既包括用于各项开支费用的资金,也包括实施各项活动所必需的资料、设备和工具等。而物资部署,则主要是对筹措到的各种有形物资按编制预算进行最佳分配和调拨。

需要注意的是,进行物资筹办,要设立专门的机构并由专人来负责物资的管理和调配,杜绝物资流失与浪费情况的发生。

3.对相关人员进行培训

策划方案的实施,最终是要由具体的操作人员来执行的。操作人员的素质、能力以及对方案的理解程度,都是决定实施工作能否顺利进行的重要条件和因素。因此,在正式实施方案之前,对相关人员进行培训就显得十分重要,也十分必要。

对于培训哪些内容,如何进行培训,策划活动的组织者可以根据策划活动的复杂程度以及实施人员已有的素质和水平进行灵活安排。

通常,培训讲解的内容主要应包括:策划的意图、策划的目标、实施内容、实施步骤以及实施的要领和注意事项等。而培训的目的也就在于使实施者能够了解或熟练掌握它们,从而为更好地实施方案创造条件。

另外,在进行具体培训的过程中,关于策划方案的目标、意义及要求部分的内容,既可以由策划者来讲解,也可以由企业或单位的领导人来讲解;对于具体操作和实施部分的内容,则应由相关的技术人员来说明。

总之，通过实施前的培训，要使每一个实施人员对策划实施工作都能获得比较清晰的了解和认识。只有当这种认识变得更清楚、理解变得更深刻时，策划实施工作成功的把握才越大。

4. 进行思想动员和部门间协调

在策划方案实施前，进行思想动员和部门间协调也是非常必要的。虽然是两项不同的措施，但思想动员和进行部门间协调的目的是相同的，即都是为策划方案的顺利实施统一步调，扫除障碍。

（1）用思想动员解决思想认识问题。思想动员，主要是通过对策划方案广泛而深刻的宣传和讲解，为策划活动的实施争取更多人的理解、支持与协作。它解决的是实施者思想上和认识上的问题。

思想动员是非常必要的。在策划方案实施的过程中，经常会出现下面的问题：实施者对策划方案知晓，但并不一定理解得准确、深刻；实施者对任务明确，但并不一定就能积极完成。这些问题的存在，客观上需要在策划实施前进行思想动员。

积极进行思想动员，一方面能有效调动起实施者的工作热情，另一方面，也能通过统一思想，为策划的实施创造出更为强大的推进力量。

（2）通过有效协调化解部门间冲突。策划方案的实施，需要组织中各个部门的相互配合与协作，而不仅仅是策划部门或具体操作部门的事。然而，在策划实施的过程中，又往往缺乏这种合作，更多的则是部门间相互的不理解或不支持。

部门间存在冲突与矛盾的原因有很多，但其中最直接的一点就是不同的部门有不同的部门利益，而策划的实施又经常会引发部门间利益的调整。这样，在策划实施过程中经常出现部门间冲突就不足为奇了。

然而，这种冲突对策划方案的实施来说是很不利的，在极端的情况下甚至会导致策划方案根本无法推行。因此，通过采取有效措施化解部门间的冲突就是很有必要的。这就需要企业或组织的领导出面，对各个相关部门提出具体要求或进行协调，以避免不协调的现象在实施过程中出现。

3.3.3 掌握策划方案实施的步骤

从策略的角度来看，策划方案的具体实施大体可以由三个步骤构成：一是进行方案实施模拟；二是正式实施方案；三是做好中间考核。

1. 实施模拟

与提案过程中的模拟演练类似，策划方案的实施模拟也是事前对真实场景的"模拟"。当然，这种模拟与模拟演练中的真实模拟也有一定的区别，它既可以是依靠形象思维将策划方案在大脑中进行的"彩排"，也可以是策划方案在小范围内的试行。

进行实施模拟，首先，实施者要熟悉策划方案实施的整个过程和程序；其次，要注意在实施过程中找出实施的关键环节；最后，还要尽可能地去发现实施过程中可能会遇到的各种问题，从而及时准备、早做预防。

当然，进行实施模拟更多的是出于策略上的考虑，你也可以省去不做。不过，为了能使实施过程更加顺利、实施效果更好，建议你还是要认真去做。

2. 正式实施

所谓正式实施，其实就是全面落实策划方案各项措施的具体过程。这也是整个策划方案实施工作中最为核心的部分。它不仅直接关系着策划目标能否圆满实现，也是检验策划方案成效的一个重要过程。

要实现策划方案的顺利实施，首先，策划活动的组织者要明确方案执行过程中各执行人员的分工和责任，将策划方案的各项措施落实到人；其次，在实施过程中要以策划方案为依据并严格执行；再次，要对实际支出和工作进度进行有效控制；最后，对策划实施过程中出现的偏差和遇到的问题要做好反馈，以便及时发现并及时调整。

专栏 3-3　　营销策划方案实施的五种基本模式

要想使营销策划方案顺利实施，企业根据自身的情况，选用一定的实施模式是很有必要的。一般地，营销策划方案的实施主要可以通过以下五种基本模式来进行，即指令性模式、转化性模式、合作性模式、文化性模式和增长性模式，见表 3-1。

表 3-1　营销策划方案实施的五种基本模式比较

模式类型	主要特点	领导者角色	优点	缺点
指令性模式	凭借权威发布各项命令来推动方案的实施，突出领导者的决策性作用	领导者、决策者	统一决策和指挥，利于方案的顺利实施	易受准确的市场信息、领导者素质、决策与执行分离等因素制约
转化性模式	运用激励手段、控制系统来促使方案实施	设计者、协调者	利用了行为科学方法，能使方案的实施更加科学有效，是指令性模式的补充和完善	并不能克服指令性模式所有的缺陷，且易产生新问题
合作性模式	决策的参与范围扩大到企业高层管理，方案由集体制定、实施	决策者、协调者	集体参与决策，使信息更准确、完备，能有效提高方案成功的可能性	并非全员决策，仅是不同观念、目的的协调与平衡，其结果可能以牺牲经济合理性为代价
文化性模式	在整个企业中宣传一种适当的文化，推动方案的实施，基本实现了全员参与决策	组织者、指导者、宣传者	合作参与范围扩大，利于消除组织间的矛盾和隔阂，减少方案实施的风险，加快实施速度	易受员工素质、领导者态度影响，实施困难，易流于形式
增长性模式	策划方案是由基层经营单位到最高决策层自下而上产生，并非自上而下推行	组织者、决策者	将领导负责与集体决策相结合，为策划方案的成功实施提供了保障	耗费人力、物力、财力，易受领导者素质、组织制度因素制约

3. 中间考核

中间考核对策划方案的实施来说也是必不可少的一步。通过中间考核，策划者和实施者可以及时掌握策划方案的实施情况，从而实现对方案实施进度与实施效果的及时控制。做好中间考核，也是策划者真实意图得到贯彻与执行的一个有效保证。

通常，中间考核的内容主要应包括以下几个方面，如实施费用与支出的情况、实施进度、实施效果以及实施者的态度等。考核时间的安排则比较灵活，既可以是定期评估，也可以是随机抽查。另外，考核方法与方式的选择更灵活多样，策划工作的负责人可以根据具体实际情况灵活掌握。

3.3.4 实施过程中的注意事项

1. 强制性与灵活性相结合

在策划方案的实施过程中，对实施工作的强制性与灵活性要求都是必不可少的。强制性原则，要求方案的实施必须严格按计划执行，不得随意变更；灵活性原则，则要求实施过程应依据环境及情况的变化而变化，不能拘泥于原有计划或方案的规定。它们强调的内容虽正好相反，在策划实施过程中的作用却是同等重要的。

然而，单一地过分强调强制性原则或灵活性原则都是不可取的。其原因在于：强制性原则虽"刚性"十足，但"柔性"不足，只强调执行的强制性，在实施过程中很容易碰壁；灵活性原则虽"柔性"有余，但"刚性"欠佳，只强调执行的灵活性，计划方案很难得到落实。因此，只有把强制性要求与灵活性要求结合在一起，使实施的过程既有强制性又富于灵活性，才能使策划方案的实施顺利进行，策划目标圆满实现。

2. 做好沟通与协作

沟通与协作对策划方案的实施来说是相当重要的。只有沟通，才能保持信息通畅，实现部门间的相互理解与支持；只有协作，才能使效率提高，保证策划项目顺利完成。

在策划方案的实施过程中必须强调沟通与协作，主要有两个原因。

（1）在策划方案的实施过程中，策划者又兼实施者的情况并不多。因此，要想使策划者的真实意图不在实施过程中走样，策划者与实施者之间必须保持良好的沟通。

（2）策划方案的实施既要由策划部门和操作部门来完成，也需要相关部门的理解、支持与配合。所以，做好部门间的沟通协作也是十分重要的。

3. 注意实施的进度与效果

进度与效果，是衡量策划实施工作成效的两个重要指标。进度反映的是计划任务进展的快慢情况；效果则反映的是计划任务完成的情况。

对策划案的实施工作来讲，既要注意进度又要注重效果。有进度无效果或有效果不能保证进度，都不能达到策划案实施的要求。只有在计划的时间内实现了预定的目标，实施工作才算是成功。

要使实施工作既有进度又有效果，除了要求实施者严格执行计划外，企业还可设专人来监督和推进。另外，组织中良好的沟通环境也能为实施工作的顺利进行提供保证。

3.4 营销策划的控制

策划工作不能没有控制，离开了有效的控制，策划目标将很难实现。要想使策划工作顺利进行，策划活动的组织者就必须采取有效的控制措施，重视和做好控制工作。

3.4.1 控制是营销策划成功的保障

在管理学中，控制被定义为"监视各项活动以保证它们按计划进行并纠正各种重大偏差的过程"。由此我们不难看出，所谓的控制，其实就是一种"纠偏"的行动。

策划活动的成功离不开控制，这是有一定道理的。

我们知道，营销策划本身就是一项系统而复杂的工作。从策划的立案、开发，到提案、实施，不仅环节众多，涉及内容、范围广，而且需要大量的配合与协作。环节众多与过程的复杂，不仅导致策划工作中不确定因素大大增加，也使策划活动变得相当"脆弱"，极易出现失误或偏差。尤其是策划的实施，更易遭受来自环境变化所引发的冲击而出现问题。当这些失误、偏差和问题积累到一定程度时，它们就会严重阻碍策划活动的进行。因此，及时发现、解决与纠正这些失误、偏差和问题，就显得非常重要。这也正是策划活动需要做好控制工作的原因所在。

正是因为有了控制，策划活动中的失误、偏差和问题才能被及时有效地解决；也正是因为有了控制，策划活动才能更好地沿着正确的方向顺利进行。可以说，没有良好的控制，就不可能有策划活动的成功。控制是营销策划成功的保障。

3.4.2 做好监督与检查

所谓监督与检查，就是以方案的要求为依据，看操作者在实际操作时是否达到标准。这是一种非常有效的控制方法。在营销策划活动中做好监督与检查工作，一方面，能使策划活动的负责人或策划实施的组织者有效地掌握策划方案的实施情况和实施效果；另一方面，也有利于策划方案实施过程中出现的问题被及时发现和解决。

对营销策划活动来说，要做好监督和检查。首先，必须根据策划方案和执行计划的要求设立监督、检查的项目与标准，并广为传达和下发；其次，要制定严格的检查制度和工作标准，使检查工作有章可循；最后，要根据策划活动的具体情况，选用合适的检查方式方法，并制定相应的检查措施。

做好监督和检查工作，关键是要运用好检查的方式和方法。定期检查和不定期检查就是两种常见的监督检查方式。这两种方法虽然各有优点和缺点，但都不失为有效的控制方法。利用好它们，将能有效地促进策划活动的顺利进行。

定期检查，即检查是按事先规定好的时间进行的，如每周一次、每月一次等。定期检查能起到有效督促操作部门工作，提高操作部门发现和纠正工作中问题的主动性与自觉性等作用。但由于定期检查的时间、范围与内容是事先定好的，检查过程中应付检查或弄虚作假的情况常常无法避免。

不定期检查，即检查是在没有与检查对象事先约定的情况下进行的。由于没有事先约定，被检查者无法对检查的内容事先准备，所以由不定期检查得到的结果其可信性与真实性较强，有利于管理者对组织活动真实情况的把握。但也正是因为没有事先约定，不定期检查也较易对检查对象的正常工作产生干扰。

当然，要做好监督和检查，单靠一种监督检查方式是不够的，往往需要多种方式方法的配合和灵活使用。例如，在对策划方案的实施情况进行检查时，将定期检查与不定期检查结合起来，既能起到督促实施者的作用，又能有效避免检查过程中的作假行为。

3.4.3 利用反馈实现控制

反馈是一个信息发送、回收与分析的过程，通过对回收信息的分析，控制系统就可以对再次发送的信息产生影响。策划活动中，利用反馈原理进行控制，也是一种不错的方法。

当策划活动开始后，策划方案的实施就是一个发送信息的行为。策划活动的控制者可以先通过一定手段和方式将策划实施过程中的各种情况收集上来，然后进行分析研究，再根据策划方案实施分析的结果和具体环境条件的变化，对策划方案或实施过程进行调整，从而达到控制策划活动的目的。

对营销策划活动来说，信息的反馈是相当重要的。有了反馈，才能有所调整；有了调整，才能实现控制。反馈应贯穿于策划工作的整个过程，即在策划前、策划中以及策划后都应该进行及时全面的反馈。

1. 在策划方案确定前进行反馈

策划方案确定前，策划活动的组织者应组织有关领导或专家对策划方案的完备性、可行性以及适用性进行充分讨论和评估，并在此基础上对策划方案进行修正，以确定最佳的行动方案。在方案实施前进行反馈，能使策划方案得到有效完善，从而为今后策划实施工作的顺利开展打下基础。

2. 在方案实施过程中进行反馈

方案的实施过程是复杂的，影响策划活动的因素也很多。即使策划方案制定得再完善，在执行过程中也难免保证不出差错，尤其是当环境动态性和不确定性程度较高时，实施过程出现偏差的可能性会更大。因此，在实施过程中，将方案的实施情况进行及时反馈，是策划活动能够顺利进行的必要条件。

3. 在策划活动结束后进行反馈

在策划活动结束后进行反馈也是相当重要的。一方面，将策划实施的结果与原方案进行对比，能使策划者更有效地评定策划方案及策划工作；另一方面，通过对策划工作经验教训的总结，也有利于策划人员水平的提高。

3.5 营销策划的评估

在整个策划工作结束前，策划活动的组织者还要做好策划的评估总结工作。要想做好策划的评估，就要选好评估的方法和了解评估工作应注意的问题。

3.5.1 对策划评估要有足够的重视

所谓营销策划的评估，一般指的就是在策划实施工作结束后对策划方案的实现情况以及实施结果进行的评定与分析。然而，正是由于评估是在实施工作结束之后进行的，是评定结果而不是产生结果，评估常常被看作是一项可有可无的工作。

当然，这种想法和做法都是相当错误的。评估并不是可有可无的，它对整个策划活动来说是有着极其重要的作用和意义的。首先，评估是对策划工作进行评定与总结的过程，只有通过对策划结果、实施过程、操作手段等内容进行认真评估，才能有效判定策划工作的成绩和找出策划工作中的不足；其次，评估也是对策划活动进行反思，总结经验和教训的过程，正是因为有了评估，策划者才能不断积累策划经验，改进策划水平；最后，有效的评估工作，还是组织奖惩能够顺利进行的必要前提，假如没有对策划活动的评估，组织奖惩将失去效力。

因此，策划实施活动的结束并不代表着整个策划工作的结束，策划工作者要改变那种"评估工作无关紧要"的错误想法，认真做好策划评估工作。

3.5.2 策划评估的方法

做任何事情都要讲求方法，选取适当的方法对做好策划评估工作来说也是非常重要的，只有方法得当才能保证效果。策划评估的方法有很多，既有定性的，又有定量的。下面我们就其中几种比较常用的且有代表性的方法进行简要介绍，以供大家参考。

1. 综合评议法

在策划评估中，综合评议法是一种常用的方法。该方法不仅操作简便，也有利于评估过程中民主性的发挥。综合评议法主要由初评、综评构成，综合了专家评议、部门评议、个人评议等多种评议方式，得出的评估结果一般也比较客观全面。

综合评议法的步骤如下：首先进行初步评定。由策划专家组成评议小组，对策划的结果及策划过程的各个环节进行评估，并给出专家组意见和评价。与此同时，策划活动的组织者、实施者及其他相关部门和人员也分别进行评估。当初步评估完成后，将评议小组的结果与各部门及人员的意见收集在一起，按照各自的权重进行综合评估，得出最终评定结果。当然，在实际评估过程中，不同评估者的意见在综合评估中的权重也是可以调节的，从而能够满足评估者不同的评估目的和评估需要。

2. 对照比较法

对照比较法也是一种比较常用的评估方法。运用该方法进行评估的主要原理是：将策划的执行结果同原策划方案的目标进行对照比较，从而判定和评价各项活动及目标的实现情况，并对原因进行探究和分析。

运用该方法，比较关键的一步是要确定好对照比较的内容。一般情况下，对照比较的内容主要应包括以下几个方面：策划目标是否实现，实现的程度如何；实施工作是否按计划进行，调整的内容有哪些；操作手段是否合理；预算是否超支；预测是否准确；等等。在选好比较内容后，就可以进行对照比较了。

3. 关键事件法

"做事情要会抓关键"，评估工作也是这样。所谓关键事件法，即在评估过程中，评估者应将注意力集中在那些对活动有关键性影响或有关键意义的环节上，做好对关键事件的评定与分析。关键事件可以是对某个重要区域市场的开发，也可以是对某类品牌产品的市场推广，还可以是对企业形象、知名度等方面的塑造与提升。关键事件法也是一种非常有效的评估方法，它能使评估者在把握关键事件的基础上对评估对象有更深入的分析和认识。

除了这些方法外，在评估工作中经常用到的还有统计法、列表法等，在此就不一一列举了。在策划评估的工作中，具体要采用何种方法，评估者应根据具体情况灵活掌握。

3.5.3 策划评估要注意的问题

策划评估要注意以下几点问题。

1. 评估过程要尽量客观全面

客观全面是对策划评估工作的基本要求。评估不仅是评定结果的过程，同时也是分析结果，总结经验教训的过程。如果这个过程不是建立在对客观情况实事求是与多角度全面分析的基础上的话，评估结果的准确性和有效性将会大打折扣。另外，若没有对结果的正确分析与评价，教训总结与经验积累也就更无从谈起了。因此，进行策划评估工作一定要注意效果，尽量使评估过程客观而全面。

2. 要注意定性与定量的结合

所谓定性主要是通过描述性的语言或文字对事物的特征进行阐释，定量则主要是利用数据分析、模型、图表等对事物规律进行说明。虽说两种方法各有各的优点，但也存在着各自的不足。在营销策划评估中，仅仅依靠定性来评价和总结，不免会让人感到过于笼统；而仅仅从定量上来说明，又较易使人的视野被数字所局限。因此，将定性与定量方法结合运用是非常有必要的。把两种方法结合使用,不仅能弥补其各自的不足,而且能使评估的结果更加准确、深刻。

3. 注意评估结果的反馈

策划评估活动结束后,做好评估结果的反馈是相当重要的。只有将评估结果进行反馈,策划工作者们才能对策划活动的效果有所了解,才能在成功与失败中汲取经验和教训。同时,也只有通过评估结果的反馈,使策划工作得到改进和提高,策划评估的意义才能真正得到体现。可见,对策划评估工作来说,评估结果的反馈也是其十分关键的一环,必须认真做好。

⊙ **策划案例与文案**　　　　　**尚品宅配:定制,从服务开始**

马云曾说过,未来的世界由数据驱动,商业模式将从 B2C 转为 C2B,用户改变企业,而不是企业向用户出售产品。家装行业同样如此。成立于2004年的尚品宅配,借助信息化技术开创的"O2O+C2B"的新营销模式,使其在金融危机冲击下仍能逆势而上,实现每年高态势增长,至今已发展成为国内最大的定制家具机构,并于2017年3月上市,上市公司名称即为尚品宅配(300616)。

为消费者提供立体的、全方位的家具解决方案,秉承服务的精神做制造,将家具制造业升级为家具服务业,在董事长李连柱看来,这是尚品宅配与其他家具企业最大的不同之处。而且,尚品宅配拥有一家软件公司(圆方软件)、一家网络公司(新居网)、一家制造公司(维尚家具)、一家营销公司(尚品),以其完善的组织架构推动商业模式落地。

提到尚品宅配的前身圆方软件公司,家居建材领域的很多人士都不陌生。在进入家具制造业之前的十多年里,李连柱和他的团队都在进行室内装饰、家具、建材的图形图像软件及应用软件的开发、推广和应用,是国内家具软件的领头羊。

当时他们开发了三维家具终端销售展示软件,将装修方案或家具定制方案做成三维图,销售给装修公司、家具企业,让后者为消费者出具装修设计效果图。2004年,尚品宅配成立,旗下圆方软件成为企业整体运作的枢纽。现在圆方软件拥有200多人,开发流程管理软件和展示软件,除了满足尚品宅配的需要,也向外输出,并占据细分市场80%的份额。2007年,尚品宅配旗下的新居网成立。作为企业整体化、集团化运作的一部分,新居网是尚品宅配网络直销平台,其网上展示、体验、吸引流量的功能非常明显,把尚品宅配运营闭环中缺失的一环补上了。

数码定制快时尚

从数码设计到数码生产,再到数码管理,尚品宅配的整个服务流程就是一个数码服务的过程。

数码设计——在导购环节,消费者只要提供新居的平面图纸,就可以免费享受尚品宅配设计师的三维彩色现场设计服务。在上门和用户沟通并现场量尺寸后,尚品宅配的设计师们可以很快地运用云计算和软件把客户对各个空间的要求描述出来,然后把顾客请到店里,让顾客一起参与设计。将数码技术前移到营销的前端环节,在渠道和店铺终端两个层面运用数码技术进行营销创新的做法,不仅降低了消费者的购买风险与成本,而且有效解决了家具定制的个性化需求问题。

数码生产——"企业如果想做C2B,生产环节一定要信息化。"李连柱透露了尚品宅配的"工业4.0":将整件家具的生产转换成零部件的生产,将全国各地的订单统一打入总部系统进行调配,将订单拆分为各种规格零部件的子订单,系统会按照效率最大化原则为每个部件安排生产计划,且在每个板上都生成一个二维码,在进入生产线的时候,可以自动把加工板调出来进行加工,生产完毕后也会根据这些二维码打包同一个订单的产品。无论是生产工人还是消费者,都能够通过网上查询二维码的方法,实时跟踪产品进度,明确产品的生产周期与交货时间,大大降低了产品的出错率。

数码管理——尚品宅配在售前阶段使用数码导购提高终端接单成功率,在售中阶段又创新地运用数码下单与数码跟单,实现生产过程的完全数码化。在渠道技术流管理、信息流管理、物流管理等多方面引入数码技术,多方面降低订单的出错率。尚品宅配对加盟商也使用数码管理。通过"数码店铺运营百宝箱"的制作运用,尚品宅配直接输出加盟商店铺开业的各种专业标准,将复杂烦琐的开店支持工作简单化、标准化,真正做到"标准细节,简单复制"的简单化数码运营,快速提升加盟商的运营成功率。

体验营销快品牌

尚品宅配的官方直销网——新居网已经是全国最大的整体家居直销网,为消费者提供一站式全屋家具定制、整体家居解决方案服务。新居网拥有业内时下最前沿的三维虚拟实况技术,提供最真实的家具"试穿"体验。同时,新居网与尚品宅配终端店面紧密衔接,实现"线上+线下"的快速联动,并逐步向O2O模式发展。

新居网拥有一个庞大的数据库,这里有约10万个房型,还有相关的居住空间解决方案。基于虚拟设计,设计信息库中不同款式、结构、材质的多系列产品逾万种,每款家具的尺寸和材料还可以按需进行组合,可开发家具的种类和数量近乎无限,为设计师与消费者提供了海量产品库。在新居网上,消费者能够参观上万个效果迥异的样板间,家具"试穿"到满意再购买;设计师则可以随时参考10万个不同户型的家居解决方案,大大节省了设计时间。对于尚品宅配较为关键的设计师资源,公司打造了一个"设计岛",用游戏的力量团结设计师。目前有6 000个设计师在"岛"上。所有设计师都有类似围棋的段位,依据其每个月的下单量、客户反馈"积分",以晋升段位。

在新居网上,消费者可以体验DIY家居的感受,身临其境地感受设计出来的家具效果,再考虑是否选择购买。消费者也可以通过简单的网上申请或拨打尚品宅配的400服务热线的方式,免费获得设计师电话咨询、预约时间上门、免费上门量房。设计师还可以根据消费者的要求和家居类型免费设计方案,应用专业家具设计软件绘制出3D效果图,让消费者提前体验家装的效果。

很多消费者通过新居网"线上虚拟体验"后,走进了尚品宅配的实体店,"上门量房+

家具配套设计+全屋估价"全套免费服务让很多消费者最终选择了"线下购买"。通过网络平台与全国各地门店的线上线下结合,尚品宅配将"线上体验"与"线下购买"完美结合,提供了快品牌时代家具网购的新型体验,实现了家具营销与电子商务在商业模式层面的成功结合。

在经历了生产制造阶段、传统品牌阶段后,中国家具行业迎来了注重个性化需求、追求体验与互动的快品牌定制时代。在快品牌时代里,家具生产企业必须有更精准的细分人群,更有力量的整合营销传播策略,更注重消费者感受的互动体验,才能在激烈的市场竞争中取胜。

讨论题

1. 与传统家具企业相比,尚品宅配的营销模式有什么特点?
2. 尚品宅配的定制模式是如何通过组织与管理实现的?
3. 定制家具非常容易出现安装及质量问题,请从服务管理的角度提出解决的方案。

相关链接 8S营销模式

8S营销模式由3个板块、一条主线、一个核心构成。前4大体系(产品结构体系、利益分配体系、渠道分销体系、品牌建设体系)是第1板块,是8S营销模式的基础要素、战略要素,是价值选择与创新板块。第5大体系(区域市场运营体系)是第2板块,是将战略落地的执行板块,是市场运营的基础单元,是价值实现的板块。后3大体系(组织管理体系、销售队伍管理体系、促销流管理体系)是对"区域市场运营体系"进行管理与支持的板块,是价值优化与整合板块。"利益分配体系"是一条主线,它贯穿8大体系形成了一个盈利系统的结构模型(见图3-3)。

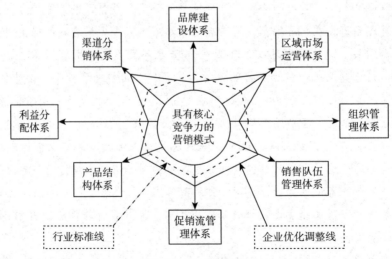

图3-3 8S营销模式

8S 营销模式的研究对于中国营销实践有 3 个方面的意义，具体如下。

一是弥补了营销理论与营销实践的中间转换系统的空白。系统学习过营销理论的人，对营销原理和关联要素有了概念与认识；具有营销实战经验的人，对市场和客户的开发管理有了体验与认识。但是要将理论到实践、从实践到理论进行有机的融通，还需要经过长期的学习与感悟，目前缺乏这方面的研究成果。而"8S 营销模式——盈利系统差异化结构分析模型"填补了这个中间转换系统的空白，认真学习并掌握了 8S 营销模式后就能较系统地把握营销的精髓。

二是为营销专业人士提供了一套通用的营销模式分析模型。面临复杂的市场环境和激烈竞争，许多企业感到仅凭经验的积累已经力不从心了。"8S 营销模式——盈利系统结构分析模型"可以帮助营销总监（职业经理）、营销咨询专业人士根据企业营销的实际情况快速形成系统有效的解决方案。

三是为企业提供了一种构建、优化营销模式的科学、系统、实用的工具。企业中不乏优秀的营销专业人才，他们既有营销理论又有营销实践经验，但是他们毕竟不是全才，也没有大块时间去做系统、专业的思考，他们所缺乏的正是行之有效的工具。有了该模型，他们就可以根据企业自身的特点从系统运作的角度入手，在企业发展战略与市场营销存在的问题之间，对相关资源进行系统的优化、整合与创新，为企业提出具有建设性的建议和行之有效的方案。

资料来源：尚阳，袁文正. 8S 营销模式 [J]. 销售与市场（管理版），2009（34）. 有改写。

策划实战

你听说过宠物健康险吗？1980 年，兽医杰克·斯蒂芬斯（Jack Stephens）创立了美国最大的宠物保险公司——兽医宠物保险公司（VPI）。虽然宠物保险在整个保险行业中占比很小，但是近几年增长迅速。英国和瑞典几乎一半以上的宠物主人会为自己心爱的宠物投保相关医疗保险，但是在中国，宠物健康险的购买人数和拥有宠物人数的比例严重失调。根据《2018 年中国宠物行业白皮书》公布的数据"2018 年中国城镇养宠用户已经达到 7 355 万人（含水族），其中城镇养狗、养猫人数达 5 648 万，养狗的人依然占多数，达到 3 390 万人，猫主人为 2 258 万人"得知，对宠物保险来说，这是一个巨大的等待开发的市场。在中国，宠物生病，医疗支出远超过日常性的宠物食品支出，宠物食品的月支出约为百元级，而宠物医疗一次性支出可能高达千元。宠物保险费用每月只有几十元，保障的范围却涵盖了基础宠物健康的大部分问题。

现阶段，在中国，宠物健康险的宣传力度并不大，很多宠物主人并不知道宠物健康险的存在，同时对宠物健康险的认知存在一定的偏差。如果你是宠物健康险的营销策划人员，你想如何针对这个特别的险种进行营销策划活动？

本章小结

营销策划是一项系统而复杂的活动，不仅环节众多，而且易受多种不确定因素的影响。因此，要想使策划活动顺利进行，使策划目标顺利实现，有效的组织与管理是必不可少的。只有做好营销策划的组织与管理，策划活动才能有保障。

做好营销策划的组织与管理，要体现在策划活动的各个环节。首先，要根据企业自身的需要，选择有效的策划实现途径，建立完备的策划组织机构，选取优秀的策划人员；其次，要采用一定的步骤、方法与技巧对策划方案进行积极的营销，使提案得到认可与采纳；再次，要做好方案实施前人、财、物等各项资源的筹办调配及方案实施过程中的控制协调工作，保证策划活动按计划进行；最后，要及时对策划活动的结果进行评估、总结并做好反馈。

第4章
营销策划的创意与方法

> 开篇案例

喜茶、百雀羚携手，演绎品牌跨界营销

喜茶，作为网红奶茶店的代名词，最先掀起排队风潮，备受热议。近几年喜茶不断调整经营模式，寻求跨界合作，紧跟时尚潮流的方向。2018年10月11日，喜茶宣布与百雀羚推出了"喜雀"礼盒、茶饮杯套等一系列的联名款产品。

这场跨界合作遍布线上线下。喜茶与百雀羚以"致敬经典"为合作主题，营销内容围绕20世纪30年代老上海柔情温婉的风格，旗袍、手绘、蒲扇、鲜红字体等设计，像极了老上海的情调。

喜茶和百雀羚展开联名合作，也推出了会员卡以及"喜雀"扇子，在外包装上印有"致敬经典"等词汇，以及联名百雀羚的限量版会员卡，更加偏向于注重情怀的年轻消费者。同时，喜茶和百雀羚共同设计了"阿喜""阿雀"两个虚拟角色，在她们游玩上海的过程中展示了公司的品牌形象。在喜茶的公众号上，还同步推出了以喜茶、百雀羚合作为主题的短篇故事。

线下同样热闹。喜茶的巴士快闪活动首次登陆上海，在长宁来福士广场，喜茶租用的巴士内摆上了留声机、麦克风与皮箱等道具。在这次与百雀羚的合作上，喜茶将旗下经典产品如招牌芝士茶、水果茶与百雀羚品牌的国货属性进行结合，提升消费者对品牌的认知。

喜茶与百雀羚跨界联名的方式给消费者带来了全新的购物体验，由此可见营销创意对于企业营销策划的重要性。那么什么是创意思维？创意的一般步骤与方法是什么呢？本章将对这些问题做详尽的论述。

4.1 认识营销策划的创意

创意是神奇的，它也是营销策划活动必不可少的。然而，究竟什么是创意？创意对策划有什么作用？创意的来源又在哪里？这些都是我们首先需要弄清的问题。

4.1.1 创意的内涵与实质

在日常生活中，我们经常会听到诸如"有没有好的创意"或"塑造好这个产品形象，要好好进行创意"之类的话语。那么,什么是创意?能准确地把握它的要旨吗?

所谓创意,首先就是一个好的主意、别出心裁的想法或高明的点子。这也正是"有没有好的创意"这句话中的"创意"所要表达的意思。

但是,如果把创意仅仅理解为好的主意、别出心裁的想法或高明的点子,那么还没有准确把握住创意的真谛。

一个好的创意包含着众多新奇的想法、好的点子或主意,但就这些想法、点子或主意本身来说,却还不是真正意义上的创意,它们只是创造性思维的成果。真正意义上的创意,应当是一种创造新事物、新形象的思维方式和行为,应当是一个进行创造性思维的过程。创造性思维是创意的核心。通俗点讲,进行创意的过程也就是想出好点子的过程。

全面、准确地把握创意的内涵与实质是十分重要的。如果理解得不全面或不到位,那么我们的创意活动必将是盲目的或不科学的。只有将创意看作是进行创造性的思维而不是一个个静止的已有的思维成果,创意的"创"的作用才能真正得到发挥,才可能会有更多的新奇想法、好的点子或主意源源不断地被创造出来。

> **专栏 4-1　　　　　　　　　　火热的小红书**
>
> 2016 年,由胡歌代言的电商平台小红书火了起来。"那些你用心发现的,也是别人不想错过的。"借助胡歌的知名度,小红书吸引了众多年轻消费者的目光。
>
> 那么,小红书如此受欢迎的原因是什么呢?依靠前期的用户体验,小红书把明星个性和品牌调性结合,以多角度展示产品的方式向用户推销,粉丝们根据小红书的社区内容,了解美食、旅游、运动、家居等基本信息,并购买优质低价商品,领略小红书的别样魅力。

4.1.2　创意的来源

创意是创造性思维的过程,常常会给我们的工作带来神奇的效果,因此,创意也常常被我们看成是一种非常神秘的东西。但是,经过仔细观察,你会发现创意并非像你想象的那样难以捉摸,其实它一点也不神秘,它就在我们的身边。

1. 创意来源于生活

我们日常的生活是创意最主要的来源。生活是丰富多彩的,它能为创意提供大量有价值的素材,而且能引发我们创意的灵感,很多优秀的创意都源于对生活深入细致的观察。另外,创意的产生也是为了满足实际的需要,只有贴近生活,人们才能更好地接受这些新奇的想法或点子,创意才更容易取得成功。

2. 创意来源于幻想

创意的产生很大程度上也来源于我们的幻想。想象力是我们人类特有的一种思维能力。想象力的发挥,能使我们突破各种思维定式以及条件、环境的阻隔,使我们的创造性思维得到最大程度的发挥。很多看似不可能的事情,正是由于大胆合理的想象才成了现实。举个简单例子,人类正是有了像鸟儿一样在天空自由飞翔的幻想,才有了后来飞机的发明。所以,要想获得好的创意,充分发挥我们的想象力是必需的。

3. 创意来源于兴趣

兴趣对于创意的形成有着重要影响,也是创意的一个重要来源。只有对某个问题产生了兴趣,我们的思维才能够兴奋和活跃,我们的想象力和创造力才能充分发挥。假如对某个事物丝毫不感兴趣,那又怎么可能会去不断地认识它、研究它呢?既然不去认识,不去研究,创意灵感又将从何而来呢?

4. 创意来源于积累

俗话说"机遇只垂青于有准备的头脑",创意的发生也是这样。如果我们平常没有对知识、经验的广泛积累,要有好的创意几乎是不可能的。灵感的获得也许只是一瞬间的事,然而在灵感到来之前却是需要有大量的思考和准备过程来铺垫的。正如树上掉落的苹果砸到牛顿,令他发现了万有引力定律,而有过相似被砸经历的其他人,他们又发现了什么呢?可见,面对同样机遇,有准备与无准备之间的差距就是这么大。

5. 创意来源于"看"的方法

事物之间的关系是相当复杂的,从不同的角度来思考,得出的结论可能就会有很大的不同。我们在进行创意的过程中,当一种思路进行不下去,无法产生创造性的想法时,换个角度、换种思考的方法,或许很快就能发现"另一片天空"。由此看来,创意的产生也是来源于我们对事物不同的"看法"。

专栏 4-2　　　　　海尔开放创新平台,用户参与研发的入口

海尔开放的创新平台 HOPE,是中国最大的开放创新平台。平台上线后,已经吸引了 10 万多名用户的注册。HOPE 平台是海尔进行互联网转型的重头戏之一。其目的是为海尔内部员工、外部合作伙伴及用户组成生态系统,让所有人都可以通过合作实现自己的价值。不同于其他开放创新平台,HOPE 不仅提供技术资源的配置,还为用户创建了参与创意的社区,并允许用户参与企业研发。海尔开放创新平台的"社区"是该平台的第二大核心部分。在这里,用户可以与社区内的工程师们进行交流,得到工程师们最专业的回答,工程师们也在回答问题的过程中得到启发,从而开发新产品,更好地满足用户的需求。

互联网时代,消费者的需求呈现多样化,消费者正在转变为"产消者"(prosumer)。而海尔在转型中,通过平台和社区,可以让用户更好地参与到产品设计开发的过程中来。如今,海尔开放社区的"海粉们"也日渐活跃,他们给予企业研发以新的活力;同时,海尔开放创新平台上发布的解决方案不断增加，对接的案例数达到200余件，例如海尔星盒的"自学习记忆算法"、卡萨帝传奇热水器的"NOCO技术"、无压缩机酒柜的"半导体制冷技术"等。

HOPE在和用户交互的过程当中不断迭代，整合了多种资源。同时，HOPE也为技术资源应用提供了平台，秉承开放、合作、创新的理念与全球研发机构合作，为用户提供解决方案。

4.1.3 创意对策划的作用

对营销策划来讲，创意既关键又重要。任何策划都是要和创意紧密联系在一起的。离开了创意，没有了令人惊奇的好点子，策划就不再是策划了，而只能算作是计划。从某种意义上说，创意是策划的灵魂。

1. 为策划提供点子与方案

创意对于策划的作用，首先体现在其能为策划活动提供众多新奇的点子、构想与方案上。我们知道，创意的过程就是创造性思维发挥与运用的过程。通过创造性思维的作用，一些新奇的想法、点子或方案便会随之出现，而这些都是我们的策划工作所需要的。

对策划活动来说，创意之所以重要，最主要的原因就在于创意能为策划工作提供一系列解决问题的方案和措施，而这也正是营销策划创意的本质所在。

2. 使策划活动更具独特性与创新性

创意对于策划活动的另一个作用就是能使策划活动更具独特性与创新性。进行创意的过程是创造的过程、创新的过程，各种新奇的想法、主意、点子能为策划活动带来"活力"，使策划方案更加新颖、独特。正如开篇案例中"喜茶"与"百雀羚"联手的创意，就使得这场营销策划活动变得独特而富有创新魅力。

总之，策划活动是不能没有创意的。离开了创意的策划，只能是缺乏个性、生硬的拼凑或无趣的模仿；而只有那些蕴含了创意的策划，才是富有鲜活个性和持久影响力的策划，才是真正意义上的策划。

4.2 创意的一般步骤与方法

创意的过程是寻找解决问题的灵感，进行创造性思维的过程。虽然灵感的获得更多需要我们"打破定式与常规"，但就创意过程本身来说，它还是有规律可循的。因此，我们可以通过对创意一般步骤的总结，来认识创意的规律和提高创意的技巧。

在这里，我们将创意归纳为以下九个步骤：界定问题，设想最佳结果，查证资料，寻找灵感，走出熟悉的领域，尝试多种组合，使自己放松，初选方案，验证创意，如图 4-1 所示。

图 4-1 创意的九个步骤

1. 界定问题

界定所要解决的问题，是创意的首要步骤。只有明确了所要解决的问题，才能进行下一步的工作。那么，如何才能对问题进行有效的界定呢？

我们认为，界定问题最好的办法就是对问题进行多角度、全方位、立体式的分析和思考。因为多角度的分析和思考，不仅能够更加全面、准确地认识所要解决的问题，也便于在问题的多个角度之间进行比较，从而找到最佳的解决问题的方向来进行创意。

2. 设想最佳结果

在问题界定完成后，就进入了创意的第二个环节，即设想最佳结果。所谓最佳结果，就是在创意过程中最想要和最希望得到的那个结果。当然，这个最理想的结果并不一定能够实现，但是它至少使我们有了努力的方向。

另外，设想最佳结果对于提高创意的质量和水平也有着重要意义。一般情况下，人的思维是有"惰性"的。正是由于这种惰性的作用，我们做事常常是"浅尝辄止"，即一旦找到解决方案或完成了目标，就不再考虑是否还有更好的方法或途径，这会对更好的创意方案的产生起到阻碍作用。因此，把"目标"定得高一些、远一些，对于克服思维上的这种惰性，提高创意的质量和水平是很有帮助的。

3. 查证资料

资料的查证是创意的第三个环节。所谓资料的查证，就是根据创意提出的设想，对我们所占有的各种资料的完备性、有用性和有效性进行验证与评估。

资料的查证对创意工作来说是十分重要的，也是必不可少的。因为我们所占有的资料并不一定都适合创意的需要，哪些有用，哪些没用，只有通过资料的查证才能知道。另外，通过查证资料，也能及时发现资料收集工作中存在的不足，从而及时纠正。

同时，查证资料的过程也是一个对已有资料、信息进行分析、整理和再加工的过程，我们很可能由此获得新的启示和认识，而这也是我们获得更好的创意灵感的一个重要来源。因此，从某种意义上来说，资料查证的过程也是获得创意灵感的过程。

4. 寻找灵感

如果说界定问题、设想最佳结果、查证资料这三个步骤是策划创意的准备阶段，那么从寻找灵感这一步开始就进入了创意的酝酿阶段。

灵感的获得对创意是十分关键的。即使有了解决问题的方向，假如没有解决问题的灵感，也不可能想出什么好的创意。

灵感的获得也许是一瞬间的，然而灵感的寻找过程却并非想象中那样简单。

第一，寻找灵感的过程是一个基于准备与积累的创造过程。没有事前对问题的研究与分析，想获得灵感几乎是不可能的。假如没有事前充分的思考和准备，普通人即使被100个苹果砸到，恐怕也不会有什么灵感产生。

第二，寻找灵感的过程也是一个痛苦的、不断思索的过程。这也是创造性思维活动的一个特点。只有通过"冥思苦想"，我们的思路才会更加清晰，对问题的认识才会更加深刻。当我们对问题的认识达到一定程度时，灵感也许在不经意间就会来到我们身边。

第三，寻找灵感的过程也是一个打破定式、大胆想象的过程。打破已有的思维定式，进行合理大胆的想象，能使我们的思维突破各种限制，能使思维的创造性得到最大限度的发挥。灵感的获得有时就来源于大胆的想象。

总之，寻找灵感的过程不能靠等待，也不能靠运气，而应在充分准备和积累的基础上进行创造性的思考，只有这样才能获得灵感。

5. 走出熟悉的领域

在进行创意的过程中，走出我们熟悉的领域，从其他领域或行业的视角来审视要解决的问题，是很有必要的。这是因为，如果将思维长时间停留在我们熟悉的领域，我们看问题、想问题的角度和方法总是有局限性的，即使变换多种角度，思维的视野仍然不会有突破性的拓展。这就需要在创意的过程中，适当地从不太熟悉的领域来寻找解决问题的方法，在熟悉的领域内找不到好的创意思路时更应该这样。走出熟悉的领域，展现在我们面前的将会是"另一片天空"，好的创意方案和创意灵感可能就由此产生。这不仅是经验之谈，也是克服思维局限性的一种有效方法。

要想摆脱熟悉领域对我们思维的限制，首先，要有"走出去"的意识，即能够认识到从不同领域思考问题的重要性和必要性；其次，要有"走出去"的勇气，即不被已有领域的知识和观念所束缚，敢于利用多领域的知识来分析问题；最后，要有"走出去"的方法，即"走出去"不是盲目的，而是围绕所要解决的问题进行的，既要善于获取其他领域的知识，也要善于灵活运用这些知识。

6. 尝试多种组合

所谓尝试多种组合，就是要我们从不同的思维原点出发，去尝试各种解决方案的组合。这也是我们创意过程中非常重要的一步。

不同的组合往往代表着不同的意义，即使是相同的要素，采用不同的组合也可能产生完全不同的效果。因此，在对多种组合的尝试过程中，或许就能找到最具独特性和创新性的那条创意思路。虽然这一做法实行起来并不容易，但效果是非常明显的。

要想运用好这一方法，就要经常从不同角度、不同方向、不同理解和不同标准等方面进行思考，同时，还要多问自己"如果……会怎样""如果……那么"之类的问题。只要坚持这样做，获得新的有价值创意的概率就会大大增加。

7. 使自己放松

人在放松的状态下思维是最活跃的，也只有在放松的状态下，人类的创造力才能得到最大限度的发挥。可见，保持放松的状态是成功创意的前提和必要保证。

我们可能都有过这样的经历，当我们苦苦寻求某个问题的答案时，却怎么也得不到，反而是放下来后，在意外的场合和不经意间得到了答案。这实际上反映的正是一种思维的规律：大脑经过长时间的思考往往效率低下，只有中断思考，使其充分休息，才能使其重新恢复效率与活力。

创意是一种创造性思维的活动，因此，要想取得好的创意效果，就应尽可能地在放松状态下进行。如果在创意的过程中一时找不到合适的思路或方案，千万不要着急。此时，要做的事情就是尽可能地利用各种方法来放松自己，使大脑得到调节和休息。也许在休息的过程中，就会有新奇的想法或思路突然出现。

能使人放松的方法有很多，如散步、听音乐、喝咖啡或与朋友聊聊天等，都是不错的选择。当然，也可以利用其他方式，如睡眠、沐浴等。

8. 初选方案

经过前面充分的创意准备和酝酿之后，创意的灵感也许就已经悄悄地来到了我们的身边。灵感的到来，有时是极富戏剧性的，它可能会在我们毫无准备的情况下出现，甚至出现在睡梦中。这时，要以最快的速度将这转瞬即逝的"思维火花"记录下来。如果抓不住，则它一旦离去，想要把它再找回来将是十分困难的。

当然，有时创意灵感不止一个。在这种情况下，除了要快速、完整地将它们记录下来之外，还要根据创意的目的和需要，依据一定的标准对它们进行比较和筛选，将那些价值不大的创意方案剔除，以提高创意工作的效率。

在筛选方案的过程中，常用的几个判断标准如下。

（1）创意方案要具有新奇性。新奇性是衡量创意方案好坏的一个重要标准。好的创意总是能巧出奇招，引人入胜，引发人们无限的兴趣和遐想，而这些效果是思路平淡的创意根本无法实现的。

（2）创意方案要具有独特性。独特性标准要求创意方案有自己的特色，要能表现出与众不同的特征和差别化。缺乏特色与个性的创意是没有活力和"市场"的。

（3）创意方案要具有可行性。方案能否得到实施，是否切实可行，也是进行创意方案选择与评估的一个重要标准。假如方案过于理想化，缺乏可行性，那么即使它再新奇、再独特，我们也要将其放弃。

9. 验证创意

创意经过初选之后，就进入了最后的验证阶段。创意验证主要有两个目的，一是决定创意方案的最终取舍；二是对创意阶段的经验教训进行总结。

（1）创意方案的最终取舍。创意方案的验证，首要目的就是对创意方案做出最后的取舍，通过验证的创意方案就可以进入具体的实施阶段，而没有通过验证的方案将被否定或需要重新加工。

当然，如果进入验证阶段的创意只有一个，那么只需要对其做进一步的验证即可，而不需要再进行选择。然而，通常情况下，具有新奇性、独特性、可行性特征的创意是不止一个的，尤其是在多个营销策划人员各自进行创意的情况下，这就需要在创意的最终验证阶段按照最优原则进行取舍。

进行创意选优，可以参照下面的方法来进行，即通过比较候选方案来选优。进行比较选优，比较的方面可以有多个，但最主要的是对方案的效果、方案实行的难易程度以及方案成功的概率等方面的比较。一般地，通过比较就可以确定其中最优的那个方案。如果通过比较仍然无法选出所需的方案，也可以采用"方案综合"的方法，即把各个创意的可取之处进行综合，以形成新的更具特色的方案。

（2）总结经验教训。经验与教训的总结对创意工作来说也是至关重要的。通过经验与教训的总结，不仅能加深对创意规律与方法的认识，而且能为下次创意提供可供参考的信息。

4.3 创意思维的技法

创意是一种进行创造性思维的活动，思维的方法对于创意的形成、产生是有着巨大影响的。因此，掌握多种思维的技法对于有效提高创意水平和创意效果是很有帮助的。本节，我们将对创意过程中常用的几种思维技法进行简要的介绍。

4.3.1 灵感思维法

我们对于"灵感"一词也许并不陌生，它是一种说不清道不明，但又确确实实存在的东西。它既可能是我们长久思考的结果，也可能是我们受某种启示而出现的顿悟。总之，它的形成与产生是没有固定模式的。

对策划活动来说，灵感思维就是在策划活动中，思维处于最活跃状态时的"思想火花"。这些思想火花对于创意活动是极为重要的，正是因为有了它们，才有了优秀创意的产生。因此，运用好灵感思维，激发更多的思想火花，是我们在进行创意时必须努力做到的。这就要求我们不仅了解和把握住灵感思维的特点，也要掌握一定的运用灵感思维的技巧。

灵感思维的特点主要有三个，即突然性、稍纵即逝性与创新性。突然性是指灵感的到来是无法准确预测的，它既可能在这个时候出现，也可能在那个时候出现，更多的则是出现在我们毫无准备的情况下。稍纵即逝性则表明灵感的到来是瞬间发生的,如果我们不能及时抓住它,它会很快消失得无影无踪。创新性则是对灵感本质的说明,灵感是创造性思维的结果,是对常规思维的一种突破,"新、奇、特"是其最基本的特征。只有抓住了灵感思维的这三个特点,我们才能较好地利用它来进行创意构思。

另外,在运用灵感思维进行创意时,还应注意掌握以下几个基本的技巧。

(1)勤于思考,多问为什么。问题与思考,是最能激发灵感思维的东西。如果脑海中没有问题,那么人就不可能去思考去研究;不思考不研究,灵感又将从何而来呢?因此,遇事多问几个"为什么",对于灵感思维的发挥是很有效的。

(2)抓住瞬间的思想火花。灵感的出现也许就在不经意的一瞬间,因此以最快的速度将它记录下来是极为关键的。为了随时迎接灵感的"不期而至",将纸笔随身携带是一个不错的方法。

(3)暂时将问题搁置。有时我们的思路可能会突然中断,此时,将问题暂时搁置在一边,是比较明智的处理方法。暂时将问题搁置,一方面能使我们的大脑通过休息恢复效率,另一方面也有利于我们进行思维角度与方法的调整,避免"钻牛角尖"的现象发生。

(4)尽量保持放松的状态。身心放松的时候是产生灵感的有利时机,因此,在灵感思维的过程中,应尽可能地保持放松的状态。

4.3.2 群体思维法

群体思维法是一种集思广益的创意方法,它最大的优势就在于能够利用集体智慧来弥补个人思维与能力上的不足。因此,利用这种方法进行创意,我们会更容易获得好的创意灵感和创意思路。

群体思维法的具体方法有多种,但最常见、最具代表性的是"脑力激荡法",即"头脑风暴法"。所谓头脑风暴法,就是通过组织特殊的小型会议,使参与者无所顾忌地发表各自的看法,彼此激励,相互启发,以产生众多创造性设想的一种群体思维的方法。

头脑风暴法在具体实施中一般有以下几个要点。

(1)参与讨论的人数要适当,既不宜过多,也不宜过少,最好能控制在6～10人。这样既能保证每个人都有充分发言的机会,也能使集体思考保持较高的效率。

(2)在讨论开始前,主持人不明确告知此次讨论的最终目的,而只是把需要讨论的问题交代清楚。

(3)讨论开始后,要鼓励每一个参与者积极发言,阐述各自对问题的看法。

(4)对每个人的发言做好记录,点子越多越好,可暂不计质量。

(5)整个讨论的过程中,不允许对别人的意见进行反驳,也不许过早下结论。

从头脑风暴法的实施过程我们可以发现,参与者是在一种轻松、开放和没有任何限制的环境中进行思考的。这样,各种观点和想法就会大量涌现。经过相互启发、相互影响,更多更好的创意思路和创意方案就会在这种群体思维的激荡中产生。

有一点需要注意，由于头脑风暴法强调的是点子的数量而不是质量，这就导致了它所产生的想法和观点并非都是有效的，其中不乏大量无用信息。因此，在使用此方法时，我们要正确、客观地对待它所起到的作用。

当然，要使头脑风暴法更为有效，我们也可以通过一定方法对其进行改进。例如，在进行头脑风暴法时，一次只讨论一个问题，或尽量使讨论的题目明确具体等，这些对于提高结果的有效性都是有帮助的。

4.3.3 侧向思维法

所谓侧向思维法，就是利用一些与问题无正面联系的信息来寻找解决问题的途径的思维方法。在创意过程中，侧向思维的灵活运用是非常重要的。因为在很多情况下，我们直接从正面的角度去思考问题是得不到满意答案的，这时，采取"迂回"的策略，从问题的侧面进行思考往往能收到奇效。

侧向思维的方法是巧妙的，它体现的是一种不按正常套路"出牌"的非常规思想。它既是出于对问题整体性的把握与策略性的思考，也是对常规思维的一种突破。由于能够出其不意，"剑走偏锋"，采用该方法进行创意和构思往往能取得较好的效果。开篇案例中，喜茶借百雀羚来开拓市场的创意就是使用了侧向思维法。

要想运用好侧向思维法，最为关键的一点是要善于发现和找到事物之间隐藏的或看似不相关的联系。只有把握住这些联系，我们才可能找到问题的"突破口"，才可能剑走偏锋。如果在缺乏对事物全面分析与深刻认识的情况下贸然运用侧向思维法，那只能弄巧成拙，使事情变糟。

4.3.4 逆向思维法

所谓逆向思维法，就是从正常思考路径的反面去寻求解决问题的途径的一种思维方法。逆向思维法也是一种反常规的思维方法，该方法最大的特点就在于思维行进的方向是逆向的。比如，我们日常所见的"反潮流生产""反时尚设计""反季节销售"等"反其道而行"的现象，都是运用逆向思维法的具体表现。

对策划的创意活动来说，逆向思维法的最大作用就在于它可以激发创新思想。这是因为，"思维倒转"不仅改变了人们思考问题的固定方式，还为人们看问题、想问题提供了一个全新的角度，从而使许多看似不可能的事情得以实现。其实，很多优秀的创意和创新的想法就是在这种"思维倒转"的过程中才得以产生的。

例如，开发"积善梳"卖给僧人的创意，就是运用逆向思维法的杰作。按照常理，我们会认为把梳子卖给僧人简直是荒唐之举，因为僧人对梳子根本就没有需求。然而，通过逆向思维分析，我们会发现僧人对梳子并不是完全没有需求，而只是对梳子本身没有功能上的需求罢了。只要采取一定措施，把僧人的其他需求与梳子联系起来，就能把梳子卖给他们。这样，以"积善行善"为诉求的"积善梳"的创意就产生了。可见，进行有效的逆向思维，不仅能使我们获得新奇的创意方案，也能增加我们创意成功的概率。

要想运用好逆向思维,我们需要在以下几方面多加注意。

(1)要有进行逆向思维的习惯和意识。逆向思维是对常规思维的一种"颠覆",它要求我们必须从全新的思维角度去认识和分析问题。然而,常规的思维模式和方法对我们的影响却是根深蒂固的。因此,要想克服它们,我们只有通过进行有意识的训练才能实现。

(2)要善于从最不可能的情况中寻找解决方案。很多情况下,逆向思维是在那些看似不可能的情况下进行的。如果是正常情况的话,那也就不需要再进行逆向思维了,依靠常规思维就能解决问题。我们常说"最危险的地方也是最安全的地方",就是逆向思维的一种体现。从最不可能的情况中寻求可能,是逆向思维方法的要旨所在。

(3)熟悉和掌握逆向思维的途径和方式。我们只有对各种逆向思维的方式比较了解,才能灵活有效地运用它们。逆向思维的方式有多种,既可以是直接反转逆向,也可以是转换型的逆向。所谓直接反转逆向,是指从已有事物的相反方向出发,通过逆向思维来引导创意的构思,其主要实现途径有功能性反转、结构性反转、因果性反转等。而转换型的逆向则是通过对原有求解思路的悖逆和转换,来寻求新的更合适的解决方法。

4.3.5 组合思维法

组合思维法,是指通过将不同性质的事物或功能进行搭配与联结以产生创意的一种思维方法。不同的组合所代表的意义是不同的,这种不同有时候甚至是物质上的差别。组合思维法正是利用组合本身所具有的这些特点,实现对创意思路与创意方案的有效发掘。

专栏4-3　　　　　　　　　富有创意的企业 App

得到

"得到"App 作为知识付费领域的先行者,拥有自己的一套运营模式。在内容输出方面,得到让用户拥有更好的设计体验感,如对较为复杂的知识,会采取举例子、讲故事的方法,便于用户接受和了解。不仅如此,得到的知识诵读,其声音充满亲和力,能运用一定的表达技巧等。在产品设计方面,得到 App 页面采取一种直接的表达方式,不包装自己,不推销自己,将知识内容直接呈现给用户,用户在指尖滑动的过程中,便可了解想要获取的知识,这种简单的方式会给用户带来舒适的阅读体验。

知乎

"知乎"App 可作为实时问答互动语音产品模式的代表。用户可以通过选择分条语音的形式收听感兴趣的讲座,而用户在平台上搜索的问题会被知乎提取,以知乎课程的形式推荐给用户。另外,App 让答主与用户在知乎平台针对某个具体问题深入探讨,增加收听过程中的互动性,用户可以在课程过程中随时提问。此外,用户之后将收到感兴趣的课程提示，也会增加购买率。

果库

果库是一个媒体型购物指南App，它帮助用户发现互联网上最有趣的商品，方便用户购买所需的商品。用户在果库的界面上可以查看丰富的商品推荐和用户点评。精选、发现、通知、个人，四个页面划分清晰，让用户专注于产品本身；大图和简洁的文字介绍，让用户在欣赏商品做工、设计灵感的同时，帮其解决生活中的现实问题。在发现页面，按照类别划分的每个大类商品，都有详细具体的子类别，为用户省去筛选的烦恼。

花田小憩

花田小憩是一款专为热爱花艺的用户设计的App，提倡植物美学的生活方式。该软件汇集全球的花艺名师课程，为用户提供了便利的学习方式，让用户可以搜索花艺课程进行学习。此外，花田小憩服务软件每天增加新的内容，给用户全新的花艺体验方式，如用户可以在线预订设计师的花艺作品。软件同时提供了花艺线下活动，让用户可以面对面交流学习，帮助用户成为花艺大师。

组合思维的具体方法有很多，其中比较常用的是"信息交合法"。所谓的信息交合，就是指通过各种信息的交流、融合与碰撞，产生新的信息、观点、思想与方法的一种思维方式。其要点与步骤主要有如下方面。

（1）对系统整体进行分解。利用整体分解率，将系统整体先分解为多个组成部分，再把各个部分分解为因子，直到不能再分为止。在分解的过程中，要注意按照系统要素构成的层次和序列逐步展开，尽量全面，避免遗漏。

（2）对各部分信息进行交合。系统分解完成后，接下来就是进行信息的交合。信息交合要按照一定的次序进行，即先进行事物本身要素的交合，再引入不同类的知识，进行大范围的"边缘交合"。

（3）对交合结晶进行筛选。信息交合的过程会产生大量新的信息、新的联系或转换，因此，要根据具体需要对这些内容进行必要的筛选。在筛选的过程中，还要注意对经济性与实用性等原则的把握。

另外，要运用好组合思维法，除了认识和掌握主要的组合思维方法外，我们还必须对以下三个问题多加注意。

（1）考虑能否进行组合。虽然组合的过程体现着多样化，然而并不是所有要素都能实现有效的组合。因此，在运用组合思维前，我们应先考虑要素是否具备有效组合的条件。如果要素间通过组合不能产生创新性的效果，则进行组合就没有什么意义和必要了。

（2）组合要有一定的规则。俗话说"没有规矩不成方圆"，组合的过程也是这样。如果失去了一定的规则，组合的过程将会变得杂乱无章，组合的结果也只能是各种要素的简单堆砌或生拼硬凑。利用这样的组合，我们几乎得不到任何有价值的信息。

（3）对组合方式进行优化。通常，组合的方式是有很多种的，不同的组合方式会带来不同的组合结果。为了得到最满意的结果，我们必须对组合的方式和过程进行优化。

4.3.6 类比思维法

类比思维法主要是指，通过对两种或两种以上的客体进行比较、认知与推理而获得创造性设想的方法。类比的两个事物既可以是同类的，也可以是不同类的，即使是差别很大的两个事物依然可以进行类比。通过类比，我们策划创意的视野将得到极大的拓展。因此，对策划创意活动来说，类比思维法也是一种重要的方法。

类比思维的具体方法有多种，其中较具代表性和典型性的主要有四种，即直接类比法、象征类比法、因果类比法和综合类比法。

1. 直接类比法

所谓直接类比法，顾名思义，就是简单地在两事物之间直接建立联系的类比方法。它是最简单也最常用的一种类比方法。直接类比的对象既可以来自自然界，也可以来自人类社会。在很多情况下，采用直接类比法，只需通过与类比对象的直接比较与推理，就能得出大量具有创新性的想法或点子。例如，红极一时的《超级女声》《幸运52》等节目的组织与策划，就是通过与国外类似的娱乐节目类比、改进而来的。

2. 象征类比法

象征类比法是一种用具体事物来表现某种抽象概念或思想感情的思考方法。象征类比由于能借助一定事物的形象、符号来比喻、形容、替代或突出另一事物，借助有形的物体表达抽象的感情，因此具有较高的美学价值。例如，在店面设计、商品包装、企业形象塑造等方面会经常用到象征类比法。正是借助了一定的标识与符号，才有效地突出了这些事物所要表达的内容与诉求。

3. 因果类比法

所谓因果类比法，就是从已知事物的因果关系同未知事物的因果关系的相似之处出发，来寻求未知事物的一种思维方法。因果关系是事物之间最基本的关系，利用因果类比法来进行事物之间的类比与推理，效果往往是非常明显的。

4. 综合类比法

综合类比法主要是在策划客体本质属性非常复杂的情况下使用的一种类比方法，它的主要特点就是对策划客体的相似特性进行综合，进行全方位的比较与思考。例如，各种模拟演练、模拟测试、模拟试销等利用的就是综合类比法的原理。通过客体在模拟情境中的表现，我们基本可以推测出其在真实情境中的表现。比如，客体在模拟情境中表现较好，以此就可以推知它们在真实情境中的表现也不会太差。

类比的具体方法有多种，但是无论采用哪一种，在具体运用的过程中我们都要注意以下两个方面的问题。

（1）要注意对类比点的把握。确定类比对象，找准和把握好类比点是进行类比思维的前提。无论是直接类比、象征类比还是因果类比，只有在把握住比照对象特征和类比点的情况下，我们才能有效地运用类比思维进行模拟和推理，才能促进好创意和好点子的产生。

（2）善于联想与想象。想象与联想在类比过程中发挥着巨大的作用。正是因为有了联想，我们才能由此事物联想到彼事物，才能进行类比思考；也正是因为有了想象，在类比的过程中我们才能产生对比照事物的模仿。因此，在运用类比思维法的过程中，要充分发挥联想与想象能力，只有这样，才能产生更好的类比效果。

4.4 创意思维的培养与开发

策划的创意活动是一种高智能的脑力活动，对创意者的素质与能力要求较高。要想适应创意活动的要求，策划人员就必须采取一定的措施，来有意识地培养和提高自己的创意能力与水平。

4.4.1 创意必备的 11 项素质与能力

要想成功地进行创意，创意者首先就必须明确进行创意都需要具备哪些素质与能力。下面，我们对创意活动所必备的 11 项素质与能力进行简要的介绍。

1. 乐于接受新观念

乐于接受新观念是进行创意活动所必须具备的最基本的素质与心态。创意活动本身就是一项创新的、创造性的活动，只有不断地从新思想、新观念中汲取"营养"，才可能有创造性的思维产生。如果故步自封、因循守旧，那只能使创意者的思想逐渐僵化，从而影响创意活动的顺利开展。夏新能从生产录像机到生产手机，格兰仕能从生产羽绒服到生产微波炉，与其策划者观念的转变与更新是密切相关的。

2. 有极强的好奇心

极强的好奇心是优秀创意者的又一项显著特征。有了好奇心，才能产生兴趣；有了兴趣，才能进行孜孜不倦的追求。正是由于好奇心的驱使，才使得创意者有了不断探索问题、发现问题的动力，而这对创意活动来说又是极为重要的。微软视窗的不断开发与完善，正是受到微软自身强烈的好奇心与探索欲望的驱使。

3. 具有很强的直觉

直觉对于创意活动有着重要的意义，有不少优秀的创意构思和方案来源于创意者的直觉。直觉人人都有，然而，并不是每个人都能从简单的直觉中寻找到创意的灵感。直觉的获得与运用也是需要培养的，对创意者来说，必须使自己具有很强的直觉感和直觉意识。康师傅方便面之所以能在中国得到迅速发展，就是其能敏锐感知中国人消费习惯与生活方式变化的结果。

4. 敏锐的观察力

如果我们把生活比作蕴含创意素材的巨大宝库，那么敏锐的观察力就是打开这座宝库大门的钥匙。很多优秀创意的产生就是创意者细心观察的结果。要想在创意过程中有效发掘出好的创意思路与方案，创意者就必须有"见一叶而知秋"的敏锐观察能力。"海飞丝"洗发水的推出，正是宝洁公司在对消费者去屑需求深入观察与分析后做出的决策。

5. 深刻的感受力

感受力越深，思想就会越丰富，感情就会越细腻，这样就越能体察到别人体察不到的细微变化。而创意的灵感有时就是来自人类情感的深处和这些细微的变化。增强自己感受生活、体察情感变化的能力，是创意人员创意成功的重要条件。"今年过节不收礼，收礼只收脑白金"可谓家喻户晓了，它能有如此强的感染力，正是因为它对中国消费者消费心理和内心情感细微之处的深刻体察。

6. 丰富的想象力

丰富的想象力能拓宽创意的思路。同时，也正是因为想象力的发挥，创意者才能把创意方案变得如此新奇和富有魅力。许多看似不可能的事情变成了现实，许多看似没有联系的事物产生了联系，这些都是创意者大胆合理想象的结果。开篇案例中喜茶与百雀羚的联名，便是创意者充分联想、大胆想象的杰作。

7. 有一种模糊的心境

模糊的心境有时候更利于创意者创造性思维的发挥。灵感的产生，往往需要创意者打破常规思维的桎梏，以一种全新的思维方式和习惯来适应。而人在模糊状态下，是最不容易受常规思维束缚的。因此，保持一种模糊的心境，也是创意人员必须具备的一项基本素质与能力。

8. 过人的毅力

做任何事情，如果没有过人的毅力，想要取得成功是不可能的，进行创意活动也是这样。即使是非常优秀的创意成果，它的开发与形成过程也不可能是一帆风顺、一蹴而就的。如果创意者不能坚持，不能在挫折与失败中成长，想要成功简直是太难了。尤其是当策划创意与方案被暂时搁置或否定的时候，如果没有过人的毅力和坚持不懈的精神，想要取得最后的成功显然是不可能的。

9. 多角度思考问题的灵活性

创意的过程是复杂的，只有从多个角度对问题进行全方位、立体式的认识与分析，才能真正把握住问题的实质和要害。如果不善于从多角度思考，那么对问题的认识和所得到的结论都是不全面的，而在此基础上得出的创意方案也是不完善或欠成熟的。例如，面对不穿鞋的人群，结论可能是鞋子在那里没有市场；然而，假如从不同角度来思考，这会不会就是一个蕴含着巨大商机的潜在市场呢？

10. 敢于冒险

冒险精神也是创意人员所必须具备的基本素质和能力之一。由于创意活动是一种创造性极强的活动，它是没有现成的答案可供选择或参考的，这就需要创意者自己去尝试、去探索、去发现。如果没有敢于冒险、敢于开拓的精神与魄力，那么即使机会摆到了面前，创意者也可能让它白白溜掉。"把梳子卖给僧人，把斧子卖给总统"，这样的创意看似荒诞，然而，正是因为创意者敢于尝试、敢于冒险，奇迹才在突然间发生。

11. 娴熟的表达能力

娴熟良好的表达能力对创意人员来说也是极为重要的。创意再好，方案再新颖，如果不能通过恰当有效的方式将它表现出来，也很难取得好的效果。这就要求创意人员不仅要具备良好的思维表达能力，也要善于有效学习和灵活运用各种表达方法与表达技巧。感冒药白加黑，用一句"白天吃白片，不瞌睡；晚上吃黑片，睡得香"，既道出了自身的特点，又抓住了众多消费者服用感冒药时的心理，还实现了与其他感冒药品的差异化，真可谓一举多得。

4.4.2 创意思维的培养

通过对创意所必备的11项素质与能力的简单分析，我们会发现，这些素质与能力大多与创意者所具备的思维素质与水平密切相关。因此，提高创意思维的能力与水平，对创意者来说是至关重要的。

1. 善于观察、体验和深入生活

在前面分析创意来源的时候，我们曾经提到过，现实生活是创意的最终来源。因此，创意者要想使自己的思维素质与水平得到提高，就必须从日常生活中的点滴做起，学会观察、体验和深入生活。

生活是丰富多彩的，通过对现实生活的仔细观察和深刻体验，不仅能使创意者的观察能力与感悟能力得到强化，也能使创意者的思想得到不断丰富与完善，使其想象力得到扩展。同时，不断地观察和体验生活，也有利于创意者摆脱线性单一的思考模式与习惯，学习和掌握多角度认识问题、分析问题的技巧与方法。

要深入观察和体验生活，创意者可以通过"五看法"来实现，即一看卖场，二看广告，三看标识，四看包装，五看标签。在对卖场、广告、标识、包装、标签等进行了细致的观察和分析之后，创意者才能较为全面、有效地了解市场信息和把握市场走势，在此基础上构思出来的创意方案才能更加贴近消费者的实际需求,满足消费者的欲望。

2. 培养广泛的兴趣

培养广泛的兴趣,对创意者思维素质与能力的提高也是有很大帮助的。这主要体现在如下几个方面:首先,广泛的兴趣能使创意者获得更多的社会实践与生活体验。在这些体验与实践的过程中,创意者的思想会变得更加成熟,考虑问题也会更加全面。其次,兴趣对于创造性思维的形成与拓展也是有着重要影响的。因为有了兴趣,人们才会对问题进行关注,才会进行思考、探索与发现,而这些正是人类创造性思维形成与发生的过程。最后,兴趣的培养,也有利于提高创意人员的审美能力与欣赏水平。审美能力是人类思维能力的重要组成部分,也是创意过程中创意者不可或缺的能力之一,正是因为有了它,才产生了大量既具创造性又具美感魅力的创意方案。

3. 知识的储备与积累

知识的储备与积累,对于创意人员理性思维的形成与发展是极为重要的。在策划创意过程中,逻辑判断与推理是创意人员最常用到的思维方法。如果没有一定的理论知识作为基础,那么对于一些较为复杂的问题,想要做出合乎理性与逻辑的判断是不可能的。因此在日常生活中,创意人员要注意加强对知识的广泛涉猎和积累,不仅要学习与策划、创意相关的知识,还要对其他领域内的知识有所了解。只有在平时做好了知识的储备和积累,在创意过程中创意者才能做到游刃有余,避免盲目性。

图 4-2 表示的就是一个营销策划人员的知识结构图。图中,由里向外依次是营销学、管理学、经济学、社会学、心理学和美学。这也表明,对营销策划人员来说,营销学知识是要掌握的核心知识;其次是管理学、经济学知识;除此以外,策划人员还要具有一定的社会学、心理学和美学知识。只有具备了这样的知识结构,策划人员才能更好地进行策划与创意活动。

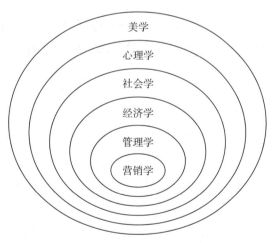

图 4-2 营销策划人员知识结构图

4. 品格磨砺

意志力与品格的磨砺,对于创意人员思维能力与素质的发展也是有着重要影响的。面对问题时,创意人员只有勤于思考、善于钻研、敢于质疑,他们的创造性思维才能不断得到开发和完善;而在面对困难和挫折时,创意人员只有知难而进、勇于探索、不畏挫折与失败,他们的思想才能不断得到磨砺,才能变得更加成熟。因此,创意人员在对自己的创意思维进行培养的过程中,必须注意加强个人在意志力与品格等方面的磨砺。

4.4.3 创意思维的开发

要想提高创意人员的创意思维能力，除了要对创意思维进行循序渐进的培养之外，进行一些思维技能方面的开发与培训也是十分必要的。通过技能开发培训，创意人员不仅能迅速地提高自身的思维素质与水平，也能学习到有关科学思维的技能和方法。

1. 进行发散性思维训练

在创意过程中，思维定式可以说是一个严重的障碍，它不仅将我们的思维禁锢在固有的框框之中，也是扼杀创造性思维的最大"元凶"。因此，我们必须想办法克服它。而突破思维定式的有效途径之一，就是进行发散性思维训练。

所谓发散性思维，顾名思义，它是与收敛性思维相对的，即人们的思维方向是辐射性的，而不是沿着一个确定方向发展的。思维的流畅性、变通性与创新性是发散性思维的三个最大特点。

发散性思维主要的训练方式有以下几种。

（1）非逻辑性思维训练。非逻辑性思维训练的主要内容就是训练创意人员在不用概念、判断、推理等理性思维的情况下认识客观世界的能力。由于非逻辑性思维是一种非线性的立体思维，因此，加强创意人员运用非逻辑性思维认识与判断事物的能力，将有助于创意过程中创意者直觉力作用的发挥和对灵感的有效把握。

（2）放纵模糊性思维训练。模糊与清晰既是对立的，又是相互统一的。创意的过程其实就是一个思维由模糊到清晰的过程。模糊性思维训练就是要通过对模糊性思维的放纵，来引发各种带有歧义或矛盾的观念出现，以此激发人们的各种想象，使人们的思维实现突破与创新。

（3）变通性思维训练。任何事物之间都是存在着一定联系的。创意人员在进行创意的过程中要能够根据事物之间的联系，进行有效的变通，这样才能使创意成功的把握性更大。变通性思维训练，其目的就是通过对创意者变通思维的启发，来提高其多角度、立体式思考问题和解决问题的能力。

（4）求异性思维训练。对突破思维定式来说，求异性思维训练的效果也是非常明显的。俗话说"条条大路通罗马"，任何问题的求解过程和方法都不是唯一的，而是有许多种的。求异性思维训练的目的就是通过对创意者求异性思维的开发，来使其摆脱线性思考习惯的束缚。同时，这种训练对于提高创意者的想象能力和创造能力也是很有帮助的。

2. 进行想象力的拓展

想象力对创意活动来说是极其重要的，没有想象力的发挥，就不可能有精彩的创意产生。在进行创意思维开发的过程中，加强对创意者想象能力的拓展也是必不可少的一项。通常，拓展想象力的途径主要有以下三种。

（1）排除想象的阻力。想象的阻力既可能源于外部环境条件的不具备，也可能由创意者自身思维障碍或态度所造成。因此，要想提高想象力，就必须采取一定措施，将这些阻碍想象力发挥的障碍克服掉。

（2）扩大想象的空间。想象空间的扩展对想象力的提高与拓展来说是很重要的。虽然想象空间看似没有边界，但就不同的人来说，因为其知识水平、经验阅历等各不相同，这就使每个人想象空间的大小存在差别。想象空间越大，想象力就越容易得到充分发挥；反之，想象力发挥则越困难。因此，要想提高想象力，创意人员就必须不断学习、不断实践，以扩大自身的想象空间。

（3）充实想象的源泉。所谓"想象"，其实并不是"凭空想象"，而是来源于对各种知识的灵活运用与创新性设想。因此，要想获得丰富的想象力，创意者就需要多在想象的源头上下功夫，即要不断地深入生活，多实践、多积累、多思考。

⊙ 策划案例与文案　　《魔道祖师》：引领动漫产业发展的新标杆

2018年7月9日，改编自同名小说的国产动漫《魔道祖师》开播，预告片刚上线，播放量就突破1.5亿。《魔道祖师》以"匠造新古风，云深义无羡"为主旨，还原了原著中武侠世界的侠肝义胆和儿女情长，凭借唯美的画面，被网友称为"2018年国漫一番"。

《魔道祖师》由国内顶级制作团队匠心打造，林志炫演唱主题曲《醉梦前尘》，季冠霖、边江等配音。除此之外，制作团队还融合了水墨画和水粉画元素，画面中展现了写意、工笔、兼工带写的技法。全片在演奏乐器上选择了古琴和竹笛，带来古乐韵味的同时彰显了人物个性。

依托数据洞察，发挥品牌效应

《魔道祖师》开发商利用大数据优势，发现年轻人对二次元文化内容具有高度偏好性。因此，《魔道祖师》广告植入强调提升年轻消费群体对品牌的价值认同，塑造品牌价值，内容侧重年轻用户。《魔道祖师》与可爱多合作，通过线上内容定制、线下营销等模式，实现全场景深度合作，让消费者产生情感共鸣，增加品牌知名度。开发商还为《魔道祖师》进行了场景植入，如魏婴和江澄坐在可爱多冰品阁，品尝可爱多冰激凌的同时阐述可爱多的好吃，加深观众对品牌的认同。

匠心制作与创意设计，印证了国漫的进步

2018年，《魔道祖师》用其匠心制作印证了国漫的进步。生动的故事情节、精美的画面吸引了众多观众；在配音上，邀请专业配音演员发声，掀起了《魔道祖师》的动漫热潮。此外，剧中人物造型加入了现代元素，配饰的选择也各具特色。《魔道祖师》以创新为出发点，选取魏无羡、蓝忘机、云梦江氏等粉丝喜爱的角色，与时尚设计师夕又米合作推出定制款服装。

O2O全链打通，提升销售效率

快消品牌一般通过线下活动来提升营销效率，但随着年轻群体的扩大，简单的促销活动已无法吸引他们。线下内容体验为品牌提供了从内容营销到零售终端的新营销模式。伴随着国内动漫产业不断发展，营销方式不断创新，其营销价值持续凸显。与用户建立深度价值联系的品牌，也必将转化为全新的动力。

除了线上吸引粉丝外，《魔道祖师》还与可爱多开展了线下合作。第十四届中国国际动漫展上，粉丝可以领取可爱多包装纸，并与动漫人物展板合影留念。

《魔道祖师》除了外形美观、意境悠远、特效逼真以外，还提倡了正向的价值观和哲学思想。动画尊重内容，满足粉丝需求，也成为引领动漫产业发展的新标杆。

讨论题

1. 你认为《魔道祖师》的动漫设计和营销策划活动在哪些方面具有创意？
2. 这些创意是通过哪种方法产生的？

相关链接 "水平营销"与创造力的逻辑

我们所说的"水平营销"，其实就是一种横向思考，它是菲利普·科特勒最新提出的一种营销理论，对营销策划来说也很适用。在与费南多·德里亚斯迪贝斯（Fernando Trias de Bes）合著的《水平营销》一书中，两位学者向我们展示的，就是这种基于崭新的、富有创造力的角度考虑产品的某个侧面，从而催生原创性的理念。下面，就让我们通过对《水平营销》这本书关于创造力逻辑的阐释来认识和了解创造力是如何产生的。

对于创造力的逻辑，该书是这样阐释的：

创造性思维遵循三个简单的步骤，即先选择一个焦点，然后进行横向置换以产生刺激，最后建立联结，如图4-3所示。

第一步，选择一个焦点。焦点就是我们想要关注的东西。它可以是一个亟待解决的问题、一个要达到的目标或一个简单的物体。例如，我们可以把"花"看作一个焦点，如图4-4所示。

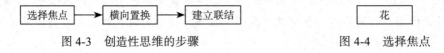

图4-3 创造性思维的步骤　　　　　　　图4-4 选择焦点

第二步，进行横向置换以产生刺激。在选择了焦点之后，接下来是进行横向置换。所谓横向置换，其实就是对逻辑思维顺序的一种中断。例如，将"花凋谢"横向置换为"花永不凋谢"，如图4-5所示。

对焦点进行横向置换后通常会产生一个联结中断，即一个空白。例如，在图4-6中，"花"与"永不凋谢"之间就出现了空白。这个空白看起来似乎是一个问题，实际上它就是创造力的来源。

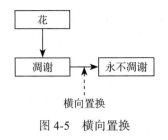

图 4-5 横向置换

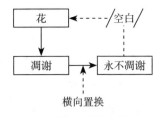

图 4-6 横向置换产生空白

第三步，建立联结，消除空白。由于我们的大脑是个自组织系统，要求建立不中断的联结，因此当空白出现时，我们的思维便会做出必要的跳跃，直到建立一个合理的联结为止。

当然，要建立这种联结，有时我们不得不有所改变。例如，要使"花"与"永不凋谢"建立联结，我们可以考虑"花"在什么情况下"永不凋谢"。如果花是用纸或塑料做的话，它就不会凋谢。这样我们就找到了一个新概念——"假花"。此时，联结建立起来了，空白也就消失了，如图4-7所示。

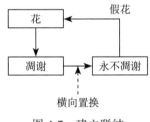

图 4-7 建立联结

以上部分，就是对创造力逻辑的阐释。由此我们不难发现，所谓创新，其实就是联结两种大体上没有任何明显或直接关系的想法后的产物。

资料来源：菲利普·科特勒，费南多·德里亚斯迪贝斯.水平营销[M].科特勒咨询集团（中国），译.北京：机械工业出版社，2014.

策划实战

2019年，王老吉跨界到美妆界，联合品牌瓷妆，以"草本美，不色限"为主题，推出三款联名限定款唇釉。这一举动引起一片质疑声。与饮料行业类似，美妆行业也是一个竞争激烈、洋品牌占据绝对优势的行业。无论成败与否，王老吉又为企业跨界营销增加了案例。对于王老吉的唇釉，如果让你来策划这个产品，你会用什么样的创意将其成功推向市场？你会制定怎样的方案？

本章小结

所谓"创意"，不仅是指一种新奇的方案，更是指一个寻找新奇方案的过程。营销策划离不开创意，缺乏创意的策划是没有生气和活力的，从某种意义上说，创意就是策划的灵魂。

也许，你把创意看得很神秘，然而它却是存在于我们身边的。创意的来源一般有五个，即创意来源于生活、来源于幻想、来源于兴趣、来源于积累以及来源于你"看"的方法。

要想做好创意工作，首先必须了解和掌握创意的一般步骤与方法。通常，一个完整的创意过程主要是由以下九个环节构成的，即界定问题、设想最佳结果、查证资料、寻找灵感、走出熟悉的领域、尝试多种组合、使自己放松、初选方案、验证创意。其次，在进行创意的过程中，创意人员还要能够有效地运用灵感思维、群体思维、侧向思维、逆向思维、组合思维以及类比思维等多种思维的技法。此外，根据创意所必备的各项素质与能力的要求，还要注意做好对创意人员创意思维的培养与开发工作。

第5章
整合营销策划

开篇案例

良品铺子：高端零食领跑者

良品铺子是一家提供休闲食品研发、加工、零售服务的专业品牌。公司于2006年成立，到2019年年底，已经拥有2 300家门店，营业收入77亿元，在2020年2月实现了A股上市，股票名称即为良品铺子（603719）。良品铺子是如何迅速取得众多消费者的认可和今天的成绩的呢？

1．满足消费者对高品质坚果的需要

良品铺子坚持推出高质量产品，已经与主要供应商达成合作意向，在口味设计方面，致力于满足消费者对坚果的需要。近几年，良品铺子包装上印有健康生活方式的标语，公司也花费9年成立零食评价体系，并成立了品质检验中心、感官评价实验室、生物监测实验室等。

2．增强会员黏性、提升消费者满意度

在提升消费者满意度方面，良品铺子基于用户视角，在体验过程中推出众筹活动。在这个活动中，企业让消费者参与到产品包装设计、赠品选择等环节，并将消费者的想法与生产、包装、销售的过程相结合，因此增强了消费者体验，增加了消费者的购买信心，也提升了他们对品牌的满意度。

3．构建全渠道销售平台

良品铺子全渠道平台的建立，让消费者获得一致性的购物体验。企业通过整合实体门店、积分商城等线上渠道，可以全渠道获取流量，打破数据壁垒。平台的搭建帮助企业了解消费者，提高购物中心运营效率，而消费者通过第三方平台登录账户，也能获取相同的购物体验，同时，消费者在成为会员后，平台上的消费将直接转化为积分，会员可以在任意时间、地点享受新品兑换的权益。

4．影视植入与明星代言

良品铺子与天猫商城共同推出"超级品牌日"活动，邀请明星进行宣传，号召粉丝追随品牌；组织粉丝出游活动，设计"让嘴巴去旅行"的宣传标语，带给消费者全新的体验。企业以消费者为中心的场景化营销让品牌的影响力不断提升。

5. 完善售后问题反馈与解决机制

良品铺子专门成立售后服务部门，及时跟进消费者反馈的问题，方便消费者享受退换货、维修服务。因此，消费者对企业售后满意度不断上升。企业重视消费者体验，收集消费者的建议，从而提高产品质量和决策水平。

所以，良品铺子的营销策划方案，包括品牌宣传、营销策略以及售后服务等多个环节，任何一个环节的布局对于企业价值的提升都具有重要意义。

资料来源：白凡. 基于4C理论下的全渠道发展策略研究——以良品铺子为例 [J]. 现代商业，2016. 有改编。

5.1 整合营销策划的内涵与类型

5.1.1 整合营销策划的内涵

1. 整合营销策划的必要性

从何阳的"点子"策划，到三株的人员促销、飞龙的营业推广，到秦池、爱多的"标王"悲剧，再到长虹等彩电企业的价格大战，可以说，传统的单一营销模式并没有从根本上解决企业的营销问题，会不可避免地出现昙花一现的结果。

在今天的激烈竞争时代，无论企业是开展新的业务，还是推广既有产品、服务或产品线，在进行营销策划时单单着眼于某个方面已不能从业务中创造持久的价值。例如，降价促销也许能在短时间内提高产品的市场占有率，但随着成本的增加，边际利润的空间会越来越小，而且降价销售的时间如果持续过长，还会影响产品在消费者心目中的品质认知度，从而给品牌带来无形的损害。并且，随着中国经济的稳定发展和市场机制的日趋完善，中国企业的营销策划行为也在不断走向成熟，营销策划的根本目的也就不再是短期盈利，而是实现长期可持续发展和打造企业的营销竞争力。这就必须要求企业营销策划的视角从局部放眼到整体，通过整合营销策划，系统地计划营销战略与策略，从机制和组织上保证营销战略与策略的完全实施，让企业有能力抓住更多的市场机会，使企业所有要素与战略相互协调，以实现资源优化配置和营销竞争力的提升。

2. 整合营销策划的内涵

传统的营销策划是运用营销工具，通过一系列的营销策划的实施，达到预期的营销结果，其策划着眼于某一个或某几个环节。而整合营销策划则通过对全局的考虑，合理安排各种营销活动和各种营销工具的使用，使整个营销活动处于有组织、有秩序的状态，发挥整体营销的力量，达到最好的效果。事实上，整合营销策划就如同一件经过精确设计的机械产品，各个环节都得到严格的控制。

3. 整合营销策划的总体思路

如导论中所讲的营销策划的思路一样，整合营销策划的总体思路也是"策划一条龙"

的思维框架，即：龙珠——内外部环境分析、龙头——策划思路确定、龙身——策略与技巧设计、龙尾——方案执行与调整。以上四部分内容在导论中已进行了深入分析，在此则不予以详细介绍。

5.1.2 整合营销策划的类型

整合营销策划按其策划的对象及应用的范围可以划分为如下三种类型。

1. 营销策划书：策划型

营销策划书是为公司尚未推出的产品、服务、产品线或品牌实现一定的市场目标而做出的全盘营销计划。在项目启动之前，制订一份完整的新产品营销策划书是完全有必要的。即使这个阶段的一些市场信息仍不是很明确，也仍需在投入大量资源之前尽早做出筹划，这样可以提高企业投入营销资源的有效性、竞争性。制订营销策划书的人员可以是企业营销部门或企划部门的人员，也可以是企业外聘的咨询与策划人员。

2. 营销诊断书：诊断型

企业在运营活动中不可避免地会出现各种问题，有了问题就要找出原因所在，提出改进的对策和方法。这就是整合营销策划中营销诊断书要解决的问题。营销诊断书通过分析调查企业经营的实际状况，发现运营中存在的问题，然后运用科学的方法，有针对性地进行分析，查找产生问题的原因，提出切实可行的改进方案，从而调整行动方向，绕过阻碍，以最小的代价实现企业目标。企业内部营销人员和企业外部策划人员都可以为企业制订营销诊断书。

3. 年度营销计划书：计划型

年度营销计划书是企业提前对下一年的营销工作做出的规划。年度营销计划书需要接受企业高层管理人员的正式审核、批准，一般在当年年底做出，一年一次，当然也要随着环境的变化做出相应的调整和修改。年度营销计划书是由企业内部营销人员做出的。

制订整合营销策划书能够帮助企业最大限度地利用资源，收到事半功倍的成效。它可以帮助企业扬长避短，并在竞争中发挥差别优势；它还可以帮助企业精简不必要的开支，集中优势资源，从而走向成功。如何才能制订出一份出色的策划书，需要有效把握以上三种策划书的结构和写作技巧，这些内容将会在本章的后三节中予以详细介绍。

5.2 营销策划书的结构与写作技巧

5.2.1 营销策划书的结构

营销策划方案是企业生产经营的前提和保障，也是规范企业管理的重要方面。鉴于营销策划方案对企业经营和营销管理的重要性，策划人员应更加注重策划文案的写作。要完成好这项工作，首先要明确策划书的结构。一般来说，营销策划书包括如下九个方面。

1. 纲要

主要描述策划项目的背景资料、介绍策划团队、概括策划书的主要内容等，要求简明扼要，让人一目了然。

2. 环境分析

（1）宏观环境分析

- 人文环境：人口规模和增长率、年龄分布和种族组合、教育水平、家庭类型、地区特征。
- 经济环境：社会购买力、消费者收入、储蓄信贷、通货膨胀、支出模式。
- 政治环境：商业管理法律、政府作用的变化。
- 自然环境：能源成本的增加、原料短缺、反污染的压力。
- 文化环境：核心文化价值观、亚文化、次文化价值观念。
- 技术环境：技术革新规定、研究与开发预算。

（2）竞争环境分析

- 竞争对手的实力分析：营销战略、经营规模、生产能力、生产技术。
- 竞争对手的策略分析：市场占有率、定价水平与调整、广告支出、促销活动与效果、广告主题与诉求对象。

3. SWOT 分析

即分别评估企业内部的优势（strengths）、劣势（weaknesses），外部环境的机会（opportunities）、威胁（threats）。

4. 市场选择与定位

（1）细分市场

- 确定细分变量：地理、人文、心理、社会因素。
- 分析细分市场的有效性：可衡量性、足量性、可接近性、差异性、行动可能性。

（2）目标市场选择

- 确定目标市场模式：密集单一市场、有选择的专门化、产品专门化、市场专门化、完全覆盖市场。
- 分析目标市场结构的吸引力。

（3）市场定位

- 选择定位依据：产品特性或种类、产品用途及使用场合、使用者类型、竞争状况。
- 明确定位战略：迎头战略、避强战略、反定位、高级俱乐部。
- 选择差异化工具：产品、服务、人员、形象、渠道。

5. 营销战略与目标

（1）营销战略的选择（见图 5-1）

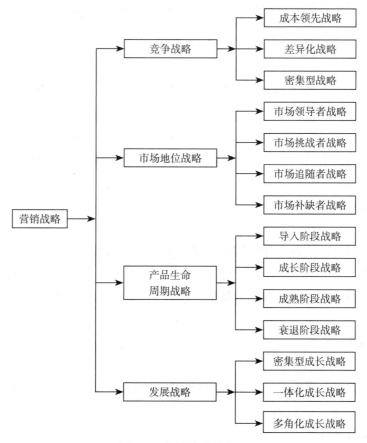

图 5-1　营销战略的类型

（2）战略目标的确定

- 选择战略目标：生存、最大当期利润、市场份额最大化、最大市场撇脂、产品质量领导者。
- 确定具体目标：销售额、利润额、市场占有率、毛利率、回款率、战略周期、战略阶段等。

6. 营销策略

（1）产品策略

- 丰富产品层次：核心利益、形式产品、附加产品、期望产品、潜在产品。
- 优化产品组合：产品组合的深度、高度、长度、密度。
- 实行品牌营销：品牌化决策、品牌使用者决策、品牌名称决策、品牌战略决策、品牌定位决策。
- 设计包装和标签。
- 实行服务营销：服务营销的特殊 3P——以人为本、实物证明、过程管理。

（2）价格策略

- 选择定价方法：成本加成定价法、认知价值定价法、价值定价法、通行价格定价法、拍卖定价法。
- 进行价格调整：产品组合定价、价格折扣和折让、促销定价、地理定价。
- 发动价格变更及其反应：发动降价、发动提价、对竞争者价格变化的反应。

（3）促销策略

- 明确促销目标：提升产品的知名度或是扩大产品的销售等。
- 选择促销工具：选择广告、销售促进、公共关系、人员推销、直复营销中的一种或几种，并为每种方式制订具体的实施计划。

（4）渠道策略

- 选择渠道方式：自营渠道、通过中间商的渠道（一级、二级、三级）。
- 渠道设计决策：分析服务产出水平、建立渠道目标和结构、识别主要渠道选择方案、方案评估。
- 渠道管理决策：选择、培训、激励、评价渠道成员。
- 建立渠道系统：垂直渠道系统、水平渠道系统、多渠道系统。

7. 组织与实施计划

（1）组织销售队伍

设计销售队伍的规模与组织结构，招聘、培训、监督、激励并评估销售人员。

（2）制订实施时间表

制订一份工作日程进度表，表明各项任务的主要负责人及不同的时间段应完成的任务指标。

8. 费用预算

按照安排的营销策略中将花费的各种费用项目，对营销策划方案的费用进行科学合理的预算。

9. 控制应变措施

由于环境的不确定性，任何计划在实施过程中都难免会遇到一些不可预期的风险，如市场风险、竞争风险、外汇风险、政策风险等。因此需要在策划方案中考虑相应的应变措施。

以上九项内容，是营销策划书的一般结构，当然，并不是所有的营销策划书都应如此千篇一律、一应俱全。由于企业所处的市场环境、经营内容、营销战略等存在差异，不同的营销策划书在结构上也可以有所变化，对此策划者应该在书写过程中灵活运用。

专栏 5-1　　　　　　　　从 4P 到 SAVE，带来战术的改变

4P 理论所代表的营销策略在提出后被不断更新，从 4P、4C、4R、4V 到 4S 不断发展。而现实生活中，客户视角不断发生变化，尤其是在 B2B 领域，客户表示，他们需要实际方案来解决复杂问题。因此，营销方式从传统的 4P 模式向更现代化的 SAVE 模式转变。

1. P → S：从 product（产品）转变为 solution（解决方案）。营销产品强调整体性。

2. P → A：从 place（渠道）转变为 access（接入）。互联网的发展为客户提供了更多获取信息的方式。

3. P → V：从 price（价格）转变为 value（价值）。与传统营销方式不同，整体营销强调价值的重要性。

4. P → E：从 promotion（促销）转变为 education（教育）。在产品单一时代，商家更注重用销售行为刺激消费者，如让利促销等，来提高销售量。

从 4P 到 SAVE 模式，营销思想不是简单地由旧观念到新观念的转变，更多的是一种扩展、延伸与渐进的过程。

资料来源：潘益.从4P到SAVE，带来战术的改变[J].成功营销，2014（07）.

5.2.2　营销策划书的写作技巧

要想写出一份出色的营销策划书，仅仅掌握其书写结构还是不够的。细节决定成败，只有在策划书的书写过程中注意一些细节性问题，才能使策划书更具实效性。这些细节性问题我们称之为营销策划书的写作技巧，主要体现在以下三个方面。

1. 结构完整，层次清晰

营销策划书相对营销诊断书、年度营销计划书而言，可谓是综合性最强的一种策划方案。正因如此，有些企业认为它难以把握，写起来毫无头绪、无从下手。然而深谙营销理论的人便知道，营销其实很简单，简单到可以用如下12个字加以概括，即环境分析、战略制定、策略组合。用字母和数字则可以表示为：SWOT、STP、4P。当然各部分涉及的具体理论与内容还是相当丰富的。但是对于营销理论有个整体上的把握，可以使我们的思路清晰，从而有效地开展工作。

掌握上述营销理论框架的内容也是营销策划书的写作技巧，明确了上述理论，既可以使我们的策划书结构完整，也可以使内容层次清晰。对企业而言，面对一份厚厚的营销策划书，只有对策划方案有个清楚的了解，才会进一步考虑其可行性。如果看完之后，脑子里乱糟糟的一团，很难想象该策划书会有怎样的亮点让企业接受。当然，这种技巧性的优势是很隐性的，谁能更好地利用与把握，谁的策划书就会多一些胜出的砝码。

2. 主线明确，战略统领

我们在深入分析一篇文章的时候，总是习惯找出文章的中心，以求更好地体会作者的写作意图，理解各个段落的深层含义以及对表达文章中心所起的作用。

营销策划书也应该有个明确的主线，围绕这个主线展开分析，也就是要确定策划目标。例如，企业欲将一新产品打入市场，在产品导入期主要以扩大产品的知名度为主要目标。那么，整个营销策划内容要以此为核心，定价目标则以最大的市场占有率为出发点，采用成本加成的定价方法更为可取，同时选择广告作为主要的促销方式，并辅以销售促进、人员推销，以使产品信息以最快的速度传递给消费者。既然是要让更多的消费者了解该产品，那么就可以在不同的地区选择多个中间商或零售商，并加大销售终端铺货量。如此看来，以营销战略为统领，有效地整合4P策略，才能达到最佳效果。

当然，为了更好地运用这一写作技巧，我们可以在书面中使用一些重点符号、特殊的版式、不同的字体或字号，对策划内容的主要观点突出强调，以帮助企业在阅读方案的过程中准确地把握策划主线。

3. 图表丰富，分析深入

市场营销理念告诉我们，一切要从顾客利益的角度出发设计产品或提供服务，最大限度地满足其需求。从营销策划书的需求角度来看，企业便是我们的顾客。那么我们就要以企业为中心，研究企业对于策划书的需求，以使策划方案得到企业的认可。让我们与企业进行一下换位思考，如果由我们自己来审核不同的策划书，最基本的要求就是希望该文案不但简明扼要，而且分析透彻。既然明确了顾客的需求点，接下来的任务就是如何选择一种最佳的方式满足这看似矛盾的要求。答案很简单，那就是用图表来说话。

的确，图表的功能恰恰体现了企业对于策划书的上述需求。小小的图表可以将我们的语言精练到最简化的程度，例如，"甘特图"通过图表进行理论解析，不但叙述简练，而且给人印象深刻（如图5-2）。可见，在策划书中运用丰富的图表无疑是一种最有效的方式。

值得注意的是，图表虽然能帮助我们力求语言简洁，但仅通过图表不能反映一些深层次的内涵。企业当然不会花费大量的时间去分析总结，如此则会降低策划书的实用价值。所以我们在运用图表时需要辅之以必要的分析说明，分析得越深入，其可信度就会越高。

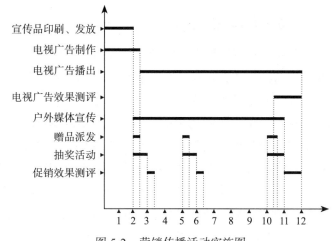

图 5-2　营销传播活动实施图

> **专栏 5-2　江小白的创意文案**
>
> 江小白诞生于2012年，几年之内迅速崛起。2018年，江小白入选天猫"年轻人最喜爱的白酒品牌"名单。江小白能在激烈的白酒市场竞争中站稳脚跟，其创意文案的设计功不可没。江小白改变了消费者对传统白酒文化的认知，将白酒年轻化，凭借对消费者情绪与行为的关系的把握，提出了"简单纯粹，特立独行"的理念，围绕消费者所处的场景设计文案。
>
> "清晨的粥只能填满胃，深夜的酒却能填满心。"
>
> "从前羞于告白，现在害怕告别。"
>
> 这些文案富有创造力和感染力，能够引起用户的情感共鸣。"表达瓶"是江小白代表性的产品，磨砂的包装、简约的设计风格受到消费者的喜爱。在销售过程中，江小白更是提出"为你表达，帮你发声"的口号，"表达瓶"鼓励用户扫码，上传自己想说的话，如果附上照片还可能被商家选中，成为江小白的品牌代言人。

5.3　营销诊断书的结构与写作技巧

5.3.1　营销诊断书的结构

如前所述，市场营销诊断是以企业的全部经营过程为研究对象，在具体分析企业经营活动的基础上，揭示企业经营中存在的各种问题，并提出对其进行改进的方法与对策。

可见，营销诊断书所涉及的内容比较繁多。但无论其诊断的是哪种问题，营销诊断书的基本结构包括如下 3 个部分，我们称之为三段论。

1. 企业营销现状与问题

首先，确定导致企业的经营状况出现问题的原因，可以从以下几个方面入手：企业所处的市场环境（宏观环境和微观环境）、战略选择、产品定位、产品质量、价格体系、促销方式、渠道选择、组织管理及执行控制等。

其次，介绍诊断病情的调查方法。没有调查就没有发言权，营销诊断书的编写要以大量的市场调查为基础，只有通过市场调查，才能了解市场动态、明确企业的营销战略、营销策略及营销管理中存在的弊病。运用的方法越科学，调查结论越具有说服力。

最后，明确诊断工作的目标。既然在大量调查基础上发现了企业运营问题所在，那么该诊断书究竟能将病情医治到何种程度是企业最关注的。因此，需要在营销诊断书三段论中的首段中加以说明，以增加营销诊断书的说服力度。

2. 原因分析

明确了病情，还要分析病因所在，以便对症下药。一般而言，对病因的解释需做如下两方面的工作。

（1）收集资料

诊断内容不同，所需收集的资料也不尽相同。例如，如果是对产品销售系统进行诊断，那么要搜集的资料主要有：近 3 年的财务会计报表和统计资料；近 3 年的产品目录，各种产品的产、销、存情况；近 3 年采用的销售方式和销售方法；近 3 年的价格政策和执行效果；近 3 年的销售合同及执行情况；历次内部审计报告、销售机构、内部控制制度、岗位责任制度、销售管理及销售工作制度等；其他所需的有关资料和文件。

（2）分析资料

要想准确查找企业存在问题的原因，则需要对收集到的材料进行整理、分析。如果材料很多，为避免营销诊断书的文案过于烦冗，可以用表格的形式加以归纳整理（见表 5-1）。

表 5-1　2019 年度产销比率分析检查　　　　　　（单位：万元）

项目	可供销售额			本期销售额	期末余额	产销比率
	期初余额	本期生产	合计			
年产销总额	985	7 500	8 485	6 920	1 565	0.82
A 类产品	275	1 000	1 275	480	795	0.38
B 类产品	500	5 000	5 500	5 200	300	0.95
C 类产品	150	600	750	640	110	0.85
D 类产品	60	900	960	600	360	0.63

从表 5-1 分析，该公司 2019 年从总的销售额看，产销情况不够理想：全年可供销售额 8 485 万元，只销售了 6 920 万元，产销比率为 82%，期末余额 1 565 万元，比期初的 985

万元增加了 580 万元，相当于年初库存的 59%，造成产品严重积压，资金周转受影响。

再从公司生产经营的 4 类产品分析，B 类产品产销比率 95%，C 类产品产销比率 85%，它们的销量都超过了当年的生产量。期末库存比期初少，说明这两类产品受市场欢迎。而 A、D 两类产品销售较差，特别是 A 类产品，其产销率仅为 38%，销量不到生产量的 50%。可见，A 类产品作为企业多年来生产的老产品，技术上已经落后，样式也已陈旧。

从上例中可以看出，通过表格+解析的方式对材料进行分析，找出问题的原因所在，不但使诊断书简明扼要，而且有理有据，极具说服力。

3. 完善措施

第 3 段的对策方法论可以说是营销诊断书的核心部分，是一份成功的诊断书的价值所在。如果说发现问题是切入点，分析问题是基础，那么解决问题则是关键。继续引用表 5-1 的例子，既然通过分析已经得出 A 类产品销量低迷的原因，那么就可以此为切入点，实施产品策略，如改变产品包装、增加产品种类、加大产品科技含量等。

5.3.2 营销诊断书的写作技巧

1. 问题导向，有理有据

营销诊断书区别于其他两类整合营销策划书的最大的不同在于其针对性比较强，即为解决企业经营中出现的问题而提出解决方案。从营销诊断书的三段论结构中可以看出其方案的编写始终以问题为导向，同时要保持逻辑论证的一致性和严密性。例如，有些企业在调研分析中得出因产品样式老化而导致销量减少，但并没有对产品进行改进或推出新产品，而是拓宽销售渠道，加大终端铺货。如此，非但没有从根本上解决问题，反而加重了企业资金的运营风险。

企业出现了问题，自然会在查明原因的基础上予以解决。可是如果问题的确定本身有误，不但无法使原有问题得到解决，甚至还会使情况继续恶化，从而会造成资源的浪费。可见，要想使企业没有异议地投入资金，必须使解决方案的提出有充分的理论依据，以确保对症下药。

2. 对策实用，一针见血

对于企业出现的问题，也可以有不同的解决方法。但是能够让企业信服并愿意实施的营销诊断书必定是那种使用性最强，能够使问题在最短的时间内迎刃而解的策划。因此，我们在写营销诊断书时，可以针对同一问题列出不同的解决对策，同时将几种方案给企业进行选择。但最好还是在对企业的内外部环境、经营状况、资源等因素进行分析的基础上，直接提出最优方案，这样可以节省企业自身在选择方案中付出的成本。

3. 一一对应，逻辑严密

写好一份营销诊断书关键在于抓住重点、突出亮点。正如前文营销诊断书的结构中所述，解决问题的对策是企业最关注的。一般而言，诊断书后部分提出的解决办法应该与前面提出的诸多问题是一一对应的关系，所列的多个问题或对策之间按重要程度由高到低排列，也把有关系的条目放在一起。很多策划者绞尽脑汁，将文案写得洋洋洒洒、丰富多彩，然而，没有明确地提出问题，所提的问题与对策也比较杂乱，这样的诊断书应该是失败的。

5.4 年度营销计划书的结构与写作技巧

5.4.1 年度营销计划书的结构

任何一个企业都必须面对充满不确定性的未来，与其茫然、被动地走入，不如主动想清楚，有计划、有自信地去迎接挑战。经过深思熟虑后确定目标，并根据既定计划行动，可以降低风险，科学合理地利用企业资源，减少重复和浪费，有效地控制企业目标的完成。因此，我们可以说，良好的计划与企业的成功息息相关。

按计划的期限长短可分为长期计划（3～5年）、中期计划（1～3年）和短期计划（1年以内）。短期计划通常指年度计划，这也是企业制订最多、实用性最强的一种计划。下面对年度营销计划书的结构加以介绍。

1. 上年度营销工作总结

（1）销售业绩

根据上年的营销年度计划总结销售业绩，通过对比分析，对实际与计划的差异做简要解释说明。为增强说服力，针对销售业绩所做的任何调查都应包括在内。同时也需要按照产品类别、品牌、销售地区、代理商等指标，把销售业绩进行详细的列表分类和比较。

（2）费用投入

对于上年度各项开支的费用投入，可通过如下表格加以总结。

表 5-2　费用投入情况分析表

费用项目	销售	广告	公关	调研	酬金	其他
预算费用						
实际费用						
实际费用占预算比例						

（3）计划执行对比

在上年度营销计划书中对4P策略各种方案所要达到的目标已经确定了指标，因此在对相关资料分析的基础上，将有关结论与指标进行对比，同样可以利用表格的形式加以说明。

2. 本年度营销形势分析与预测

这部分内容包括宏观环境分析、竞争对手分析和自身SWOT分析。

3. 本年度营销实施计划

这部分内容主要包括计划指标、时间进度表、保障措施和费用预算四个方面。

5.4.2　年度营销计划书的写作技巧

1. 回顾对比，找出问题

年度营销计划书的编写始于对需求、机会和问题的评估。可是我们的年度营销计划书往往过多地注重明年的计划工作，而忽视了今年的工作总结，以致今、明两年的工作开展上面出现了"脱节"，无法形成一个完整的体系。应该说明年的工作是建立在今年的工作总结基础上的，要想制订出真正有发展性的计划，既要对成功的经验进行总结，又要对出现的问题进行盘点，分析原因以避免再犯同样的错误。

有些策划者往往认为编写年度营销计划书是一项全新的工作，需要提出新的战略、新的策略。然而，从年度营销计划书写作的角度来讲，其实质是从所发现的问题出发，将其按照部门或特点进行分类，在深入细致分析的基础上，提出解决方案。这也是年度计划书的真正意义所在，实为对上年度计划书的完善和改进。

2. 主次分明，分阶段实施

"千里之行，始于足下。"编写年度营销计划书同样如此，要想实现企业在本年度的营销目标，必须将目标进行分解，阶段性地去完成。在这里可以将年计划分解为季计划、月计划和周计划，甚至可以细分到日计划，究竟选择哪种类型更合适，需要根据企业外部环境的变化、目标任务的性质及企业自身的状况进行确定。有的企业在编写年度计划书时往往以年终目标为企业的营销任务，因而无论对于管理者还是企业员工，都总是感觉压力很大，即使竭尽全力也无法有效地完成任务。

3. 预算准确，细化指标

实施年度计划必然要投入大量的人力、财力和物力等资源，如何才能有效地利用这些资源呢？显然需要进行科学的预算，因为预算费用与实际费用往往存在很大的差别，所以在有些企业看来，实际运行情况很难把握，预算也只是形式而已，因此往往忽略了对其进行科学的分析。没有最好，只有更好。虽然我们不能完全控制计划实施的费用，但是可以通过进行充分的市场调研，科学地分析预测，对预算费用较为准确地进行估计，从而最大限度地减少企业资金的浪费。

实施过程中又该如何确保企业将每一分钱都花在了刀刃上呢？对于这一问题则需要用指标进行回答。对于各阶段、各部门的任务，在定性与定量的基础上，确定评价指标，此外要建立相应的考核制度，通过具体的时间进度表、阶段性成果报告确保计划的贯彻执行。

⊙ 策划案例与文案　　　　　××银行信用卡市场营销策略[一]

一、策划概要

××银行是其总行在大连地区设立的一级分行，××银行总行的历史可以追溯到1954年。信用卡业务作为××银行长期战略业务之一，经历了十年的快速发展。其所在的大连地区银行竞争空前激烈，加之国内信用卡产业面临转型期，消费信贷需求进一步释放，未来发展面临机遇和挑战。

而在现阶段，充分挖掘信用卡客户价值成为商业银行的共识，商业银行也开始积极探索新的盈利渠道，转变盈利模式。××银行的发卡量已基本达到了一定规模，地区用卡环境也逐渐改善，居民消费观念和习惯不断转变，持卡消费的比例及信用卡消费交易额得到稳定增长，加之近几年基于传统功能衍生的分期付款业务促进了信用卡盈利能力的进一步提升，可以说，规模经济效应的发挥已具备了基础的条件，如何进一步提升盈利水平，跨入盈利时代，是商业银行信用卡业务经营者在当前重点思考的问题。以下是××银行信用卡的营销策略方案。

二、市场环境

（一）行业分析

当下，国内信用卡业务已从导入期进入到发展期，并表现出以下几个特点：一是客户群体因年龄递增，消费结构类型不断迁移；二是客户群体因地域及用卡环境等因素导致消费习惯差异大；三是信用卡业务由发展初期的信用透支消费功能逐步向消费信贷功能转移。这些特点都昭示着信用卡业务发展的空间仍然非常广阔。

（二）消费者分析

××银行信用卡客户消费结构较为理想，高收益行业消费占比高，但单卡消费交易笔数及金额均偏低，客户消费能力不足，有待挖掘和进一步提升。

（三）自身分析

全行信用卡的经营模式和组织架构采取总分行制，由总行在全国下设38家一级分行，一级分行均设立信用卡中心或信用卡部，一级分行下设二级分行，部分省分行下设的二级分行也设立信用卡业务部门，发挥专业专注的优势。总行制定了"重点区域"的业务发展战略，采取"集中管理、集中经营、集中运作"的专业化、集约化信用卡业务经营管理模式。

××银行作为其总行下设的一级分行，在分行本部设置信用卡中心。信用卡中心成立于2003年，成立之初作为专营中心，职能包括营销、前台受理、征信审批等模块。后期随着市场环境的变化和业务的不断推进，发展成为分行信用卡产品和市场拓展管理部门，主要负责大连地区信用卡业务的整体经营和管理，并组建五个团队，分别为业务综合团队、市场开发团队、商户收单团队、分期业务团队和风险管理团队，现有员工35人，部分业务外包2人。

[一] 本案是根据实际企业营销策划报告改编而成的策划文案。——编者注

三、营销战略

××银行作为国有股份制银行,同时也是大型综合性商业银行,信用卡作为其零售业务的重要组成部分,要将信用卡业务纳入长期发展战略,应切实保持和加强信用卡政策连续性,将信用卡作为未来的重要增长点来定位,着眼现在,加快发展,并不断关注效益和信用卡收入对全行的贡献。

四、营销组合策略

(一)产品策略

1. 产品设计

(1)着手研究区别于传统信用卡的新型介质,如 NFC 一体化手机、SD 卡和 SIM 卡等不同介质的移动支付业务、虚拟信用卡等,促使 IC 卡升级换代。

(2)加强信用卡与其他个人金融产品的创新融合,应尽早推出借贷合一卡。

(3)打造消费金融平台,丰富分期付款产品线。

2. 产品卖点

有策略地进行产品差异化和功能集中化。差异化主要基于消费群体多元化的趋势进行市场细分,还体现在服务差异化上,基于信用卡基本功能和权益同质化的问题,服务的能力和水平也是决定产品是否具有竞争力和生命力的重要因素之一。集中化主要研究推出多种功能的信用卡,从源头抓客户、抓资金,加快后续功能整合,提升产品竞争力。

(二)渠道策略

(1)加强信用卡业务与零售业务整合,结合零售业务产品与渠道推进房贷、个贷、理财、基金等客户的信用卡交叉销售,并重点推进公私联动、联盟营销。

(2)可以开发联盟伙伴关系管理平台,通过多种形式深化联盟伙伴合作,以联名卡产品或营销活动为切入,与合作方开展联盟数据库营销。同时可以发挥直销团队营销的优势和作用。

(3)扩大电子和自助渠道的使用规模和范围。

(三)价格策略

商业银行信用卡业务在扩大规模的同时应更加注重以盈利性为导向,努力实现风险调整后资产收益的最大化。

(1)建立较为完备的价格管理机制

信用卡具有与其他金融产品不同的盈利模式,利息收入比重高,中间业务(手续费)收入种类多。××银行应围绕这些环节建立起完善的价格管理机制,这个机制应明确价格管理机构、目标、价格底线和授权机制,可以考虑将部分价格权限下放,灵活支持各层级业务发展。

(2)从产品定价向客户定价转移

××银行应在已经实现的客户目标管理、客户考核基础上,增加以客户为维度的资源配置和客户定价管理。为配合产品定价向客户定价转移的综合定价策略,尤其是实现按客户群、客户交易、活动等多维度定价，需要创新定价模型和工具。

（四）促销策略

1. 文化营销提升客户认同度

提升"龙的传人用龙卡"的内涵价值和文化理念，在促销中融入文化营销，提升客户认同度。设计更多领域、更接地气的促销活动来提高客户认同度和用卡频率，并在宣传推广上，将龙卡品牌作为××银行的无形资产，成为促使客户选择的有力推手，成为信誉和品质的代名词。

2. 采取组合促销策略

从不同维度出发，以客户需求为导向，对客户进行差异化定位，在分类管理中运用组合促销策略，并加强精细化管理。同时结合广告、宣传、营销活动等多种促销方式，加强客户自然关联和主动选择，强化龙卡利民、便民的形象。

3. 加强新媒体的运用

在开展微信服务和营销的基础上，进一步加强微博、App等新媒体的管理、开发和设计，实现多种渠道的客户服务和营销模式。

4. 扩大积分激励的使用范围

将积分用于缴纳水电煤、电视费、归还贷款等个人日常生活消费的领域，提升积分的隐性价值。

五、组织与实施计划

1. 扩大营销专业人才队伍

在现有基础上补充信用卡营销团队，优化岗位设置，持续加强信用卡专业人才队伍建设。

2. 优化财务资源配置

落实对信用卡产品的买单激励政策，直接兑现到营销人员，并要贯彻客户经营的理念，着眼长远。另外，加大对市场拓展费用的投入，包括宣传、营销活动、商户及客户维护费用等。

3. 强化考核机制

要进一步调整考核口径和标准，应逐渐调整为有效活跃客户人数，并应同步调整资源配置的口径，实施以效益为导向的激励约束政策。还要同步实现各个条线中对信用卡的KPI考核，以有效推动行内资源整合和条线联动营销。

讨论题

1. 你认为这一策划案的结构是否完整？有没有遗漏的地方？

2. 如果同时为这一产品做出营销诊断书和年度营销计划书，你觉得这和制订营销策划书有什么不同的地方？

相关链接　商业计划书与项目可行性研究报告的写作

一、商业计划书

1. 概念

商业计划书是描述企业计划所要达到的目标以及如何实现这一目标所采取的战略与策略的方案。

2. 分类

（1）简略商业计划书

（2）详尽商业计划书

3. 使用对象

（1）企业员工

（2）投资者、其他外部利益相关者

4. 结构（见表5-3）

表5-3　商业计划书的结构

序号	项目	内容
1	项目概述	经营产品或服务内容描述、特色点提炼
2	市场分析	a. 市场需求现状与趋势　b. 行业现状与趋势　c. 目标市场分析
3	营销计划	a. 市场定位与战略目标　b. 定价方法与调整策略　c. 广告投放与促销策略　d. 渠道选择与管理
4	运营计划	a. 生产或服务的交付方式　b. 合格劳动力的可得性　c. 业务伙伴的类型与选择　d. 质量控制方法与改进措施　e. 核心技术与工艺流程　f. 客户关系管理
5	公司机制	a. 组织结构　b. 法人结构与所有权结构　c. 知识产权　d. 管理团队　e. 服务机构
6	财务计划	a. 未来3～5年的资金需求　b. 资金来源与使用　c. 投资者退出机制　d. 收益表、现金流预算、资产负债表
7	风险因素	a. 管理风险　b. 财务风险　c. 运营风险
8	附录	a. 支持性文件　b. 创业者、关键成员简历　c. 其他有关文件

二、项目可行性研究报告

1. 概念

项目可行性研究是从技术和财务上对某一特定项目是否可行进行研究、分析和评价，以决定是否进行投资。项目可行性研究报告则是针对以上研究过程和结果所写的计划性文书。

2. 分类

（1）建设项目可行性研究报告

（2）引进开发可行性研究报告

（3）合营合资可行性研究报告

（4）政策改革可行性研究报告

3. 使用对象

（1）投资者

（2）其他利益相关者

4. 结构（见表5-4）

表 5-4　项目可行性研究报告的结构

序号	项目	内容
1	总论	a.投资者概况　b.项目概况　c.编制依据　d.研究范围
2	项目建设必要性	a.项目实施背景　b.项目投资回报率分析
3	项目市场分析	a.竞争环境分析　b.项目竞争优势分析　c.项目营销战略与销售预算
4	建设条件和工程进度安排	a.建设条件分析　b.工程进度安排
5	工程建设和规模	a.工程建设　b.建设规模
6	技术与生产方案	a.工艺流程　b.技术设备　c.生产方案　d.产品的技术标准　e.原材料消耗量　f.能源消耗量
7	消防环保和劳动安全措施	a.消防　b.环境保护　c.劳动安全措施
8	企业的组织管理和员工培训	a.人力资源构成　b.组织设计　c.员工培训
9	投资估算与资金筹措	a.总投资估算　b.资金筹措
10	财务数据估算	a.计算期估算　b.销售收入估算　c.销售税金估算　d.总成本费用估算　e.利润总额及利润分配估算
11	财务效益分析	a.现金流量分析　b.静态投资收益率分析　c.债务清偿能力分析
12	不确定性分析	a.盈亏平衡分析　b.敏感性分析
13	结论与建议	a.结论　b.建议

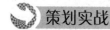 策划实战

1. 2018年9月，美加净与大白兔跨界合作，推出"时刻润唇系列"的限量款——大白兔奶糖味润唇膏。新产品一投放市场，便受到众多消费者的青睐，不仅在包装设计上延续了以往的产品风格，而且在成分中添加了牛奶精华、橄榄油和甜杏仁油，以适应润唇产品的特性。独特的造型设计、上架即售罄的成绩立即成为社交热门话题。如果你是美加净的营销总监，你认为从吸引消费者好奇心到产品营销，美加净还需要做哪些部署？

2. 互联网时代，消费者与品牌接触、互动的方式发生了巨大变化，以知识营销为代表的营销方式对品牌营销提出了全新要求。2019年4月18日，以"认知"为主题的2019年知乎营销峰会在北京举行。在知乎的组织下，众多企业、营销机构齐聚北京，共同探讨知识时代如何营销高价值人群的消费决策。请你从整合营销的角度提出具体的营销方案。

本章小结

整合营销策划通过对全局的考虑，合理安排各种营销活动和各种营销工具的使用，使整个营销活动处于有组织、有秩序的状态，发挥整体营销的力量，达到最好的效果。

整合营销策划的总体流程仍然是"策划一条龙"的思维框架，即内外部环境分析、策划思路确定、策略与技巧设计、方案执行与调整四部分。

整合营销策划书根据应用的对象不同可以分为三种类型：营销策划书、营销诊断书、年度营销计划书。对于上述三种策划书的文案结构和写作技巧的理解和把握，可以帮助我们完成一份出色的策划方案。

PART

专题篇

第6章 市场调研策划

> **开篇案例**

调研为王

众所周知,瑞典家具巨头宜家绝对是位营销大师,每10秒,宜家就能卖掉一个经典的毕利书架。宜家通过大规模生产创造成本优势,保证了进一步控制价格的空间。但是,面对全球各异的地域、文化和消费习惯,宜家如何做到在确保价格优势的同时快速出货?

宜家之所以扩张迅猛的独家秘籍在于其卓越的市场调查研究工作。事实上,全球各地文化的差异没有各种文化间的交叉重要。例如,宜家在全球调查了8 000多人的早晨习惯。从起床到出门平均用时最短的是上海(56分钟),而最长的是孟买(144分钟),超过58%的孟买人至少会按掉闹钟一次。最喜欢在洗漱间工作的是纽约及斯德哥尔摩的居民。无论是哪个城市,女性总是比男性在早晨选衣服的时候多花时间,宜家随后推出了Knapper换衣镜——它背后有一个支架,可以悬挂服装和首饰,人们可以在前一天休息前搭配好服装和首饰,以节省早晨的宝贵时间。

不过,即便是超过8 000人的市场调研也会有疏漏和差池,比如说受访者可能因为种种原因撒谎。宜家给出的对策则是要求调研人员通过自己的慧眼,搜集一手可靠资料。例如,宜家通常采用上门研究的方法,甚至让人类学家一同住进样板间。

总之,宜家展示了同样的产品如何能在全球不同文化、不同市场都行得通、吃得开、玩得转,其成功之道在于对市场的深刻认知和精准把控,这也是所有企业开展营销策划的基础工作。

资料来源:宜家凭什么在中国营收125亿元,吸引8 930万访客?[EB/OL]. (2017-09-04).https://www.sohu.com/a/169538014_275750.

6.1 市场调研内容

6.1.1 宏观环境调研

宏观环境是指对企业生产经营有巨大影响的社会力量,包括政治、法律、经济、社会、文化、技术、人文、自然等多方面因素。

（1）政治和法律环境。主要调研国家的政治主张、政治形势及变化情况；掌握国家关于产业发展、财政、金融、税收、外贸等方面最新颁布的政策、方针、规划等纲领性文件（例如《中华人民共和国国民经济和社会发展第十三个五年规划纲要》）；了解国家法律、法规、条例的变化情况等。

（2）经济环境。主要调研国家或地区的国内生产总值（GDP）、产业发展状况、经济增长率、通货膨胀率、就业率、税率、利率、汇率，以及社会的收入分配、购买力水平、储蓄、债务、信贷等，以掌握国家在一定时期内的经济政策、体制及形势。

（3）社会和文化环境。主要调研整个社会的核心价值观念、风俗习惯、宗教信仰、伦理道德及亚文化；了解人们的价值观、生活方式、文化素养；掌握某消费群体的构成及其购买动机、购买行为、购买心理等。

（4）技术环境。主要调研企业所涉及的技术领域的发展情况、产品技术质量检验指标和技术标准等；了解新技术、新材料、新工艺、新产品的研发及问世情况；关注国家科研技术发展的方针政策及规划等。

（5）人文环境。市场由人口构成，因此需要对人口的增长情况、年龄结构（例如美国的婴儿潮、中国的 90 后与 00 后）、民族市场（例如美国的亚裔、西班牙裔、拉丁美洲裔等）、家庭类型（传统或非传统）、受教育程度、人口地理迁移等方面进行调研。

（6）自然环境。主要调研企业所处的地理位置、气候、资源、生态等自然情况，以及资源短缺、能源成本增加以及污染程度增加等生态状况。

一切组织、团体或企业均处在上述环境之中，亦不可避免地受其影响及制约。因此，市场营销策划者应通过分析宏观环境的现状及发展趋势，预测其对企业营销活动可能产生的影响，抓住机会、避开威胁。

6.1.2 行业及竞争状况调研

行业是企业最直接的外部环境，因此企业要对行业的整体水平及竞争状况有一定程度的了解。根据波特定义的五力模型，对行业及竞争状况的调研主要包括现有竞争者、潜在进入者、替代品、购买者和供应商共 5 种竞争力。

1. 现有竞争者的竞争强度调研

考察现有竞争者的竞争强度应考虑从以下几方面进行调研。

（1）行业成长率高低。若较高，则竞争激烈。

（2）退出壁垒高低。若较低，则竞争激烈。

（3）竞争对手的数量和规模。若数量较多、实力较强，则竞争激烈。

（4）转换成本高低。若较高，则竞争激烈。

（5）差异化程度。若较低，则竞争激烈。

（6）行业是否具有高额的战略利益。若具有，则竞争激烈。

2. 潜在进入者的威胁调研

考察潜在进入者的威胁应考虑从以下几方面进行调研。

（1）行业内是否形成规模经济。若未形成，则进入威胁大。
（2）行业内是否具有成本优势。若不具有，则进入威胁大。
（3）行业内产品差异化程度。若差异化程度低，则进入威胁大。
（4）行业内资金密集程度。若不属于资本密集型，则进入威胁大。
（5）行业内转换成本高低。若较低，则进入威胁大。
（6）新竞争者是否拥有独特的分销渠道。若拥有，则进入威胁大。

3. 替代品的威胁调研

考察替代品的威胁应考虑从以下几方面进行调研。

（1）替代品的性价比高低。若较高，则替代品的威胁大。
（2）替代品是否来自高盈利产业。若是，则替代品的威胁大。

4. 购买者的价格谈判能力调研

考察购买者的价格谈判能力应考虑从以下几方面进行调研。

（1）是否为集中或大批量购买。若是，则其价格谈判能力强。
（2）所购买产品的支出占企业生产成本的比例大小。若比例较大，则其价格谈判能力强。
（3）所购买的产品是标准化产品还是差异化产品。若为标准化产品，则其价格谈判能力强。
（4）购买者的转换成本高低。若转换成本低，则其价格谈判能力强。
（5）购买者的盈利高低。若购买者盈利低，则其价格谈判能力强。

5. 供应商的价格谈判能力调研

考察供应商的价格谈判能力应考虑从以下几方面进行调研。

（1）供应商集中化程度。若较高，则其价格谈判能力强。
（2）供应商被替代程度。若较低，则其价格谈判能力强。
（3）是否为供应商的主要客户。若非主要客户，则供应商的价格谈判能力强。
（4）供应商所提供的产品对行业的重要程度。若重要，则其价格谈判能力强。
（5）供应商所提供的产品的差异化程度。若较高，则其价格谈判能力强。
（6）供应商的前向一体化能力。若较高，则其价格谈判能力强。

6.1.3 市场供求现状调研

市场是企业生存和发展的出发点和归宿点，因此企业要对市场的供求现状进行调研，掌握市场及企业产品的需求总量、消费者的需求状况以及整个市场的供应量、供应能力等方面的情况，使企业能更有效地满足市场需求。

1. 市场需求调研

对市场的需求状况进行调研主要包括以下三方面：第一，了解市场需求总量，包括现实需求量和市场潜量，并重点分析市场潜量，即营销努力水平达到无穷大时的市场需求量，明确各细分市场及目标市场的需求量、销售量及市场饱和点；第二，研究市场领导者、竞争对手以及本企业的市场占有率、市场地位及变化情况，明确本企业的发展目标及方向；第三，掌握消费者的需求结构及消费行为，明确消费者对同类商品不同规格、不同款式等的需求状况，了解消费者的购买心理、购买动机、购买模式及购买习惯等，分析影响购买决策的主要因素。

2. 市场供给调研

对市场的供给状况进行调研主要包括以下三方面：第一，调研商品的供应源，了解市场上同类商品的供应企业的数量、分布、规模、供应能力及提供商品的质量等方面的情况，并与企业目前的供应情况相对比；第二，分析商品供应结构，即市场同种商品不同规格的供应比例，调查企业当前目标顾客的需求结构是否能够被有效满足；第三，评价企业目前供货商的供应能力及与企业合作的态度、诚意及可靠性，明确判断企业所需的资源是否具有长期、稳定的供应保障。

6.1.4 企业内部调研

市场营销策划必须根据企业自身情况制定，并与企业总体战略发展方向保持一致。通过对企业发展战略及使命、内部资源、业务组合及相互关系、既往业绩与成功关键要素等的分析，掌握企业自身存在的优势与劣势。

（1）企业发展战略及使命。明确企业三个层次的战略（公司战略、业务单元战略、职能战略）各自的发展方向，掌握公司的组织、权力结构、业务分布与经营状况；同时掌握公司使命，清楚终极目标、公司愿景、主体业务以及为顾客和利益团体创造价值的方式。

（2）企业内部资源。企业内部资源包括人力资源（即企业人员供求状况、员工能力与素质、企业招聘与培训机制）、物力资源（即企业的原材料、零部件、设备、服务）、财力资源（即企业的财务状况、流动资金数量以及用于营销方面的资金状况）、信息情报资源（即市场、竞争对手的资源、营销组合策略及战略）等。

（3）企业业务组合及相互关系。掌握公司现有业务情况，并判断每项业务所属类型，即属于问题类（相对市场占有率低、业务增长率高）、明星类（相对市场占有率高、业务增长率高）、金牛类（相对市场占有率高、业务增长率低）、瘦狗类（相对市场占有率低、业务增长率低），以便进行资源分配。

（4）既往业绩与成功关键要素。明确企业销售额、利润的同比增长情况，清楚哪些战略及策略是行之有效的，研究企业取得成功的关键之道等，这些都能暗示企业自身发展的优势及劣势。

6.1.5 营销组合调研

营销的核心即为4P（product，price，place，promotion），因此进行营销调研策划应从营销组合入手，掌握产品、价格水平、销售渠道、广告及促销的情况，以便更好地了解产品的优势及劣势。

（1）产品研究。即掌握产品的设计、功能、特点、用途、实用性、方便性、安全性等属性，以及产品的外观、包装、商标及产品线、产品组合、品牌等的设计与决策；认清产品的服务水平及目标受众的满意程度；了解产品所处的产品生命周期阶段、销售利润率及贡献率。

（2）价格研究。即了解价格的供给和需求弹性以及国家价格政策，明确企业的定价方法、定价策略及竞争者和替代品的价格水平，掌握新产品在生命周期不同阶段的定价原则；研究市场对价格提高或降低的反应程度。

（3）渠道研究。进行渠道研究主要考虑以下三方面：第一，明确企业现有的分销网络覆盖范围及建设情况，研究并分析物流成本和渠道竞争状况，掌握各渠道环节的价格折扣及促销情况；第二，了解经销商的规模、销售量、分销能力和手段、口碑等，试图获得其对本企业产品、品牌、营销方式的反馈意见，充分掌握竞争者和经销商的信息；第三，研究零售终端店铺的特点，明确企业各品牌的销售业绩以及消费者的态度和认知程度。

（4）促销研究。进行促销研究主要考虑以下四方面：第一，开展广告效果调查，即研究何种形式的广告最受欢迎，何种媒体的传播效果最好，何时做广告的效果最佳，同时研究竞争者的广告策略；第二，研究推销人员的素质、能力、技巧、业绩情况，分析企业人员推销的效果及适合的策略；第三，总结销售促进的力度、策略、效果及成功或失败的经验；第四，掌握企业公共关系活动的内容、宣传措施和策略对产品销售量及企业形象的影响程度，并衡量公共关系的效果。

市场调研的主要内容可以概括为表6-1。

表6-1 市场调研的内容

宏观环境	• 政治/法律环境 • 经济环境 • 社会/文化环境 • 技术环境 • 人文环境 • 自然环境
行业及竞争状况	• 现有竞争者的竞争强度 • 进入威胁 • 替代威胁 • 购买者的价格谈判能力 • 供应商的价格谈判能力

(续)

市场供求现状	• 市场需求 • 市场供给
企业内部	• 企业发展战略及使命 • 企业内部资源，即人力、物力、财力、信息情报资源 • 企业业务组合及相互关系 • 既往业绩与成功关键要素
营销组合	• 产品研究 • 价格研究 • 渠道研究 • 促销研究

6.2 市场调研的方法

6.2.1 文案法

文案法，又称二手资料调研法、间接调研法或文献调研法，是指通过查找或阅读出版书目、统计资料或研究成果等，获得所需信息的过程。它具有成本较低、资料较易查找、搜寻耗时较短等优点，同时也具有针对性弱、实效性差、可信度低等缺点。

专栏6-1　　　　　　　　　　什么是大数据

大数据（big data）是继云计算、物联网之后IT产业又一次颠覆性的技术变革，将对社会管理、国家安全与战略决策、企业与组织的营销与管理决策、业务流程以及个人生活方式产生巨大影响。2015年9月，国务院印发《促进大数据发展行动纲要》(以下简称《纲要》)，系统部署大数据发展工作。《纲要》明确，推动大数据发展和应用，在未来5～10年打造精准治理、多方协作的社会治理新模式，建立运行平稳、安全高效的经济运行新机制，培育高端智能、新兴繁荣的产业发展新生态。这代表着从国家层面全面推动数据共享，规划大数据设施建设，形成大数据产品体系。美国管理学家戴明（Deming）的名言——"除了上帝，任何人都必须用数据说话"，成了全球的流行语，大数据作为互联网时代的产物，已经成为经济社会升级发展的必然趋势。

大数据，指无法在一定时间范围内用常规软件工具进行捕捉、管理和处理的数据集合，是需要新处理模式才能具有更强的决策力、洞察力和流程优化能力来适应海量、高增长率和多样化的信息资产。大数据技术的战略意义不在于掌握庞大的数据信息，而在于对这些含有意义的数据进行专业化处理。换言之，如果把大数据比作一种产业，那么这种产业实现盈利的关键在于提高对数据的"加工能力"，通过"加工"实现数据的"增值"。

大数据大致分为三种类型：①传统企业数据，包括CRM系统的消费者数据、传统的 ERP 数据，库存数据以及账目数据等。②机器和传感器数据，包括呼叫记录智能仪表、工业设备传感器、设备日志、交易数据等。③社交数据，包括用户行为记录，反馈数据等，如微博、微信、Facebook 等社交媒体平台。大数据的特点被概括为 5V（IBM 提出），分别是：Volume（大量）、Velocity（高速）、Variety（多样）、Value（价值）、Veracity（真实性）。

大数据到底有多大？一组名为"互联网上的一天"的数据告诉我们，一天之中，互联网产生的全部内容可以刻满 1.68 亿张 DVD；发出的邮件有 2 940 亿封之多（相当于美国两年的纸质信件数量）；发出的社区帖子达 200 万个（相当于《时代》杂志 770 年的文字量）。在各行各业中均存在大数据，但是众多的信息和咨询是纷繁复杂的，我们需要搜索、处理、分析、归纳和总结其深层次的规律。

1. 文案法的资料来源

文案法的资料来源于两个方面：内部资料和外部资料。

（1）内部资料是指企业生产经营活动的各种记录，包括以下几个方面。

①物资供应资料。它包括原材料、零部件、在产品及产成品的库存记录、进出资料记录，以及各种物料管理的规章制度等。

②生产资料。它包括生产作业的完成情况、工作效率、质量检验、操作规程、工艺流程，以及产品的设计图纸和说明、技术文件、实验数据等资料。

③销售资料。它包括订单、发票、销售记录、业务员访问报告、业绩总结等文件或资料。

④统计资料。它包括各类统计报表及统计分析资料。

⑤财务资料。企业的各种财务、会计核算与分析资料及财务制度，包括各种会计账目、利润表、资产负债表、现金流量表等，以及企业产品的成本、销售价格等。

⑥市场环境资料。它包括顾客和客户资料累计及分析，竞争者的产品、服务、规模及优劣势研究，市场潜量、成长速度、发展趋势等。

⑦其他资料。比如日常简报、经验总结、同行业卷宗及有关照片和录像、顾客意见及建议等。

（2）外部资料是指已出版的资料，具体来源如下。

①国际组织、国家统计机关及各级政府主管部门公布的有关统计资料，如联合国每年出版的《联合国统计司国际统计年鉴》、国际贸易中心的《产品及国家的市场调查分析性目录》；我国政府每年出版的《中国统计年鉴》、各省市《统计年鉴》《中国百科年鉴》等综合性年鉴资料汇编。

②各种专业调研机构、经济信息中心、信息咨询机构、各行业协会和联合会等提供的市场信息和有关行业情报，国内外行业文献，各企业的年度报告、财务报告等。根据

2019年国家市场调研中心对中国市场调研公司进行的实力排名，前5位分别为央视市场研究公司、广州策点调研公司、中国广视索福瑞媒介研究、上海尼尔森市场研究有限公司、北京特恩斯市场研究咨询有限公司。

③国内外相关书籍、文献、杂志、期刊、咨询报告等所提供的资料。例如，各种统计资料、广告资料、市场和行业情报及各种预测资料。

④有关生产和经营机构发布的资料，例如，《中国工商企业名录》中的企业名录、广告说明书、专利资料及商品价目表等。

⑤各种国际组织、使馆、商会和国内外博览会、展览会、交易会、订货会，以及专业性、学术性经验交流会。

⑥各种电视台、电台。

⑦互联网提供的各种信息，如谷歌、百度等搜索引擎网站，专业信息网站如国家统计局官网（www.stats.gov.cn）、国务院发展研究中心信息网（www.drcnet.com.cn）、中国营销传播网（www.emkt.com.cn），以及中国学术期刊网等。

2. 文案法的步骤

（1）第一步，明确所需信息。识别实施营销策划可能出现的问题，明确所缺少的但却能够从企业内部或外部获得的信息。

（2）第二步，寻找信息源。通过分析所需信息的属性及特点，确定搜寻渠道。

（3）第三步，收集资料。通过查找、阅读企业的内部及外部资料获得所需的各种信息。

（4）第四步，筛选资料。将所查找的资料中不具有时效性、客观性差、针对性不强的资料剔除，保留具有分析意义的部分。

（5）第五步，补充完善。结合专业的知识技能、深厚的理论基础、科学的统计分析方法对资料进行加工完善。

（6）第六步，分析并得出结论。通过资料的收集、加工与分析，得出调研结论。

步骤如下图所示。

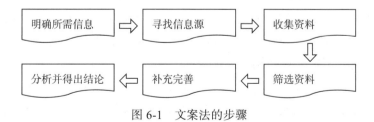

图 6-1 文案法的步骤

6.2.2 问卷法

问卷法是指调研人员根据所需信息进行问卷设计，并由被调研者作答，最终收集市场有关信息的一种方法，也是收集一手资料最常用的方法之一。

1. 调查问卷的结构

（1）标题。它要能突出问卷的调查主题及目的，使被调查者对所要回答问题的主要方向一目了然。

（2）问候语与填表说明。设计的问候语应语气亲切、诚恳、有礼貌，内容交代清楚，使被调查者消除疑虑，参与调研；填表说明旨在规范被调查者回答问题的方法，可以集中放在正文前面也可分散到相关问题中，视具体情况而定。

（3）正文。它包括所要调查问题的全部，主要由题干、选项及指导语构成。

（4）被访问者背景资料。它包括性别、年龄、民族、文化程度、收入、婚姻、家庭类型、职业、职务、单位、联系方式等，目的是在进行资料统计与分析时能够对消费者的特征有更好把握。

（5）调研人员资料及问卷编号。为便于查询、核实、奖励及明确责任，问卷需包含调研人员的姓名、实施调研时间、地点、相关信息及问卷编号。

（6）结束语。它亦称致谢语，置于整篇问卷最后，用来表达对被调查者的致谢。

2. 设计调查问卷的程序

（1）第一步，明确调研目的及信息来源。首先，进行探索性调研，发现待研究的问题；其次，参照调研主题对问题进行筛选，排除不必要的问题；最后，确定调查主体和调查内容。

（2）第二步，确定问卷类型及抽样方式。首先，根据被调查群体的属性及特征确定采用何种问卷类型，即送发式、邮寄式、人员或电话访问式等；其次，确定抽样方式，即随机抽样或非随机抽样。

（3）第三步，明确所需信息。首先，根据调研的目的及主题列出所要调研的信息；其次，集思广益，使问卷能够尽量包括所有问题；最后，考虑信息获得的渠道及可行性。

（4）第四步，设计问题及答案。首先，确定问题的类型（开放或封闭）；其次，设计问句，要求用词清楚，避免误导或引诱性词句，切忌一个句子中出现两个问题；最后，问题选项应尽量包含所有可能，例如，可增添"其他"选项。

（5）第五步，将问题排序。首先，运用过滤性问题将不合格应答者剔除；其次，将易答问题放在前面，复杂、敏感的问题放在后面；最后，按照正常的逻辑顺序进行排序或问题分组，以免产生思维来回跳跃的现象。

（6）第六步，修改与完善问卷。首先对问卷的措辞反复推敲，使问题能够清晰地表达出所要获得的信息；而后进行小范围的问卷试答，确认每一个问题都能够被充分地理解与回答；最后接受各方意见完善问卷。

（7）第七步，排版与印制。二者看似无足轻重，实际却能较大程度地影响调查效果。切忌为节省成本而进行版面压缩，使问题之间空隙太小，也不要使用低档的纸张和粗糙的印刷。这七步程序如图6-2所示。

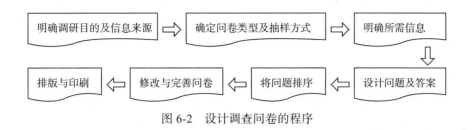

图 6-2　设计调查问卷的程序

专栏 6-2　　　　　　　　　　用数字人类学视角观察人类

数字人类学是一门研究人与数字技术之间关系的学问。目前，已被营销人员广泛运用的主要方法包括社群聆听、网络志和重点调查。

社群聆听是对社交媒体与线上社区中品牌风评的主动观测，一般运用社交媒体监控软件对社交对话中未处理的数据和信息进行过滤，进而挑选有用的顾客情报。社群聆听在市场调查中非常重要。在面谈、电话调查等传统市场调查中，顾客有时不会将真实想法告诉营销人员，传统市场调查有时无法抓取顾客在社区中发生的社交动态信息，而社群聆听却能做到这一点，它能让顾客顺其自然地同其他顾客谈论自己的真实想法，真正地捕捉到了各个社区的市场脉搏。

网络志由罗伯特·V.库兹奈特提出，是关注互联网的人类志。它运用人类志方法研究人在线上社区的行为。网络志与社群聆听的主要不同在于，网络志往往需要研究人员以网民的身份参与到社区中，并与线上社区成员形成共鸣。因而，网络志本身就是市场调查过程中的人与人的一种交互方式。

重点调查是以挖掘顾客潜在需求为目的，在调查中涉及人的观点与共鸣研究的一种方法。重点调查与社群聆听和网络志不同，它需要亲自调研、头脑风暴以及联合研究人员和社区成员，一同达成最贴合的观点。因而，重点调查最为类似传统人种学研究方法。

资料来源：菲利普·科特勒，何麻温·卡塔加雅，伊万·塞蒂亚万.营销革命4.0：从传统到数字[M].王赛，译.北京：机械工业出版社，2018.

6.2.3　访问法

访问法，又称询问法，是指调查人员以访问为主要手段，从被调查者的回答中获取信息资料的方法，是一种最常用的实地调研方法。常用的方法包括以下三种。

1.面谈访问法

面谈访问法，是指调查人员面对面地向被调查者询问有关问题，以获取相关信息资料的一种方法。它包括个人访谈、小组访谈等多种形式，其中个人访谈包括入户访问、拦截访问及经理访谈等；小组访谈包括焦点小组访谈、深层访谈、德尔菲法访谈及头脑风暴法访谈等。

2. 邮寄访问法

邮寄访问法，是指调查人员将预先设计好的问卷以邮寄的方式送至被调查者手中，请被调查者按照要求将问卷完成并寄回，从而获取信息资料的方法。

3. 电话访问法

电话访问法，是指调查者以拨打电话的形式与被调查者进行沟通、交谈并获取有关信息资料的一种方法。

访问法的优点、缺点及应用此法的注意事项如下表所示。

表 6-2　访问法的优点、缺点及注意事项

方法	优点	缺点	注意事项
面谈访问法	• 简单、灵活，可随机提问 • 调查人员可边询问边观察，有助于提高调研质量 • 提问的问题和方式弹性大（对某问题深入详细交谈） • 被调查者可充分发表意见，有助于获取有价值的信息 • 所提问题的回收率高	• 费用高、时间长 • 只适合小规模的调研 • 对调查人员素质要求较高 • 调研效果在很大程度上取决于被调查者的配合情况 • 被调查者易受调研人员主观意识的影响，使信息失真	• 所提问题应简练、易懂，先易后难、由普通到关键 • 访谈时间不宜过长 • 调查人员应客观、中立 • 调查人员应守时、穿戴整洁、尊重对方、注意礼貌 • 需要适当的监督调查人员
邮寄访问法	• 高效、便捷、费用低廉 • 样本容量大、调查范围广 • 减少了对调研人员的监督 • 被调查者思考的时间充裕 • 尤其适用于较敏感或涉及隐私的问题	• 问卷或调查表的回收率低 • 信息反馈时间长、时效性差 • 对被调查者素质要求较高 • 对调查内容要求较高（问卷设计清晰无歧义，能够引起被调查者兴趣）	• 内容简练、表达清晰 • 向被调查者交代清楚答卷要求及回收时间 • 注重致谢及激励方式 • 针对未得到反馈的调查者应以邮件、电话等进行提醒
电话访问法	• 经济、快速、易于控制 • 访问对象样本大、范围广 • 受调研人员主观影响小 • 交谈自由，能畅所欲言 • 方便管理调研人员 • 尤其适合热点问题或突发问题的快速调查	• 无法进行产品的有形展示 • 不适合较长时间的访问 • 不适合深度访谈或开放式问题的访谈 • 容易遭到拒绝 • 被调查者易产生抗拒心理	• 不适合复杂或开放式问题 • 主要用于企业与企业之间 • 应注意甄别被调查者提供信息的真实性 • 防止被误认为是电话推销

6.2.4　观察法

观察法，是指调研人员凭借自身观察或借助相关仪器，在调研现场对被调查者的情况进行直接观察和记录，以获取信息资料的一种方法。

1. 观察法的类型

（1）顾客观察法。顾客观察法是直接观察法的一种，是指调查人员在商场中秘密观察、跟踪、记录顾客的行为和举止，并将观察记录的结果汇总，总结出顾客的消费行为、

偏好、心理特征等。采用顾客观察法一般可获得以下六方面的信息：一是商店的客流量及顾客平均滞留时间；二是顾客逛店路径；三是顾客购物偏好；四是顾客对价格的敏感程度；五是顾客驻足留意每种商品时间的长短；六是顾客产生购物冲动的次数及原因。

（2）环境观察法。环境观察法是直接观察法的一种，又称"神秘购物法"或"伪装购物法"，是指调研人员装扮成普通顾客介入活动之中，搜集有关商店、雇员与顾客的信息资料的一种方法。

（3）痕迹观察法。痕迹观察法是间接观察法的一种，是指调查人员通过观察被调查对象留下的实际痕迹，获取某方面信息的一种方法。

（4）仪器观察法。仪器观察法是间接观察法的一种，由于很多场合并不适合调查人员亲临现场，因此需要通过录音机、照相机、摄像机、红外线探测器、IC卡智能机及其他监听、监视设备对顾客进行观察。

2. 观察法的优缺点

观察法的优缺点如表 6-3 所示。

表 6-3　观察法的优缺点

优点	缺点
• 能够客观、真实地反映被调查者行为 • 不存在被拒绝或不配合的现象 • 有利于排除语言或问题理解等方面的误差 • 简便、易行、灵活性强 • 不干扰顾客	• 调查耗时长、费用高 • 只能反映客观事实，难以获得深层次信息 • 对调查人员的素质及业务水平要求高 • 观察到的事物可能存在某种假象

3. 观察法的适用情况

（1）消费者偏好调查。观察法适用于调查消费者购物时对商品的品种、规格、款式、包装、价格、服务等方面的偏好。

（2）商场经营环境调查。观察法适用于调查商场的商品陈列、货架摆放、橱窗布置、卖场气氛、客流量等方面。

（3）品牌调查。观察法适用于调查消费者对某种品牌的喜好、忠诚程度，以及同类产品品牌的替代程度。

6.2.5　实验法

实验法，是指实验者首先从影响调查对象的诸多因素中选择一个或几个因素作为实验因素；其次保持其他因素不变，研究当实验因素发生变化时对调查对象的影响程度；最后对实验结果进行总结、分析和判断的一种方法，尤其适用于研究变量之间的因果关系，是一种特殊的观察法。

1. 实验法的步骤

（1）依据调研主题提出研究假设，并设定自变量。调查人员应先根据调查主题及项目要求，分析影响事物变化的诸多因素，然后提出具有因果关系的假设，并确定自变量。

（2）进行实验设计，确定实验方法。调查人员应拟订一份详细的计划，而后选择一种适用于本实验的研究方法。

（3）选择并确定实验对象。由于实验法通常在一个较小的范围内展开，因此，必须选择合适的实验对象以保证实验的有效性。

（4）实施实验。即按照事先设计的规划进行实验操作，并认真做好观测记录。

（5）总结实验结果，得出结论。根据实验的观测记录进行统计分析，揭示事物内在的因果联系或其他相关关系，最终得出结论。

2. 实验法的优缺点

实验法的优缺点如表 6-4 所示。

表 6-4　实验法的优缺点

优点	缺点
• 较科学、实用 • 实验结果具有较强说服力、价值高 • 能够排除主观偏差 • 可探索不明确的因果关系	• 耗时长、成本高 • 保密性差、易暴露营销计划的关键部分 • 样本或实验区域的选择较困难 • 操作、管理、控制等方面较困难

3. 实验法的适用情况

（1）检验因果关系。实验法主要用于检验某些市场因素之间的因果关系，研究其对总体市场的影响程度。

（2）新产品的区域试销。在某一产品大规模进入所有目标市场之前，有必要在一个有代表性的区域内试销产品，以观察市场反应程度。

专栏 6-3　　网络调查网站集锦

- 问卷星（www.wjx.cn）：专业的在线问卷调查、测评、投票平台，界面简单易用、低成本，被企业和个人广泛使用，尤其受学生群体的喜爱。
- 一调网（www.1diaocha.com）：专业且最活跃的网络调查社区，用户可以在此进行自由的交流，为会员提供参与调查、发表意见并获得收益的机会。
- 积沙成塔（www.jisha.cn）：在积沙，会员只要踊跃参与积沙的市场调查活动，就可以"聚沙成塔"，赢得多多积分，金沙社区、金沙论坛也是获取金沙的途径之一。
- 题客调查网（Qtick.com）：是为消费者提供轻松表达见解与意见的平台，通过整理互联网手机消费者对产品或服务的意见，编写研究报告为企业服务。
- 中国调查网（www.zdiao.com）：集专业调查和娱乐生活于一体的特色网站，通过参与调查和活动获得金币，将市场研究网络化，让网民直接参与调查，获得收益。
- Surveymonkey（www.surveymonkey.com）：美国著名的在线调查系统服务网站，功能强

大，涵盖所有财富100强公司，支持多种语言，也可以制作中文调查问卷。
- Surveysavvy（www.surveysavvy.com）：世界著名市场调研公司，参与的每份调查都会有现金支付。
- GlobalTestMarket（www.globaltestmarket.com）：是全球领先的市场调查提供商GMI（Global Market Insite）旗下的公司，现已入驻Facebook，有中文版面，参与调查可获得积分。

6.3 市场调研策划的流程

市场调研是一个由不同阶段、不同步骤相互联系、相互衔接构成的统一的整体。通常市场调研策划要分为10个步骤，分别贯穿于4个阶段之中。第一，调研策划的准备阶段，通过对内外环境及企业自身的分析提出调研问题并确定目标；第二，调研策划的设计阶段，主要包括设计调研方案、选择调研方法、明确样本及抽样方法；第三，调研策划的实施阶段，根据调研设计进行资料的采集工作，并通过定性与定量分析方法对数据进行处理与分析；第四，调研策划的结论阶段，通过综合分析得出调研结论，并最终形成报告。

6.3.1 调研策划的准备阶段

1. 第一步，确定调研的必要性

并非每一项调研都有执行的必要。因此，进行市场调研策划的首要环节就是确定调研是否有必要。首先，清楚收集信息的原因；其次，明确企业是否已经拥有所需的信息、是否有充裕的时间进行调研、资金是否充足并权衡收益与成本的关系；最后，分析信息可获得程度的高低。

2. 第二步，明确调研问题

在分析调研的必要性后就要对调研的问题及主题加以确定。通常在正式调研之前都要进行一项非正式调研，又称探索性调研，即一种小规模的调研，目的是确切地掌握问题的性质和更好地了解问题的背景环境，以便节省调研费用、深入了解调研问题、缩小调研范围。非正式调研常用的方法是收集二手资料或进行小范围的集中座谈讨论等，即调研人员应尽可能收集企业内、外部的各种相关资料；并咨询企业内、外部对此问题有丰富经验及较深研究的专家、学者；同时，亦可从最终消费者或调研对象身上收集相关资料，以便明确调研问题。

3. 第三步，确定调研目标

调研问题确定过程的最终结果就是形成调研目标，所有为调研项目投入的时间及成本都是为了实现既定的调研目标，它是调研项目进展的指导方针，是评价调研质量的尺

度。因此，调研目标必须尽可能准确、具体并切实可行。

6.3.2 调研策划的设计阶段

1. 第四步，设计调研方案

调研方案的设计是指为实现调研目标而制订调研计划书，是调研项目实施的行动纲领，为回答具体问题提供了框架结构，保证了调研工作的顺利进行。一份完整的调研方案通常包括以下几方面内容：确定资料来源，设计具体的调研内容，设定调研的时间表，确定调查对象和调研人员，说明调研预算。由于不同类型调研方案的侧重方面不同，因此，设计调研方案的首要任务就是确定本项调研是探索性调研、描述性调研还是因果性调研。各种调研方案设计的比较见表 6-5。

表 6-5 三种调研方案设计的比较

	探索性调研设计	描述性调研设计	因果性调研设计
目的	• 了解并界定问题 • 追踪和寻求市场机会	描述特征、功能、属性	研究因果关系
适用	• 无法确定某一问题 • 实现问卷的精确化、细化	• 对问题有较多了解 • 对所需信息有清楚定义	• 存在某种内在联系 • 试图寻找解决问题的途径
特征	• 小样本调研 • 不具备推断总体的作用 • 定性分析 • 处于大规模调查之前	• 大样本调研 • 定量分析 • 结论用于决策参考	• 研究变量间的相关关系 • 定量分析
方法	• 专家咨询法 • 座谈会法 • 个人访谈	• 二手资料法 • 问卷法 • 观察法	• 实验法 • 统计模型法

（1）探索性调研设计。这是在没有特定的结构并且是非正式的方法下进行的调研设计，通常被用于深入了解并界定问题或追踪和寻求市场机会。通常，当人们无法确定某一问题时，往往借助此法界定问题；或在大规模调查之前，凭借此法将问卷更加精确化、细化。常用方法有专家咨询法、座谈会法、个人访谈等。

（2）描述性调研设计。这是以描述研究对象的特征、功能、属性等为目的而进行的调研设计，研究范围包括：研究对象的态度、行为、对企业的评价，以及竞争者的一些基本情况。这种设计方法侧重于应用一系列的调查问题来描述被调查者的行为及心理特征。描述性调研通常以大样本为基础，同时要求调研人员对所研究的问题有很大程度的了解，并对所需信息有清楚的定义。常用方法有二手资料法、问卷法、观察法等。

（3）因果性调研设计。这是通过多种因素的研究来确定问题产生的原因而进行的调研设计。调研人员需要考察一个变量是否影响另一变量，以及变量之间是否存在某种相关关系。

2. 第五步，选择调研方法

本章第二节已详细介绍了市场调研的五种方法，即文案法、问卷法、访问法、观察法、实验法及各自特点，请读者参照阅读。

3. 第六步，选择抽样方法并设定样本容量

（1）随机抽样。这是指总体中每个单位都具有等可能被抽中的概率。具体包括四种方法：简单随机抽样，是指以每个个体为抽样单位，并使每个个体被抽出的概率相等的抽样方法；等距抽样，是指将总体中的个体按照某种顺序排列，随机抽出某一位置的个体，并顺着某个方向等间隔地选取其他个体；分层抽样，是指将总体中的个体按某种特征分为若干类，使得每类内部相差不大，类与类之间差异较大，然后在每一类中随机抽取若干个体构成样本；整群抽样，是指将总体按照地域标志或其他标志分成若干个内部差异很大但相互之间差异很小的群体，然后在每一群体中随机抽取若干个体构成样本。

（2）非随机抽样。这是指从总体中非随机地选择特定的个体，每个个体被选中的机遇未知，也不能用概率表示。具体包括四种方法：任意抽样，是指调研人员随机抽取一些个体作为样本；雪球抽样，是指要求被调研者提供其他可能回答问题的人的名单供调研者使用；判断抽样，是指调研人员根据对总体及个体情况的了解，凭借主观判断选择有代表性的个体构成样本；配额抽样，是指调研人员根据一定的标准确定样本个体数的配额，然后在配额内随机抽出一定数额的个体构成样本。

（3）设计样本容量。在选定抽样方法之后就要根据抽样特点确定样本的容量。可以使用五种方法：教条式方法，即以调研人员的经验确定样本容量；约定式方法，即认为某一个"约定"或某一数量为正确的样本容量；成本基础法，即将成本视为样本容量的基础；统计分析法，即为了确保样本可信度或统计结果的正确性而确定最小的样本容量；置信区间法，即运用置信区间、抽样分布等概念创建一个有效的样本。

6.3.3 调研策划的实施阶段

1. 第七步，数据采集

调研设计正式确定之后，接下来是根据调研设计进行数据采集工作，一般可以采取人员采集和机器记录两种数据采集方式。人员采集是指调研人员对现有的文案资料进行收集和调查，或通过访问、填写问卷等方式直接与被调查者交流并收集信息，亦可通过观察被调查者收集相关资料；机器记录主要是采用扫描数据的方式收集信息。数据采集通常分为两个阶段：前侧阶段和主题调研阶段。前侧阶段是指使用子样本判断主体调研的数据采集计划是否合适；主题调研阶段是指正式进行大规模的调研。

2. 第八步，数据处理与分析

通常所采集的数据大多是分散、零星甚至是不准确的，故首先，要对所采集的数据进行加工处理，形成系统化、规范化、符合客观规律的资料。具体分为四个步骤：第一步，将数据资料分类，即按数量、时序、地域、质量分组；第二步，编校，即审查、验证数据是否正确，修订或剔除不符合实际的数据；第三步，数据编码及录入，即为每一

个问题及答案赋予一个数值代码,并将其录入计算机;第四步,编制图表,即列示每一种答案出现的次数,形成涵盖所有资料的数据库。其次,对数据进行分析,即运用统计分析技术对数据进行分析,并由此描述和推断总体特征,揭示事物内部的关系。常用的分析技术包括:描述统计,即对数据资料进行概括,解释现象的集中趋势和离散趋势;参数估计,即利用样本信息推断总体参数的置信区间;相关和回归分析,即研究两个或两个以上变量之间的相关关系;多元统计分析,即针对多个变量进行分析。

6.3.4 调研策划的结论阶段

1. 第九步,撰写调研报告

调研报告是调查结束后的书面成果汇报,要提出结论性意见及建议。调研报告通常包括三种形式:数据型报告(提供调查所得的数据)、分析型报告(提供数据并进行分析)、咨询型报告(不仅提供数据、分析结果,还在此基础上提供咨询方案)。调研报告包括三方面内容:前言、主体和附件,下一节将做详细介绍。

2. 第十步,跟踪反馈

为了更好地履行调查工作的职责,调研人员应持续关注市场变化情况,跟踪调查、总结经验,不断提高调研水平。主要包括以下内容:首先,检验调研方案是否符合实际;其次,总结调研过程中成功和失败的经验教训;最后,确定是否存在尚未解决的问题。图 6-3 是对调研策划全部流程的总结。

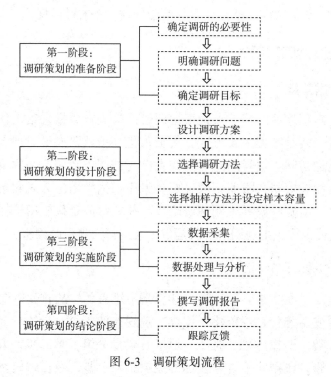

图 6-3 调研策划流程

> **专栏6-4　　网络直播营销对大学生消费影响的调查结论**
>
> 1. 超过半数的受访者接触过网络直播营销。调查显示，58%的大学生接触过网络直播营销，可见网络直播营销的渗透力在当今很强，近六成大学生接触过这一新鲜事物。
> 2. 广告推广是主要的接触途径。大学生接触网络直播营销的途径多种多样，按接触人数多少对接触途径排名，依次是广告推广、跟随大众潮流、他人推荐和自我消费需要。
> 3. 超过七成大学生不观看网络直播营销。在接触过网络直播营销的大学生中，大多数表示基本不观看网络直播营销，观看时间整体上较短。75%的受访者选择"基本不观看网络直播"，20%的大学生每周累计观看1～2个小时，4%的大学生每周累计观看2～5个小时，仅有不到2%的大学生每周会累计观看5个小时以上。
> 4. 对大学生的购买行为影响不大。超过半数的大学生表示观看网络营销直播后不会激发其购买欲望，说明网络营销直播目前还不能完全刺激大学生的消费欲望。65%的受访者表示基本不会购买网络直播推荐的商品，30%的受访者偶尔购买，仅有不到6%的受访者会经常购买。
> 5. 大学生能够合理控制消费支出，消费商品类型较为集中。大多数大学生能够合理控制观看网络直播引发的消费金额，且购买的商品类型比较集中，以服装、鞋帽、美妆、洗护等为主。82%的受访者能够将购物支出控制在200元之内，仅有0.6%的大学生每月会支出2 000元以上，91%的大学生能够将购物消费金额控制在可支配收入的1/4之内。
> 6. 大学生"看后消费"的主要原因是直播商品的实用性较高。多数大学生在购买主播推荐的商品时主要基于商品实用性、优惠促销手段两方面考量。看后消费的具体原因按选择人数由多到少，依次是直播内容实用性强、优惠促销手段、对主播的喜爱、盲目追随大多数人推荐。
>
> 资料来源：兰岚，梁婧雯，王一诺. 关于网络直播营销对大学生消费影响的调查[J]. 中国商论，2019（13）：87-90.

6.4　市场调研报告的内容、结构及可视图的运用技巧

市场调研报告是一系列信息的组合，它将调研的结果、结论、建议等重要信息传递给客户，为其提供决策基础。通常市场调研报告分为书面报告和口头报告两种形式。书面报告是指最终以书面的形式向客户报告调研结果及建议；口头报告是指为了突出调研项目的重要发现而向客户阐明调研成果及建议。本书主要介绍的是书面报告。

6.4.1　市场调研报告的内容与结构

市场调研报告的内容与结构如表6-6所示。

表 6-6　市场调研报告的内容与结构

前言	
	◆封面
	◇标题
	◇委托单位的名称
	◇调研机构的名称
	◇呈送调研报告的日期
	◆授权书
	◇调研范围与调研方法
	◇付款条件、预算、人员配备与期限
	◇临时性报告及最终报告的要求
	◆目录
	◇章节标题、副标题及页码
	◇图表和数字清单的标题及页码
	◇附录标题及页码
	◆执行性摘要
	◇简述调研目标、调研方法
	◇简述调研结果
	◇简述结论及建议
	◇简述其他有关信息
主体	
	◆引言
	◇简述调研背景
	◇介绍参与调研的人员
	◇致谢
	◆分析与结果
	◇背景、原因、利弊、预测等分析（配合文字、表格、图形）
	◇陈述分析结果
	◆结论及建议
	◇调研结论
	◇建议
	◆调研方法
	◇研究类型及目的
	◇总体及样本的界定
	◇资料收集方法（文案法、访谈法、问卷法等）
	◆局限性
	◇样本界定误差
	◇随机误差
	◇资金、时间、人事等限制条件
附件	
	◆调查问卷及说明
	◆数据统计图表及详细计算与说明
	◆参考文献及资料来源索引
	◆其他支持性材料

1. 前言

（1）封面。通常包括以下四方面内容：第一，标题，要尽可能提供有关报告的目的和内容的信息；第二，委托单位的名称，即为哪个单位或个人提供调研服务；第三，调研机构的名称（可以添加地址、电话、传真、电子邮箱等联系方式）；第四，呈送调研报告的日期。

（2）授权书。是指在调研活动开始前委托客户写给调研机构的信函，详细说明了对调研机构的要求。通常是双方订立委托代理关系的合同文书。并非所有报告都要求有授权书。一份授权书通常包括以下内容：调研范围与调研方法，付款条件，预算，人员配备，期限，临时性报告，最终报告的要求。

（3）目录。即列示整个书面报告的内容梗概，帮助客户快速找到每一章节在报告中的相应位置。通常包括以下三方面：章节标题、副标题及相应页码；图表和数字清单的标题及页码；附录标题及页码（即附录、索引及相关资料），以方便资料查询。如果是电子文档，要添加超级链接，以增强报告的可阅读性。

（4）执行性摘要。此部分是对调研报告主体部分的高度概括和总结，是整个报告的必读部分，为忙碌的管理者及委托单位提供了预览。主要包括：简述调研目标、调研方法，简述调研结果，简述结论及建议，简述其他有关信息（如背景信息、局限性等）。

2. 主体

（1）引言。介绍实施调研的背景（如项目来历、对企业及市场现状和调研方法做简单描述等），参与调研的人员和单位，向相关个人及单位致谢，也可以对报告中每一部分内容及相关联系进行简单介绍。

（2）分析与结果。此部分是调研报告的正文部分，也是最核心的部分。应按照一定的逻辑顺序进行陈述（通常包括项目的市场背景分析、原因分析、利弊分析和预测分析），并配合文字、表格、图形等展示分析的全过程，并得出调研结果。

（3）结论及建议。此部分是调研报告的关键部分，也是最吸引人之处。其中，结论是以调研分析结果为基础得出的结论或决策；建议是根据结论而提出的工作及行动建议，是今后的行动指南，是调研机构对整个调研项目的总结。

（4）调研方法。此部分主要介绍调研的研究类型及研究目的，总体及样本的界定，资料收集方法（文案法、访谈法、问卷法等）和调查问卷的一般性描述及特殊类型问题的讨论，以及对特殊性问题的考虑，以增强调研的可靠性。通常对调研方法描述的篇幅不必过长。

（5）局限性。由于任何调研都难免受样本界定误差或随机误差的影响，同时又受资金、时间、人事或其他条件的约束和限制，使调研结果产生不同程度的误差，因此应以客观的态度对所调研项目的局限性进行相关说明。

3. 附录

（1）调查问卷及说明。将调查问卷原稿附在正文后面，并对调研方法、抽样调查方式以及问卷调查中的相关问题进行详细说明。

（2）数据统计图表及详细计算与说明。报告中涉及的图表及其他视图资料应进行详细说明，对于数据的统计计算过程也应做出详细解释。

（3）参考文献及资料来源索引。报告中所参考的文献、学术期刊等资料需进行说明；同时需要对一手资料、二手资料的来源及联系方式进行详细说明。

（4）其他支持性材料。除上述资料外的其他资料也应进行相应说明。

6.4.2 市场调研报告中可视图的运用技巧

1. 表

（1）基本结构（见表6-7）

表6-7 总标题

横栏标题	纵栏标题
	数据资料
主词栏	宾词栏

注（表末附注）：

①总标题，是统计表的名称，用于简单扼要地概括指明表的基本内容，位于表格的正上方。

②横栏标题，是横栏的名称，可以是总体各组或各单位的名称，用于说明所研究的对象；也可以是所要显示的数据资料的指标名称，视表格设计美观而定，位于表格的左端。

③纵栏标题，是纵栏的名称，可以是所要显示的数据资料的指标名称；也可以是总体各组或各单位的名称，用于说明所研究的对象，视表格设计美观而定，位于表格的右上端。

④数据资料，是表所显示的内容，位于横栏与纵栏交叉形成的格子中。

⑤表末附注，是位于表的下端用于说明数据资料来源，视情况可有可无。

（2）分类

①简单表，是指主词未经任何分组的一种统计表，是对原始资料进行初步整理所采用的一种表格形式。通常用于表现三种数列资料，即时间数列、空间数列和指标数列（即主词是按照时间顺序、空间顺序或指标名称进行排列的），分别见表6-8、表6-9、表6-10。

表6-8 某省交通运输业企业工业增加值率的变化 （单位：%）

年份	工业增加值率
2017年	25.23
2018年	26.04
2019年	25.83

表6-9 2019年各省工业增加值比较 （单位：亿元）

省（市）名称	工业增加值
A	7 086.4
B	6 498.3
C	6 447.5

表 6-10 某省装备制造业主要指标

指标	2017 年	2018 年	2019 年	2020 年
工业总产值（亿元）	1 071.62	1 173.92	1 340.51	1 728.84
企业单位数（个）	1 965	1 847	1 880	2 157
销售收入（亿元）	1 030.1	1 103.47	1 283.94	1 665.02

②分组表。是指主词按照某一标志进行分组的一种统计表，包括按品质标志分组的品质分布数列和按数量标志分组的标量数列，分别见表 6-11、表 6-12。

表 6-11 某年度手机市场份额统计

生产商	销售量（万台）	市场份额
国内	4 080	40.8%
国外	5 920	59.2%
合计	10 000	100%

表 6-12 某地区手机销量

手机单价（元）	数量（台）	占比
1 000 以下	1 738	30.3%
1 000～2 000	2 359	41.2%
2 000～3 000	1 096	19.1%
3 000～4 000	328	5.7%
4 000～5 000	179	3.1%
5 000 以上	27	0.5%
合计	5 727	100%

注：四舍五入有偏差。

③复合表。是指主词按照两个或两个以上标志进行复合分组的一种统计表，见表 6-13。

表 6-13 某年度手机销售量对比　　　　　　　　　　　　　　（单位：万台）

属性	总数量	各档次的数量	
		中低档（2 500 元以下）	高档（2 500 元以上）
国产	4 080	3 327	753
国外	5 920	4 950	970
合计	10 000	8 277	1 723

（3）设计表格的技巧及注意事项

①表的各类标题应简明、清楚，并能够确切地反映资料的内容、时间及属地。

②横栏和纵栏通常是先列各项目后列总体，内容不宜罗列过多。

③表中数字的排列要整齐、美观。如果出现相同数据必须填写，不能在表中出现"同上""同前"字眼；没有数据的一律用"—"填写；缺乏数据的一律用"……"填写。

④若表中数据使用一种计量单位时，则在表头注明单位即可；若计量单位不统一，则分别在主词栏和宾词栏标注。

⑤表式为开口式，即表的左右两端不封闭，上下两端划粗线或双线。若表内有两个

或两个以上不同的内容,要用粗线或双线隔开。

⑥引用他人资料来源要在表的下端注明"资料来源";对于无法并入表格中的内容应用脚注说明,通常位于表格下方"资料来源"的上方。

2. 图

(1)柱状图。是指用柱形、条形或锥体的高低来显示离散型变量的次数分布图,通常用于显示观测变量的单值分组次数分布,如图6-4所示。

(2)直方图。是指用直方条来显示连续型变量的次数分布图,其与柱状图相似,但却有根本区别。前者是用于连续型变量及组距分组次数分布(如图6-5所示);后者是用于离散型变量及单值分组次数分布。

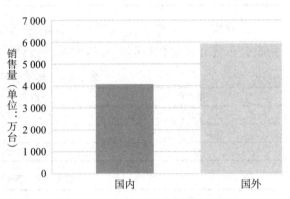

图 6-4　某年度手机市场份额统计

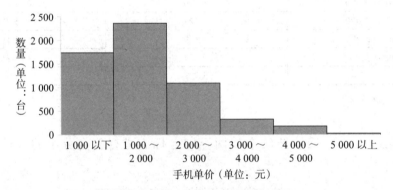

图 6-5　某地区手机销量分布直方图

(3)饼形图。是一个被分成许多部分的完整的圆,每一部分代表某一变量所占整体的百分率,如图6-6所示。

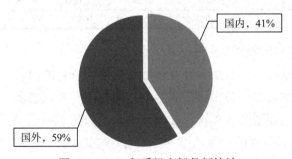

图 6-6　2013年手机市场份额统计

(4)折线图。是指在直方图的基础上,用折线连接各条形的顶边中点,并在直方图中最低组之前和最高组之后各延长半个组距，并交于横轴，如图 6-7 所示。

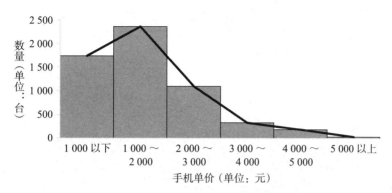

图 6-7 某地区手机销量分布折线图

（5）曲线图。是指由坐标系上的数据点间的连线构成，主要用于显示连续型变量的次数分布和事物的分布或发展趋势，如图 6-8 所示。

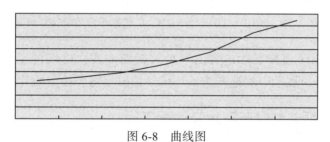

图 6-8 曲线图

（6）散点图。是指用一个个点在坐标系中显示数据，主要用来观察变量之间的相关关系，也可用来显示时间变化趋势，如图 6-9 所示。

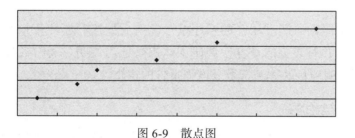

图 6-9 散点图

3. 其他可视图

（1）流程图。是指引入一系列主题，并显示其相互关系。通常用于例证序列，如第一步、第二步……，如图 6-10 所示。

图 6-10 流程图示例

（2）层级图。是用于展示跨时间的一组数据的相对变化，如图 6-11 所示。

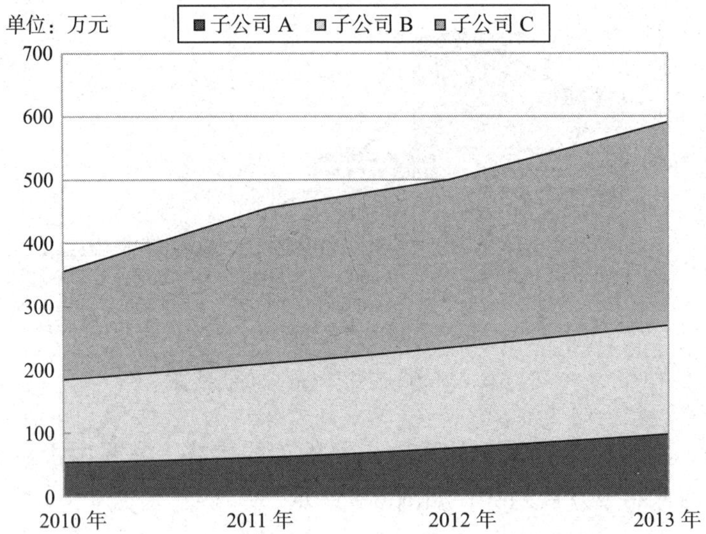

图 6-11 2010～2013 年 A、B、C 三家子公司销售额情况

（3）照片。是用于描绘实际内容的一种可视图方式，可以再现事情发生时的情景，在产品展示、经营场所展示、房地产选址环境等情况下需要使用照片。

6.4.3 市场调研报告的撰写要求及注意事项

一份好的市场调研报告不仅要精心设计报告内容，而且要合理地组织安排报告结构和格式，更应以客户导向为基础。以下是撰写市场调研报告的要求及注意事项。

1. 合乎逻辑

调研报告应按照调研活动展开的顺序撰写，前后衔接，环环相扣，使调研报告结构合理、符合逻辑，并对必要的重复性调研工作进行适当说明。通常通过设立标题、副标题、小标题，并标明项目的等级符号以增强报告的逻辑性。

2. 解释充分，结论准确

调研报告中的图、表是为增强可阅读性、可视性而设计的，然而并不意味着不需要进行任何解释性工作。尽管绝大多数人都能够理解图、表的内容及含义，但调研报告撰写者应辅以相关文字进行说明。同时，报告中不要堆砌很多与调研目标和调研主题无关的资料和解释说明，避免形成脱离目标的结论，而应尽量切合实际地提出调研建议。

3. 重视质量，篇幅适当

有些调研人员误认为报告越长，质量越高，并试图将自己获知的所有信息均纳入报告，从而导致"信息冗余，重点不突出"。因此，应重视调研报告的质量，一份优秀的调研报告应该简洁、有效、重点突出、避免篇幅冗长。

4. 定量与定性分析相结合

一份优秀的调研报告既不能通篇用文字说明（这样做会使报告的可读性下降），又不能将所有的定量分析结果罗列，这些通过高技术手段和过度使用定量技术形成的报告往往被视为"泡沫工作"，给人们的阅读和理解造成干扰和困难。因此，撰写调研报告要将定量分析与定性分析方法相结合。

5. 避免虚假的准确性

通常人们会对统计数字保留到两位小数以上形成认知错觉，主观上认为这些数字极其精确。例如，"有 52.79% 的顾客对我公司提供的服务满意"，人们会误认为这一数字是准确无误的，然而，这可能是调研者的技巧与方法。因此，调研人员应尊重客观事实，避免虚假的准确性。

6. 尽量图表化

图、表等视觉工具能够直观地显示出所要陈述的内容，增强调研报告的可读性，因此，应尽量使用图、表。

⊙ **策划案例与文案**　　　　**大连某商业地产项目市场调查计划书**

一、项目任务

（一）总体任务

为某地产项目经营定位提供科学依据。

（二）任务细分

（1）塔楼经营项目的确定

（2）塔楼目标市场选择、需求量预测

（3）塔楼档次定位、功能定位、价格定位

（4）塔楼经营项目的发展战略及主要营销策略

（5）裙楼经营项目的确定

（6）裙楼市场定位与经营战略

二、市场调查计划

（一）大连市酒店市场供求现状及趋势调查

1. 调查内容

（1）大连酒店市场总体供给现状：酒店类型结构、主要酒店经营现状。

（2）大连酒店市场需求现状：需求总量、需求结构。

（3）大连酒店市场发展趋势：影响大连酒店市场发展的因素、发展态势。

2. 指标

（1）五年内各类型酒店数目、经营面积总计、年营业收入总计、行业年平均利润率、亏损企业比例。

（2）五年内主要酒店营业额、变化比率、年平均入住率、淡旺季入住率。

（3）五年内来连旅游者、商务旅行者人数，淡旺季人数。

（4）各类型酒店价格、淡旺季浮动范围。

（5）其他。

3.调查对象

（1）大连市旅游局、商务委员会。

（2）主要酒店：主要酒店调查名录见表6-14。对五星级、四星级酒店、商圈内及附近酒店进行全面调查，对三星级酒店进行典型抽样调查。

4.调查方法

（1）调查对象的访谈调查。

（2）统计资料的调查。

表6-14　主要酒店调查名录

类型	酒店名称
五星级酒店	富丽华大酒店、香格里拉酒店、希尔顿酒店、远洋洲际酒店等
四星级酒店	渤海明珠酒店、万达国际饭店、嘉信国际大酒店、丽景酒店、国际酒店等
三星级酒店	天富大酒店、海桥大酒店、心族大酒店、国泰大酒店、日月潭大酒店、良运大酒店、国信大酒店、渤海大酒店、北方大酒店、海富大酒店、凯莱大酒店、大显酒店、华都大酒店、渤海饭店等
商圈内酒店	星海宾馆、景山宾馆、雁醇香酒店、宏达酒店等

（二）大连市商住两用公寓市场供求现状及趋势调查

1.调查内容

（1）大连商住两用公寓市场总体供给现状：商住两用公寓项目名称。

（2）主要商住两用公寓经营现状、经营特色、经营方式（租/售方式）。

（3）大连商住两用公寓市场需求现状：需求总量、需求结构。

（4）大连商住两用公寓市场发展趋势：影响大连商住两用公寓市场发展的因素、未来发展态势。

（5）北京、上海等城市商住两用公寓市场发展总体情况。

（6）国家有关部门、市政府有关部门对商住两用公寓下达的有关政策。

（7）其他。

2.指标

（1）五年内各类型商住两用公寓数目、建筑面积总计，行业年平均利润。

（2）五年内主要商住两用公寓营业额、变化比率、年平均入住率、淡旺季入住率。

（3）商住两用公寓出租价格、销售价格。

（4）其他。

3.调查对象

（1）大连市房地产开发办。

（2）商住两用公寓：目前已知有雍景台、恒元公寓等。

（3）公寓消费者。

4．调查方法

（1）调查对象的访谈调查。

（2）统计资料的调查。

（三）消费者对酒店/公寓的消费需求与行为特征调查

1．调查内容

（1）消费需求特征调查。

（2）消费行为特征调查。

（3）消费需求特征和行为特征的变化趋势。

2．调查指标、专项

（1）消费者年龄、性别、收入、职业、教育状况的特征与结构。

（2）消费者所在企业的类型、企业所在地的特征与结构。

（3）消费动机、消费习惯、消费频次等。

3．调查对象

（1）大连市区内的外地游客（旅游者、商务旅行者）。

（2）项目商圈范围内的潜在消费者（企业总经理、办公室主任、较高收入阶层）。

4．调查方法

（1）对大连市范围内的消费者采用抽样问卷调查。

A．样本量：800份。

B．调查地点：机场、码头、火车站、主要酒店附近、主要公寓附近。

（2）对商圈范围内的消费者采用抽样问卷调查。

A．样本量：500份。

B．调查地点：黑石礁街头拦截、软件园区企业、高新技术创业园区企业。

（3）座谈法。

邀请10～20位企业接待负责人、大学教师、外地游客等潜在消费者以座谈会方式调查。

（四）商圈内市场空缺调查

1．调查内容

商圈内空缺或比较空缺的商品、空缺服务、空缺经营方式等。

2．调查对象

商圈内广大市民。

3．调查方法

分层典型抽样问卷调查，按职业分三层：学生（大学生、中学生、小学生）、企业人士、普通居民。

（五）商圈环境调查

1. 调查内容

调查黑石礁地区消费者基本状况、需求特征与市场供给现状，主要包括：

（1）商圈总人口数、范围、层次。

（2）人口在性别、年龄、教育状况、职业、收入等方面的结构、特征。

（3）拥有的企事业单位名称、规模。

（4）交通站点与人流路线。

（5）第三产业网点量、各类型的个数、主要提供商名称。

（6）主要商业服务提供商情况：和平商业广场、书香园百胜购物中心、大商新生活超市。

（7）其他。

2. 调查对象及方法

对街道、园区管委会、居委会采用重点访谈式调查；对主要商业服务提供商采用重点访谈式调查；路线调查。

三、市场调查控制

（一）问卷设计过程中的质量控制

（1）对不同的访问对象群体（学生、企业人士、居民；旅游者、商务旅行者）量身定制问卷。

（2）问题设计应遵循必要性、充分性原则，防止套桶式、合计式等影响准确性及真实性的问题出现。

（3）问卷措辞准确，不出现模糊性、偏差性用词，及隐性替代、隐性假设等措辞。

（4）保证问题的顺序、流程的科学性，及整份问卷的易达性、逻辑性。

（二）抽样设计中的质量控制

（1）确定样本框的范围。

（2）精确地测算样本总量。

（3）采取科学的抽样方法（如分层、分群随机抽样），以保证调研结果的普遍性与代表性。

（三）正式调查前的培训制度

（1）对整个调研队伍讲解项目有关情况。

（2）对调研整个环节的培训。

（3）对本项目调研的培训及调查问卷的详细讲解。

（4）内部演练，掌握方法及技巧。

（5）所有市调人员的职业道德强化。

（四）实地调查中的审核控制

（1）将所有的市调人员分为两组，每组5人，每组设一名市调督导，有效地对本组市调人员进行监督、指导。

（2）问卷审核（一审、二审）制度，对于有矛盾或经审核人员认定有异议、不真实的问卷宣布作废。

（3）问卷复核，从每位市调人员的调查问卷中抽取5%复核，一份作弊，全部作废。

（五）专业数据处理

（1）数据录入使用FOX软件，对所要调查的项目由技术人员编写数据库录入和数据库检查程序，最大限度满足每一项目不同需求。

（2）编码采用双重数据录入机制，从而杜绝了录入阶段的随机性错误。

（3）运用市场研究的专业统计软件（SPSS等）进行统计分析，提供高质量的分析结果。

（六）调研报告撰写中的审核控制

在正式撰写调研报告过程中，我们采取以下措施。

（1）专业人员撰写以保证结果的科学性及专业性。

（2）调研报告需经过三次审核：文字、数据、报告。

四、项目时间表

项目时间表具体如表6-15所示。

表6-15 项目时间表

工作内容	时间（天，含周末）	月 日～ 月 日（含周末）
问卷及调查表设计	7	3.1～3.7
酒店市场供求调查	7	3.3～3.9
公寓市场供求调查	7	3.7～3.13
大连市酒店/公寓消费者调查	6	3.11～3.16
商圈酒店/公寓消费者调查	6	3.14～3.19
消费者座谈会	2	3.20～3.21
专家访谈	2	3.22～3.23
数据录入、整理、分析	8	3.24～3.31
分析报告	10	4.1～4.10
预备	5	4.11～4.15
共计	60	

五、研究成果

（一）综合报告

（1）第一部分：大连市酒店市场供求现状与趋势分析。

（2）第二部分：大连市商住两用公寓市场供求现状与趋势分析。

（3）第三部分：酒店/公寓消费需求与行为特征分析。

（4）第四部分：商圈环境与市场空缺分析。

（5）第五部分：结论与建议。具体包括塔楼、裙楼的经营项目、规模与定位，及今后经营管理、营销推广的有关策略。

（二）原始数据汇总报告

包括对五项调查内容的录入问卷结果的整理归类，对数据进行的初步分析（利用图表等直观形式）。

（三）附录

（1）大连市外地客商酒店消费需求与行为特征调查问卷。

（2）大连市商住两用公寓需求与行为特征、倾向调查问卷。

（3）黑石礁商圈消费者需求与行为特征调查问卷。

六、项目组构成

（一）专家组

（二）项目负责人

（三）项目组成

（1）问卷设计组

（2）调查一组（酒店市场调查）

（3）调查二组（公寓市场调查）

（4）调查三组（消费者特征、倾向调查）

（5）调查四组（商圈环境调查）

（6）数据处理分析组

（7）报告写作组

讨论题

1. 结合本案例，请详尽地总结出地产项目的市场调查通常包含哪些内容？
2. 尝试为本案例中每一个调研内容进行问卷及调查表设计。

相关链接　市场调查问卷设计中几类问题举例

问题1：问题所给答案不完整

如在有关"职业"的调查中，有的问卷给出："A. 公务员 B. 教师 C. 职工 D. 商人 E. 军人"等。显然，上述几种仅是八大类职业分类中很少的一部分。为避免出现特殊情况，应再多加一个选项"其他"。

问题2：问题所给答案与题干意义不符

如在有关"职业"的调查中，问卷给出："您的职业是：____A. 公司 B. 大学生 C. 服务业 D. 事业单位 E. 自由职业 F. 公务员 G. 其他"。显然，本问题调查的是"职业"，而答案选项中的A、C、D选项与"职业"不符。

问题3：问题题干概念表述模糊

如对青年参加自组织的调查中，问卷给出："您参与的自组织活动每年次数是多少：A. 1～3次　B. 4～6次　C. 7～10次　D. 10次以上"。该问题本意应是问"就您参加的某类具体自组织，在该自组织每年举行的活动中，您参加了多少次"。问题是一个人在某一特定时期同时参加的自组织可能多于一个，每一自组织每年举行活动的次数可能发生变化。显然，本问题题干概念表述不明。可以调整为：在过去多长时间里，你参与过几次某自组织举行的活动？

问题4：问题题干设置有诱导性

如在关于中国统计数据质量的一项问卷调查中，问卷给出"你是否同意某领导人对2018年中国GDP数据所持的观点？"。显然，对问题的表述中，"某领导人"的出现会对被调查者产生一定程度的诱导作用。因此，应避免具有诱导意向的问题出现在市场调查问卷中。

问题5：问题设置未考虑被调查者背景

如在一项关于农民工就业的调查中，问卷给出"您认为农民工就业问题中，有无'被就业'情况发生？"。对于农民工群体而言，他们对"被就业"一词的含义可能不甚了解，有可能产生被"戏弄"的感觉。因此，应充分重视被调查者的民族、信仰、受教育程度、工作特征等背景信息。

问题6：问卷缺少过滤性问题

如在关于某品牌笔记本售后服务的调查中，问卷给出"您购买本品牌笔记本两年以来，本公司为您提供了几次售后服务？"。显然，如果让一位购买该产品刚刚几个月的消费者回答这个问题，很有可能导致无法作答。因此，问卷设计者应设计出相应过滤性问题，避免上述现象的发生。

资料来源：王天营.市场调查问卷设计十大问题[J].中国统计，2012（12）.

策划实战

面对日益不确定的外部环境，我们都无法回避的一个问题是：我们的顾客怎样才能把我们和竞争对手区别开？就品牌而言，顾客可以变老，但品牌要永葆青春。因为任何一代年轻人都会逝去，而唯有"年轻人"不死。

优衣库创始人柳井正刚开始只是单纯地想在摇粒绒之后，创造一件老少咸宜的畅销款，然后UT（UNIQLO T-shirt Project）就此诞生了。与高高在上的诸多竞争对手不同，UT走的是低价优质路线，然而如果仅仅是普普通通的走量货，那么和别的商家基本无法区分，因此必须赋予UT生命力——借力电影、动漫、音乐等流行文化元素不断为UT制造新话题，加强顾客黏性。总而言之，本身IP硬，还不断跨界……最重要的是，它只要99元。

请你分析优衣库的市场调研应重点关注哪些因素。如果你作为优衣库市场部经理，该如何进行调研并对结果进行科学分析，并写一份市场调研报告。可参考本章内容，首先，确定你所要调研的主题，并围绕该主题进行探索性调研；其次，设计一份调研问卷，并进行小规模的调查；再次，汇总、统计调研问卷信息，分析并最终得出结论；最后，撰写书面调研报告。

本章小结

市场调研是指对宏观环境、行业及竞争状况、市场供求现状、企业内部及营销组合五个方面的调研。宏观环境调研是对政治和法律环境、经济环境、社会和文化环境、技术环境、人文环境、自然环境等的调研；行业及竞争状况调研是对现有竞争者的竞争强度、潜在进入者的威胁、替代品的威胁、购买者的价格谈判能力、供应商的价格谈判能力的调研；市场供求现状调研是对市场需求和市场供给的调研；企业内部调研是对企业发展战略及使命、内部资源、业务组合及相互关系、既往业绩与成功关键要素的调研；营销组合调研是对产品、价格、渠道、促销的调研。

市场调研方法分为文案法、问卷法、访问法、观察法、实验法。文案法是指通过查找、阅读有关资料获取信息；问卷法是指调研人员设计问卷，并从被调研者的回答中收集有关信息；访问法是以访问为主要手段，从被调查者的回答中获取信息；观察法是指凭借观察或仪器对被调查者进行直接观察和记录，以获取信息；实验法是指通过实验研究揭示变量之间的因果关系。

市场调研策划的流程分为四个阶段：即调研策划的准备阶段、调研策划的设计阶段、调研策划的实施阶段、调研策划的结论阶段。市场调研报告通常具有一定的结构标准，应在调研报告中适当运用表、图和其他可视图，撰写调研报告时也应合乎逻辑、解释充分、结论准确、重视质量、篇幅适当、定量与定性分析相结合，避免虚假的准确性及图表的夸大。

第 7 章
营销战略策划

> 开篇案例

仅仅是极致服务与体验吗

提到海底捞的营销神话，大多数人可能会自然而然地认为它是"极致服务与体验"的典范。但仅仅是极致服务与体验这么简单吗？虽然海底捞一跃成为火锅界的领袖企业，但火锅生意并非只有海底捞一家做，也并非人人都吃海底捞。海底捞最厉害的地方就是它是在围着一群人做所有的生意。

事实上，海底捞关联的公司几乎涉及餐饮上游的所有链条。作为海底捞火锅底料供应商的颐海国际于 2016 年在香港上市，2018 年的收入超过 26 亿元，净利润超过 5 亿元。颐海国际已经成为国内火锅底料及调味品的主要品牌之一，产品进军全国各大超市、传统零售店及线上营销网络。蜀海供应链于 2011 年成立独立公司，除了给海底捞自有火锅门店提供菜品的采购、仓储、物流等全托管服务外，其顾客对外扩展到 7-ELEVEn 等数百家连锁餐饮企业。为海底捞提供餐厅设计、施工管理、后期服务并且对外承接业务的蜀韵东方，是由海底捞工程部演变而来的，于 2007 年成立独立公司。此外，为海底捞提供财务服务的海晟通则是海底捞片区人事部，负责海底捞招聘及培训，目前已经发展成独立为餐饮企业提供门店运营咨询等服务的微海咨询。

更为重要的是，这些差不多都是从海底捞各个部门分解出来且已经独立运营的公司。它们将海底捞帝国这张大网不断向外拓展，在扩大规模的同时还能分散风险，甚至造就了海底捞另一个独立的盈利空间。

当市场上越来越多的厂商经过"顾客就是上帝"的理念洗礼后，并非说你服务好，就能置身虎视眈眈的竞争者、愈加细分的火锅市场、层出不穷的新品牌等危机之外，想要继续生存下去，就要千方百计另辟蹊径。因此海底捞重新审视各个部门的潜力，把火锅调料单独上市、把财务部做成了财务咨询公司，工程部顺便给别人搞装修……就此把海底捞帝国建构到新的商业高度。

某种程度上而言，品牌与服务是海底捞的门面，而独立且成熟的供应链才是海底捞的核心竞争力！不然只靠极致服务来撑起千亿市值的营销神话，只能存活在想象中。

资料来源：徐燕凤.服务之外，到底是什么撑起海底捞的千亿市值？[J].销售与市场（管理版），2019（07）：73-75.

7.1 营销战略策划的步骤

营销战略策划是对企业营销战略的谋划和规划,通常包括四个步骤:第一,对企业的优势、劣势、机会、威胁进行综合的战略环境分析,即SWOT分析;第二,将市场分为不同的消费者群体,即市场细分(segment);第三,选择其中的一个或几个细分市场,即选择目标市场(target);第四,建立传播本企业产品的关键特征与利益,即定位(position)。概括来说即为"SWOT分析+STP战略"。

7.1.1 SWOT分析

SWOT分析是指对企业的优势(strengths)、劣势(weaknesses)、机会(opportunities)、威胁(threats)进行综合分析与评估,从而选择最佳经营战略的一种方法。

1. 外部的机会与威胁分析

(1)外部环境因素。包括宏观环境因素和行业环境因素。宏观环境因素包括政治法律环境、经济环境、社会文化环境、技术环境、人文环境、自然环境;行业环境因素包括现有竞争者、潜在进入者、替代品、购买者、供应商。

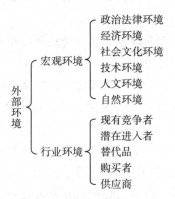

(2)机会与威胁分析

①机会分析。营销机会是一个企业通过满足购买者需要并能够盈利的某一区域,因此,机会分析是指企业通过分析外部环境,找出有利于企业发展的机会。通常评价外部环境的机会是根据机会的吸引力和成功概率两个因素,具体如图7-1所示。

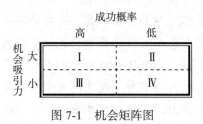

图7-1 机会矩阵图

- 第Ⅰ类机会。即吸引力大、成功概率高,企业应充分把握这类机会。
- 第Ⅱ类机会。即吸引力大、成功概率低,企业应慎重对待这类机会。
- 第Ⅲ类机会。即吸引力小、成功概率高,企业应慎重对待这类机会。
- 第Ⅳ类机会。即吸引力小、成功概率低,企业无须考虑这类机会。

②威胁分析。环境威胁是指一种不利的发展趋势所形成的挑战,如果不采取果断的营销行动,这种不利趋势将会侵蚀企业的销售或利润。因此,威胁分析是指企业通过分析外部环境的变化,发现不利于企业发展的威胁。通常评价外部环境的威胁是根据威胁的严重性和发生概率两个因素,具体如图 7-2 所示。

图 7-2 威胁矩阵图

- 第Ⅰ类威胁。即对企业的影响较大,且发生概率较高。企业应高度重视并尽力化解,一方面,要密切关注其发生的概率;另一方面,应建立一套完善的反应机制。
- 第Ⅱ类威胁。即对企业的影响较大,但发生概率较低。企业应建立一整套完善的预警机制,而不应忽略威胁的存在性。
- 第Ⅲ类威胁。即对企业的影响较小,但发生概率较高。企业不应忽视并要及时解决。
- 第Ⅳ类威胁。即对企业的影响较小,且发生概率较低。企业需要关注其发展动向。

③综合分析。企业通常利用机会与威胁的综合分析,评价某项业务的类型,具体如图 7-3 所示。

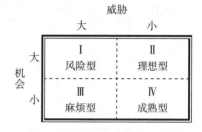

图 7-3 机会——威胁矩阵图

- 第Ⅰ类业务,风险型。即外部的机会较大,但威胁较大。企业应权衡机会与威胁,慎重考虑此类业务。
- 第Ⅱ类业务,理想型。即外部的机会较大,并且威胁较小。企业应重点发展此类业务。
- 第Ⅲ类业务,麻烦型。即外部的机会较小,但威胁较大。企业可以考虑撤出此类业务。
- 第Ⅳ类业务,成熟型。即外部的机会较小,并且威胁较小。企业可视具体情况适当发展此类业务。

2. 内部的优势与劣势分析

企业除了分析外部环境外,还应进行内部环境的分析,包括生产能力、营销能力、财务能力、组织能力、发展能力等,从而评价企业的内部优势与劣势,详细内容见表 7-1。

表 7-1 内部的优势与劣势分析表

	项目	评分(1~10分)	权数	合计
生产能力	生产能力			
	技术、制造工艺			
	设备水平			
	产品质量			
	及时交货能力			
	合计		1.00	

(续)

	项目	评分（1~10分）	权数	合计
营销能力	市场份额			
	覆盖地区			
	客户满意度			
	产品、服务质量			
	定价效果			
	分销效果			
	促销效果			
	合计		1.00	
财务能力	资金来源稳定程度			
	流动比率			
	资产负债率			
	总资产报酬率			
	合计		1.00	
组织能力	领导者能力			
	员工的团队精神			
	创业导向			
	柔性及弹性能力			
	合计		1.00	
发展能力	技术人员比重			
	员工素质			
	培训能力			
	合计		1.00	

3. SWOT 综合分析

SWOT 综合分析的目的就是找出企业的优势、劣势、机会、威胁，从而制定出适合企业发展的战略。具体见表 7-2。

表 7-2 SWOT 综合分析及战略表

	优势（S） 1 2 3 ……	劣势（W） 1 2 3 ……
机会（O） 1 2 3 ……	SO 战略 1 2 发挥优势 3 利用机会 ……	WO 战略 1 2 克服劣势 3 利用机会 ……
威胁（T） 1 2 3 ……	ST 战略 1 2 利用优势 3 回避威胁 ……	WT 战略 1 2 克服劣势 3 回避威胁 ……

根据表 7-2，可制定如下四个战略。

（1）SO 战略：即扩张战略，适用于企业自身优势明显且机会较大的情况。企业应发挥优势、利用机会。通常采取集中现有资源，扩张该项业务的方式，加速企业发展。

（2）WO 战略：即防卫战略，适用于企业自身存在劣势但机会较大的情况。企业应克服劣势、利用机会。一方面努力克服自身劣势，另一方面可以考虑与优势企业合资。

（3）ST 战略：即分散战略，适用于企业自身优势明显但威胁较大的情况。企业应利用优势、回避威胁。通常是采取多元化经营分散风险，或通过并购增强自身实力，形成规模效应，从而提高抗风险能力。

（4）WT 战略：即退出战略，适用于企业自身存在劣势且威胁较大的情况。企业应克服劣势、回避威胁。在这种艰难的处境中，企业通常选择退出该行业，将资金投入更具吸引力的业务或行业。

专栏 7-1　　　　　　　　战略平衡计分卡

平衡计分卡是将战略指标进行整合的新框架。它将影响以往和未来的财务指标、顾客、内部业务流程、学习与成长等因素一同纳入该框架，以明确严谨的方式解释战略，进而形成具体的目标和指标。

财务层面，由于财务指标衡量了以往的经济成果，所以其对企业发展具有借鉴意义。通过业绩指标的完成情况可以了解企业的具体战略是否得以贯彻落实，有利于及时纠偏。财务目标一般与盈利能力有关，主要的财务指标包括营业收入、资本报酬率、经济增加值等；财务目标也可能是销售额的迅速增加或创造更多的现金流量。

顾客层面，管理者对目标顾客和目标市场进行界定后，以具体指标的形式固定下来。顾客层面的衡量指标一般包括顾客满意度、顾客保持率、顾客获得率、顾客盈利率，以及在目标市场中所占的份额等。值得注意的是，顾客层面还应包括特定的指标，以衡量企业提供给目标顾客的价值主张。

内部业务流程层面，管理层要确认企业擅长的关键内部流程。这些关键内部流程能够帮助业务单元更好地提供价值主张，进而吸引并留住潜在顾客，实现股东价值最大化。内部业务流程指标，重点强调对顾客满意度和实现企业财务目标影响最大的一类关键内部流程。

学习与成长层面，人、系统和组织程序是企业学习与成长的三个主要来源。平衡计分卡的财务、顾客、内部业务流程往往会揭示人、系统和组织程序的实际能力与期望之间的巨大鸿沟。为跨越这个鸿沟，企业必须致力于员工技术的培训再造、信息技术和系统的优化升级、组织程序和日常工作的步调一致，这些都是平衡计分卡学习与成长层面追求的目标。

总而言之，战略平衡计分卡以一套平衡、整合的框架，把企业组织的愿景和战略转化为目标和指标，它包括预期成果指标以及驱动这些预期成果的流程。

资料来源：罗伯特·卡普兰，大卫·诺顿. 平衡计分卡：化战略为行动 [M]. 刘俊勇，孙薇，译. 广东经济出版社，2013.

7.1.2 市场细分

市场细分是根据消费需求的差异将市场分为不同的消费者群体的过程。由于企业资源的有限性以及市场需求的无限差异化，使市场细分成为企业营销战略策划的关键环节。

1. 市场细分标准

市场细分的标准是指进行市场细分的依据，由于市场主要分为消费品市场和工业品市场，因此，下文分别讨论上述两个市场的细分标准。

（1）消费品市场细分标准

①地理变量。是指把消费品市场按国家、地区、城市大小、人口密度、气候、地理特征等划分为不同的地理区域。

②人文变量。是指将消费品市场按年龄、家庭类型及生命周期阶段、性别、收入、职业、受教育水平、宗教信仰、种族、代沟（"婴儿潮"、80后等）、国籍等划分为不同群体。

③心理变量。是指根据消费者的社会阶层、生活方式、个性特点、价值观念等将市场划分为不同的群体。

④行为变量。是指根据消费者的购买时机、追求的利益、使用状况和使用频率、品牌忠诚度、态度等方面将市场划分为不同的群体。具体见表7-3。

表 7-3 消费品市场细分

细分标准	细分变量
地理细分	国家、地区、城市大小、人口密度、气候、地理特征等
人文细分	年龄、家庭类型及生命周期阶段、性别、收入、职业、受教育水平、宗教信仰、种族、代沟（"婴儿潮"、80后等）、国籍等
心理细分	社会阶层、生活方式、个性特点、价值观念等
行为细分	购买时机、追求的利益、使用状况和使用频率、品牌忠诚度、态度等

（2）工业品市场细分标准

①购买者属性细分。是指将工业品市场按照购买者的属性细分为商业购买者（工业、建筑业、商业、银行等）、政府购买者（行政机构、军队、法院等）、其他购买者（学校、医院、慈善机构等）。

②地理变量细分。是指根据企业市场中的资源、地理位置、自然环境、气候、通信、交通运输等因素将工业品市场划分为不同群体。

③购买特征细分。是指根据企业规模、购买能力、购买目的、购买类型、追求利益重点、功能要求、质量标准、价格要求、购买频次、使用率、交易方式等因素将工业品市场划分为不同群体。具体见表7-4。

表 7-4 工业品市场细分

细分标准	细分变量
购买者属性细分	商业购买者（工业、建筑业、商业、银行等）、政府购买者（行政机构、军队、法院等）、其他购买者（学校、医院、慈善机构等）

(续)

细分标准	细分变量
地理变量细分	资源、地理位置、自然环境、气候、通信、交通运输等
购买特征细分	企业规模、购买能力、购买目的、购买类型、追求利益重点、功能要求、质量标准、价格要求、购买频次、使用率、交易方式等

2. 市场细分方法

（1）单一变量细分法。是指根据消费者的某一特征进行市场细分，例如，根据"性别"将服装市场分为男性和女性两个子市场。

（2）平面交叉细分法。是指按照两个特征标准进行市场细分，例如，根据"性别"（男性，女性）和"年龄"（青年、中年、老年）将服装市场分为 2×3=6 个子市场，如图 7-4 所示。

（3）立体交叉细分法。是指根据 3 个特征标准进行市场细分，例如，根据性别（男、女）、"年龄"（青年、中年、老年）、收入（低、中、高）将服装市场分为 2×3×3=18 个子市场，如图 7-5 所示。

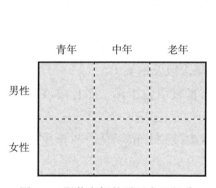

图 7-4 服装市场的平面交叉细分

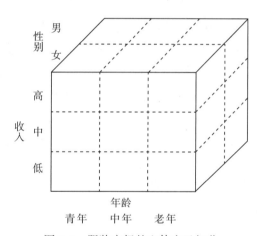

图 7-5 服装市场的立体交叉细分

（4）多维细分法。是指运用多个特征标准进行市场细分，例如，根据消费者的性别、年龄、生活方式、文化程度、职业、收入等将服装市场细分为 2×3×3×3×3×3=486 个子市场，如表 7-5 中的箭头连线构成其中的一个子市场。

表 7-5 服装市场多维细分

性别	年龄	生活方式	文化程度	职业	收入
男性	青年	保守	高中及以下	工薪阶层	低
	中年	平淡	本科	个体业主	中
女性	老年	时尚	硕士及以上	高级管理者	高

3. 市场细分程序

市场细分的程序大致分为 7 个步骤，第 1 步，界定市场范围；第 2 步，明确消费者的基本需求；第 3 步，根据消费者的不同需求状况，选择市场细分的标准；第 4 步，按照既定的标准进行市场细分;第5步,为各细分市场命名;第6步,分析并确定子市场;第7步,评估子市场,如图7-6所示。

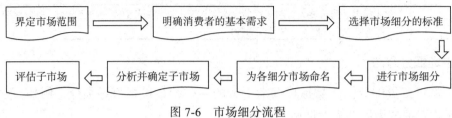

图7-6 市场细分流程

7.1.3 目标市场选择

目标市场选择是指企业在市场细分之后,首先,评价所有的细分市场;其次,从中选择一个或几个有利可图的细分市场进入。由于每一个细分市场都蕴含着不同的市场机会,因此,选择目标市场就成为企业选择市场机会的关键。

1. 评价细分市场

并不是每一个细分市场企业都要选择进入,因此企业在进行目标市场选择之前需要对每个细分市场进行评价。主要评价标准依据以下三方面的因素:一是细分市场的吸引力;二是企业自身的资源;三是企业发展的战略目标。

(1)细分市场的吸引力。即评价该市场的规模、成长率、盈利率、竞争强度、风险性等因素;同时考虑该细分市场是否具有足够的市场需求以及购买力。

(2)企业的自身资源。评价细分市场不仅依靠市场吸引力指标,而且应该衡量企业的自身资源能否适应该细分市场的要求。

(3)企业发展的战略目标。评价细分市场还要考虑该细分市场是否与企业的长期发展目标相一致。

2. 选择细分市场

在对细分市场进行评价后,可从以下五种目标市场模式中选择一种细分市场。

(1)密集单一市场。是指企业从所有的细分市场中选择一个细分市场,并生产、提供单一产品,服务于该单一市场,进行集中营销,有时也称补缺营销。例如,某服装企业只生产青年人穿的中档牛仔裤。密集单一市场有利于企业在有限的资源条件下更好地了解和迎合某一细分市场的需求,获得较高收益。

(2)产品专门化。是指企业向不同类型的市场提供同一种产品。例如,英特尔为市场上不同类型的顾客提供同种但层次或级别不同的电脑芯片。产品专门化有利于企业在生产方面产生协同效应,即使用同种生产能力满足不同市场的需求。

(3)市场专门化。是指企业向同一市场提供各种产品或服务,以满足该市场顾客群体的需求。例如,某服装企业为所有的中年女性提供各种产品,包括衣服、裤子、套装、鞋、皮包等。市场专门化能够有效分散企业的经营风险,然而过度集中于某一市场,易受该市场需求变化的影响。

（4）有选择专门化。是指企业从所有的细分市场中选择若干个有吸引力的、符合企业自身实力及目标的细分市场，并生产、提供不同种类的产品，服务于上述不同类型的市场。例如，某服装企业生产不同种类的裤子，服务于不同性别、年龄、阶层的市场。这种方法与密集单一市场相比，具有分散风险的作用，但是很难实现企业资源的协同效应。

（5）完全覆盖市场。是指企业生产各种不同的产品并有针对性地满足不同细分市场的需求，通常适用于实力雄厚的大型企业。需要注意的是，完全覆盖市场并不是不经过细分的盲目覆盖，而是在市场细分的基础上，有针对性地开展营销活动。例如，可口可乐公司有针对性地为不同的顾客群体提供不同类型的饮料。这五种模式如图7-7所示。

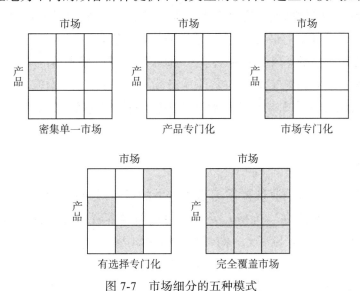

图 7-7　市场细分的五种模式

3. 影响目标市场选择的因素

在进行目标市场选择的过程中，影响企业的因素有很多，除上述评价细分市场的各要素之外（即细分市场的吸引力、企业自身的资源、企业发展的战略目标），还包括以下因素：产品/市场生命周期、同质性，竞争者的目标市场模式、数量，道德问题等。

7.1.4　市场定位

在经过市场细分，选定目标市场之后，就要根据市场需求来确定企业和产品的市场地位，以便区别于竞争者的企业形象、产品、品牌，实际是企业及其产品对消费者心智的占领。菲利普·科特勒将其定义为："定位就是对公司的供应品和形象进行设计，从而使其能在目标顾客心目中占有一个独特的位置的行动。"

1. 定位的依据

（1）产品特性或种类。即将产品本身的内在特点作为市场定位的依据，如产品的成分、质量、价格、功能等。例如，七喜定位于不含咖啡因的"非可乐"饮料；IBM 定位于高质量服务；沃尔玛定位于"天天低价"；高露洁牙膏则定位于坚固牙齿的功能。亦可依据不同产品的种类进行定位。

（2）产品用途及使用场合。即将产品本身的用途及所适用的场合作为市场定位的依据。例如，"送礼只送脑白金"的广告语将脑白金定位为"礼品"；"要干更要肝"将海王金樽定位于酒后护肝药。

（3）使用者类型。即将产品目标客户群的不同类型作为市场定位的依据。例如，手机的用户大致分为男性和女性，因此，针对男性使用者可定位于智能、商务的手机；针对女性使用者可定位于时尚、灵巧的手机。

（4）竞争状况。即根据本企业产品与竞争者产品的差异状况进行定位，包括三种方式：迎头定位，即与市场上最强的竞争对手相对立。例如，麦当劳与肯德基、可口可乐与百事可乐等长达多年的争斗；避强定位，即避开市场上强有力的竞争对手。例如，哈根达斯占领了冰激凌的高端市场而与其他冰激凌相区分；反向定位，即从相反的逻辑角度进行定位。例如，Avis 汽车出租公司的"我们是汽车出租业的第二，但是我们会更努力"的定位。

2. 定位的方法

（1）迎头定位。是指企业选择靠近于强有力的竞争对手的市场位置，与其争夺同一目标顾客群体，彼此在产品、价格、分销、促销手段等营销组合方面差别很小。例如，可口可乐与百事可乐、柯达与富士、耐克与阿迪达斯等。

（2）避强定位。是指企业回避与目标市场上的竞争者直接对抗，而将自身的位置确定于市场的"空白点"处，提供某种特色产品或服务，满足市场上尚未被满足的需要。例如，"大宝"避开了与国外高档化妆品的竞争而占领了低端市场。

（3）重新定位。是指企业采取一定的营销组合，改变目标顾客对其原有的印象，重新树立其在目标客户的形象。当产品在市场上的定位出现偏差；当消费者转向偏好竞争对手的产品；或当竞争对手推出产品与本企业产品定位相似等情况出现时，考虑进行重新定位。例如，万宝路香烟最初定位于任何人都能吸食的低焦油型香烟，然而销量不佳；随后，万宝路香烟进行了重新定位，塑造出至今仍令美国人推崇备至的典型男子汉形象——"美国西部牛仔"。

（4）为竞争对手再定位。为了向目标市场准确地传递产品或品牌的定位，可以考虑为竞争对手再定位。例如，美国 A 牌伏特加酒声称："绝大多数的美国伏特加酒，看似俄国制造，却是在印第安纳州劳伦斯堡制造的。A 牌与众不同，它是在俄国制造的。"

（5）高级俱乐部定位。是指企业强调自身是某一高级群体中的一员，由此提升自身的品牌形象和地位。例如，克莱斯勒公司宣称自己是"美国三大汽车公司之一"。

除上述定位外，定位方法还包括初次定位、利益定位、消费群体定位、档次定位、概念定位等。初次定位，是指新企业初入市场或新产品投入市场，通过研究竞争对手的产品在目标市场中的位置而确定本企业或产品的相应位置，如"波导"初入市场时定位于"手机中的战斗机"突出信号强的特点。利益定位，是指根据产品所能满足的需求、提供的功能利益以及解决问题的程度进行定位，如摩托罗拉向消费者提供"小、轻、薄"的利益点。消费群体定位，是指直接以某类消费群体为诉求对象，突出产品服务对象的专属性，以获得该消费群体的认同，如金利来将男性作为诉求对象并定位于"男人的世界"。档次定位，是指按照品牌在消费者心目中的价值将品牌分为不同档次，最常见的是高档次定位，如派克钢笔定位于高雅、精美和耐用的高档次笔，成为一种高贵社会地位的象征。概念定位，是指使产品或品牌在消费者心目中占据一个新的位置、形成一种新的概念，以获得广泛认同，并产生购买欲望，如商务通的"呼机、手机、商务通，一个都不能少"创造了PDA（掌上电脑，personal digital assistant）行业的神话。

7.2 营销战略的类型与选择

市场营销战略包括竞争战略、市场地位战略、产品生命周期战略、发展战略和市场地域战略等，本节将主要介绍前四种战略。

7.2.1 竞争战略

管理学家迈克尔·波特在《竞争战略》一书中提出了三种基本的竞争战略，即成本领先战略、差异化战略和密集化战略。如图7-8所示。

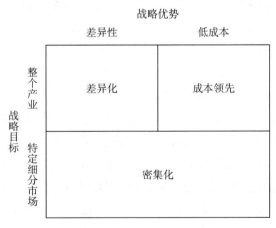

图7-8 三种基本竞争战略

1. 成本领先战略

成本领先战略（overall cost leadership）是指通过一系列措施在产业中实现成本方面的领先，并以此获得比竞争对手更高的市场占有率。在这种战略的指导下，企业应在原材料成本、研发与技术成本、管理运营成本、服务成本、营销成本等方面力争实现产业中的最低成本，尤其是要低于竞争对手的成本。

一方面，成本领先战略通常要求企业具备较高的市场份额，能够实现规模经济，有能力进行产品和新技术的研究与开发，并降低投入成本，减少行政等其他费用。另一方面，实施成本领先战略的企业通常能够获得高于产业平均水平的利润，保持领先地位，能够设置行业进入障碍，有能力削弱替代品的威胁，增强对供应商及客户讨价还价的能力。

尽管成本领先战略能使企业获得高于行业的平均利润，然而保持成本领先地位会给企业造成沉重的负担，因为成本领先意味着企业需要更新设备、引进新技术、实现规模经济等。因此，采取成本领先战略存在一定程度的风险，具体表现在以下四个方面：第一，新进入者和追随者的学习成本低，使企业容易被学习甚至超越；第二，新技术出现，导致企业失去原有技术的投资及经验基础；第三，过度关注产品及其成本，势必忽视市场和竞争状况，从而陷入产品导向；第四，保持低成本和价格差通常很困难。

沃尔玛成功地运用成本领先战略，通过压低进货价格、降低经营成本、节省物流成本、压缩广告费用和鼓励员工勤俭等方法降低成本，增强市场竞争力；格兰仕微波炉更是将成本领先战略发挥到极致，仅用五年时间就打败所有竞争对手，成为世界第一。

2. 差异化战略

差异化战略（differentiation）是使企业生产的产品或提供的服务明显区别于竞争对手，成为在全产业范围内具有独特性质的产品或服务。该战略的重点是创造独特性，使顾客对企业品牌产生忠诚感，甚至愿意支付溢价，使企业能够获得超常收益。差异化战略的形式包括产品及品牌在形象、功能、外观、服务、技术优势、分销渠道上的差异。

实施差异化战略的企业具有以下三方面优势：首先，有利于形成顾客对品牌的忠诚，构成进入壁垒；其次，差异化的产品或服务是其他竞争对手不能以同等价格提供的，因此削弱了顾客的讨价还价能力；最后，差异化能使企业有效地对抗替代品，使企业在对付替代品竞争时比竞争对手处于更有利的地位。

尽管差异化战略能够使企业获得超常收益，然而，该战略通常要求企业放弃占领更大的市场份额，同时存在一定程度的风险，具体表现在以下三个方面：第一，企业竞争者的模仿使得已建立的差异化程度降低；第二，消费者对需求差异化的追求降低；第三，过度专注差异化易导致成本提高，最终导致无法留住顾客。

"农夫山泉有点甜"的差异化特点——有甜味的水，使农夫山泉迅速席卷中国纯净水市场；"怕上火，喝王老吉"的独特诉求概念——中草药配方，又成功助推了广州王老吉药业股份公司正式进军中国市场。

3. 密集化战略

密集化战略（focus）是指专门为某产业链的一个细分链条、某一地域市场或某个特定的市场群体提供产品或服务。该战略通常要求企业有足够的能力并能高效率地为特定的目标市场服务，这在一定程度上限制了企业市场份额的提高。

实施密集化战略的企业通常具有赢得超过产业平均水平的利润的潜力，能够避开与竞争对手大范围的抗衡，并能够有力攻击竞争对手的弱势并抵抗替代品的威胁。

浙江义乌市集中进行小商品（袜业、针织内衣、玩具、化妆品、饰品、拉链等）的生产与销售，经过多年发展，呈现出"小商品、大产业，小企业、大集群"的产业发展格局，目前已成为全国乃至世界最大的小商品流通中心。

尽管密集化战略能够获得超过产业平均水平的利润，然而其存在一定程度的风险，具体表现为以下三个方面：第一，集中的市场与整体市场之间的差距日益缩小；第二，竞争对手在本企业目标市场中进行再次细分，导致本企业的差异化不够集聚；第三，过度专注于集中市场的差异化，会导致企业成本提高。

7.2.2 市场地位战略

根据企业在市场上的竞争地位，可将企业分为四种类型：市场领导者、市场挑战者、市场跟随者和市场补缺者。因此，市场地位战略亦可相应地分为四种类型：市场领导者战略、市场挑战者战略、市场跟随者战略和市场补缺者战略。

1. 市场领导者战略

市场领导者是指在相关产品的市场上占有率最高的企业，通常在价格调整、促销力量以及新产品开发等方面均处于领导地位，是竞争者模仿、挑战或回避的对象。由于市场领导者的地位经常受到竞争者的挑战，因此，为保持自己的领导地位，它们通常采取以下三种策略。

（1）扩大市场总需求。当市场的需求总量扩大时，市场领导者是获利最大的企业。扩大市场总需求的途径主要有以下四个：一是开发新用户；二是开辟产品的新用途；三是增加目前使用者的使用数量；四是提高购买频率。

（2）保护市场份额。市场领导者保护市场份额最有效的方法是进攻，即在产品、服务等方面不断创新；同时降低企业成本、提高效益，并抓住竞争对手的弱点主动进攻。此外，市场领导者还可以通过有效防御来保护市场份额。防御策略主要包括阵地防御、侧翼防御、先发制人防御、反击防御、运动防御和收缩防御。

（3）提高市场份额。市场领导者可以通过开发新产品、提高产品或服务质量、削减费用、降低价格等手段提高市场份额。

2. 市场挑战者战略

市场挑战者是指在行业中居于第二、第三名等次要地位的企业，它们通常向市场领导者发动进攻，以夺取更大的市场份额。市场挑战者向市场领导者或其他竞争者挑战时，首先必须确定自己的战略目标和挑战对象，其次在以下策略中选择适当的策略进行进攻。

（1）正面进攻。是指集中力量进攻竞争对手的强项而非弱项。市场挑战者必须在产品、价格、营销等方面大大超过竞争对手，或通过研制新工艺以降低成本。

（2）侧翼进攻。是指集中力量进攻竞争对手的弱项而非强项。市场挑战者可以在同一地域的市场范围内向竞争对手发动进攻，也可以补缺尚未被占领的细分市场。

（3）围堵进攻。是指在竞争对手的市场领域内，同时在多个方面发动全方位、大规模的进攻，以彻底击败竞争对手。这要求挑战者具有比竞争对手更大的资源优势，并且要求竞争对手留下的市场空白很大。

（4）迂回进攻。是指尽量避免与竞争对手的正面冲突，而是在对手没有或不可能设防的市场范围内发动进攻，主要方式有产品创新、渠道创新、产品或市场的多元化经营。

（5）游击进攻。是指以小规模、间断性进攻的方法干扰竞争对手的士气并最终将其拖垮。这种战略适用于规模较小、实力较弱的企业。

3. 市场跟随者战略

市场跟随者是指在行业中居于第二、第三名等次要地位的企业，与市场挑战者的区别之处在于，市场跟随者维持现状，不与市场领导者和其他竞争者产生纷争。市场跟随者的成功之处在于注重盈利性而非市场份额，通常有以下三种策略可供选择。

（1）紧密跟随。是指尽可能地在各个细分市场和营销组合方面模仿市场领导者，而不进行任何形式的创新。此种跟随者看似市场挑战者，但只要不从根本上危及市场领导者的地位，则不会与其发生正面冲突。

（2）有距离地跟随。是指在目标市场、产品创新、价格水平、分销渠道等主要方面追随市场领导者，但仍与其保持着若干差异。此种跟随者经常通过兼并小企业实现自身的发展壮大。

（3）有选择地跟随。是指在某些方面紧随市场领导者，而在其他方面又自行其是，即为非盲目跟随，而是有选择、有判断，发挥自身独创性的非竞争性跟随。这种跟随者有可能发展成为市场挑战者。

4. 市场补缺者战略

市场补缺者是指专心致力于市场中被大企业忽略的某个细小的细分市场，并通过专业化经营占据有利的市场空隙，获取最大限度的收益。以下是几种可供选择的专业化方案：地理市场专业化、垂直层次专业化、营销渠道专业化、服务项目专业化、质量价格专业化、产品或产品线专业化、最终顾客专业化、顾客规模专业化、特定顾客专业化、顾客订单专业化等。

7.2.3 产品生命周期战略

产品生命周期包括四个阶段：导入阶段、成长阶段、成熟阶段和衰退阶段。在产品生命周期的不同阶段，企业需要采取不同的营销战略。四个阶段的总体战略可以用两个"十六字"方针来概括："人无我有，人有我优，人优我廉，人廉我转"和"培育市场、开发市场、抢夺市场、转移市场"，具体的产品生命周期战略或策略分析如表7-6所示。

表 7-6 产品生命周期各阶段的战略／策略

战略／策略	导入阶段	成长阶段	成熟阶段	衰退阶段
产品	提供基本产品	提供扩展产品、服务	品牌、款式的多样化	逐渐淘汰疲软产品
价格	成本加成定价	市场渗透定价	竞争定价	降价
分销	选择性分销	密集广泛的分销	更密集广泛的分销	逐渐淘汰无利分销点
促销	加强力度	适当减弱投放力度	以说服品牌转换为主	最低投入
广告	以经销商广告为主	以终端市场为主	强调品牌差别和利益	降至保持忠诚顾客

资料来源：菲利普·科特勒.营销管理（新千年版·第十版）[M].梅汝和，等译.北京：中国人民大学出版社，2001:382.

1. 导入阶段战略

导入阶段是指产品首次导入市场，销售增长趋势缓慢，费用支出较大的时期。如果只考虑营销变量（产品、价格、分销、促销）中的价格、促销并设定高、低两种水平，可采取以下战略（见图 7-9）。

（1）快速撇脂战略。它是指采取高价、高促销手段推出新产品，迅速打开市场，实现较高的市场占有率。采用这一战略的假设条件为：市场需求潜力巨大；目标顾客渴望该产品并愿意支付溢价；企业面临潜在竞争威胁或希望树立品牌。

（2）缓慢撇脂战略。它是指采取高价、低促销手段推出新产品。采用这一战略的假设条件为：市场规模有限；产品已为大多数人所熟知；目标顾客愿意支付溢价；市场竞争并不激烈。

（3）快速渗透战略。它是指采取低价、高促销手段推出新产品，使企业以最快的速度实现最大的市场份额。采用这一战略的假设条件为：市场容量大；产品不为人所熟知；目标顾客对价格敏感；潜在竞争激烈；企业能产生规模效应。

（4）缓慢渗透战略。它是指采取低价、低促销手段推出新产品。采用这一战略的假设条件为：市场容量大；产品知名度高；目标顾客对价格敏感；存在潜在竞争。

	促销高	促销低
价格 高	快速撇脂	缓慢撇脂
价格 低	快速渗透	缓慢渗透

图 7-9 导入阶段战略

2. 成长阶段战略

成长阶段是指产品被市场迅速接受，同时利润大量增加的时期。在此阶段，企业通常采取以下战略维持市场成长。

（1）改进产品质量，改变原有产品款式；同时赋予新产品更多的特色和式样，并增加侧翼产品。

（2）进入新的细分市场，拓展新的分销渠道。

（3）宣传重点由产品知名度转向产品偏好，注重树立企业和产品形象。

（4）适时降价，以吸引价格敏感型消费者。

3. 成熟阶段战略

成熟阶段是指产品已被市场多数消费者所接受，并且销售数量增长减缓，产品进入相对成熟阶段。为应对市场竞争，保持产品的市场地位，该阶段的营销支出日益增加，利润逐渐减少。此阶段通常采取以下战略。

（1）市场改进。通过将非使用人转变为使用人，增加现有顾客的使用量及使用率；争夺竞争者的顾客；进入新的细分市场以改变市场现状从而刺激销售。

（2）产品改进。通过改进产品质量、赋予产品新特色、增加产品式样和款式等方法进行产品改进，从而刺激销售。

（3）营销组合改进。通过改进营销组合（产品、价格、分销、促销）及其他要素刺激销售。

4. 衰退阶段战略

衰退阶段是指销售量下降趋势增强，同时伴随着利润下降的阶段。此阶段企业通常可以采取以下战略。

（1）加强战略。它是指增加投资，集中力量在最有价值的细分市场上，并使企业处于支配地位或强有力的竞争地位，以收割该市场的剩余利润。

（2）维持战略。它是指在现有市场中保持原有的投资水平和营销策略，将产品的销售维持在一个较低的水平上，直至该产品最终退出市场。如果竞争对手先退出市场，则可能获得较高的利润。

（3）转移战略。它是指有选择地降低投资态势，并放弃原有市场；同时加强对有利可图的新市场或产品的投资，力争在新市场或产品上获得成功。

（4）收缩战略。它是指迅速缩减产品生产，降低营销费用，尽可能地增加当前利润，以便快速获取现金收益。

（5）放弃战略。它是指迅速放弃衰退速度快、无利可图的产品。

7.2.4 营销发展战略

1. 密集型成长战略

密集型成长战略（intensive growth strategies）是指企业充分利用现有资源，在现有业务领域内寻求现有业务的改进及发展机会，从而提高市场份额的一种战略。考虑产品、市场两个因素，如图7-10所示，密集型成长战略包括市场渗透战略、市场开发战略和产品开发战略。

图 7-10　产品－市场方格图

（1）市场渗透战略。它是指在现有市场上扩大现有产品的市场份额。通常采取以下三种策略：第一，扩大产品使用人数，即通过转变非使用人、开发潜在客户及吸引竞争对手客户等手段；第二，提高使用频率，即通过增加使用次数、使用量及开发产品新用途等手段；第三，改进产品特性，即通过增加产品特点和改进营销策略等手段。

（2）市场开发战略。它是指为现有产品拓展新市场。通常采取以下三种策略：第一，在本地寻找潜在顾客，拓展尚未进入的新市场；第二，扩大新渠道并将产品分销给顾客；第三，在当地或国外增加新的销售点。

（3）产品开发战略。它是指为现有市场开发新产品，即通过对现有市场投入新产品或增加产品的种类及特性来满足市场需求，从而扩大市场份额，提高市场占有率。

2. 一体化成长战略

若企业在供应、生产、销售的某一个或几个环节有能力提高效率、加强控制并扩大销售，则可以采取该战略。一体化成长战略（integrative growth strategies）通常包括以下几种战略。

（1）前向一体化战略。它是指企业通过向前兼并、收购批发商或零售商，抑或是控制或拥有其分销渠道或分销系统，实现产—销一体化。例如，汽车生产商收购其分销商，自行组织销售。

（2）后向一体化战略。它是指企业通过向后兼并、收购原料供应商，抑或是控制或拥有其供应系统，实现供—产一体化。例如，汽车制造商收购其零部件工厂，自行供给原料。

（3）水平一体化战略。它是指企业通过横向兼并、收购竞争者的同类企业，抑或是合资共同经营。例如，汽车制造商兼并若干小汽车公司。

3. 多角化成长战略

多角化成长战略（diversification growth strategies）是指企业在当前业务范围以外的领域发现有较大吸引力的发展机会，从而开发新产品进入新市场。多角化成长战略通常包括以下几种战略。

（1）同心多角化战略。它是指企业开发与现有产品线的研发、技术、营销方法等有协同关系的新产品，从而吸引新的客户群体。例如，海尔利用原有生产冰箱的研发、技术和营销优势，开发了电视机、洗衣机、空调、电脑、手机等白色家电和黑色家电产品。

（2）水平多角化战略。它是指企业采用不同的技术为现有市场提供不同种类的新产品，以满足现有市场群体的需求。例如，某文具制造商为高校市场提供办公文具（笔、笔记本、文件夹等），同时为其提供教学设备（投影仪、电脑、实验用品等）。

（3）跨行业多角化战略。它是指企业开发与现有业务、现有产品、现有市场完全无关的新产品或服务。例如，娃哈哈由原有饮料生产领域，进入到服装生产领域。

7.3 几种新兴的营销战略及其策划

进入21世纪，传统的营销战略正受到诸如战略联盟、关系营销、顾客满意、平台战略、生态战略等新型战略的挑战。本节将分别介绍这几种新兴的营销战略及其策划。

7.3.1 战略联盟及其策划

1. 战略联盟概述

（1）战略联盟。战略联盟是指由两个或两个以上的企业为实现某种战略目标而共同建立起来的具有合作性质的利益共同体（联盟企业之间彼此独立），旨在增强企业的长期竞争优势、拓展市场竞争地位、实现超常规发展。企业组建战略联盟的根本目的是以合作求竞争，建立新型的合作性竞争关系，这种战略思路也被认为是继波特提出的三种基本战略之后的"第四种战略"——"竞合"（co-petition）战略。更深一步讲，战略联盟实质是一种超越企业机制和市场机制的网络组织模式。除了战略联盟以外，产业集群、企业集团和虚拟企业等也都是企业实施"竞合"战略，组建网络组织的表现形式。

（2）战略联盟产生的原因。第一，全球市场经济一体化以及消费者偏好日益异质化，使得企业仅依靠自身实力难以掌握竞争的主动权，组建战略联盟则能够提高企业的核心竞争力；第二，研究开发一项新产品或进入某一不相关的市场通常具有很大风险，组建战略联盟则能够降低和分散风险；第三，随着市场竞争程度的激化及竞争秩序被破坏，需要组建战略联盟来避免恶性竞争；第四，扩大企业规模通常需要巨额的资金投入及成本的递增，组建战略联盟则能够在不扩大企业规模的基础上扩大业务范围。

（3）战略联盟的特点。一是联盟成员之间为非正式的关系，具有松散性；二是联合行动具有战略性，即注重从战略的高度充分利用外部资源来改善共同的经营环境和经营条件；三是联盟成员之间的合作是通过事先达成协议而形成的一种平等的关系；四是联盟的范围广泛，不局限于某产品、企业或行业，而是整个产业链条范围的联盟；五是联盟管理具有一定程度的复杂性。

2. 战略联盟策划的流程

（1）第一步，选择战略联盟伙伴。在进行战略联盟之前，企业需要根据自身的战略目标，寻求能够帮助其实现战略意图、弥补战略缺口的合作伙伴。合适的战略伙伴通常具有如下条件：首先，能够与企业共同分担技术、技能和知识风险，并且有能力为企业进入新市场提供机会；其次，合作伙伴之间应具有一定程度的互补性、协同性和兼容性。

（2）第二步，确定战略联盟形式。战略联盟具有多种形式，企业可从以下形式中选择适合自身情况的战略联盟形式。其一，根据联盟成员的依赖程度，分为股权式战略联盟和契约式战略联盟；其二，根据联盟在价值链环节的不同位置，分为联合研制式（在生产和研发环节合作）战略联盟、资源补缺式（在上游和下游活动中合作）战略联盟、市场营销式（相互利用营销网络）战略联盟；其三，根据合作者是否处于企业价值链上分为横向联盟和纵向联盟。

（3）第三步，建立战略联盟。在选定战略合作伙伴并确定战略联盟形式之后，则应建立战略联盟，即根据外部环境及双方资源特点设计战略合作方案，并针对双方合作的具体过程及结果进行谨慎、细心的谈判，最终建立战略联盟。

（4）第四步，管理与控制战略联盟。由于联盟成员之间存在文化及经营目标的差异，可能导致联盟的松散甚至破裂，因此，战略联盟建立后要进行有效的管理及控制。

3. 建立战略联盟的注意事项

（1）加强相互信任。战略联盟在本质上是不稳定的，首要原因是联盟成员彼此缺乏信任。因此，加强相互信任，建立一个诚信、可靠、利益共享的平台及关系网络，是联盟稳固的基础。只有彼此信任，才能降低协调成本，提高联盟的资源整合能力，充分实现合作联盟的战略价值。

（2）注重利益双赢。在合作联盟中共同的利益需要各成员齐心协力一同实现，这就需要联盟成员着眼于长远利益，求大同存小异，避免短期利益冲突。因此，各成员在进行战略或策略的决策时不应仅仅考虑是否对自身有利，更应考虑是否对整个联盟有利。

（3）建立长期、动态的互动关系。战略联盟是一个动态的过程，其目标、形式和内容应随环境的变化而变化，因此，战略联盟成员之间应建立起长期、动态的相互合作关系。

专栏7-2　　五粮液牵手阿里巴巴开启数字化转型

伴随数字经济与传统产业的不断融合，借助互联网技术实现行业转型升级已成为白酒行业自身高质量健康发展的内在动力。近年来，中国白酒行业龙头五粮液集团不断借力互联网新技术实现供应链、生产、销售、运营以及管理的全面变革。阿里巴巴目前在大数据、智能化、移动互联网、云计算等多领域也已经形成立体化产业布局，正致力于成为新经济发展的基础设施提供者。

2019年8月26日，五粮液与阿里巴巴达成战略合作，双方将在新零售、数字化生产、供应链金融、企业信息技术服务等领域开展深度合作。这次战略合作对带动整个白酒行业数字化转型升级具有重要意义。

两家集团公司将在以下几个方面展开战略合作。一是阿里云服务领域，支持五粮液数字化零售门店建设、智慧门店建设以及数字化生产检测；二是天猫服务领域，涉及新零售、品牌营销、品牌创新等方面的合作；三是零售通服务领域，涉及拓宽营销渠道、提高供应链效率、品牌推广等方面的合作；四是金融服务领域，围绕五粮液"百城千县万店"工程，在为零售终端客户提供金融服务方面开展合作；五是数字化营销流程服务领域，将开展构建企业采购、移动办公等数字化营销流程管理方面的合作；六是物流服务领域，涉及智能物流系统、智慧物联网方面的合作。对于此次白酒行业的数字化转型效果如何，让我们拭目以待。

资料来源：五粮液数字化转型提速　携手阿里打造"白酒＋互联网"新经济[N/OL].证券日报，2019-08-29. http://epaper.zqrb.cn/html/2019-08/29/content_500151.htm?div=-1.

7.3.2 关系营销及其策划

1. 关系营销概述

（1）关系营销。它是指从系统和整体的观点出发，建立、维持、加强与供应商、竞争对手、分销商、顾客、内部利益相关者及影响者等的相互关系，并以此为基础开展营销活动。

（2）关系营销与传统营销的区别。关系营销与传统营销存在着诸多方面的不同，表7-7列示了二者的主要区别之处。

表7-7　关系营销与传统营销的区别

区别	传统营销	关系营销
导向	产品特性导向	产品利益导向
核心概念	交换	建立长久关系
追求的利益	短期利益，单项交易利润最大化	长期利益，双方利益最大化
顾客参与度	低顾客参与度	高顾客参与度
对服务的重视程度	不重视服务	重视服务
企业强调	市场占有率	顾客忠诚度、顾客满意度
了解对方背景的必要性	小	大
市场风险	大	小
对价格的看法	视之为主要竞争手段	认为其非主要手段

（3）关系营销的层次。根据培养顾客忠诚度及与顾客联系的紧密程度的不同，关系营销可分三个层次：第一层次，财务性联系，即通过频繁营销计划（向顾客提供奖励以增加购买数量、提高购买频率的方式）或俱乐部营销计划（会员制、俱乐部制等），从而实现收益增加；第二层次，社会性联系，即了解顾客的个人需求和偏好，通过提供个性化的服务将顾客变为客户，从而提高社会利益；第三层次，结构性联系，即通过提供顾客无法从其他渠道获得的服务，增强企业与顾客之间的结构性联系。

2. 关系营销策划

关系营销有六大市场，即供应商市场、竞争者市场、分销商市场、顾客市场、内部市场及影响者市场，因此，关系营销策划也围绕这六大市场进行。

（1）供应商关系营销策划。它是指在精心挑选供应商的基础上，与其建立并保持长期的紧密合作和互惠互利关系，在产品研发、生产、物流、营销等方面进行广泛的合作，并通过提供资金、技术等方面的支持或组成联合体等方式增强与供应商之间的关系。

（2）竞争者关系营销策划。它是指企业在识别自身竞争者的基础上，采取公平竞争、和睦共处、互相学习、相互沟通等形式协调并建立与竞争者的关系，谋求共同发展；同时，从中选择具有一定实力的竞争者进行合作，最终通过资源共享实现发展目标。

（3）分销商关系营销策划。它是指通过为分销商提供令其满意的、优质的产品和全面的服务，实行技术和资金方面的支持，与其进行广泛深入的信息沟通，建立、保持并增强与之密切合作的关系，以获得来自分销商方面的支持及利益共享。

（4）顾客关系营销策划。它是指企业在发展新顾客的同时，还需重视留住老客户。通过数据库营销、会员俱乐部等多种形式，保持顾客活跃度，提高服务质量，注重顾客价值的实现，从而更好地满足顾客需求，增强顾客信任，培育和发展顾客忠诚。

（5）内部关系营销策划。它是指将员工视为企业的内部顾客，通过满足员工利益，注重员工的发展和培育，与员工进行双向沟通，让员工参与管理等方法提高员工的满意度和忠诚度，并最终实现企业外部顾客的满意。

（6）影响者关系营销策划。它是指企业以公共关系为手段妥善处理与政府、法律、社会团体、金融机构、新闻媒体等一系列影响者（即对企业生存和发展具有重要影响的关系体）之间的关系，以获得上述影响者最大程度的支持，同时避免可能出现的各种形式的限制与约束。

3. 关系营销的策划流程

关系营销的策划流程可以是整体的策划流程：第一步，将关系营销六大市场中的利益相关者进行罗列，并加以分类，指出重点服务的顾客对象及数量；第二步，为每一个需要重点服务的顾客指定优秀的服务专家，以便建立专业化、个性化的关系；第三步，为服务人员制订工作规范、职位说明书、服务目标、责任、评价标准等，以考评服务质量和关系营销效果；第四步，设定营销经理，负责管理关系营销事宜，或设立公共关系部门，主要负责关系的建立、维持与强化；第五步，制订长期的关系营销发展规划和短期的关系营销计划以指导关系营销的进展与实施。

关系营销策划流程亦可以是某一项关系营销活动的策划流程：第一步，确定关系营销活动的目标、对象、主题；第二步，明确关系营销活动的执行主体与活动形式；第三步，设定关系营销活动的预算及时间限制；第四步，制定关系营销活动的实施策略；第五步，进行反馈跟踪并评估关系营销活动的效果。

7.3.3 顾客满意概述及战略策划

1. 顾客满意概述

（1）顾客满意（customer satisfaction，CS）的内涵。它是指顾客通过对一种产品或服务可感知的效果与其期望值相比较后，形成的满足或愉悦的状态。

（2）顾客满意的层次。第一层，物质满意。它是顾客满意的核心，即顾客对产品或服务的功能、质量、设计、款式、品种等方面的满意。第二层，精神满意。它是指顾客对产品或服务的形式和外延，即顾客对产品的品牌、服务、外观、色彩、包装等方面的满意。第三层，社会满意。它是指顾客在消费产品或服务过程中能够体验到的社会利益的维护和社会文化的和谐等方面的满意。

（3）实现顾客满意的途径。第一，理念满意（mind satisfaction，MS）。它是指企业的经营理念（即经营宗旨、经营哲学、经营价值观等）为顾客带来的精神层次和社会层次的满意。第二，行为满意（behavior satisfaction，BS）。它是指企业的整个经营行为（即经营机制、行为模式、行为规范等）为顾客带来的物质层次和社会层次的满意。第三，视听满意（visual-audio satisfaction，VS）。它是指企业的外在视觉和听觉形象（包括形象标识、视听信息等）为顾客带来的精神层次的满意。第四，产品满意（product satisfaction，PS）。它是指企业的有形或无形产品（即产品的数量、质量、功能、设计、包装、价格等）为顾客带来的物质层次的满意。第五，服务满意（service satisfaction，SS）。它是指企业提供的售前、售中、售后为顾客带来的物质层次和社会层次的满意。

2. 顾客满意战略策划

（1）顾客满意战略策划流程

顾客满意战略策划的流程包括七个步骤：第一，确立顾客满意的经营及服务理念；第二，建立顾客满意的经营组织；第三，使公司全体员工在顾客满意理念方面达成共识；第四，实施顾客满意度调查；第五，分析顾客满意度调查结果；第六，提出并实施商品或服务的改善计划；第七，研究讨论商品或服务改善计划的结果，以提高顾客满意度为最终目标。

（2）顾客满意度调查

顾客满意度调查是顾客满意战略策划中的重要一项，需要进行相关流程的策划：首先，要确定顾客满意度的测评指标并将其量化；其次，需要确定被调查对象（可以是企业外部顾客，也可以是企业内部顾客）；再次，进行抽样和调查问卷的设计；最后，实施调查、汇总调研数据并进行分析评价。

顾客满意度调查通常使用定性调查和定量调查两种方式。定性调查包括焦点座谈会、深入访谈、顾客投诉分析；定量调查包括面访调查（包括入户访问、拦截式访问）、邮寄调查、电话调查、电话辅助式的邮寄调查等。

（3）顾客满意度测评方法

顾客满意度测评已成为现代营销管理的重要方法。目前，世界上很多国家都建立了自己的顾客满意度指数测评模型，其中，最具代表性的有瑞典模型（SCSB）、美国模型（ACSI）和欧洲模型（ECSI），我国的模型（CCSI）正在建设中。

3. 顾客满意战略策划的注意事项

（1）不追求统一的服务模式，只提供个性化服务。顾客满意是一种心理感觉，因人而异，因此，无法实现统一的满意模式或标准的满意指标，而应提供差异化、个性化服务。

（2）注重总体顾客满意。企业是为整个目标市场顾客提供产品或服务的，因此，企业追求的是以目标市场的总体顾客满意为基础，同时兼顾每个个体顾客的满意。然而，如果个体满意与总体满意存在矛盾时，企业应以总体顾客满意为主。

（3）顾客满意具有相对性。一方面，由于资源的有限性，不可能实现无限制的顾客满意，另一方面，由于人们的主观满意标准会不断更新，因此，没有绝对的、永远的顾客满意。

7.3.4 平台战略及其策划

1. 平台战略概述

（1）平台战略的内涵。平台战略指的是企业基于商业模式联结两个或多个用户群体，建立一套各方认可的交易机制和规则，构筑完整网络结构，并形成产业生态圈的市场战略。

（2）网络效应。网络效应是平台市场的核心优势，由于平台中的用户群体互相依赖且耦合松散，因而提供的产品越多、服务范围越广，则会吸引越多的潜在用户群体；反过来，用户群体的增多同样会促使平台完善产品和服务，随着这种正效应的聚集，当平台规模达到临界值后，实施平台战略的企业组织就能获得可持续竞争力。

2. 平台战略策划

一般来说，策划实施平台战略的企业需要积累一定规模的用户群体，提供有着巨大黏性的服务，选择先人后己、协作共赢的商业模式。具体来说，实施平台战略一般包括如下几个步骤。

（1）精准定位用户需求，关注双边或多边市场利益。核心是精准定位真正的用户群体，了解其真实需求到底是什么。由于平台价值并非单向流动，而是双向价值交互，因此需要同时考虑多边群体策略，以达到双赢或多赢局面，扩大整个市场规模。

（2）充分激发网络效应。无论是同边还是跨边网络效应，良好的网络效应是平台战略得以实施的保证。企业应该运用转发、点评等各种形式激发网络效应。

（3）建立用户筛选机制。核心是基于多边用户诉求提供真正的用户需要的功能。通过身份鉴定和奖励机制，平台可以直接利用自身准入设计建立管控体系。

（4）增加用户黏性。注重用户心理建设，建立一套机制体系，协助平台用户对该生态圈产生归属心理，进而提升用户黏性，培育"意见领袖"，为生态圈带来更多的新用户。

（5）确定核心获利模式。当生态圈达到一定规模，通过设置获利关卡，并且挖掘多方数据来拟定多层次价值主张、收集用户的行为信息，进而推动持续获利。

专栏 7-3 　　　　　　　　　　**海尔的平台战略**

互联网时代，规模优势再也不是企业制胜的不二法门，而平台战略的有效施行可以为企业提供巨大的发展空间。海尔则是用平台战略与思维改造企业的典范，其平台战略的实施主要基于产品创新平台、虚实融合平台、物流服务平台与水交互平台等多个平台的建设。

第一，产品创新平台。海尔通过建设"全球研发资源整合平台"，一方面不断将全球创新资源进行汇集、重组、再配置，另一方面为顾客提供动态解决方案。例如其旗下的"天樽"空调就是这一创新平台的代表产品。第二，虚实融合平台。海尔凭借虚网、销售网、物流网、服务网，构建虚实融合的全流程体验驱动的竞争优势。虚网用于准确把握市场脉搏、获悉用户真实需求并迅速展开精细化、定制化服务；销售网、物流网、服务网三张实网则用来实现线下对接全程服务，迅速满足用户需求，甚至引领消费时尚。第三，物流服务平台。海尔"最后一公里"战略为用户提供24小时大件家电按约送达、送装一体的物流服务。为提高平台的网络效应，海尔物流也为竞争对手提供覆盖全国两千多个县乡一级市场的配送服务，凭借规模和范围的优势，海尔物流24小时按约送达的承诺得以保证。第四，水交互平台。以海尔水交互平台为例，一方面通过海尔水交互平台网站日常水质话题交流，基于水质特点提供个性化定制产品。另一方面净水服务人员上门检测水质，根据实际水质情况给出相应方案。平台成为连接用户与供应商的生态圈。

平台战略的实施并不是强调规模制胜，而是强调采用平台思维改造现有业务。规模并不是构建平台企业的先决条件，除了规模因素外，平台结构、平台行为也是影响平台价值和网络效应的重要因素。

资料来源：张小宁，赵剑波.新工业革命背景下的平台战略与创新——海尔平台战略案例研究[J].科学学与科学技术管理，2015, 36（03）：77-86.

7.3.5 生态战略及其策划

1. 生态战略概述

（1）生态战略的内涵。随着"互联网+"概念的提出，企业生态战略逐渐兴起，企业生态战略是指以经营用户或社群为核心，以异质性的文化、极致的产品和创意服务渗透用户或社群，并用大数据为生态群内的用户提供全方位服务。

（2）平台生态发展的阶段特征。平台生态初创期，平台企业往往提出异质性程度高、模糊度也相对较高的价值主张，以吸引更多的参与者参与探讨，进而明确这一全新的价值主张。平台生态成长期，平台企业与部分参与者一方面协同合作、共同投入专用性资产，另一方面致力于价值主张升级，并处理好价值分配问题。平台生态进入成熟期后，平台与参与者共同决定创建全新子生态还是发展既有子生态。

专栏7-4　　　　　云集的创业历程：共创、共生与共演

1999年云集创始人肖尚略从售卖汽车音响、坐垫等汽车内饰干起，此后又给4S店提供高端汽车香水。2003年5月淘宝网一成立，肖尚略便敏锐地嗅到了商业机会，于当年

12月创立"小也香水",汽车香水因而得以在网上销售。彼时淘宝网为追求规模效应,极力输出资源培育并扶持商家,丰富生态品类。2006年,在小也香水线上线下营收各占半壁江山时,肖尚略果断暂停了几百万营收的线下业务,专注于电商营销。

到2010年,受益于小也的专注力与出色的运营能力,小也香水成为淘宝上品类最齐全、顾客最信任的三金冠店之一,线上营收超过1.5亿元。2008年,淘宝为应对产品生态竞争不断升级,开始打造淘宝商城。为迅速做大品牌,吸引更多优质商家,淘宝对头部商家"淘品牌"的支持力度有所加强。基于此背景,小也迅速反应,打造自有品牌——"素野",实现了新一轮快速成长。

2013年开始,整体线上流量增长乏力,天猫推出天猫超市等自营业务后,由于其具有较大的能力优势,流量进一步向其倾斜。而社交电商方面,阿里零售生态吸引力不足,难以引导新的流量进入。肖尚略再一次敏锐地意识到移动互联网带来的机遇,淘宝商家必须做出战略调整,寻求新的营销模式。

2015年,小也香水不再是营销重心,肖尚略转而积极拥抱微信生态,创办云集微店。凭借淘宝时期积累的几百家国际一线大牌供应商以及物流基地等资源,运用S2B2C(supplier to business to customer)模式运营"云集微店",一跃成为社交电商头部企业。云集用了3年的时间把成交总额从18亿元做到了227亿元,截至2019年3月底,其付费会员已经达到900万人,5月云集成功登陆美国纳斯达克。从迅速加入淘宝,到专注运营、建立淘品牌,再到积极拥抱微信生态,云集把握机遇的能力很强,共创共生节奏感颇佳,进而超前于原有平台生态进行演化。

资料来源:王节祥,陈威如.平台演化与生态参与者战略[J].清华管理评论,2019(12):76-85.

2. 生态战略策划

生态战略策划的要点在于,基于生态发展的不同阶段实施相应的生态战略。

(1)生态初创阶段。参与者要迅速拥抱平台,享受早期政策红利。选择并加入与自身情况与能力相匹配的平台生态,尽快发展壮大形成规模效应。

(2)生态成长阶段。参与者既要适应平台制度,又要主动创新,减少对平台的依赖或威胁。

(3)生态扩张阶段。平台需要和参与者一同投入探索示范工程、创建新的功能区块,这一阶段的参与者一般已经具备了多生态运营的能力。

3. 从平台战略转型到生态战略

网络经济的出现促使企业启动平台战略,而当下数字经济的来临则要求企业从平台战略转型到生态战略。企业要从平台战略转型到生态战略,可以从以下4个方面进行。

(1)调整用户结构。企业需要不断拓展现有的双边用户类型,从既有用户出发,深挖用户潜在需求，将多元主体纳入交易体系。除了网络效应，企业还应重视如何与平台外的参与者产生互补效应。网络效应保证了规模实现增长，互补效应则有利于拓展交易范围，二者同时作用才能使得平台企业突破既有边界，实现用户结构多元化。

（2）拓展交易层级。企业需要从整个价值链出发，避免将目光过度聚焦在某一个交易环节。平台企业可以先结合既有用户数据资源优势，基于既有业务，探索新的商业机会，进而再决定引入何种形式的交易关系和交易模式，循序渐进地拓展交易层级。在这一过程中，企业的新旧业务应该保持一定程度的关联性和耦合性。

（3）优化商业赋能。生态系统之所以能持续健康发展在于强大的商业赋能能力支撑。商业赋能能力的基础是一系列嵌入资源，例如用户数据、社交信任、商业信誉等。平台通过利用并开发这类嵌入资源，深入服务于各条产业链，进而优化其商业赋能能力。面对不确定的外部环境，企业要善于对嵌入资源进行持续开发，培育并丰富嵌入资源。

（4）提升模式绩效。平台企业在进行战略转型的过程中，应该对交易规模、交易类型和可持续成长性进行综合考量，以期打造一个生机勃勃的生态系统。交易规模是企业进行生态化转型的前提条件，强大稳定的核心业务为企业扩张提供有力的资源保障，盲目地进行多元化扩张不仅浪费企业社会资本，还可能危及生态稳定。另外，面对复杂外部环境，企业也要适当培养多元交易类型以适应环境的变化。而考虑持续成长时，既要立足企业现有的资源水平，也需契合未来生态的协同发展。

⊙ 策划案例与文案　　　　　　三只松鼠缘何发展如此之快

2012年2月创立的三只松鼠成立仅7年便成为年销售额逾70亿元的休闲食品领先品牌，并于2019年7月成功上市。那么，为何三只松鼠每年均能实现业绩翻番，缔造商业奇迹呢？

1. IP形象吸引眼球，"主人"文化追求共鸣

三只松鼠采用"IP化+人格化"的独特品牌策略，将品牌形象赋予多种人格特征，动漫形象"松鼠小酷""松鼠小贱"和"松鼠小美"均被赋予了鲜明的人格化特征，既代表了不同的产品类别，又使品牌传递的信息更加立体、形象。

公司以松鼠作为品牌形象和主题设计元素，产品辨识度较高，品牌形象烙印较强。在企业运营中，公司充分践行"主人"文化，秉承"以顾客为主人"的价值观念，并通过松鼠这一可爱形象拉近与顾客的距离。公司在售卖产品时还创新性地附送钥匙扣、开箱器、卡套等配套物品，在细节处用心，为"主人"提供温馨服务。

2. 线上线下协同联动

公司线上线下协同进行营销网络升级，为顾客提供更高效、更有针对性、更便捷的优质服务。通过开设线下体验店、产品体验中心与顾客保持亲密互动，构建O2O立体营销网络，挖掘更为广泛、更有潜力的消费群体，提升三只松鼠品牌知名度和顾客黏性。

此外，公司正在打造"电商平台+自营""App+线下体验店"同步并行的营销模式，积极拓宽产品销售渠道，对App、线下体验店、全渠道信息化系统3个模块进行更新换代。通过3个模块间的有机互动真正做到以顾客为中心，使顾客在休闲与消费的同时将三只松鼠的品牌文化融入生活。

3. 深挖渠道红利

三只松鼠的崛起受益于巨大的线上网络红利，随着网络红利边际效用逐渐减少，公司对品牌战略不断优化，消费场景也进一步向App、微信小程序、社区电商等更多新兴场景延伸，提高三只松鼠的触达率。除此之外，公司通过"在线B2C"和"统一入仓"两种主要模式与京东、天猫、苏宁易购、拼多多等第三方平台进行合作，消费者可以通过网页、App等浏览下单。

资料来源：阿铎1."三只松鼠"为什么发展这么快？采取了哪些营销策略？[EB/OL]. (2018-10-06). http://www.360doc.com/content/18/1006/15/27458406_792443549.shtml.

讨论题

1. 2019年12月6日，三只松鼠第100家直营店落户上海。线下进击之快从联盟小店的开店速度来看更为直观，从0到100家店用了11个月，从100到200家店，仅用时4个月，2019年全年开店270家。定位和模式跑通后，三只松鼠线下战略无疑跑出了加速度。试分析三只松鼠线上战略与线下战略如何做到协同发展？

2. 随着"三只松鼠"规模的逐渐扩张，作为食品电商领导者，发展战略应该是保持住其领导者的地位，请你给企业未来发展提出一些建议。

相关链接　互联网思维重塑传统商业价值链

在十二届全国人大三次会议上，李克强总理在政府工作报告中首次提出"互联网＋"行动计划，掀起了一股"互联网＋"风潮。互联网思维是指：在（移动）互联网、大数据、云计算等科技不断发展的背景下，对市场、用户、产品、企业价值链乃至整个商业生态进行重新审视的思考方式。

第一：用户思维

用户思维，是互联网思维的核心。其他思维都是围绕用户思维在不同层面的展开。没有用户思维，也就谈不上其他思维。用户思维，是指在价值链各个环节中都要"以用户为中心"去考虑问题。商业价值必须要建立在用户价值之上。当你的产品不能让用户成为产品的一部分，不能和他们连接在一起，你的产品必然是失败的。

第二：简约思维

简约思维，是指在产品规划和品牌定位上，力求专注、简单；在产品设计上，力求简洁、简约。在互联网时代，信息爆炸，消费者的选择太多，选择时间太短，他们的耐心越来越不足，而转移成本太低。线下需要从一家门店出来再进入下一家，线上只需要点击一下鼠标即可切换，转移成本几乎为零。所以，必须在短时间内抓住消费者！

第三：极致思维

极致思维，就是把产品和服务做到极致，把用户体验做到极致，超越用户预期。互联网时代的竞争，只有第一，没有第二，只有做到极致，才能够真正赢得消费者，赢得人心。什么叫极致？和君合伙人季辉说，极致就是把命都搭上。你们看看苹果，就是乔老爷子把命都搭上了的结果。

第四：迭代思维

"敏捷开发"是互联网产品开发的典型方法论，是一种以人为核心、迭代、循序渐进的开发方法，允许有所不足，不断试错，在持续迭代中完善产品。互联网产品能够做到迭代主要有两个原因：①产品供应到消费的环节非常短；②消费者意见反馈成本非常低。这里面有两个点，一个"微"，一个"快"。

第五：流量思维

流量意味着体量，体量意味着分量。"目光聚集之处，金钱必将追随"，流量即金钱，流量即入口，流量的价值不必多言。

第六：社会化思维

2013年9月，天猫启动了"旗舰店升级计划"，增加了品牌与消费者沟通的模块。同时，也发布了类似微信的产品"来往"，这也证明了，社会化商业时代已经到来，互联网企业纷纷加速了布局。社会化商业的核心是网，公司面对的客户以网的形式存在，这将改变企业生产、销售、营销等整个形态。

第七：大数据思维

易欢欢、赵国栋等人所著的《大数据时代的历史机遇》，全面阐述了大数据的来龙去脉和产业效应。"缺少数据资源，无以谈产业；缺少数据思维，无以言未来。"大数据思维，是指对大数据的认识，对企业资产、关键竞争要素的理解。

第八：平台思维

互联网的平台思维就是开放、共享、共赢的思维。在外部意味着要把公司打造成开放平台；在内部就是要通过群体进化推动公司进化，在公司内部打造事业群机制。平台模式最有可能成就产业巨头。全球最大的100家企业里，有60家企业的主要收入来自平台商业模式，包括苹果、谷歌等。平台盈利模式多为"羊毛出在狗身上"，不需要"一手交钱，一手交货"。

第九：跨界思维

互联网和新科技的发展，纯物理经济与纯虚拟经济开始融合，很多产业的边界变得模糊，互联网企业的触角已经无孔不入，包括零售、制造、图书、金融、电信、娱乐、交通、媒体等。互联网企业的跨界颠覆，本质是高效率整合低效率，包括结构效率和运营效率。

综上，依托波特的价值链模型，梳理一下互联网思维体系，具体如下：用户思维、大数据思维贯穿整个价值链条的始终；简约思维、极致思维、迭代思维主要体现在产品研发、生产和服务环节；流量思维、社会化思维主要体现在销售和服务环节；平台思维体现在战略、商业模式和组织形态层面；跨界思维主要基于产业层面。

资料来源：赵大伟.互联网思维——独孤九剑[M].北京：机械工业出版社，2014.

策划实战

今天的中国白酒市场大多以原味型白酒为主,但在日韩市场上,果味型烧酒特别受到青年人的追捧;在欧洲市场,果味型伏特加十分流行;在美国市场,风味型的威士忌、朗姆酒大受青睐。近年来,江小白则推出了果味高粱酒、金奖青春版、黑标精酿等多款产品。

深谙互联网内容营销的江小白面向新生代的营销战略是,既要在小酒领域里面深耕,保持稳健的发展;又要面向整个消费群体,并在不同的消费场景里提前布局未来。创始人陶石泉也曾谈到,如果不去布局与尝试就找不到"体感"。而要找到所谓的"体感",就一定要把想法变成真实的产品,变成真实的顾客体验与反馈。

你认为善于刻画消费场景、将品格人格化的江小白在它的"大酒"时代的营销战略是否会发生变化?请你根据国内酒类企业现状,结合江小白的过去的互联网营销思维,为其制订一套未来几年的营销战略方案。

本章小结

市场营销战略策划是对企业营销战略的谋划和规划,通常包括四个步骤:第一步,SWOT综合分析;第二步,市场细分(segment);第三步,选择目标市场(target);第四步,定位(position),概括来说,即为"SWOT分析+STP战略"。

市场营销战略包括竞争战略、市场地位战略、产品生命周期战略、发展战略、市场地域战略等。其中,竞争战略包括成本领先战略、差异化战略和密集化战略;市场地位战略包括市场领导者战略、市场挑战者战略、市场跟随者战略、市场补缺者战略;产品生命周期战略包括导入阶段战略、成长阶段战略、成熟阶段战略、衰退阶段战略;营销发展战略包括密集型成长战略、一体化成长战略、多角化成长战略。

战略联盟、关系营销、顾客满意、平台战略和生态战略是五种新兴的营销战略。战略联盟是指由两个或两个以上的企业为实现某种战略目标而共同建立的具有合作性质的利益共同体,旨在增强企业的长期竞争优势,拓展市场竞争地位,实现超常规发展;关系营销是指从系统和整体的观点出发,建立、维持、加强与供应商、竞争对手、分销商、顾客、内部利益相关者及影响者等的相互关系,并以此为基础展开营销活动;顾客满意是指顾客通过对一种产品或服务可感知的效果与其期望值相比较后,形成的满足或愉悦的状态。平台战略是指企业基于商业模式联结两个或多个用户群体,建立一套各方认可的交易机制和规则,构筑完整网络结构,并形成产业生态圈的市场战略。生态战略是指以经营用户或社群为核心,以异质性的文化、极致的产品和创意服务渗透用户或社群,并用大数据为生态群内的用户提供全方位服务。

第 8 章
品牌策划

开篇案例

途家"暖南三重奏"营销，挖掘品牌理念新资产

在服务同质化的激烈竞争中，品牌是影响消费者决策的关键因素之一。途家企业基于对消费者的行为洞察，并综合旅宿市场现状和民宿产品的特点，在 2018 年冬季展开了一场覆盖站内站外的"暖南季"营销活动。品牌在"旅途中的家"这一理念之上，成功挖掘出新的品牌资产。

就像北雁集体南飞过冬的习性一样，冬季热门的南下"避冬"旅游带动了旅宿行业的火爆，而能带宠物、能做饭、具有高性价比的民宿，更成为旅宿行业的新宠。途家整合平台上已有的优质南方房源，同时结合客群"向暖而居"的需求，以"拾趣海边""春意阑珊""霓虹艳阳"3 波阶段性主题，推出了团购、砍价、连住优惠等吸引用户预订的促销玩法。同时 App 站内的视觉元素配合相应活动主题，用温暖的色调与优美的自然风光体现出冬季南方民宿的优势，进一步提升用户兴趣。

除了促销主题活动，途家还策划了主题为"暖南季"的 3 波站外传播，成功打响品牌营销策划三重奏。

一重奏：多平台触达消费者　扩大暖南季活动声量

途家邀请 32 家调性相符的品牌微博蓝 V，发布以南方避冬为创作主题的"暖南宣言"，宣告"暖南季"的到来。此次途家跨界品牌不仅包括美食、出行、生活服务、旅游等多个领域，还将不同品类、不同态度的品牌理念进行融合，描绘出一幅在南方避冬的幸福生活蓝图。同时，途家还发起"约个暖南（男）去避冬（壁咚）"这一时髦感十足的话题，吸引全网对避冬现象的热烈讨论。文案和联合海报中的"暖南季"活动内容，在网友转发互动中获得高频曝光。除微博之外，途家还与拥有大量年轻用户的美图平台合作，发起"打卡我的网红民宿"有奖征集活动，只要带话题晒出自己与民宿的合照，即可根据点赞排名获得现金奖励。

二重奏：南方房东登报拉仇恨　事件营销导流暖南季活动

为承接第二波宣传活动，深化"暖南季"概念，途家策划了一次"南方房东登报拉仇恨"的创意事件营销。2018 年 12 月 20 日，途家采用某"匿名南方房东"的口吻，在河南经济报等多家北方省市的重要纸媒上诙谐幽默地"调侃"北方冬季生活的诸多不便。它不仅激起了北方人不服气的情绪，也传达出一种身为南方人自豪的共鸣。该策略通过俏皮幽默的文案，突出了南方冬季温暖舒适的生活，唤起了北方人到南方旅游避冬的意愿。继而大众注意力将被二维码导流至站内优惠活动页面，并转化为实际的消费群体。

三重奏：六大房东主题海报　具象化用户暖南记忆

其实，"暖南季"除了是途家掀起的一场促销活动外，更是一次品牌理念的集中输出。在大众接收到"暖南季"的完整概念后，途家又开始将关注点聚焦在了房东上。从古风、喵星人、小说、二次元、游戏和手办 6 个兴趣领域入手，品牌设计了不同性别和形象的房东主题海报。以此可以展示途家海量、多元性的优质房源，同时借助六大房东的形象，让消费者对途家有了更具象化的记忆，拉近品牌与消费者的距离。

资料来源：数英网. 途家暖南三重奏营销，挖掘品牌理念新资产 [EB/OL]. (2019-01-04). https://www.digitaling.com/articles/93659.html.

从途家"暖南季"的案例可以看出，精准的品牌定位和设计对于打造一个品牌的重要性。本章将向读者详细论述包括品牌定位在内的一系列关于品牌策划的内容，相信读者在读完本章后，会对品牌策划有一个更全面、深入的理解。

8.1 品牌的内涵及策划内容

8.1.1 品牌的内涵

品牌是现代企业获取竞争优势，提升企业竞争力的重要手段，因而它是中国企业和企业家们力图高擎的一面大旗，也是被谈论最为热烈的话题之一。同时品牌也是一个谈了很久但仍比较模糊的概念。现实中有大量的企业从对品牌一无所知到盲目迷信品牌就是一切，在行动上，通过广告轰炸、媒体炒作来树立品牌，结果自然黯然收场，惨败而归。能够真正运用品牌管理的理念和方法建立自己的品牌并保持品牌持久生命力的企业仍是凤毛麟角。

一个企业如果想通过树立品牌来构建自身的竞争优势，必须深刻理解品牌的内涵，否则品牌的策划活动就会失去方向，达不到企业的策划目标。那么究竟什么是品牌呢？国际营销之父菲利普·科特勒在其经典著作《营销管理》中引用美国市场营销协会对品牌下的定义，认为"品牌是一种名称、术语、标记、符号或设计，或是它们的组合运用，其目的是借以辨认某个销售者或某群销售者的产品或服务，并使之同竞争对手的产品和服务区别开来"。而被誉为"世界整合营销之父"的唐·舒尔茨则认为，"品牌是为买卖双方所识别并能够为双方都带来价值的东西"。这两位大师各自提出了看法，前者更加具体，侧重于品牌的构成及其差异化的功效，后者则侧重于品牌的价值。这两种看法对我们理解品牌是非常有益的，前者告诉我们品牌使企业或产品与其竞争者区别开来，后者则告诉我们投资品牌要注重其投资回报率，关注品牌的价值。

国际上公认一个品牌能够表达出 6 层含义，即属性、利益、价值、文化、个性和使用者。属性指的是品牌带给人的特定属性，例如奔驰表现出昂贵、优良制造、工艺精良、耐用和高声誉；利益指的是品牌给购买者带来的物质与精神上的享受，例如奔驰不但使消费者可以舒服地驾驶，而且还使拥有该车的人备受别人的关注与羡慕；价值则是品牌体现出的制造商的某些价值感，例如奔驰体现了高性能、安全和威信；文化是指品牌象征了一定的文化，例如奔驰意味着德国文化，象征着有组织、有效率和高品质；个性表示品牌代表了一定的具有差异化的个性，例如奔驰可以使人想起一头威风的狮子或一位文雅的绅士；使用者则表示品牌体现了购买或使用这种产品的是哪一种消费者，例如我们期望看到的是一位 50 多岁的高级经理坐在奔驰车的后座上，而不是一位 20 多岁的女秘书。品牌的价值、文化和个性是它最持久的含义，这三者确定了品牌的基础，一个品牌若要持久的生存下来，就必须赋予它独有的价值、文化和个性。当然，品牌的价值、文化和个性是建立在品牌的固有属性、利益和使用者的基础之上的。

8.1.2 品牌策划的流程

品牌化向企业的营销策划人员以及企业外部的营销策划人员提出了具有一系列具有挑战性的决策，这些决策的内容十分广泛，并且这些决策内容之间是相互联系的，还可以按照决策顺序进行排列，形成一定的流程。品牌策划的流程可以用图 8-1 来加以概述。

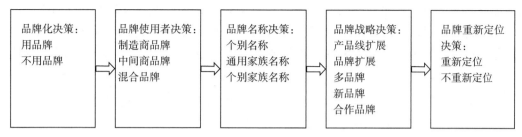

图 8-1　品牌策划的流程

其中，品牌化决策解决的是企业用不用品牌的问题；品牌使用者决策解决的是企业决定使用谁的品牌的问题；品牌名称决策解决的是使用什么样的品牌以及是采用个别品牌还是家族品牌的问题；品牌战略决策解决的是企业使用什么品牌策略以及品牌是否进行品牌延伸的问题；品牌重新定位决策解决的是当企业的品牌发生问题时，是否进行品牌再定位的问题。一个企业在其品牌管理中对这些问题都会有所涉及，品牌策划也是基于这些内容策划的。

8.1.3　品牌策划的内容

依据品牌策划的流程，品牌策划的内容可分为品牌化策划、品牌使用者策划、品牌数量策划、品牌建设策划和品牌发展策划等，其中品牌建设策划和品牌发展策划将分别在下两节给予专门论述。

1. 品牌化策划

在品牌策划中，人们遇到的第一个问题就是是否采用品牌。在目前激烈的市场竞争当中，品牌是企业获取竞争优势的重要手段之一，可以为企业赚取巨大的利润。但是，打造一个品牌往往需要企业投入大量的人力、物力和财力，从而使企业的成本上升。这就是说企业在树立品牌的过程中，承担着一定的风险，一旦品牌经营失败，则往往会大幅削弱企业的实力，甚至将一个企业拖垮。同时，有的产品使用品牌的意义不大，不采用品牌比采用品牌的效果更好。一般来说，企业在下列情况下，应当倾向于不采用品牌。

（1）同质性产品。品种、规格相同，产品不会因为生产者的不同而出现差别。

（2）人们不习惯认牌购买的产品。比如，白糖、食盐、一些农副产品和零部件等。

（3）生产简单、无一定技术标准的产品，如土纸、小农具等。

（4）人们已经习惯于某个经销商的品牌，乐于在此处购买包装简单、无品牌的商品。

由于产品不采用品牌会省下一大笔费用，因此在出售价格上会具有很大的优势。例如，在 20 世纪 70 年代早期，法国巨型超市家乐福在其商店内推出了一系列"无品牌"的商品，如细条实心面、面巾纸以及罐装桃子等，这些产品基本属于日常消费品和药品，同时在质量上符合标准，但是由于产品的标签、包装费用以及广告宣传费用的减少，其售价比那些做广告的品牌产品低 20%～40%，深受那些对价格比较敏感的消费者的欢迎，销量比较好。

然而，由于品牌化是一种有效的市场营销战略，目前越来越多的传统上不用品牌的产品也开始采用品牌，如大米、食用油、水果等。而那些原先就采用品牌的产品大部分都加大了对品牌的投入。原因在于产品采用品牌能为企业带来一系列的好处，这些好处包括以下几点。

（1）品牌有利于产品在市场上树立形象，减少新产品进入市场的费用。如果企业有一种或几种品牌的产品线，增加一种新产品到产品组合中是比较容易的，在新产品进入市场时，更容易被消费者所接受。

（2）品牌有助于企业细分市场。通过品牌传播给消费者的特定信息，可以自然将消费者划分出不同的群体，即对消费者进行市场细分。例如，宝洁公司在洗发水市场上推出飘柔、海飞丝等多个品牌的产品，每种品牌都有针对性地解决消费者对头发某方面的要求，从而更好地为消费者服务，因此，宝洁赢得了其产品在洗发水市场上绝大部分的市场份额。

（3）品牌可以有效降低消费者的价格敏感度。企业可以通过品牌建立良好的知名度、美誉度和忠诚度，品牌增加了产品的价值，从而有利于产品制定较高的价值。消费者对于美誉度高的品牌产品的价格的敏感度相比于那些无品牌或品牌知名度低的产品大大降低了，他们愿意付更高的价钱去买著名品牌的产品，尽管实际上这些著名品牌的产品在质量上并不比其他同类产品高出多少。

（4）品牌有助于建立公司形象。强有力的品牌有助于建立公司在公众心目中的良好形象，从而使公司更容易推出新产品并获得分销商和消费者的信任和接受。

企业应根据自身产品的特点、企业内部资源的情况和外部市场的情形，决定是否对其产品进行品牌化，切不可盲目地进行品牌化决策，否则就极可能造成极大的经济损失。但是，对绝大多数产品而言，品牌化已是一个不可回避的现实，当企业决定为其产品进行品牌化时，下一步工作就进入品牌使用者策划阶段，即确定企业的产品使用谁的品牌。

2. 品牌使用者策划

当企业确定自己的产品需要品牌后，就要进一步决定使用谁的品牌。对此，企业有3种选择：一是使用自己的品牌，即制造商品牌；二是使用别人的品牌，即中间商品牌；三是使用自己和别人共有的品牌，即混合品牌。品牌使用者策划的关键是确认哪一种做法对企业及其产品更有利。

（1）使用制造商品牌。绝大多数制造商都使用自己的品牌，制造商品牌长期以来一直支配着市场。虽然制造商使用自己的品牌要花费一定的费用，但品牌作为企业不可忽视的一笔无形资产，可以为企业带来很大的利益。制造商使用自己的品牌，可以获得品牌的全部利益。享有盛誉的制造商可以将其品牌租赁给他人使用，从而收取一定的特权使用费。例如，我国青岛啤酒品牌就与多家联营企业共同使用其品牌，使联营企业的产品可以借助青岛啤酒的名牌效应，迅速打开销路，同时青岛啤酒公司也可以收取一定的特权使用费。

（2）使用中间商品牌。随着商业的发展，中间商品牌得到了强劲的发展，近十几年来，美国等西方国家的大零售商、大批发商都在发展自己的品牌，例如，美国著名的商业公司西尔斯所经营的商品 90% 以上皆用自己的品牌。中间商品牌的发展主要得益于两方面的现实状况：一方面，一些资金薄弱、市场经验不足的企业，为集中力量更有效地运用其有限的资源，宁可采用中间商品牌；另一方面，顾客对所需产品并不都是内行，不一定有充分的选购知识，因而顾客除了将制造商品牌作为选购依据外，还经常把中间商品牌作为依据，愿意在商誉良好的商店购买。然而，中间商树立自己的品牌会带来一些问题，例如，必须额外花费较多的促销费用以推广其品牌；要承担更大的风险，一旦消费者对某一种中间商品牌的产品不满，往往会影响其他品牌的销售；中间商本身不从事生产，必须向生产厂家订货，这会使大量资金用于商品的库存，资金流动率降低。但是，中间商使用自己的品牌也有许多好处，主要包括：中间商有了自己的品牌不但可以加强对价格的控制能力，而且可以在一定程度上控制制造商；中间商可以找到一些生产能力过剩的厂家、无力创立品牌或不愿自立品牌的厂家，让其使用中间商的品牌制造产品，这样可以减少一些不必要的费用，中间商就可以降低产品的售价，提高产品的市场竞争力，同时还能保证得到较多的利润。作为制造商，使用自己的品牌还是中间商的品牌，主要根据品牌在市场上的声誉进行判断与选择。如果一个企业对市场不熟悉或自己的品牌声誉远不及中间商的品牌声誉，就可以考虑使用中间商品牌，以便集中自己有限的资源去做对企业更有利的事情。

（3）使用混合品牌。这是一种既用制造商品牌又用中间商品牌的策略，这种策略有三种方式：其一，制造商部分使用自己的品牌，部分批量卖给中间商，使用中间商品牌。这样既能保持本制造商品牌的特色，又能扩大销路。其二，为了进入新市场，制造商先使用中间商的品牌，取得一定市场地位后再使用自己的品牌。其三，两种品牌并用，即一种制造商品牌，与一种中间商品牌或另一种制造商品牌同时用于一种产品，以达到兼有两种品牌各自的优点或说明某些不同的特点。例如，日本的通用电气公司与日立公司的日光灯，以及花旗银行和美国航空公司共同发行的花旗银行 AA 级信用卡。

3. 品牌数量策划

对那些决定使用自己品牌并且生产非单一产品的企业来说，下一步就是要对使用多少品牌做出决策，企业可以根据自身的具体情况选择使用以下几种策略。

（1）使用统一品牌。这种做法是企业的各种产品使用相同的品牌推向市场，例如，美国通用电气公司的所有产品只用一个品牌——GE。使用这种策略的好处在于：可以节省发展过多新品牌所消耗的时间、费用；大量产品共用一个品牌可以显示企业的实力，提高企业的声望；新产品可以借助已有品牌的影响力，更容易打入市场；在市场传播方面，企业可以集中力量突出品牌形象，同时也可以节约促销费用。在使用统一品牌时，要注意各种产品的质量水平应大体接近，如果质量水平参差不齐，势必影响品牌的声誉；同时，在统一品牌下，如果其中一种产品出现了问题，那么其他的产品也会受到一定程度的负面影响。

专栏 8-1　　　　　　　　　　"品牌社区"营销的秘密武器

"品牌社区"（brand community）最早由 Muniz 和 O'Guinn（2001）提出，他们将其定义为"建立在使用某一品牌的消费者间的一整套社会关系基础上的一种专门化的、非地理意义上的社区"。品牌社区的本质是一种以消费者为中心的关系网，其意义在于为消费者提供与品牌相关的、不寻常的消费体验。在品牌社区中，消费者基于对品牌的特殊情感，认为品牌所提升的体验价值和形象价值与自己的人生观和价值观相一致，从而能够产生心理共鸣。在表现形式上，为了强化品牌归属感，社区内的消费者会通过组织内部认可的仪式（自发或由品牌拥有者发起），形成对品牌标识如同对待图腾般的忠诚和崇拜。

案例：小米，专为粉丝服务的社区

小米的运营成本仅占销售额的 4.5%，小米不仅是一家手机品牌企业，而且是一个社区。手机是入口，用户才是资产，小米最大的资产是小米社群，具体的社群维护做法如下。

1. 增强参与感

互联网思维核心是口碑为王，口碑的本质是用户思维，也就是让用户有体验感和参与感。为了达到这个目的，小米从一开始就让用户参与到产品的研发过程，包括市场运营，满足用户新的消费理念。用户的参与可以满足年轻人"在场、介入"的心理需求，焕发"影响世界"的热情。在此之前，多在内容型 UGC（用户生成内容）模式的产品中可见。

2. 增强自我认同感

小米经常通过米粉节、同城会、爆米花论坛等方式开展活动，增强用户"我是主角"的意识。

3. 聚集粉丝

小米一般通过这三种方式来实现目标，具体来说就是论坛维护用户活跃度、微信做客服、微博获取新用户。

4. 全民客服

小米集团无论是哪个阶层，哪个职位都愿意与用户不断沟通对话；并且，不管是小米社区还是"米柚"（MIUI，小米开发的第三方手机操作系统），都设有售后服务功能，以便时刻解决用户问题。

（2）使用个别品牌。这种策略下，企业不同的产品使用不同的品牌。其主要优点在于可以有效避免企业的声誉与个别产品联系得过于紧密，同时可以为每种产品寻求最适

当的品牌定位，有利于吸引顾客购买。但是这种做法需要企业投入大量的时间和费用，一般实力的企业无法承担多种品牌发展和市场传播所需的大量投入。

（3）使用个别的统一品牌。企业依据一定的标准将其产品分类，并对不同类别分别使用不同的品牌。这种策略可以看作是对上述两种策略的折中，可以兼有统一品牌和个别品牌两种策略的优点。例如，健力宝集团的饮料类产品使用健力宝品牌，而运动服装类产品使用李宁品牌。

（4）使用统一的个别品牌。这是兼有统一品牌和个别品牌优点的另一种策略，通常是把企业的商号和商徽作为统一品牌并与每一种产品的个别品牌联用。这样，在产品的个别品牌前面冠以企业的统一品牌，可以使新产品正统化，分享企业已有的声誉；在企业统一品牌后面跟上产品的个别品牌，又能使新产品个性化。例如，日本的丰田汽车便用丰田卡罗拉、丰田凯美瑞和丰田皇冠等个别品牌。

8.2 品牌建设策划

企业一旦决定使用自己的品牌，就必须积极进行品牌建设方面的策划。本节将从品牌命名策划、品牌设计策划、品牌定位策划和品牌传播策划四个方面详细论述品牌建设策划。

8.2.1 品牌命名策划

俗话说，"名不正则言不顺，言不顺则事不成"，这足以道出名的重要性。同样，企业要想自己的产品卖得好，除了产品自身的质量有保障外，给产品起个好名字也是至关重要的。好的品牌名称既可以引起消费者的独特联想，还能反映产品的特点，有强烈的冲击力，增强消费者的购买欲望。如"奔驰"不仅使人们联想到尊贵、成功，同时也反映了汽车制造工艺优良等特点。由此可见，品牌名称是品牌的代表，是品牌的灵魂，体现了品牌的个性和特色。

1. 品牌命名的类型

按照不同的划分标准，可将品牌命名划分为不同的类型。

（1）按照品牌名称的文字类型划分。按照这种划分标准，可以将品牌命名划分为文字型品牌、数字型品牌。其中，文字型品牌指的是品牌完全由文字的组合来命名，这种品牌命名方式最为常见，如中国知名品牌海尔、长虹、全聚德等，以及国外的 HONDA、TOSHIBA 和 Microsoft 等。数字型品牌则是指品牌完全由数字或数字较多的组合来命名，因为阿拉伯数字通行全球，所以这种品牌名具有简洁、醒目、易读和易记的特点，如 999 感冒灵、555 牌香烟、三星电子和 3M 等。

（2）按照品牌名称的出处划分。按照这种划分标准可将品牌命名分为人名品牌、动植物名品牌、地名品牌和独创品牌。其中，人名品牌以人物姓名作为商品品牌的名称，这些人物大多是企业的创业者、设计者或知名人物。例如，全球最大的零售商沃尔玛的名称"Wal-Mart"就是由其创始人 Samuel Walton 的姓氏与具有特征意义的 mart（大商场）结合而成，"Benz"（奔驰）则取自汽车发明人 Benz 先生的名字等。以动植物命名的品牌也很多，但真正成为世界级著名品牌的却不多，这可能与各国人民对动植物的熟悉度与爱好程度不同有关。其中，以动物命名的品牌有金狮、熊猫、白兔、鳄鱼等，以植物名称作为品牌名的有梅花、牡丹、菊花和苹果等。地名品牌则是以产品的出产地或所在地的山川、湖泊等名胜的名称作为品牌名称，例如中国的青岛啤酒、燕京啤酒和黄果树等均属此类。独创品牌则是以企业名称或功能名称的缩写词来对品牌进行命名，这种命名方式的好处是简单易记、特色鲜明，在电子类产品中运用较多，例如国际商业机器公司（International Business Machine），简称为"IBM"，日本的索尼公司以"Sony"作为品牌名称等。

（3）按照品牌的特性划分。按照品牌的特性可将品牌命名划分为功能性品牌、效果性品牌和情感性品牌三种类型。其中，功能性品牌是指产品以其自身功能、效用、成分或用途等来命名，例如药品中的感冒灵，洗涤领域的舒肤佳香皂、佳洁士牙膏和海飞丝洗发水等。效果性品牌则意在向消费者传递产品在某方面具有很强满足能力的价值信息，以期在消费者心目中建立深刻的印象，例如针织行业的名牌"宜而爽"和化妆品行业的牌子"益肤霜"等。情感性品牌则是通过情感增加产品与消费者精神方面的沟通，以期消费者对产品产生情感上的共鸣，例如"乐百氏"愿将欢乐随产品送给千家万户，"万家乐"让千家万户快乐等。

2. 品牌命名策划原则

在品牌命名策划活动中，策划人员应当遵循以下几个主要的品牌命名策划原则。

（1）易读易记。一个品牌名称要容易拼写、发音，这样才有助于公众和消费者记忆，并提高其对品牌的认知能力，从而便于品牌在消费者中流传。根据人们的记忆规律，品牌名一般应以两三个字为宜，超过五个字以上的品牌名则不易记忆，而且印象模糊。例如，世界十大品牌排行榜上位于第一位的可口可乐，不仅读音响亮，音韵好听，而且易读易记；中国的"娃哈哈"三个字的元音都是"a"，叫起来顺口，更适宜儿童发音和模仿。

（2）独特新颖，不落俗套。选择一个易读易记的品牌名称有助于增加人们对品牌的记忆，而一个与众不同的品牌名称则更有利于品牌的识别和品牌保护。独特的品牌便于记忆和识别，不容易被市场上众多的品牌所淹没。那些通过模仿而成的品牌名称由于缺乏个性，无法吸引消费者的注意。企业可以选用词典上不常用或查不到的词来做品牌名称，这些词多数没有什么意义，既易于注册又不易被假冒，在法律上具有专利性，可以说是为企业品牌命名专门创造的。例如，日本的索尼（SONY），美国的柯达（Kodak）在作为品牌名称使用之前，任何国家的词典上都没有这个词，现在则被人们看作公司的品牌名称，因而更具有显著性、标志性和新颖性；美国的"克宁"奶粉，采用"KLIM"作为品牌名称，而"KLIM"是英文"牛奶"（milk）倒序写成的，这个名称构思巧妙，与众不同，已成为品牌命名上的一个经典案例。

（3）注重文化意蕴。富有文化意蕴的品牌既体现了企业的精神面貌，鼓舞员工士气，又容易赢得消费者的好感，取得其赞同和认可。拥有丰厚文化底蕴的品牌，无论是对内还是对外，都会产生强大的感召力和激发力。在中国，给品牌起个具有文化底蕴的名字尤其重要，中国拥有5 000年的悠久历史，这造就了底蕴浓厚的文化，中国人的传统文化根深蒂固，倾心于具有文化底蕴的品牌名称。因此，品牌策划者应该从这丰富的历史文化中吸取营养，提高品牌的文化意蕴。这方面做得出色的例子也比较多，例如，山西杏花村汾酒集团有限责任公司利用唐代诗人杜牧的名篇《清明》中的著名诗句"借问酒家何处有，牧童遥指杏花村"，把汾酒定位为中国悠久的酒文化的代表而使汾酒名扬四海；又如，"九"在中国古代是最大至尊的数字，并与"久"谐音，给人"天、地、人长久"的感觉，三九胃泰的取名便是取其意，更因为其产品的主要成分是三桠苦和九里香，取两味中药的字头，便是"三九"，堪称绝妙的品牌名称。

（4）不触犯法律，不违反社会道德和风俗习惯。品牌名称作为一种语义符号，其中往往隐藏着许多秘密，稍有不慎，便可能触犯目标市场所在国家或地区的法律，违反当地社会道德准则或风俗习惯，让企业蒙受不必要的损失。这对在国际市场销售产品的企业尤为重要，一些在国内看来没问题的品牌名称在其他国家可能就成为忌讳。

8.2.2　品牌设计策划

按照品牌的完整性，可以将品牌划分为品名品牌、品标品牌和完全品牌。品名品牌只有品牌名称而无品牌标志；品标品牌只有品牌标志而无品牌名称；完全品牌则是同时具有品牌名称和品牌标志的品牌。企业树立品牌一般都采用完全品牌，而少用品名品牌和品标品牌，尤其是品标品牌。因为完全品牌形象丰满，更有利于品牌的传播，加深消费者对品牌的印象。例如，奔驰（Benz）不仅因其品牌名称简洁而便于传播，也因其类似方向盘的三叉星的品牌标志而更易于加深记忆。因此，品牌除了要有好的名称，还要有好的标志，名称与标志相互融合，并与产品相映生辉、相得益彰。而品牌设计则是使得品牌名称与品牌标志和谐统一、完美组合的基础。

1. 品牌标志的类型

品牌标志是一种视觉语言，它通过一定的图案、颜色来向消费者传输某种信息，以达到识别品牌、促进销售的目的。品牌标志可以根据其造型、构成因素和内容等的不同来加以分类。

（1）根据品牌标志造型的不同，可将其划分为表音标志、表形标志和图画标志。表音标志就是表示语言音素及其拼合的语音的视觉符号。汉字、阿拉伯数字、大小写字母和标点等日常用的文字或语素、音素等都是表音标志，其特点是简洁明了。表形标志是通过几何图案来表示的，其设计时要充分研究几何图形中的点、线、面，抓住事物的本质特征、运动规律以及几种图形自身的组合结构规律，这种标志的特点是形有限而意无穷。图画标志是直接以图画的形式来表达企业或产品特征的标志，其缺点是画面复杂，不利于传播。

（2）根据品牌标志构成因素的不同，可将其分为文字标志、图形标志和图文结合标志。其中，文字标志由中文、外文或汉语拼音的单字或单词及其组合等构成，文字标志的优点在于可以直接传达企业和产品的相关信息，具有较强的可读性，缺点在于其可视性不及图形标志；图形标志则是由某种图案或图案的组合构成，具有较强的可视性，但其可读性不及文字标志；图文组合标志则是文字标志和图形标志的组合，因而它结合了文字标志和图形标志两者的优点，具有较强的可读性和可视性，从而更有利于品牌的传播。

（3）根据品牌标志的内容可将其划分为名称性标志、解释性标志和寓意性标志。名称性标志指的是品牌标志就是品牌名称，并用独特的样式直接把品牌名称的文字、数字等表现出来，例如 Sony、IBM 和 555 等品牌标志；解释性标志指的是品牌名称本身所表示的事物，用名称内容本身所包含的图案作为品牌的标志，例如古井贡酒就是以大树下的一口古井的图案作为其品牌标志；寓意性标志则指的是以图案的形式将品牌名称的含义间接地表达出来，根据文字、图形等组合因素的不同，又可将其分为字母式标志、名称线条式标志和图画标志三种。

2. 品牌设计策划的原则

品牌标志要和品牌名称紧密地联系在一起，这样两者才能相得益彰，突现整个品牌的亮点，赢得消费者的青睐。品牌设计策划者在进行品牌设计策划时，应当遵循以下几个原则。

（1）简洁明了、新奇独特。品牌是产品的标记，必须具有显著的特征。好的品牌设计，应当图案清晰、文字简练、色彩醒目，没有多余的装饰。同时，好的品牌设计，不应随波逐流，要有鲜明的个性。例如，耐克（NIKE）的形似对号的红色标记，不但简洁明了，而且使人感到新奇和独特，从而给消费者留下深刻的印象。

（2）易懂易记，引发联想。品牌策划所蕴含的信息，要使人容易明白，这样才方便消费者记忆，如果消费者无法理解品牌所承载的信息，就无法达到品牌与消费者之间的沟通。同时，好的品牌设计能够给消费者以意会、机智或趣味方面的心理享受，引发联想。例如，北京"同仁堂"品牌的设计，"同仁堂"三字由书法大家启功先生所写，力道十足，同时"同仁堂"三字的周围由两条戏珠飞龙来环绕，整个品牌的设计不但易懂易记，而且会使人引发一种历史悠久、很高大上的联想。

（3）形象生动，美观大方。品牌在设计上应当形象生动、美观大方，这样才会有强烈的艺术感染力，给人一种美的享受。那些设计草率、质量低劣或抄袭别人的品牌，不但会使人产生厌恶，而且影响企业和产品的形象，不利于企业的发展，因为品牌是企业和产品形象的代表物。例如，海尔品牌是由两个活泼的小男孩构成，面带微笑，十分具有亲和力，看上去就十分形象生动、美观大方。

（4）功能第一，传播便利。品牌设计应立足于有效传达企业和产品的信息，增加企业和产品的价值，而不应将其看作是一件独立的艺术品。因为品牌是企业或产品的一个有机组成部分，不能脱离企业或产品而孤立存在，否则就失去了它存在的意义。例如，一件衬衫的品牌往往印在胸前、袖口等显著部位，不仅为了装饰，更是为了便于消费者辨认。同时，品牌作为市场传播的主要信息载体，应当尽可能适用于各种传播媒体的特点，比如电视、广播、报纸、杂志、互联网和霓虹灯等，以便品牌传播。关于品牌传播，将在 8.2.4 进行详细的论述。

8.2.3 品牌定位策划

品牌定位是指对品牌进行设计，构造品牌形象，以使其能在目标消费者心目中占有一个独特的、有竞争优势的位置。品牌定位不是针对产品本身，而是对消费者的内心所下的功夫，力求在目标顾客的心中占据最有利的位置，塑造良好的品牌形象，从而借助品牌的力量使品牌产品成为消费者的首选。品牌定位是市场营销发展的必然产物和客观要求，是品牌建设的基础，也是品牌成功的前提。在当今商品同质化日趋严重、信息爆炸的时代，品牌定位直接关系到品牌在市场竞争中的成败。因此，品牌定位策划具有不可估量的营销战略意义。

1. 品牌定位策划的原则

品牌定位策划的目的在于使品牌与消费者产生交流和互动，激起消费者对品牌产品的购买欲。因此，品牌定位策划不可随心所欲，而需要遵循一定的原则。具体说来，品牌定位策划主要遵循以下几条原则。

（1）以目标消费者为导向。品牌定位作为企业与目标消费者的互动性活动，其成功与否关键在于其能否突破目标消费者的心理障碍。因此，品牌定位策划要为消费者接收信息的思维方式和心理需求所牵引，突破信息传播的障碍，将定位信息扎根于消费者的内心。品牌定位必须站在满足目标消费者需求的立场上，借助各种传播手段让品牌在消费者心目中占据一个有利的位置。

（2）以差异化为标准。竞争者是影响定位的重要因素，没有竞争者，定位就失去了价值。因此，不论以何种方法、策略进行品牌定位，始终都要考虑竞争者。营销策划人员在进行品牌定位策划活动中，应当选择与竞争对手不同的品牌定位，制造差异，以便和竞争者区别开来，从而有利于塑造个性化的品牌形象，凸显竞争优势。差异创造竞争价值，差异创造品牌的"第一位置"。品牌定位的差异化不但可以规避与竞争对手的价格竞争，而且更能保证品牌成为目标消费者心目中的"第一选择"。

（3）以产品特点为基础。品牌是产品的形象代表，产品则是品牌的物质载体。二者相互依存的紧密关系决定了策划人员在进行品牌定位策划时，必须考虑产品的质量、性能、用途等方面的特点。品牌定位包含了产品定位，这种定位不是随便定的，而是来自产品与生俱来的特点，否则，这种定位就失去了物质层面的支撑，是站不住脚的。例如，我国的农夫山泉"有点甜"以及"天然水"的定位就是来自产品实实在在的特点,如果产品不具有这种特点,那么这些定位就会成为不堪一击的笑料。

(4)考虑成本效益比。追求经济效益最大化是企业的经营宗旨,任何工作都要服从这一宗旨,品牌定位也不例外。品牌定位是要付出经济代价的,其成本的多少因定位不同而有所差异。不考虑成本而一味付出、不求回报不符合企业的经营宗旨。所以,策划人员在进行品牌定位策划活动时,必须考虑成本效益比。品牌定位策划要追求令企业满意的成本效益比,遵循效益大于成本这一原则。收不抵支的品牌定位只会失败。例如,将洗碗用的百洁布定位于高端豪华产品就不合适,因为没有多少人愿意掏高价钱去购买这种最普通的家庭日常用品,结果只会增加成本,降低经济效益。

2. 常见品牌定位策略

品牌定位是一项创造性的活动,这就注定了其没有固定的模式。也正因为没有固定的模式,品牌之间的差异性才能体现得淋漓尽致,增强品牌自身的价值。但是,现实中也有一些常见的品牌定位策略,这些策略往往因为在实践中曾取得巨大的成功而被总结出来,以供企业借鉴。这些策略可以单独使用,也可以相互组合,以达到更好的效果。这里简要介绍一些最常见的品牌定位策略,以供读者借鉴。

(1)利益定位。所谓利益定位,就是将产品的某些功能特点与消费者的利益联系起来,向消费者承诺产品能带给其某种利益。利益定位可以突出品牌的个性,增强品牌的人文关怀,从而获得消费者的认可。利用利益定位时,利益点的选择不宜太多,最好不要超过2个,因为消费者对信息的记忆是有限的,也不喜欢复杂的品牌信息,所以一般说来,利益点以单一为好。采用利益定位策略的例子不少,例如,"高露洁,没有蛀牙""保护嗓子,请用金嗓子喉宝"等。

(2)情感定位。情感定位是利用品牌带给消费者的情感体验而进行定位的,它意在激起消费者的联想和共鸣,进而促使其购买产品。情感定位要着重考虑品牌与消费者之间的情感沟通,让品牌和消费者产生联系。同时,情感是维系品牌忠诚的纽带,有效的品牌建设需要与人们的情感建立恰当而稳固的联系。采用情感定位策略的例子有:海尔的"真诚到永远",伊莱克斯冰箱的"好得让您一生都能依靠,静得让你日日夜夜察觉不到",纳爱斯雕牌洗衣粉的"妈妈,我能帮您干活啦"等。

(3)USP定位。USP是英文unique selling proposition的缩写,中文的意思为"独特的销售卖点"。所谓USP定位,是在对产品和目标消费者进行研究的基础上,在产品特点中寻找最符合消费者需要的、竞争对手欠缺的最为独特的部分,并以此部分作为品牌的定位。在同类产品品牌众多、竞争激烈的情形下,运用USP定位可以突出品牌的特点和优势,让消费者按照自身偏好将不同品牌在头脑中排序,置于不同的位置,在有相关需求时,可便捷地选择品牌。许多企业在品牌定位时采用了这一策略,例如,乐百氏纯净水的"27层净化",M&M巧克力的"只溶在口,不溶在手"以及宝洁公司旗下汰渍洗衣粉的"去污更彻底"等。

（4）空当定位。所谓空当定位，指的是找出一些为消费者所重视而竞争者又未开发的空当作为品牌的定位。空当定位策略的关键在于发现这样具有商业价值的市场空当并及时加以实施。一般说来，市场空当主要有时间空当、年龄空当、性别空当、使用量上的空当、价格空当等。空当定位有利于品牌避开激烈的竞争，往往能达到另辟蹊径、出奇制胜的效果。例如，西安杨森的"采乐去头屑特效药"在洗发水领域独领风骚，其关键是找到了一个市场空白地带，使定位获得了巨大成功。

（5）比附定位。所谓比附定位，是通过与竞争品牌的比较，借助竞争者之势，衬托自身品牌形象的一种定位策略。比附定位的目的是通过品牌竞争提升品牌自身的知名度和价值。一般说来，只有与知名度、美誉度高的品牌做比较，才能抬高自身品牌的身价，因此比附定位所选择的比照对象主要是有较好市场业绩和良好声誉的品牌。这样在消费者欣赏并记住这些强势品牌时，也让作为陪衬的自身品牌分到消费者注意力的"一杯羹"。运用比附定位策略取得成功的经典案例当推艾维斯租车公司，其主动承认自己不如竞争对手赫兹公司，推出了"我们是第二，所以更努力"的品牌新形象，消费者被艾维斯租车公司的谦虚诚恳所打动，很快地信任并接纳了"新"的艾维斯，其品牌定位取得了巨大的成功。

（6）产品类别定位。所谓产品类别定位，是把产品与某种特定的产品种类联系起来，以建立品牌联想。产品类别定位力图在消费者心目中塑造出该品牌等同于某类产品，已成为某类产品的代名词或领导品牌的形象。七喜汽水的"非可乐"的定位是借助类别定位的一个经典案例，不仅避免了与可口可乐和百事两大巨头的正面竞争，还巧妙开辟了可乐饮料之外的另一选择，取得了巨大的成功。

（7）文化定位。所谓文化定位，是指将某种文化内涵注入品牌之中，形成文化上的品牌差异。文化定位将普通商品升华为情感象征物，更易获得消费者的心理认同和情感共鸣，使产品深植于消费者的脑海中，达到稳固和扩大市场的目的。这方面的品牌定位策略也不乏例子，例如，孔府家酒将自己定位于"家酒"；七匹狼品牌形象则着眼于"勇往直前、百折不挠、积极挑战人生的英雄气概"；张裕红酒的"传奇品质，百年张裕"等。

（8）目标消费者定位。所谓目标消费者定位，是把产品和消费者联系起来，以某类消费群体为诉求对象，突出产品专为该类消费群体服务，从而树立独特的品牌形象。目标消费者定位策略直接将品牌定位于产品的使用者，以品牌与目标消费者的生活形态和生活方式的关联作为定位。例如，"太太口服液，十足女人味""百事可乐，新一代的选择"以及广东客家娘酒的"女人自己的酒"等。

8.2.4 品牌传播策划

一个品牌一旦拥有好的品牌质量和一定的特色、优势的前提条件，那么下一步就涉及品牌传播。由于品牌形成的过程实质上是品牌在消费者中传播推广的过程，也是消费者对该品牌的逐渐认识过程，因此，离开品牌的传播推广，品牌的塑造和成长几乎是不可能的。企业在创建其自身品牌时，必须做好品牌传播策划。好的品牌传播策划是提高品牌知名度、美誉度不可或缺的营销手段。

1. 品牌传播模式

品牌的传播模式是一个系统化的过程，自身包含健全而科学的反馈调节机制。企业在对品牌特征进行定位后，通过各种媒介将品牌特征传播给目标受众，接受其认知和检验。若目标受众不接受这些品牌特征，企业则必须对品牌进行重新定位和品牌修正，然后再进行品牌的推广和传播；若目标受众接受和认可该品牌特征，则按照既定的品牌定位进行持续的品牌传播，进行品牌资产的积淀。品牌的传播模式可用图8-2来示意。

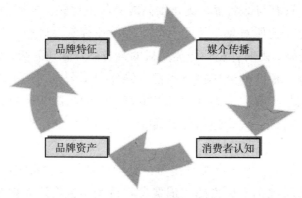

图8-2 品牌传播模式

（1）品牌特征。品牌特征是词语、形象、思想观念和相关事物组成的框架，这个框架由消费者对品牌的总的感觉组成。品牌是消费者和企业内部员工共同作用的结果，它在消费者心目中是产品和服务的全部，是全部有形或无形要素的自然参与。需要注意的是，品牌特征在品牌开始传播时，是品牌塑造者主观上希望消费者接受的东西，是企业的一厢情愿，只有当品牌特征经过传播到达消费者的头脑中，并得到消费者的认可和接受之后，它才能真正存活下来。所以，最终留存下来的品牌特征是那些穿越了消费者生活中许多固有的屏障后，为消费者所接受的那些品牌信息，是品牌传播推广之后所形成的真实特征。

（2）媒介传播。在当今信息化和经济全球化的时代，人们被各种各样的信息包围着，而企业对其产品品牌的传播观念已经由过去的"酒香不怕巷子深"变为"酒香也怕巷子深"。品牌必须利用各种媒介，克服外界各种各样的信息障碍，有效地把品牌的特征信息传播到消费者中去，接受消费者的检验和认可。因此，品牌的传播推广是品牌塑造的关键环节，体现了很高的科学性和艺术性。品牌的媒介传播推广方式包括大众传播媒体广告、公共关系、促销、直销、赞助活动、包装和软新闻等，这些传播方式各有各的特点，企业应根据自身的具体情况加以选择和应用。

（3）消费者认知。在买方市场中，消费者占据着绝大部分的支配权，面对产品的多样化，他们选择的机会相比于卖方市场大大增加了，他们不仅能决定买什么，而且能决定怎么买以及在哪里买。因此，消费者的选择决定着一个企业和其产品能否继续生存下去。企业对这种情势已经有了清醒的认识，消费者品牌认知的重要性也相应得到了迅速提高。品牌塑造时的媒介传播，如果弄不清楚消费者对品牌的内心看法，那么品牌的媒介传播策略将会因为消费者在认知过程中的不信任和不感兴趣而失败。在消费者认知的阶段，品牌的信息特征要经受消费者的检验，企业原来的品牌特征信息可能得到消费者的认可，也完全有可能被消费者拒绝，同时消费者也可能对品牌产生新的认识。企业应当根据消费者的品牌认知采取相应的措施，如果企业的品牌特征信息得到消费者的认可，就继续采用原先的传播策略；相反，如果消费者拒绝原有的品牌特征，则应该重新定位品牌，采用新的传播策略。

（4）品牌资产。品牌媒介传播的最终目的是积淀企业的品牌资产，因为品牌资产能使企业获利。品牌资产是品牌特征信息在经过消费者的品牌认知之后凝结在消费者心目中的一种认可形象，包括品牌知名度、品牌忠诚度、认知质量和品牌联想。品牌资产既是对品牌信息特征的一种固化和定型，又是对品牌信息特征的丰富充实。那些被消费者认可的品牌特征将积淀为品牌资产，而那些不被消费者接受的特征信息则成为无用的东西。同时，相对企业品牌策划者主观的品牌特征信息而言，消费者对品牌特征信息的另一番理解，将成为企业下一步应当积极传播并积淀成品牌资产的品牌特征。

2. 传播媒介的选择

品牌传播媒介的选择是品牌传播的关键部分，直接关系到企业能否有效地将品牌特征信息传递给顾客或潜在的消费者。选择正确适用的媒介是企业获得高品牌投资回报率的关键所在，一旦企业选择的媒介不能有效地将品牌信息传递给目标顾客，用于品牌传播的金钱就白白浪费了。那么企业如何选择正确且适用的品牌传播媒介呢？媒体计划是用来解决这一问题的，媒体计划的目标就在于找到一种媒体组合，使品牌的传播推广以最有效的方式、最低的成本把品牌特征信息传递给尽量多的顾客或潜在消费者。被誉为"整合营销之父"的著名营销大师唐·舒尔茨在其一本有关品牌的著作中写道，21世纪的媒体计划应该从顾客和消费者怎样与企业的品牌进行接触开始，而不是从企业主观提出的媒体计划或可购买的媒体节目着手。因此，要弄清楚那些可能会成为企业品牌的最佳顾客或潜在消费者的人，可能会以何种方式、在什么时候、什么地点接触到企业品牌，当他们出现的时候，品牌也要努力在他们出现的地点以他们愿意接受的方式出现。所以，媒体计划的关键在于目标顾客与品牌的接触点，而非媒体系统。为此，唐·舒尔茨提出了品牌接触计划，可用图 8-3 加以简要说明。

由图 8-3 可见，媒体计划应该始于顾客，了解他们是如何与品牌进行接触的，然后要搞清楚在接触中，对顾客和潜在消费者来说，哪些是最相关与最有意义的信息和激励，还要了解他们希望什么时候从品牌那里接收到相关的信息。知道了这些以后，企业才能根据目标顾客并结合自身的实力和各媒体的特点来进行媒体选择，挑选出最适合企业品牌传播的一组媒体，进行品牌的整合营销传播。整合营销传播的实质在于：制定一个经得住推敲的、连续一贯的和以顾客为中心的品牌策略，再借助于一系列前后一致的、协同合作的和以顾客为中心的营销传播活动来实施这种策略。整合营销传播不只是广告，也不只是公共关系，它是在所有可能的品牌接触点上建立与顾客和潜在消费者的关系的全部方法的总和。在互联网时代下，微信、微博、社交网站等新媒体的使用尤为重要。

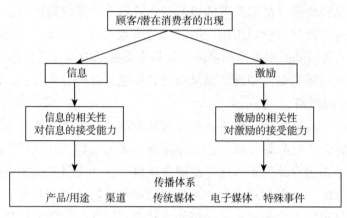

图 8-3　品牌接触计划

专栏 8-2　《王者荣耀》：多媒介整合营销的"开黑"游戏

《王者荣耀》这款游戏发布仅仅三年，就已经拥有上亿的用户和玩家。为了扩大品牌影响力，获得更强的市场竞争力，《王者荣耀》从游戏社交的角度带来了一套富有创意和趣味的营销组合拳。游戏推出一系列以"无处不团，你也在玩"为主题的活动，借助多元的传播和曝光渠道，推出多样化、趣味化和创意化的社交传播形式，以增强玩家和大众对《王者荣耀》存在感的认知。《王者荣耀》还发布了 TVC 系列预告片，进一步设置悬念，结合同款海报，营造出电影感和高级感进行预热，又赚足了眼球。之后，又借助《王者荣耀》电子竞技赛事中的知名战队和明星选手的名气，以冠军邀请函的形式提出话题并为赛事进行热身。最后，通过完整版 TVC 视频的发布，十分独到地体现出了"无处不团，你也在玩"的活动主题和游戏品牌理念。

《王者荣耀》还拥有线下营销手段，比如在某些餐厅就餐，会设置相关段位打折活动，既吸引消费者进店就餐，又达到了宣传品牌和游戏的目的。2018 年《王者荣耀》联合国内快餐界的龙头企业肯德基推出"人气荣耀餐"，用户在肯德基用餐就可以获得《王者荣耀》闪卡一张，而闪卡在游戏中能够获得钻石、英雄体验卡，甚至皮肤碎片和英雄碎片。

另外，微博、微信、公众平台等社交媒体上，也经常看到《王者荣耀》占据热搜榜单。光是微博上关于"王者荣耀"的话题阅读量就超过了 430 亿，起初有杨幂、杨颖，后来到李易峰、Papi 酱等明星网红，在媒体上发起讨论互动，通过人气带动话题流量。更有年轻人追捧的微博大 V 偶像鹿晗为品牌代言，通过网络媒介掀起大波热度。

《王者荣耀》运用多种渠道、方式、形式的统筹，非常有效地吸引了年轻玩家的关注和参与，在全方位、多元化的传播中，使游戏特色和品牌不断地深入人心。

资料来源：李姗. 网络营销：整合营销传播中的经典案例回顾 [EB/OL]. (2019-09-20)https://www.meipian.cn/2e9vq1lh. 有改编。

8.3 品牌发展策划

当一个企业的品牌已经成功获得了品牌声誉，为了使该品牌发挥更大的作用，企业往往借助该品牌推出改进型产品或新产品，这是品牌发展的一种特殊策略，通常被称为品牌延伸。企业也可以为同一种产品使用两个或两个以上的品牌，这种策略被称为多重品牌策略。品牌发展策划一般就是在这两种策略下进行的。

8.3.1 品牌延伸策划

1. 品牌延伸的含义及作用

所谓品牌延伸（brand extension），是指在已有相当知名度和市场影响力的品牌基础上，将原品牌运用到新产品或服务上，以期减少新产品进入市场的风险的一种营销策略。品牌延伸有两种基本做法：品牌纵向延伸和品牌横向延伸。其中，品牌纵向延伸指的是企业成功推出某个品牌后，再推出新的经过改进的该品牌产品，从而不断升级该产品，但其品牌保持不变，如宝洁公司在中国市场上先推出飘柔洗发水，后来又推出创新一代的飘柔洗发水；而品牌横向延伸则指把成功的品牌用于新开发的不同产品，如娃哈哈集团先后以"娃哈哈"的品牌推出了口服液、果奶、纯净水和服装等一系列产品。一般来讲，品牌的横向延伸比纵向延伸的风险要大得多。

由于品牌延伸具有能增加新产品的可接受性、减少消费行为的风险性、提高促销性开支的使用效率、满足消费者多样性需要以及减少新产品导入市场的成本等多项功能，它受到越来越多企业的青睐。国外的资料显示，一些出类拔萃的消费品公司所开拓的新产品中，有 95% 是采用品牌延伸策略进入市场的。国内的企业近年来也越来越多地采用品牌延伸策略，比较有名的有海尔、娃哈哈、七匹狼等。由此可见，品牌延伸是大势所趋。

但品牌延伸是一把双刃剑：一方面，它是企业应对市场竞争加剧，扩大规模进入新领域，获取更大利润，求得进一步发展的有效途径；另一方面，品牌延伸又具有极大的潜在风险，一旦延伸不当，就会产生诸如"损害原品牌形象""淡化品牌个性""消费者产生心理冲突""跷跷板效应"以及"株连效应"等一系列消极后果，严重时甚至置企业于破产境地。实践中也印证了品牌延伸的两面性，在企业运用品牌延伸策略的过程中，既有大量的成功案例，又有许多失败的佐证。

2. 品牌延伸的准则

在进行品牌延伸时，策划者应主要遵循以下准则。

（1）品牌延伸应符合品牌的核心价值。所谓品牌的核心价值是指品牌承诺消费者的功能性、情感性及自我表现性利益。品牌核心价值是品牌的精髓，是一个品牌区别于另一个品牌最为显著的特征，是品牌一切资产的源泉。一个品牌最中心、最独一无二、最不具时间性的要素就是其核心价值。例如，微软是"高科技软件"的代名词，劳斯莱斯象征着"贵族风范"，万宝路代表了"牛仔形象"，耐克被物化为"体育精神"等。一个成功的品牌有其独特的核心价值，若这一核心价值能包容延伸产品，就可以大胆地进行品牌延伸。反过来的意思就是：品牌延伸应以"尽量不与品牌原有核心价值与个性相抵触"为原则。例如，登喜路（Dunhill）、都彭（S. T. Dupont）、华伦天奴（Valentino）等奢侈品品牌麾下的产品一般都有西装、衬衫、领带、T恤、皮鞋、皮包、皮带等，有的甚至还有眼镜、手表、打火机、钢笔、香烟等跨度很大、关联度很低的产品，但却成功地共用一个品牌。根本原因在于这些产品都能提供一种共同的效用，即身份的象征、达官贵人的标志，能让人获得高度的自尊和满足感，符合这些奢侈品品牌的核心价值；相反，派克生产3～5美元的低档钢笔而惨遭失败，说到底都是因为新产品与原有的品牌核心价值相抵触，派克的延伸破坏了品牌的核心价值，即派克的高贵形象。总之，品牌延伸策划者应遵循的首要原则就是品牌延伸要符合品牌的核心价值。

（2）新老产品之间尽量要有较高的关联度。这一原则实质上是由品牌的核心价值原则延伸出来的。其实关联度高只是表象，关联度高导致消费者会因为同样或类似的理由而认可同一个品牌才是实质。关联性一般体现在产品的功能、生产技术、目标市场、价格档次等方面。比如，人们在选择奶粉、咖啡、柠檬茶时都希望品牌能给人一种"口感好、有安全感、温馨"的感觉，于是具备这种感觉的雀巢旗下的奶粉、咖啡、柠檬茶都很畅销；国内的好孩子品牌针对儿童这一目标群体，将品牌延伸到婴儿车、纸尿裤、童装，也取得了成功。

（3）服务系统相同。服务系统相同是指延伸产品与核心产品的售前和售后服务应当一致，避免消费者产生差异感，使他们产生"延伸产品和核心产品一样好"的感觉，这样延伸品牌就不会伤害核心品牌的定位。如果延伸品牌的服务系统不如核心品牌的服务系统，就会导致消费者改变对核心品牌原有价值的认知。因此，品牌经营者进行品牌延伸决策之前，必须对延伸品牌的目标市场进行调查，以识别消费者最重视的主要服务项目及其相对重要性是否与核心品牌相同，如果不同，就不宜进行品牌延伸。

（4）品牌延伸不能超出限度。无论是产品品牌还是企业品牌都不能无限度地延伸下去，品牌的核心价值决定了任何一个品牌都不可能适用于所有的领域以及所有的产品，因此品牌延伸是有限度的。这就要求企业在进行品牌延伸时要理性，切勿盲目进行，否则就会陷入品牌延伸的"陷阱"，以致多年努力才经营起来的成功品牌遭到株连。企业在实施品牌延伸之前应当明确，延伸产品并不是越多越好，一旦品牌延伸战线拖得太长，新产品推广所需的资源就会缺乏，而且新产品脱离品牌核心价值的危险增大，这就增添了企业的经营风险。

8.3.2 多重品牌策划

多重品牌指的是企业在同一产品中设立两个或多个品牌。这种品牌发展策略由美国宝洁公司原创，该公司在推行多重品牌策略的过程中取得了巨大的成功，其旗下的品牌多达300多个，每个品牌都有其独特的属性，且知名度很高，仅洗发水在中国市场上就有飘柔、海飞丝、潘婷、沙宣和润妍等品牌。多重品牌策略后来被许多企业广泛地使用，比如通用汽车公司有凯迪拉克、别克、雪佛兰和庞蒂克等品牌；我国的科龙集团的空调有容声、科龙、华宝和三洋科龙等品牌。

1. 多重品牌策略的优势

多重品牌策略之所以对企业具有很大的吸引力，原因在于该品牌发展策略具有以下几点优势。

（1）占货架面积大。一种产品多个品牌可以取得更大的货架面积，增加了企业产品被消费者选中的机会。

（2）给低品牌忠诚者或无品牌忠诚者提供更多的选择。由于低品牌忠诚者或无品牌忠诚者常发生品牌转移，截获品牌转移者的唯一方法是提供多个品牌。

（3）降低企业风险。多重品牌策略没有将企业的声誉维系在一个品牌上，有效地分散了企业的经营风险。

（4）鼓励内部合理竞争，激扬士气。同类产品的不同品牌管理者之间适度的竞争能提高士气和工作效率。

（5）各品牌具有不同的个性和利益点，能吸引不同需求的消费者。这一点是多重品牌策略最本质的竞争优势。

同时，品牌策划者应当清楚，多重品牌策略存在消耗时间和金钱多、品牌管理难度大等问题，因此，多重品牌策略一般适用于资金实力雄厚、产品市场规模大并且管理能力强的企业。

2. 多重品牌策略的运用

（1）各品牌之间实施严格的市场区隔并协同对外。企业引入多重品牌的目的在于用不同的品牌占领不同的细分市场，联手对外夺取竞争对手的市场份额。如果引入的新品牌与原有品牌没有明显的差异，就会造成企业内部品牌之间过度竞争，自己打自己，这时引入的新品牌对企业来讲，就没有多大的意义。例如，上海家化旗下的洗发水品牌有"美加净""百爱神"和"明星"等品牌，但各洗发水之间没有明显的差异，目标市场相互重叠，除了起到多占货柜的作用外，并没有协同对外占领不同的细分市场，这就背离了一种产品多个品牌的战略意图。

（2）各个品牌都要有具备足够吸引力的独特买点。多重品牌策略的本质是通过各品牌独特的买点的差异化来占领不同的细分市场。独特的买点包括产品的功能、特色、价格等方面，独特的买点造就了品牌的鲜明个性，给了品牌自身发展的空间，这样就不会造成目标市场的重叠。比如，宝洁公司旗下的飘柔洗发水的独特买点是"头发飘逸柔顺"，而潘婷洗发水的独特买点是"乌黑亮泽"。

（3）在营销传播上应充分体现各品牌之间的差异。不同的品牌在品牌的营销传播上应体现出各自的差异，凸显其个性。宝洁公司的飘柔与潘婷在品牌传播上就充分显示了这两个品牌之间的差异。飘柔把模特的头发拍得飘逸柔和、丝丝顺滑，梳子一放到头上就掉了下来的镜头特别传神地表现出了这一点；潘婷则主要表现了模特头发乌黑亮泽的特点，模特在头发焗油上下了很大的一番工夫。

（4）多重品牌策略要依据产品和行业的特点而行。相对来说，生活用品、食品、服饰等行业适合采用多重品牌策略；电器类等行业适合采用品牌延伸策略。例如，松下、日立和夏普，无论洗衣机、彩电、音箱、空调以及冰箱等都采用的是同一品牌。这主要因为消费者对电器类产品最为关注的是产品在技术、品质上的保障，而非产品的个性。

（5）各品牌所面对的细分市场具有规模性。若某一品牌所针对的细分市场的容量较小，销售额无法支持一个品牌生存和成功推广所需的费用，就不能实施多重品牌策略。例如，台湾的日用品企业就很少运用多重品牌策略，因为食品、日用品的市场容量是以人口数量为基础的，而台湾的人口数量才2 000多万，任何一种食品、日用品的市场容量都是有限的，其细分市场的规模就更小了，不足以支持一个品牌的生存和发展。

⊙ 策划案例与文案　　　　　华为手机的品牌策划

华为手机自成立以来，在市场上一直默默无闻，在消费者的心目中，其品牌形象和普通山寨手机无异。直到2010年，华为才发力手机终端市场运作，并取得了不俗的成绩，与辉煌的销售数据相比，华为更大的成功在于树立了华为手机在消费市场的品牌地位，消费者逐渐意识到华为并非一般的山寨品牌，而是一个具有强大研发实力和可靠产品质量的一流手机品牌。2014年11月14日，全球领先的品牌咨询公司Interbrand正式发布"最佳中国品牌"百强榜，在发布会上特别向华为授予了"最佳全球品牌"荣誉称号，这是该榜单在全球发布15年以来，首次出现中国大陆品牌。2019年8月22日，2019年中国民营企业500强榜单发布，华为投资控股有限公司以7 212亿元营收排名第一，同年还获得了首批2019年中国品牌强国盛典年度荣耀品牌的殊荣。

一、策划案背景

（1）国产手机的崛起。中国不仅是世界最大的手机消费市场，占全球手机市场份额的1/3，同时也是世界手机重要的生产和出口大国，在全球手机排名前10中，中国手机已经占据了4席。Counterpoint数据显示，2019年第二季度，国产智能手机占国内市场份额超过80%，海外品牌在国内的出货量和市场份额逐渐减少，国产手机在国内已然占据主导地位。曾经的两大国际巨头诺基亚和摩托罗拉分别被微软和谷歌收购，国内曾经的手机霸主如波导、科健、东信和首信等已然没了踪影，取而代之的是苹果、小米、华为、联想等

IT 出身品牌。

（2）手机定义的转变。手机产品更新换代的速度非常快，国内手机由于大部分从家电企业延伸而来，短时间内未能建立起相应的研发、生产和配套体系，产品质量很不稳定，产品更新换代的速度也跟不上，结果是国产手机迅速崩盘。直到苹果手机的问世，手机的定义和消费者需求被彻底的颠覆，不再仅仅是一个通话的工具，而是一个集通信、分享、娱乐、学习、消费甚至办公为一体的移动终端，消费者关注的不再是耐用性、可靠性和稳定性，而是整体使用体验，包括系统界面的友好性、产品的反应速度及相应配套应用软件的丰富程度以及在产品使用过程中与品牌的交互作用产生的品牌共鸣（个性、价值观、生活方式等）。这些改变为国内手机厂商创造了新的机会，尤其是曾经从事 IT 的企业，它们在软硬件研发实力和对消费者需求的把握上比传统的家电企业要强得多，这其中进步最快、发展潜力最足的非华为莫属。

二、华为手机业务分析

华为手机在进行品牌策划之前需要对其进行 SWOT 分析，具体如下。

（一）优势

1. 企业综合实力强，有明确的战略导向
2. 建立了良好的品牌优势和影响力
3. 深厚的产品和通信技术的积累
4. 高素质、低成本的人才优势
5. 本土化与差异化并存

（二）劣势

1. 国产手机品牌用户忠诚度低
2. 财力资源相对薄弱
3. 宣传力度相对不足

（三）机会

1. 中国移动互联网市场空间巨大，5G 网络技术的研发前景光明
2. 智能手机更新速度加快
3. 海外市场的扩张，品牌国际化

（四）威胁

1. 低价优势不明显
2. 贸易保护主义的阻挠
3. 智能手机市场竞争激烈

三、华为的品牌策略

（一）企业品牌对产品品牌的背书

华为在业务和管理上的成功，提升了它在消费者心目中的影响力。面对这样一个企业，消费者没有理由不尊敬，并形成"高技术、高品质、高水平"的品牌联想，把这种品

牌联想嫁接到华为相关产品上也就顺理成章。同时，手机终端和通信设备之间的高相关性也是企业品牌延伸到产品品牌的关键因素，消费者有理由相信，一个生产通信设备的优质企业也能够生产优质的手机。众所周知，华为的广告语是"华为，不仅仅是世界500强"，这句广告语虽不出奇，内涵却十分深刻。一方面，华为想要传递自己作为本土领军品牌的超群实力，让用户感受到它强大的魄力和肩负的责任。如今看来，华为也不负所望，在2020年进入世界500强前十名。另一方面，也可以看出华为未来在手机通信领域继续发力的信心，让大家知道华为有这个能力。可以说，它在更广泛的用户面前重新树立了品牌形象，这也为其推进各个系列产品奠定了用户的心理基础。

（二）产品品质对品牌的支撑

在华为手机发展史上，一些经典产品不断涌现，如C5600、C8500、荣耀 U8860、P6等。华为在2019年最新推出的Mate 30系列上市仅60天，全球出货量就突破了700万台，同比Mate 20系列去年同期增长75%，至年底，全球出货量已经突破了1 200万台。不断翻新的单机销量是消费者对华为产品品质和良好体验的有力佐证。这一系列经典的产品支撑了华为手机在消费者市场的发展和壮大。

（三）整合营销传播对品牌的塑造

华为的营销传播分为两个层面——企业品牌层面和产品品牌层面，前者形成华为品牌宏观和共性的品牌联想，后者形成具体产品，前者通常是半推半就的被动传播，后者是近几年才开始的主动传播。2019年4月11日，华为在上海举办了华为P30系列发布会。此次华为推出的P30系列产品，着重宣传了其三大功能特色：潜望式变焦、超大广角镜头以及超感光暗拍。华为为此专门拍摄了一个系列广告片，巧妙引用《卧虎藏龙》《死亡游戏》《古墓丽影》等经典影片镜头突出其功能的同时，也增添了几分趣味性。2020年春季，华为在国内正式举办了P40系列发布会，宣扬了该系列的三款全新产品，分别为华为P40、华为P40 Pro以及华为P40 Pro+。本次的华为P40系列无论是外观颜值还是性能与5G体验，都较之前有了明显提升，同时在拍照功能方面，继承了华为P系列的强大基因，为用户提供相当卓越的拍照体验。在出色的产品实力基础上，华为P40系列一经上市，就赢得了广大明星用户的青睐，明星纷纷上手体验。在发布会当晚，演员陈数、韩雪和孙怡都陆续晒出自己与华为P40系列手机的合照。韩雪发微博称："外观过于精致，以至于不忍心拆机。"陈数也提到："P40神仙色帮我定格完美瞬间。"孙怡称："春暖花开，有你才完美。"通过这些评价可以看出明星们对华为P40系列的高度认可，这些也是吸引消费者去了解产品的宣传手段。还有不少大V晒出华为P40系列拍摄出的样张，为其强大的影像实力应援，其中就包括科技小布、科技疯汇、科技新一等著名的数码大V。可以说，华为手机借P40的上市打了一个漂亮的战役，不仅扩大了品牌的知名度，而且提升了消费者对华为手机的认同。

综上所述，华为正是在企业、产品和品牌传播三要素的相互协同下，迅速从一个类似山寨的品牌成长为一个全国乃至全球知名的手机品牌，各层次消费者不再怀疑华为手机的品质，也无须担心华为带来的山寨形象，可以在潜意识认同"用华为，我骄傲"。

资料来源：杨义平. 从山寨到名牌——华为手机的华丽转身 [EB/OL]. (2013-12-02). http://www.emkt.com.cn/article/603/60356.html. 有改编。

讨论题

1. 华为手机品牌的竞争优势体现在哪些方面？
2. 手机行业竞争激烈，华为公司要想对品牌进行不断维护和升级，应采取怎样的品牌策划？

相关链接　YOU 时代的品牌管理

YOU 时代是一个个人主义价值观流行、人们的自我感受与自我要求高度张扬的时代，消费者不再是企业品牌传播的被动接受者，而逐渐成为信息主体。从最初的品牌消费者，到品牌消费的建议者，再到品牌建设的参与者，消费者的身份正悄然改变。在 YOU 时代，企业应如何让消费者做品牌传播的种子？

一、YOU 时代：消费者悄然改变

1. 生产者和消费者的界限逐渐模糊。消费者和企业将融为一体，甚至产生新的词汇"产消者"，即生产型消费者或专业型消费者。生产者和消费者的界限逐渐模糊，消费者将参与到品牌运作的整个环节中，成为品牌的一部分。

2. 消费者越来越自主和主动。新时代生产型消费者具有冒险精神，愿意承担生活中的风险，思想开放且充满好奇心，愿意尝试生活中的新鲜事物和经历不同的东西，具有独立精神，有自己的主张并且保持真实的自我。

3. 消费者与企业互动交流更方便。在 You 时代背景下，视频分享、圈子、短信、微博等交互式媒介提供了广泛沟通的平台，消费者与企业互动交流的成本更低、速度更快，可以展开广泛而深入的交流。

二、品牌共创的关键平台：品牌社群

1. 品牌社群是社群的一种新形式，是以某一品牌为中心建立的一组社群关系。品牌社群的主要特征由共享的群体意识、仪式和传统、道德责任感三方面构成。品牌社群的主要影响因素有以下四点：信息价值、社会认同、品牌体验、种族或文化差异。

2. 品牌社群在品牌共创中的作用

（1）参与社群活动、社会网络、印象管理和品牌使用。通过品牌社群可以让主动型的消费者广泛参与品牌相关的活动，从而建立和维系广泛而深远的消费者与品牌关系。

（2）品牌社群成为以品牌为纽带的重要社会网络，每个消费者都是这个社会网络的一个节点，并跟其他成员产生联系，因此品牌交流变得频繁而高效，品牌的发展能吸收品牌社群成员的建议从而成为成员心目中的品牌。

（3）在品牌社群中，品牌正面或负面的印象都是由成员自身进行管理的，成员会主动地宣传品牌的正面印象，也会向其他成员解释以消除负面的印象，品牌社群成为一个自我调适的印象管理系统。

（4）品牌社群中品牌的使用会得到成员之间自发的推荐和使用体验交流，从而创造品牌使用的共享知识。这种体验又会跟企业进行互动，从而促进品牌的不断完善。

三、YOU时代品牌管理：以共创为核心

1. 对话管理

（1）让消费者等相关群体接触到企业全方位的活动，企业的内部管理和外部营销都能对品牌建设产生影响，因此要让消费者融入企业的全方位活动，这样消费者才会有强烈的归属感，也才会把企业品牌当成自己的品牌。

（2）充分运用尽可能多的方式，使消费者能够通过多种途径来接触企业。这些方式包括实体活动和在线活动等，实体活动包含丰富多彩的会员活动，而在线活动包括各种各样的社会媒介，如网站社区、微博、圈子、短信等。

2. 透明管理

公司的企业文化、决策制定、管理实践和技术知识完全透明，从而加强消费者对企业的信任，使消费者对品牌更加忠诚，并乐于与企业展开合作。比如蒙牛邀请消费者到内蒙古大草原，亲眼见证从养奶牛到生产牛奶的全过程，这些都是与消费者共创的恰当方式。

3. 风险管理

（1）需要企业提高自律性，确保高品质的产品和服务，全面高效地履行品牌对消费者的承诺。

（2）对待失误或负面影响，要与消费者坦诚沟通，并及时解决问题，建立高效反馈的应对机制。

（3）要持续地培育良性的品牌社群文化，形成责任和义务的品牌社群意识，通过社群的舆论领导者的影响，逐渐形成适度自律的意识，从而实现共同维护品牌优势的目的。

（4）理解无边界并不代表让消费者知晓一切，最核心的机密性的技术、商业信息不具有共享属性，必要的界限完全能够被消费者理解。

策划实战

1. 2020年，新型冠状病毒蔓延爆发。疫情之下，我国餐饮行业受到了严重冲击。快餐、饮品店、面包甜点等轻餐品类模式具有更多的零售化属性，能够适应外卖和自提，因此受疫情影响相对小一些，但聚集形式和强社交场景的业态却很容易受到冲击。在此期间，由于亏损以及成本的提升，海底捞和西贝餐饮在官方发布了菜品涨价的决定。但是遭到了大众的一致批评和指责，部分消费者还表示"涨价就涨价，吃不起我就选别家。"此情形下，两家店铺又发布了道歉声明并宣布菜品恢复原价。这样的行为，对品牌来说，不仅会影响企业的经营，还会让其信誉在消费者心里大打折扣，对品牌质疑。如果你作为海底捞或西贝餐饮的营销人员，面对疫情时期用工成本、原材料成本、店内清理成本等费用的上升，你将如何为品牌策

划出两全其美之策?

2. 低碳经济是当下的热门话题,低碳生活、低碳消费等概念已被人们广泛接受。化妆品的制造本就是一个信任危机的"雷区",在低碳营销的风口浪尖上,企业实践与全球化的消费趋势能否结合,打出"低碳"理念的化妆品品牌营销之路会面临怎样的命运?假如你就是国内某知名化妆品公司的营销总监,请结合本章所学内容,谈一下你将如何制定公司化妆品品牌的低碳营销策划。

本章小结

品牌是一种名称、术语、标记、符号或设计,或是它们的组合运用,其目的是借以辨认某个销售者或某群销售者的产品或服务,并使之同竞争对手的产品和服务区别开来。投资品牌要注重其投资回报率,关注品牌的价值。一个品牌能够表达出六层含义,即属性、利益、价值、文化、个性和使用者。品牌是企业的一种无形资产,这种无形资产能够为企业带来价值。品牌资产包含品牌知名度、品牌忠诚度、认知质量和品牌联想。

品牌策划的流程包括品牌化决策、品牌使用者决策、品牌名称决策、品牌战略决策和品牌重新定位决策。依据品牌策划的流程,品牌策划的内容可分为品牌化策划、品牌使用者策划、品牌数量策划、品牌建设策划和品牌发展策划等。其中,品牌化策划是对是否采用品牌的策划;品牌使用者策划是决定使用谁的品牌的策划;品牌数量策划是对使用多少品牌的策划;品牌建设策划主要包括品牌命名策划、品牌设计策划、品牌定位策划和品牌传播策划;品牌发展策划则包括品牌延伸策划和多重品牌策划。

第9章 企业形象策划

开篇案例

汉堡王的企业形象策划

在汉堡王近多年的经营当中,它的品牌仅做过很少的改动,随着公司发展,为了重新树立自己快餐业巨人的地位,汉堡王决定对品牌进行全面改进,公司希望创造出强有力的、稳健的品牌形象,使品牌各个方面(如商标、招牌、餐馆设计以及包装)都能被消费者更为熟悉。其演变如图9-1所示。

图9-1 汉堡王品牌设计过程

(1)斯特林设计集团接受委托并与汉堡王的品牌设计组进行合作。汉堡王希望仍能保持老品牌中小圆面包的设计因素,但目标是逐渐形成一种具有高度影响力的品牌标记。他们希望不用太过时髦,但也要能适应时代的步伐,并体现很强的活力。旧的品牌标识十分大众化,并且非常温和,一切元素都是曲线形的:字体是圆的;小面包的形状是圆的;黄色与红色都属于暖色调,缺乏活力与节奏感。

斯特林设计集团与汉堡王的品牌设计组在商标设计上进行了多次尝试,包括在设计中加入火焰的图案,用来突出汉堡王的汉堡经过火烤的特色,也尝试了不同的字体颜色。但其设计并没有加入过多元素，他们觉得新商标的应用会无处不在，太过花哨会减弱其可视性。不过为了打破原商标的温和性，新的商标加入了蓝色，有力增加了设计的活力。最终，设计者很好地保留了原品牌标志中面包的形象，体现出该品牌的魅力所在；把字体扩大至面包的外围，凸显出美味的三明治；字体稍有倾斜则体现了活力与动感。新品牌设计的过程中，设计者们既保留了原有的一些元素，避免人们无法认出，又加入了新的概念，使品牌活力满满。

（2）随着新品牌确立，汉堡王还委托了费奇公司为品牌设计立体外观，包括建筑物的内外设计、商业装饰和餐厅内的一些标志牌。内部设计的重点主要放在方便消费者点单的高效布局上，比如，为点菜和选菜分出专用空间，重新设计的菜单仅显示当天菜肴……调查发现人们喜欢快速获得食品，但又希望用餐环境轻松，于是为团体、家庭准备的大而明亮的空间和为情侣准备的几种双人座位的布局都被纳入设计方案中，对灯光也进行了精巧的设计。在包装方面，设计了一种透明包装袋，这样人们就很清楚袋子里装的是什么东西，不必再打开袋子进行检查。每个餐桌上也都设置了提示服务员的按钮，每当顾客需要服务时，可以按下按钮呼唤服务人员。这个点子让顾客非常满意。

新的品牌设计突出新的品牌理念：密切关注顾客对快餐店的期望。这使得汉堡王别具特色，在竞争中异军突起。新品牌设计使用之后，消费者反应积极，销售额也随之暴涨，汉堡王餐厅焕然一新、生意兴旺。

资料来源：汉堡王企业形象策划案例 [EB/OL]. https://www.docin.com/p-1559679675.html. 有改编。

通过汉堡王品牌设计更改案例可以看出，企业形象策划在企业的营销战略中具有重要的位置。良好的品牌设计可以帮助企业更好地树立自己的形象。那么，企业形象识别系统的构成是什么，企业形象识别系统又是怎么导入的？本章将对此进行详细的介绍。

9.1 企业形象识别系统的内涵、演进、构成及特征

9.1.1 企业形象识别系统的内涵与演进

企业形象识别系统（corporate identity system，CIS）也被称为企业形象整体系统，即由一个企业区别于其他企业的标志和特征所形成的系统，目的是在公众心中占据特定位置，进而树立独特的形象。它是企业对组织的理念、行为和视觉形象等进行系统化、标准化、规范化设计所形成的科学管理体系。

CIS策划最早可以追溯到第一次世界大战中的德国，AEG公司在其产品上使用统一商标，成为CIS兴起的源头；到了第二次世界大战，伦敦地铁将统一的字体应用于车票和站牌，而越发引起人们对CIS的关注；第二次世界大战后，全球经济复苏，企业经营范围不断扩大，多元化、跨行业、国际化成为一种趋势，全球统一包装、企业形象整体推介是企业急需解决的现实问题，正是在这种背景下，很多企业开始关注CIS，美国成为CIS策划的热点地区，以IBM为代表的企业率先在视觉形象上下功夫；后来，美国企业界深刻认识到视觉形象的冲击作用是有限的，以麦当劳为代表的企业不但统一视觉形象，

而且把系统性、一致性原则用于员工行为上，成功导入了行为识别系统，从此，诞生于欧洲的 CIS 策划在美国得到了迅速的推广和普及。

如果说 CIS 诞生于欧美，那么将 CIS 进一步完善并使其日趋成熟的则是亚洲，这当中贡献最大的是日本。20 世纪 70 年代是日本经济的转型期，日本企业普遍面临两大难题：一是企业规模不断扩大；二是走向国际市场的欲望日渐强烈。在这种背景下，企业形象革命也是一种必然。1970 年，马自达汽车率先导入 CIS，接着第一银行和劝业银行合并后也导入了 CIS，随后伊藤百货、美津浓体育用品、富士胶片等企业也相继选择导入 CIS，因而使这些企业全球闻名。我们知道，欧美的 CIS 侧重于视觉形象，而善于吸收、消化、改进外来文化的日本，则是在视觉形象的基础上，将东方文化中的价值观念、精神理念、情感诉求和人文气息等植入 CIS，从而丰富和深化了 CIS，使得 CIS 更具现代感，给企业带来的效益也更加显著。

与日本相比，我国导入 CIS 的时间相对滞后。20 世纪 80 年代，太阳神、新能源、第一投资公司先人一步，首创导入 CIS 的佳绩。如今，实施 CIS 策划已是企业的必经之路。

9.1.2 企业形象识别系统的构成

企业形象识别系统包括 3 个构成要素，分别是理念识别系统（mind identity system，MIS）、行为识别系统（behavior identity system，BIS）和视觉识别系统（visual identity system，VIS），即 CIS 的 3 个子系统，如图 9-2 所示。

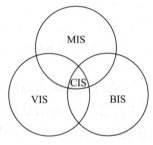

图 9-2　CIS 的构成要素

1. 理念识别系统

理念识别系统（MIS）是一套揭示企业目的和主导思想，凝聚员工向心力的价值观念。MIS 是 CIS 的核心和基本精神，是最高的决策层次，也为 CIS 的顺利实施提供源动力。

理念识别系统主要包括企业使命、企业精神、道德规范、文化性格、发展方向、经营哲学、进取精神和风险意识等。

专栏 9-1　　　　　　　　　　松下的企业理念

日本的松下公司，企业理念体现在以下 4 个方面。

松下基本纲领：认清我们身为企业人的责任，追求进步，促进社会大众福利，致力于社会文化的长远发展。

松下七精神：光明正大精神、产业报国精神、友好一致精神、礼节谦让精神、适应同化精神、奋斗向上精神、感激报恩精神。

松下经营哲学：坚定正确的经营观念、自主经营、量力经营、专业经营、堰堤式经营、靠人经营、全员式经营、共存共荣式经营、适时经营、求实经营。

松下员工信条：唯有本公司的每一位成员齐心协力、精诚团结，才能促成发展进步，我们每一个人都要牢记这一信条，努力使本公司不断进步。

资料来源：王学东.营销策划：方法与实务[M].北京：清华大学出版社，2010.

2. 行为识别系统

行为识别系统（BIS）是一套企业全体员工对内、对外活动的行为规范和准则，表现为动态的识别形式。

行为识别系统的内容相当广泛，从企业活动的内容来看，主要包括对内和对外两个方面。对内的活动主要包括员工培训、礼仪规范、作业制度、生活福利、工作环境、管理模式、经营决策、生产研究等；对外的活动主要包括市场调查和开发、产品开发、公共关系的建立、促销活动的开展、营销、竞争等。

专栏 9-2　　　　　山东能源集团的 4C 行为体系

山东能源集团的企业文化行为体系是"超越文化"的一部分，是精神理念在员工行为上的具现与外化，是员工的职业标准和行为指南。

山东能源集团的企业文化行为体系包括"行为信条（credo）、全员行为公约（consent）、行为规则（code）、商务礼仪（courtesy）"四大部分，简称 4C 行为体系（见图 9-3）。

全员行为公约是山东能源集团全体员工需要共同遵守的行为约定。行为信条是山东能源集团各层各级员工的行为标准。行为规则是全体员工应该共同遵守的行为指引，是

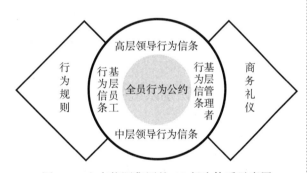

图 9-3　山东能源集团的 4C 行为体系示意图

根据国际化需要，按不同行为类别划分的行为细则。商务礼仪是员工在商务活动中应该遵守的行为准则。

资料来源：山东能源集团有限公司官网，http://www.xwky.cn/qywh/xwsbxt.htm.

---

3. 视觉识别系统

视觉识别系统（VIS）是一套将企业理念和行为进行传播的可感知的要素，表现为静态的、具体化的识别符号。一般来说，对 VIS 的管理是通过编制 CIS 手册来完成的。视

觉识别系统主要包括基本要素和应用要素。基本要素即识别符号，包括企业和品牌的名称与标志、企业标准字和标准色、宣传标语和口号、象征图形等；应用要素是基本要素的传递途径，包括办公用品、广告发布规范、员工形象、品牌包装、交通工具、建筑设计、展示设计等。

如前所述，CIS是一个整体系统，它由MIS、BIS、VIS三个子系统构成，这三个子系统有机结合，相互作用，共同构成了CIS的完整内涵，并且塑造了各具特色的企业形象。三个子系统之间的关系如图9-4所示。MIS比较抽象，是企业最高层次的指导思想和战略体系，是CIS的灵魂，并为CIS的运作提供源动力；BIS比较复杂，是动态的识别形式，规范了企业的行为方式，实际上是企业选择的运作模式；VIS比较直观，是静态的识别符号，可以最直接、最全面地向社会公众传递企业信息。总之，MIS规定了BIS，并且通过VIS来展示，三者共同塑造了企业独特的形象，达到企业识别的目的。如果把CIS比作人的话，那么MIS是人的思想，BIS是人的行为，VIS则是人的外表。

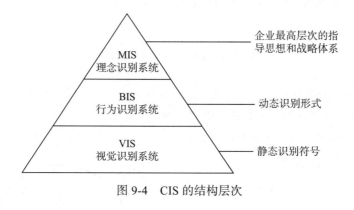

图9-4 CIS的结构层次

9.1.3 企业形象识别系统的特征

1. 系统性

CIS是一项系统工程，是包括MIS、BIS和VIS三个子系统的整体设计，通过三个子系统的设计和运作，把企业理念、经营宗旨、价值观等传达给社会公众，形成完整的企业形象识别系统，塑造企业个性，进而在市场竞争中谋取有利地位。在这一系列的整合与传播过程中，要以MIS为基础和核心，以BIS为主导，以VIS为表现形式，它们分别为企业设计出理念形象、行为形象和视觉形象，既是企业形象的整体表现，又是企业全面参与市场竞争的战略性系统工程。

2. 差异性

差异性是CIS的本质特征。CIS的基本出发点便是根据企业实际情况，在MIS、BIS和VIS三个方面进行个性化的形象塑造。企业导入CIS，也是为了在战略高度实现差别化经营。因此，就CIS的实际操作而言，不论是MIS、BIS还是VIS，其设计和执行都要始终贯彻"独此一家，别无分店"的差异化思想。

3. 传播性

CIS 是对企业的理念、行为和视觉识别系统进行标准化设计，通过各种媒体向社会公众展示企业形象，目的在于使更多的社会公众接触并认可企业，因此，CIS 本身具有很强的传播性。可以说，CIS 是目前企业形象塑造最有效率的手段，它能使社会公众很快辨认出企业和产品的品牌，作为一项系统的策划，不论是对内提高企业整体素质，还是对外维系公共关系，都具有重大作用。

9.2　企业形象识别系统的导入

9.2.1　企业导入形象识别系统的动因

目前，全球企业纷纷导入 CIS，除了 CIS 自身具有的功能和作用外，还有以下动因。

1. 企业经营的国际化、多元化和集团化

现如今，企业普遍实施国际化、多元化和集团化经营，要与不同国家、不同行业、不同部门、不同企业发生联系。为了寻求资源共享，应对激烈的市场竞争，企业必须要形成自己独特的个性，进行整体推广和包装。

2. 产品的同质化

产品正日趋同质化，就其本身而言很难区别，但是消费者依然可以辨别购买，原因在于品牌形象所建立的长久的差异化优势。为了适应消费者区别购买的需要，企业必须通过 CIS 策划树立自己的独特形象，提高市场竞争力，使企业及其产品区别于竞争对手，也便于消费者识别和记忆。

3. 企业再生

企业在改变所有权、转换经营机制、变更组织结构、推出新产品等情况下，往往通过实施拯救性的 CIS 战略来重塑自身形象，这样可以树立企业新的形象，吸引人才，激励员工士气，便于内部管理，也可以增强股东的投资信心，扩大社会资金来源，同时节省促销费用和降低产品成本，提高广告效果。

4. 企业文化的个性化

从科学管理到文化管理，企业管理实现了二次飞跃。文化管理被称为 21 世纪的管理，各企业纷纷构建自己的企业文化。CIS 作为企业文化建设的工具，同时也是企业文化建设的重要组成部分，不仅可以使企业文化更加系统和全面，而且可以丰富企业文化内容，为企业创造新的动能——形象力。

9.2.2 企业导入形象识别系统的模式

企业导入 CIS 是必要的，但需要根据企业现状和问题选择不同的导入模式。一般来说，企业导入 CIS 有以下三种模式。

1. 预备型导入模式

预备型导入模式是在企业新建时采用的。在新企业设立时，需要对企业的经营思想、口号、信条、应用系统设计、企业形象的社会定位、产品开发和推广、战略选择、管理制度和方法等进行设计和规划。此时，因为没有陈规陋习，企业可以有目的地设定最理想的企业理念，规定最标准的行为规范，设计最完美的识别系统。我国从 20 世纪 80 年代末到 90 年代初涌现的广东太阳神集团有限公司、第一投资集团股份有限公司、海南新能源股份有限公司等企业都采用了预备型导入模式，在建立初期，通过 CIS 策划给人以全新的形象。

2. 扩张型导入模式

扩张型导入模式是在企业成长过程中，实现资本扩张时采用的。这时的 CIS 策划不但要立足于企业原有基础，更要着眼于未来，对企业形象进行创新性的策划。例如，在产权重组、组建集团时，CIS 策划可以使被收购企业较易融入收购企业中，增强被收购企业对收购企业的认同感；同时，可以辅助收购企业转换经营机制，改变原有形象，增强所有员工的凝聚力。

3. 拯救型导入模式（治疗型导入模式）

拯救型导入模式是在企业转型，或者需要消除负面影响、摆脱经营危机时采用的。对很多传统型企业来说，在企业改革过程中，为了重新调整经营理念和行为，重塑形象，要通过 CIS 的导入来拯救企业并改善企业的发展前景；另外，当企业面对突发事件或出现信用危机时，也要通过 CIS 的导入打消社会公众的疑虑，重获信任。相对于预备型导入模式，拯救型导入模式更难操作。原因在于，拯救型导入模式既要创立新形象，又得基于原有基础，这其中，旧传统的阻力对新形象的树立所起的负效应尤为突出。因此，拯救型导入模式伴随着的是企业管理体制、组织结构、价值观念等一系列的改革。

9.2.3 企业导入形象识别系统的时机

CIS 策划是企业长期战略的组成部分，选择正确的导入时机，对传播和树立企业形象，保证经营战略的顺利实施起到至关重要的作用。对应导入 CIS 的三种模式，企业在导入 CIS 的时机选择上也存在三种类型。

1. 预备型导入时机

以下几种情况属于预备型导入时机。
（1）新企业成立或组建企业集团。

（2）创业庆典或重大纪念日。

（3）新产品的开发与上市。

2. 扩张型导入时机

企业实现资本扩张后，可以抓住如下良机，成功导入 CIS。

（1）国际化发展需要更新企业形象。

（2）企业发行股票或公开上市。

（3）企业决定进军新市场。

（4）企业实施多元化经营。

（5）与非相关企业合并。

3. 拯救型导入时机

当企业出现以下现象时，需要导入 CIS 以解脱困境。

（1）企业名称老化，与商品形象不符。

（2）企业知名度低，在同行业中竞争力差。

（3）企业形象差，员工士气低落。

（4）出现突发事件，产生负面效应。

（5）人才吸引力差。

（6）缺少可以代表企业的统一标志。

（7）企业的某种特定形象成为某种商品推广的障碍。

（8）竞争产品个性模糊，品牌缺乏差异化。

（9）品牌战略发生改变。

（10）出现经营危机，停滞的事业需要再次发展。

（11）当前的营销战略与企业形象不符。

（12）产品与其商标形象出现矛盾。

（13）经营理念落后。

9.2.4 企业形象识别系统的导入程序

CIS 的导入是一项系统工程，其核心是通过理念识别、行为识别和视觉识别向社会公众传达企业的各种理念，进而塑造企业形象。虽然企业导入 CIS 的模式和时机各有不同，在设计策划的流程和重点上也有所区别，但其基本程序大体相同。一般来说，CIS 的导入可以通过进行实态调研、明确形象概念、确定设计内容、培训与宣传、控制五个程序来完成，如表 9-1 所示。

1. 进行实态调研

实态调研主要包括企业实态调研和环境实态调研，这两种调研也被称为企业的内环境调研和外环境调研。该阶段主要通过各种二手资料、人员访谈、调查问卷以及实验等方法来完成。在调研前，应该制定调研计划流程表，以此来指导调研进程；调研结束后，需要完成调研报告书，对调查结果进行综合分析，确认存在的形象问题，为明确形象概念打好基础。

表 9-1　企业形象识别系统的导入流程与纲要

进行实态调研	企业历史（调查、整理）；企业经营现状（调查、分析）；企业发展战略（调查、建议）；企业股东和高层管理人员的经营风格与个性（调查、评估）；企业文化（调查、分析）；市场竞争情况（调查、分析）；产品竞争情况（调查、分析）；企业的社会知名度和形象、市场地位及产品力（调查、评估）
明确形象概念	企业形象的社会定位（对策建议书）；企业形象的市场定位（对策建议书）；企业的风格定位（对策建议书）；企业形象表现的战略选择（对策建议书）；企业形象的计划实施方案
确定设计内容	企业理念形象设计：企业理念（经营思想）；企业精神信条；企业标语口号；企业歌曲；企业视觉形象设计； 企业标志：画法、企业标志的意义、企业标志的使用范围； 企业标准字体：中文标准字体、英文标准字体、企业标准字体的意义； 企业象征图形（吉祥物）：画法、意义、用途、使用规范； 企业标志、企业标准字体、企业象征图形组合系统：组合方式、使用规范； 企业标准色调系统：主色系统，辅助色系统，主辅色组合标准色意义、用途及使用规范； 企业投资赞助的选项原则及媒体选择：选项原则；投资期限（长期、中期、短期）； 投资方向（工业、高科技、学校、房地产、旅游、公益事业）； 赞助项目（文化体育、公益事业、学校、道路扩建）； 媒体选择；联谊活动 企业对内、对外行为规范：员工训练，诸如礼仪、素质、技术培训；内部机构规范；公关活动规范；外部活动规范 企业办公用品系列：名片——纸质、颜色、用途、设计式样（中文式、英文式）；公司职员识别证；信纸、信封、便笺纸、邀请函、贺卡、证书、明信片、有价证券（卡）、奖券（卡）、入场券（卡）；贵宾卡；报纸；公文卷宗；公文信封；公文纸；报表；资料卡；笔记本；旗帜 广告用品系列：报纸广告——整版、半版、报头（专栏）；杂志广告——跨页式、整页式、半页式；直邮广告——横式、竖式、二折式、四折式；车厢广告；墙体广告；日历广告；月历广告；年历广告；海报（宣传画）广告；气球广告； 户外广告：横式路牌广告、直式路牌广告、立地式广告、霓虹灯广告、指示广告、吊旗广告、屋顶广告等； 立体传播媒体广告：电视媒体广告、广播广告、多媒体（电脑合成）广告、幻灯片广告、灯箱广告、模型广告；礼品广告；社会公益广告 交通工具系列：公司公交车的造型（外部造型与色调）、车体（广告）标志、车厢（广告）标志；公司工程车、工具车车体（广告）标志；小车的造型、车用饰物 制服系列：公司职员夏季办公服装；公司职员冬、秋季办公服装；管理人员礼服系列；职员休闲运动服（夏季）；职员休闲运动服（冬季）；职员服饰系列（徽章、饰花）；职员服装配件系列（领带、皮鞋、饰物、袜子、钥匙链）；公文包 办公室内布置：办公室环境空间设计；办公室设备（式样、颜色）；照明灯；壁挂；绿色植物与盆景；橱窗；部门牌；标志符号；告示牌；记事牌；公告栏；茶具、烟具、清洁用具；办公桌及桌上用具 包装系列：包装用套封；包装纸；手提袋；包装盒；包装箱；包装造型与图案色调
培训与宣传	编印《企业形象识别系统手册》；召开企业形象方案发布会；指导企业形象方案发布会；指导企业形象管理系统组织机构建设；系统培训：CIS 知识启蒙训导、高层管理人员 CIS 沟通讨论会、部门经理 CIS 研讨学习班、员工礼仪培训；系列活动：企业外部环境问卷调查（跟踪调整）、企业内部环境问卷调查（跟踪调整）、公司环境改善活动、公益性活动计划、公共关系活动计划、广告促销活动计划；通过各种新闻媒体广泛宣传企业形象
控制	监督；评估；修正

企业实态调研主要包括企业的历史、经营现状、发展战略、组织结构、管理制度、股东和高层管理人员的经营风格与个性、员工素质、组织文化、公共关系以及现有视觉

识别系统等；环境实态调研主要包括企业的市场竞争情况，企业的产品竞争情况，企业的知名度和形象、市场地位、产品力，以及相关利益者的评价等。

2. 明确形象概念

在这一阶段，可以根据实态调研所得的数据、资料和结论，与企业高层管理人员进行双向沟通，分析企业的定位与形象内容，确立 CIS 策划的目的、今后的工作思路和方向以及操作程序等，以此作为下一个导入程序，即确定设计内容的原则和思想。

这个阶段的主要内容包括：成立 CIS 委员会，明确 CIS 策划的目的和导入重点，界定 CIS 的社会定位和市场定位，规定 CIS 策划的执行和评估方法，制定 CIS 策划的操作程序等。

3. 确定设计内容

设计内容的确定是 CIS 策划的一个难点，需要将前一个阶段确定的概念和内容转换为行为与视觉形式。具体来说，要通过头脑风暴、听取专家意见、去已实施 CIS 的企业考察、征求员工和社会大众意见等方法，不断地设计、调查、测试，以确定能够表现原始形象概念的行为识别和视觉识别符号。需要强调的是，设计内容一定要具有科学性、规律性和可操作性，而且能够为员工所认同。

这个阶段的设计内容主要包括经营理念、对内和对外的行为规范、基本要素、应用要素、对外宣传和对内培训方案、CIS 的执行和管理系统等。

4. 培训与宣传

培训与宣传即导入 CIS 的实施阶段，其重点在于将企业形象识别系统制作成规范化、标准化和可操作的手册与文件，对内进行员工培训，对外宣传、发布 CIS 成果，并且成立 CIS 推进小组对 CIS 的实施进行系统化管理。

（1）对内进行员工培训。CIS 对内发布应该早于对外发布，应该对企业内部全体员工进行 CIS 的系统培训和宣传说明，包括 CIS 的背景知识介绍、各种手册和文件的宣讲、视觉识别系统的基本要素和应用要素的介绍、企业公共关系及公益活动计划、高层管理人员的沟通和研讨、中层管理人员的集训、员工的礼仪训练等。通过对员工的培训，可以使企业理念成为员工共同的价值观，从而规范员工的行为举止，并通过其行为来传播和展示企业理念；另外，还可以让员工统一认识，激发员工的热情，使其接受并自觉执行各项计划，达到决策真正有效落实的目的。

（2）对外宣传、发布 CIS 成果。CIS 的对外发布是借助新闻发布会、各种传播媒体以及社会公益活动等形式，宣传和发布企业 CIS 策划的各项成果，主要包括企业理念、视觉设计以及有关 CIS 的重大活动，使社会公众广泛认知企业的新形象和新理念。

需要注意的是，对外发布和展示成果本身就是 CIS 的应用，尤其应该遵守已经确立的企业投资、赞助的选择原则和媒体选择原则，注重发布效果，发布的内容和形式要与企业新定位相符，这样才有利于塑造新形象。

（3）成立 CIS 推进小组。CIS 的实施是一个全面推进的长期过程，完成了对内培训和对外宣传与发布，并不意味着 CIS 实施的结束，否则便犯了"重设计轻实施、重短期轻长期"的错误。因此，企业还需要成立专门的组织机构，保证 CIS 策划的全面实施和持续推进，达到不断巩固和提升企业形象的目的。

推进小组的主要作用有：第一，制订实施 CIS 的详细计划，包括时间进程、日常管理、培训教育以及导入决策等；第二，对 CIS 各系统的实施进行协调管理，包括品牌管理、应用识别系统的落实、内部标准化管理等。

5. 控制

企业形象识别系统的导入属于事前计划，实施过程中还要进行事后计划，也就是对导入和推行 CIS 的效果进行监督、测定和评估，肯定成绩的同时总结经验，及时发现问题，并且进行相应的调整和修正，以便完善系统，进行二次导入。

9.3 企业理念识别系统策划

9.3.1 企业理念识别系统的内容

企业理念识别系统是企业赖以生存的源动力，是企业形象识别系统的核心，在企业发展中发挥着导向、规范、凝聚和激励的作用。企业理念识别系统主要包括企业使命、企业价值观、企业经营思想，虽然只有三方面，却描述了企业精神、行为准则和道德规范、经营方向、经营风格和作风等丰富的内容。

1. 企业使命

企业使命是指企业存在的意义，即企业在社会经济活动中所扮演的角色、履行的责任以及因此而从事的业务。企业使命为企业发展指明方向，也是企业确定目标和战略的前提，只有明确企业使命，才能持续激发员工的创造热情，才能得到社会公众的认可和接受。因此，企业在进行理念识别系统策划时，必须从分析和确定企业的使命入手，要使企业理念识别系统充分体现企业的使命。

企业在确立其使命时，可以参考管理大师彼得·德鲁克的五个经典问题：我们的使命是什么？我们的顾客是谁？我们的顾客重视什么？我们的成果是什么？我们的计划是什么？这些问题听起来很简单，却是企业必须慎重、全面地做出解答的难题，也是企业确立使命时经常使用的方法。

很多企业通过制定企业使命说明书来使员工负有使命感和责任感，一份好的使命说明书可以清晰地阐明经营方向、目标和机会，引导众多分散的员工独立但方向一致地朝着共同的组织目标迈进。例如，eBay 在其使命说明书中是这么描述的，"我们帮助人们对地球上的任何商品进行交易。我们将持续提升所有人在线交易的体验"。

2. 企业价值观

企业价值观是企业理念识别系统的基础，是企业内部形成的、全体员工共同认可的对待客观事物的态度和观念。企业价值观可以准确反映全体员工对其工作意义的认识和行为目标的取舍，也可以体现企业的经营风格和作风。价值观作为一种意识形态，对企业员工行为产生重大影响，坚定了员工的信念，确立了员工的行为准则和道德规范，并且贯彻到企业生产经营的各个环节中，此时，企业意志也就得到了充分的展示。

专栏 9-3　　　　　　　　　华为的核心价值观

一、成就客户

为客户服务是华为存在的唯一理由，客户需求是华为发展的源动力。我们坚持以客户为中心，快速响应客户需求，持续为客户创造长期价值进而成就客户。为客户提供有效服务，是我们工作的方向和价值评价的标尺，成就客户就是成就我们自己。

二、艰苦奋斗

我们没有任何稀缺的资源可以依赖，唯有艰苦奋斗才能赢得客户的尊重与信赖。奋斗体现在为客户创造价值的任何微小活动中，以及在劳动的准备过程中为充实提高自己而做的努力。我们坚持以奋斗者为本，使奋斗者得到合理的回报。

三、自我批判

自我批判的目的是不断进步、不断改进，而不是自我否定。只有坚持自我批判，才能倾听、扬弃和持续超越，才能更容易尊重他人和与他人合作，实现客户、公司、团队和个人的共同发展。

四、开放进取

为了更好地满足客户需求，我们积极进取、勇于开拓，坚持开放与创新，以更好地满足客户需求。任何先进的技术、产品、解决方案和业务管理，只有转化为商业成功才能产生价值。我们坚持客户需求导向，并围绕客户需求持续创新。

五、至诚守信

我们只有内心坦荡诚恳，才能言出必行，信守承诺。诚信是我们最重要的无形资产，华为坚持以诚信赢得客户。

六、团队合作

胜则举杯相庆，败则拼死相救。团队合作不仅是跨文化的群体协作精神，也是打破部门墙、提升流程效率的有力保障。

资料来源：华为官网，http://www.huawei.com/cn/.

需要强调的是，企业价值观的正确取向应该包括以下两方面的内容：第一，企业价

值观应该放在社会价值观中考虑和对待，追求企业价值观不能损害社会整体利益；第二，企业价值观是从高层决策者到基层员工的全体意志，而不仅局限于高层决策者，只有全体员工形成共同一致的价值观，才能保证企业上下步调一致。

3. 企业经营思想

企业经营思想是企业高层领导者的价值观和经营哲学在企业经营活动中的运用和体现，是企业经营活动的指导思想和基本原则。企业经营思想集中体现了企业的经营哲学、信念和道德规范，对全体员工有巨大的导向作用。因此，企业经营思想是企业理念识别系统的决定性因素，规定着其他识别系统要素的性质，是整个企业活动的灵魂。"蓝色巨人"IBM公司的掌门人小沃森就认为："一个企业的基本哲学对成就所起的作用，远远超过其技术或经济资源、组织结构、发明创新和时机选择所能起的作用。"

当然，企业经营思想不是一个简单的口号，而是企业在长期的生产经营实践中形成的文化精髓。小沃森所强调的"尊重人、服务顾客、放眼企业未来"的经营思想，也是包括老沃森在内的几代人努力的结果。因此，经营思想是企业长远发展的重大财富，也是企业永远坚持和维护的传家之宝。

企业理念识别系统由企业使命、企业价值观和企业经营思想组成，不论哪一部分内容，都要在顾客、市场、技术、产品或服务、盈利能力、组织结构、激励效果、公众形象、相关利益者回报等方面做出客观准确的判断，只有这样才能形成完整的企业理念识别系统。

9.3.2 企业理念识别系统的导入流程

企业理念识别系统的导入也有其程序，一般有以下几个步骤：第一，分析企业形象现状；第二，确定企业理念识别要素；第三，表述企业理念；第四，对企业理念识别系统进行测试；第五，企业理念识别系统的实施。

1. 分析企业形象现状

我们知道，企业理念识别系统是整个企业形象识别系统的核心和灵魂，是企业最高层次的指导思想和战略体系，它规定和指导着企业的各种活动。因此，只有对企业的整体形象现状进行分析，才能了解企业理念识别系统的现状，才能为它的正确导入打好基础。对企业形象现状的分析包含很多内容，具体如下。

首先，进行企业形象调查。进行这一步时，应着力回答以下问题：与竞争对手相比，企业的形象地位如何？有何特殊形象？同行业中，企业知名度如何？是否存在知名度错位？消费者对企业的知晓程度有多深？与竞争对手相比，企业的美誉度如何？赞美的内容是什么？赞美的原因是什么？从全社会来看，社会公众对企业的基本视觉要素和应用视觉要素设计的态度如何？哪些方面需要改进？与竞争对手相比，消费者对企业品牌的评价如何？企业形象在哪些方面影响企业的发展？

其次，分析企业经营状况。进行这一步时应思考以下问题：与同行业相比，企业的规模和利润如何？目前的优势和劣势是什么？与竞争对手相比，企业的市场地位、产品地位和营销情况如何？如何面对竞争对手的挑战？与竞争对手相比，企业收益性如何？未来盈亏趋势如何变动？资金链情况怎么样？财务状况如何？财务制度是否有缺陷？

再次，考察企业的信息传播渠道。进行这一步时需要回答以下问题：与竞争对手相比，在对外沟通上，企业最重要的识别项目是什么？现存识别系统有无问题？企业的专长在哪里？传播渠道的选择是否合理？如何改善？对内沟通是否高效？主要方法是什么？存在什么问题？如何改善？

最后，诊断企业现有理念。进行这一步时可以考虑以下问题：企业的使命是什么？企业的价值观念体现在哪些方面？企业经营思想包括哪些内容？最重要的经营理念是什么？最重要的经营方针是什么？企业如何制定各种发展战略？存在什么问题？

2. 确定企业理念识别要素

基于以上的企业形象现状分析，便可以概括出目前的企业理念。如果通过企业形象分析，发现目前企业形象不佳，则需要对原有企业理念进行修正，进而调整企业理念识别系统。因此说，客观准确的企业形象现状分析是确定企业理念识别系统的基础。

企业理念是一个抽象概念，需要把它具体化为可以识别的要素。企业理念的识别是通过基本要素和应用要素来实现的。企业理念识别的基本要素包括企业目标、经营战略、管理制度、组织制度、公共关系原则、企业道德等；应用要素包括企业信念、企业标语和口号、企业歌曲、企业座右铭、企业条例和守则等。

3. 表述企业理念

在确定企业理念识别要素后，需要对每个要素逐一界定，用最简练的文字和语言对所要设计的要素进行表述，并概括所要表达的全部要素内容。表述过程在能够正确表达含义的基础上，一定要贯彻易于传播和记忆的原则，在表现形式和表达方法上也应该有所考虑。

一般来说，企业理念的表现形式有标语、口号、企业歌曲、企业座右铭、企业条例、企业守则、广告、建筑物设计、商品包装设计以及其他视觉应用系统等。

企业在进行理念表述时还要注意方法，常用的有以下方法。

（1）厂名命名法：如"大庆精神""鞍钢精神""松下精神"等。

（2）产品命名法：如沈阳风动机厂根据自己的拳头产品"凿岩机"敢于碰硬的特点，将该厂的企业精神命名为"凿岩机精神"。

（3）人名命名法：如大庆油田的"铁人精神"、鞍钢的"孟泰精神"等。

（4）概括命名法：如日本佳能公司的"三自精神"（自发、自治、自觉）。

（5）借物寓意命名法：如戚墅堰机车车辆厂的"火车头精神"、日本索尼公司的"土拨鼠精神"等。

4. 对企业理念识别系统进行测试

对企业理念识别要素和内容进行设计后，不能马上投入实施，还需要在企业内外进行适当的测试。测试过程中，对内表现为自下而上的讨论和自上而下的宣讲，达成内部一致性；对外则是对社会公众、专家以及媒体的意见征询。经过对内和对外几个过程的反复，最终要实现由内至外和由外至内的共识。

另外，测试标准是这个阶段的关键，除了内容本身要合理之外，还要使理念识别系统易于传播。一般来说，需要解决以下问题：是否得到顾客的认同和理解？是否容易被社会公众传播？企业目标与员工目标是否一致？是否获得了企业大多数员工的认同？是否符合企业实际情况？是否在企业生产经营活动中得到自觉体现？能否激励员工的工作热情？能否包容企业多年以来形成的优良文化？能否适应未来社会经济环境的变化？

5. 企业理念识别系统的实施

企业理念识别系统的实施过程本质上包括两方面内容：其一，要将理念渗透到组织与员工的行为中，即 BIS 策划；其二，要将理念渗透到企业的视觉标志中，即 VIS 策划。

企业的理念要内化为员工的意识和自觉行为，使员工深刻领悟企业理念的含义和真谛，在实践中自觉规范自己的行为，这是一个不断渗透、贯彻、教育和实践的过程；除此之外，理念的渗透还要涉及视觉标志的很多方面，包括建筑物设计、商品包装设计、员工制服及其他视觉应用要素。上述两方面内容，我们在后文还会有更加详细的阐述。

9.4 企业行为识别系统策划

在确定企业理念识别系统后，就要把理念信息传递给社会大众，使之了解企业并产生认同感。在企业形象识别系统中，理念的传递途径主要有两条：一条是静态的视觉识别系统，即 VIS；另一条是动态的行为识别系统，即本节要研究的 BIS。

如果说理念识别系统是 CIS 中的"想法"，那么行为识别系统就是 CIS 中的"做法"，它使"想法"在具体的生产经营活动中得以落实和体现。企业行为识别系统由两部分组成：一部分是企业内部行为系统，包括企业制度、企业风俗、企业员工行为规范等；另一部分是企业外部行为系统，主要包括市场调研、营销战略、产品开发、促销安排、广告活动、公共关系等经营管理行为。由于企业外部行为系统的内容在本书相关章节中已有详细论述，本节主要介绍行为识别系统中的内部行为系统。

9.4.1 企业制度策划

企业制度是企业为了保证生产经营活动顺利进行而制定的工作秩序和规定。企业制度集中体现了企业理念对企业组织和员工行为的要求，是企业行为识别系统策划的基本且主要的内容。企业制度的建立本质上是为了实现科学化管理，因此，科学合理是其制定的第一原则；另外，不论企业制度的内容是什么，归根结底都是由人来执行的，因此还要保证企业制度能够充分体现"以人为本"的管理思想，从企业实际需要出发，刚柔并济、宽严有度，贯彻"人性化"原则。

企业制度包括工作制度、责任制度和特殊制度，因此，企业制度策划也是在这三个层面上展开的。

1. 工作制度

工作制度是企业对各项工作运行程序的管理和规定，是企业正常运转的必要保障。企业工作制度包括宏观制度和微观制度：宏观工作制度有管理制度、领导制度、工会制度、职代会制度、分配制度、奖惩制度、教育培训制度等；微观工作制度就是各职能部门的工作制度，包括人事制度、财务制度、计划制度、行政管理制度、生产管理制度、营销管理制度、技术与研发管理制度、设备与物资管理制度等。

2. 责任制度

责任制度是企业加强内部管理的重要制度，也是衡量企业管理水平高低的重要标准。责任制度的基本做法是：按照责权利相结合的原则，将企业的目标体系、各项任务以及保证目标和任务得以实现的各项措施层层分解，落实到各个层级和个人，使整个企业能够分工协作，各部门独立工作却共同实现企业目标。责任制度一般包括领导责任制度、职能部门责任制度和员工岗位责任制度等。

企业责任制度包括以下三个层次。

第一，纵向责任。即按照由上至下、逐层分解的办法，化整为零，将各项经济指标和工作要求逐一落实到各个单位、部门、岗位和员工。

第二，横向责任。纵向责任的落实和完成经常需要不同部门和人员的相互协调与配合，横向责任正是为了避免各自为战而要求各单位互相保证，将企业内部各单位、部门、岗位之间的具体协作要求逐一落实到个人。横向责任可以有效保证不同单位之间的有机联系，使企业内部的责任制度成为一个和谐的责任网络。

第三，监督责任。即对纵向责任和横向责任的网络体系进行监督和考核，将之与经济利益和奖惩挂钩，这是责任制度的动力机制，可以保证责任制度真正得到落实。

3. 特殊制度

工作制度和责任制度是企业的一般制度，也是企业普遍具有的。特殊制度则是企业的特色制度，各企业因其历史和文化背景的不同而在内容上往往有很大差异。可以说，特殊制度是企业文化中精神层面的体现，与一般制度相比，特殊制度更有利于企业塑造鲜明充实的形象。有代表性的特殊制度包括员工评议制度、领导访问制度、对话制度等。

9.4.2 企业风俗策划

企业风俗是企业长期继承、约定俗成的文化活动，包括节日、习惯、典礼、仪式等。企业风俗是企业在长期发展过程中自发形成的，因企业的不同而有明显区别，所以成为区别不同企业的显著标志，也是企业行为识别系统的重要内容。

企业风俗表现为风俗习惯和风俗活动。风俗习惯是企业长期坚持的、表现企业风俗的器物、场景和布置等，比如灯笼、鲜花、对联、标语等。风俗活动是企业风俗的具体内容，表现为各种活动。风俗活动又可以分为一般风俗和特殊风俗。一般风俗是指企业由于行业、地域或直接借鉴使用而具有的相近的企业风俗，比如庆典活动、企业展览、迎新晚会、文艺演出、集体婚礼等；特殊风俗则是企业特有的风俗，如晨会、司庆等。

9.4.3 企业员工行为规范策划

员工是企业的主体，也是企业中与社会接触最频繁的个体。从现实情况看，员工的行为表现不自觉也不统一，故企业必须确立员工的行为规范和准则，使员工的行为变得自觉和统一。只有这样，才能提高整个企业的运转效率，才能向社会展示企业风貌，树立健康的企业形象。一般来说，员工的行为规范策划包括如下几点。

1. 员工行为准则

员工行为准则包括如下几点。

第一，素质与修养。企业员工要遵守国家法律法规，具有良好的个人品德和修养，具备完整的人格，熟练掌握业务技能。

第二，岗位纪律。岗位纪律是员工在工作中严格遵守的要求和规定，主要包括作息时间、请销假制度、保密制度、工作状态要求以及一些行业的特殊纪律等。

第三，工作程序。工作程序是对员工在团队中进行工作的程序性的行为规定，主要包括接受和执行上级要求、及时请示和汇报、参加会议、独立工作、与他人协作、尊重同事等。

2. 员工环境设计与要求

员工环境设计与要求包括如下几点。

第一，环境设计与维护。员工环境的设计包括个体工作环境和群体工作环境，也就是要给员工足够的工作空间，设计合理的激励机制，充分调动员工积极性，还要通过合理的制度创建和谐的群体工作环境，增强员工的归属感和凝聚力。此外，还要加强对环境的维护，具体包括企业环境和社会环境。企业环境有办公室、宿舍、食堂、车间、公共场所等，社会环境则有资源和人文环境等。

第二，环境的安全。企业的生产安全与员工的生命安全是企业存在与发展的前提，符合马斯洛的需要层次理论，也能充分体现"以人为本"的企业理念。因此，保证环境的安全、提高员工的安全意识也是员工行为规范策划的重要内容。

3. 员工礼仪规范

企业每天都在进行对外交往，其对外活动是由员工完成的，因此每名员工都代表着企业形象，对其礼仪的规范和要求要升级为企业的意志，也是培养高素质员工的途径。从企业行为识别系统策划的实践来看，很多企业把员工礼仪规范写在员工行为规范的第一部分。员工礼仪规范包括如下几点。

第一，仪容仪表。主要有服饰规范、外表形象规范、姿态规范和神态规范等。

第二，商业礼仪。主要有礼貌用语、见面礼节、欢送礼节、宴请要求、电话礼仪、登门拜访礼仪等。

需要强调说明的是，在贯彻和执行员工行为规范的过程中，一定要重视对员工的教育和培训，这是员工行为自觉化、规范化、统一化的保障机制。

9.5 企业视觉识别系统策划

企业视觉识别系统是传递企业形象信息的静态识别符号，也是企业形象识别系统中与社会公众联系最紧密的子系统。视觉识别与理念识别、行为识别相比具有明显的直观性，是在确定企业经营理念的基础上，设计出直观的、易于交流的识别符号，借助各种传播媒体，快速渗透给社会公众，以达到形象识别的目的。

9.5.1 视觉形象选择的依据

构建企业视觉识别系统，需要将企业的营销理念和战略构想翻译成文字、描绘成画面，把抽象的理念转化为具体可见的符号，形成一整套具有象征性、同一性、标准性、系统性的符号。企业视觉形象强调引人注目、寓意隽永、简洁明了、易识易记，使企业的营销理念和企业特色为公众所认同。企业形象的表现方式多种多样，可以通过产品本身的包装、造型和款式风格来表现，可以通过企业创始人或有名的企业领导的形象来表现，也可以通过趣味故事或代表性建筑物来表现，甚至可以通过卡通、漫画等艺术形式表现。不管采用哪种方式，其选择有以下几个标准。

1. 独创性

独特的设计或创意是视觉形象选择的首要标准。独创性要求设计师充分发挥聪明才智，用心挖掘生活积累并发挥创造潜能，以"独树一帜，别具一格""不人云亦云"的精神进行创作。

2. 针对性

企业视觉形象的选择要求针对不同的诉求对象、民族文化背景、地域和历史条件进行。一般选择符合审美规律并且和谐统一的表现手法，营造出令人神往和惬意的文化氛围，引导消费者产生认同感。当然也不排除反常规的逆向思维的审美形式，别出心裁的创意能够激发人们的好奇心，有助于加深人们对产品的记忆程度，从而形成较强的视觉冲击力。

3. 情趣性

要求设计师以"源于生活又高于生活"为原则，将人世间富有情感、幽默感和精神趣味的东西应用于企业标志、商业广告、商品包装、商标设计、商品展示等要素和活动中，以增强产品的吸引力和感染力。

4. 艺术性

要求设计师通过准确、鲜明、生动的艺术形象表现审美主体，使审美主体在形式、结构和表现技巧上尽可能地达到尽善尽美、美轮美奂的境界。无论是在产品造型、装潢设计、徽章创意上，还是在建筑物、室内、办公用品设计等方面，都应充分体现出企业高雅的审美价值和灵活的管理艺术。

企业视觉识别系统由基本要素和应用要素构成，如图9-5所示。

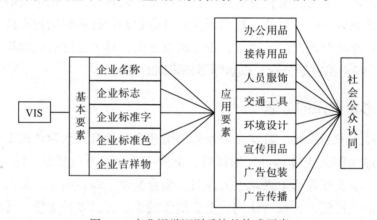

图9-5　企业视觉识别系统的构成要素

9.5.2　视觉识别系统的基本要素策划

视觉识别系统的基本要素即识别符号，主要包括企业名称、企业标志、企业标准字、企业标准色、企业吉祥物等。

1. 企业名称

在设立新企业或老企业需要塑造新形象时，都要考虑名称设计。企业名称是企业与企业之间区别的根本标志，是用文字来表现的识别要素，一旦注册便受法律保护。但是，企业名称又不是简单的文字符号，它是企业理念的浓缩，需要综合考虑企业规模、经营范围等因素，而且必须与企业目标、企业宗旨、企业精神等协调，要有利于树立形象、宣传促销、创造品牌等。

在设计企业名称时，一定要突出两个原则，即名称的设计要有个性，而且简短易记，这样才有利于传播。比如，清华同方是清华大学创办的高科技企业，其名称"同方"便出自《诗经》，寓意为"有志者同方"，这样的名称不仅具有深厚的文化底蕴，而且有明显的区别作用，容易记忆。实践证明，清华同方也确实得到了社会公众的认可。

2. 企业标志

企业标志是企业的文字名称、图形及其组合的设计，目的是把抽象的企业理念和精神用具体的标志传达给利益相关者。也就是说，企业标志要给利益相关者带来联想，通过标志可以识别企业及其理念、产品、服务等。因此，企业标志是企业视觉识别要素的核心，一旦确定则不宜经常改变。

企业标志被广泛应用在广告、产品、包装以及视觉识别系统中。按照表现方式的不同，企业标志可以分为文字标志、图形标志、组合标志等。

专栏 9-4　　　　　　　　　　宝马标志的演变史

BMW 是 Bayerische Motoren Werke AG 即巴伐利亚发动机制造厂股份有限公司的缩写，这个名字第一次出现于 1917 年，该年宝马启用了自己的商标。它沿用了之前标志的双圆环设计，外圈仍然是黑色，但是把上面的"RAPP MOTOR"字样改成了"BMW"，圆环内部的图案由一个马头换成了四个蓝白扇形（源自巴伐利亚州旗）。到了 20 世纪 20 年代末，BMW 商标中的蓝白扇形在广告中又有了一个新解释——螺旋桨。1933 年起，宝马公司开始自行研发并设计汽车，修改后的新标志对比 1917 年版，加粗了双圆的金色边框与 BMW 的字体，使其看起来更加高端、沉稳。

宝马公司 1953 年再次对其标志进行修改，完全抛弃了金色双圆边框与字母配色，字母改用了白色，并将中间的图案变成浅蓝色，看起来比较年轻。1963 年，宝马第三次修改标志，改动幅度非常小，将淡蓝色扇形部分改回天蓝色，并把略显过时的字体替换掉。修改后的车标更加动感，在保持了年轻化特点的基础上又增添了些许科技感。宝马第四次修改标志是在 1997 年，此次修改幅度依然不大，仅将旧版标志改成了三维立体效果，使其更加醒目、动感、现代化。

2020 年，宝马的全新标志将使用了一百多年的黑色外环变为透明，但保留了蓝天白云的扇形图案。标志取消了三维立体效果，整体采用扁平化设计，并对字体形状进行了升级。全新的标志整体看来更加简洁。宝马汽车公司客户与品牌高级副总裁詹斯·蒂默（Jens Thiemer）表示："去掉盾牌周围的黑环，表达了宝马对年轻购车者更加开放与透明的态度，也体现了宝马将更好地迎接数字化的转变。"宝马标志的演变如图 9-6 所示。

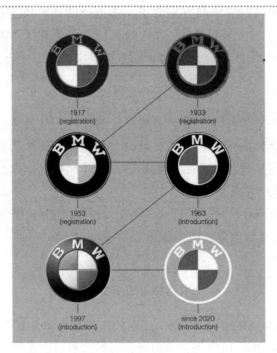

图 9-6　宝马标志的演变

资料来源：汽车之家. 时隔 23 年宝马换标，回顾 BMW 车标演变史 [EB/OL]. (2020-03-05). https://zhuanlan.zhihu.com/p/110970324.

一般来说，企业标志的设计要经过以下几个程序：第一，明确理念，产生创意；第二，拟定设计要求，形成设计预案；第三，进行方案评估，选定企业标志；第四，根据企业标志，进行辅助设计；第五，进行设计制作。

3. 企业标准字

标准字是将企业名称、品牌名称、广告口号等经过字体的选择和搭配，对字间距、背景颜色、线条效果等进行设计和处理而形成的表现方式。企业标准字借助不同形式的视觉识别，增强文字的表现力，进而形成形象差异，强化企业对外交流的诉求力。

在设计标准字时有以下几个要求：第一，企业标准字应该与企业标志等视觉识别的其他要素相配合；第二，企业标准字应该与经营范围及产品相呼应，比如，香水、纤维制品等制造商经常使用英文曲线来匹配其产品香味悠长、纤维柔软的特点；第三，企业标准字应该具有独特性，但是一定要利于识别和记忆。

4. 企业标准色

企业标准色是根据企业理念和产品特质等的需要而选定的代表企业形象的特定色彩。标准色一般是一种或几种颜色的组合，经常与企业标志、标准字等配合使用。标准色是一种独特的企业形象，它利用色彩产生的视觉刺激和心理反应，使社会公众产生联想，进而拉近企业与社会公众的距离。企业标准色是传递企业理念、塑造企业独特形象的有力工具。

在设计标准色时要注意以下问题：第一，企业标准色要有利于表现企业理念和企业形象，比如，可口可乐的红色代表了激情、青春和健康；第二，企业标准色要考虑到不同颜色所产生的心理反应，比如，银色让人感觉冷静、优雅和高贵；第三，企业标准色要注意民族倾向，比如，埃及人喜欢绿色，忌讳蓝色；第四，企业标准色应该具有差异性。

5. 企业吉祥物

企业吉祥物是为了强化企业形象而设计的企业造型和具体图案。企业吉祥物很容易唤起社会公众的亲和力和想象力，引起社会关注。与抽象的企业标志和企业标准字相比，企业吉祥物往往更有视觉冲击力并引起情感偏好，更有助于企业与社会公众之间的沟通。

在设计企业吉祥物时，不但要充分考虑企业形象定位，而且要考虑信仰和风俗问题，还要注意企业经营范围和产品特性。

专栏 9-5　　　　　　　　　旺仔升级造型

旺仔品牌改变以往单调的表情形象，于 2019 年 1 月在微博上推出了 56 个民族版的旺仔牛奶图案，顿时就上了热搜，话题阅读量高达 1.2 亿。同年 5 月 1 日，56 个民族版的旺仔牛奶包装正式上线，还附带民族版零食、酒、衣服等相关周边。新包装在建国 70 周年之际，顺应了民族大团结的价值观，唤起了大众消费者的民族感。又萌又有喜感的旺仔包装更是在微博、微信和抖音三大社交平台上圈粉无数。

9.5.3　视觉识别系统的应用要素策划

视觉识别系统的应用要素是指基本要素组合应用的传递媒介，主要包括办公用品、接待用品、人员服饰、交通工具、环境设计、宣传用品、产品包装、广告传播等。

1. 办公用品

办公用品用量大、辐射面广，而且长期使用，因此它们具有很强的实用价值和视觉识别效用。办公用品主要有：名片、信纸、信封、便笺、请柬、贺卡、证书、记事本、公文夹、文件袋、文具、票据、员工证件、报表、资料卡、旗帜、公文箱、公文包等。

2. 接待用品

接待用品可以很好地向企业的利益相关者展示企业风貌。接待用品主要有：水杯、茶壶、保温瓶、烟灰缸、垃圾桶、毛巾等。

3. 人员服饰

企业人员服饰可以有效传达企业的经营理念、行业特性、精神面貌等，也是企业视觉识别系统的应用要素之一。人员服饰主要有：各类员工的服装、领带、徽章、胸卡、帽子等。

4. 交通工具

交通工具是流动的形象展示平台，如果与企业标志、标准字以及标准色配合使用，将会产生很强的视觉冲击力。交通工具主要有：货车、客车、轿车、班车、旅行车、集装箱、小推车、船舶等。

5. 环境设计

环境设计包括室内和室外的设计。室内设计主要有：办公设备、空间设计、室内装修、车间布置、公共环境标识、公告栏等；室外设计主要有：建筑外观、风景设计、门面招牌、路标等。

6. 宣传用品

宣传用品是推广和介绍企业的有效手段。宣传用品主要有：企业简介、企业刊物、展示册、图片、宣传单、公关礼品等。

7. 产品包装

产品包装具有宣传和美化商品的作用，是"无声的推销员"，也是视觉识别系统的重要内容。产品包装设计主要有：包装箱、包装盒、包装绳、手提袋、包装造型、运输包装、分类包装、赠品包装、印刷品、专用包装纸、标签等。

8. 广告传播

广告是一种经济有效的传播信息的方法。广告传播主要有：报纸、杂志、电视、广播、户外的媒体选择和广告设计、展示和促销设计、POP（point of purchase，卖点）广告、DM（direct mail，直接邮寄）广告等。

⊙ 策划案例与文案　　　　宜家家居企业形象识别系统

一、背景介绍

宜家家居（IKEA）于 1943 年创建于瑞典，创始人是瑞典人英格瓦·坎普拉德（Ingvar Kamprad），创立之初主要经营文具邮购、杂货销售等业务，后转向以家具为主业，在不断扩张过程中，产品范围扩展到涵盖各种家居用品。历经半个多世纪的发展，如今它已在全球 38 个国家和地区拥有 311 家商场，是全球最大的家具家居用品商家，销售主要包括座椅/沙发系列、办公用品、卧室系列、厨房系列、照明系列、纺织品、炊具系列、房屋储藏系列、儿童产品系列等约 10 000 种产品。

二、宜家理念识别系统

（一）经营理念

1. 为大众服务

宜家经营理念始于为大众提供经济实惠的家居装饰产品，而非仅为少数人服务。宜家以"为大众创造更美好的日常生活，提供种类繁多、美观实用、老百姓买得起的家居用品"为自己的经营理念。宜家品牌的真正核心是让顾客成为品牌传播者，而非硬性的广告宣传。就像英国一家媒体评价宜家的评语：它不是在卖家具，它在为你搭起一个梦想。

2. 可持续发展

在提供种类繁多、美观实用、老百姓买得起的家居用品的同时，宜家努力创造以客户和社会利益为中心的经营方式，致力于环保及社会责任问题。宜家将功能、质量、设计、价值结合在一起，并始终牢记可持续发展理念，希望对人与地球产生积极影响，为人们创造更加美好的日常生活——包括让生活变得更加可持续。

（二）宜家精神：创新、成本、责任、敬业、简约

宜家创始人英格瓦·坎普拉德有一句名言："真正的宜家精神，是由我们的热忱，我们持之以恒的创新精神，我们的成本意识，我们承担责任和乐于助人的愿望，我们的敬业精神，以及我们简洁的行为所构成的。"宜家精神包含在产品开发和销售的点滴之中，使宜家走向今天的成功。

三、宜家视觉识别系统

（一）标志

IKEA 这个名称结合了宜家创始人 Ingvar Kamprad 名字的首字母（IK），和他长大的农场和村庄的名字 Elmtaryd 和 Agunnaryd 的首字母（EA）。宜家标志在公司的整个历史过程中几乎未经改变，1967 年的版本一直是宜家的象征。标志的造型上离不开字母的设计和椭圆形符号的运用，宜家家居采用椭圆形只是为了衬托中间 IKEA 字母的厚重感。宜家品牌标志的简洁、敦厚象征了家居用品的可信任性、耐用性、简洁性。几何图形的妙用塑造了"宜家"独特又蕴含深意的品牌标志，矩形、圆形都是家具较常采用的图形。

（二）标准色

宜家标识的标准色是黄色和蓝色，正好是瑞典国旗的两种颜色，标志着宜家来自瑞典。宜家家居的标志设计配色非常大胆。在瑞典，黄色和蓝色在人们的生活生计中均扮演着重要的角色。这也是宜家家居采用黄色和蓝色配色的主要原因，这跟瑞典人追求美好生活、热爱自然的特点是分不开的。

（三）视觉要素的应用

宜家店面从外部到内部的很多细节，以及宜家的平面商标大都使用黄色与蓝色的搭配，形成高度统一，给人简洁明快的感觉。宜家在全世界的店面外装较为统一，采用蓝色外墙和黄色 IKEA 的搭配，形成低明度与高明度的对比，使人在很远的地方就能注意到这个巨大的"蓝盒子"和上面清晰的 IKEA 标志。

宜家的工装都是以休闲装作为根本的设计理念，上衣与裤子搭配，蓝黄相搭配的色调，配合了宜家商标的标志，与宜家的外部企业形象相互映衬。这两个颜色的搭配强烈地突出了服装的视觉效果，在商场里很容易让顾客辨识出哪些是宜家的员工，便于顾客更好地寻求人员帮助。

四、宜家行为识别系统

（一）企业经营管理

1. 产品独立设计，风格简约自然

宜家家居出售的产品全部由宜家公司独立设计，产品风格与众不同。宜家强调产品"简约、自然、清新、设计精良"的独特风格。宜家源于北欧瑞典（森林国家），其产品风格中的"简约、自然、清新"亦秉承了北欧风格，再现了大自然，充满了阳光和清新气息，同时又朴实无华。宜家的这种风格贯穿于产品设计、生产、展示销售的全过程。为了贯彻这种风格，让自己的品牌以及自己的专利产品最终能够覆盖全球，IKEA 一直坚持由自己亲自设计所有产品并拥有其专利，每年有一百多名设计师在夜以继日地努力工作以保证"全部的产品、全部的专利"。

2. 从设计到运输，贯彻低价策略

IKEA 的经营理念是"提供种类繁多、美观实用、老百姓买得起的家居用品"。这就决定了宜家在追求产品美观实用的基础上要保持低价格，实际上宜家也是这么做的：IKEA 一直强调低价格策略。低价格策略贯穿于从产品设计到造型、选材、OEM（original equipment manufacturer，原始设备制造商）的选择、物流设计、卖场管理的整个流程。本着低价格的原则，宜家的设计师对整个生产过程进行审查，包括使用的材料、劳动与运输成本。同时，设计师通过与经验丰富的制造商合作，找到最大限度地利用原材料的方法，以大众负担得起的价格将好的设计、好的功能与好的质量相结合。此外，平板式包装能够节约运输成本。平板式包装和顾客希望自己组装产品的愿望使宜家能够减少劳动、运输和仓储成本。

3. 体验营销策略，建立顾客忠诚

在销售终端上，宜家采用"软销"（soft sell）的方式。宜家规定其门店人员不许直接向顾客推销，而是任由顾客自行去体验和做决定，强调让其主动体验，获得最真切的感受，从而做出正确的判断。宜家利用全程体验性服务为顾客设计出关于家的一切，这种差异化服务与顾客建立了良好的关系，有效提高了目标顾客群体的品牌忠诚度与美誉度。

4. 卖场宽松管理，创造家庭氛围

宽松的卖场购物环境折射出了宜家人性化、简单方便、自给自足的企业文化。根据人们的日常习惯，宜家把展示区进行了合理规划。从人们的日常生活到工作排序，客厅、卧室、餐厅、厨房等以此类推，方便顾客进行连带性选购。还有一系列的样板间展示，使顾客身临其境，感受到家的温馨。同时，每个展示单元都标注实际面积，顾客可以原封不动地把展示区的摆设搬回家中，得到和卖场中一样的效果。贴心的导购方式和精致的 IKEA

手册，更是在细节中体现了宜家为顾客创造更美好生活的愿景。

（二）企业社会责任：环保+公益

大约 30 年前，宜家集团开始有计划地参与环境保护事宜，涉及的方面包括：材料和产品、森林、供货商、运输、商场环境等。1990 年，宜家制定了第一个环境保护政策；1991 年宜家开始履行关于热带林木使用的严格规定；1992 年宜家禁止在其产品及生产过程中使用对高空大气中的臭氧层有害的 CFCs 和 HCFCs（两种制冷剂）；1995 年宜家开始采用严格标准，控制偶氮染料的使用；1998 年宜家按照环境标准评审宜家在欧洲的所有运载设备；2000 年为了推动林业的可持续发展，宜家在瑞典出资支持了一项林业专业研究……宜家致力于确保产品和材料能够最大限度地减少对环境的不利影响，确保从健康的角度来看对顾客是安全的。同时，在设计产品时，宜家也秉承着可持续发展原则，对产品采用简洁、舒适、方便的人性化设计，始终力求巧妙地使用资源，力求在产品中使用可再生和可循环使用的材料。

在家居之外，宜家还积极地承担其社会责任。IKEA Foundation 是一家于 1982 年在荷兰注册的慈善基金会，致力于支持各种长期短期项目，旨在让儿童拥有一个良好的人生起点。每年年底的节日期间，宜家商场每售出一个毛绒玩具，IKEA Foundation 就向旨在为儿童争取其应有权利的联合国儿童基金会（UNICEF）捐赠 1 欧元。以上这些措施都为宜家赢得了良好的社会声誉和品牌形象。

讨论题

1. 你认为这一策划案还存在哪些不足之处？如何进一步完善？
2. 请以此策划案为基础，形成一份新的企业形象策划方案纲要。

相关链接　CI 的类型

经过半个多世纪的发展，CI 成为企业创立品牌、寻求可持续发展的有效手段。但不同的国家和地区对 CI 的理解各不相同，最典型的是"欧美型 CI"和"日本型 CI"。

一、欧美型 CI

美国是 CI 的发源地。20 世纪 70 年代，欧美许多大公司导入了完整的 CI 体系，美国 CI 模式成为西方世界 CI 的典型代表。

美国是一个多民族、多元文化、多种语言并存的国家，受现代资本主义政治、文化和经济的影响，个人主义和实用主义是其主要的社会价值观。美国企业最强调生产效率和利润指标。对美国企业管理者来说，这是评价一个企业好坏的标准。另外，美国企业也非常重视个人能力、个人自由，把创造力看作个人追求自由的动力。在此基础上的美国式责任心，主要就是个人责任和个人荣誉感。在这样的国情与企业文化影响下形成的美国特色 CI 模式，认为 CI 就是将标志和品牌作为体现企业理念与文化的工具，就是有效利用注册商标、企业标准色、企业标准字等要素，通过宣传媒体，给外界视觉传达上的一致性。

在美国 CI 模式中，为了求得统一形象，产品包装、广告宣传、说明书甚至企业的建筑物、信笺、票据、车辆等都必须统一进行设计，目的就是使人们明确意识到该企业的存在。在美国，远远地看到黄色 M 字，那一定是麦当劳的招牌；看到红色招牌中有一条白色波浪的图形，那一定是可口可乐。美国 CI 朝着强调视觉环境的方向前进和与发展。招牌设计既要令人熟悉，又要具有亲近性，它的变化要配合社会的需要，融入环境，构筑良好的都市文化和地区社会文化。在视觉设计上，既强调感觉又要注意风俗特色。

总之，以美国为代表的欧美型 CI 设计主要用于外部的宣传，是一种以营销为导向，以消费者为诉求对象，对公司形象加以包装的宣传策略。它侧重于 VI 那一部分，强调视觉传达设计的标准化，力求设计要素与传达媒体的一致性，使企业标志、标准色和标准字体能充分运用在整个企业中，用完美的视觉整体形象代表企业传递信息。当然，美国 CI 模式注重视觉识别并不意味着对行为规范和企业识别有所排斥和轻视。

二、日本型 CI

日本企业的管理思想深受东方文化的影响，比较注重企业自身的内在修炼，强调传统文化的延续性。因此，日本企业导入 CI 战略，在借鉴美国模式的同时，也会注重结合本国的国情与企业文化传统，强调形象与精神的整体性和一致性。日本视 CI 为"问题解决学"，希望通过导入 CI 来认识自我、改造自我并超越自我，以促进企业自身的完善。日本型的 CI 有以下四个方面的特点。

（1）除了强调视觉符号上的表现与传达外，还注重企业文化和经营理念的传达。

（2）和偏重理性、强调制度条规的美式 CI 不同，日本企业强调人性化管理，宣扬以人为本的宗旨。

（3）在整个 CI 策划中，注重前置性的市场调查、经营策略的研究与未来发展趋势的规划等，因此导入时间较长，对企业的影响也更深。

（4）以公司内部为重点，整合全体员工的工作意识，来确定企业的经营理念。

对比欧美型 CI，日本型 CI 是对企业理念和文化的探寻与再认知。整个 CI 策划以企业理念为核心。它侧重于改革企业的理念与经营方针，在考虑视觉美感的同时，还注重从企业理念和企业行为等方面对企业进行综合性治理，并从整体的经营思想、企业定位和价值取向以及企业道德入手来规范员工的行为，从而带动生产、创造利润。日本 CI 模式认为 CI 是有生命的，这种生命的延续是企业发展壮大的源动力。企业的经营者可以改变，但是继承和培育这种企业经营的宗旨不变，并将其视为企业生存的根本。重理念、重文化、重行为是日本的 CI 模式和美国 CI 模式最大的不同。

三、CI 在中国

随着改革开放的深入，国外的产品大量涌入国内，我国企业面临激烈的国际竞争，我国企业同时也面临着经营国际化，向海外开拓市场的问题。面对竞争越来越激烈的国内市场和陌生的海外市场以及国外知名品牌的冲击，我国企业导入 CI 战略成为十分重要的抉择。

不过我国企业 CI 的导入不能脱离民族文化的土壤，不能生搬硬套国外的模式，应当汲取我国文化的精华，从而达到内可"聚"、外可"昭"的最佳境界。诸如我国传统文化中的"人和"思想和丰富的军事、政治、哲学、谋略思想等,都是我国企业导入 CI 的文化基石。不仅理念识别与行为识别要注重传统文化的个性,还应考虑在视觉设计传达上体现民族特色,符合民族文化心理、习惯和审美等。只有这样才会为我国消费者所认同,进而为世界所接受——民族的才是世界的。

CI 起源于美国,发展于日本,我国借鉴并引进国外的 CI 理论,要灵活运用于本国,善于吸收、消化和创新,必须把中国传统文化的精髓与现代商品经济的观念以及现代西方企业管理的方法加以融合,才能创造出既具东方特色,又洋溢着时代气息的企业文化和独具中国特色的 CI。

资料来源:马旭东,赵洁.企业形象设计 [M].上海:上海美术出版社,2013:24.

策划实战

1. 近年来,直播平台与短视频平台逐渐受到关注,涌现了一大批带货主播,许多企业选择与主播合作来进行产品推广。请思考企业与这些主播的合作是否有利于企业形象的塑造与提升,并分析要想选择合适的推广合作方应该从哪些方面考虑。

2. 2020 年疫情期间,各大品牌都对标识进行了"整容"。比如,3 月份奔驰品牌在 Facebook 上发布了全新标识,原有的三个尖被缩小了一半,奔驰官方解释"想通过新的标识提醒大家在疫情期间要保持安全的社交距离";麦当劳同样做了改变,把连在一起的"M"分开了一段距离,形成两扇金拱门,更像是一个笑脸,寓意疫情期间即使吃不到麦当劳也要开心;KFC 也为肯德基老爷爷戴上了口罩,如图 9-7 所示。做出这种改变的品牌还有大众、雷蛇、可口可乐、Kappa、阿迪达斯等。你还能想到哪些新的标识设计方法,既能保持品牌识别度,又能贴合疫情期间的主旋律?请举出一个你喜欢的品牌,为它的标识设计新的创意。

图 9-7 疫情期间各大品牌对 LOGO 的改变

本章小结

企业形象识别系统译自英文 corporate identity system,因此也称为 CIS。这是由一个企业区别于其他企业的标志和特征所形成的系统,目的是在公众心中占据特定位置,进而树立独特的形象。企业形象识别系统包括三个构成要素,分别是理念识别系统、行为识别系统和视觉识别系统,即 CIS 的三个子系统。企业形象识别系统具备系统性、差异性和传播性三个特征。

企业导入CIS基于几个动因：①企业经营的国际化、多元化和集团化；②产品的同质化；③企业再生；④企业文化的个性化。企业导入CIS有三种模式：预备型导入模式、扩张型导入模式和拯救型导入模式，不同的模式分别对应相应的导入时机。一般来说，CIS的导入可以通过进行实态调研、明确形象概念、确定设计内容、培训与宣传、控制等五个程序来完成。

企业理念识别系统主要包括企业使命、企业价值观、企业经营思想等。企业行为识别系统由两部分组成：一部分是企业内部行为系统，包括企业制度、企业风俗、企业员工行为规范等；另一部分是企业外部行为系统，主要包括市场调研、营销战略、产品开发、促销安排、广告活动、公共关系等经营管理行为。企业视觉识别系统由基本要素和应用要素构成，基本要素主要包括企业名称、企业标志、企业标准字、企业标准色、企业吉祥物等；应用要素主要包括办公用品、接待用品、人员服饰、交通工具、环境设计、宣传用品、产品包装、广告传播等。

第 10 章
促销策划

▶ 开篇案例

屈臣氏的促销

屈臣氏已经成了能够让都市时尚白领族以逛为趣，并在购物后仍津津乐道的企业，可谓达到了商家经营的颇高境界。白领族作为城市高收入群体的代表，她们并不吝惜花钱，只希望能够在精神上获得满足。屈臣氏正是抓住了这个微妙的心理，策划了一次又一次成功的促销活动。屈臣氏促销活动能够获得消费者青睐的原因主要包括以下几点。

一、多种促销策略

策略1：套装优惠。例如，购买一盒价值69.9元的屈臣氏骨胶原修护精华液送一支价值49.9元的眼部保湿啫喱。

策略2：震撼低价。屈臣氏经常会推出系列震撼低价的商品，并规定每个店铺必须将系列震撼低价的商品陈列在店铺最前面、最显眼的位置。

策略3：购买某个系列产品满88元送赠品。例如购买某系列护肤产品满88元，或购买某系列食品满88元赠送纸手帕或手拎袋等。

策略4：购物满两件享额外9折优惠。购买两件指定的同一商品，享受额外的9折优惠，例如买一支营养水要60元，而买两支则一共只需要108元。

策略5：VIP会员卡。屈臣氏每两周会推出数十件VIP独享折扣商品，低至额外8折，且每次消费都有积分。

策略6：感谢日。屈臣氏会举行为期3天的感谢日小型主题促销活动，推出系列重磅的特价商品，每个商品单价降价幅度在10元以上。

二、适时主题促销活动

（1）春之缤纷。一般安排在春节过后的2月～3月，主要以展示春色时尚用品为主。

（2）水润肌肤心动价。针对10月～11月秋天的干燥气候，以秋季滋润护肤系列商品为主。

（3）冬日减价。在每年的12月～次年1月，主要是针对冬日应季商品的促销和部分积压商品的年终清仓。

（4）8折酬宾。一是屈臣氏自有品牌商品全线8折，二是对夏季应季商品进行促销。

（5）SALE 周年庆。每年的 3 月～4 月，对屈臣氏各系列商品进行全面的特价促销。

（6）加一元，多一件。多加一元钱，消费者就可以额外获得一件商品，可以是同样的商品，也可以是不同的商品。

（7）10 元促销。大量 10 元、20 元、30 元商品震撼出击。

（8）60 秒疯狂抢购。促销期间，每个店铺每周抽出一位幸运购物者，被抽中者可以在指定时间内对店铺进行"扫荡"，其在 60 秒内拿到的商品只需要用 1 元钱购买（同一商品只能拿一件，商品总金额最高不超过 5 000 元）。

三、屈臣氏自有品牌商品促销

（1）新品上市。屈臣氏会安排所有店铺进行大型促销活动，在传单及易拉宝上安排较大篇幅对新品进行宣传，并大规模发放试用赠品。

（2）宣传专刊。《屈臣氏优质生活手册》是专门针对自有品牌进行宣传的刊物，专门介绍自有产品的功能特性，并邀请知名专业人士与消费者分享心得，一年两期，免费发放给顾客。

（3）促销方法。屈臣氏对自有品牌产品常用的促销方式有许多种，如"自有品牌全线 8 折""免费加量 33% 或 50%""1+1 更优惠""任意搭配更优惠""购买某系列送赠品"等。

资料来源：屈臣氏促销策略案例 [EB/OL].http://www.795.com.cn/wz/85448_10.html. 有改编。

通过屈臣氏的促销策划案例可以看出，促销策划在企业的营销战略中具有重要的位置。有针对性的促销策划是帮助企业吸引更多顾客、提高企业经营业绩的重要方法。那么，什么是促销策划？促销策划的具体流程是什么？促销策划的分类与方法有哪些？本章将对此进行详细的介绍。

10.1 促销及促销策划要求

10.1.1 促销的定义

促销是促进营销、销售的简称。促销具有广义、狭义两层意思。广义的促销是指企业通过运用产品、价格、分销策略、广告、公共关系、人员推销、销售促进等一系列工具，达到增加销售量和销售额的目的。狭义的促销则并非麦卡锡所指的 4P 要素之一，而是指属于该促销的，与广告、公共关系、人员推销处于并列关系的一个子要素——销售促进（sales promotion，SP）。在国内的部分译作中也被称为"营业推广"或"销售推广"。美国市场营销协会（AMA）对促销的定义为：促销是人员推销、广告和公共关系以外的，用以增进消费者购买和交易效益的那些促销活动，如陈列、抽奖、展示会等非周期性发生的销售努力。现代营销学之父菲利普·科特勒则认为促销是刺激消费者或中间商迅速或大量购买某一特定产品的促销手段，包含了各种短期的促销工具，是构成促销组合的一个重要要素。本书第 11、12 章将围绕该促销内容展开，对其中的广告、公共关系等促销工具进行详细说明和设计。本章主要在广义促销的框架下,对销售促进的部分做较为详细的介绍。

10.1.2 促销的内容

促销的实质是一种信息传播、沟通行为,是针对消费者对信息的心理需求,采用适当的信息沟通手段进行的整体营销、沟通活动。它的核心内容是:什么人,向谁说什么,用什么方式说,通过什么途径说,达到什么目的。从信息传播的角度来看,促销具有两种基本形式:企业营销信息的单向式传播沟通、企业营销信息的双向式传播沟通。单项式传播沟通是指卖方对买方或买方对卖方,一方发出信息,另一方接收信息。双向式传播沟通则是指买卖双方相互交流、互通信息、不断进行信息的反馈与调整。

根据拉斯韦尔模型,双向式传播沟通的一般过程如图 10-1 所示。

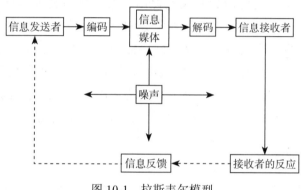

图 10-1　拉斯韦尔模型

图 10-1 中包括 9 个要素:信息、信息媒体、信息发送者、信息接收者、编码、解码、接收者的反应、信息反馈以及噪声。在企业营销信息的传播模式中,营销信息的发送主体(信息发送者)是企业,它通过各种促销工具(信息媒体)将企业的商品信息或企业形象信息(信息)发布给目标受众,包括目标顾客——现实和潜在的顾客、中间商及一般公众(信息接收者)。在这个过程中,在使用各种媒体传播企业营销信息之前有一个编码的过程,即将企业的营销信息制作成媒体能够传送的形式,如广告、销售诉求、新闻稿件和售点陈列等,而消费者或用户在接收到编码信息之后,需要通过解码才能了解企业营销信息的内涵。

解码和编码的一致性决定了信息传播的有效性。这种一致性需要通过消费者或用户的反应和企业的信息反馈才能知晓。整个传播过程中任何一个环节出现问题,都会影响企业营销信息的传播效力。例如,企业由于定位不准,发布了错误的信息;企业编码有误,发布了并不是自己真正想要发布的信息;传播媒体选择失误,尽管发布了营销信息却不能触达目标顾客;消费者或用户的解码出现问题,没有能力看懂或误解了企业所要表达的意思;信息虽然抵达了消费者和用户,但并未引起预期的注意等。此外,各种各样的噪声会造成非预期的信息扭曲、失真等,也会通过影响信息传播过程的各个环节,从而影响企业营销信息的传播效力和效率。

信息的传播模式可以帮助我们理解促销的内容。一般来讲，促销的内容主要包括以下几层意思。

（1）促销的核心是企业与目标顾客的双向沟通。企业与消费者或用户之间达成交易的基本条件是信息沟通。如果企业未能将相关信息传播给消费者，那么，消费者对此一无所知，自然谈不上购买。只有将企业提供的产品或服务的信息传播给消费者，引起消费者的注意，并结合消费者的需要形成消费动机，才有可能使消费者产生购买欲望。

（2）促销的直接目的是引发、刺激消费者或用户产生购买行为。在可支配收入既定的条件下，消费者能否产生购买行为主要取决于其购买欲望，而其购买欲望又与外界的刺激、诱导密不可分。促销正是针对这一特点，通过各种传播方式把产品或服务等有关信息传播给消费者，以激发其购买欲望，使其产生购买行为。

（3）促销的方式有人员促销和非人员促销。人员促销也称为直接促销或人员推销，是企业运用推销人员向消费者推销商品或服务的一种促销活动，适合在消费者数量少且比较集中的情况下进行。非人员促销又称间接促销或非人员推销，是企业通过一定的媒体或活动传播产品或服务等有关信息给消费者，以促使消费者产生购买欲望、发生购买行为的一系列促销方式，包括广告、公关和销售促进，它适用于消费者数量多且比较分散的情况。通常，企业在促销活动中将人员促销和非人员促销结合起来运用。

10.1.3　广义的促销类型

促销是信息传播和沟通的过程，是诱导消费者对购买做出反应的工作。根据不同的分类方式，促销可以划分成不同的类型。

1. 按促销策划主体划分

按促销策划主体划分可以将促销分成渠道促销和厂商促销。

（1）渠道促销。渠道促销是指生产厂家或经销商在产品流通的环节中，对下一级经销商制定的激励政策。为了保证产品尽快进入市场，除了要开展提升产品知名度的品牌广告或公关活动外，渠道促销的开展也是十分必要的。

（2）厂商促销。厂商促销主要指各类厂商对各类经销商、零售商、最终消费者以及企业内部销售人员开展的有针对性的促销活动。

2. 按促销对象分

按促销对象划分可以将促销分成推式促销和拉式促销。

（1）推式促销。推式促销是沿分销渠道垂直向下推销。即把中间商作为主要的促销对象，再通过中间商影响消费者以实现销售的目的。推式促销中用于人员推销和销售促进的费用要多于广告支出。

（2）拉式促销。拉式促销与推式促销相反，它通常需要对最终用户的广告和销售促进分配更多的资金,即通过刺激最终用户的购买需求,从而推动各级分销商的订货需求。拉式促销往往更加注重将品牌效应和广告与销售促进做适当的配合。

企业应根据具体的市场环境和财务状况来选择不同的促销方式。实际生活中,企业往往会推拉并用。

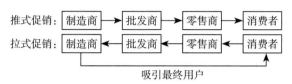

图10-2 推式促销和拉式促销的对比

3. 按促销内容分

按促销内容划分可将促销分为广告、人员推销、公共关系、直复营销和销售促进。

(1)广告。广告是指通过一定的媒介向广大消费者传递信息。广告的具体形式很多,只要是通过大众传播媒介对产品和服务信息进行传播并刺激消费者购买的形式,都可以看作是广告。广告的目的是影响目标受众的思想意识和实际行动,并使其产生有利于企业的意识与行动的维持或转变。具体的方法主要包括利用杂志、报刊、电台、电视传播广告,发放宣传小册子,制作广告牌,进行售点陈列等。

专栏10-1　　　　　　　铂爵旅拍"洗脑"广告

"婚纱照,去哪儿拍?婚纱照,巴黎拍……婚纱照,罗马拍……铂爵旅拍!想去哪儿拍就去哪儿拍!""铂爵旅拍、婚纱照,想去哪拍、就去哪拍",伯爵旅拍的广告语几乎"洗脑"了每一个人。

面对网友对广告的吐槽,铂爵旅拍市场部的相关负责人坦言:"在品牌的初级阶段,品牌认知度不高的情况下,让人先认识你、了解你是品牌的首要任务。"

虽然有人说一个品牌能够让消费者产生好感才更佳,但是同谈恋爱一样,如果连一个让对方认识你的机会都没有,那么如何有接下来的"喜欢和磨合"。

"我们的目的就是让消费者知道我们是谁!至于品牌美誉度,等到真正接触了我们服务和产品,消费者会有更直观的感受。只有消费者知道我们了,才有可能找我们预约下单,才会对我们的产品和服务认可。我们选择用广告的方式打开知名度也是品牌发展的初级阶段必须采取的措施。"

一边是网友对魔性广告洗脑的吐槽,另一边也有不少人给广告点赞,尤其是在广告圈和专业营销人士眼里,这两则广告有了截然不同的待遇,例如,有媒体评价这是一则可以打200分的广告(满分100分)。

铂爵旅拍的广告的确引起了很多热议,但目前,铂爵旅拍已经成为上到80岁,下到

4 岁都知道的一个品牌，并且这则广告直接拉动了销售的增长，从这一点来看，不得不说，它是一则成功的好广告。

铂爵旅拍是否会将这种魔性广告风格延续到底呢？

铂爵旅拍市场部负责人说，铂爵旅拍的第三条广告已经提上日程，这一次，他们会改变广告风格，用唯美的画面，给消费者带来截然不同的视觉冲击。

作为一家拍照公司，画面和创意是吸引消费者的法宝。在已经打开知名度的前提下，消费者对品牌有了认知，用牵动人心的感性诉求做传播更能够引起消费者的好感，唯美专业的画面和精巧构思的广告创意，将为品牌"正名"。

资料来源：铂爵旅拍又出"咆哮体"广告，背后究竟有何玄机？[EB/OL]. (2019-06-05). http://www.heiguang.com/news/hydt/20190605/80338.html. 有改编。

（2）人员推销。人员推销是指企业通过派出销售人员，同一个或一个以上可能成为消费者的人沟通，做口头陈述来推销商品，从而促进和扩大销售。在这一过程中，销售人员需要确认消费者的需求，并通过自己的努力来满足消费者的各种需求，从而使双方都能够从公平的交易中获取各自的利益。人员推销的形式很多，例如营业（网点、门市、柜台）推销、展示（展览、演示）推销、样品推销、电话推销、服务推销、上门（走访、逐户）推销、会议（订货会、商务洽谈会、研究会）推销、个人推销、集体推销等，都是人员推销的形式。

（3）公共关系。公共关系是由公共宣传发展而来的。公共关系通常指企业以第三者的身份而不以企业自身的身份，利用大众媒体对企业及产品或服务进行转达、赞誉，直接效果是使产品或企业形成良好的消费者印象和公众形象，最终达到提高销售量的目的。企业进行公共关系活动的具体方法有很多，例如，密切与新闻界的关系，吸引公众对某人、某产品或某服务的注意；通过新闻媒体对企业及产品或服务进行宣传报道；开展企业联谊活动，加强企业与相关群体的联系；支持相关团体，赞助相关活动；通过特别活动宣传企业或产品；处理消费者抱怨，满足消费者需求，从而保持消费者忠诚。

（4）直接营销。直接营销（direct marketing）指通过一种或多种通信手段或广告媒介，传播促销信息，从而使某一区域的消费者产生购买动机，并到展示店购买或通过各种方式进行订购。其一般过程是：传播信息→消费者产生购买动机→消费者订购→企业送货，因此称为"直接营销"。直接营销是一种随着通信技术的发展而发展起来的信息传播方式与促销方式。它利用先进的通信技术设备和方法，使购买者不出家门就可以完成采购。其典型形式包括如下方面。

①购货目录营销。生产商、批发商或零售商把自己所经销的产品制成商品目录或分类目录，再通过报纸杂志、电脑网络、广播电视等，传达或寄送给潜在顾客。潜在顾客可以根据自身的需求下单选购。企业既可以在门店销售，也可以送货上门。

②邮购订单营销。营销人员把要销售的商品信息制成订购货单，发送给目标市场上

的目标顾客及潜在顾客。发送信息的方法主要包括信函、电子信函、电脑网络、报纸杂志、广告、传单等。

③电话营销。营销人员通过电话沟通，开展信息传播和营销活动。

④直复广告营销。营销人员通过在报纸、电视以及网络上登载广告，显示商品的目录与订单，描述商品外形、规格、作用效能、使用特性，并进行操作示范、价格比较以及服务承诺等，从而使目标顾客直接做出反应，上门采购或电话订购。

⑤电子网络销售。企业通过互联网直接向最终消费者或用户进行信息传播和营销活动。

直接营销和其他促销方式相比具有更加鲜明的特色：非公众性，即信息通常发送至某个特定的人；定制，即信息是为了满足某人的诉求而定制的；及时，即信息的传播速度非常快；交互反应，即信息的内容可根据个人的反应而改变。

专栏10-2　　　　　　　　　　灭火器

办公室里的员工之前还笑声不断，可当听到推销员令人生厌的脚步声时，大家就开始乱糟糟地躲在门后或者桌子下面，从而避免同正走过来的推销员有目光上的接触。当我注意到大家开始窃笑并四散躲避时，才意识到一个推销员马上就迫近了。已经晚了，当我转过身，我看到一个身穿油乎乎的雨衣、衣衫破旧的小个子，拿着一个被咖啡弄脏了的公文包走向我。我还没有搞清楚到底发生了什么事，他就把他的公文包打开了，然后拿出一小罐汽油撒在自己身上，然后从衣服的里兜中掏出一个打火机把自己点着了。接着，他开始摆出典型的推销员的姿势（伸出右臂，拿着一个喷罐，左臂指向商标），然后说："女士们先生们，看看这个，这就是Flame Zapper袖珍灭火器……"接着他将灭火器喷向自己，继续说道："无论走到哪里，这东西你都可以带着……"他离开时，身上轻了几罐灭火器的重量，却增加了几英镑的重量。

资料来源：PR 史密斯，乔纳森·泰勒.市场营销传播方法与技巧（原书第3版）[M].方海萍，等译.北京：电子工业出版社，2003.

（5）销售促进。销售促进（sales promotion，SP）是指企业利用各种短期诱因，鼓励消费者购买和中间商销售产品的促销活动。销售促进可以帮助新产品有效地进入市场，能够有效抵制竞争者的促销活动，有效地刺激消费者购买及影响中间商的营销活动。

根据销售促进的对象，可以将销售促进分为以下四类。

第一类，向消费者推广的方式。

①赠送样品。免费赠送样品给消费者，可以鼓励消费者认购，也可以获取消费者对产品的反馈。样品可以有选择地赠送，也可在商店、闹市区或附在其他商品和广告中随机赠送。这是介绍、推销新产品的一种方式，但这种方式费用较高，对高价值商品不宜采用。

②赠送折价券。折价券是对某种商品免付一部分价款的证明,持有者在购买本企业产品时可以使用此折价券免付一部分货款。折价券可以单独邮寄,也可附在商品或广告中赠送,或当消费者购买商品达到一定的数量或数额时赠送给他们。这种形式既有利于刺激消费者使用老产品,也可以鼓励消费者购买新产品。

③包装兑现。即采用商品包装来兑换现金。例如,商家可承诺收集若干个某种饮料的瓶盖,凭瓶盖退换一定数量的现金或实物,以此鼓励消费者购买该种饮料等。这种方式也体现了企业的绿色营销理念,有利于树立良好的企业形象。

④廉价包装。又叫折价包装,即在商品的包装上注明商品的折价数额或折价比例。廉价包装可以是一件商品单独包装,也可以将若干商品或几种有相关用途的商品进行批量包装。这种形式可以诱发经济型消费者的需求,对刺激短期销售较为有效。

⑤赠品印花。也叫作交易印花。企业在消费者购买某商品时,随商品赠送印花给消费者。当消费者的印花积累到一定数量时,可以利用印花兑换现金或商品。

⑥有奖销售。购物即有获取现金、礼品、旅游的机会,可激发消费者购买欲望。

⑦优惠券。赠送给合作者及老顾客的一种可享受优惠的证明,既可联络与顾客的感情,又能提高企业或产品的知名度。

⑧俱乐部制或会员制。顾客缴纳一定数额的会费即可成为会员,享受多种价格优惠的促销方式。

第二类,向中间商推广的方式。

①购买折扣。为刺激中间商大批量购买本企业的产品,当中间商一次性购买产品数量较多时,给予中间商一定的折扣优待。中间商购买数量越多,享受的折扣越多。折扣既可以直接补偿现金,也可以从付款金额中扣除,还可以把赠送商品作为折扣。

②资助。生产者为中间商提供用于陈列商品、支付部分广告费用和部分运费等的补贴或津贴。在这种方式下,中间商陈列本企业的产品,企业可以免费或低价向中间商提供陈列商品;中间商为本企业的产品做广告,生产者可资助一定比例的广告费用;为刺激距离较远的中间商经销本企业产品,可给予该中间商一定比例的运费补贴。

③经销奖励。给予经销本企业产品成绩突出的中间商一定的奖励。这种方式能刺激经销业绩突出的经销商加倍努力,也有利于刺激其他中间商,从而促进产品销售。

第三类,向企业用户推广的方式。

①展销会。通过展览陈列产品、示范操作等形式吸引企业用户。在展销会上可以直接洽谈业务。

②现场演示。在销售现场展示新产品的用途、性能,增强企业用户对产品的了解与信任,刺激其购买。

③订货会、业务招待会。在订货会上直接与企业用户洽谈产品的价格、数量、性能、技术及送货条件,也可在业务招待会上与企业用户联络感情。

④退款协定、免费试用。

第四类,向销售人员推广的方式。

①销售红利。企业规定可按销售额或按所获利润提成，鼓励推销员多推销商品。

②推销竞赛。企业确定推销奖励的规则，给予成绩优良的销售人员奖励。奖励可以是先进个人的称号，也可以是物品或旅游等。

③推销回扣。回扣是从推销额中提取出来的，作为销售人员销售商品的奖励或报酬。采取回扣的方式把销售业绩和报酬结合起来，有助于刺激推销员积极工作、努力推销。

④职位提拔。提拔业务做得出色的推销员，激励他将好的经验传授给业绩一般的推销员。职位提拔有利于培养更多优秀的推销员。

与其他促销工具相比，销售促进的特点主要有以下几点。

一是刺激强烈、效果显著。销售促进大多使用能够带给消费者、用户或经销商直接利益的方法，故能刺激需求，促使购买者、用户或经销商立刻采取购买行动或增加购买量。因此，刺激作用既直接又强烈。多数顾客、用户或经销商，很容易在利益的诱惑下，改变自己原本的购买决策。

二是即时与短暂效应。与其他促销工具相比，销售促进更加注重产品的销售目标。企业根据产品的特征、顾客的心理及市场的状况，灵活运用多种销售促进方法，能够使企业产品更快地引起关注，达到迅速扩大销售的效果。但销售促进的方式很容易被模仿，即使企业使用的是无人尝试过的新方法，其效果也会因别人模仿而难以长久。

三是方式多样、不拘一格。销售促进的方法十分灵活多变，许多新的方法也正在逐步研发。

不过，销售促进往往会伴随着各种优惠活动，很容易使人们联想到企业是不是遇到了某些生产经营的问题，如产品积压、质量下降等，甚至认为企业有倒闭的危险，有损产品或企业形象。因此，注重品牌形象的企业要慎用销售促进。

4. 按能给顾客带来的附加利益划分

从促销能为顾客提供产品附加价值的角度出发，可以将促销分为以下几种。

（1）以提供金钱利益为主的促销。这类促销方式能为顾客带来价格减免，使顾客直接受益。主要的促销方法有折扣、优惠等。

（2）以提供性能利益为主的促销。这类促销方式能通过产品性能、质量以及各种实际感受的满足，为顾客提供额外的附加利益，如服务促销等。

（3）以提供心理利益为主的促销。这类促销方式能够通过产品的品牌和赠品等来满足顾客的多种心理诉求，主要促销方法包括发放赠品和有奖促销等。

10.1.4　促销策划要求

促销策划要遵循一定的要求，通常有以下几点。

（1）促销策划通常是做短期考虑，为立即反应而设计，因此常受到时间和空间的限制。

（2）促销策划要注重行动，需要消费者或经销商参与进来才能起到促销的作用。

（3）促销策划工具应该多样，企业应根据具体情况选择合适的策划工具。

（4）促销策划是在某一特定时间内提供给购买者一种激励，促使其购买某一特定产品。通常此激励为金钱、商品或是一项附加服务，这种激励成为购买者消费行为的直接诱因。

（5）促销策划见效快，销售效果立竿见影，会给销售增加实质性的价值。

10.2 促销策划流程

10.2.1 促销调查

促销调查，是指对影响企业促销活动的有关资料进行收集和整理，分析企业促销的外部环境和内部状况，目的是为企业的促销决策提供依据，是促销策略设计的重要基础工作。

1. 调查程序

促销调查遵循一定的科学程序，常见的调查程序分为六个阶段。

（1）准备阶段。它主要包括分析问题所在及问题焦点，明确调查问题，确立调查目的和设定调查假设。

（2）制订计划阶段。它主要包括制订调查计划、确定调查方法、设计抽样计划、训练访问员和试调查。

（3）正式执行阶段。它主要包括设计调查问卷、实施调查、收集信息、控制进度和控制调查质量。

（4）结果处理阶段。它主要包括资料整理、资料统计分析、解释资料间的相互关系。

（5）补充调查阶段。它主要包括对未收集到的信息进行补充调查。

（6）撰写调查报告阶段。它主要包括撰写促销调查报告，提出结论与建议。

2. 调查方法

（1）资料来源。调查资料可分为原始资料和二手资料。原始资料是指为达到当前特定目的，通过实地调查获取的第一手信息；二手资料是指为其他目的已经收集到的信息。一般来说，促销调查开始时，通常先着手收集二手资料，以判断问题是否已经解决或解决的程度。其来源通常有内部资料（企业销售记录、财务报告、市场研究报告等）及外部资料（政府出版物、期刊和书籍、商业性资料等）。在二手资料收集完毕后，再收集成本较高的原始资料。通常做法是与某些人单独交谈或集体座谈，从而了解人们对产品或服务的大致看法，然后确定调查方法，设计抽样计划，进行大规模的实地调查。

（2）调查方法。收集原始资料的方法多种多样，常用的有观察法、小组座谈、问卷调查法、实验法等。

3. 调查内容

企业促销调查必须围绕企业的促销策划工作来进行，既要了解影响促销的微观因素及其变化,又要了解与企业促销工作密切相关的宏观因素及其变化。因此,企业促销调查包括外部调查和内部调查两个方面。

(1)外部调查。它包括促销环境调查、市场流通调查、竞争对手调查、客户调查、消费者调查、专项调查等。

(2)内部调查。它包括企业营销能力调查、营销事务调查、财务能力调查、管理能力调查等。

10.2.2 确定促销目标

企业的促销目标应与企业整体营销目标以及该阶段的促销目标相配合。促销目标可以是对市场或财务等经济效益性质类目标的描述,如扩大市场份额、提高产品接受程度、增加销售额,也可以是对企业形象等目标的描述。具体的促销目标可以细化为以下各类。

1. 企业在不同时期的促销目标

企业在经营的不同时期开展促销的具体目标是不同的。我们可以从两个角度来分析企业在不同时期的促销目标。

(1)产品生命周期各阶段的促销目标

①导入期:缩短产品与顾客之间的距离,引导目标顾客试用,认知新产品。

②成长期:鼓励重复购买,刺激潜在购买者,增强中间商的接受程度。

③成熟期:刺激大量购买,吸引竞争品牌的顾客,保持原有的市场占有率。

④衰退期:处理库存。

(2)销售淡旺季的促销目标

①销售淡季:维持顾客对产品的兴趣,刺激需求,减轻淡季的库存压力。

②销售旺季前:影响消费者的购买决策,争取竞争品牌的顾客。

③销售旺季:鼓励重复购买和大量购买,鼓励消费者接受品牌延伸的新产品。

④销售旺季后:出售旺季后剩余的产品以回笼资金,减少库存积压风险。

2. 企业针对不同对象的促销目标

(1)针对消费者的促销目标

①鼓励现有消费者继续购买本品牌产品,把延时性购买变为即时性购买,鼓励消费者大批量购买,接受由本品牌延伸出的新产品。

②争取潜在客户,培养新的客户群。

③争取未使用者的试用,从竞争者手中夺走品牌转换者。

(2)针对中间商的促销目标

①改善销售渠道,维持和巩固现有的销售渠道及货架陈列;争取让中间商存放额外的开架样品和不定期的促销样品;鼓励中间商销售完整的产品系列。

②维持较高的存货水平,诱导中间商储存更多的本品牌产品,鼓励储存由本品牌延

伸出的新产品和相关产品。

③建立品牌忠诚度，抵消竞争者促销措施的影响，吸引新的中间商。

④激发中间商推销本品牌产品的积极性，如进行特别的展示和陈列，布置有吸引力的卖场广告，对本品牌的产品进行不定期的降价销售等。

（3）针对销售人员的促销目标

①鼓励销售新产品或新品种。

②鼓励寻找更多的潜在顾客。

③刺激淡季销售。

10.2.3 选择促销工具组合与方法

战略思想、促销目标的确定，为促销工具的选择奠定了基础。在此阶段，促销策划的核心内容是如何根据促销目标，选择适合的促销工具组合，并有针对性地分解促销任务，根据目标及人员选择可行的具体促销方法。

1. 选择促销工具组合

促销战略策划完成后，企业明确了促销目标，进一步确定了促销的中心任务，便要围绕该中心任务选择促销工具组合。选择促销工具组合，要综合考虑产品性质、产品生命周期、消费者购买准备阶段等多种因素，并和企业自身特点相结合。确定广告、人员推销、公共关系、直接营销、销售促进几种工具在整体促销活动中的重要性、优先次序、资金分配等，作为下一步策划各项具体活动的前提。

2. 分解促销任务

为了进一步将促销转化为一个个的活动、计划、组织和政策安排，需要对已确定的核心任务进行分解。这种分解一般根据沟通主题的要求来进行，当然也可以按组织、部门、诉求对象来进行分解，但不论如何分解，制订一个详细的活动计划项目表都是不错的选择。如某公司将某一时段按照促销目标确定为提高产品认知度时期，则可按目标的要求分解为知名度、社会影响力和厂商支持度，因此可以设计以下活动：新闻发布会、商家座谈会、广告宣传计划、新品展示会、销售促进活动、促销员培训等。

3. 选择促销方法

促销方法的选择除了要受产品性质、营销策略、产品生命周期、购买者准备阶段等因素的影响外，最重要的是具体的促销方法必须有利于达成促销目标。表10-1反映了部分促销目标与促销方法之间的适用关系。

实践表明，同时使用多种促销方法比单独使用一种方法更加有效，因此企业在选择促销方法时，要特别注意各种促销方法的有效组合。以下几个例子可以说明不同促销方法的组合应用。

表 10-1　部分促销目标与促销方法的适用关系

促销目标		售点广告	优惠	免费样品	折扣	游戏与竞赛	有奖销售	酬谢包装
短期目标	引起尝试			▲		▲		
	改变购买习惯		▲	▲	▲			▲
	增加每次购买量		▲		▲		▲	▲
	刺激潜在购买者	▲	▲	▲		▲		▲
	提高中间商接受程度		▲	▲	▲		▲	
长期目标	提升广告形象	▲				▲		
	巩固品牌形象	▲				▲	▲	

- 为了让消费者看到售点广告，最好的刺激方法就是兑奖，这种促销方法可以使消费者在心理上由衷地投入整个活动，同时达到阅读广告的目的。
- 免费赠送的样品包装可以作为优惠券使用，使消费者在试用后产生购买兴趣。
- 为了增加折价券的兑换率，可以在折价券上加入抽奖或竞猜的活动。
- 消费者参与抽奖活动没有中奖，抽奖凭证可以作为下次消费的优惠券，此举不但能够实现较高的参与率，同时会减少未中奖者的挫折感。
- 为取得最好的效果，对消费者的促销与对经销商的促销应该同时进行，如果配合对销售人员的特殊激励，那么带来的合力会更为巨大。
- 为了促使零售商大量购入存货，可以将多项优惠条件同时提供给零售商。
- 在进行消费者促销时，为了得到零售商更多的协助和支持，可以增设一项针对零售商的销售比赛。
- 企业向消费者承诺，如果他们在一家商场购买了一定数量的产品，则可以免费或以较低的价格购买该店出售的其他产品。由于这种优惠可以增加零售商的营业额，零售商也乐于支持这样的促销活动。

10.2.4　促销活动策划

在具体活动的策划阶段，要分别制订广告策划、公共关系策划、销售促进策划、人员推销策划等方案，并制订促销费用预算计划。广告策划、公共关系策划的内容可详见第 11、12 章，本节主要介绍狭义的促销（销售促进，SP）的策划过程。

1. 确定促销活动要素

（1）促销范围。企业不可能只生产或经营一种产品，但企业的内部资源如人、财、物等是有限的，因此在进行促销活动策划时，首先要确定促销的产品范围。同时，企业的市场区域通常会有主要市场和次要市场之分，企业要慎重考虑促销活动所涉及的市场范围。

促销范围的确定主要由不同产品在不同销售区域的销售情况、企业的自身资源状况、企业经营目标和市场竞争状况来决定。例如，企业的主流畅销产品是主要的现金流和利润来源，应对该产品保持促销力度和更新促销方法；企业开发新产品的作用是发展新的细分市场，寻求新的利润增长点，故应加大对新产品的促销投入；处于衰退期或非主流的产品，则可适当减少对其的促销投入。又如，企业为拓展新的区域市场，获取更大的市场份额，通常在新的市场区域采取较大力度的促销。

（2）促销时机。企业在不同时机进行促销活动，其促销效果是不一样的。一般来说，促销时机的选择应根据消费者需求和市场竞争的特点，结合整体市场营销战略来确定。例如，如果产品需求存在明显的季节性，则应在旺季来临之前和旺季期间开展促销活动；如果调查结果显示竞争对手即将有重大促销政策出台，则抢在竞争对手之前开展促销活动，会起到先发制人的效果。

把握最适宜的促销时机，还能收到事半功倍的效果。事实上，许多企业善于利用重大节庆或社会活动、企业开业或周年庆典、新产品上市等有利时机开展各种促销活动。

（3）激励规模。要使促销获得成功，最低限度的刺激物是必不可少的。较高的刺激程度会产生较高的销售反应，但超过一定限度时，其效益增加比率却是递减的。因此，企业在制订促销方案时必须确定使成本效益比达到最大的激励规模。

（4）参与条件。企业的激励是面向目标市场的每一个人，还是有选择的部分人，这种范围控制有多大，哪类人员是主攻目标等，对这类问题选择的正确与否会直接影响到促销的最终效果。设定参与条件要注意两个问题：一是避免将优惠给予不可能成为产品固定使用者的人；二是防止因条件太苛刻，阻碍了大部分品牌忠实者或喜欢优惠活动的消费者参与。通常，赠品只送给那些积极参与促销活动的购买者；抽奖则限定在某一范围内，如不允许企业员工的家属参加。

（5）促销媒介。企业必须决定使用何种促销媒介，以及如何向目标顾客传达促销方案。假设促销方法是赠送优惠券，则至少有四种方式可使顾客获得优惠券：置于包装袋内、在商店入口处派发、邮寄、印刷在报纸媒体上。每一种方式对应不同的对象、到达率和成本。例如，将优惠券置于包装内的方式主要送达经常使用者，成本较低；邮寄方式虽然成本较高，却可以送达非品牌使用者。

（6）持续时间。如果促销活动的持续时间较短，一些消费者可能因为太忙而无法参与这个活动；如果促销时间太长，消费者则可能认为这是长期降价，使促销活动失去应有的作用，并对品牌产生怀疑。确定促销活动的持续时间应综合考虑产品特点、消费者购买习惯、促销目标、企业经济实力、竞争策略及其他因素。

2. 广告活动策划

广告活动策划主要包括选择什么样的广告创意即表现手法，选择什么样的媒介进行宣传，按照怎样的节奏播发广告等。

3. 公共关系活动策划

公共关系活动策划主要包括选择何种公共宣传方式，如新闻发布会、展览会、座谈会等，采用何种方法使各新闻媒体能够准确流畅地接受企业的促销信息等。

4. 促销费用预算

不同的企业在财力资源、市场需求、竞争地位、促销愿望等许多方面存在差异，使得促销预算的决定很难用统一的、科学的方法进行。常用的方法有以下四种。

（1）量入为出法。根据本企业的财力情况来安排促销经费。这种方法量力而行，易于操作，但却忽视了促销对销售的影响，计划性较差。

（2）销售百分比法。具体有两种方式：一是根据上一年度销售额的某一百分比决定促销预算，二是根据下年度的预测销售额的某一百分比决定促销预算。销售百分比法充分考虑了促销与企业收入间的关系，但容易忽视企业的促销目标和促销效率。

（3）竞争对等法。按照竞争对手的促销费用决定本企业的促销预算。使用这种决定促销预算的方法，有以下基本前提：企业了解竞争对手的促销预算；企业与竞争者之间的类似性高、差异性低；企业是竞争追随者，而非领导者。

（4）目标任务法。首先确定促销目标以及实现目标所需要的具体任务，其次确定完成这些具体任务所需的经费。理论上讲，这种方法比较合理，但实际操作起来却比较困难。

10.2.5 撰写促销策划书

当促销活动各项计划确定之后，必须按一定的规则将其文案化，以指导促销活动的实施。促销策划书的撰写没有固定不变的模本，一般而言，一份完整的促销策划书主要包括以下内容。

1. 市场调研分析

（1）总则
（2）促销调研报告
（3）市场预测与建议

2. 促销目标

促销目标涉及促销的市场目标、财务目标等多个方面。有时只确定总体目标就可明确责任，有时则必须在对整体目标进行分解后才能明确责任。

（1）总体目标
（2）目标分解

3. 促销提案

（1）方案细则
①促销主题
②促销时机和持续时间
③促销对象

④促销地点（区域）
⑤促销产品
⑥促销方法
⑦促销媒介
⑧促销活动方式
（2）活动详细说明

4. 广告配合方式

5. 公关宣传配合方式

6. 促销预算

（1）预算计划。确定促销的总预算和各项分类预算，包括管理费用、促销费用、附加利益费用，以及预算适用的原则、要求和预算管理办法等。
（2）资金费用来源。

7. 附录等

10.2.6 促销计划的实施与控制

在促销活动中，有三分策划七分执行之说，可见促销活动执行之重要。每项促销活动都应该确定实施和控制方案，实施计划必须覆盖前期准备阶段、中期操作阶段和后期延续阶段的工作。

1. 前期准备阶段

（1）人员安排。在人员安排方面，要做到"人人有事做，事事有人管"，无空白点，也无交叉点。谁负责与政府、媒体的沟通，谁负责文案写作，谁负责现场管理，谁负责礼品发放，谁负责客户投诉，各个环节都要考虑清楚，否则会造成临阵时顾此失彼的乱象。
（2）物资准备。在物资准备方面要做到事无巨细，大到车辆、小到海报等都要罗列出来，然后按单检查，确保万无一失。
（3）实验方案。由于活动方案通常是在经验的基础上确定下来的，因此有必要进行一定的市场实验来判断促销工具的选择正确与否，刺激力度是否合适，传播媒介方式是否理想等。市场实验可以采取询问消费者、收集调查表，或在特定区域实施促销方案等方式。

2. 中期操作阶段

主要包括促销活动开展时的控制，对参与活动人员的纪律约束与规定。管理者要把促销活动各个环节的时间、程序安排清楚，做到有条不紊、忙而不乱。同时，在方案的实施过程中，还要及时对促销范围、强度和重点进行调整，保持对促销活动的实时控制。

3. 后期延续阶段

后期延续阶段主要是媒体宣传的问题。例如，对这次活动采取何种方式，在哪些媒体上进行后续宣传。

10.2.7 促销效果评估

在促销策划方案实施之后，管理者及策划者要对方案的实施效果进行评估。评估的对象是实施促销方案后实际产生的业绩效果。这种业绩效果可以通过销售增长率、成本降低率、市场占有率等客观指标反映出来，也可以通过调查所得数据进行主观判断，因此促销效果的评估方法也相应分为客观的评估方法和主观的评估方法。同时，各个促销工具的策划方案可单独进行评估，如对广告效果进行评估，可分别对广告的传播效果和销售效果进行评估，采用固定的公式来计算。本书对此不一一进行介绍，只列举销售促进活动的效果评估方法。

1. 客观评估法

客观评估法是以企业经营的实际指标反映促销策划方案的实施效果。这些指标包括销售指标和成本指标。通过销售指标进行分析是最常用的方法，因为销售数据容易收集而且能够反映目标市场对促销组合的反应。在进行评估时，可以把当前销售数据与期望的销售数据、行业销售数据、特定竞争对手的销售数据进行比较和评估。通过成本指标进行分析，就是通过成本与收益的比较，以测定正在实施的促销策划方案的实施效果。客观评估法以实际经营资料为依据，具有科学性强的特点，但它没有考虑顾客心理和市场环境变化对促销策划方案实施效果的影响，因此，只采用这一指标还不能准确地反映策划实施的实际情况。

例如，就销售促进活动而言，最常见的评估方法是比较活动前后销售量（额）的变化幅度。分别记录销售促进活动之前、之中、之后产品销售量（额）的变化数据，在其他条件不变的情况下，可能出现的情况有以下几种。

（1）初期奏效，但时效短。如图 10-3a 所示。
（2）活动影响不大，且有后遗症。如图 10-3b 所示。
（3）没有影响，活动费用浪费。如图 10-3c 所示。
（4）活动效果明显，且对今后有积极影响。如图 10-3d 所示。

2. 主观评估法

主观评估法通过对消费者的调查，考察消费者对促销活动的直接和间接反应，考虑顾客心理和市场环境变化对促销策划实施效果的影响，从而克服了客观评估法的一些缺陷。就销售促进活动而言，可采用的主观评估法有以下两种。

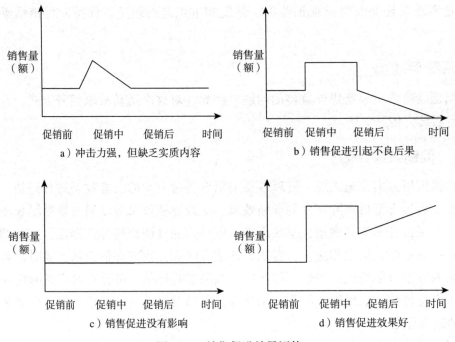

图 10-3 销售促进效果评估

（1）直接观察消费者对销售促进活动的反应，如对参加竞赛和抽奖的消费者人数、优惠券的回报率、赠品的偿付情况等加以统计，从中得出结论。可以将此方法作为客观评估法的补充，将两者结合使用。

（2）对消费者实行抽样调查。这种方法尤其适合评价销售促进活动的长期效果。具体做法是，寻找一组消费者样本，和他们面谈，了解有多少消费者还记得销售促进活动、活动对他们的影响程度如何，有多少人从中获益，对他们今后的品牌选择有何影响等，通过分析这些问题的答案，就可以了解到活动的效果。

10.3 典型促销策划

10.3.1 典型促销策划

1. 消费者促销策划

企业要开展针对消费者的促销，首先就要了解并区分消费者促销的心理基础，包括贪利心理、对比心理、回报心理、趋同心理、偏好心理、关联心理和短缺心理等。在制定促销策略时，要综合考虑和利用这些相互交错、同时存在的消费者心理，着重考虑是否能够对消费者心理产生正面影响，按照"心理基础→促销策略→促销活动"的流程来进行消费者促销策划，进而通过促销活动促使消费者心理发生变化、产生购买欲望并实现购买行为，达到促销目标。

消费者促销策划包括以提供财务利益为主的促销方式、以提供心理利益为主的促销方式和以提供性能利益为主的促销方式，具体有折价优惠促销、附送赠品促销、退费优待促销、奖励促销、印花赠品促销、会展促销、游戏促销、经济活动促销、联合促销、赞助促销、会员制促销等多种促销策略。

2. 渠道促销策划

渠道促销策划包括对销售人员的促销、对中间商的促销等。针对销售人员的促销主要包括销售竞赛、销售赠奖或是对其进行培训和协助等方法，目的是鼓励销售人员大力推销新产品，开拓新的细分市场，挖掘更多的潜在顾客，顺利推销积压产品等。针对中间商可采用进货折扣、随货赠送、销售奖励、销售竞赛或补贴等方式促销。渠道促销对销售商来说是价值增加、价格导向的促销，对于这种促销形式，企业一定要仔细规划、谨慎使用。

最常用的渠道促销方式有三种：一是在价格基础上增加价值的促销方法，包括打折与降价、折价券、返还现金（如累计进货返利）、改善付款条件等；二是在产品基础上增加价值的促销方法，包括赠送样品、多样化组合和多样化购买（如产品组合套餐优惠订货）、增加产品的数量等；三是有形的附加价值促销，包括奖赏（如开箱有奖）、赠券等。

专栏10-3　　　　　　　　　渠道促销的三个方向与五个原则

渠道促销的三个方向：（1）销售型促销与市场型促销有机结合。
　　　　　　　　　　（2）结合新品推广进行促销。
　　　　　　　　　　（3）结合库存结构进行如老品、滞销品的促销。
渠道促销的五个原则：（1）产品差异化原则。
　　　　　　　　　　（2）用途差异化原则。
　　　　　　　　　　（3）客户差异化原则。
　　　　　　　　　　（4）市场差异化原则。
　　　　　　　　　　（5）时间差异化原则。

---

3. 组合促销策划

组合促销是指企业为达到特定目的而弹性运用若干促销工具、促销方法，它包括人员推销、商业广告、公关宣传和适时促销等。其目的就是将企业的产品或服务告知客户、说服客户，并催促消费者购买。在运用促销组合时，需要充分考虑不同产品、不同环境、不同客户或消费对象，灵活调配，合理组合。促销组合内的各个工具分别具有不同的影响力，如人员推销是面对面的口头诉求，在评价、试用、采用阶段，有重大影响力；公关宣传对客户的认知和兴趣有强烈的影响力,能够形成客户对企业或产品的好感,但在产品的立即"采用"方面影响力较弱。

现实生活中,随着人们物质和精神生活水平的不断提升,人们必将会不断地对商品组合提出新的要求,而丰富多彩的商品世界又会为商品组合提供取之不尽、用之不完的组合要素,以及组合创新的无限自由度。因此,只要我们不断探索进取,必将使商品组合成为企业诱导和创造需求、促进销售、开拓市场的一种非常重要的策略。

10.3.2 典型促销策划方法

常见的典型促销策划方法有以下几种。

(1)降价促销。商品以低于正常价的价格出售,常见方式有库存大清仓、节庆大优惠、每日特价商品等。

(2)有奖促销。这种方式能在短期内对促销产生明显的效果,因为顾客总想试试运气。

(3)打折优惠。通常在适当的时机,如节庆日、换季时节等通过打折,以低于商品正常价的价格出售商品,使消费者获得实惠。

(4)竞赛促销。这是一种融动感性、参与性于一体的促销活动,如喝啤酒比赛等,以比赛突显主题、介绍商品,不仅能提高商品的知名度,还能增加销售量。

(5)免费品尝和试用促销。有些零售店在促销时会在比较显眼的位置设专柜,让消费者免费品尝新包装、新口味的食品;对非食品和其他新商品则实行免费赠送、免费试用,以鼓励消费者使用新商品,进而产生购买欲望。

(6)焦点赠送促销。这是一种比较理想的特色方式,消费者只要连续购买某商品或连续光顾某零售店数次,累积到一定积分的点券,便可兑换赠品或折价购买商品。这种方法能够吸引消费者持续购买,并提高其品牌忠诚度。

(7)赠送促销。在店里设专人对进店的消费者免费赠送某一种或几种商品,让消费者现场品尝、使用,迅速向消费者介绍和推广商品,争取消费者的认同。

(8)展览和联合展销促销。在促销时,商家可以邀请多家同类厂商,在所属分店内共同举办商品展销会,形成一定声势和规模,让消费者有更多的选择机会;也可以组织商品的展销,比如多种节日套餐销售等。

专栏10-4   赠品促销

赠品要注意三条纪律:赠品设计莫随意;赠品一定要易拿;赠品价值别夸大。

赠品促销的八项注意事项:广告宣传要充分;赠品"名号"要响亮;恰当宣传增加值;免费口号喊得响;"领袖"推荐效果好;开发赠品的"戏剧性";要多强调关联性;"限量赠送"是催化剂。

10.3.3 典型促销策划误区

随着市场竞争愈演愈烈，我国许多企业逐渐开始重视促销策划，有不少企业凭借成功的促销策划获得了市场，提高了自身的知名度和美誉度，得以快速成长。然而也有相当多的企业因为种种原因遭遇这样的情况，即策划活动花费不少却收效甚微，甚至带来负面影响。造成这种失败的一个重要原因就是人们对促销策划存在一定的误区，包括认识误区和运作误区两方面。

1. 促销策划的认识误区

（1）促销策划就是让利给消费者。有些企业认为，促销策划就是直接让利给消费者，以提高销量，促销手段仅限于降价、买赠、试用等几种。这种思想是对促销策划的极大误解，会对促销策划做出错误的指导。诚然，降价、买赠等让利手段有时候的确能够快速提升销量，达到促进销售的目的，但是促销策划并不仅限于这些简单的让利手段。促销策划的目的是要向更多的客户传达产品信息、品牌形象，不顾一切的降价、买赠等有时候会降低品牌形象，无法充分表达产品价值。因此，企业应该正确认识促销策划，采用更多样化的手段与消费者沟通，在充分表达产品价值的基础上，鼓励和引导消费者购买。

（2）销量下降的原因在于促销策划做得不够。一些企业在日常经营中，不注重品牌建设和市场培育，直到销售出现问题时，才想起用促销策划来解决销量问题，这种做法通常"治标不治本"。促销策划不是万能钥匙，它只是一种短期的刺激，能够在短期内带来销量的提升，但是一旦促销活动结束，产品销售的保证需要企业在品牌、渠道、价格等多方面的持续投入。强行的促销策划方案只是一剂强心剂，无法持续提高企业的效益。

（3）促销策划可以随时随地开展。促销策划并不是企业独立的一项经营活动，它的开展需要服务于整个企业的经营目标。因此，促销策划也需要进行对象定位，在目标人群集中的地方实施促销方案能够取得较好的效果。同时，促销策划也不是随企业心情，或是在产品销量低迷时开展的，在适当的时间开展适当的促销策划方案，能够获得事半功倍的效果。

2. 促销策划的运作误区

促销策划要按照正确的策略，运用正确的思维，同时还要注意避免陷入促销策划的运作误区，常见的促销策划运作误区有以下几种。

（1）盲目追求轰动效应。促销宣传只求轰动效应，只做表面文章。有些促销活动单纯追求形式，却脱离了产品的实际功能、质量水平、技术创新等，这样的促销就会误导消费者。促销是策划促进消费的实际内容，而不只是让客户感知其喜欢的营销形式。当年，合肥市有一款小灵通卖得非常火爆，并不仅是因为它价格便宜并采用了客户喜好的营销形式，更重要的是它的实用性功能能够满足目标客户的应用需求，而且绿色环保、使用便利，给该业务注入了更多可促进消费的实际内容。由此可见，如果产品不能及时策划并挖掘出其可促进客户消费的实际内容，再好的促销形式，也不会赢得广大客户的青睐，更不会取得理想的营销效果。

（2）急功近利，忽视对顾客忠诚度的培育。现实生活中，促销多会促成更多的人在一个时段内购买某一或某些产品，却忽视了培育顾客的忠诚度。其实，只要我们有意创建顾客忠诚，还是不难做到的。会员制就是这样的，它可以通过随着顾客购买金额的积累给予其相应的优惠，吸引其长期购买。对于有条件采用这种促销手段的公司，如果能将临时促销与这种长期促销结合使用，效果自然会随着时间的推移而得到体现，双管齐下各取所需，何乐而不为？

（3）单纯追求销量。目前大多数企业普遍认为，促销的目的就是提升销量，于是就出现了这样一种现象，即每个促销报告的申请后面都会附上目标销量，把销量作为衡量促销效果的唯一标准。实际上，促销不只是为完成目标销量，而是要借机向更多的客户传达产品信息、品牌形象等，充分挖掘客户需求、刺激购买。因此，我们不能将促销简单地理解成追求销量，而应充分发挥其真正的作用和功效。

（4）促销缺乏创新和针对性。在促销时"买几赠几""促销价""优惠价"等招牌在很多商场、超市都随处可见。将促销简单地理解为"直接降价或变相降价"，未能与产品本身建立联系。许多企业根本不了解自己的产品是什么、有哪些特点，就忙着跟风做促销，效果往往不怎么理想。而如果可以针对产品特性，大胆创新地实施促销，就可以做出自己的特色吸引顾客眼球，通常也会更加有效和成功。

⊙ 策划案例与文案　　　××商场元旦家电促销活动策划

元旦前后是一个消费的旺季，因此，为进一步刺激××商场的家电销售，特制订此次迎元旦促销活动方案，具体策划如下。

一、促销时间

2019年12月25日～2020年1月10日

二、促销背景

元旦前后是小家电产品，特别是电热水壶、豆浆机等可以作为礼品的产品的消费旺季，为抢夺市场，各品牌都开始有所行动。同时榨汁机、豆浆机等产品由于价格高昂及消费者不熟悉如何使用等因素，使得一些潜在消费者一直在犹豫徘徊。为了抓住这一销售旺季和一直犹豫徘徊的消费者，特策划本次活动。

三、促销目的

1. 充分利用"元旦"小长假的机会，提升公司的终端零售量，并加大分销力度；
2. 通过终端现场演示，提升公司产品知名度，激发潜在消费者的购买欲望；
3. 有效地打击竞争对手，为实现公司明年的销售目标做好准备；
4. 增强经销商的信心，振作员工的士气；
5. 利用促销机型带动其他产品的销售。

四、促销对象与范围

1. 促销对象：终端消费者

2. 范围：沈阳、大连的可控终端（即有导购员的卖场）

五、促销主题

1. 促销主题：KG 小家电迎新贺礼大酬宾

2. 宣传口号

（1）299 元，KG 豆浆机抱回家；366 元，KG 多功能炖盅提回家。

（2）129 元，KG 榨汁机带回家；99 元，KG 电水壶"捡"回家

（3）KG 电水壶老顾客进店即有礼送

（4）过年了，给家乡的父母带个豆浆机吧

（横幅标语为以上宣传口号或促销主题）

六、促销方式

现场演示＋大酬宾活动，大酬宾内容主要包括促销机型、8.8 折优惠和赠品

1. 促销机型

电水壶：8901、8902，促销价 99 元；

榨汁机：5002B，促销价 129 元；

电磁炉：3018FB，促销价 199 元；

豆浆机：2000B，促销价 299 元；

电饭煲：9121，促销价 366 元；

其他机型 8.8 折优惠

2. 赠品形式

所有购买 KG 产品的顾客除随机赠品外，额外赠送一本精美新年台历，购买电水壶的顾客还赠送两包价值 5 元的除垢剂，购买过电水壶的老顾客凭有效购买证明免费领取一包价值 5 元的除垢剂。

3. 现场演示

（1）演示机型：榨汁机 5002B、5000D，豆浆机 2000B，电饭煲 9121（这四款为必须演示的机型，其他机型商家可根据销售情况自行调整）。

（2）演示地点：商场门口或入口处，楼梯入口处

（3）演示要求：榨汁机必须现场演示榨汁过程并现场演示机器清洗过程，突出其易清洗的特点，演示完成后工作人员先试喝再给顾客品尝；豆浆机要求不间断打豆浆并让所有前来观看的顾客品尝；电饭煲要求现煮米饭，将米饭用水量、煮饭时长、煮熟后米饭质感等告知或展示给顾客。以上所有演示给顾客并让其品尝的东西必须卫生、干净。

（4）演示人员要求：演示人员一定要声音洪亮、吐字清晰，说话有亲和力而且幽默风趣，动作自然，如条件允许尽可能带耳麦。

（5）现场演示布置要求：一个 X 展架、一条以上横幅、两张以上海报，产品与赠品

分开堆码,在赠品上贴上醒目的"赠品"或"赠品区"字样;美化展示现场,如摆放一些气球、鲜花、彩带以及蝴蝶结等。演示台要求至少三张以上,并整齐摆放。

七、促销配合

(一)产品

区域经理或业务经理提前督促经销商提货、网点提货。

(二)促销物料准备

市场部在 12 月 18 日前发放演示台、X 展架、赠品给经销商;经销商在 12 月 22 日前自行印刷印有促销信息的黑白单页并制作印有促销主题、宣传口号的横幅,还要准备小赠品等物料。

(三)人员分工与责任

活动总指挥——某某

活动负责人——某某

方案的撰写、下发、检核——市场部

物料发放——客服部

(四)导购培训

各经销商导购管理人员、区域经理或业务经理要对促销活动的内容、终端演示技能等做活动前的培训。除了给顾客介绍公司产品的特点,还要引导顾客购买本次公司主推的机型。

八、活动要求

严格按"KG 终端促销活动指引"要求执行。本次促销活动如有任何疑问请致电市场部。

资料来源:家电行业 2018 年元旦促销活动策划方案 [EB/OL].https://wenku.baidu.com/view/9b4bd7e8571252d380eb6294dd88d0d232d43c75.html.

讨论题

1. 你认为本策划案还有哪些可以改进的地方?
2. 请以此策划案为基础,形成一份新的××家电公司促销方案。

相关链接 促销活动的两个环节与七个关键点

一、策划环节——结果是策划出来的

1. 主题策划

主题是一个活动的灵魂,有了好的活动主题,活动就成功了一半。活动主题的策划一般流程是调研→归纳兴趣点→确定主题。

(1)调研:对象为新客户、老客户、意向客户;方式为电话、面谈(配合调查表)、当地新闻点。

(2)归纳兴趣点:在活动开始前 1~3 个月,通过对调研结果的分析归纳出 1~3 个(目

标客户）兴趣点。

（3）确定主题：采用"逐一排除法"确定。

2. 活动宣传

"酒香也怕巷子深"的道理大家都明白。如果你没有满城的"酒香"（宣传），客户自然也不会"闻香"（冲着活动）而来。

在宣传上通常采用的方式有三种，具体如下。

方式一："定向轰炸"（精准营销）。如小区推广、短信群发、团购网络客户征集等。其最大的特点就是费用小、收益大，然而覆盖面和影响力比较小。

方式二："广而告之——广撒网，多捞鱼"（大众营销）。如报纸、电视、户外广告牌、花车游街等，其最大特点是覆盖面广、影响力大，但是费用投入比较大，单位收益率偏低。

方式三：将二者结合起来用（整合营销）。其最大的特点是性价比高。在实际操作过程中具体采用哪种宣传方式，主要根据所采用的活动形式与经费多少而定。

3. 活动力度

最终掏钱买你的服务或产品的是客户，如果客户感觉你的活动力度和他平时所了解的力度没什么两样，那他自然不会心动，当然也就更不会行动。结果就会出现这样的情况：展厅人如潮涌，签单寥寥无几，有人气，没财气。因此活动力度比平时大 10%～20% 比较适宜，力度太大会对后期产生较大影响，最终导致不促不销；力度偏小客户可能不买账，亏本赚吆喝，所以力度太大或太小都不太好。当然，也要时刻关注你的主要竞争对手在做什么，更不能让他借了你的势。

二、执行环节——没有执行，就没有一切！

1. 人员分工

首先需要编制《活动进度表》，再编制《活动期间人员分工一览表》，按照时间节点，将需要完成的工作分解到每一个人，工作量大或涉及跨部门的工作可考虑安排协助人。俗话说没有监督就没有执行，执行过程中当然少不了监督人，每天跟进，时时掌控工作进度和完成情况，这样才能做到出现问题及时调整，稳步推进，不至于到最后阶段出现该做的事情没有做的情况。

2. 气氛营造

众所周知，人是环境的产物，环境对人的影响是巨大的。这就如同我们到一个陌生的地方去吃饭，有六家餐厅可选（公告的价格都差不多），有三家人山人海，还排起了长队，而另外三家餐厅客人寥寥无几，里面冷冷清清。一般情况下，大多数人会选择去人更多的餐厅，因为我们认为那么多人选择它，去那里吃饭肯定不会错。

有些商场从节约成本的角度考虑，或者认为根本没必要，X 展架、海报、宣传单张、地贴、吊旗、户外广告、礼品堆头、临时促销员、抽奖设备等，要么少得可怜，要么完全没有，让人感觉不到一点活动的气氛，在这种情况下，怎么能够激发出目标客户购买的"冲动"？他们只会做出"理性"的选择。因此，该花的钱还是得花，省不得！

3. 动员激励

活动开始之前一定不要省略或忽视动员这一环节，并且由公司高层管理人员做动员最佳，它在统一思想、鼓舞士气方面起着十分重要的作用。

常言道，重赏之下必有勇夫，激励当然是必不可少的，不过也不能只是一味地正激励（长此以往就不灵了），还需适当增加负激励，这样才能真正让活动参与人员做到全力以赴，做得好的则名利双丰收，做得不好又关系到"面子问题"（不努力不行，除非他不想做了）。

4. 人员培训

活动期间的培训，重点集中在此次活动对客户利益点的介绍（如使用对比法），并辅以消费理念、品牌卖点、产品卖点的引导等。实践证明，最行之有效的培训方式是讲师授课与模拟演练两种方法相结合，其最大的好处是能"落地"，不至于"悬在半空中"，真正实现参与者入耳、入脑、入心，从而将培训转化为"接单量"。

资料来源：胡文凡. 促销活动的2个环节与7个关键点 [EB/OL]. (2009-09-28). http://www.emkt.com.cn/article/436/43636-2.html.

策划实战

1. 假设你为大连某服装商场的策划人员，在"3·8"妇女节来临之际，商场领导决定组织一次促销活动，领导让你设计一份促销策划方案，你会怎么做？

2. 每年的双11已经成为商家线上促销的一个节日，如果你是一家化妆品公司的营销策划人员，请你设计一份完整的线上促销方案，在此次双11期间尽可能提高企业的业绩。

本章小结

促销是促进营销、销售的简称。它具有广义、狭义两层意思。广义的促销是指4P的一部分，即企业通过产品、价格、分销策略、广告、公共关系、人员推销、销售促进等一系列工具的运用，达到增加销售的目的。狭义的促销则属于广义促销中的，与广告、公共关系、人员推销处于并列关系的一个子要素：销售促进（sales promotion, SP），是运用各种短期促销工具刺激消费者或中间商迅速或大量购买某一特定产品的手段。

促销的实质是一种信息传播和沟通行为，传播的效力和效率受到消费者知觉过程的影响。广义的促销可以分成不同的类型：按照促销主体可分为渠道促销和厂商促销；按照促销对象可分为推式促销和拉式促销；按照促销内容可分为广告、人员推销、公共关系、直接营销、销售促进。

促销策划要遵循一定的要求。促销策划的流程可分为七个步骤：促销调查，对影响企业促销活动的有关资料进行收集和整理，分析企业促销的外部环境和内部状况；确定促销目标，对企业通过促销活动所要达到的经济性及非经济性目标进行描述；选择促销工具组合与方法，根据促销目标，选择适合的促销工具组合，并有针对性地分解促销任务；具体活动的策划阶段，分别制订广告策划、公共宣传策划、销售促进策划、人员推销策划等方案，并制订促销费用预算计划；撰写促销策划书；促销计划的实施与控制，覆盖促销活动事先准备阶段、实施阶段和后期延续阶段的工作；促销效果评估，通过主观或客观评估法对促销后产生的实际业绩效果进行评价。

典型促销策划主要包括消费者促销策划、渠道促销策划、组合促销策划三种。典型的促销策划方法主要有：降价促销、有奖促销、打折优惠、竞赛促销、免费品尝和试用促销、焦点赠送促销、赠送促销、展览和联合展销促销。典型促销策划误区包括认识误区和运作误区两方面。清晰地认识典型促销策划误区，有利于企业少走弯路，更好地开展促销策划。

第 11 章 广告策划

开篇案例

百事可乐:"2019 把乐带回家"之"摘星者"

百事贺岁巨制微电影"2019 把乐带回家"之"摘星者"在 2019 年的春节期间正式上映。该电影有邓超、张一山、刘昊然、周冬雨、杨洋等明星参与拍摄,讲述了这几位演员背后隐藏的多条故事线,既紧张惊险又温馨动人,向观众展现了航天工作者不为人知的辛苦,并以此向为梦远行的"摘星者"们和千千万万坚守在工作岗位的普通人致敬。看完这部电影我们感慨最多的是:实现梦想的路上经常荆棘遍布、困难重重,但是我们不会放弃更不会失去前行的勇气,因为家是心灵停靠的港湾,给予我们无条件的关怀与支持,但这份最熟悉的情感往往被大家深埋心底。

"把乐带回家"是百事 2012 年创立的品牌 IP。一直以来,百事不断探索、勇于突破,在这次微电影中将 IP 再次升级,诠释"家造就了我们,又支持每一个人前行"的主题。正是多种多样的主题、持续升级的 IP 内涵、对"家"文化多角度的思考,让百事可乐的新年广告始终能够带给人新的感受。

资料来源:数透小编.感动人心!2019 开年 5 个广告案例 [EB/OL]. (2019-02-15). https://study.sutodata.com/archives/2824.

由此可见,有一个明确的广告主题并不断升级创新是广告策划的关键。广告要想获得成功,不仅要选好媒体,更要做好内容、打动人心。

11.1 广告及广告策划概述

11.1.1 广告的概念和构成

1. 广告的概念

广告到底是什么?广告的定义经历了多种版本的演绎。

《不列颠简明百科全书》中文版对广告的解释是："广告是传播信息的一种方式,其目的在于推销商品、劳务,影响舆论,博得政治支持,推进一种事业或引起刊登广告者所希望的其他反应。"

美国市场营销协会关于广告的解释是："广告是由明确的广告主在付费的基础上,采用非人际传播方式对其观念、商品或服务进行的介绍、宣传活动。"

我国广告法中所称的广告是指商品经营者或服务提供者承担费用,通过一定媒介和形式直接或间接地介绍自己所推销的商品或所提供的服务的商业活动。

从上面的各种定义中我们可以看出,广告是借助一定的媒体(如报纸、杂志、电视等)来传递信息的,同时广告还需要支付一定的费用。因此,本书将广告定义为:广告是广告主体通过各种媒体将商品或服务的信息传递给受众的一种有偿活动过程。

2. 广告的构成

根据广告的定义可以看出,广告由三个部分构成:广告主体、广告媒体和广告信息。

广告主体是从事广告活动的当事人,一般包括广告主、广告经营者和广告发布者。广告主是指为推销商品或提供服务,自行或委托他人设计、制作、发布广告的法人、其他经济组织或个人。广告经营者是指受委托提供广告设计、制作、代理服务的法人、其他经济组织或个人。广告发布者是指为广告主或广告主委托的广告经营者发布广告的法人或其他经济组织。

广告媒体是广告主向广告受众者传递信息的工具或载体。广告媒体的选择是否恰当,直接关系到广告活动的成败,因此广告媒体在广告活动中非常重要。

广告信息是广告传递给受众的主要内容,即广告的客体。广告信息一般是有关广告主的产品、劳务和观念的信息,它们是广告赖以存在的基础,没有信息,广告就失去了实际意义。

上述广告的三个部分是一个有机的整体,缺一不可。没有广告主体,广告媒体和广告信息也就失去了价值;但如果没有广告媒体和广告信息,广告就无法存在,广告主体也变得没有意义。因此,广告主体、广告媒体和广告信息是三位一体、不可分割的。

11.1.2 广告策划概述

1. 广告策划的概念

广告策划的概念由英国伦敦波利特广告公司创始人斯坦利·波利特在20世纪60年代首次提出,很快普及开来。从广告策划的提出到现在才60年左右,广告策划理论尚处于一个不断发展和完善的阶段,至今还没有一个通用的广告策划的定义,不同的定义对广告策划的理解也不同。本书把广告策划定义为:广告策划是根据企业的营销战略和广告目标,以企业产品、消费者、竞争者和广告环境为基础,充分考虑广告策划活动的系统性、可行性、目的性、创造性、效益性,从而为企业广告传播和市场开拓提供经济有效的广告计划方案的决策过程。

广告策划为广告运作提供全面的指导，贯穿于广告运作过程，因此它在整个广告运作中占据核心地位。需要注意的是，广告策划要服从企业整体营销的目标，在企业整体营销计划指导下做出，这样才能达到广告的预期目的。

专栏 11-1　　　　　　　　　　　　广告策划与广告计划

广告策划与广告计划是有区别的。广告计划是实现广告目标的行动方案，是一种行动文件，侧重于规划与步骤；广告策划虽然也是为了实现广告目标而进行的，但它更强调运用科学的方法与手段来进行行动方案的选择和决策，也就是从多个广告计划中进行选择。广告策划要完成一系列的决策，是一种动态的活动过程；广告计划则体现为静态的具体文件。广告策划活动是制订广告计划的前提；广告计划则是对广告策划关于具体行动方案的决策结果的概括和总结。

---

2. 广告策划的特征

广告策划作为科学广告活动的中心环节，是广告公司业务运作的一个重要环节，是广告运作科学化、规范化的重要标志之一。广告策划具有鲜明的特征。

（1）指导性。广告策划是对广告整体活动的策划，其策划的结果将成为广告活动的蓝图，所以广告策划对整个广告活动具有指导性，指导着广告活动各个环节的工作，处理着各个环节的关系。

（2）系统性。广告策划是对整个广告活动的运筹规划。从横向来看，它表现在对策划对象的各个方面、各个环节进行权衡，客观地估计自己所处的环境。从纵向来看，广告策划的系统性体现在广告活动的各个环节都要保持统一性。

（3）事前性。战略规划是关于未来事物的，是针对未来要发生的事情做出当前的决策。广告策划也不例外。广告活动中所涉及的广告目标、对象、媒介、预算、设计、制作等都必须事前确定，另外在广告策划中还要考虑到各个方面的因素，特别要注意做好调查研究工作。

（4）创造性。广告策划是广告运作的主体部分，是在广告调查和分析研究的基础上，制订出广告表现策略、媒体策略、广告预算等相应的计划。在这个过程中，需要相关人员发挥创造力。富有创造性的广告策划，能够充分展示产品利益，满足消费者期待，并以有效而容易记忆的方法把它们表现出来，引起受众的兴趣。

（5）可行性。是指广告策划的方案在现实中是否切实可行。广告策划的最终目的是确保广告活动的有效成功，因而不具备可行性的策划方案，不管多么充满新意，都是毫无实用价值可言的。广告策划必须达到经济效益和社会效益的统一。

3. 广告策划的原则

广告策划是一种具有系统性和创造性的活动，必须遵循一定的原则。

（1）广告策划的目标要遵从营销目标的原则。营销目标是企业营销系统根据企业战略制定的目标，广告策划的目标源自企业营销的目标，是企业营销目标的组成部分，因而广告策划目标必须遵从营销目标，脱离了这一关系的广告策划就是不切实际的。

（2）统一性原则。统一性原则强调的是广告策划活动的整体性、全局性以及效益最优化等。这就要求广告策划工作必须从整体协调的角度来考虑问题，广告活动的各个环节必须服从企业统一的营销目标和广告目标，服从统一的产品形象和企业形象，切忌在广告策划中各自为政。

（3）调查研究的原则。没有调查研究的广告策划是空洞的。使用不经过调查研究得来的信息资料，以及不对信息资料进行科学有效的分析就做出来的广告策划只能是简单的、低水平的。广告策划是一项科学、系统的活动，广告策划活动的启动就意味着具有科学性和系统性的广告调研的开始。

（4）发挥集体智慧的原则。团队的力量是无穷的。广告本身就是一种商业艺术，所面对的受众是一个或大或小的目标市场，任何个人的智慧都难以揣测和满足大部分消费者的心理行为，而一个策划团队则可以弥补个人知识和能力的不足。因此任何广告活动都需要集中多位广告工作人员的智慧，需要以团队的方式共同作业。

（5）策划方案具有可操作性的原则。广告策划是一种基于现实的具有规划性、超前的构思。广告策划方案作为指导广告工作的蓝本，所制定的策略必须符合市场变化的需要，要能够引导广告活动在未来命中目标市场并发挥效力。

11.2 广告策划的内容、程序，及广告策划书的内容结构与写作技巧

11.2.1 广告策划的内容

1. 确定广告目标

广告目标是指广告活动所要达到的目的，它是由企业的营销目标决定的。明确广告目标是进行广告战略决策的前提。广告目标不仅规定着广告活动的方向，比如媒体的选择、表现方式的确定，而且是衡量广告传播效果的一个重要依据。

2. 明确广告对象

广告对象又称目标受众，是广告信息的传播对象，即广告信息的接收者。广告对象的确定，是广告策划中最重要、最基本的决策之一。

需要注意的是，广告对象和目标消费者并非任何时候都是一致的。有些产品的目标消费者与广告对象是一致的，有些并不一致，比如儿童食品，使用者和购买者往往不是同一个人，故需要对购买参与角色进行分析，确定广告对象并加以说服。

在确定广告对象之后，还要进一步了解目标市场的消费者的基本情况、消费心理、

消费行为等，为确定广告传播的内容、采取相应的策略提供依据。

3. 提炼广告主题

广告主题是广告的中心思想和灵魂，是广告活动为达到某项目的所要说明和传播的最基本的观念。它统率广告作品的创意、文案、形象等要素，像一根红线贯穿于广告活动中，使广告各要素组合为一个完整的广告作品。

广告主题是由广告目标、信息个性和消费心理三个要素构成的。广告目标是根据企业经营决策、广告决策而确定下来的，它是广告主题的出发点，离开了广告目标，广告主题就会无的放矢，收不到效果；信息个性是指广告所宣传的商品、企业和观念的与众不同的特点，即要与同类其他产品明显区别开，突出自己的特点。信息个性是确定广告主题的基础和依据，没有信息个性，广告主题就会显得没有特色，难以取得好的效果。广告目标和信息个性要符合消费者某一方面的心理需要，也就是要考虑消费心理。

4. 制定广告策略

广告策略是企业经营战略的一个重要组成部分，指按照广告目标的要求确定广告活动的方式方法，包括广告表现策略和广告媒体策略。

（1）广告表现策略。把有关产品和企业的信息，通过广告创意，运用各种符号以及其组合，以广告受众能够接受并且乐于接受的形式表现出来，达到影响消费者购买行为的目的，这就是广告表现。制定正确的广告表现策略，对于保证广告作品能够符合广告策划活动的总体要求有着重要的意义。

（2）广告媒体策略。广告媒体策略主要包括媒体的选择、广告发布日程和方式等多项内容。制定广告媒体策略，还要考虑和确定如何使用已经选择的媒体，主要包括广告发布的具体时间、频率、时段选择、空间布局等。

5. 编制广告预算

广告预算是指在广告活动中应该花费多少广告费用，也就是在计划期内企业投入的广告费用总额以及使用分配的具体安排计划。科学的广告预算可以对广告活动进行有效的管理和控制，提高广告运作的效率。编制广告预算时要考虑以下几点因素。

（1）产品的生命周期。对于处在不同生命周期的产品要编制不同的广告预算。例如，对于处于导入期的新产品，为了更快地获得更高的品牌知名度并提高销量，一般需要做大量重复的广告，因而投入的广告费用较高。

（2）产品的市场占有率。企业为了获得更高的市场占有率，一般要投入较多的广告费用。如果一个产品的消费者基础较好并在市场上占有一定份额，那么对其投入的广告费用可以相对较少。此外，广告对于高市场占有率产品的促销成本效应常常低于低市场占有率产品的促销成本效应。

（3）产品的可替代性。可替代性强的产品，需要投入大量的广告来维持或改善它现有的地位，树立自己的个性形象，以防被竞争对手替代，因此广告费用投入一般较大。

（4）外部竞争与干扰。企业在编制广告预算时会受到市场上竞争对手的影响，在竞争激烈和外部干扰强的市场上，企业必须依靠大量的广告宣传来减少竞争对手的威胁和干扰。㊀

6. 进行广告效果评估

广告效果评估是广告策划的最后环节和内容。广告策划的效果如何，取决于广告活动执行后的结果。通过对广告计划实施情况进行评价，可以判定广告活动的传播效果，为下次广告活动提供依据。

11.2.2 广告策划书的内容结构

一份完整的广告策划书，一般按下面的结构顺序来安排各项内容。

1. 前言

前言是整个策划书的总纲部分，这部分要详细说明广告策划的宗旨和目标，广告策划项目的由来、经历时间、指导思想、理论依据，以及广告策划书的目录。必要时还应阐明广告主的营销战略。这部分一定要简洁，以使决策人员能够在最短时间内对本次广告策划的内容有一个大致的了解。

2. 市场分析

这个部分一般涉及四个方面的内容：市场环境分析、企业经营状况分析、产品分析和消费者分析。

市场环境分析包括国家经济形势与经济策略分析、市场文化分析、消费者状况分析（如有效需求的规模、收入水平等）、市场格局状况、竞争对手的产品情况和广告策略等。

企业经营状况分析包括企业在社会上的形象、市场占有率、企业自身的资源和目标、品牌面临的机会与威胁等。

产品分析包括产品的特征分析（如性能、质量、价格、外观与包装等）、产品生命周期分析、产品的品牌形象分析、产品定位分析等。

消费者分析包括消费者的构成分析（如总量、年龄、职业、收入等）、消费者的态度分析（如喜爱程度、偏好程度等）、消费者的行为分析（如购买动机、购买时间、购买频率等）、消费能力分析、消费时尚分析、潜在消费者分析等。

3. 广告受众

具体说明目标消费者的基本状况，如年龄、性别、职业、收入、文化程度、数量等，分析其需求和心理特征，进而明确广告诉求的内容、媒体的传播策略。

㊀ 谭俊华. 营销策划 [M]. 2 版. 北京：清华大学出版社，2016.

4. 广告地区

根据市场定位和产品定位决定市场目标，从而确定广告宣传所针对的地区。

5. 广告预算与分配

在这一项内容中，要详细列出媒体的选用情况、所需的费用、每次播出的价格。广告预算非常重要，科学合理的广告预算不仅可以提高广告工作效率，而且能够保证广告活动按计划进行。

6. 广告策略

这一部分是广告策划书的核心内容，介绍广告决策、策划的基本结论，主要包括以下方面。

（1）目标策略。它主要介绍广告的目标、策略性方法、阶段广告工作任务。

（2）产品定位策略。它包括对以往产品定位策略的分析与评估、产品定位的表述、定位的依据与优势等。

（3）广告诉求策略。它介绍本次广告宣传的诉求对象、诉求重点、诉求信息和诉求方法等。

（4）广告表现策略。它包括广告的主题表述、文案表述，以及各种媒体的表现、规格以及制作要求等。

（5）广告媒体策略。它包括媒体的地域、媒体的类型、媒体的选择、媒体的组合策略、广告的发布时机与频率等。

7. 配套措施和策略

从整体策划的目标和要求出发，提出与广告传播活动相互配合的其他信息手段和方式，比如公共关系活动计划、促销活动计划等。

8. 广告效果评估

广告效果评估可以在广告前进行，也可在广告后进行。既有事前、事中、事后的测定评估，又有贯穿于整个过程的连续控制，因而进行广告效果评估可以总结经验，并且为下一次广告活动提供依据。

在撰写完以上内容后，还应按照一定的格式进行编制。设计一个版面精美、要素齐备的封面，列出详细的目录。正文部分一般主要用文字撰写，也可以配以图表，使其更加形象、具体。此外，也可以将广告策划书的基本要点简化成图表形式。

11.2.3 广告策划的程序

广告策划的程序是指广告策划工作应遵循的步骤和方法。广告策划是一项科学活动，不能盲目进行，必须按照一定的步骤和程序进行。一般来说广告策划可以按照下列步骤进行。

（1）组建广告策划小组。策划小组一般在调查工作开展前成立，具体负责某一特定的广告策划工作。广告策划小组由多类人才组成。

①业务经理。业务经理具有特殊的地位，负责保持和发展与广告主的良好关系，以及与其进行沟通。一方面，他们代表公司深入了解客户，与客户洽谈广告业务，同时参与广告目标及策略的制定；另一方面，他们又代表客户，把客户的详细信息传递给公司的创作人员，并监督广告活动的开展。因此，广告策划对业务经理的知识和素质有较高的要求，是衡量一个广告公司策划水平高低的重要因素之一。

②策划人员。专门负责广告策划工作，主要负责编拟广告计划。策划人员要有统筹全局的能力，可以归纳整理并协调各种意见与建议，编拟成具体计划并推行实施。

③文案创作人员。专门负责撰写广告文案，包括标题、正文、新闻稿及说明书等。文案创作人员要有较强的营销思维和文字功底，可以将广告信息通过文案销售给广告对象。

④美术指导和设计人员。他们在策划小组中担当着极为重要的角色，专门负责各种视觉形象的设计。印刷媒体上刊登的广告，只有在美术方面有突出的表现才能吸引消费者。

⑤摄影员。负责提供美术指导和设计人员所需要的各种摄影资料。

⑥市场调查员。负责各种市场的行情调查，然后进行分析，写出市场调查报告，提供给策划小组讨论。

⑦媒体联络人员。要求媒体联络人员熟悉每一种广告媒体的优劣势、刊播价格、传播效果，并且与媒体有很好的关系，能够向主要的媒体争取到广告版面或播出时间。

⑧公共关系人员。负责公共活动的组织和执行，协调与关联方的公共关系，以获得支持和帮助，而且要求他们能提出公共关系建议。

（2）市场调查分析阶段。本阶段主要是确定市场调查的目标、范围、对象、方法、拟定市场调查计划；拟定市场调查所需要的问卷、访谈提纲，准备必要的辅助设备和人员；实施市场调查项目；市场调查结果的整理；最后撰写市场调查和分析报告。

（3）广告策划小组商讨此次广告活动的战术，进行具体的策划工作。

（4）拟订工作计划并向有关部门下达任务。落实的部门主要有市场部、媒体部、策划部、设计制作部等。例如，为了了解产品在市场上的情况以及消费者和竞争者的状况，广告策划小组就要向市场部下达市场调研的任务，以保证整个广告策划的有效进行。

（5）撰写广告策划书。策划人员将根据研讨结果编制完整的广告策划书。

（6）将广告策划书提交给广告主并由其进行审核。

（7）将广告策划书交给各个职能部门实施。负责最终实施广告策划书的职能部门主要有设计制作部、媒体部和公关部。

（8）监督实施情况，评估广告效果。

11.2.4 广告策划书的写作技巧

广告策划涉及多方面的信息资料，内容非常丰富，所以广告客户接收的信息量相当大而且复杂。如何将这些信息以容易理解的方式表达出来，而且使其在内容和形式上具有一定吸引力，这就涉及广告策划书的一些写作技巧。在编写策划书时常用的技巧表现在以下几个方面。

1. 信息组织技巧

从广告前期的调查分析到最后策划书的写作，都涉及对信息的组织和运用，而且广告策略的核心又是把信息传递给潜在顾客，因此，信息在广告策划中尤为重要。

在信息组织上，首先应该对要在策划文本中传递的信息有一个总体的把握，并对不同的信息有所归类，这样就使信息具有了一定的条理性；其次要在众多的信息中区分出主次，将重点信息突出传达；最后还要明确信息的层次和信息之间的相互联系，使信息传达层次分明。

2. 文字表述技巧

（1）明确的标题。策划书每一部分涉及的内容都不同，各个部分应该根据内容制作明确的标题。标题要显示层次性，而且要提示出重点内容。

（2）短小的段落。在策划书中，大段的文字不仅会淹没主要观点，而且很难吸引人阅读，因此要使用较短小的段落，并且确保每一个段落只传达一个重点信息或策划结论。

（3）明确的序号。注意用序号来标示段落层次，不但可以使信息脉络清晰，而且可以给读者明确的阅读提示。

（4）语言尽量大众化，避免过多地使用专业术语。不过，如果策划者和广告主对它们有一致的理解，而且不会发生误解或理解困难的情况，则可以使用专业术语。

3. 接近读者的技巧

策划人员在知识、经验、专业领域以及思维方式上与说服对象存在较大差异，因此要了解说服对象的情况，包括人数、地位、年龄、理解能力，其中说服对象的理解能力最为重要。在撰写广告策划书时，应该根据说服对象的不同特点，对写作方式加以调整。

4. 形式配合技巧

广告策划书中的一些形式性因素可以吸引读者的注意力和兴趣，主要包括以下几个方面：①将数据以视觉化图表的方式表达，可以使策划书富于变化，容易吸引读者的注意力；②通过标题字体和表述中结论字体的变化，有利于突出重点，增强形式的灵活性。一般来说，字体应该根据内容的重要程度而有所区别；版面的布局应该按照视线移动的规律来进行，而且要注重版面的平衡匀称等基本美学特征；策划书的装订有多种选择，但应以容易翻阅、不遮挡版面为首要原则。除此之外我们还要注意，策划书在写作上应当采取归纳的方法，不要有过多的演绎推理；避免冗长，通常广告策划书不宜超过60页；要说明资料的来源，以表明推断有所根据而非凭空想象，增强说服力和可信度。

11.3 广告定位策划

11.3.1 广告定位的概念和作用

1. 广告定位的概念

继 20 世纪 50 年代的"独特销售"学说、20 世纪 60 年代的品牌形象策略之后,定位观念成为具有划时代意义的理论。"定位"一词是由艾·里斯(Al Ries)和杰克·特劳特(Jack Trout)在 1972 年首先提出并加以推广应用的。他们这样解释定位:定位要从一个产品开始,那产品可能是一种商品、一项服务、一个机构,甚至是一个人,也许就是你自己。但是,定位不是你要对产品做的事,而是你对预期客户要做的事。换句话说,你要在预期客户的头脑里给产品定位,确保产品在预期客户头脑里占据一个真正有价值的地位。

从上面的定义可以看出,定位就是要在潜在消费者的心目中为产品或品牌确立一个确定的位置,这是定位的核心内容。作为市场营销和广告策划中一个具有革命性的概念,定位不仅成为一种被广泛应用的操作策略,而且演变成一种企业经营管理的理论。

2. 定位的作用

(1)赋予产品以竞争对手不具备的优势。这是一种关于产品的特定的形象、特定的用途、特定的市场、特定的消费者观念上的优势,这种优势使产品摆脱了同质化,使产品的地位更加巩固。就像雀巢咖啡、可口可乐,竞争对手很难从"正面"战胜它们。

(2)它是说服消费者购买的关键。如果一个产品宣称是专门为消费者设计的,并且专门满足他们的需求,那么消费者会更倾向于选择这种产品。由此可见,明确的产品定位使产品更具针对性,而且可以起到促销的作用。

(3)正确的定位有利于商品识别。我国的整体消费水平还较低,加之产品的同质化现象越来越严重,商品之间的差异化就显得很重要。在这种情况下,强调商品区别的广告会更加有效。

(4)帮助产品占据一个有利的地位。"占位"观念是定位观念的一个延伸,是指产品通过定位去发现并且占据一个有利的地位。它不仅可以帮助产品在消费者心目中树立独特的形象和确定的位置,而且可以阻止竞争对手采取与本企业同样的定位,使本企业的产品获得绝对的竞争优势。

11.3.2 广告定位的方法

实施定位战略有各种各样的方法,不论采用何种方法,最终目的都是要发展或强化品牌的某一特定形象在消费者心目中的位置。正确地进行广告定位需要掌握几种定位方法。

1. 竞争定位

(1)领导者定位

领导者定位即如何保持领导者的地位的定位方式。

成为市场领袖几乎是每一个企业的梦想，因为市场领导者才是真正的赢家。典型的例子是IBM。IBM并没有发明电脑，但是IBM在20世纪80年代至21世纪初，一直是商务伙伴和普通消费者心目中的首选品牌，卓越的产品品质和服务使之成为市场的领导者。事实证明，最先进入人脑的品牌，平均来说要比第二个进入的品牌在市场占有率方面高出一倍，而第二品牌又比第三品牌要高出一倍，而且这种关系一旦确定是不易改变的。

从短期看，领导者几乎是无懈可击的，它们占据了领导的地位，拥有绝对优势的品牌，只需稍稍发力，就能够无往不胜。但企业在拥有了竞争优势的同时，也面临着如何保持领导者地位的烦恼与考验。领导者要想保持现有的地位，可以采取以下几种策略。

1）不断强化最初产品的概念。典型的例子是可口可乐，虽然它的广告不断变换，但始终都在重复"只有可口可乐才是真正的可乐"的口号，长期保持了它"唯一的真正的可乐"的概念，把可口可乐作为一个衡量标准，置于其他品牌之上，成为领导者。

2）用多品牌实施竞争压制。大多数领导者可开发另一个品牌来压制竞争对手的销售，不给竞争对手夺取领导地位的机会。宝洁公司采取的就是多品牌策略，它的每一个品牌都有自己的名称和独特的利益点。拿洗发水来说，海飞丝的主要功能是去头屑；飘柔集洗发和护发于一身；潘婷的特色则是增加秀发营养。正是这样一种策略，使宝洁的产品占据了所有有利的定位，使竞争对手难以超越。

3）增加产品的新用途。经营者也可以通过增加产品的新用途来维护其领导地位。典型的例子是杜邦公司，它不断为尼龙开发新的用途，不仅有效地开拓了市场，而且有效地维护了公司在市场中的地位。

（2）跟进者定位

跟进者定位即确定产品处于市场跟进者位置的定位方式。

对市场跟进者来说，最有利的定位已经被市场领导者所占领，只能去寻找并占领领导者疏忽或无力顾及的空隙。通常，跟进者可以采取以下方式为自己定位。

1）通过比附形式定位。比附定位策略是提高定位的一种有效手段，是把自己和领导者联系在一起，以此来提高自身定位。艾维斯的广告便是建立"比附"位置的典型例证，艾维斯称自己是租车业中的第二位，实际上就把自己与第一位相提并论了。

2）寻找消费者重视的、尚未被占领的定位。这就是要寻找一个空位，即寻找空隙，然后加以填补。这种定位策略可以采取的方法很多：①价格空隙。它包括高价位的空隙，如"世界上最贵的香水只有快乐牌（Joy）"，也包括低价位的空隙，采取与高价位相反的方向，也会使广告成功。②性别空隙。万宝路是建立香烟男性定位的第一个全国性品牌，这也是其取得成功的主要原因。③年龄空隙。美国瞄准牌牙膏（Aim）是针对儿童进行广告创意定位的，也正是因为如此，才能从佳洁士和高露洁两大强势品牌垄断下的牙膏市场夺取了10%的占有率。

（3）为竞争对手重新定位

重新定位就是找出竞争对手在定位上的弱点，并且以事实向消费者传递这些不利信息，在对竞争对手的攻击中获取自己的定位，使消费者转向自己的产品。

在激烈的竞争中，很多后起的产品为了迅速占据在市场竞争中的有利位置，往往采取出其不意的战术，对已经获得成功的产品重新定位，从而为自己创造机会。

著名的阿司匹林就曾遭到泰诺药品的挑战。泰诺推出时，在感冒退烧药方面占领导地位的是传统的阿司匹林，它有广泛的使用者，而泰诺在广告中说："如果你容易反胃……或者有溃疡……或者你患有哮喘、过敏，或者因缺乏铁质而贫血，在你使用阿司匹林之前，就有必要向你的医生请教……阿司匹林能侵蚀血管，引发气喘或过敏反应，并会导致微量胃肠出血。很幸运的是你现在有了泰诺……"结果，泰诺这种重新定位动摇了阿司匹林在消费者心目中的领导地位，成为首屈一指的止痛和退烧药。

2. 实体定位

实体定位就是从产品本身出发，突出产品的新价值，强调其与同类产品的差异，以及给消费者可能带来的更大利益或不同利益。实体定位的着眼点是产品本身的功效与价值，定位的角度有以下方面。

（1）品质定位，即以产品的品质作为定位重点的一种定位方式，它侧重强调与众不同的质量、优良性等品质，以此来吸引消费者。如雪碧饮料的广告语"晶晶亮，透心凉"，准确简洁地把雪碧饮料不含任何色素而且可以消热解渴的特点表现出来了。雀巢咖啡声称"味道好极了"；张裕葡萄酒的广告语"传奇品质，百年张裕"，这些都是典型的品质定位。

（2）功效定位，即在广告中突出产品的使用功能，使之与同类产品产生明显的区别，以吸引消费者的注意和兴趣。它以同类产品的定位为基础，重点强调本产品的特殊功能，以此提高产品信誉，加速消费者购买决策过程。如高露洁强调"双氟加钙"对牙齿有特殊的保护作用；汰渍洗衣粉强调洗涤去污功能。

（3）市场定位，即着眼于产品在市场上的最佳位置，或者使它与某些特定群体发生联系，强调产品在某一市场或对某一类消费者的特殊意义。比如"百服宁"感冒药，专门针对儿童市场，突出了自己的特色。

（4）价格定位，即利用价格差异制造产品区别的定位方式。根据一个产品质量和价格的不同，价格定位可以有四种方法：高质高价、高质低价、低质高价、低质低价。如果采用价格定位策略，要根据消费者的消费水平来确定产品价格的高低，可以分为高价位和低价位两种。产品定位于豪华高档时，多采用高价位；定位在日常普及品时，多采用低价位。

价格定位往往要根据消费者的心理特征。有时人们偏爱高价产品，认为它象征着更高的品质、更好的形象，比如购买首饰的时候，人们更愿意购买高价饰品；有时人们偏爱低价产品，认为它们物美价廉，比如日常用品等。采用何种定位策略，是广告策划人员必须深入研究的。

3. 观念定位

观念定位就是为产品树立一种新的观念，借以改变消费者的习惯心理，形成新的认知结构和消费习惯。观念定位通常有以下几种模式。

（1）是非定位，这是一种从观念上人为地把商品市场加以区分的定位策略。美国七喜饮料堪称是非定位的成功典范。它在广告中人为地把饮料分为可乐型和非可乐型，并且明确标举非可乐的只有七喜，确立了自己的独特形象和地位。

（2）逆向定位，是一种根据人们持有的逆反心理来定位的策略，与按照消费者的购买习惯进行发挥的一般性广告定位相区别。逆向定位可能转变消费者的固有观念，达到一个良好的促销效果。著名的艾维斯租车公司在广告中宣称"我们只是第二"，采用的就是一种逆向的定位方法。

（3）心理定位，关注产品带给消费者的某种心理满足和精神享受，常常采用象征和暗示的手法，赋予产品某种气质性归属，借以强化消费者的主观感受。①比如奔驰、宝马，都是以其豪华的气派来营造名流象征。

（4）观念转换，就是使消费者从原来固有的观念模式转向一种新的观念模式，从而对产品进行重新定位。

11.4 广告创意策划

11.4.1 广告定位的内涵与原则

1. 广告创意的内涵

人们对创意有许多种阐述。美国广告专家格威克认为："创意，就是你发现了人们习以为常的事物中的新含义。"美国最权威的广告杂志《广告时代》总结道："广告创意是一种控制工作，是为别人陪嫁，而非自己出嫁，优秀的创意人深谙此道，他们在熟识商品、市场销售计划等多种信息的基础上，发展并赢得广告运动，这就是广告创意的真正内涵。"我们通常所说的"点子"就是创意的意思，也有人认为创意是一种"才能"或"思维方式"。

如果从创意操作的角度加以理解，对广告创意可以从以下几个方面认识。

（1）广告创意是创造性的思维活动。广告创意通常是将抽象的概念演绎为生动的形象。一个优秀的创意应该具有原创性，应该是未被别人使用过或是未引起别人注意的全新元素的组合。因此创造性的思维活动是广告创意的主要内涵。

（2）广告创意是以艺术创作为主要内容的广告活动。广告创意是一种艺术创作，不同于其他创造性活动，它通过形象的方式来说明某个事物（产品）的某个概念。它不同于文学艺术创作，重要的是表现某一广告主题。

---

① 卫军英. 现代广告策划[M]. 北京：首都经济贸易大学出版社，2004：157.

（3）广告创意是对具有针对性的广告信息的一种整合处理。所谓针对性的广告信息包括广告达到一定的目标、面向特定的消费者；所谓整合就是将各种有用的信息整合成一个或系列作品，形成合力，完成预设的目标。

本书对广告创意做出如下界定：广告创意就是广告人员根据对市场、产品和广告对象进行调查分析的基础上，紧紧围绕广告主题，运用联想、直觉、移植等创造性思维方法来传达广告信息的创造性思考过程。

2. 广告创意原则

判断一个创意是不是有效的、杰出的创意，可以从以下两个方面来考虑：一是创意在说什么，即看它是否说得对；二是创意表现，即看它是否说得好。把这两个问题整合起来就是一个问题，即广告创意的原则。

（1）独创性原则。独创性原则是指广告创意中不能因循守旧、墨守成规，而要勇于和善于标新立异，独辟蹊径。与众不同的新奇感，能够引起人们的注意力和激发人们强烈的兴趣，使受众在脑海中留下深刻的印象。

（2）实效性原则。实效性原则就是指广告创意要能带来现实的广告效果，能给广告主带来实际的收益。实效性原则体现了对广告创意最基本的要求，它是广告产生的根本原因。

（3）真实性原则。真实性原则可以从两方面来理解：一是指广告创意必须是诚实的、真实可信的，这是广告创意被消费者所接受和实施广告促销的重要依据；二是指讲事实、摆道理，这是实施广告促销的有效策略。

（4）艺术性原则。艺术性原则是指广告创意不仅应当遵循实效性和真实性原则，而且应当具有艺术感染力。广告只有在具备了高度的艺术性时，才能产生感染力与说服力，才能达到它超值的传播价值。

（5）科学性原则。科学性原则是指广告创意必须采取科学的态度、运用科学知识来进行。创意的内容必须符合科学性、逻辑性，不能也不允许采用迷信、反科学的荒诞观念去蒙骗广大社会公众，且色彩、造型等都要按照诉求对象的心态进行科学的设计。

11.4.2 广告创意的过程

广告创意的过程可分为以下五个阶段。

1. 收集资料阶段

收集资料阶段是广告创意的准备阶段，也是广告创意的第一阶段。我们必须收集的资料有两种：特定资料和一般资料。特定资料是指与产品、服务、消费者及竞争者等密切相关的资料，这是广告创意的主要依据，创意者必须对这些资料有一个全面而深刻的认知。这些资料主要通过实地调查和查阅有关文字、数据资料，广泛收集与之相关的各类资料而来。一般资料是指创意者个人必须具备的知识和信息，它直接影响着广告创意的质量，这种资料的收集是一项长期性工作，创意者应该培养广泛的兴趣，注意浏览各个学科的资料，养成以卡片索引、分类文件夹或是资料剪贴簿等方式广泛积累资料的习惯。

2. 分析资料阶段

这一阶段就是对收集来的大量资料加以分析、归纳和整理。创意者通过分析资料找出广告的诉求点，再进一步找出最能吸引消费者的地方，以形成比较清晰的基本概念。

3. 酝酿阶段

经过长时间绞尽脑汁的苦思冥想之后，如果创意者还没有找到满意的创意，这个时候还不如不去想这个问题，去做一些轻松愉快的事情，任其在潜意识中综合酝酿。事实上，大多数创意灵感是在轻松悠闲的身心状态下产生的。听音乐、洗澡、喝咖啡、看报纸、小睡一会等，这些都是调整创意状态的好方法。

4. 顿悟阶段

这是广告创意的产生阶段，即经过酝酿之后，创造性思路如柳暗花明似的豁然开朗。经过了酝酿阶段的量的积累，顿悟阶段发生了质的突破，这在整个创造过程中是一个转折点，使创造过程上升到了一个更高层次。

5. 完善阶段

完善阶段也就是验证阶段，是发展广告创意的阶段。这一阶段需要人们投入许多耐心，仔细推敲和进行必要的调查，使创意更加完善。创意者还要把它交给深思远虑的批评者审阅，使之不断完善和成熟。大卫·奥格威（David Ogilvy）为劳斯莱斯汽车创作的经典广告语："这辆新型'劳斯莱斯'在时速 60 英里①时，最大的闹声来自电钟"，是由 6 位广告界同仁从 26 个不同标题中评审出来的。

11.4.3　广告创意的思考方法

1. 集体思考法

集体思考法也叫头脑风暴法，是通过集思广益进行创意的一种方法，是 20 世纪 40 年代由美国 BBDO 广告公司副总经理奥斯本（Osborn）提出的。它通过会议的方法，使与会人员围绕一个明确的主题共同思索、广泛讨论、深入挖掘，直至产生优秀的广告创意。

在运用集体思考法时，一般要遵循以下原则。

第一，禁止批评。在小组讨论中，不容许对他人提出的创意进行批评，意见只能在会后提。

第二，自由发言。策划主持人要善于调动小组成员的积极性，鼓励大家踊跃发言和发散思维。

第三，创意的数量越多越好，不介意创意的质量。创意越多，得到好创意的可能性

---

① 1 英里 =1 609.344 米。

就越大，因为没有量的积累，就没有质的飞跃。

第四，在综合的基础上对创意思路不断改进。

集体思考法一般可分为三个步骤来进行。第一步是确定议题。会议议题尽量明确单一，议题越小越好。第二步是脑力激荡。这是产生创造性设想的阶段，在遵循以上四个原则的基础上，所有成员尽可能把各种想法写下来。第三步是筛选评估。会议成员提出的设想虽然很多，但并不是所有的设想都可行，这就需要进行筛选工作，分门别类、去粗取精，最后选出最优的方案，用于将来的广告创意。

集体思考法反映了现代广告创意的团队特征，最终的广告创意往往是集体思考或合作之后的结果，相对于个人创意，它集中了较多人的智慧，考虑更为全面。

2. 垂直思考法

垂直思考法是指按照一定的思考路线，在一定范围内，向上或向下进行垂直思考，是头脑自我扩大的方法。这种思考方法是从已知求未知，就像挖洞，在已挖好的一个洞的基础上，深挖下去，形成一个更深的洞。在这个洞内有许多旧经验和旧观念，人们就利用这些经验和观念进行创意思考。

垂直思考法一向被评为最理想的思考法，优点是比较稳妥，而且思考方向明确。但垂直思考法受旧知识和旧经验的束缚，产生的广告创意有很多雷同的东西，缺少新意，顺向垂直思考在这一点上表现得更为明显。与顺向垂直思考相对的是逆向的垂直思考法，这种思维与常规思维相反，具有反常性，产生的创意常常比较新颖。

3. 水平思考法

水平思考法又称横向思考法，是指在思考问题时向着多方位、多方向发展。这种方法强调思维的多向性，善于从不同角度来思考问题，是一种发散思维。因而，这种方法能使我们在思考问题时摆脱旧知识和旧经验的束缚，创造出新的创意。

水平思考法有益于新创意的产生，但它并不能取代垂直思考法，只能弥补后者的不足。但是，我们绝不能把垂直思考法和水平思考法完全对立起来，相反，把两种方法相互配合，有机结合加以灵活运用，可以收到事半功倍的效果。

11.5 广告媒体策划

11.5.1 广告媒体概述

1. 广告媒体的概念

从广告信息传播的角度看，广告媒体是运载广告信息，实现广告主体与广告目标对象之间联系沟通的一种物质技术手段。凡是在广告宣传中起传播广告信息作用的物质和工具都可以称为广告媒体。例如，报纸、杂志、电视、广播、互联网等大众性传播媒体，路牌、灯箱、交通工具等流动性传播媒体以及售卖点、包装等其他媒体，都是所说的广告媒体。

广告和广告媒体之间有着十分密切的联系。广告信息的传播必须借助广告媒体来表达，离开广告媒体，广告就失去了原有的功能和作用。广告媒体是广告取得成功的有力武器，要想最终取得广告传播的成功，必须事先研究各种广告媒体。

2. 主要广告媒体的特点

（1）电视媒体

电视媒体是一种兼有听觉、视觉的现代化广告媒体，是现代广告媒体中最有影响力、最有效力，同时也是广告主最热衷的媒体。它集众多广告艺术之长，综合运用文字、图像、色彩、声音等丰富多彩的艺术表现手法，还能配合现场表演的生动画面，使人产生身临其境的艺术效果。作为一种现代广告媒体，电视媒体具有其他媒体难以比拟的优势，具体如下。

1）形象生动，说服力强。电视媒体是一种视听合一的媒体，不仅可以具体生动地反映商品的外观、使用效果等特点，而且可以给观众一种面对面交流的亲切感，具有很强的感染力，可在不知不觉中说服人们去购买某种商品。

2）覆盖面广，单位接触成本低。电视在我国已经基本普及，成为人们文化生活不可缺少的一部分，吸引着成千上万的观众，因此，它的覆盖面之广、渗透力之强是其他媒体所无法比拟的。同时，高收视率使得单位接触成本降到了较低的水平。

3）传播迅速，时空性强。电视可以在同一时间把图像和声音等信息传播到全国各地，而且传播速度快，特别有利于播放时效性强的广告。同时，电视传播还不受时间和空间的限制。

4）直观真实，理解度高。电视广告能够直观、真实地传播信息，不仅有真实的画面展示产品，还配有生动的语言解说，使人产生购买欲，拥有其他媒体所没有的强烈的心理感染力。

电视媒体也有其不足之处，主要表现在以下几个方面。

1）信息短暂。电视媒体的广告宣传具有一次性的特征，稍纵即逝，观众在短短30秒甚至15秒、5秒的时间里难以产生持久深刻的印象，很容易忽略一些重要的信息。

2）信息容量小。与报纸、杂志等媒体广告相比，电视广告所能容载的信息相对较少。因此，电视广告只能尽量在较短的时间内传播最重要的信息，不适合对广告信息做详细的说明和解释。

3）广告费用高。电视广告制作是一项综合性的艺术，需要摄影、音响、灯光、道具等众多人员配合，还需要具有构思创作能力的导演和演员。如果聘请名人做广告，费用将更高。同时，电视广告的播出费用也非常高，限制了一些广告主的使用，特别是中小企业。

4）针对性不强。观众不能根据自己的年龄、爱好、受教育程度等任意选择电视广告，收看具有勉强性，影响广告效果，而且广告主也无法选择电视广告的受众。

（2）广播媒体

广播媒体是利用电波传播声音的纯听觉媒体。它通过语言和音响效果，诉诸人的听觉，凭借其声音的抑扬顿挫、轻重快慢以及节奏感和感情色彩等方面的特点，使听众不仅能够听得懂，而且喜欢听，同时唤起人们的联想和想象。

作为最大众化的广告媒体，广播媒体具有以下优点。

1）传播速度快。广播不受地区、路程、气候条件等的限制，能以最快的速度把广告信息传播到城市、农村及世界各地。可以说，在五大媒体中，它是传播速度最快的。

2）覆盖面广，受众多。广播不受时间和空间的限制，从电波所涉及的范围看，不论城市农村，只要在广播发射频率范围内，都可以收听到广播的内容。广播媒体的受众也非常广泛，只要有一定的听力，就可以成为广播广告的诉求对象。

3）具有较高的灵活性。广告内容可长可短，形式多样，任何用声音来表达的广告内容都可以通过广播来传播。而且广播稿容易修改，具有较高的灵活性。

4）价格便宜。广播广告以声音陈述为主，制作简便，费用低廉。

广播广告有以下不足之处。

1）广告信息易逝。广播广告的播出时间短暂，很难给人以深刻的印象和长久的记忆，广告随声音传出，也随声音的消失而消失。

2）创意的局限性。广播广告的内容只能通过声音来表现，严重影响了创意的表现手法，使广告效果受到一定程度的影响。

（3）报纸媒体

报纸是最早用来传播广告的大众性媒体，也是世界广告业的主力媒体。

报纸媒体具有以下优势。

1）传播面广。报纸发行网遍布城乡各个角落，发行量大，而且看报的人数实际上大大超过报纸发行数，男女老少几乎都可以接触，广泛联系着各个角落的读者。

2）时间性强。报纸发行速度比较快，一般报纸刊登广告，读者当天就可以看到。对于时效性要求高的产品宣传，不会发生延误的情况。

3）选择性强。大多数报纸有较强的地理区域性和读者对象选择性。广告主可以根据各种报纸的情况灵活地选择某种或几种报纸进行广告宣传，读者也可以自由选择自己喜爱的栏目，这大大提高了广告效果。

4）印象深刻。报纸是印刷品，不易消失，事后可以保存，读者可以随时阅读和查阅。报纸广告还可以有计划地反复刊登，给消费者留下深刻的印象。

5）简易灵活。报纸广告的设计与制作不需要复杂的程序，比较简单。广告版面的大小、颜色和有关细节可以灵活掌握，还可以根据市场对产品、广告的反应程度，随时修改广告信息的内容。

6）可信度高。一般来说，报纸在读者心目中享有较高的信誉，它所发布的新闻消息具有一定的权威性。借助报纸刊登广告，能增强读者的信任，扩大广告效果。

报纸作为广告媒体，虽然有很多优势，但也有其局限性和不足，主要表现在以下几方面。

1）有效时间短。绝大多数受众只阅读当天的报纸，报纸在阅读完之后便失去了其价值，人们很少重读过时的报纸。

2）注目率低。报纸内容以刊发新闻为主，通常广告不会占据最优版面，读者阅读时倾向于新闻报道和自己感兴趣的栏目，往往忽略广告，即使看了广告，也是一扫而过，并不去详细阅读，除非是自己特别关心的和醒目的广告。

3）细分局限性。报纸内容庞杂、包罗万象，包含了各种经济状况、社会阶层的受众，广告主无法从中分离出具体的目标受众。

4）印刷效果欠佳。报纸一般很少使用彩色，印刷质量受到限制、较为粗糙，很难取得好的印刷效果，不能形象地表现产品的外观。

（4）杂志媒体

杂志媒体不像电视媒体、广播媒体和报纸媒体那样具有很强的新闻性，而是以各种专门知识来满足各类读者的要求。杂志似乎是被使用得较少的广告媒体，但其传播特性、受众特性则决定了它是一种高效的广告媒体，其优势主要体现在以下几个方面。

1）读者集中、针对性强。杂志的读者不像电视、广播、报纸的对象那样杂而广，而是具有很强的选择性。这样广告主就可以根据产品的性质和特点，来选择最适合刊登广告信息的杂志类型，将广告内容和消费者的爱好、兴趣紧密联系起来。

2）便于保存、有效期长。杂志具有优越的保存性，因而有效期长，而且没有时间的限制。人们常常隔时阅读、反复阅读，广告被读者注目的机会增加，广告宣传效果持久。

3）印刷精美、表现力强。相对报纸来说，杂志印刷精美，可以运用文字、图片、色彩等手段表现广告内容，图文并茂，给人的视觉以美的享受，有利于刺激消费者的购买欲。

杂志媒体的局限性体现在以下几个方面。

1）周期性长、灵活性差。杂志出版周期长，不像报纸那样能够迅速及时地反映市场变化，因而不适合刊登时效性强的广告。另一方面，企业无法像运用报纸那样随时更改广告信息内容，并且易受杂志篇幅的影响。

2）受众局限、影响面窄。杂志媒体的读者群相对较小，受众较少，专业性强，因而接触对象不广泛，影响面相对比较狭窄。

3）制作复杂、成本较高。杂志广告多彩色印刷，成本较高；此外，杂志一般只在封面、封底、封二、封三的位置刊登广告，而这些版位的收费也高。

（5）网络媒体

是指基于计算机、电子通信等多种网络技术的一种新兴广告媒体。互联网正深刻地影响着人们接收信息的方式，特别是80后、90后，他们是随着互联网成长起来的一代。再加上微博、微信等移动媒体的发展，越来越多的商家热衷于在网络媒体上投放广告，推广自己的产品。网络媒体正日益成为与传统广告四大媒体（电视、广播、报纸、杂志）并称的第五大媒体。

网络媒体主要有以下几点优势。

1）广告形式更加多样。网络媒体适用于多种形式的信息传播，包括视频、文字、图片等，可以全方位地向消费者传达信息。

2）广告交互性更强。网络媒体与其他媒体相比，最大的优势在于其能够与消费者形成互动，信息不再是单向传播；消费者可以通过网络直接与商家进行交谈，反馈自己的意见；商家通过网络与消费者积极互动，极大地缩短了和消费者之间的距离。

3）广告成本更低。互联网是一个开放的平台，每个人都可以在上面发表言论，传播成本较低。同时，网络广告的制作成本与其他媒体相比也较为低廉。

4）广告投放更为精准。广告主利用大数据等互联网技术，能够根据年龄、性别、收入、职业、地理位置等对用户进行分类，根据受众的不同特点，有针对性地投放广告，一定程度上降低了广告成本，提升了广告收益。

5）广告传播面更广。互联网是没有边界的，其传播不受时间和空间的限制，故网络媒体的传播面更为广阔，可以在任何时间、任何地点进行传播。

6）广告传播更为灵活。广告主可以根据市场变化随时对广告进行调整或更改，相比其他传统媒体，网络广告传播更为灵活。

但是，网络媒体也有一些局限。

1）可信度较低。由于网络信息庞杂，信息质量参差不齐，经常出现大量虚假信息，因此可信度较低。网络媒体更适合与其他媒体配合使用。

2）曝光率较低。网络媒体并不像传统媒体那样，不论消费者愿不愿意，广告总是能出现在消费者眼前，消费者属于被动接受，而在网络上，人们会主动看新闻、玩游戏、找资料，却不会主动看广告——点击率是网络广告的生命。

3）时效较短。网络上存在纷繁复杂的各种信息，且更新频率极快，用户的关注点总是在时刻变化着，因此，网络广告的时效不像其他媒体那样长，可能一时能引起大家的兴趣，但是持续性不会太久。

（6）户外广告媒体

是指户外广告赖以存在的媒体物。常见的户外广告媒体有路牌、霓虹灯、涂饰、招贴画、车船等。

户外广告媒体具有自己独特的优势，表现在以下几点。

1）选择性强。广告客户可以在自己认为需要开展广告宣传的地区、地点放置户外广告，选择性极强。

2）成本费用少。与其他广告媒体相比，户外广告的制作成本较低，传播的形式较固定，长时间的发布又降低了单位时间的广告费用。

3）形式灵活。为了吸引人们的注意，广告主通常将户外广告牌、招贴画等制作得很大，使人们在很远处就能了解广告的主要内容。

户外广告媒体的局限性主要表现在以下方面。

1）广告信息量有限。为使过往行人能够清楚地了解广告信息的内容，广告字体不能太小。同时，由于受众注意户外广告的时间有限，因而户外广告能够展示的信息量受到限制。

2）档次较低。那些高档的、能显示身份的产品如果也用户外媒体做广告,将很难取得显著效果,反而有降低档次之嫌。这是因为大多数人认为户外广告媒体是一种大众化传播媒体,适合宣传大众化产品,对高档的、显示身份的产品不适用。

3）宣传区域小,效力不如其他媒体。

11.5.2 广告媒体的选择

1. 选择广告媒体应考虑的因素

（1）媒体的性质与传播效果。不同的广告媒体有不同的优点和局限性,这些优点和局限性是选择媒体时首先要考虑的。媒体传播范围不同,发行数量不一,会影响媒体受众人数；媒体社会地位的高低也影响广告的影响力和可信度等。这些因素都会在一定程度上影响广告效果。

（2）商品特性因素。广告产品特性与广告媒体选择密切相关。产品的性质如何、具有什么样的使用价值、质量如何、包装如何以及对媒体传播的要求等,都会对媒体的选择产生直接或间接的影响。

（3）媒体受众因素。选择广告媒体时要充分考虑媒体受众的职业、年龄、性别、文化水平、信仰、生活习惯、社会地位等,因为年龄、生活习惯等因素不同,受众经常接触的媒体也不同。

（4）竞争对手的特点因素。竞争对手的广告战略与策略,包括广告媒体的选择情况和广告成本费用情况,对企业的媒体工具选择有着显著影响。比如选择与竞争对手相同的媒体,用以削弱对方的广告效果,或者采用迂回战术,利用其他媒体渠道。

（5）广告预算费用。一个广告主所能承担的广告费用的多少,对广告媒体的选择会产生直接的影响。例如,一些效益不佳的中小企业,因广告费用的限制,就很少采用全国性的费用昂贵的广告媒体,而一些效益好的大型企业则经常采用报纸、杂志、广播、电视四大媒体。

（6）媒体的成本因素。不同媒体所需的成本也是选择广告媒体的依据。不同媒体其成本价格不同,不同版面、不同时间也有不同的收费标准,应该选择投资收益良好的媒体,实现广告投资最大化收益的目标。

2. 广告媒体的选择策略

（1）按目标市场选择媒体。任何产品都有其特定的目标市场,广告媒体的选择必须对准这个目标市场,使广告宣传的范围和产品的销售范围相一致。比如某种产品以全国范围为目标市场,就应该选择覆盖面大、影响面广的媒体,一般选择全国发行的报纸、杂志和全国性的电台,或者能够在全国多处收看的卫视频道。

（2）按产品特性选择媒体。不同的产品有不同的特性,这些特性在广告活动中适用不同的广告媒体。比如价格便宜的日常消费品,其受众面广泛,通常适宜使用电视媒体进行广告发布；而一些专业性较强、用户较少的产品，可以选择专业杂志、专业报纸等媒体进行广告投放。

（3）按产品消费者选择媒体。任何产品都有其目标消费者，即特定的使用对象，因此，广告发布渠道的选择应该充分考虑目标消费者的媒体接触习惯，确定深受消费者喜欢的传播媒体。例如与女性有关的化妆品广告，就应该选择女性最喜欢的传播媒体，如与女性有关的电视栏目、时尚杂志等。

（4）按广告预算选择媒体。广告媒体预算的多少决定了在广告发布时能够选择什么样的媒体，广告主对于广告媒体的选择要量力而行，量体裁衣。对于预算充足的广告主，针对产品的具体情况，可以选择一些收视率高的媒体等；对于广告预算有限的广告主，可以选择一些不是特别抢手的广告时间或空间，或者将一些覆盖面有限的媒体进行巧妙组合，达到整体大面积覆盖的效果。

（5）按广告效果选择媒体。广告效果是一个相当复杂而又难以估算的问题。一般来说，广告主应进行综合比较，选择信息表现和传播效果最佳的媒体。

专栏 11-2　　　　　　　　广告媒体的评价指标

在对一个具体的广告媒体进行评价时，经常用到的评价指标有以下几项。

（1）视听率。视听率是指接收某一特定电视节目或广播节目的人数（或家庭数）的百分比。

（2）毛评点。毛评点又称毛感点、总视听率，指广告通过有关媒体传播所获得的总效果，是各次广告传播触及人数与传播范围内总人数的比例的总和。

（3）视听众暴露度。视听众暴露度是指在某一特定时期内收听、收看某一媒体或某一媒体特定节目的人数（户数）总和，实际上是毛评点的绝对值。

（4）到达率。到达率是一定时期内，接触某一媒体刊播的广告的人数占媒体传播范围内总人数的比例，可用百分数表示。

（5）暴露频次。暴露频次是指在一定时期内，每个人（或户）接收到同一广告信息的平均次数。

（6）每千人成本。每千人成本为广告信息到达1000个人（或户）平均所付出的费用成本。

（7）有效到达率。又称有效暴露频次，是指在一特定广告暴露频次范围内，有多少媒体受众知道该广告信息并了解其内容。

11.5.3　广告媒体的组合策略

1. 广告媒体组合原则

广告媒体的组合应遵循以下四个原则。

（1）互补性原则。媒体之间的互补既可以是传播特性上的互补、覆盖面上的互补，也可以是时空上的互补。

（2）有效性原则。即所选择的广告媒体及其组合具有较强的说服力和感染力，能够有效地显示出产品或服务的特性和优势，还能够以适当的覆盖面和影响力有效地建立起广告对象对广告主及其产品或服务的良好印象。

（3）可行性原则。即选择的广告媒体应当充分考虑各种现实的可能性。

（4）目的性原则。即在选择广告媒体时，能够遵循广告主的营销目标，选择那些最有利于实现目标的广告媒体。

2. 广告媒体组合的传播效应

广告媒体组合不仅使广告对象接触广告的机会增多，还能造成一种声势，产生立体的传播效应。

（1）延伸效应。每种媒体都有其覆盖范围的局限性，运用媒体组合则可以增加广告传播的广度，扩大广告覆盖的范围。广告覆盖面越大，产品知名度就会越高。

（2）重复效应。各种媒体覆盖的对象有时是重复的，使用媒体组合可以增加广告受众的广告接触次数，也就增加了广告传播深度。消费者接触广告的次数越多，对产品的注意度、记忆度、理解度就越高，购买的冲动就越强。

（3）互补效应。假如使用两种以上的广告媒体来传播同一广告内容，对同一受众而言，其广告效果是相辅相成、互相补充的。因此使用广告媒体组合还可以取长补短、相得益彰。

3. 广告媒体组合策略的方式

（1）视觉媒体与听觉媒体的组合。视觉媒体指借助于视觉要素表现的媒体，如报纸、杂志等；听觉媒体主要是借助于听觉要素表现的媒体，如广播等。无论是视觉媒体还是听觉媒体，都有其明显的传播局限性，媒体组合能够使两种媒体在特性上互补，提高传播效率。

（2）瞬间媒体与长效媒体的组合。瞬间媒体是指广告信息停留时间短暂的媒体，如电视、广播等，这些媒体需要与信息保留时间长的长效媒体组合使用，才能使广告信息被广告对象长记不忘。

（3）大众媒体与促销媒体的组合。大众媒体指报纸、电视等传播面广、声势大的广告媒体，其传播优势在于"面"，但它们只能起到间接的促销作用；促销媒体指招贴画、户外广告等传播范围小、起直接促销作用的媒体，它们的优势在于"点"。将大众媒体与促销媒体配合使用，往往能够收到较好的促销效果。

（4）媒体覆盖空间的组合。媒体有各自的覆盖空间，在媒体组合时要考虑到空间上的互补性。几种媒体的组合不仅能够将空缺处弥补，还会提高其中某一部分的暴露频次。

（5）"跟随环绕"媒体组合。消费者每天在不同的时间接触不同的媒体，比如早上听广播、看电视,中午看报纸,晚上浏览网站、看电视,如果根据消费者从早到晚的媒体接触顺序,采用一种"跟随环绕"的媒体组合方式,以跟随的方式随时进行宣传和说服,广告的效果就会大大提升。

4. 几种效果较好的媒体组合形式

(1)报纸与广播媒体搭配。这种组合可以使不同文化程度的消费者都能接触广告信息传播。

(2)报纸与电视媒体搭配。这种组合方式是把电视传播速度快、视觉冲击力强的特点,与报纸信息量大、目标消费群集中的优势进行组合,先将广告信息传播给广大受众,使之通过文字资料详细地了解产品,再通过电视图像展示产品的优良品质和产品形象,从而使消费者对品牌的认知度和对产品功能的了解程度同步得到提升。

(3)报纸与杂志媒体搭配。这种组合利用了报纸的影响力,配合杂志目标消费者的信任,加强了对产品功效特点的宣传,对销售有直接的推动作用,并可能形成相对稳定的目标群体,对潜在消费者也会有一定影响。

(4)电视与广播媒体搭配。这种组合有利于城市与乡村的消费者能够普遍地接触广告信息传播,提高品牌认知度,引起消费者对产品的兴趣。

(5)电视与户外媒体搭配。户外媒体具有提醒、强化的效果,与电视媒体组合,不仅能够使电视媒体的效果得到延伸,而且能够起到提醒作用,强化使用效果。

(6)报纸或电视与销售现场搭配。这种组合有利于提醒消费者购买已有印象的产品。

11.6 广告时机与排期策划

在选定媒体及媒体组合方式之后,企业就要考虑广告发布的时间、广告持续的时间、广告发布的频率以及采用什么样的排期策略等问题。

11.6.1 广告发布时机策略

广告发布时机策略是对何时开始发布广告、广告持续的时间、各媒体的广告发布顺序以及广告发布频率等所做的具体安排,它是广告媒体策划的重要组成部分。企业竞争的环境总是处在变化中,媒体传播必须善于抓住机遇,适时推出广告信息,取得最佳的传播效果,如利用重大活动、特定时段或是深受群众欢迎的电视连续剧等。利用媒体发布广告,还要善于利用和把握各种时机,抓住了时机才能事半功倍。广告的时机,是在时间上与广告商品、市场行情以及人们的注意程度等有关的一系列机会。

1. 广告发布的时序策略

广告发布的时序是广告的发布与其他相关活动在时间上的配合,一般可以分为三种基本类型。

（1）领先发布策略。这种策略是指广告在产品导入市场或相关营销活动开始之前就发布，如在产品尚未真正上市前就开始发布广告，先造舆论，形成气氛，为新产品顺利进入市场开拓道路。

（2）同步发布策略。这种策略是指广告的发布与相关活动同时展开。如在产品导入市场的同时发布广告，这样可以使广告与其他营销活动相互配合，形成整合营销传播，产生良好的效果。

（3）延迟发布策略。这种策略是指广告在产品进入市场一段时间后再发布，这是一种后发制人的发布策略。

2. 广告发布的时点策略

广告发布的时点是指广告在某种媒体上发布的具体时间和时段。这一策略主要是选择最佳的广告时点来发布广告。

广告发布的时点不仅要按照媒体组合的原则来确定，还要考虑不同时间段消费者的媒体接触习惯，否则很难取得理想效果。

3. 广告发布的时限策略

广告发布的时限是指广告发布所持续时间的长短。广告发布总的持续时间由广告活动总体持续时间的长短和广告的总预算决定。在总时限确定的情况下，广告的发布是否分成不同长度的时间单元，各单元的持续时间是多久，则需要根据广告目标的要求来确定。

4. 广告发布的频率策略

广告发布的频率是指在一定时间内广告发布的次数。频率和时机通常是配合使用的，一般情况下，对于新进入市场的企业和产品、市场竞争激烈的产品等，广告发布的频率要高一些，而在其他情况下，频率可以低一些。广告在一天中发布的频率可根据消费者的生活时间确定。

此外，广告发布频率并非一成不变，而要根据市场情况不断进行调整。

11.6.2 广告排期策略

1. 集中式排期

这种方式是将广告安排在一个特定的时段内集中发布。这种策略的优点在于能够在较短时间内集中多种媒体进行广告宣传，引起消费者的注意和兴趣。季节性商品适合采用集中式排期策略。但集中式排期运用的难度相对较高，风险较大，短期强大的广告攻势容易造成产品销售的忽冷忽热。

2. 连续式排期

连续式排期是指在一段时间内有计划地匀速投放广告的形式，目的是保持消费者的记忆。连续式排期常用于消费者频繁购买的日常用品或当广告主要进行市场扩展的情况。

这种排期方式的优点在于广告能够持续地出现在消费者面前，不断地积累广告效果，防止广告记忆下滑。由于这种排期方式涵盖产品的整个购买周期，因此能够维持消费者的记忆，持续刺激消费动机。其缺点在于某一时间的大量广告投放需要较高的预算支持，而且在投放上对销售淡旺季没有侧重。

3. 起伏式排期

起伏式排期是指在一段时间内大量投放广告，然后间歇一段时间，又在下一段时间内大量投放广告。这种间歇性排期常用于季节性产品或用于反击竞争对手的活动。

这种排期方式的优点在于可以依据竞争需要来调整最有利的广告播放时机，增加广告费用的有效利用程度；可以集中火力以获得较高的有效到达率。其不足之处是如果不安排广告活动的期间过长，可能使广告记忆跌至谷底，品牌知名度下降，同时还面临着竞争品牌在空当期大量投放广告的威胁。

4. 脉冲式排期

脉冲式排期是指广告主连续地以一般水平投放广告，但在其中某些阶段加大投放量以强化，它是将连续式排期和起伏式排期结合在一起的一种排期策略。那些全年销售比较稳定，但又有季节性特征的产品最适合采用脉冲式排期，比如空调、饮料等，它们虽然在一年四季都有消费，但在夏季的消费量猛增，这种情况下采用脉冲式排期的效果最好。

这种排期的好处在于持续积累广告效果，可以依据品牌需要加强在重点期间广告的展露强度。其缺点是耗费的广告预算较大。

⊙ **策划案例与文案**　　　　　**××户外俱乐部广告活动策划**

××户外俱乐部是杭州市一家综合性俱乐部，集登山、宿营、徒步、溯溪、漂流、自驾、穿越等户外活动于一体，不仅为户外运动爱好者提供户外资讯、查找户外活动、租售户外用品等服务，还为他们结交户外朋友等提供便利。目前，大学生旅游已成为热点，考虑到目前杭州市尚未有专门为大学生提供专业户外项目的团队，××户外俱乐部经过市场调研，决定进军杭州市大学生市场，来寻求更多的市场份额。本策划通过一系列的广告宣传，力图使××户外俱乐部成功打开大学生专业户外运动市场，并迅速成长为细分市场的领导品牌。

一、市场分析

1. 宏观环境分析

从经济环境来看，一般来说，当人均GDP处于1 000～3 000美元的时候，是户外运动发展最快的时候，若超过3 000美元则意味着户外运动进入产业化阶段。而杭州市早在2007年人均GDP就已超过3 000美元。从社会和自然环境来看，杭州市被称为"东方休闲之都"，这个城市定位对户外运动来说是有力的政策支持。此外，杭州周边地区丘陵起伏，山川、河流、溪谷、瀑布遍布且有待开发，正是开展户外运动和野外生存拓展的理想场所。

2. 竞争对手分析

当前杭州市尚未有专业的户外项目团队为大学生这一细分市场提供专业的服务，大学生选择这些户外项目主要通过旅行社介绍。但是旅行社提供此类服务有以下几点劣势。

（1）旅行社服务人员并不掌握专业的户外运动知识，对户外运动了解程度不够，可能存在一定的安全隐患。

（2）旅行社聚集的大都是业余而非专业的户外爱好者，大学生在户外运动过程中获得的户外知识和能力锻炼较少。

（3）旅行社以传统旅游的方式运作户外项目，缺乏创新，无法使消费者在户外活动中享受到足够的乐趣，户外运动更多地需要的是独立和互助。

（4）旅行社提供的户外活动种类不够齐全，如野外求生、溯溪等，旅行社都无法提供。

3. 消费者分析

调查结果显示，大学生消费群体中有70%以上的人对登山、野营两项户外活动充满兴趣；喜欢漂流、探洞和溯溪的人占总体的30%～50%；喜欢攀岩、潜水、徒步的大学生较少，占20%～30%；而选择速降的学生最少，究其原因是该运动的技术要求和危险程度过高。在校大学生可以支付的活动费用取决于其经济能力，63%的大学生能够承受的费用是250元以内，31%的大学生能够负担251～450元，愿意支付450元以上的仅占7%。因此综合来看，大学生市场是有一定开发潜力的。

二、广告目标

（1）吸引大学生积极参加户外活动，不做宅男宅女，体验外面的精彩世界。

（2）通过3个月的市场营销推广及广告促销活动，使俱乐部在细分市场上的占有率提高到50%，成为细分市场的行业领导者。

（3）俱乐部品牌知名度达到80%以上，收获一批忠诚顾客。

（4）会员人数达到500人。

三、目标市场定位策略

在前期市场调研的基础上，结合俱乐部自身特点，我们将俱乐部目标市场细分如下。

1. 人群定位

18～28岁年龄段的年轻人是户外运动的爱好者，他们精力旺盛、兴趣广泛、充满激情、勇于接受挑战。

第一目标消费人群：在校大学生。大学生群体是一个个性鲜明、特征突出的细分市场，这一细分市场的消费者年龄基本在18～25岁之间，他们青春、活力充沛、敢冒险、勇于接受挑战且业余时间相对丰富，是户外运动理想的消费市场。

第二目标消费人群：已工作的年轻人。这部分人群同样朝气蓬勃，并且有一定经济基础，但是空闲时间有限，是俱乐部的次要目标群体。

2. 区域定位

主要推广区域：杭州市各高教区（西湖文教区、下沙高教区、浙大紫金港校区等）。

其他推广区域：杭州老市区（西湖、上城、下城、拱墅、滨江、江干6区）。

3. 产品定位

根据《杭州市大学生户外运动现状问卷调查》统计分析报告，51%的大学生选择1～2天的活动时间；34%的大学生选择3～4天；5天以上的活动选择比例仅为15%。大学生大多偏好短途游玩，一般不超过4天。结合杭州附近地区的天然地理资源，俱乐部设计出杭州周边地区的几条短途户外旅行线路，包含溯溪、露营、徒步和登山等户外项目。除此之外，俱乐部还适当开发中长途路线，涵盖浙江省内以及其他省份例如西藏、青海、云南等户外旅行较为热门的地区的项目，满足部分大学生假期远足的需要。

调查结果还显示，大部分在校大学生都没有个人户外运动基本用具，58%的大学生需要租或借；即使拥有一些户外运动用具，也因户外运动基本用品的昂贵费用而不得不择要购买，其中又以登山鞋、登山包居多；至于帐篷、睡袋、防雨衣裤等更是没有多少人购买。针对上述情况，××俱乐部在户外用品零售上以中档实用的登山鞋、登山包等大宗户外用具为主，同时适当售卖一些户外运动类及休闲类服饰。另外，俱乐部还会提供租用帐篷、睡袋、防潮垫、地席、烧烤用具等服务。

4. 价格定位

鉴于大学生的经济能力有限，我们在俱乐部定价策略上应以物美价廉为宗旨，追求实惠性、实用性、实际性，使消费者以中低档次的价格享受中高档次的产品。

四、俱乐部核心广告语：Try my best！

这句广告语不仅激励着消费者接触自然、突破自我、勇于尝试、敢于创新，还提醒俱乐部自身要注重长期发展，尽自己最大努力为每一位顾客提供周到、个性化的服务。

五、广告表现策略

在分析广告诉求对象的特点后，决定在广告中采用"以境动人"的感性诉求方式营造理性化、实体化的意境画面，实行感官营销，引导他们进入一种浪漫化的境界。感性化诉求方式的表述语言充满了刺激性和激励性，能够唤起目标消费者的联想心理和梦幻心理，在年轻群体中具有很大的影响力。

1. 广告主题

依据广告诉求重点，提炼出××户外俱乐部的广告主题为：Try my best！

通过展现××户外俱乐部激情、青春、积极的个性形象，自信、勇敢、坚毅、诚信、团结的品质以及户外运动的挑战性和刺激性，最终诠释Try my best的核心理念。

2. 广告创意策略

从××这一名称内涵和户外运动特色等多个角度出发，进行一系列联想，广告创意关键在于体现俱乐部的核心理念、品质和个性形象定位。

3. 广告表现要求

风格：酷炫 运动 青春

基调：激情 挑战 浪漫

色调：亮丽 跳跃

六、广告媒体选择

1. 广告媒体总体策略

以目标消费者的媒体接触习惯为出发点，合理选择广告媒体，有效整合媒体渠道，争取以最经济的成本达到最好的推广效果。

2. 投放区域选择

根据目标消费者的区域定位确定主要广告投放区域为杭州市各高教区，其次为杭州市6区。

3. 媒介选择

（1）电视：杭州有线电视台

（2）广播：杭州人民广播电台交通经济广播

（3）报纸：《青年时报》

（4）路牌、候车亭：文一路、教工路

（5）海报、传单：各大高校信息栏

（6）网络：新浪微博、微信以及俱乐部主页的宣传

资料来源：××户外俱乐部广告活动策划[EB/OL]. (2011-02-24). http://www.docin.com/News/P-132365729.html.

讨论题

1. 请结合实际，修改并完成该份广告策划。

2. 结合本章内容，对该份策划案例做出评价。

3. 如果让你为该俱乐部做一份广告策划，要求符合实际、有新意，你会如何做？

相关链接 从消费者心理角度看网络广告发展

互联网和移动互联网已成为世界上资源最丰富的网络互联系统。世界各地企业纷纷利用网络为消费者提供各种类型的信息服务，其中网络广告就成为抢占这一制高点来获取未来竞争优势的主要途径。网络广告是指网站的所有者通过在其网站上加入标志、按钮或使用其他方式，提供广告内容和服务来吸引访问者，最终达到传播广告信息的方式。当今的网络广告到底能在多大程度上改变消费者对广告商品的认知并使其产生购买行为难以得出准确的结论。但从消费者心理变化的角度来分析网络广告是如何对消费者行为产生影响的，对网络广告的发展具有重要意义。

在传统广告时代，广告人主要是通过创意、制作新颖的广告来吸引消费者，但许多广告并不一定能"印"在消费者的脑海中，也就不一定能引发消费者购买。意料之外的是，经常有一些看起来低劣的广告却激发了消费者的购买欲望，这主要是大量重复的结果。因此长期

以来广告人常常把广告的效果简单地等同于广告制作效果，而忽视了消费者对它的接受程度，忽视了消费者在接受广告时的心理变化过程，也就无法避免陷入"形式至上"的沼泽。

现代广告学理论的基础之一就是广告心理学，它研究的核心是广告与消费者相互作用的规律与特点，以此影响广告设计。从这个角度讲，广告更像是打心理战，而不是一种艺术创作。如何认识消费者对广告的接受心理才是广告成功的关键。

首先，网络广告对消费者的影响主要体现在媒体接触时间的变化上。互联网与移动互联网应用改变了人们的生活、工作、娱乐、学习的方式。对消费者而言，除了看电视、看报纸、行车、逛街、旅行等传统生活方式外，收发邮件、搜索信息、上论坛、写博客、收发短信、发微博和微信等都是由互联网与移动互联网创造的生活方式，它们已成为消费者生活的重要组成部分。

其次，网络广告使消费者的主动性消费大大增加。互联网和移动互联网的发展为消费者主动获取信息提供了极大的便利，消费者在购买决策过程中，可以利用互联网先搜索、收集商品或服务的信息，再决定是否购买，整个过程更加理性。

最后，互联网与移动互联广告影响消费者心理，使"正确地购买"有了更充分的信息依据。在传统广告时代，营销手段殊途同归，许多刺激需求的手段使消费者在各类商品信息与广告营销宣传中混沌迷糊地进行购买决策。而互联网的出现使消费者有机会从多种渠道获得详细全面的专业信息，从而确保其尽可能进行"正确的购买"。

基于网络广告对消费者心理的影响，网络广告的测量主要包括以下内容。

第一，"品牌连接"。主要测量网络广告让人记住某品牌的能力。这是最重要的，因为没有哪个广告主愿意花钱"为别人做嫁衣"。

第二，"创意沟通"。主要测量网络广告中的创意能否被人理解，以及人们看过之后对其的评价变化。

第三，"广告说服"。主要测量网络广告使消费者购买的能力，包括搜查更多资料、与朋友分享信息和最重要的实际购买。

基于网络广告的测量要求，在广告设计中有两个关键环节要充分考虑到。

第一是消费者广告接收，它是人们理解广告内容、知晓产品的重要过程。传统平面广告的感知与接收是同时的。但在网络广告中，接收往往需要附加动作，如点开链接。有时这个过程还需要多个步骤。

第二是消费者对商品的态度改变。广告的一个重要作用就是改变受众对商品的态度。消费者态度的改变主要分为两个方面，一方面是他们对广告本身的态度，另一方面是他们对广告产品的态度。这两种态度之间不一定存在"正相关"关系。也就是说，喜欢广告不一定就喜欢产品，反之亦然。对广告的态度反映了消费者的审美，而对产品的态度则是消费者对功利或需求的体现。当消费者把审美和功利或需求分得比较清楚时，广告的作用就难说了。目前网络广告的目的更多的还是引起人们的兴趣，但促成购买行为才是广告的最终诉求。人们是否会做出购买行为，并不完全取决于他们是否记住了某个产品或对广告和产品的感情。人们在购买时，"情境"的作用不可或缺，如争相抢购所引起的好奇、从众心理，商品短缺时引起的竞争心理，打折、优惠所带来的满足感，这些情境对消费者实际购买极其重要。

当然网络广告的优点是显而易见的，它可以把购买行为直接引入广告的接收过程，此时，网上情境营造也就成为一项重要任务。网上情境的作用是弥补网络广告在导致"记忆""态度"方面的缺点，使人们在还来不及记住某个品牌或来不及考虑自己的态度时，就发现产品已在眼前。若人们的确有这方面的需求，那么自然而然会产生购买行为。网络情境为产品货比三家提供了优势，以此可以弥补由网络带来的虚拟感。

资料来源：丁家永. 从消费者心理角度看网络广告发展 [EB/OL]. (2014-03-21). http://www.emkt.com.cn/article/609/60973.html.

策划实战

最近，东鹏特饮新上线的一个广告片引起了网友们的热议，在很多视频平台里瞬间走红。故事发生在地铁中，一个男生因为累了困了，睡靠在旁边一位胖女生的身上，但是意识到这样的行为不合适，所以用各种夸张的方式将自己强行唤醒。广告片通过诙谐幽默的表演形式来宣传饮料具有提神醒脑的作用，可以避免人们在生活上遭遇因为疲倦导致的窘境，进而引出"困了累了，喝东鹏特饮"的广告词。但部分网友在看到广告之后称这段视频"具有歧视的意味""是在歧视胖女生"。

请你搜集相关资料，如果你是东鹏特饮的广告策划人，故事还是发生在地铁上，你将如何进行广告宣传来打动消费者呢？

资料来源：东鹏特饮地铁广告片引争议，网友：过度解读了吧 [EB/OL]. (2019-07-31). http://www.sohu.com/a/32124310_196231.

本章小结

广告策划在整个广告运作中占据核心地位，具有指导性、系统性、事前性、创造性和可行性等特征。广告策划的内容包括确定广告目标、明确广告对象、提炼广告主题、制定广告战略、编制广告预算、进行广告效果评估。

一份完整的广告策划书包括前言、市场分析、广告受众、广告地区、广告预算与分配、广告策略、配套措施和策略、广告效果评估。广告策划书的一些编写技巧包括信息组织技巧、文字表述技巧、接近读者技巧、形式配合技巧。

定位发挥着重要的作用，要想正确地进行广告定位，需要掌握几种定位方法，主要有竞争定位、实体定位和观念定位。一份成功的广告策划需要一个好的广告创意。广告创意的过程可分为五个阶段：收集资料阶段、分析资料阶段、酝酿阶段、顿悟阶段、完善阶段。广告创意的思考方法主要有集体思考法、垂直思考法和水平思考法。

企业必须选择适合自己的广告媒体。广告媒体的选择策略包括：按目标市场选择媒体，按产品特性选择媒体，按产品消费者选择媒体，按广告预算选择媒体，按广告效果选择媒体。广告发布时机策略主要有广告发布的时序策略、广告发布的时点策略、广告发布的时限策略和广告发布的频率策略。广告排期策略包括集中式排期、连续式排期、起伏式排期和脉冲式排期。

第 12 章
公共关系策划

> 开篇案例

杜蕾斯的数字公关

成功公关第一步：准确的宣传途径。

根据产品的特点给出合适的定位。杜蕾斯作为一款具有私密性、敏感性的产品，不得不顾忌公序良俗，避免做出太多的公开营销。那么，在遵守社会道德的前提下，其营销不仅不能冒犯受众，而且要迎合他们的心理，从而提高他们的品牌忠诚度。

杜蕾斯的数字营销是全面开花的，几乎涵盖了国内所有社会化媒体，如人人网、豆瓣、新浪微博、腾讯微博等，而杜蕾斯的声名大噪离不开微博的功劳。网络通过一级传播带动二级传播带来的传播力量是无可限量的。杜蕾斯的公关巧妙地应用了这一点，尽管只有 300 多万的粉丝，但是其通过自己优秀的文案带动网友转发，再通过更多网友的转发得到更多的关注。

成功公关第二步：生动的品牌定位。

"微博不是随便说两句话就能受到大家欢迎的地方，想要在微博上赢得关注，首先要丢掉官腔。"杜蕾斯官方微博首先就做到了拟人化定位，确定了拟人化的方向。"杜蕾斯"变成了一个既有一点绅士，又有一点坏，懂生活又很会玩的翩翩公子。例如，它在微博上自称"杜杜"；它还通过幽默的文案，拉近与受众的距离。

成功公关的第三步：适时的话题制造。

利用天时，制造话题。

一、事件背景：北京连续多天暴雨，新闻报道地铁站积水、北京城大堵车。"来北京，带你去看海"成了那几天的流行语。

事件运作：一位网名为"地空导弹"的网友发微博称，"北京今日暴雨，幸好包里还有两只杜蕾斯"；杜蕾斯官方微博回应，"粉丝油菜花（有才华）啊！大家赶紧学起来，有杜蕾斯回家不湿鞋"。不到 20 分钟，该条微博转发超过 6 000 条，上升为微博热门榜第一名。

二、事件背景：2013 年，我是歌手总决赛正在进行时，几乎抢占了当时所有的头条热点。

事件运作：杜蕾斯官方微博发布"TA 是歌手，我是杜蕾斯"。

成功公关第四步：转危为安的公关意识。

事件起源：杜蕾斯复制粘贴了一名女网友的微博文案并发布在了自己的微博上，且未注明出处，惹怒了该女网友。此举导致该名女网友公开宣布正式起诉杜蕾斯官方微博涉嫌抄袭，并征询是否有律师愿意免费代理，其表明此举的目的在于普及公民著作权之权力，她要求杜蕾斯官方赔偿精神损失费 1 元 + 杰士邦 100 箱。如若胜诉并成功索赔，奖励代理律师 50 箱杰士邦 +5 毛钱。

事件结果：达成和解。杜蕾斯官方微博送出 100 盒杜蕾斯给该名网友，并加赠 100 盒给广大网友。

此次事件，杜蕾斯不仅成功地转危为安，同时还吸引了更多的眼球，提高了品牌知名度和美誉度，一举多得。

资料来源：成功公关案例分析 – 杜蕾斯 [EB/OL].https://www.docin.com/p-1899969667.html.

从杜蕾斯数字公关的案例可以看出，良好的公关策划与危机公关意识对于一个企业形象的树立与品牌的宣传具有重要的作用。本章将向读者详细论述包括如何进行有效的公共关系策划与树立良好的危机公关意识在内的重要内容，相信读者在读完本章后，会对公共关系策划有一个更全面、深入的理解与应用。

12.1　公共关系活动及公共关系策划概述

12.1.1　公共关系策划的含义及主要内容

1. 公共关系策划的含义

公共关系策划是组织为获得公共关系活动成功和实现形象战略目标，而事先进行的有科学程序的谋划、构思和设计最佳方案的过程。通常，在通过公共关系调查确定了公共关系问题，并掌握了充分的信息之后，就要进行公共关系策划，制订公共关系活动方案。公关战略策划直接体现公关战略目标，即塑造组织形象。公共关系策划具有强烈的战略性、策略性和创造性，同时它具有全局性、长期性、指导性、稳定性等特征。它是在公关战略策划的指导下，对组织日常公关活动的谋划及设计最佳方案的过程，它是一门科学，也是一门艺术。

2. 公共关系策划的主要内容

（1）树立企业形象。公共关系策划要帮助企业建立起良好的内外部形象。在企业内部使员工具有良好的精神面貌，形成很强的凝聚力和向心力。在企业外部主动利用各种手段传播信息，让公众了解自己、认识自己，赢得公众的理解和信任。

（2）建立信息网络。由于外部环境在不断地发展，企业如果不及时掌握市场信息，就会丧失优势。公关关系策划是企业收集信息、实现反馈以帮助决策的重要渠道。

（3）处理公众关系。在现代社会环境中，公共关系活动是维持和协调企业与内外公众关系的最有效的手段。公共关系策划在处理公众关系上主要有三个方面：一是协调领导者与企业职工之间的关系；二是协调企业内部各职能部门之间的关系；三是协调企业与外界公众的关系。

（4）消除公众误解。任何企业在发展过程中都有可能出现某些失误，这就要求企业平时要做好应急准备，可以通过公共关系起到缓冲作用，使矛盾在激化前及时得到缓解，为企业重新塑造良好的形象。

（5）分析预测。公共关系可以帮助企业及时地分析检测社会环境的变化，其中包括政策、法令的变化。它还可以向企业预报有重大影响的近期或远期发展趋势，预测企业重大行动计划可能遇到的社会反响等。

（6）促进产品销售。主要是指以自然随和的公共关系向公众介绍新产品、新服务，这样既可以增加公众的购买或消费欲望，又能为企业和产品树立更佳的形象。

12.1.2 公共关系活动的类型

公共关系活动在现实中的表现多种多样，从不同的角度考虑，公关实务有不同的类型。在本书中，我们主要从公关实务活动的不同组成要素入手，将其分为以下类型：主体或部门的公共关系、对象的公共关系、功能性公共关系。

1. 主体或部门的公共关系

在公共关系一系列活动中，公众是其工作活动的客体或对象，真正起主导作用或扮演主角的是各个具体组织或部门。由于主体或部门间各有差异，故各自的公共关系工作具有不同的内容或方式。为此，我们依据组织的目标和职能，将其划分为政府和其他特殊的社会组织；营利性组织，如生产企业、商业、服务业；非营利性组织，如学校、医院和各种群众团体三类。

（1）生产企业的公共关系。生产企业是向社会提供实物产品的营利性组织，包括对农产品、工业品的原料进行加工和生产或从事开采自然资源工作的一类企业。企业公共关系是当今研究的最主要内容，也是公共关系实务运用最广泛的部门。企业公共关系活动的核心是建立本企业组织的良好形象和声誉，这点具有共性，与一般公共关系并无大的区别。

（2）商业与服务业的公共关系。严格地说，服务业与商业两者有区别，前者以提供劳动服务来满足顾客需要，后者以提供物质商品来满足顾客需要。但两者又有共性，它们都是以工作人员与顾客的直接接触来开展经营活动的，故两者可归入一类。根据两者工作特点，其公共关系的主要特色有三点：①全员公关、特色服务是塑造形象的基础；②捕捉信息、占领市场是塑造形象的保障；③抓住时机、开展宣传是塑造形象的手段。

（3）事业和团体组织的公共关系。事业组织是指由国家提供资金设立的专门性机构，如学校、医院、图书馆等。团体组织是指为实现某种社会理想，具有共同利益或背景的人们自愿结成的非营利性组织，如专业学术团体、少数民族团体、宗教团体、残疾人团体、妇女团体等。这两者在"非营利性"上是一致的，故列入一类。事业和团体组织由于本身的特点，其公共关系除了具有一般公共关系的共性任务（如建立自身良好形象、扩大社会影响）之外，它还有着自己的特色：①实现社会效益是其公共关系的目标；②积极参与和组织各种社会活动；③在社会舆论形成中，保持和发挥自身的独特优势作用。

（4）政府公共关系。这里所说的政府，是指建立在社会经济基础之上的上层建筑的核心部门，包括行使行政、立法、司法职能以及代表国家实行宏观管理的各级权力机构。在我们国家还包括执政党各级机构。政府的职能是对国家各个方面的事务进行指导、管理、监督、协调、服务、保卫。权力在实施过程中对当事人必然带有权威性、不可转移性、强制性的特点，其公共关系活动特色主要有：①提高办事效率是内部公关的中心工作；②密切干群关系是政府公关的基础工作；③信息沟通是外部公关的中心工作。

2. 对象的公共关系

对象的公共关系主要是对公众做横向划分，分别论述各类公共关系的特点和具体工作内容。一般地，有多少类公众就有多少类对象的公共关系。由于各类公众对象间往往有较多相似成分，故从大体上可将对象的公共关系划为以下几大类。

（1）员工公共关系。员工是组织的内部公众，在公关工作上具有"两重性"——既是公共关系的客体，又是公共关系的主体。组织的目标只有通过员工的分工劳动和尽职尽责工作才能实现。同时，每个员工都直接代表着组织的形象，所以说员工公共关系是对象的公共关系中最基本、最重要的一类。良好的员工公共关系为组织开展其他方面的公共关系实务打下了坚实的基础。

（2）消费者公共关系。消费者是组织外部公共关系中最重要的目标公众。组织目标的最终实现与否直接取决于它与消费者的关系如何。"顾客就是上帝"可看作组织对消费者关系的原则，它不但经典地概括了组织与消费者关系的最佳状况，而且直接反映了组织在处理、调节与消费者关系时应处于主动地位。

（3）政府公共关系。与前面所述的作为公共关系主体的政府不同，这里所指的政府是公共关系对象。政府公共关系是一种非常重要的公共关系。组织作为社会的一个单元，必须服从政府对社会实行的统一管理。政府公众包括行政机构如计划、物资、人事、环境、劳资等部门，财政金融机构如财政、审计、税务等部门，法律机构如公安、检察、法院等部门。这些机构同组织的关系是否协调，直接影响到组织的正常生存和发展。组织需要通过相关的公关实务，争取政府的理解、帮助和支持。政府公关实务是由政府公共关系特点所决定的。相对于组织而言，政府公共关系工作的目标主要有：一是遵守政府的政策、法律、法令；二是做好与政府的沟通。

（4）媒介公共关系。媒介是指社会上的新闻机构或工具，主要包括报纸、广播、电视、通讯社等。对组织来讲，媒介公众是组织的重要公众，是一种特殊的公众，具有双重性质。一方面，它是组织赖以实现公关目标的重要手段，即工具性；另一方面是组织必须努力争取的重要公众，即对象性。由于新闻媒介具有的信息传播功能直接关系到组织的信息扩散及组织在公众舆论中的形象，所以新闻媒介关系在组织公共关系实务中占据着很重要的地位。

（5）社区公共关系。在一个社区内，组织一般是最具人力、财力、物力的社会成员。因此，组织的社区公共关系的重点应着眼于尽可能满足该社区对它的基本要求。这方面的工作具体包括四部分：①组织的一切经济、文化、科研等活动一般都应先立足本社区，然后扩及外地。应该视当地公众为最基本、最及时、最直接的旅客、顾客、读者、观众，了解其动向与需求变化，尽可能及时予以满足。②组织应尽可能避免或减少自身活动对社区其他公众正常活动的影响。例如做好"三废"（废水、废烟、废气）的控制与治理、安全生产、减少噪声等，为社区成为一个良好的活动区域负起应负之责。③积极承担社区内的公共事务或公益活动。比如捐助或修建公共设施（如道路、公园、图书馆、风雨亭等），维护社区治安，出资组织或赞助文艺表演或体育竞赛，提供义务性的专业服务，兴办第三产业等。④尽可能将组织内部非生产性、专业性的文化向社区开放，使社区公众都能共享。适当安排社区内公众参观本组织，以使他们对组织的性质、活动有更深了解，便于维护长期和谐的关系，得到公众的理解与支持。这不但有惠于当地，而且更有助于提高本组织的形象。

（6）竞争对手公共关系。竞争对手关系也就是同行关系。一般说来，同一种行业所面临的市场、原料、技术、信息、设备等情况基本是一致的，彼此间有着密切相关的利害关系，相互间很自然地会产生一种竞争关系。过去中国的一句俗话"同行是冤家"就典型地概括了这一现象在历史上的表现特点。与自然界的竞争性质一样，社会上同行间的竞争法则也是"优胜劣汰""适者生存"，这就使得同行关系显得比其他对象的公共关系更为复杂一些。在一些不当的竞争关系中，同行关系在很大程度上表现为你死我活的竞争，有时为了压住对手或击垮对手，同行间不惜采取钩心斗角、尔虞我诈的不当手段。

3. 功能性公共关系

公共关系模式是公共关系工作的方法系统，是由一定的公共关系目标和任务，以及这种目标和任务所决定的多种具体方法和技巧构成的有机体系。所谓功能性，是以公共关系在组织运行中所发挥的实际作用为标准而加以划分的，它贯穿于前面所述的主体或部门的公共关系与对象的公共关系活动之中。按其作用可分为六种：日常事务性公共关系、宣传性公共关系、交际性公共关系、征询性公共关系、服务性公共关系、社会性公共关系。

（1）日常事务性公共关系。日常事务性公共关系是指在组织的日常运行中，组织要贯彻公共关系工作目标，努力树立形象、扩大影响、争取公众。它具体要求组织在日常运行的各个环节、各个渠道都时时注意形象问题，处处给人留下好感，给内外公众都留下好的印象。比如一个制衣厂，它为了争取公众、建立声誉，在原材料采购、商品生产、物流配送、产品包装、销售批发等各方面皆严格把关，保证质量、合理定价、提供优质服务；同时，对本厂职工的劳动保护、医疗保健、生活福利、家属问题等事务也无微不至地予以关怀。长此以往，通过这一系列日常公关实务，企业就会不知不觉地达成公共关系工作的目标，赢得公众信任，扩大本企业的名声。

（2）宣传性公共关系。宣传性公共关系是指运用内部沟通和大众传媒方法，开展宣传工作，树立良好组织形象的公共关系活动模式。主要做法是：利用各种传播媒介和交流方式，进行内外传播，让各类公众充分了解组织、支持组织，进而形成有利于组织发展的社会舆论，使组织获得更多的支持者与合作者，达到促进组织发展的目的。其特点是：时效性强、主导性强、传播面广、推广组织形象收效快。根据宣传对象的不同，又可具体地分为向外部的宣传和向内部的宣传。

（3）交际性公共关系。交际性公共关系是指组织不借助任何媒体，而是以人际接触为手段与公众进行协调沟通，为组织广结良缘的公共关系活动。它的特点在于：①有灵活性，即利用面对面交流的有利时机，充分施展公关人员的交际才能，达到有效沟通和广结良缘的目的。②"节奏快"，节省人力、物力。③人情味重，以"感情输出"的方式，加强与沟通对象之间的情感交流。

（4）征询性公共关系。征询性公共关系是指组织为自我生存与发展而收集社会的呼声和民意，掌握社会发展趋势的公共关系活动方式。其目的是掌握舆情民意，为组织的经营管理决策提供依据，使自己的行为尽可能地与国家的发展目标和市场的总体趋势相一致。征询性公共关系活动适用于任何形式的公共关系活动。因为任何形式的公共关系活动都具有征询的色彩，都需要检验效果。否则，不但组织公共关系活动的绩效无法衡量，甚至连其目的也不明确，只有为活动而活动的热热闹闹的形式而已。

（5）服务性公共关系。组织向公众提供各种优质服务，以实际行动获取公众的理解和好评，建立组织良性形象的公共关系活动。对一个企业或社会组织来说，要想获得良好的社会形象，宣传虽然重要，但更重要的还是在于自己的工作，在于自己为公众服务的程度和水平。正所谓"公共关系90%要靠自己做得好"。离开了优良的服务，再能干的宣传家也必将一事无成。

（6）社会性公共关系。社会性公共关系是组织通过举办各种社会性、公益性、赞助性活动塑造组织形象的模式。其目的是通过积极的社会活动，扩大组织的社会影响，赢得公众的支持，提高其社会声誉。社会性公共关系具有文化性、公益性、宣传性、量力性等特征。

12.1.3 公共关系策划的基本特征

作为对公共关系战略和活动进行超前谋划和设计的公共关系策划，其主要特征如下。

1. 灵活性

公共关系策划工作既有严格的计划性，又有一定的灵活性。策划者应当依照变化随时对计划安排做出调整。同时，在具体的策划活动中，可根据实际情况对战略策略、方式方法、途径渠道等进行灵活的设计和选择。

2. 预见性

由于策划是对未来要采取的行动做出的事前设计，因此，公共关系策划具有一定的预见性。一个好的策划，能够对未来的发展趋势做出精准预测，掌握事物运动、发展、变化的规律，对将要开展的一系列工作做好充足的准备。

3. 目的性

公共关系策划是为了完成组织的某个目标展开的，其必须为塑造组织的形象而服务。因此，公共关系策划通常是针对具体的公共关系目标并围绕具体的公共关系活动进行的。

4. 创新性

在公共关系策划中，创新思维尤为重要。它将现实与未来连起来，将主观世界与客观世界结合起来，使创新性在公共关系策划中占据重要的地位。

5. 知识性

公共关系策划的过程是一个认识事物的过程，同时也是拟订行动方案的过程，通过研究调查、问题分析、做出判断和预测的流程，来确定行动目标及具体方案，并创造性地提出解决问题的办法，这些都要建立在公关人员具有足够的知识来支撑的基础上。

12.1.4 公共关系策划的作用

1. 加强公关工作的系统性

通过公共关系策划来使公关的目标与组织的性质、目标、任务密切配合起来，使实现公关目标的活动成为组织管理系统一个重要的有机组成部分，从而使组织的经营决策和各部门的活动与组织树立良好形象的宗旨相融合，实现组织的每项公关活动都同一定的组织目标联系起来，充分发挥组织公关工作的系统性。

2. 提高公关工作的可控性

通过公共关系策划形成一种短期与长期相结合、传统与创新相结合的公关目标体系，并在此基础上，妥善安排公关工作的各项活动，合理安排时间以及编制恰当的费用预算，形成既积极主动又稳妥有序的公关活动进程表，使公关工作在计划和目标的控制之下稳步开展，并取得预期的效果。

3. 增强公关工作的预见性

公共关系策划的价值很大程度上体现在它对事物和事件的发展有一定的预见性。通过公共关系策划，公关工作能够建立在充分调查研究的基础上，并利用大量的公众信息和环境资料，进行趋势预测及后果分析，提出既积极主动又灵活有效的能够适应环境变化的措施，以尽量减少危机事件发生的概率，降低可能造成的损失，并使公关工作能够主动、超前地进行。

4. 提高公关工作的时效性

利用公共关系策划对情报及环境信息的分析，能够确定公关工作的目标、制订方案以及编制预算，使公关组织机构和公关人员能够以此为依据，分析评价实现公关目标、执行公关方案和确定预算的情况，从而发现工作中的优势，同时找出存在的问题，并从工作中吸取经验教训来指导今后的工作。

综上，公关策划既有利于明确组织的公关目标、控制工作过程，又有助于增强工作的预见性，减少危机事件。同时，也有助于组织积累工作经验，提高工作水平，保证公关活动能够达到预期目标，增强公关工作的成效。因此一个有效的公关离不开高水平的策划。○

12.2 公共关系策划的程序

公共关系策划的程序是指公共关系人员通过调查研究和综合分析，确立公共关系目标，制订公共关系计划方案的过程。它是公共关系策划能力充分展示与形成决策的阶段，也是实际操作的阶段。公共关系策划作为实务活动的一个类型，有其自身的活动方式与方法。一个健全的公共关系策划程序应该是一个科学的系统，其每一个步骤都有科学的含义，相互间存在着紧密的联系。但由于策划者的用意、思路及策划内容等方面的差异，公共关系策划的层次和内容不同，策划活动的程序与方法也不尽相同。从实用性角度出发，公共关系策划的程序可分为六个阶段，如图 12-1 所示。

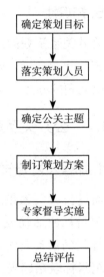

图 12-1　公共关系策划的程序

12.2.1 确定策划目标

确定策划目标是公共关系科学策划工作的重要一步，目标一错，步步错。公共关系策划目标是指企业通过策划和实施公关传播活动所希望达到的一种状态和目的，是公关关系全部活动的核心和公关工作努力的方向。公关策划目标是一个企业开展公关活动的指南，也是使公关活动得以顺利进行的保证，同时，它也是衡量一个企业公关活动是否成功的关键依据。策划工作者必须对策划目标有个明确的认识，要在公共关系调查研究的基础上，对公共关系的未来环境及对组织可能产生的影响进行科学的预测分析，思考和感悟组织的公共关系问题所在，并结合委托人的授意，确定公共关系策划的目标。

1. 公共关系策划层面的目标

公共关系策划目标从策划层面上划分有公共关系专题策划和公共关系战略策划。

○ 毕克贵，孙宴娥. 市场营销策划 [M]. 北京：中国人民大学出版社，2019.

（1）公共关系专题策划。公共关系专题策划是为实现组织的宏观战略意图而从事某些公共关系活动方案的策划。它把公共关系战略策划行动化、具体化，是公众领略组织公共关系战略的开端。当组织进行了公共关系战略策划工作，一定要有相应的一系列公共关系专题活动策划，后者是前者的继续和依托，两者又具有策划目标一致性和策划时间连续性相统一的特点。当组织根据公共关系现状，需要矫正或加强组织形象时，开展公共关系专题策划是实现目的最有效的手段。当组织有了明确的活动主题，如开业典礼、开工仪式、记者招待会、各种接待仪式等，就可直接针对其主题进行策划。

（2）公共关系战略策划。公共关系战略策划是指某一个组织以未来为主导，围绕着公共关系这一核心，为塑造组织的良好形象而做出的长期性和整体性的谋划与对策。战略性策划目标具有长期性、决策性的特点，对整个公共关系工作具有决定性的指导作用。一般来讲，策划人员通过调查分析发现组织的问题是形象定位不准确，或该组织（产品）不重新定位就不能摆脱困境、实现长足发展的时候，就需要对其进行整体的战略规划。例如公共关系策划团队在 1995 年对石家庄蓝天商厦的公共关系调查显示：商厦的地理位置相对偏僻且与大型商场建华百货大楼毗邻，企业知名度低，经营规模小，人员素质参差不齐，在大厦林立的石家庄，蓝天商厦如按常规经营已无力回天，必须在企业经营定位上做出与众不同的抉择，在这种情况下，公共关系策划工作的目标就确定在改变蓝天商厦的经营战略上。

2. 公共关系策划形象类别的目标

公共关系策划目标从形象类别上划分，主要有产品形象和组织形象。

（1）产品形象。产品形象是指产品的性能、质量、品种、工艺水平及相关服务等方面的综合面貌与特征在公众心目中的印象及评价。当一个企业将要推出新产品时，需要对该产品进行市场定位、产品包装、品牌创意等全方位的形象策划，打出"质优貌美"的拳头产品形象。当某种产品推销不力，在制订销售方案时，大多从传播角度对产品进行形象定位。TCL 王牌彩电逐鹿中原，英特尔"征服"摩托罗拉，都可谓产品形象策划的精彩案例。

（2）组织形象。组织形象是指社会公众对一个组织机构的全部看法和整体评价，当要推出一个组织、地区或城市的崭新形象时，该策划的工作目标即为组织形象策划。这是一种全方位的系统策划工程，例如，在城市建设中涌现出来的"草色新雨中，松声晚窗里"的大连形象，就是组织形象的典范。

3. 公共关系对象的策划目标

公共关系对象就是公共关系活动中涉及的特定的公众。在策划公共关系方案时，很重要的工作就是明确和分析公共关系对象。具体做法是：①明确公共关系对象。明确本次公共关系活动要涉及哪些公众，他们在哪里，哪些公众是重要的工作对象，谁是他们当中的"意见领袖"。②分析公共关系对象。第一，分析公共关系对象的基本情况，如他们的年龄、性别、生活习惯、文化层次，平时通过哪些渠道接收信息等。第二，分析公共关系对象对本组织的印象及态度，如他们当中有多少人了解本组织，有多少人与本组织打过交道，有多少人对本组织有良好的印象等。

12.2.2 落实策划人员

实践证明，一项公共关系策划方案能否成功，与策划者的关系极为密切。

1. 组织聘请策划人员的基本原则

（1）限制人员数量。一般情况下，聘请与策划目标密切相关的5～12人为宜，做到精干、高效。

（2）优势互补。所聘用的策划人员要在知识结构、能力、特长等方面互补，保证策划成果浑然一体、无懈可击。

（3）注重人员质量。即每位策划人员都应是某一方面的专家，能在策划中很好地配合某一问题，或独立承担某一部分的策划内容。

2. 策划组的基本人员构成

（1）委托策划组织的代表。委托策划组织的代表是指组织中有决策权的主要领导和全面了解该组织情况的人员，一般由1～2人组成，主要发挥参谋和沟通等作用，如及时为策划人员提供所需信息，对专家们的意见做出一定的判断，促成策划方案得到组织的认可等。

（2）各类学科的专家。策划专家是策划组的精英，组织要根据策划项目需要，有重点地选择各类学科的专家。一般与公共关系策划相关度较大的学科专家有公共关系学专家、营销学专家、市政学专家、管理学专家、广告学专家、心理学专家、传播学专家、美工专家、礼仪专家、决策学专家、财务专家、人际关系学专家等。

（3）媒介中人。媒介中人是指直接从事媒体传播工作的人员，他们能够起到组织策划与社会公众信息交流的桥梁作用。任何公共关系策划的目标都是树立良好的具有持久信誉的组织形象。这一目标必须通过一系列精心策划的信息传播活动来实现。组织要充分利用各种媒介，与公众进行积极的双向交流，广泛地传播信息。增进相互了解是公共关系策划的主要专题，而这一专题的完成，不但要有各类学科专家的谋略，更要有媒介中人的绝招，尤其是得到他们的认同与认可，方可使奇招变为现实。

12.2.3 确定公关主题

公关主题是一个公关活动的灵魂。一个公关活动由一系列小的活动形式组成，为了便于统一制订公关策划方案，它们都应该归于一个统一的主题之下，这样在公关传播的时候才能有清晰的脉络和鲜明的主题形象，才能够更有效地把公关活动的信息传播给广大目标公众。如果没有公关主题，公关活动就会显得杂乱无章，缺乏大方向。

公关主题的设计有如下要求。

第一，公关主题应该与企业的公关目标保持一致，并能够充分地表现目标。

第二，公关主题在内涵上要有延展性，能够延展出一系列的子内容，这样便于在统一的主题下策划不同的公关形式。

第三，公关主题的立意要新颖，有鲜明的个性，使企业的公关活动更具有感召力和吸引力。

第四，公关主题的措辞要符合实际情况，也要符合社会公众的心理需要，切忌过于理想化。

12.2.4 制订策划方案

公共关系策划方案是向委托组织汇报的依据，也是公共关系策划的成果，既可作为策划活动实施的纲领，又可作为策划成效的备查依据。设计出的策划方案，必须形成文字，以便建立完整的档案。方案的写作格式一般没有统一、固定的要求。

1. 写策划方案需要注意的问题

（1）保证方案内容的系统性。有时要分为框架文本和执行文本。凡执行文本都要写清楚各个步骤的操作细则，还要有备忘录的记载等，总之应尽量详细。

（2）封面要写出策划书的全称，如《哈尔滨××有限责任公司"品牌扩张工程"策划案》，并注明策划人员及其身份。一般在封面或扉页上要注明总策划、策划总监、策划督导和策划人员的名字及身份等。

（3）注明策划的起始时间。

（4）为了显示策划书的保密性，在方案的封面左上方要注明保密密级，如"AA级"字样。

（5）为方便阅读策划方案，最好将方案的章、节等排上页码。

（6）保证文字的准确性。即方案内容的表述要准确，文字的打印要精确无误。

2. 提交方案的步骤

对于大型公共关系项目，方案应分层次出台，主要分两个层次：方案框架文本和行动细则方案。

（1）方案框架文本。方案框架文本一般由总策划主笔，它是向委托组织递交的第一份"成果"。其内容由四部分组成：第一，对该组织现状的分析；第二，提出战略设想；第三，实现战略设想的策略与步骤；第四，对实施方案的后果进行预测。

（2）行动细则方案。在一般情况下，行动细则方案由负责该项行动的专家小组撰写。行动细则方案内容有两个要求：第一，要与公共关系战略紧密挂钩，成为框架文本中战略的延伸，要注明每个行动的战略意图。第二，内容越细越好，强调可操作性，诸如时间、地点、人员、方式、方法等。公共关系活动内容是公共关系策划的核心，这一部分内容中应包括公共关系活动对象、公共关系活动目标、公共关系活动策略、公共关系活动项目、公共关系活动主题、公共关系活动时机、公共关系活动经费预算、公共关系活动进度、公共关系活动效果评估标准等。

公共关系活动策划方案是精益求精的公共关系工作，策划方案不仅要求内容充实、表述清晰，而且要求结构完整、符合格式。标准的公共关系活动策划书由封面、目录、正文和附件四部分构成。

对于大型公共关系策划，在方案框架文本得到委托组织认可后，方可着手行动细则方案的构想与写作。如果是某一专题公共关系策划，那么可以将方案框架文本和行动细则方案一气呵成。

12.2.5 专家督导实施

公共关系策划方案出台后，策划专家不能卸任而归，而是要接着做好方案的"督导实施"工作，这一环节在方案实践中十分关键。

从一般意义而言，以下三种督导方法具有较好的实用价值。

（1）亲临实践法。在策划方案推行过程中，对一些专业知识较强的项目，如果组织无力操作，专家就应亲自动手，如形象标志设计、品牌设计，以及一些主题活动的组织等。

（2）信息遥控法。专家的督导方式可以根据工程进展的不同阶段而有所变化，如形象建设进入平稳发展阶段，专家就可以撤离现场，而采用遥控督导方式，即对组织形象建设中出现的问题进行及时的指导，起到场外咨询的作用。

（3）现场指导法。就是指导组织的人员理解策划方案。如烟台白云商厦策划方案的实施，中层干部就是在策划专家的耐心说服后才下决心接受并推行策划方案的。在方案的推行过程中，专家亲自向商厦的全体员工讲解新理念的含义，并对理念导入的方式方法做现场指导，最大限度地展现了方案的设计意图。

12.2.6 总结评估

一个完整的公共关系策划活动应该是以公共关系调查研究为策划的开端，以对公共关系方案实施后果的全面评价为结尾。

1. 总结评估对公共关系策划的重要意义

（1）总结评估能够加强委托组织对公共关系策划的信赖，即根据公共关系活动后组织形象提升的事实，增强其对公共关系策划的信任，促使组织继续支持公共关系策划活动。

（2）总结评估能对公共关系策划成败做科学诊断，即评估策划活动在多大程度上实现了原来的设计要求，从而减少由于盲目自我感觉而带来的损失。

（3）总结评估是下一个公共关系策划活动的开端。总结评估可以根据公众对组织形象的反馈意见，重新调整形象，选择更为成熟的公共关系途径和公共关系方案，使公共关系策划不断提高档次，向着越来越科学的方向发展。

2. 常用的总结评估工作的方法

（1）民意调查。民意调查一般采用"抽样调查"的方法，调查可以在三方面人员中进行：该组织内部员工、产品消费者或服务对象、社会公众。通过这些调查，组织可以了解到公众在组织公共关系活动后的态度和兴趣有无改变、改变的程度如何，从而把握公众对组织形象的评价和认可度。

（2）专家评价。由各方面的专家组成评议组，对公共关系成果进行评估、接受质询、予以论证，可以采取专家咨询法、同行评论法，也可以开座谈会听取意见，正规地举行一些活动，以及非正式地进行私人交谈等。

（3）比率统计。进行传播方面数据的搜集和统计，如有多少媒体组织活动的报道，报道了多少次，报道了什么内容，有多少公众收看或收听了这一传播报道？通过对这些问题的统计就可以得出组织形象传播广度的可靠数据。

12.3 公共关系专题活动策划

12.3.1 公共关系专题活动的定义

公共关系活动一般来说可分为两种类型：其一是那些日复一日、月复一月、年复一年的公共关系日常工作；其二是为了引起新闻媒介注意、向广大公众传递信息、提高企业知名度和美誉度的"公共关系特别节目"。这类公共关系专题活动与公共关系日常工作相比，具有目的明确、目标公众清楚、规模较大、活动有计划、影响深刻等特点，所以，公共关系专题活动更需要精心设计和策划。根据公共关系专题活动与公共关系日常工作的区别，我们可以这样给公共关系专题活动下定义：组织为了某个公共关系主题的有效传播，有计划、有步骤地组织目标公众参与的集体活动。公共关系专题活动对于改善组织的公共关系状态有着极为重要的意义。它往往能够使组织集中地、有重点地树立和完善自身的形象，扩大自己的社会影响。成功的公共关系专题活动，往往使组织形象得到意想不到的飞跃式提升，是塑造组织形象的有力驱动器。

12.3.2 公共关系专题活动的特点

组织举办各种类型的公共关系专题活动，有利于树立良好的组织形象和产品形象，有利于协调组织与各方面公众的关系，所以，组织应该经常举办各种公共关系专题活动。但是，要想成功策划与实施各种公共关系专题活动并非易事，需要了解和掌握它的一些特点。

1. 创新力强

每一次公共关系专题活动，都应策划得新颖别致、大胆创新、富有特色、力戒平淡。

公共关系专题活动的创新主要表现在形式上新、创意上新、方法上新、内容上新。在近几年的公共关系专题活动中，越来越多的庆典活动跳出旧的模式，取得了卓尔不群的纪念效果。例如，河北省衡水市某保健公司的开业典礼剪彩，没有按惯例邀请头面人物，而是请了三位被彩球命中的"顾客上帝"来剪彩，大剪落下，全场欢呼，喜庆气氛格外浓烈。再如，清华大学85周年校庆采取的庆祝方式，是开展一系列的"校长征求意见活动"，于校庆前后，王大中校长先后邀请了中国科学院院士中的校友、担任省部级以上领导职务的校友、担任国有大中型企业领导的校友以及海外清华校友中取得了突出成绩的科学家等来校座谈，征询他们对学校建设的意见和建议。《光明日报》对清华大学采取的更务实、更富新意的校庆方式给予了高度评价，载文指出"它的意义超出了校庆"。还有，江苏一家公交公司兴建的三星级大酒店，开业庆典时邀请10位公交职工中的各级劳模剪彩，体现了对劳模无私奉献精神和劳动价值的尊重。

2. 吸引力大

组织举办各项公共关系专题活动，其目的是让公众了解、认知组织或企业产品，达到扩大社会影响的目的。因此，公共关系专题活动策划必须抓住公众心理，吸引公众积极参与，如想方设法使公共关系专题活动具有趣味性，让公众自由表现，给参与者一定的知识、经验、实惠等。

3. 影响力强

一般情况下，如果没有产生什么影响，则说明公共关系专题活动是失败的；公共关系专题活动的影响越大，说明其专题活动办得越成功。企业公共关系活动的影响力表现在：树立企业的良好形象，提高企业的知名度和美誉度，使原来不了解企业的公众对企业有所了解，使原来了解企业的公众对企业产生好感，使原来对企业有好感的公众支持企业。例如，广州花园酒店和广州市妇联共同举办的"母亲节征文比赛和表扬模范母亲"的活动，其影响力就很强。其具体做法是，首先从每个选区选出10位模范母亲，给予表彰；其次，向全市小学高年级学生征集赞颂母亲的作文，从中选出40篇优秀作文举办朗诵会，在朗诵会上，孩子们当众朗诵自己的作品，并回答新闻记者的提问；最后评出优胜者，颁发奖品和纪念品。经此活动，广州花园酒店的名字在广州便家喻户晓了。

12.3.3 公共关系专题活动的类型

在实践中，公共关系专题活动有许多不同的类型，准确区分不同类型的公共关系专题活动，有助于我们更好地掌握公共关系专题活动的策划并实施管理。

1. 按公共关系专题活动的规模划分

公共关系专题活动按规模可分为小型公共关系专题活动、大型公共关系专题活动和系列公共关系专题活动。小型公共关系专题活动是在某个机构场所和人员范围内举行的或人数在 100 人以下的活动。大型公共关系专题活动是有目的、有组织、有计划地吸引众多人参与的协调行动，如每年双 11 举办的天猫晚会。系列公共关系专题活动是以同一目标为出发点，形成不同内容、不同场所、不同形式的多项活动，或者由不同机构组织众多人参加多项活动，如大连服装节、青岛啤酒节系列活动。

2. 按公共关系专题活动的性质划分

按公共关系专题活动的性质可分为公益性活动、社会工作活动、专业性活动、商业性活动和综合性活动。公益性活动主要有慈善活动、环保活动、救灾活动、敬老活动等。社会工作活动主要有道德教育、文明礼貌、公民教育等属于社会工作范畴类的活动。专业性活动主要有科技、文学、艺术、体育等专业内容十分突出的活动。商业性活动主要有与消费者沟通的活动、商业推广宣传活动、商业促销活动。综合性活动主要集各种性质的活动为一体，例如服装节、旅游节、美食周、文化节等，在这些活动中，既有商业活动又有公益活动，既有社会工作活动又有娱乐活动，其特点是融多种活动为一体。

3. 按公共关系专题活动的内容划分

按公共关系专题活动的内容可分为典礼型、会议型、喜庆型、新闻传播型、展示型、竞赛型的活动。典礼型活动包括奠基典礼、开业典礼、落成典礼、签字仪式、就职仪式、剪彩仪式等。会议型活动包括研讨会、洽谈会、鉴定会、交流会、座谈会、演讲会。喜庆型活动包括周年贺庆、庆功会、颁奖会、节日联欢会、庆祝宴会、节日舞会、大型文艺演出等。新闻传播型活动包括公共关系新闻传播、谋划新闻事件、新闻采访接待、记者招待会等。展示型包括展览、展销、促销、开放参观等。竞赛型活动包括以企业名称命名的体育比赛、歌咏比赛、摄影比赛、征文比赛、演讲比赛、绘画比赛、智力竞赛等。

公共关系专题活动的分类方法没有固定模式，也不仅限于以上几种。但公共关系人员参考上述分类方法，可以掌握不同类型公共关系专题活动的策划侧重点，如会议型活动侧重会议环境，庆典活动侧重喜庆的构思和会议内容等，以使策划活动更加有效。

12.3.4 公共关系专题活动策划的构思方法

公共关系专题活动策划的构思方法很多，在这里我们介绍几种具有创造性思维创意的构思方法。

1. 头脑风暴法

头脑风暴法又称智力激励法，是由现代创造学奠基人之一的美国人奥斯本提出的，是一种创造能力的集体训练法。这种方法是把一个组的全体成员都组织在一起，围绕一个特定的兴趣领域产生新观点，这种方法就叫作头脑风暴法。由于使用了没有拘束的规则，人们可以毫无顾忌地发表自己的观念，自由地思考，进入思想的新区域，使每个人都能提出大量新观念，这是创造性地解决问题的最有效的方法。

2. 类比法

类比法又称原型启发法，是从已知事物的属性和特点、形态和特征中得到启示，从而找到解决新问题的方法和途径。莱特兄弟通过研究鸟的飞行，深入钻研航空原理，制造出"飞行者一号"，实现了人类像鸟儿一样在天空飞翔的梦想；人们通过对蝙蝠超声波定位的仿效制造出雷达；通过对狗鼻子构造的分析，发明了灵敏的电子嗅觉器。

3. 发散思维法

发散思维又称辐射思维，指从一个目标出发，沿着多种途径去思考，探求多种答案的思维。发散思维是创造性思维最主要的特点，美国心理学家吉尔福特（Guilford）认为，发散思维具有流畅性、灵活性、独创性三个主要特点。

12.3.5　公共关系专题活动实施要点

不论多么好的策划方案，在没有付诸实施之前都是"纸上谈兵"，所以正确地实施公共关系专题活动方案是非常重要的。

公共关系专题活动方案的实施不仅是内在联系十分紧密、一环扣一环的系统工作，而且是千头万绪的具体工作，公共关系人员需要在实践中不断积累经验。在这里主要介绍公共关系专题活动实施中的三个要点。

1. 方案讲解与人员培训

由于公共关系专题活动方案是靠人去实施的，所以如何让每一个实施方案的工作人员都理解方案的策略及要求并且准确操作，成为公共关系专题活动中亟待解决的问题。要使工作人员知情出力，首先要知情，然后才能出力。因此，培训实施方案的工作人员就成了保障公共关系专题活动成功的必不可少的工作之一。方案讲解和人员培训之所以成为实施工作的第一步，正是因为培训就是全面实施的动员会，是优质高效工作的前提，也是现代科学管理所要求的前提条件。

2. 方案实施

方案实施过程是公共关系专题活动中最重要的中心环节，每一个公共关系人员都必须认真对待。方案实施有以下三步。

（1）深刻领悟方案。方案实施人员在接受方案培训的基础之上，还要进一步理解方案精神，熟悉每一项工作的要求，掌握实施方案的工作方法、步骤和技巧。

（2）列出各项工作时间表。执行一个公共关系专题活动策划方案，就像是执行一个作战计划，攻克每一个堡垒都要有时间限制，所以，方案实施负责人要列出一份统筹全局的时间进度表。列示时间表的时候要善于把任务分解为一项项独立的项目，规定工作细节，确定完成任务的时间界限，明确执行人和负责人。比如，举办一个记者招待会，在具体执行的时间表上必须清楚列出何时落实会议场地，何时发邀请，何时准备好新闻发布稿和模拟回答记者的问题，何时进行新闻发言人的演练，何时落实记者出席的情况等。这样划分出事项，一个看似简单的记者招待会，也可以分解成许多具体的工作。

（3）检查验收。确立检查验收制度，定期检查各项计划执行的情况，并及时根据检查的结果调整进度计划，监督并通报工作质量，及时发现存在的问题并解决，才能保证方案实施的主动性、计划性。

3. 活动场地的布置

活动场地不但是公共关系专题活动赖以存在的要素，而且是对活动的传播起重要作用的因素。所以，活动场地是公共关系专题活动必不可少的基本要素之一，公共关系专题活动大都牵涉到场地布置的问题。在此过程中，有一些原则和程序需要遵循。

（1）场地布置原则

公共关系专题活动场地布置，类似戏剧舞台布置，应坚持的原则是：没有用的物品在舞台上一件都不能出现，凡是舞台上出现的物品一定是有用的。各种专题活动的场地布置格调也不相同，一些庆典活动为了突出喜庆气氛就比较铺张，新闻发布会的场地布置通常比较简洁。总之，场地布置是为了更好地达到公共关系效果，有用的物品毫不吝啬，没用的物品则坚决不要。那么，如何辨别有用与无用呢？场地布置应该如何进行？我们可以把握以下一些原则。

1）场地布置要与专题活动主题相一致。这是场地布置最重要的原则，如前所述，所谓有用、无用，鉴定的标准即是否与主题相一致，与主题相一致的是有用的，与主题不一致的则是无用的。

2）充分利用地形地物。对于每一处活动场地，只要你认真观察，一定会发现其自身的特点，所以在场地布置的时候，要注意发挥场地的特点，利用地形地物，加上策划人员的设计，使场地布置更能体现主题。

3）场地布置要与活动所在地的人文习惯相一致。不同地区有不同的人文习惯和风俗，如我国的风俗习惯是喜事习惯用红色，所以喜事又称为红事，丧事习惯用白色，所以丧事又称为白事。其他国家则不一定有这样的习惯。我们要把握的原则是与当地的人文习惯或风俗习惯保持一致。

4）安全性原则。安全性原则也是场地布置中重要的原则之一。场地上任何布置，必须以安全为第一要务。所有布置物是否合乎安全规范，安装过程是否安全，设施是否可靠，都是安全性原则所要求的。

（2）场地布置的工作程序

场地布置是一项规范的工作，应该遵循以下工作程序。

1）领会策划方案意图和了解人文习惯是场地布置的基础工作。一般说来，策划方案基本都有场地布置的要求，关键是要能够深入领会。

2）场地考察。这一环节十分重要，场地布置不能想当然，必须深入现场、认真考察、充分观察地形地物的特点。

3）绘制布置图。场地布置图是场地布置的实施工作图，掌握场地布置图的绘制是一个公共关系从业人员的基本技能。常用的场地布置图有两种：一种是平面布置图，它主要是从空中俯视场地布置的平面效果；另一种是立体效果图，它是主视图，主要展示场地布置的实际效果。

4）制作及准备现场布置物。现场布置物是指场地布置的物品。当布置方案确定以后，就可进行场地布置物的制作和准备工作。

5）现场布置。这个过程要注意的是按图施工的问题，力求按场地布置图落实布置方案。

6）安全检查。这是极其重要的一个环节，场地布置必须注意安全，因为公共关系专题活动有许多人参与，公众的安全性是最重要的。安全检查包括物品防火安全性、装设的牢固性、用电安全性及治安的安全性等。

总之，要想成功地组织各种公共关系专题活动，一方面要精心策划，另一方面要认真实施，二者缺一不可。

12.3.6 公共关系专题活动策划中应注意的事项

1. 要有实施方案

应该把公共关系专题活动作为一个整体和系统工程来设计、规划。对于时间、地点、活动方式、参加者、环境、经费、交通、效果评估、宣传报道等各方面因素和细节都要考虑周全，事先制订实施方案并请有关人士论证批准，然后按照活动方案进行操作实施，并且在实施过程中收集反馈信息，如有必要可根据实际情况和反馈信息对方案进行合理调整。

2. 要有明确目的

任何公共关系专题活动都应该有明确的目的，要事先设定好影响哪方面的公众，要取得哪方面的效果，要达到怎样的公共关系目标，以及公共关系专题活动的主题是什么等。

3. 要有专人负责

公共关系专题活动不仅要请专家精心策划，而且要有专人负责实施，最好是组成专门机构一抓到底、善始善终。其机构成员最好具有公共关系知识、公共关系策划能力和实施能力，以便"逢山开路，遇水搭桥"，保证公共关系专题活动的顺利进行。

4. 要有传播计划

应根据主题设计一个既令人耳目一新又利于传播的标题或口号。标题或口号犹如一篇文章的题目，既要能反映文章的内容，又要有创意。如"中法人民友谊源远流长""中国大连，世界服装名城""新北京，新奥运""北京亚运村，世界第一流"等标语口号都为当时的公共关系专题活动增添了光彩。

在公共关系专题活动开始之前，就要把有关专题活动的消息传播出去，以便渲染气氛，创造良好氛围。还要事先与新闻媒介进行联系，并且为记者采访报道提供一切便利条件。

专题活动之后，要注意收集报道成果和反馈信息。

总之，公共关系专题活动要有与之配合紧密的传播计划。离开了传播，公共关系专题活动的效果则会大打折扣。

专栏 12-1　　　　　　　　　　　公关新闻策划

公关新闻策划是指企业利用有价值的新闻事件，通过新闻媒体进行公开宣传，传播并塑造企业形象，从而为企业营销造势，形成对企业有利的公众认知。

一、公关新闻策划的目的与作用

1. 塑造企业形象

2. 为企业的营销活动造势

二、公关新闻策划的分类

主要包括新闻稿件策划、新闻事件策划、新闻媒体策划以及新闻报道策划等。

（一）新闻稿件策划

公关新闻稿件策划是对企业所涉及的大量信息进行搜集、筛选和整理的过程，主要分为新闻题材策划和新闻结构策划。

1. 新闻题材策划

在选择题材时要从多个角度考虑，全方位地发现企业的新事件，而不是局限于某一个角度，要选择最能引起公众共鸣的、最有新闻价值的、最有代表性的题材。

2. 新闻结构策划

这是指对新闻素材进行组合、安排的总体策划，主要包括以下三类。

（1）顺叙型。即按照事件发生经过的顺序，从前往后，直接对事件进行叙述。

（2）倒叙型。即先将事件的结果或高潮写出，之后再讲述事件的起因和经过，从而引起公众的注意。

（3）并肩型。即对报道的几个同等重要的内容进行同时报道，并将这几个内容在适当的地方相互关联起来。

（二）新闻事件策划

新闻事件策划最主要的目的就是在保证事件真实性的同时不损害公众利益，通常以某一时期的热点话题来制造新闻。

（三）新闻媒体策划

新闻媒体具体包括印刷及电子两类传播媒体。对于公关新闻媒体策划来说，选择合适的媒体策划是关键所在。不同的媒体都有其各自的特点，新闻媒体策划就是在充分了解了这些媒体自身的优缺点后，根据企业的需要，对公关媒体进行选择，选择的依据是企业的公关目标以及企业的经济效益和社会效益等原则，以达到企业预期的效果。

（四）新闻报道策划

新闻报道策划具体包括新闻发布会、记者招待会以及接待新闻界参观访问的策划。

1. 新闻发布会策划

新闻发布会是一种二级传播模式，是将企业的重大决策和重大发明向社会进行公布。

通过新闻发布会，首先将消息告知给记者，其次通过记者以大众传播的方式传播给社会公众。其流程具体包括会议筹划、会前准备、会议现场布置、会议程序以及总结推广。

2. 记者招待会策划

企业召开记者招待会通常是有重大新闻价值的事件需要发布。企业若想开好记者招待会，通常需要做好以下几个方面的工作：确定记者招待会主题；拟定邀请记者名单；选择恰当的时机；发放请柬；确定主持人；准备好发言提纲和报道内容；遴选会议的工作人员；布置会场；准备好通信设施；安排好会议流程。

3. 接待新闻界参观访问策划

企业接待新闻界参观访问的策划通常需要做好以下几点工作：明确邀请的对象及规模；安排接送，服务到位；制订详细计划；做好配套服务等。

资料来源：石江华，宋剑涛.营销策划学[M].成都：西南财经大学出版社，2016.

12.4　危机公关策划

12.4.1　公共关系危机的基本概念

1. 公共关系危机的定义

公共关系危机即公关危机，是公共关系学的一个较新的术语。它是指影响组织生产经营活动的正常进行，对组织的生存、发展构成威胁，从而使组织形象遭受损失的某些突发事件。它和危机公关有着本质的区别。公关危机是一种现象，而危机公关，是指在组织出现公共关系危机时，公关人员或组织领导所采取的遏制危机蔓延，并解决危机的一系列手段和方法。

公共关系危机现象有很多，如管理不善、防范不力、食品中毒、交通失事等人为造成的伤亡事故；地震、水灾、风灾、雷电及其他自然灾害造成的重大损失；由于产品质量或组织的政策和行为引起的信誉危机等。对这些危机事件处理不当，将会对组织造成灾难性的后果。

2. 公共关系危机的特点

（1）意外性。危机的发生常常是在意想不到、没有准备的情况下突然爆发的，它是不可预见的或不可完全预见的。由于公共关系大系统是开放的，每时每刻都处在与外界的物质、能量、信息的交换和流动之中，其任何一个薄弱环节都可能因某种偶然因素而致失衡、崩溃，形成危机。

（2）聚焦性。进入信息时代后，危机的信息传播比危机本身发展要快得多。媒体对危机来说，就像东风之于大火，会呈现燎原之势。

（3）破坏性。危机在本质上或事实上对组织产生的破坏性是巨大的，必须尽力防范和阻止。由于危机常具有"出其不意、攻其不备"的特点，所以不论什么性质和规模的危机，都必然不同程度地给企业造成破坏、混乱和恐慌，而且由于决策的时间以及信息有限，往往会导致决策失误，从而给企业带来无可估量的损失。

（4）紧迫性。公共关系危机总是在短时间内突然爆发，使组织立刻处于备战状态，这要求公关人员第一时间全面掌握事实真相。危机爆发所造成的巨大影响令人瞩目。它常常会成为社会和舆论关注的焦点和讨论的话题，成为新闻界争相报道的内容，成为竞争对手发现破绽的线索，成为主管部门检查批评的对象。对企业来说，危机一旦爆发，其破坏性的能量就会被迅速释放，并呈快速蔓延之势，如果不能及时控制，危机会急剧恶化，使企业遭受更大损失。

12.4.2 公共关系危机的产生原因

公共关系危机的产生原因有很多，是各项因素综合作用的结果而绝不是某一项因素单独存在造成的。通过对公共关系危机的产生原因进行分析，我们可将之归为组织内部环境和组织外部环境两个方面。

1. 组织内部环境原因

（1）组织人员素质低下

组织人员的素质主要包括领导者素质和普通员工素质，这两类人员素质低下都会引发一定的危机。特别是当组织领导者素质低下时，企业公关危机发生的可能性更大。领导者素质低、水平差、知识结构不完善，对外缺乏平等的意识和尊重，对内缺乏一定的感召力；普通员工公共意识差、素质低下，甚至会粗暴对待公众等，这些都可能是造成组织公共关系危机的重要原因。

（2）管理者缺乏危机公关意识

企业的管理者必须要具有危机公关的意识。但在现代组织中，仍然有相当一部分管理者没有正确的危机公关意识，许多企业也缺乏一整套应对危机的管理体系和方法。这些企业通常不会有"未雨绸缪"的防范意识和战略考虑,很少注重媒体公关;在组织利益与社会利益相矛盾时,首先想到的是如何维护组织自身的利益,而不是采取哪些措施赢得共赢;在危机发生后,管理者也无法采取正确的危机管理措施来化解危机。

（3）法制观念淡薄

企业经营活动的开展除了必须遵循企业经营的基本准则和社会伦理道德,还必须守法,严格依法办事。组织具有法律意识,将组织的经营活动置于法律的监督保护之下,知法守法等一系列行为,对正确开展经营活动,规范组织的管理行为,树立良好的组织形象具有十分重要的意义。但事实上,一些组织法律观念淡薄,随意践踏公众的权利,最终酿成了公共关系危机。

（4）组织违背公关基本原则要求

在现代社会,组织的决策与行为应当与社会利益和公众利益共同发展。在信息交流的过程中,以公众利益为出发点,以科学方法为指导准则,严格遵循以客观事实为基础的原则,是消除企业与公众之间隔阂,保证信息交流正常进行,达到动态平衡的基本要求。若违背了这些原则,则不利于企业与公众之间关系的协调,从而使企业与公众关系恶化。

（5）缺少健全的沟通渠道

许多企业在传播沟通意识上还存在两大"盲点"。一是无限扩大组织机密范围,追求事事保密、层层设卡,唯恐公众知晓组织决策内容。二是只知道单向发布信息,而不知道信息的及时反馈。

2. 组织外部环境原因

（1）自然环境突变

自然环境是不以人的意志为转移的,自然环境的突变是公关危机出现的主要原因之一。自然环境突变包括建设性破坏灾害和天然性自然灾害两个方面,如自然资源短缺、地震、水土流失、沙漠化等属于天然性自然灾害。如果处在一个传播交流不发达、自然条件恶劣的地区,展开公关工作是相对困难的,也要面临很多问题。这种情况下,充分的思想准备和积极的危机防范意识更是必不可少。

（2）社会公众误解

由于组织传播信息不够,或在某些因素的作用下,公众对组织的了解不太全面,甚至有可能是错误的。在这种情况下,公众会对组织产生误解进而导致组织公共关系危机,包括以下几方面。

①服务对象对组织的误解。

②权威性机构对组织的误解。

③传播媒体对组织的误解。

④内部员工对组织的误解。

无论是哪一类公众对组织的误解,都有可能会引发组织的公共关系危机。特别是传播媒介和权威机构对组织的误解,会使误解范围扩大、程度加深,从而形成极为不利的舆论环境。

（3）社会因素

公共关系危机的社会因素是指公关组织所处的社会环境对组织工作的影响。这种社会因素包括组织所处地区的人口素质、政府管理水平、治安面貌、市场需求、经济发展水平、通信条件等。在社会环境相对较差的地区开展公共关系工作，组织会面临更多的不利因素，阻力会更大。

除了上述原因，还有一些其他原因会起作用，毕竟任何危机的发生都不是一个原因造成的，组织只有广泛收集有关信息，对造成组织公共关系危机的原因进行深入分析，才能在一定程度上防止公关危机的发生，为公共关系危机管理奠定坚实的基础。

12.4.3 公共关系危机的类型

（1）从危机存在的程度看，可分为一般性危机和重大危机。一般性危机主要指常见的公共关系纠纷，如内部关系纠纷、消费者关系纠纷、政府关系纠纷、同行关系纠纷、社区关系纠纷等。从某种意义上说，公共关系纠纷还算不上真正的危机，它只是公共关系危机的一种暗示、信号和征兆。

重大危机主要指严重的工伤事故、突发性的商业危机、重大生产失误、火灾造成的严重损失、较大的劳资纠纷等。

（2）从危机关系涉及的范围来看，可分为内部公共关系危机和外部公共关系危机。

（3）从危机带来的损失的表现形态来看，可分为有形公共关系危机和无形公共关系危机。有形公共关系危机的特点是，它会给组织带来直接而明显的损失，用数字可以统计；无形公共关系危机的特点是，它带来的损失不明显，如看不见、摸不着、不能用数字统计。

（4）从危机产生的主客观原因来看，可分为人为的危机和非人为的危机。

（5）从危机的显示形态来看，可分为显在危机和内隐危机。显在危机是指已经发生的危机或危机趋势非常明显，危机爆发只是时间的问题；内隐危机指潜伏性危机，与显在危机相比，内隐危机具有更大的危险性。

12.4.4 危机的管理

1. 制订危机管理计划

危机管理计划是组织为了预防危机的发生或在危机发生时尽可能减少损失，而制订的较为全面而具体的关于危机事件预防、处理和控制的书面计划。

危机管理计划大致包括以下内容：①对组织潜在的危机形态进行分类；②制定预防危机的方针政策；③为处理每一项潜在的危机制定具体的战略和战术；④确定可能受到危机影响的公众；⑤为最大限度减少危机对组织整体形象和声誉的破坏性影响，建立有效的传播沟通渠道；⑥对方案进行实验性演习。实践证明，实验性演习是十分必要的。演习的过程使人们身临其境,而且能发现很多问题。另外,在制订危机管理计划时最好能聘请组织外的危机管理专家参与到全过程中。

2. 落实危机管理计划

(1)明确危机管理小组的作用。危机管理小组建立后不能成为摆设,要很好地发挥作用。其作用主要有四项:第一,全面清晰地对各种危机情况进行预测;第二,为处理危机制定有关策略和步骤;第三,监督有关方针和步骤的实施;第四,在危机发生时,对危机管理的全面工作做指导和咨询。危机管理小组的成员要有明确的分工,包括"战时"的分工和平时的分工。

(2)写出危机管理计划。危机管理计划的内容包括:第一,预测可能发生的危机;第二,组织高层对危机管理的重视程度;第三,公共关系危机管理小组的任务及分工情况;第四,不要做无谓争论(包括与记者争论),一旦危机发生,大家应遵守的准则是尽量不要混淆事实真相,救人要紧,事情未弄清之前,不要随便归罪于人等;第五,确定在危机预防和危机处理过程中的工作步骤和任务要求;第六,评估标准及如何监督执行,如谁来主持监督、检查、评价,都需要在计划中写明;第七,就组织可能遇到的危机提出相应对策并说明预演准备。

(3)制订危机管理手册。根据国内外公共关系管理专家的经验,组织仅仅制订危机管理计划还不够,还要依据危机管理计划制订危机管理手册。与危机管理计划相比,危机管理手册的特点是更加详细、具体,印制成册,有很强的可操作性,要发放到员工手中。

(4)树立全员危机管理意识。让每个员工都了解危机,知晓危机处理的程序,认识危机管理的重要意义,使每个人都成为事实上的公共关系危机处理行家。具体做法是:第一,培训员工。将预测的危机和预防计划等,以适当的方式介绍给全体员工。为了让员工对预测的危机、预防计划以及相关情况有足够了解,可以用示意图的方式说明,也可以把它们印成小册子发给员工,或通过会议等形式予以介绍。第二,组织危机预演。由于危机不会经常出现,多数人对危机处理是没有经验的,通过训练、模拟演习来积累危机处理的工作经验,是较为可行的方法。即使没有危机发生,也要对预演计划进行修改,看看有没有更好的危机处理办法。

12.4.5 危机公关中的沟通协调

1. 与内部公众沟通协调的对策

(1)在危机初期,及时向内部员工宣布本组织对待危机的态度,宣布危机处理小组成员,并对员工提出一些要求。

(2)在危机抢救期,及时向内部员工通报造成危机事件的原因,给直接受害者造成的损失有多大以及影响有多深、受到波及的公众范围有多大、事态是否得到了有效控制、事态发展趋势等情况。

（3）在危机稳定期，及时向内部公众通报危机事件的发生时间、地点、有无伤亡以及本组织处理危机事件的基本方针、原则、具体的程序与对策。将制订的危机处理方案通告各个部门及全体员工，以便统一口径、统一思想、协同行动、共同参加急救。

（4）调查引起危机事件的原因，如果是因不合格产品引起的危机事件，应不惜一切代价立即收回不合格产品，或立即组织检修队伍，对不合格产品逐个检查，还要通知有关部门立即停止出售这类产品。

（5）在危机处理末期，一方面对危机处理工作进行评估，总结经验，找出不足，奖励在处理危机事件中表现突出的有功人员，处罚危机事件的责任者，并通告有关各方；另一方面通过危机事件教育员工，一要铭记教训，二要齐心合力共同渡过难关。

内部沟通要强调统一指挥、有条不紊，要做到顺畅、及时、有效，要起到稳定人心、增强信心的作用，从而发挥出团队的力量。

2. 与受害者沟通协调的对策

（1）危机事件若造成伤亡，一方面应立即进行救护工作或进行善后处理，另一方面应立即通知其家属，并尽可能提供一切条件，满足其家属的探视。

（2）委派专人负责处理伤亡事故。具体人数可多可少，这些人应具备的主要条件是：一要善于沟通；二要了解有关赔偿损失的文件规定与处理原则。因处理伤亡事故难度大、时间长，在整个危机事件的处理中占据着举足轻重的地位，所以，如果没有特殊情况，不可随便更换这些人员。

（3）负责处理伤亡事故的专门人员在与受害者及其亲属接触中应做到：真诚地表示同情，并给予安慰；耐心、冷静地倾听受害者及其亲属的意见，包括他们要求赔偿损失的意见；代表组织诚恳地向他们道歉，并实事求是地承担相应的责任。

（4）社会组织在与危机事件受害者及其家属沟通时，应努力避免为自己辩护，避免与他们发生争辩与纠纷，即使受害者有一定责任，也不要在现场追究。

（5）向受害者及其家属公布补偿方法与标准，并尽快实施。

3. 与新闻媒介沟通协调的对策

（1）向新闻媒介公布危机事件的真相，表明组织对该事件的态度，并通报将要采取的措施。何时向新闻媒介公布，公布时如何措辞，采用什么形式，有关信息怎样有计划地披露等，应该在组织内部事先达成共识、统一口径。

（2）成立临时记者接待机构，由专人负责发布消息，集中处理与事件有关的新闻采访，向记者提供权威的资料。

（3）为了避免报道失实，向记者提供的资料应尽可能采用书面形式。介绍危机事件的资料应简明扼要，避免使用专业术语或难懂的词汇。

（4）在对待新闻媒介的态度方面应做到以下几点。

谨慎。在事情未完全明了之前，不要对事件的原因、损失以及其他方面的任何可能性进行推测性的说明。

主动。主动向新闻媒介提供真实、准确的消息，公开表明组织的立场和态度，以减少新闻界的猜测，帮助新闻媒介做出正确的报道。

自信。面对危机事件，组织应充满自信心，而且要通过发布信息让新闻媒介和广大公众对你有信心。一定要做到以公正的立场和观点来进行报道，不断向公众提供他们所关心的消息，如补偿方法、善后措施等。

合作。对新闻媒介不可采取隐瞒、搪塞、对抗的态度，不可像挤牙膏一样地吐露信息，对确实不便发表的消息，也不要简单地说"无可奉告"，而应说明理由，赢得记者的同情和理解。

（5）除新闻报道外，可在刊登有关事件消息的报刊上发表歉意声明，向公众说明事实真相，并向公众表示道歉并积极承担责任。

当记者发表了不符合事实真相的报道时，应尽快向该报刊提出更正要求，并指明失真的地方。组织要向该报刊提供全部与事实有关的资料，派重要发言人接受采访，表明立场，要求公平报道。应特别注意避免产生敌意。

4. 与上级领导部门沟通协调的对策

（1）危机事件发生时，应以最快的速度向组织的直属上级部门实事求是地报告，争取其支持、援助。

（2）在危机事件的处理过程中，应定期汇报事态发展的状况，求得上级领导部门的指导。

（3）危机事件处理完毕后，应向上级领导部门详细地报告处理的经过、解决方法、事情发生的原因等，并提出今后的预防计划和措施。

5. 与业务往来单位沟通协调的对策

（1）以书面的形式通报正在或将要采取的措施和对策。

（2）如有必要，还可派人直接到往来单位去面对面地沟通、解释。

（3）危机事件发生后，应尽快如实地向有业务往来的单位通报事件发生的消息，并表明组织对该事件的坦诚态度。

（4）在事件处理的过程中，定期向各界公众传达处理经过。

（5）事件处理完毕，应用书面形式表示歉意，并向给予理解、援助的单位表示诚挚的谢意。

6. 与消费者沟通协调的对策

（1）以尊重消费者的权益为前提，制定所有的处理危机事件的措施、对策。

（2）迅速查明和判断受危机事件影响的消费者特征、类型、分布、数量等。

（3）设立专线电话，以应对危机期间消费者打来的大量电话，要让训练有素的人员来接听专线电话。

（4）通过不同的传播渠道向消费者提供说明事件梗概的书面材料。

（5）认真听取受到不同程度影响的消费者对事件处理的意见和愿望，尤其要热情地接待消费者团体的代表，回答他们的质询、询问；另外，还要主动地、及时地与消费者团体中的领导及意见领袖进行磋商、沟通；通过新闻媒介向消费者公布事件的经过、处理方法、与消费者团体达成的一致意见以及今后的预防措施。

7. 与社区居民沟通协调的对策

社区是组织赖以生存和发展的基础，社区居民也是组织形象的传播者，如果危机事件给社区居民带来了损失，组织则应努力做好与社区居民的沟通协调工作。

（1）道歉。根据危机事件的性质以及给社区居民带来的损失程度，可选择不同的道歉方式，如派人到每一家分别道歉，委派专人向社区道歉，通过地方报纸致歉，通过全国性的大报刊发致歉声明等。不管用哪一种方式道歉，一要态度诚恳；二要表示敢于承担责任；三要表明知错必改。

（2）补偿。如果危机事件给社区居民造成的损失不大，可以适当地给社区一些补偿，如种花植树、修桥补路、赞助教育、美化环境、修建老年公寓等。组织通过这些补偿得到社区居民的谅解，保持社区好公民的形象。

（3）赔偿。如果危机事件给社区居民造成了严重损失，组织应明确表示会尽快落实经济赔偿问题。如果经济赔偿问题处理起来难度较大，应委派有相关经验的人员代表组织与社区居民沟通，尽量使社区居民满意，使组织的形象损失控制在最低限度。

如果组织不幸发生了危机事件，与各方面公众的沟通协调是非常重要的，除了上述七个方面的对策外，还应根据具体情况，分别对与事件有关的交通、公安、市政、友邻单位等进行及时沟通，以便通报情况、回答咨询、巡回解释，调动各方面的力量协助组织尽快度过危机。

专栏 12-2　　　　　　　钉钉在线"求饶"两部曲

受新冠肺炎疫情影响，在"停课不停学"的背景下，全国中小学、各大高校纷纷开展线上教学活动。钉钉作为教育部公布的首批移动教学应用程序，自然成为绝大多数学校线上教学平台。据统计，疫情期间钉钉累计下载量超过 10 亿次，一度超过微信的下载量。钉钉高兴了，但学生却开始不乐意，因为钉钉各种"贴心"的功能，如定时打卡提醒学习、收作业和批改作业等，使其轻松学习的幻想破灭，于是自发地在各类应用商店给钉钉打上一星差评。加之哔哩哔哩等社交媒体上发布的以钉钉为主体的"鬼畜"视频，更是将这场差评风波推向了高潮。

第一部：卖萌回应表观点

面对来势汹汹的差评，钉钉第一时间明确应对方案。看似轰轰烈烈的"恶评"，从产品本身来看，并没有出现太大的问题，总体上是一次基于情绪的恶搞式狂欢。因此，钉钉也不需要做出正式官方声明。2020年2月7日，钉钉官方微博发布了一条配有表情包，以调侃的方式说出的"我知道，你们只是不爱上课"的微博，直接向大众指明问题的核心——不是产品不好，只是学生有些调皮，并联合阿里巴巴旗下的官方微博及其他新媒体账号为其扩散应援，助推话题传播，一度登上微博热搜榜。这样，钉钉在澄清问题的同时，以"卖萌"的语气深化了品牌人格，提高了用户好感，扩大了品牌影响力。

第二部："鬼畜"视频求好评

在阿里系全员出动"帮场子"后，舆情有所好转，钉钉趁热打铁，进行第二波"求饶"回应，在官方微博、哔哩哔哩官方账号发布了一支名为《钉钉本钉，在线求饶》的鬼畜视频，向对钉钉恶意刷一星的用户求好评，真切表达了服软，并阐述了自身的难处。视频中钉钉的小燕子卡通形象流着眼泪诉说着自己的无奈与委屈，每句文案都体现出强烈的求生欲。视频播放后迅速火爆全网，看到偌大的品牌低头，用户们也得到了安慰和满足，同时也在"鬼畜"视频中找到了文化认同。这一波回应不仅使钉钉的打分开始逐渐回暖，各类社交媒体平台上也开始出现为钉钉"洗白"的"鬼畜"作品，随后引起的报道和热议更是为钉钉带来了正面的二次传播效应。

从"一星好评"到"五星好评"的转变，钉钉在线"求饶"两部曲无疑是成功的，每条"求饶"微博的转发量超过5万，评论数超过2万，点赞量更是高达90万。

资料来源：在线"求饶"的钉钉，一次成功的借势营销 [EB/OL].（2020-02-21）[2022-09-01]. https://baijiahao.baidu.com/s?id=1659126450091670585&wfr=spider&for=pc.

12.4.6　危机公关的善后工作要点

这里说的危机公关的善后工作是指组织对危机事件的处理，如传播、沟通、安抚、内部追查原因等工作已经告一段落，社会各界对组织的关注似乎又恢复了往日的平静之后，组织为了消除危机事件的不良影响应该做的一系列工作。通常以下列工作为重点。

1. 重新开始广告宣传

在危机过后组织可能面临着形象受损、信誉下降、股票价格暴跌、司法诉讼、产品受抵制、破产威胁以及高级管理人员辞职等种种困境，甚至还有可能部分或完全倒闭，所以在危机期间组织要停止播出广告。当进入危机善后工作阶段，组织为了将重振雄风的决心和期待援助的愿望准确无误地传达给有关公众，使公众不断地听到组织战胜危机、向前发展的好消息，可以根据受损情况和组织新的发展战略重新刊发广告。

2. 恢复组织及产品的声誉和形象

组织一旦发生危机事件，极有可能引发公众对组织及其产品的信任危机，而对组织发展和市场占有来说，它们在广大公众心目中的良好形象和声誉是至关重要的。所以，危机事件之后，组织不仅应看到有形资产的损失，而且更应该意识到无形资产的损失，应精心策划并实施一系列恢复组织声誉的工作。如制作道歉信，为表明组织的态度，最好以组织领导的名义写道歉信，送交受害各方。道歉信的内容应包括危机发生原因的调查报告、重建的现状、防止危机再度发生的具体对策和落实情况等。

3. 开展重建市场的工作

在互联网时代，危机事件发生的同时或仅仅几个小时内就能传遍全球，如近几年全球皆知的英国疯牛病等事件。现代社会中一件小小的危机事件，就可能毁灭有几十年根基的强大组织，尤其是企业。因为危机事件会破坏销售渠道、市场等，重建和恢复市场的工作就显得非常重要。

4. 继续关注、关心、安慰受害人及其家属

要突出一个"情"字，让对方感觉到：虽然突发事件是残酷无情的，但组织是通情达理的、是有"情"的。要用组织的真情、热情，用水滴石穿的精神，用换位思考的方法去消解对方因在突发事件中受到伤害而对组织产生的不满、怨恨、偏见和敌意，不要觉得做了赔偿就可以。在这一过程中，还要进一步表明组织重建的决心和信心，并期望得到对方的帮助和支持。

⊙ 策划案例与文案　　　　　　**中石化危机公关成功案例**

一、事件经过

2018年12月27日，由于在石油交易过程中出现了较大亏损，中石化的石油和石化产品贸易子公司两名主要负责人被免去职务，国内媒体对此纷纷发布消息。作为在香港、上海、纽约和伦敦四地同时上市的大型企业，中石化在信息披露上一定要避免让小道消息满天飞。好在中石化迅速发布公告，对公众进行说明，避免了市场的进一步猜测。

根据中石化2018年12月27日晚间的公告，公众了解到联合石化因油价下跌在某些原油交易过程中产生了部分损失，联合石化总经理陈波和党委书记詹麒因"工作原因"被停职，由副总经理陈岗主持行政工作。同时，中石化表示联合石化为其全资子公司，主要从事原油及石化的产品贸易。目前，联合石化生产经营情况一切正常。

二、公关分析

1. 主动承担责任

首先主动承认确实存在的问题，但具体损失多少，中石化没有提及。这需要通过具体清算才能明确，中石化不可能一步到位。两个主要负责人为此被免职，表明中石化不护短，但损失应该不小。中石化以雷霆手段对责任人进行免职处理，体现了中石化的高效率。同时表明公司生产经营都正常，风险可控，投资者可以放心。

2. 保证信息及时性，保障受众的知情权

消息一传出来没有立刻进行信息披露的原因在于，核实该消息需要时间。此外，如何措辞也很重要，上市公司公开披露信息，一不能失实，二不能夸大。稳妥的做法就是把已经核准的部分事实先披露，后续再陆续新增事实，持续披露。这同新闻深度报道的套路一样，重大新闻都是经过不断的挖掘，逐步揭开全部真相的。

另外，在公开交易时间内，上市公司也不可以发布消息，以免影响市场，除非临时停牌。但是由于此事还不到临时停牌的程度，所以在 12 月 27 日下午，中石化跌幅超过 6%，也属于正常市场反应，不值得奇怪，相反没有跌停是市场认为此事影响应该有限。

3. 遵循速度第一原则

根据危机公关的 24 小时黄金处理原则，任何事情最好都不要过夜，一定要在时限内有官方消息公开。无论有多简短，只要有消息，媒体就会第一时间关注，而且有了官方表态，投资者也会减少猜测。因此，中石化在 12 月 27 日晚间 9 点左右，进行了第一次信息披露。中石化在一个星期后进行了第二次信息披露，尽管时间间隔有点长，字数也不多，但是信息量很大。

4. 权威证实日常监管严格

中石化从承认出现问题到指出问题是在日常监管过程中发现的，主要向外界透露出了一个重要消息：即中石化管理上没有问题，日常监管也足够严格，出现问题就会及时解决，希望避免外界对公司管理上产生混乱的误解。同时，外界也想知道中石化在这次事情中损失有多大，中石化需要有进一步动作，不能拖着不管。中石化在 2019 年 1 月 5 日表示，审计师开始驻场审计，且是公司聘请的外部审计师，会确保结果的公平。

三、总结

危机公关，公开透明是最好的武器，如果一再回避，"拒绝置评"，好事也会变坏事，坏事只会变得更坏。当然，危机公关处理还有很多辅助方法。

尽管此事没有最后落定，但从这两次信息披露基本可以看出，中石化在信息披露乃至危机公关的处理上手法非常老到。

资料来源：盘点 2019 年上半年最佳危机公关经典案例 [EB/OL].(2019-07-16). http://dy.163.com/v2/article/detail/EK6K4CFP053871FL.html.

讨论题

1. 你认为中石化在面对这次危机的时候，哪一项原则掌握得最好？
2. 结合本章学习的内容，你从案例中获得了哪些启示？

相关链接　公共关系策划书的撰写

一、公共关系策划书的内容结构

公共关系策划书是采用书面形式表达出来的公共关系策划方案，它细致地体现着公共关

系活动的方方面面。无论是哪种类型的公共关系策划书，其内容都应该包括以下几个方面：组织环境分析、确立目标、确定目标公众、拟定主题、制定活动措施与步骤、合理安排工作日程、机构设置与人员分工、经费预算、效果预测。

（一）组织环境分析

组织环境是指企业所面临的各类公众及各种条件，主要包括内外环境。它有"软环境"和"硬环境"之分。"软环境"是指看不见、摸不到，却又对组织具有十分重要作用的无形环境，如员工素质、管理状况、科技水平、社区关系、公众认可度等。"硬环境"是指一切看得见、摸得着的有形环境，如资金财产、厂房、办公设备、生产线等。就公共关系而言，主要是分析调查组织的内外相关软环境，并以此作为公共关系策划活动的依据和出发点。

1. 内部"软环境"分析

组织内部"软环境"调查分析主要包括对组织内部职工向心力和对股东主人翁意识及与组织利益关系的分析、对组织内部结构组成合理程度的调查分析、对劳动积极性的调查分析。

2. 外部"软环境"分析

组织外部"软环境"调查分析主要包括顾客对组织的意向分析、传播媒介宣传效能的分析、对政策法规执行情况的分析、社区对组织的要求及满意程度调查分析。

（二）确立目标

公共关系策划具有鲜明的目的性，是以公共关系活动的方向与希望达到的标准为目标的。在策划书中，既要对整个活动的总目标有所体现，又要一一列出各层次的分目标。制定公共关系目标的过程中需要注意以下几点。

1. 总目标与分目标的层次性要明显。总目标是宏观要求，分目标是具体执行要求，不同层次的目标理应不一样。

2. 量化目标，即尽可能将公共关系目标用数字体现出来，便于工作人员的操作与监督。

3. 目标要协调一致且切实可行。总目标与分目标之间、各分目标之间要协调一致，不能产生冲突，并且不管目标量化与否，都要切实可行，不要设置太高且毫无使用价值的目标。

（三）确定目标公众

公共关系活动的实施对象是公众，但是在公共关系活动的过程中，不可能所有公众都是活动的针对者。每一次活动都应根据当前的状况有目的、有意识地针对特定范围的公众进行。这些公众就是目标公众。目标公众为公共关系活动指明了对象。

（四）拟定主题

公共关系主题是贯穿整个公共关系活动的中心思想，是要体现的中心内容，是公共关系活动的核心和灵魂。

公共关系活动的形式有很多种，通常可以用一个口号来概括，也可以是一句陈述或表白，还可以是有关公共关系活动的主题音乐、主题歌曲或主题色彩、图案等，只要能够完整、全面、凝练地表达出公共关系活动的中心思想即可。

（五）制定活动措施与步骤

公共关系活动的具体措施包括公共关系活动的所有内容，并据此提出详细的开展方法，例如此次公共关系活动由哪些小的活动组成，活动现场如何布置，须做哪些物资方面的准备，邀请哪些宾客等。在解决公关难点时，若在具体措施的实施过程中出现了差错或行不通的情况，就要启用应急的备用措施。活动步骤是具体措施的顺序化落实。

（六）合理安排工作日程

要确保具体措施有步骤地稳定进行，就必须按照规定的进度开展公共关系活动。工作日程要保证在工作开始和结束的时限内可以做到以下几点。

1. 让公关人员心中有数，加强工作力度，提高工作效率，在规定期限内完成任务。
2. 便于督察。没有时间限制的公共关系活动是很难进行监督考察的。
3. 可以使公关工作按照既定步骤按时完成。

在日程制定中要考虑到一定的弹性，不论是分目标还是总目标的日程，都要留出时间上的余地。对弹性日程的设置最基本的要求是绝对不可以影响公共关系活动的进展。

（七）机构设置与人员分工

任何公共关系活动都离不开相关机构的工作安排与人员的具体操作，而机构设置状况和人员分工如何，会直接影响到公共关系活动的进程和效果。同样的工作项目在不同的机构与人员操作下，其结果往往会大相径庭。

（八）经费预算

在公共关系活动策划书中，必须对经费编制细致的预算，同时要遵循以下几项原则。

1. 在相同经费支出预算中选择最优方案。
2. 限制在组织能够支付的范围内。
3. 非花不可的钱才花。

经费预算内容通常包括工资、折旧费、赞助费、一般管理费、差旅费、广告费、应急资金等。

（九）效果预测

组织公共关系活动的成效，是组织总体形象在经历公关活动后在知名度、美誉度、忠诚度几个维度上的上升情况及组织产品的销售量增加情况等。公关人员在完成公共关系策划后，应当对此项活动能够达到怎样的效果进行预测。效果预测的方法有定量预测法和定性预测法。

定量预测法是指根据预测对象的有关资料和数据，运用数学的方法，通过建立数学模型进行处理和计算的预测方法。它主要是通过对预测对象有关资料的定量分析来预测，预测结果明确、具体、可量化，适用于对发展状态比较稳定、资料数据较完备的事物的中短期预测。具体方法有指数平滑法、平均数法和回归分析法等。

定性预测法是指依靠智慧、知识、经验以及直觉对公共关系活动的成效进行预测的方法。它主要是通过对预测对象有关资料的定性分析来预测，只能描述其大概的发展趋势，适用于对发展状态不稳定、资料数据不足和多数有关因素无法量化的事物的中长期预测。具体方法主要有头脑风暴法、专家意见法和经验判断法等。

两种预测方法各有千秋，将两者结合起来综合分析才能得到可靠的预测结论。

二、撰写公共关系策划书的注意事项

（一）明确实施方案

策划人员要把公共关系专题活动作为一个整体和系统的工程来进行设计、规划。对于时间、地点、参加者、环境、交通、活动方式、经费、效果评估、宣传报道等多方面的因素和细节，策划人员都要考虑周全，事先制订实施方案并请专业人士进行论证批准，然后按照活动方案进行具体操作和实施，并且在实施过程中搜集有关反馈信息，必要时可根据实际情况和反馈信息对方案进行合理调整。

（二）明确活动目的

公共关系专题活动应该有明确的目的，如公共关系专题活动的主题是什么，影响哪方面的公众，要达到怎样的公共关系目标，要取得哪方面的效果等，都应事先确定。

（三）专人负责实施

公共关系专题活动不仅要请专家进行精心的策划，也要责成专人实施，最好是组成专门机构—抓到底、善始善终。其机构成员最好具有公共关系知识、公共关系策划能力和公共关系策划实施能力，以便保证公共关系专题活动的顺利进行。

（四）制订传播计划

应根据主题设计一个既有利于传播又令人耳目一新的标题或口号。标题或口号犹如一篇文章的题目，既要反映文章的内容，又要有一定的创意。

在公共关系专题活动开始之前，就要把有关专题活动的消息传播出去，以便创造良好氛围、渲染气氛，事先还要与新闻媒介进行联系，为记者采访报道提供便利的条件。专题活动之后，要注意收集报道成果和反馈信息。

总之，公共关系专题活动要有配合紧密的传播计划。离开了传播，公共关系专题活动的效果则会大打折扣。

策划实战

1. 某组织的一位领导给办公室经理布置了一个任务，要求用公共关系的手段与策略向社会公众经常性地报道和宣传组织在各方面所取得的成绩。其公共关系的目标是通过不断"亮相"，使社会公众进一步了解和熟悉组织，从而取得理解和支持。假如你是这位办公室经理，你将如何运用公共关系的手段完成任务？试做一个公共关系的实施方案。

2. 一家著名日化公司欲使其系列产品"亮利"洗衣粉打开农村市场，准备策划一次面向农村的公共关系活动。若你是公司高级公关人员，负责这次企划案，请你做出一份详细的策划书。

本章小结

所谓"公共关系策划"是指组织为获得公共关系活动的成功和实现组织形象战略目标，

而事先进行的有科学程序的谋划、构思和设计最佳方案的过程。

　　本章首先从公共关系活动的一般概念入手，介绍了公共关系活动的定义和类型以及特征、作用，其中公共关系活动具体包括主体或部门的公共关系、对象的公共关系、功能性的公共关系三种类型。其次，从实用性角度出发，将公共关系策划的程序划分为六个阶段，分别是确定策划目标、落实策划人员、确定公关主题、制订策划方案、专家督导实施和总结评估。再次，介绍了公共关系专题活动的定义、类型和特点，并指出公共关系专题活动策划中的活动实施要点和应注意的事项。最后，交代了什么是危机公关策划，它的特点、产生原因及类型，危机出现时如何管理，如何沟通协调以及善后工作的要点。

第13章
网络营销策划

开篇案例

海尔的微博营销

提起海尔,大多数人的印象也许还停留在家电企业或动画片《海尔兄弟》的时代,如今的海尔却成了微博平台上的一个新晋"网红"。这还要从一个微博网友发文称想购买一台豆浆机说起,没想到一条毫无炒作痕迹的普通微博,却吸引了200多个官方微博在评论区混战,此条微博的转发量很快就超过12万,评论也超过9万。

企业官方微博作为企业产品与理念的传声筒的老套印象已深入人心,微博里也不外乎广告和抽奖,但此次的联动让众多网友惊叹:哎呀!没想到你们竟是这样的企业号!此次互动不但让众多企业的曝光度大幅提升,也让广告硬植入的不适感在一定程度上消失,这算得上是一次典型的互联网思维网络营销的成功案例。

企业在微博的红利期已过,在99%的企业账号都在逐渐降低更新频率、削减运营团队时,海尔却反其道而行之,积极运营微博,在各大红人区抢热评、与网友互动,看起来就如同普通吃瓜群众一般,众多网友感叹的同时,也再次在微博上形成了一股"没想到你是这样的海尔"的热潮。

微博二次崛起以来,企业新媒体传播的重要性逐渐凸显出来,企业纷纷经营起了品牌官微。2018年6月新浪微博发布企业官微月度影响力排名,海尔高居同行业第一。截至8月15日,海尔官微粉丝达到80多万,月互动量超过60万条,月阅读量过亿,并牵头建立了蓝V社群,有3万多个蓝V加入。海尔创造了营销战绩后就成立了独立的传媒公司,以专业的团队营销策略为各品牌提供营销方案。那么,海尔究竟有哪些营销法宝呢?

一、利用热点借势和造势

蹭热点是海尔惯用的手段,热门微博上到处都是海尔"妩媚"的身影。网友纷纷调侃它说,"现在的官微都很闲吗""活跃得像高仿号"。官微真的那么闲吗?答案必然是否定的,蹭热点是海尔常用的借势营销手段,这有效地提高了品牌的知名度,并使品牌年轻化,走在行业的前端。伴随着消费结构年轻化和新媒体营销普及,营销策略只有紧跟时代的脚步才能让品牌走在行业前端。

热点蹭完、名气收获,海尔官微又学起了制造话题。微博制造话题中最具影响力的是

"微博搞笑排行榜",其话题多为"今天就说说……"等形式,海尔官微也开始效仿起来。内容是吸引用户持续关注的核心,互动则是评估内容质量的标准,这一点海尔运用得可谓淋漓尽致。造势营销的形式有很多种,这种方式内容有趣、形象,能引起共鸣,也是很不错的。

二、挖掘品牌二次元优势

海尔是国内较早运用拟人化人物形象的企业之一。海尔创立时引入了德国的技术,为了体现中德合作这个概念,海尔创立了海尔兄弟的卡通形象,以代表中德合作的结果。海尔兄弟也陪伴了许多80后、90后的成长。

为了使品牌年轻化,海尔举办了"大画海尔兄弟"的活动,征集了7 000多幅投稿画作。除了新形象外,海尔官微更是花式使用海尔兄弟的各种表情包,重复出镜带来强化效果,使维护老客户、吸引新客户的目的轻松达成。

三、粉丝效应

娱乐文化的兴起造就了一批批影视明星,也吸引了一批批粉丝,从而掀起了"粉丝经济"的浪潮。"粉丝经济"带来的效应非同小可,巧妙地将"粉丝"转化为"粉丝经济"也是新媒体营销的常用手段。海尔紧紧抓住这一点,开发了代粉丝向明星表白和为明星打榜的服务,每次客串粉丝发微博都能引发该明星粉丝的积极响应,让海尔君成了圈粉无数的"自己人"。

资料来源:根据网络资料整理。

海尔的成功之处在于打破传统,去官方化,致力于年轻化、趣味化,顺应了时代潮流,在接地气的同时,展示了企业新的形象并提高了企业美誉度。通过海尔微博营销的案例可以看出,好的网络营销策划可以为企业带来很多改变,如企业形象脱离刻板印象、企业知名度提升等。那么,网络营销有什么特点?网络营销的工具有哪些?本章将对此进行详细的介绍。

13.1 网络营销策划概述

13.1.1 网络营销的概念与特点

1. 网络营销的产生

网络营销是随着计算机通信技术的发展,尤其是互联网的发展而发展起来的。互联网技术的发展给企业和社会带来了变革性的影响。产品制造商、批发商、零售商、消费者、银行、服务部门、进出口商及政府管理部门进入互联网虚拟空间后,形成了一个名副其实的虚拟市场。此外,消费者的消费主动性增强,不再被动地等待推销,而是主动地通过各种可能的途径获取与商品有关的信息并进行比较分析,个性化消费逐渐成为消费的主流。消费者希望以个人心理愿望为基础,购买个性化的产品及服务,甚至要求企业提供个性化的定制服务。因此,互联网技术的发展、虚拟市场的形成以及消费者需求观念的改变是网络营销产生的重要原因。

2. 网络营销的概念

关于网络营销的概念和名词很多，在国外它有许多名称，如 cyber marketing、internet marketing、network marketing、e-marketing 等。不同的学者对网络营销有不同的理解，有些人把网络营销等同于网上销售，有些人认为网络营销是在网上发布供求信息，向潜在顾客发送电子邮件等。这些只是网络营销的某个方面，而不是它的全部。

从营销的角度出发，本书将网络营销定义为：网络营销是以互联网技术为依托，通过对思想、产品和服务的构思、定价、促销与分销的计划及执行，以达到个人和组织的目标交换。网络营销既包括网上直接面向消费者的零售，也包括企业之间的供应链管理，一般以前者为主，但后者也非常重要。

3. 网络营销的特点

网络营销作为一种全新的营销理念和策略，有其自身的特点。

（1）整合性

在互联网上开展营销活动，可以完成从商品信息发布到交易操作和售后服务的全过程，这属于一种全程营销渠道。另外，企业可以借助互联网传播对营销活动进行统一的规划和实施，避免不同传播渠道的不一致性产生的消极影响。

（2）跨时空性

通过互联网可以跨越时间约束和空间限制来进行信息互换，这样使脱离时空限制达成交易成为可能。企业会有更多的时间在更大的空间中进行营销，来达到尽可能多地占有市场份额的目的。

（3）互动性

企业能通过互联网向顾客展示商品目录，通过连接资料库来提供有关商品的信息查询，能和顾客进行双向互动式的沟通，还能够搜集市场情报及进行产品测试和顾客满意度调查等。

（4）经济性

网络营销使交易双方可以通过互联网进行信息交换，代替传统营销中面对面的交易方式，这样有利于减少印刷与邮递成本、店面租赁与人工销售成本，同时也减少了因多次交换带来的损耗，提高了交易效率。

（5）高效性

网络营销利用电脑储存了大量信息，能够帮助顾客进行查询；互联网传送的信息数量与精确度也远远超过了其他传统媒体，还可以同时适应市场需求，及时更新产品陈列以及调整商品的价格，因此可以及时有效地了解并满足顾客的需求。⊖

13.1.2 网络营销的内容

网络营销一方面要针对新兴的网上虚拟市场，及时了解网上虚拟市场的消费者特征

⊖ 毕克贵．孙宴娥．市场营销策划 [M]．北京：中国人民大学出版社，2019．

和变化，来实现企业的营销活动；另一方面，网络具有其他渠道和媒体所不具备的特点，比如信息交流自由、开放和平等，费用低、效率高，因此开展网络营销活动，也具有与传统营销活动不一样的手段和方式。网络营销的内容非常丰富，主要包括以下几个方面。

1. 网上市场调查

企业可在互联网上利用信息技术开展市场调查，并对这些信息进行整理和研究，提出网络市场调研报告。

2. 网络消费者行为分析

深入了解网上用户群体的需求特征、购买动机和购买行为模式。

3. 网络营销策略的制定

不同的企业在市场竞争中所处的地位不同，因此必须选择与自己企业相适应的网络营销策略。网络营销策略主要包括：网络产品和服务策略、网络价格营销策略、网络渠道选择与直销、网络促销与网络广告。

4. 网络营销管理与控制

企业要对互联网上开展的营销活动和许多传统营销活动无法碰到的新问题进行管理和有效的控制。

13.1.3 网络营销策划的一般过程

网络营销策划是一项逻辑性很强的工作，其一般步骤如下。

1. 确立策划目的

策划目的部分是对某次网络营销策划所要实现的目标进行全面描述。既然投入大量的人力、物力和财力进行营销策划，就要解决一定的问题。企业在营销上可能存在以下几个问题。

（1）企业还未涉足网络营销，尚无一套系统的营销方案，因而需要根据市场特点，策划出一套可资遵循的网络营销方案。

（2）企业发展壮大，原有的网络营销方案已不适应新的形势，因此需要重新设计。

（3）企业经营方向改变与调整，需要相应地调整网络营销策略。

（4）企业原有网络营销方案严重失误，需要对原方案进行重大修改或重新设计。

（5）企业在总的网络营销方案下，需要在不同的时段，根据市场特征和行情的变化，设计新的阶段性方案。

2. 拟订策划计划书

策划计划书的一般内容包括三个方面。

（1）策划进程。策划进程大致有四个阶段。

首先是准备阶段。这一阶段是为正式策划所进行的前期准备，包括物质准备、人员准备和组织准备等。

其次是调查阶段。这一阶段是为正式策划收集资料，它是全面策划工作的基础。

再次是方案设计阶段。方案设计是基于大量调查，借助理论知识和实践经验所进行的思考和创意过程，是营销策划的核心。

最后是方案实施阶段。营销方案有两种：一是企业的营销战略方案，该方案涉及企业的全局营销，其实施阶段的长短要根据预测的未来市场和产品状况来决定；另一种是企业的营销策略方案，该方案仅涉及企业某一次或某一段时间或某一方面的营销活动，其实施阶段的长短由活动的目的和性质来决定。

（2）预算策划经费。一般而言，用于策划的费用包括市场调查费、信息收集费、人力投入费以及策划报酬等。

（3）效果预测。在拟订策划计划书时，必须对营销策划方案实施后的可能效果进行预测。主要包括两部分：预测直接经济效果，即预测方案实施后可能产生的直接经济效益；预测间接经济效果，即预测方案实施后企业可能因此提高的知名度、美誉度等。

3. 市场调查与预测

当营销策划计划书被企业认可以后，一般即开始市场调查。市场调查渗透于网络营销策划之中，具体表现在以下几个方面：对网络市场本身的研究、新产品研究、定价研究、广告研究、分销渠道研究、促销策略与方法的研究、网络营销技术方案等。针对企业上述几个或某个亟待解决的问题，通过周密的调查、收集、整理和分析，做出有关报告与预测。在市场调查与预测的基础上，根据策划目的分析市场环境，寻找市场机会。常用的市场调查的方法有观察法、询问法、实验法、文案法。

4. 编写策划方案

编写策划方案的过程，实际上与策划的过程是重叠的。随着策划人员在市场调查与研究的基础上对最初策划不断修改、完善，策划方案也逐渐成形，逐渐接近它的最终形式。因此，可以说策划的全过程就是对企业营销中存在的问题和所发现的市场机会，提出具体的战略方案和策略方案，并实施日程设计的过程。

5. 方案实施

经过企业决策层的充分论证或批准，最终定稿的策划方案即成为网络营销活动的指导纲领，经过细化后成为企业不同阶段的努力目标与行动计划，指导企业的网络营销活动。

6. 效果测评

方案实施后，应对其效果进行跟踪测评。测评的形式主要有两种：进行性测评，即在方案实施过程中进行的阶段性测评。其目的是了解方案实施的效果，并为下一阶段更好地实施方案提供一些建议和指导。终结性测评，即在方案实施完结后进行的总结性测评。其目的是要了解整个方案的实施效果，为以后制定营销方案提供依据。

13.2 网络营销产品策划

13.2.1 网络营销产品概述

1. 网络营销产品的层次

与传统营销理论中的产品层次类似，网络营销产品的整体概念也可分为五个层次。

（1）核心利益层次。核心利益层次是指产品能够提供给消费者的基本效用或益处，是消费者真正想要购买的基本效用或益处。

（2）有形产品层次。有形产品层次是指产品在市场上出现时的具体物质形态。

（3）期望产品层次。期望产品层次是指顾客在购买产品前对所购产品的质量、使用方便程度、特点等方面的期望值。

（4）延伸产品层次。延伸产品层次指顾客购买有形产品或期望产品时，所能得到的各种附加利益和服务的总和，如产品说明、宣传手册、安装服务、维修服务等。

（5）潜在产品层次。潜在产品层次是在延伸产品层次之外，由企业提供的能满足顾客潜在需求的产品层次。它主要是产品的一种增值服务，与延伸产品的主要区别是，顾客没有潜在产品层次仍然可以很好地使用产品的核心利益和服务。

2. 网络营销产品的特点

一般而言，适合在互联网上销售的产品在以下方面具有自己的特点。

（1）产品性质。网上销售的产品最好是与高技术或与电脑、网络有关。一些信息类产品，如图书、音乐等比较适合网上销售。另外，一些无形产品如服务也可以借助网络的作用实现远程销售，如远程医疗。

（2）产品质量。由于网络购买无法像亲临现场购物那样亲身体验，顾客对产品质量尤为重视。许多购买者只愿意购买那些标准化的产品，比如图书等小件商品。

（3）产品式样。通过互联网对全世界国家和地区进行营销的产品，要符合该国家或地区的风俗习惯、宗教信仰和教育水平。同时，网络营销产品的式样还必须满足购买者的个性化需求。

（4）产品品牌。在网络营销中，生产商与经营商的品牌同样重要，一方面，要在网络浩如烟海的信息中引起浏览者的注意，就必须拥有明确、醒目的品牌；另一方面，由于网上购买者可以面对很多选择，同时网上无法进行购物体验，故购买者对品牌比较关注。

（5）产品包装。通过互联网经营的针对全球市场的产品，其包装必须符合网络营销的要求。

（6）目标市场。网络市场是以网络用户为主要目标的市场，在网上销售的产品要能覆盖广大的地理范围。如果产品的目标市场比较狭窄，则不宜采用网络营销。

（7）产品价格。互联网作为信息传递工具，一方面，在发展初期是采用共享和免费策略发展而来的，网上用户比较认同产品物美价廉的特性；另一方面，通过互联网进行销售的成本低于其他渠道，在网上销售产品一般采用低价位定价。

13.2.2 网络营销产品策略

1. 网络营销产品选择

从理论上来说，在网络上可营销任何形式的实物产品，但在现阶段，受各种因素的影响，网络还不能达到这一要求。所以，在选择网络产品时应注意以下问题。

（1）要充分考虑产品自身的特点。根据信息经济学对产品的划分，我们可将产品划分为两类：一类是消费者在购买时就能确定或评价其质量的产品，称为可鉴别性产品，如书籍、电脑等，这类产品的标准化程度较高；一类是消费者只有在使用后才能确定或评价其质量的产品，称为经验性产品，如服装、食品等。一般说来，可鉴别性产品或标准化程度较高的产品易于在网络营销中获得成功，而经验性产品或个性化产品则难以实现大规模的网络销售。因此，企业在进行网络营销时，可适当地将可鉴别性高的产品或标准化程度高的产品作为首选的对象和应用的起点。

（2）要充分考虑实物产品的营销区域范围及物流配送体系。虽然网络营销消除了地域的束缚，企业却不能不考虑自身产品在营销上的覆盖范围，以取得更好的营销效果。谨防只注重网络营销全球性的特点，忽视了企业自身营销的区域范围，而使远距离的消费者购买时出现无法配送导致企业的声誉受到影响或在进行配送时物流费用过高的现象。

（3）产品生命周期。是指产品从上市到退市的时间间隔。产品生命周期的长短主要取决于产品上市后，市场对产品的需求变化和新产品的更新换代程度。在网络营销中，由于厂家与消费者建立了更加直接的联系，企业可通过网络迅速、及时地了解和掌握消费者的需求状况，从而使新产品从上市的那一时刻起，就知道了产品应该改进和提高的方向，于是当产品还处在成熟期时，企业就开始了下一代系列产品的研制和开发，系列产品的推出则可取代原有的处于成熟期和衰退期的产品。因而在网络营销中，企业应特别重视对产品生命周期中导入期、成长期和成熟期不同营销策略的研究。

2. 网络产品文案

消费者在选定一件产品后，仔细查看说明是必不可少的一个步骤。虽然产品特性为我们描绘了这个产品是什么，但消费者并不是看了产品特性才有购买欲望，他们是在了解了产品的价值后才有购买欲望。因此，一份详尽的网络产品文案，不仅能使消费者更多地了解产品的信息，而且能激发起他们的购买欲望。

3. 提供产品信息策略

与实体产品和服务的网络营销相比，在现阶段为用户提供完善的信息服务，可以说是进行网络营销的主要功能和优势所在。为用户提供产品信息服务，可采取建立"虚拟展厅"、设立"虚拟组装室"、建立自动信息传递系统等策略。

4. 方便咨询策略

由于种种原因，网站首页上不可能放置过多商品的介绍。而且由于网上购物者多为理智型的消费，他们事先对所需商品的特性、价格等有一定的计划，上网之后，一般会到相应的分类目录中查找，如果知道商品名称，也许会直接查询，如果找不到合适的目录或查询没有结果的话，顾客也许很快会离开这个网站。因此，设计一个可以快速找到商品的、方便的主页是非常必要的。

5. 网络产品参与策略

利用网络提供产品，除了能将产品的性能、特点、品质以及为顾客服务的内容充分显示外，更重要的是能够以个性化的方式，为顾客的个别需求提供一对一的营销服务，利用网络的优势提高消费者参与的程度。

13.2.3 网络营销品牌策略

1. 网络品牌

在传统营销理论中，品牌由信誉、产品品质、商标、企业标志、广告口号、公共关系等混合交织形成。从网络品牌资产的角度来讲，品牌含义指品牌的知名度、美誉度、认同度和忠诚度。

2. 网络品牌的特征

网络品牌与传统品牌有着很大不同，传统品牌多是产品品牌，网络品牌则是产品品牌与域名品牌的结合。网络品牌的表现形式是域名、网站、电子邮箱、网络实名/通用地址等。企业应根据自身产品和服务的特点，利用网络创建自己的网络品牌。

（1）网络品牌是传统品牌的延伸。

（2）网站使品牌的含义得到扩充。品牌的含义已经延伸到售后服务、产品分销、与产品相关的信息和服务等方面。

（3）良好的公共关系是创建网络品牌的关键。网络上的公共关系涉及的对象有网站的访问者、企业的合作伙伴、行业协会等。

（4）网站的交互能力是维系品牌忠诚度的基础。网站的交互性为营销中的交流和沟通提供了便利、有效的手段。

> **专栏 13-1　　中国电商进入"互联网+品牌"时代**
>
> 2015年11月9日,贝恩公司发布了与阿里巴巴研究院联合开展的2015年度中国电商报告《互联网品牌化和品牌互联网化》。该报告显示,因为消费者追求优质品牌和产品的意识逐步增强,中国电商已经进入了"互联网+品牌"的时代。2014年,阿里巴巴平台的线上品牌产品份额达到65%,在过去三年内提升了7%,新增的品牌销售额逾1万亿元,相当于中国零售市场总额的4%。
>
> "品牌互联网化"意味着品牌能够通过互联网,全面打通与消费者在研发、营销、销售和服务等所有环节的直接触点,形成"品消合一、渠道共创"的全新局面。这也是未来品牌制胜的关键所在。贝恩的全球合伙人,也是大中华区零售和消费品业务的领导兼本报告作者韩微文说:"在这场转型中,企业只渴望成为一个数字化品牌是不够的,还需制定出数字化的运营模式,厘清数字化对研发和供应链、营销和客户关系管理以及渠道的影响,并确保部署好正确的组织结构和基础设施。"
>
> 资料来源:中国电商进入"互联网+品牌"时代[EB/OL]. (2015-11-11).http://finance.china.com.consume/20151111/3437214.shtml.

3. 互联网域名

(1) 域名的商业作用。企业在互联网上注册域名设立网站,就可以在全球建立起商业联系,赢得市场机会,域名网址就成为用户识别和选择的对象,所以域名地址被人们称为"网络商标"。由于域名和企业名称一致,企业商标和域名的知名度在网上也是一致的,域名就具有了潜在价值。如以 IBM 作为域名,使用者很自然联想到 IBM 公司,联想到该站点提供的服务或产品同样具有 IBM 公司一贯承袭的品质和价值。

(2) 域名抢注问题。在互联网日益商业化的过程中,域名作为企业组织的标识作用日渐突出,虽然目前还不能从中获取商业利润,但越来越多的企业纷纷注册上网。据统计,目前在顶级域名 com 下注册的企业占注册总数的 65.2%,可见域名的商业作用和识别功能已引起注重战略发展的企业的重视。

互联网域名管理机构没有赋予域名以法律上的意义,并且由于域名的唯一性,任何一家公司注册在先,其他公司就无法再注册同样的域名,因此域名已具有与商标、名称类似的意义。由于世界上著名公司大部分直接以其著名产品名称命名域名,域名因此在网上市场营销中同样具有商标特性,加之大多数使用者对专业知识知之甚少,很容易被一些有名的域名所吸引,一些显眼的域名很容易博得用户的青睐。正因域名的潜在商业价值,许多不法之徒抢先注册一些著名域名,用一些著名公司的商标或名称,并向这些公司索取高额转让费,由此引起法律纠纷。

出现如此严重的域名抢注问题,一方面是因为一些谋取不当利益者利用这方面法律真空和规章制度的漏洞钻空子,另一方面是因为企业还未能认识到域名在未来的网上商业模式中类似商标的作用。域名不仅仅是互联网交换信息的唯一标识，还是企业在网络市场中进行交易时供交易方识别的标识，企业必须将其纳入企业商标资源进行定位设计和管理使用。

（3）域名的命名。域名的选取和命名是以英文字母为基础进行的，由于英文字母的有限性，加之域名越短越容易记忆和使用，以及顶级域名的国际标准规定，导致域名的选择具有很大的局限性。同时，由于申请者的广泛性，使域名重复和类似的概率非常高，企业还面临域名被抢先使用或类似使用的障碍。针对这些恶意抢注或类似注册，企业必须检索清楚后采取相应策略予以解决。

如果单纯考虑域名的标识功能，企业可能认为域名的选择只要符合国际标准和惯例、便于记忆使用即可，但考虑到域名的商标资源特性，还应考虑到下面几个方面：首先，域名应与企业名称、商标或主要业务相关。其次，域名要尽量简单、易记、易用。再次，可以采用多个域名。由于域名极易出现重复，减弱域名的识别和独占性，导致顾客的错误识别，企业一般要同时申请多个类似、相关的域名以保护自己。最后，域名要有国际性。目前，互联网上的标准语言是英语，因此命名一般用英语单词或字母组合为佳。

（4）域名的管理。域名的管理主要是针对域名对应站点内容的管理，因为消费者识别和使用域名是为了获取有用的信息和服务，站点的页面内容是域名商标的真正含义。站点必须有丰富的含义和服务，否则再多的访问者可能都是过眼云烟，难以真正树立域名商标的形象。要保证域名使用和访问频度高，必须注意下面几点。

第一，信息服务定位。域名作为商标资源，必须注意与企业整体形象保持一致，提供的信息服务必须和企业发展战略进行整合，避免提供的信息服务有损企业已建立的形象和定位。

第二，内容的多样性。丰富的内容才能吸引更多用户，才有更大的潜在市场。一般可以提供一些与企业相关联的内容或站点地址，使企业页面具有开放性。另外，还必须注意内容的多媒体表现形式，采取生动活泼的形式提供信息，如声音、文字和图像的配合使用。

第三，时间性。页面内容应该是动态的。这一点非常重要，因为企业大部分收益是由少数固定消费者的消费实现的。

第四，速度问题。由于互联网信息极其丰富，使用者的选择机会很多，如果在短时间内企业未能提供信息，消费者将毫不犹豫选择另一域名站点。因此，企业的首页一般可设计简洁些，使用户可以很快查看内容，不至于感觉等待太久。

第五，国际性。由于访问者可能来自国外，企业提供的信息必须兼顾国外用户，一般对于非英语国家往往提供两个版本，一个是母语站点，一个是英语站点，供其在查询时选择使用。

第六，用户审计。加强对域名访问者的调查分析，针对特定顾客提供一对一的特殊服务，如采取 cookie 技术对用户进行记录和分析，以提高与顾客交互的质量，提高顾客对域名的忠诚度。必须注意，不能强行记录有关顾客个人隐私的信息，如姓名、住址和收入等，这是目前上网者最担心的问题。

4. 网络品牌的建立策略

网络市场的交互性、全球性，为树立品牌形象提供了各种有利条件。企业可以利用这一优势，多方面宣传自己的产品和服务特点，创建自己的网络品牌。网络品牌的建立可以采取下述几种策略。

（1）产品品牌策略。以产品品牌或服务品牌为对象，致力于使消费者了解品牌，而不必强调提供这种产品的企业。

（2）创建企业品牌策略。以企业整体为品牌对象，使消费者忽视产品的属性，而只关注企业品牌。例如，肯德基的品牌超越了产品的作用，它以企业图像标志为购买的主诉求。

（3）企业与产品统一品牌策略。指企业的产品统一以企业的名称作为品牌，既宣传企业又宣传产品，互动而有效。

（4）品牌延伸策略。企业可以决定对新产品沿用过去的品牌，由于它已为消费者熟识和充分接受，有助于新产品上市和减少销售成本与风险。雅虎（Yahoo）就是通过兼并其他互联网公司和扩展所提供的服务来保持它的领先地位的。

（5）法律保护。在网络市场上，只有注册的品牌才能受到法律保护。国际上采用注册在先的政策，即谁先注册，谁就有专用权。中国企业普遍缺乏品牌意识，对品牌在市场竞争中的重要作用缺乏应有的认识，不注重品牌注册工作，致使许多中国企业的品牌在国外被抢注，一些知名商标在国外被盗用。近年来此类事件常有发生，相关企业必须予以高度重视。

13.2.4 网络营销新产品开发策划

1. 网络时代新产品开发面临的挑战

互联网的发展使得企业在今后成功开发新产品的难度增大，其原因如下所示。

（1）在某些领域内缺乏重要的新产品构思。

（2）互联网的发展加剧了市场竞争的激烈程度，个性化消费成为主流，未来的细分市场必将是以个体为基准的。

（3）社会和政府的限制。网络时代强调的是绿色发展，新产品必须以满足公众利益为准则。

（4）新产品开发过程的代价昂贵。

（5）新产品开发完成的时限缩短。

（6）成功的新产品的生命周期缩短。一种新产品开发成功后，竞争对手立即会对之进行模仿，从而使新产品的生命周期大为缩短。

2. 网络时代新产品开发策略

与传统新产品开发一样，网络营销新产品开发策略也包括下面几种类型，但策略制定和操作方法有所差异。

（1）新问世的产品，即开创了一个全新市场的产品。

（2）新产品线，即让企业首次进入现有市场的新产品。

（3）现有产品线外新增加的产品，即补充企业现有产品线的新产品。

（4）现有产品的改良品或更新版，即提供改善了的功能或较大感知价值并且替换现有产品的新产品。

（5）降低成本的产品，即提供同样功能但成本较低的新产品。

（6）重定价产品，即以新的市场或细分市场为目标市场的现有产品。

企业网络营销产品具体采取哪一种新产品开发策略，可以根据企业的实际情况决定。采用后面几种新产品开发策略是一种短期较稳妥的策略，但不能作为企业长期的新产品开发策略。

3. 网络营销新产品构思与概念形成

网络营销新产品开发的首要前提是新产品构思和概念形成。新产品的构思可以有多种来源，但最主要的来源还是依靠顾客来引导产品的构思。网络营销最重要的特性之一是与顾客的交互性，它通过信息技术与网络技术来记录、评价和控制营销活动，掌握市场需求情况。网络营销通过其网络数据库系统处理营销活动中的数据，并用来指导企业营销策略的制定和营销活动的开展。

利用网络营销数据库，企业可以很快发现顾客的现实需求和潜在需求，从而形成产品构思。通过对数据库的分析，企业可以对产品构思进行筛选，形成产品的概念。

4. 网络营销新产品研制

在网络营销新产品的开发中，顾客可以全程参与概念形成后的产品研制和开发工作。与此同时，与企业关联的供应商和经销商也可以直接参与新产品的研制与开发。通过互联网，企业可以与供应商、经销商和顾客进行双向沟通和交流，最大限度提高新产品研制与开发的效率。

5. 网络营销新产品试销与上市

网络市场作为新兴市场，消费群体一般具有较强的好奇心，比较愿意尝试新的产品。因此，通过网络营销来推动新产品试销与上市，是比较好的策略和方式。但需注意的是，网上市场群体有其局限性，目前的消费意向比较单一，所以并不是任何一种新产品都适合在网上试销和推广的。如前所述，只有满足某些特征的产品，在网上试销和推广才可能比较理想。

利用互联网作为新产品营销渠道时，必须使新产品能够满足顾客的个性化需求，也就是同一产品能针对网上市场不同顾客需求衍生出功能相同但又能满足不同个性需求的产品，这就要求在开发和设计新产品时要充分地考虑到产品式样和顾客需求的差异性。

13.3 网络营销定价策划

13.3.1 网络营销定价概述

1. 网络营销定价的含义

（1）网络营销定价的概念

在市场经济条件下，企业对其产品如何定价、价格如何策划从来都是企业经营者最重要的决策之一。因为价格是市场营销组合中唯一为企业提供收益的因素，又是市场竞争的一种重要手段，定价是否恰当将直接关系到产品的销售量和企业的利润额。

在网络条件下，一方面网络交易成本较为低廉，同时网上交易时能够充分互动沟通，网络顾客可以选择的余地增大及交易形式的多样化，造成商品的需求价格弹性增大。此时，价格确定的技巧将受到较大的制约，但同时也为以理性的方式研究定价策略提供了方便。这主要表现在以下方面。

首先，网络技术发展使市场资源配置朝着最优方向发展。企业与消费者都可以利用网络功能充分了解市场相关产品的价格，消费者能理性判断欲购产品价格的合理性。

其次，实行网上会员制。依据会员网上的交易记录与偏好，给予其折扣，鼓励其上网消费，以节省销售渠道的运行成本。

再次，开发智能型网上议价系统，与消费者直接在网络上协商价格。运用该系统可以考虑消费者的信用、购买数量、产品供需情形、后续购买机会等，协商出令双方满意的价格。

最后，开发自动调价系统。该系统可以依季节变动、市场供需情形、竞争产品价格变动、促销活动等自动调整产品价格。

（2）网络营销定价目标

在网络营销中，市场还处于起步阶段，企业进入网络营销市场的主要目标先是占领市场，求得生存发展机会，然后才是追求企业的利润。目前网络营销产品的定价大都是低价甚至是免费，以求在迅猛发展的网络虚拟市场中寻求立足机会。

另外，网络市场还可以分为两大类：一类是消费者大众市场，另一类是产业组织市场。前者属于成长市场，企业面对这个市场时必须采用较低的定价策略来占领市场。产业组织市场的购买者一般是商业机构和组织机构，购买行为比较理智，企业在这个网络市场上的定价可以采用双赢的定价策略，即通过互联网技术来降低企业、组织之间的供应采购成本，并共同享受成本降低带来的双方价值的增加。

2. 网络营销定价基础

企业在制定价格时，主要是依据产品的生产成本、需求方的需求强弱程度和价值接受程度、替代性商品的竞争压力程度等。从企业内部看，企业产品的生产成本总体呈下降趋势，而且成本下降的速度越来越快。在网络营销战略中，可以从降低营销及相关业务管理成本费用方面分析网络营销对企业成本的控制和节约。互联网的应用将为企业其他职能部门节约以下成本费用。

（1）降低采购成本费用。互联网可以减少采购过程中人为因素和信息不畅通的影响，在最大限度上降低采购成本。首先，利用互联网可以将采购信息进行整合，统一从供应商订货，以求获得最大的批量折扣；其次，通过互联网实现库存、订购管理的自动化和科学化，可最大限度地减少人为因素的干预，节省大量人力并避免人为因素造成的不必要损失；最后，通过互联网可以与供应商进行信息共享，有利于供应商按照企业生产的需要进行供应，同时又不影响供应商生产和增加库存产品。

（2）降低库存。利用互联网将生产信息、库存信息和采购系统连接在一起，可以实现实时订购，企业随时根据需要订购，最大限度降低库存，实现"零库存"管理。

（3）生产成本控制。利用互联网可以节省大量生产成本。一方面，利用互联网可以实现远程虚拟生产，在全球范围内寻求最适宜的生产厂家来生产产品；另一方面，利用互联网可以大大节省生产周期，如缩短用于收发订单、发票和运输通知单的时间，加快产品设计和开发的速度，减少产品生产时间等，从而提高生产效率。

13.3.2 网络营销定价策略

在进行网络营销时，企业应在传统营销定价模式的基础上，利用互联网的特点，特别重视定价策略的运用，以巩固企业在市场中的地位，增强企业的竞争能力。

根据影响营销价格因素的不同，网络营销定价策略可分为如下几种。

1. 个性化定价策略

个性化定价策略就是利用网络互动性和消费者的需求特征来确定商品价格的一种策略。网络的互动性能让企业即时知晓消费者的需求，使个性化营销成为可能，也使个性化定价策略有可能成为网络营销的一个重要策略。这种个性化服务是网络产生后营销方式的一种创新。

2. 自动调价、议价策略

这种策略是指企业可根据季节变动、市场供求状况、竞争状况及其他因素，在计算收益的基础上，设立自动调价系统自动进行价格调整。同时，建立与消费者直接在网上协商价格的集体议价系统，使价格具有灵活性和多样性，从而形成创新的价格。

3. 竞争定价策略

通过顾客跟踪系统（customer tracking system）经常关注顾客的需求，时刻注意潜在顾客的需求变化，才能保持网站向顾客需要的方向发展。大多数购物网站常将网站的服务体系和价格等信息公开声明，这就为了解竞争对手的价格策略提供了方便，企业可以随时掌握竞争者的价格变动，调整自己的竞争策略，以时刻保持同类产品的相对价格优势。

4. 拍卖定价策略

这是传统市场中常用的一种定价方法。它是指拍卖行受卖方委托，在特定场所公开叫卖，引导多个买方报价，利用买方竞争求购的心理，从中选择最高价格的一种定价方法。除销售单件商品外，也可以销售多件商品。目前，我国已有多家网上拍卖站点提供此类服务，如雅宝、网猎等。网上拍卖是对传统拍卖进行的一种成功创新。

5. 集体砍价策略

这是网上出现的一种新业务，当销售量达到不同数量时，厂家给予价格折让，销售量越大，价格越低。

6. 特有产品特殊价格策略

这种价格策略要根据产品在网上的需求来确定产品的价格。当某种产品有它很特殊的需求时，不用更多地考虑其他竞争者，只要制定自己最满意的价格就可以。这种策略往往分为两种类型：一种是创意独特的新产品，它利用网络沟通的广泛性、便利性，满足一些品位独特、需求特殊的顾客的"先睹为快"心理；另一种是有特殊收藏价值的商品，如古董、纪念物，在网络上，世界各地的人都有幸在网上一睹其"芳容"，这无形中增加了许多商机。

7. 捆绑销售策略

捆绑销售这一概念在很早以前就已经出现，但是引起人们关注是20世纪80年代在美国快餐业的广泛应用。麦当劳通过这种销售形式促进了食品的购买量。这种传统策略已经被许多精明的网上企业所应用。网上购物完全可以通过 Shopping Cart 或其他形式巧妙运用捆绑手段，使顾客对所购买产品的价格感觉更满意。采用这种方式，企业会突破网上产品的最低价格限制，利用合理、有效的手段，减少顾客对价格的敏感程度。

8. 声誉定价策略

企业的形象、声誉成为网络营销发展初期影响价格的重要因素。消费者对网上购物和订货往往会有许多疑虑，比如质量能否得到保证，货物能否及时送到等。如果某家网上店铺在消费者心中享有声望，则它出售的网络商品的价格可比一般商店高些；反之，价格则低一些。

9. 产品循环周期定价策略

这种网上定价沿袭了传统的营销理论：产品在某一市场上通常会经历导入、成长、成熟和衰退四个阶段，产品的价格在各个阶段通常要有相应的调整。网上销售的产品也可以参照经济学关于产品价格的基本规律进行定价。通过对产品价格的统一管理，企业能够对产品的循环周期做出及时的反应，可以更好地随循环周期进行变动，根据阶段的不同，寻求投资回收、利润、市场占有之间的平衡。

10. 品牌定价策略

产品的品牌和质量会成为影响价格的主要因素，它们会对顾客产生很大的影响。如果产品具有良好的品牌形象，则会产生很大的品牌增值效应。名牌商品采用"优质高价"策略，既增加了盈利，又让消费者在心理上感到满足。对于本身有很大品牌效应的产品，由于得到人们的认可，在网站产品的定价中，完全可以对品牌进行扩展和延伸，利用网络直销与传统销售的结合产生整合效应。

11. 撇脂定价和渗透定价

在产品刚进入市场时，采用高价格策略，以便在短期内尽快收回投资，这种方法称为撇脂定价。这种策略能使企业迅速地收回投资，减少投资风险。相反，价格定于较低水平，以求迅速占领市场，抑制竞争者渗入的策略被称为渗透定价，这种策略并不意味着绝对的便宜，而是指价格相对于价值来讲比较低。在网络营销中，企业往往为了宣传网站、占领市场而采用低价销售策略。另外，不同类别的产品应采取不同的定价策略。如日常生活用品，购买率高、周转快，适合采用薄利多销、宣传网站、占领市场的定价策略；而对于周转慢、销售与储运成本较高的特殊商品、耐用品，网络价格可定得略高，以保证盈利。

13.3.3 免费价格策略

1. 免费价格策略的含义

免费价格策略在市场营销中主要用于促销和推广产品，这种策略一般是短期和临时性的。具体地说，免费价格策略就是将企业的产品和服务以零价格形式提供给顾客使用，满足顾客的需求。

专栏13-2　　　　　　　　免费价格策略的成败

成功案例：金山公司及雅虎公司

金山公司允许消费者自行在互联网上下载 WPS office 2010 软件的试用版，一个目的是想让消费者使用习惯后，再付费购买正版软件。与传统营销策略类似，这种免费策略其实就是一种促销策略。另一个目的是想发掘其后续的商业价值。它是从战略发展的需要来制定定价策略的，主要目的是先占领市场，再在市场上获取利益。比如雅虎公司免费建设门户站点，亏损经营了四年后才得到了飞速发展，这主要得力于股票市场对公司的认可与支持，股票市场看好其增长潜力，而雅虎的免费策略也恰好能占领未来市场，具备市场竞争优势和极大的盈利潜力。

失败案例：网景通信公司

网景通信公司（Netscape Communications Corporation）是一家浏览器开发商，让用户免费使用浏览器，开创了因特网免费的先河。网景的真实想法是在用户使用习惯之后就开始收费，所以免费只是其商业计划的开始，真正的商业利润要在收费后才能获得。但这时微软也免费开放了IE浏览器，彻底打碎了网景公司的美梦。后来，网景公司公布了浏览器的源代码，源代码一开放，微软同样不能再进行收费，最后弄了个两败俱伤，谁都没有成功。

资料来源：花景田. 免费价格策略的成功案例和失败案例[EB/OL]. (2015-05-04). http://blog.sina.com.cn/s/blog_a471035e01014j2b.html.

2. 免费价格的形式

免费价格有四种形式。

（1）产品和服务完全免费，即产品（服务）从购买、使用到售后服务的所有环节都实行免费服务。

（2）对产品和服务实行限制免费，即产品（服务）可以被有限次使用，超过一定期限或次数后，这种免费服务则会被取消。

（3）对产品和服务实行部分免费，如一些著名研究公司的网站公布部分研究成果，如果要获取全部成果，必须付款成为公司客户。

（4）对产品和服务实行捆绑式免费，即购买某产品或服务时赠送其他产品或服务。

3. 免费产品的特性

互联网作为全球性开放网络，可以快速实现全球信息交换，但只有适合互联网这一特性的产品才适合采用免费价格策略。免费产品具有以下特性。

（1）易于数字化。易于数字化的产品都可以通过互联网实现零成本的配送。这样企业通过较小的成本就能实现产品推广，可以节省大量的产品推广费用。

（2）无形化。通常采用免费策略的大多是无形产品，如软件、信息服务、音乐制品、图书等，它们只有通过一定的载体才能表现出一定的形态。这些无形产品可以通过数字化技术实现网上传输。

（3）制造成本为零。主要是指产品开发成功后，只需要通过简单复制就可以实现无限制的生产。对这些产品采取免费策略，企业只需要投入研制费用即可，至于产品的生产、推广和销售，则完全可以通过互联网实现零成本运作。

（4）成长性。采用免费策略的产品一般是利用产品的成长性推动和占领市场，为未来市场发展打下坚实基础。

（5）冲击性。采用免费策略的主要目的是推动市场成长，开辟出新的市场领地，同时对原有市场造成冲击。

（6）间接收益性。采用免费策略帮助企业通过其他渠道获得收益。

4. 免费价格策略的实施

企业要降低免费策略带来的风险，提高免费价格策略的成功性，应按以下步骤实施。

（1）互联网作为成长性的市场，在该市场获取成功的关键是要有一个可能获得成功的商业运作模式，因此考虑免费价格策略时必须首先考虑是否能与商业运作模式吻合。

（2）分析采用免费策略的产品能否获得市场认可，也就是分析提供的产品是不是市场迫切需要的。要通过互联网免费策略获得成功的公司都有一个特点，就是它们提供的产品受到市场的极大欢迎。

（3）分析免费策略产品推出的时机。互联网上的游戏规则是"Winner-Take-All"（赢家通吃），只承认第一，不承认第二。因此在互联网上推出免费产品是为抢占市场的，如果市场已经被占领或已经比较成熟，则要审视推出的产品（服务）的竞争能力。

（4）考虑产品是否适合采用免费价格策略。目前国内外有很多提供免费服务的网站，对用户也不是毫无要求，它们有的要求用户接受广告，有的要求用户每月在其站点上购买一定金额的商品，还有的收取接入费用等。

（5）策划推广免费价格产品。要吸引用户关注免费产品，应该与推广其他产品一样进行严密的营销策划。在推广免费价格产品时，主要考虑通过互联网渠道进行宣传。

13.4 网络营销渠道策划

13.4.1 网络营销渠道

1. 网络营销渠道的概念和类型

网络营销渠道是以互联网为通道实现商品和服务从生产者向消费者转移的过程。

网络营销渠道不同于传统的营销渠道，由于网络的交互特点，网络营销渠道分为网络直接营销渠道和网络间接营销渠道，大大减少了传统营销渠道的中间环节，降低了渠道费用，见图13-1。

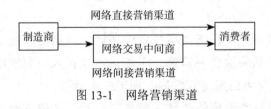

图 13-1 网络营销渠道

（1）网络直接营销渠道。生产企业通过互联网直接向消费者进行销售，也称为网络直销。传统的中间商变成了为直销提供各种服务的中介机构，如提供货物运输的物流企业，提供网上支付和结算的网上银行，提供信息发布、商务网站建设的网络服务商等。

（2）网络间接营销渠道。在互联网上存在着许多专门为生产企业和消费者提供各种服务的中介机构，即网络交易中间商，其中的一些起到了传统中间商的作用，如代理、销售等。由于融合了互联网技术，网络交易中间商大大提高了交易效率、专门化程度，取得了更大的规模经济。

2. 网络营销渠道的特点

与传统营销渠道相比，网络营销渠道有其自身的特点。

（1）网络营销渠道是企业信息发布的渠道。企业概况和产品种类、规格、质量、价格、使用条件等，都可以通过这一渠道告诉用户。

（2）网络营销渠道是销售产品、提供服务的快捷途径。用户可以从网上直接挑选和购买所需的商品，并通过网络方便地支付款项。

（3）网络营销渠道既是企业间洽谈业务、开展商务活动的场所，也是对客户进行技术培训和售后服务的理想之地。企业可以通过网络营销渠道对传统的中间商进行管理，提高交易效率。另外，由于网络营销渠道通常是零级渠道或只有一个中间环节，它也成为企业与顾客进行交流与沟通的理想渠道。

网络营销的市场规模大、信息传递快、商品品种多、可靠性强、流通环节少、交易成本低。因此，良好的网络营销渠道能使企业在迅速变化的环境中灵活敏捷地抓住机遇，迅速地做出有效反应。

3. 网络营销渠道的功能

一个完整的网络营销渠道应执行三大功能。

（1）订货功能。用户通过企业的网站可以很方便地进行货物查询，并根据自己的需要订购货物；这一过程也方便厂家获取消费者的需求信息，以求达到供求平衡。订货功能的实现通常由购物车完成，购物车的作用与超市中的购物篮（车）相仿，消费者选购产品后，将其放入购物篮（车）中，系统会自动统计出所购物品的品名、数量和金额。消费者在结算后，生成订单，订单数据进入企业的相关数据库，为产品生产、配送提供依据。

（2）结算功能。用户订购商品后，通过网站开辟的结算功能，可以灵活选择多种结算方式。目前国外流行的几种结算方式有信用卡、电子货币、电子支票等。国内付款结算方式主要有邮局汇款、货到付款、信用卡、电子货币等。一些网上银行提供电子钱包等工具，支持电子支付。

（3）配送功能。商品一般分为无形产品和有形产品。无形产品，如服务、软件、音乐、电子图书、电子杂志等商品可以直接通过网上客户下载的方式配送。而有形产品的配送，仍需要借助传统的配送方式。有的网上销售企业将配送交给专业的物流配送公司，凭借其网络运输体系和设备，将货物快速送到客户手中。

13.4.2 网络营销渠道的建设

一般来说，网上销售有多种方式，使用较多的有两种方式：其一是 B2B（business to business），也就是企业与企业之间进行的商务活动模式。其二是 B2C（business to customer），也就是在企业与消费者之间进行的商务活动模式。

1. B2B 的渠道建设

企业在 B2B 商务活动中，主要是向上游企业采购原材料，向下游提供产品。

向上游企业采购原材料，代理商向企业下订单，都可以通过互联网进行。例如，某企业利用计算机网络向供应商进行采购或利用计算机网络进行付款等，这就要求双方有良好的合作关系和信誉，一般是将传统的营销渠道电子化、网络化。

B2B 渠道建设的关键是订货系统，不但要方便购买企业进行选择，还要有进行网上谈判、网上合同签订等功能。如企业信用较好，网上结算通常可用电子支票等电子货币方式进行。另外，企业订货数量的次数减少，配送时可以进行专门运送，既可以保证速度也可以保证质量，减少中间环节造成的损失。

2. B2C 的渠道建设

目前在国际互联网上已出现许多大型超市，所销售的产品一应俱全，从食品、饮料到电脑、汽车等，几乎包括了所有的消费品。这种模式的每次交易量小、交易次数多而且购买者非常分散，因此网上渠道建设的关键是完善的订货、结算和配送系统。由于目前国内的消费者信用机制还没有完全建立，加之缺少专业配送系统，因此开展网上购物活动时，特别是面对大众购物时必须解决好这两个环节才可能获得成功。

企业在开展 B2C 商务活动中，虽然可以直接面对消费者，但中间商在目前阶段仍然是不可或缺的。中间商一般有两种：一种是企业自身的传统中间商，经过电子化、网络化改造，与企业的网络营销有机结合，一方面承担着传统中间商的任务，另一方面发挥着电子中间商的作用。另一种是新型的电子中间商。企业在选择这类中间商时，应仔细考虑其经营特点、客户流量、信誉、费用等诸多因素。

13.4.3 网络直销与网络间接销售

1. 网络直销

（1）网络直销的优势。相对于网络间接营销方式而言，网络直销的优势体现在以下方面。

首先，网络直销的优势在于直接面向用户提供产品或服务，取消传统的分销渠道，减少中间流通环节，从而能降低总成本，增强竞争力。通过网络直销可增强生产者与消费者的直接沟通，最大限度地满足消费者的需求，如产品定制、一对一的营销活动等。企业可以为客户提供售后服务和技术支持，特别是无形产品，能提供网上远程技术支持和培训服务,既方便顾客,同时又降低了服务成本。

其次,通过网络直销,企业能了解市场的需求,可以根据顾客的订单按需生产,做到零库存,也能及时改变促销、定价等营销策略。同时,网络直销还可以减少过去依靠推销员上门推销的昂贵的销售费用,控制营销成本。

(2)网络直销的特点。网络直销是企业开展产品销售的一个窗口,没有地域和时间的限制;在网络直销中,要具有完善的订货功能、支付功能和配送功能,为消费者提供更加便捷的相关服务;通过互联网提供支付服务,顾客可以直接在网上订货和付款,然后就等着送货上门,极大地方便了他们。

(3)网络直销渠道的建设。企业建立网络直销渠道,常见的做法有两种,一种是企业在互联网上建立一个属于自己的网站,以及与之相适应的数据库系统,如产品数据库、订单数据库、客户信息数据库等。首先,要在网站上建立一个虚拟商店,在其中展示企业的产品,通过搜索引擎和分类查找功能便于消费者订购,完善的购物车系统是必不可少的。其次,通过与网上银行合作,直接提供网上支付结算功能。最后,与物流配送企业合作,构建有效的物流系统,实现网上销售的最后一个环节——配送。

另一种做法是企业委托信息服务商在其网点上发布信息,企业利用有关信息与客户联系,直接销售产品。虽然在这一过程中有信息服务商参加,但主要的销售活动仍然是在买卖双方之间完成的。

专栏 13-3　　　　　　　　　　小米手机的网络直销

小米手机作为国产手机新秀,正在不断冲击着国内手机市场。它以高性能、低价格以及独特的营销方式迅速成长。小米在分销渠道上模仿苹果在美国的渠道政策,主要采取电子渠道与物流公司合作的分销模式。小米手机目前的销售都是依靠小米科技旗下 B2C 网站——小米商城的网络直销,避免了与实体店和分销商的利润分割,与传统的终端厂商相比减少了更多的流通环节,大幅节省了线下仓储和渠道等成本,使小米轻装上阵,这是它发展成功的重要因素之一。小米还在各大省市开设了小米之家,为小米用户进行售后服务、专业维修和产品体验,这种"线下体验、线上销售"的模式构成了其完整的网络直销。2015 年上半年小米手机销量达到 3 470 万台,同比增长 33%。

---

2. 网络间接营销

网络间接营销是指生产者或企业将产品交给网络交易中间商,消费者通过互联网在线访问中间商的网站,实现在线购买。见图 13-2。

在网络间接营销方式中,网络交易中间商成为连接买卖双方的纽带,并可以克

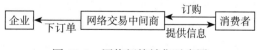

图 13-2　网络间接销售示意图

服网络直销中企业网站的访问量少、影响力相对较小、产品种类不多等缺点。网络交易中间商由于汇集了多家企业的产品，产品种类多、信息量大，自然可以吸引更多的访问者。另外，网络交易中间商通常拥有较强的技术力量，可以向顾客提供先进的搜索引擎、购物车系统、网上支付等手段和相应的安全保障措施，减轻了消费者在线购物的担忧。如网易商城、网上南京路等就是典型的网络交易中间商。

3. 新型网络交易中间商

随着网络信息在商业上的应用越来越广泛，市场上出现了许多提供各种中间服务的网络交易中间商，根据其所提供的服务类型，主要分为以下形式。

（1）目录服务。利用互联网上目录化的web站点提供菜单驱动进行搜索。常见的目录服务有通用目录、商业目录和专业目录三种。

（2）搜索服务。搜索站点为用户提供基于关键词的检索服务，它利用大型数据库分类存储各种站点介绍和页面内容，利用搜索引擎在数据库中搜索与用户输入的关键字相匹配的数据，如百度搜索（www.baidu.com）、谷歌搜索（www.google.cn）等。

（3）网上销售服务。提供此类服务的有的是传统零售企业进军互联网，开展网络销售，如沃尔玛、大商集团天狗网（www.51tiangou.com）等；也有全新的网上销售企业，如淘宝网（www.taobao.com）、唯品会（www.vip.com）、亚马逊（www.amazon.cn）等。网上销售的主要形式有网上商城（店）和虚拟商业街。网络商城（店）与现实世界中的商城一样，聚集了来自多个厂商的产品，供消费者选择。虚拟商业街则是在一个站点内连接两个或多个商业站点。

（4）网络出版。由于网络信息传输及时且具有交互性，网络出版网站可以提供大量信息，供消费者在线订阅。目前出现的电子报纸、电子杂志、电子图书等属于此类型，如扬子晚报网（www.yangtse.com）。

（5）站点评估。根据预先制定的标准，提供站点评估，由第三方评估机构向消费者提供网上站点的评估等级和测评报告，帮助消费者选择合适的访问站点，降低网上购物的风险，如统一信任网络（www.trustutn.org）。

（6）电子支付。主要提供方便、安全和快捷的网上支付服务，实现各类银行卡的网上支付，解决电子商务中的支付瓶颈问题，实现买方和卖方之间的授权支付。现在授权支付系统主要是信用卡、电子支票、数字现金，或通过安全电子邮件授权支付，如中国银联（cn.unionpay.com）、招商银行等网上银行。

（7）虚拟市场和交换网络。虚拟市场是指提供一个虚拟场所，任何符合条件的产品都可以在虚拟市场站点内进行展示和销售，消费者可以在站点中任意选择和购买，站点主持者收取一定的管理费用。当人们交换产品或服务时，实行等价交换而不用现金，交换网络就可以提供以货易货的虚拟市场，如东方财富网（www.eastmoney.com）。

（8）智能代理。智能代理是一种软件，它根据消费者偏好和要求预先为用户自动进行初次搜索，软件在搜索时还可以根据用户喜好和别人的搜索经验自动学习并优化搜索标准。用户可以根据需要选择合适的智能代理站点为自己提供服务,同时支付一定的费用,如 Copernic 搜索代理软件。

(9)网上商店。网上商店拥有自己的货物清单,直接销售产品给消费者,主要有电子零售型(e-retailers)、电子拍卖型(e-auction)和电子直销型(e-sale)三种类型。

不同类型中间商的存在,提高了网络市场的信息透明度,增加了网络交易的效率和质量,促进了网络营销的发展。

13.5 网络促销策划

13.5.1 网络促销概述

1. 网络促销的含义

作为企业与市场的联系手段,促销包括多种活动,企业的促销策略实际上是各种不同促销方式的有机组合。与传统促销一样,网络促销的核心问题也是如何吸引消费者,并为其提供具有价值诱因的商品信息,但网络手段的运用使网络促销活动具备了新的含义和形式。本书将网络促销定义为:利用现代化的先进网络技术和方法向虚拟市场传递企业产品及服务的信息,以启发需求、影响消费者购买行为的各种活动。

2. 网络促销的特点

虽然与传统促销的目的相同,都是为了推销产品和服务,但是网络促销利用互联网这一传播工具,使得网络促销在促销观念和手段等方面具有一些有别于传统促销的特点。

(1)通过网络传递相关信息。网络促销是建立在现代计算机和通信技术相结合的基础上,因此从事网络促销的人员不仅要熟悉传统营销知识和技巧,而且需要具备相应的计算机网络技术知识。

(2)网络促销活动是在互联网这个虚拟市场上进行的。由于互联网聚集了广泛的人群,融合了多种文化成分,从事网络促销的人员必须分清虚拟市场和实体市场的区别,跳出实体市场的局限性。

(3)虚拟市场的出现,将所有的企业推向了一个统一的全球市场,迫使每个企业都必须学会在全球统一的大市场上做生意,否则就会被淘汰。

3. 网络促销的实施

网络促销的实施,要求每一个将要从事网络促销的人员都必须从传统营销促销观念中跳出来,深入了解在网络上传播产品信息的特点,分析网络信息接收对象的特点,设定合理的网络促销目标,结合传统营销促销程序。网络促销的实施程序由以下六个方面组成。

（1）确定网络促销对象。网络促销对象是指在网络虚拟市场上可能产生购买行为的消费群体。随着互联网的普及，在虚拟市场上进行消费的网络群体也在不断壮大。这一群体主要包括三类人员。

第一类，产品的使用者，即实际使用或消费产品的人。对产品的实际需求是顾客购买的直接原因。抓住了这一部分消费者，网络促销就有了稳定的市场。

第二类，产品购买的决策者，即实际购买产品的人。在传统的实体市场环境下，产品的使用者和购买者常常不一致。在虚拟市场环境下，由于大部分的上网人员有独立的决策能力，也有一定的经济收入，这就使产品的使用者和决策者往往是一致的，但在另外一些情况下，产品购买的决策者和使用者则是分离的，如婴儿用品。网络促销应当把购买决策者放在同样重要的位置。

第三类，产品购买的影响者。产品购买影响者只是在看法或建议上对购买决策产生一定的影响。在低值易耗日用品的购买决策中，产品购买影响者的影响较小，而在高价耐用品的购买决策中，其影响力较大。

（2）设计网络促销内容。网络促销的最终目标是引起需求，产生购买行为。促销内容应当根据产品所处的生命周期的不同阶段和购买者目前所处的购买决策过程的不同阶段来决定。

在新产品刚刚进入市场时，消费者对该种产品比较生疏，促销活动的内容应侧重于宣传产品的特点，以图引起消费者的注意；当产品在市场上已有了一定的影响后，促销活动的内容则需要偏重于唤起消费者的购买欲望，还需要创造品牌的知名度；产品进入成熟期后，市场竞争变得十分激烈，促销活动除了针对产品本身的宣传外，还需要对企业形象做大量的宣传工作，树立消费者对企业的信心；在产品的衰退阶段，促销活动的重点在于密切与消费者之间的感情沟通，通过各种让利促销，延长产品的生命周期。

（3）选择网络促销组合。企业的产品种类不同，销售对象不同，促销方法与产品种类、销售对象之间将会产生多种网络促销的组合方式。在同一行业内部，各个企业在选择什么样的促销组合、如何分配促销预算的做法上也有很大的不同。

（4）制订网络促销预算方案。在建立整体促销预算前必须清楚以下几个问题：选择哪些网络促销方法及组合，网络促销的目标是什么，希望影响的是哪些群体等。

（5）衡量网络促销效果。任何企业都必须对已经实施的网络促销活动进行评价，衡量一下促销的实际效果是否达到了预期的促销目标。对促销效果的评价主要依赖于两个方面的数据：一方面，要充分利用互联网的统计软件，及时对促销活动的好坏做出统计；另一方面，统计促销量的增加情况、利润的变化情况、促销成本的降低情况，有助于判断促销决策是否正确。同时，还应注意促销对象、促销内容、促销组合等与促销目标的因果关系的分析，从而对整体促销工作做出正确的判断。

（6）网络促销过程的综合管理和协调。在衡量网络促销效果的基础上，对偏离预期促销目标的活动进行调整是保证促销取得最佳效果的必不可少的程序。同时，在促销实施过程中，不断地进行信息沟通的协调，也是保证企业促销连续性、统一性的需要。

13.5.2 网络促销策略

传统营销的促销形式主要有四种：广告、销售促进、公关与宣传、人员推销。网络促销是在虚拟市场上进行的促销活动，其促销形式可以归纳成四种：网络广告、网络直销、网络销售促进和网络公共关系。

1. 网络广告

网络广告是广告主以付费方式运用互联网媒体对公众进行劝说的一种信息传播活动。网络广告建立在计算机、通信等多种网络技术和多媒体技术之上，其目的在于影响人们对相关商品或劳务的态度，进而诱发其行动而使广告主得到利益。网络广告的形式很多，主要包括以下几种。

（1）网站广告。网站自身就是网络广告的一种形式。很多企业建立自己网站的直接目的就是宣传企业及其产品或告知用户企业能够提供哪些服务。

（2）网页广告。网页广告包括旗帜型广告、按钮型广告、弹出式广告、文本链接广告、背投广告等。

（3）赞助式广告。广告主可对自己感兴趣的网站内容或网站节目进行赞助，或在特别时期赞助网站的推广活动，主要有三种形式：内容赞助、节目赞助和节日赞助。

（4）搜索引擎广告。广告主可以买下著名搜索引擎的流行关键字，在用户输入该关键字进行检索的同时，他们就会被吸引到广告主的网站。这种广告形式目前十分流行。

（5）墙纸式广告。墙纸式广告是指将所要表现的广告内容体现在墙纸上，并安排在具有墙纸内容的网站上，以供感兴趣的人下载。

（6）免费邮箱隐含广告。免费邮箱隐含广告是指一些提供免费邮箱服务的网站，在每封邮件的下方都带有一部分广告，作为给用户提供免费邮件服务的补偿。

2. 网络直销

生产企业通过互联网直接向客户进行网络直销，也是企业促销手段的一种。通过网络直销进行促销的形式主要有以下几种。

（1）电子邮件营销。它是指企业给信息利益相关者直接发送的、用以沟通信息的电子邮件。企业经常用电子邮件向目标客户发送企业简讯、放送促销品、传送任何重要的并与客户息息相关的信息。

（2）许可营销。许可营销的原理在于：企业在向其目标客户发送产品、服务、促销等相关信息或使用客户信息用于管理与商业用途时，事先征得了他们的"许可"。互联网的交互性使得许可营销成为可能。许可营销的主要方法是通过邮件列表、新闻邮件、电子刊物等形式，在向客户提供有价值信息的同时附带一定数量的商业广告。

（3）短信营销。这是以手机短信为载体开展信息传播的形式。短信价格低廉、到达率高、操作简单，能降低沟通成本，而且因为能精确锁定消费者，具有100%阅读率，成为"一对一"营销诉求的绝佳方式。

3. 网络销售促进

网络销售促进就是在网络市场利用销售促进工具刺激顾客对产品的购买和消费使用。一般而言，网络销售促进主要有三种形式。

（1）有奖促销。消费者总是喜欢获得额外免费的东西。但是在网上开展有奖促销时，要注意促销的产品是否适合在网上销售和推广。另外，在互联网上进行有奖促销时，要注意充分利用互联网的交互功能，充分掌握参与促销活动的消费者群体的特征和消费习惯以及对产品的评价，这样在网上促销的同时也完成了一次很好的购买行为调查。

（2）拍卖促销。网络拍卖是新兴的一种拍卖形式，由于快捷方便，吸引了大量用户参与其中。

（3）免费促销。所谓免费促销就是通过为访问者无偿提供各类资源（主要是信息资源）吸引访问者访问网站并从中获取收益。许多网站通过免费资源的吸引，扩大网站的吸引力，增加网站的访问量，使网站具有传统媒体的作用，并通过发布网络广告来获得盈利。

4. 网络公共关系

网络公共关系与传统公共关系功能类似，并无太大的差异，只不过借助互联网作为媒体和沟通渠道。但是由于网络的开放性和互动性特征，使网络公共关系出现了一些新的特点，如网络公共关系中主体的主动性增强、客体的权威性得到强化、传播的效能性大大提高、传播时空更加广泛。

在网络上开展公共关系活动可采取多种形式，主要有以下几种。

（1）站点宣传。站点宣传也称网站推广，其目的是通过对企业网络营销站点的宣传吸引用户访问，起到宣传和推广企业以及企业产品的效果。所以网络营销站点是企业在网上市场进行营销活动的阵地。

（2）网络新闻发布。网络新闻发布完全消除了传统新闻发布需要花费大量的人力、物力、财力进行筹划和安排的缺点，可以以较少的费用、最快的速度将新闻传播出去。在网上发布新闻可以通过以下几种方式实现：通过网络新闻服务在线发布新闻、通过企业自己的网站发布新闻、通过相应的新闻组或邮件列表发布新闻等。

（3）参加或主持网上会议。网络服务商的网络论坛经常举办一些专题讨论会。有的网络会议吸引了许多消费者参加。网络会议的参与者可以看到其他人提交给会议的发言，同时自己的发言也处于许多人的关注之下。企业可利用网络服务商提供的网络会议服务，自己组织网上会议，有可能的话，邀请一些著名的专家客串主持，利用专家的名气吸引公众，树立企业在公众心目中的良好形象。

（4）发送电子推销信。网络公共关系的一种常见形式就是给新闻记者或编辑发送电子推销信，在信中简述企业的新闻内容并请求刊发；也可以给某些老顾客发送一些企业的新闻，如新产品的信息等。这就要求企业从事公共关系的人员要与新闻记者或编辑以及某些老顾客建立起稳定的关系。值得注意的是，电子推销信必须做到主题明确、标题鲜明、内容简洁。

13.5.3　常用的网络营销工具

1. 搜索引擎营销

搜索引擎营销（search engine marketing，SEM）是基于搜索引擎平台的网络营销。这种方式利用人们对搜索引擎的依赖与使用习惯，在人们检索信息时将营销信息输送给目标客户。

搜索引擎营销的方法有 10 个步骤。

（1）了解产品、服务针对哪些消费者群体。
（2）了解目标群体的搜索习惯（如习惯使用什么关键词搜索目标产品）。
（3）了解目标群体会经常访问什么类型的网站。
（4）分析目标用户最关注产品的哪些特性。
（5）规划竞价广告账户以及广告组。
（6）选择相关关键词（可借助关键词分析工具，这些工具以用户搜索数据为基础，具有很高的参考价值）。
（7）撰写有吸引力的广告文案。
（8）设计目标广告页面。
（9）投放内容网络广告。
（10）构建基于 KPI（key performance indicator，关键绩效指标法）的广告效果评估指标体系。

2. 电子邮件营销

电子邮件营销，指在客户事先允许的前提下，通过电子邮件的方式向目标客户传递价值广告信息的一种网络营销手段。

电子邮件营销有 3 个基本的因素：①向哪些用户发送电子邮件；②发送什么内容的电子邮件；③如何发送电子邮件。这 3 个因素无论缺少哪个，都不能称为有效的电子邮件营销。

企业要针对其产品的特征以及目标客户的特征来选择电子邮件的目标用户，以便高效率地宣传；邮件的标题要醒目，让目标客户一眼就看到，仅看到标题就清楚这就是他们所关心的内容；邮件内容要言简意赅，清楚明了，使用多种颜色强调重点，突出品牌标志以强化客户对企业品牌形象的认知；确保邮件内容准确，发送前必须审核确保无误；控制邮件发送频率，一般每两周发送一次就算高频了；收集反馈信件，以获取目标客户的信息，另外要注意对客户的反馈要及时回复。

3. 直播营销

直播营销,指企业通过网络直播的形式开展线上销售活动,如同一档电视节目,选好特定的主题、选取一定的空间、邀请主持人,通过一个直播端口,就能够开启一间专属直播间进行直播。

直播营销的内容主要是企业品牌或者相关产品,如企业的品牌活动、新品发布会、代言活动、促销活动等,直播中也多是活动表演、产品展示等,有时还会邀请明星嘉宾做客直播间来吸引流量。直播具有以下特点:实时互动、真实性强;传播开放,受众的规模较大;平台众多且特色分明等。直播的出现与普及为企业营销提供了信息传递的渠道,可以拉近企业和产品与受众的距离,企业也可以借助直播平台多种优势,发挥直播更多的价值,实现营销效益最大化。

专栏 13-4　　　　　　　　　　**淘宝第一主播**

2018 年 3 月末,淘宝发布了"淘布斯"榜单,32 岁的女主播薇娅以年收入 3 000 万元、推动成交 7 亿元位列榜单第一。被称为口红一哥的李佳琦,凭借一句"Oh my god!"就可以让一款口红缺货,一次直播试色 380 支口红,5.5 小时,带货 353 万元……短短两年时间,边看直播边"剁手",成了很多网友的日常。

直播的前期准备大同小异。直播带货的特点就是在短时间内将产品快速卖出,这十分考验直播网红或大 V 的个人能力,对现场直播氛围的烘托和把控是带货关键,无论是语气还是动作,都会给大家造成迷乱的感觉,这主要依赖于博主的个人魅力。正如李佳琦,有很多网友反映,"天不怕,地不怕,就怕李佳琦喊 Oh my god!""他一喊我就想买,完全控制不住自己""感觉自己魔怔了",这就是一种烘托氛围的方式。

淘榜单和淘宝直播联合制作的《2019 年淘宝直播生态发展趋势报告》显示,2018 年淘宝直播平台带货超过千亿元,同比增速近 400%,创造了一个全新的千亿级增量市场。

资料来源:从李佳琦到柳岩,直播带货为何这么火? [EB/OL]. (2019-07-06)http://www.sohu.com/a/325216013_120172191.

---

4. 微信营销

微信营销是网络经济时代中企业营销模式的一种创新,这也是随着微信的广泛使用而兴起的一种网络营销形式。微信没有距离限制,用户订阅自己感兴趣的信息,商家通过提供用户需要的信息来推广产品,从而实现点对点营销。

微信营销具有用户量大、用户黏性强,到达率高、精准度高、接受率高,便利性强,广告系统成熟等特点。微信的营销方式主要有 4 类。

(1) 地理位置推送式(查看附近的人)

营销人员通过查看附近的人,根据地理位置查找到周围的用户,然后根据地理位置将相应的促销信息推送给附近的微信用户，进行精准投放。

（2）品牌活动式（漂流瓶）

微信官方能对漂流瓶的参数进行修改，使合作商家的推广活动在某时间段内抛出的"漂流瓶"（广告推广）数量大幅度增加，普通用户"捞"（看）到的频率也会增加。加上"漂流瓶"模式本身可发送的内容丰富，如文字、语音甚至小游戏等，如果营销得当，会产生不错的效果。若发送的只是纯粹的广告语，就可能会使用户反感。

（3）互动推送式（微信公众平台）

对大众媒体、明星和企业而言，微信朋友圈的社交分享功能与微信开放的平台，已经使微信成了互联网上不可忽视的营销渠道。通过实行一对一推送，品牌方能与"粉丝"进行个性化的互动，从而提供更直接的互动体验。

（4）O2O式（扫一扫）

用户只需用微信扫描商家提供的二维码，就能在微信中获得一张电子会员卡，享受商家提供的服务和会员折扣。企业用折扣和优惠吸引用户扫描并关注，开拓O2O营销模式。

5. 微博营销

微博用户主要由个人和企业构成。微博的广泛使用催生了相关的营销方式，用户每天发布新的内容与大家交流互动，大家也会围观感兴趣的热门话题，这样就能在一定程度上达到推广的目的，这就是新推出的微博营销。

微博营销具有立体化、平台开放、传播速度快、内容形式多样、传播范围广、用户黏性强、推广资源丰富等特点。微博营销的形式至少有4种：植入式广告、客户服务的新平台、活动营销、品牌宣传。微博营销大多需要第三方（微博运营商）的介入，第三方先行输出一种策划，进而对企业、代言人、用户的微博进行组合，用受众认同且乐于接受的方式对新产品或新品牌进行主动的网络营销。

6. 网络事件营销

网络事件营销主要以网络为传播平台，通过策划、组织和利用具有新闻价值、名人效应及社会影响的人物或事件，引起媒体、消费者和社会团体的兴趣与广泛关注，以求提高本企业或产品的知名度、美誉度，最终促成产品或服务的销售目的。

网络事件营销集广告效应、新闻效应、客户关系、公共关系、形象传播于一体，具有投入小、产出大、提高知名度速度快、影响面广、关注度高等特点。网络事件营销的成功有4个关键。

（1）相关性

网络事件营销的策划必须在事件本身的新闻传播价值和产品的相关性之间寻求平衡点，从产品实际的特性出发，策划出具有较高新闻传播价值的事件。

（2）大流量

当事件中出现社会热点、名人等大众熟知的信息时，该事件往往有较高的新闻传播价值。把产品与大流量进行关联，可以有效地提升产品或品牌的曝光度。

（3）趣味性

大多数受众对新奇、反常或有人情味等的信息会表现出强烈的好奇心，平淡无奇的事件则毫无价值可言。

（4）心理需求

关注目标消费者的年龄层、社会角色、收入水平、地域特点、流行文化等，只有洞悉消费者的心理需求，才能策划出戳中消费者心理需求的网络事件营销。

专栏13-5　@海尔520表白创意事件

520是"我爱你"的谐音。2017年5月19日，在5·20这个特殊日子到来的前一天，海尔官微发出一条微博，只要关注并转发该微博，就有机会获得100家企业官微520表白服务。该微博发出后并未立即获得大量转发，当天下午6点，@极路由与@旺仔俱乐部先后带着奖品参与到该活动中，使该活动微博迅速转发破万，并出现联动效应，多家蓝V主动转发微博并提供奖品。5月20日，海尔官微通过微博抽奖平台抽取了一名幸运粉丝，并公布了该粉丝获得的礼品清单，共计63家企业为其提供了礼品。如此丰厚的奖品，让未被抽中的粉丝十分羡慕。

网络节日5·20本质上与@海尔并无关系，但此次由@海尔牵头组织的520表白服务，从活动发起到各个微博段子手的参与和传播，使@海尔与关注5·20的受众产生一定的联系，使@海尔在此次事件中得到了充分的曝光。

资料来源：张向南. 新媒体营销案例分析：模式、平台与行业应用[M]. 北京：人民邮电出版社，2017.

---

7. 网络口碑营销

网络口碑营销，指企业通过对自身产品与用户需求的深度分析，在网络社交平台上借助多种营销方式，提高用户分享良性体验的积极性，从而在用户中形成口口相传的口碑效应，以达到提升企业品牌形象、促进产品销售的目的。网络口碑的产生机制如图13-3所示。

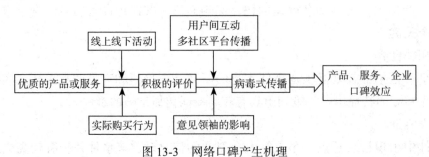

图13-3　网络口碑产生机理

8. 网络病毒营销

网络病毒营销，指企业以互联网为基础，利用公众的人际网络和积极性，让营销信息如同病毒一样传播和扩散，并被快速复制传向数以万计、百万计的受众。

病毒营销区别于口碑营销的地方在于，病毒营销是公众自发形成的传播，传播速度远比口碑营销快，传播费用也远低于口碑营销。网络病毒营销的成功在于以下几点。

（1）独创性，满足大众的好奇心和炫耀心。

（2）利益点，为公众提供传播支撑点，并在传播中植入营销利益点。

（3）传播关键点，利于酝酿和传播的平台是网络病毒营销的首选，与其相关的影响力人群是内容发布及传播的核心人群。

（4）跟踪管理，及时掌握营销信息传播带来的反应，从中发现问题并及时跟进舆论导向，并积累经验为下一次营销提供参考。

9. 移动互联网营销工具

（1）短信

自从短信业务兴起以来，其在移动电话设备上的营销就日益流行起来，商家通过各种方式获得电话号码，给这些用户发送自己的推销内容。虽然有些短信被设为垃圾信息，但仍有广告商为其买单。即便是到了短信联系不再流行的现在，我们仍然能收到各种品牌、店铺发送的活动信息。

（2）游戏

目前，手机游戏主要有大型多人游戏、交互式的实时 3D 游戏、休闲游戏和社会网络游戏等。企业可以通过在手机游戏内植入广告、提供宣传信息或者赞助整个游戏来扩大品牌或产品影响，以此驱动消费者参与相关的营销活动。

（3）App

移动应用程序（App）是指在移动操作系统上可以执行的程序，它包括移动终端平台和环境下的各种应用程序。主要分为：游戏类，如开心消消乐、阴阳师等；基础类，如浏览器等；工具类，如软件商店、主题商店等；媒体类，如各种音乐、视频 App；生活服务类，如大众点评、航班管家等；商务类，如手机淘宝、小红书等。衡量应用程序的用户数据主要有安装量、活跃用户数、广告填充率和有效每千次展示费用等。

（4）二维码

手机二维码可以印刷在报纸、图书、杂志、广告、包装及个人名片上，在移动互联网中，用户通过手机对二维码进行扫描，可以快速获取二维码中的信息，还能实现上网、发短信、拨号、自动文字输入、资料交换等功能，并随时随地下载图文、了解企业产品等信息。

⊙ 策划案例与文案　　　　　"野猪礁"海参网络营销策划书

一、公司及品牌介绍

大连荣昌大海水产经贸有限公司拥有万亩无污染的海域基地，有数十亩的海参幼苗培育基地和近万平方米的加工基地，在北京、大连、沈阳等地设有营销机构，通过产、供、销一体化的经营格局建设，现已具备海参育苗、养殖、加工及市场推广的综合实力。

公司秉承绿色、环保、自然的生态经营理念，其海参基地被农业农村部农产品质量安全中心和大连市海洋与渔业局分别评为无公害农产品基地，并分别颁发《无公害农产品产地环境检测报告》和《无公害农产品产地认定证书》。

2012年公司创建"野猪礁"品牌，是取万亩海参基地中的极品海参精心打造的顶级冻鲜海参品牌。"野猪礁"这一品名主要是根据海参产地命名。野猪礁是位于丹东和庄河交界处的一座状似野猪的小岛，当地人曾在这座小岛上多次拾到海参，最大的长达40厘米。野猪礁附近的海域不仅是培育优质海参的基地，更被当地人看作是大自然的馈赠。因此"野猪礁"就是优质海参的代名词。

二、大连海参市场分析

（1）一线品牌：包括獐子岛、棒棰岛、晓芹等初具全国品牌规模，销售额3亿~5亿元之间的大连海参品牌。

（2）二线品牌：包括上品堂、长生岛、海晏堂、财神岛、新玉麟等品牌，销售额在1亿~3亿元之间，正在谋求品牌与营销模式的突破。

（3）三线品牌：主要有天伦、三山岛等老牌"低调"品牌企业和诸如益宝、益群、东泽、蚂蚁岛、御臻坊、岛礼、八鲜岛、参功夫等新进入品牌。这些海参企业的营销软硬件都有所欠缺，光鲜亮丽的品牌外衣下，隐藏着生存和发展的深层次危机。

一线品牌已经在主销市场确立了品牌地位和销量地位，逐渐与二线品牌拉开距离，稳步确立市场领导者的优势。二线品牌还处于"军阀混战"的市场环境中，缺乏精准的品牌战略，缺乏对海参产业未来发展的精确解读，依靠概念战、产品战、渠道战、价格战的方式角逐市场，获得市场地位。三线品牌还处于营销发展初级阶段，产品体系、营销网络、市场体系尚未建设完善，还没有与一二线品牌争夺主流市场的能力，只能依靠小区域市场的拼搏谋求一线生机。

纵观大连海参市场虽然发展相对成熟，但仍然存在养殖加工企业鱼目混珠、各类产品良莠不齐、行业缺乏统一标准、品牌同质化等问题，海参企业着手品牌建设已是大势所趋。

三、企业资源及能力分析

"野猪礁"品牌由大连荣昌大海水产经贸有限公司于2012年创建，公司秉承绿色、环保、自然的生态经营理念，拥有坐落于黄海野猪礁的万亩无污染的海域基地。该企业规模庞大，资金雄厚，为海参的水产养殖提供了物质保障和支持。

相对于单一零售商海参品牌，"野猪礁"作为制造商，对海参的质量有着完美的保证。野猪礁的优质养生保健的市场定位，确保海参的高质量，坚决不以牺牲产品的高质量来换取巨大的市场占有率，在同行业激烈的竞争中，不断优化产品的质量基础以应对国家对海参行业提出的一系列质量要求。

同时,"野猪礁"凭借全产业链的生产经营模式,彻底实现了海参生产加工全程可控,能够真正保证海参的高品质,让消费者对品牌建立起信心。

四、消费者分析

(一) 影响消费者需求的因素分析

1. 动机因素

目前市场上的消费者大多购买海参自己食用,买来作为高档礼品的人数较少,受目前政策的影响,礼品市场受到打压。但海参作为营养品,近年来越来越受到消费者的重视,由于人们生活水平改善,医疗保健意识增强,人们越来越倾向购买海参食用,增强自己的免疫力。

2. 收入因素

海参是高端奢侈消费品,一般市民可能听说过,但真正了解海参,甚至认识海参的,不在多数,更别说海参由于其稀少的特性,不少地区甚至没有海参销售。依据问卷提供的数据,我们进行了回归分析,消费者的收入和购买频率在 0.05 水平上显著相关,表明收入与购买频率之间存在正相关关系,一般收入越高,消费者购买海参的频率越高。

3. 价格因素

目前市面上以即食海参、入味即食海参、淡干海参等为主,而海参的价位区别不是很大,即食海参差不多每斤 700 元,每斤大概 7~9 头。现在消费者在购买海参时习惯性地购买每头 50 克左右的海参,每头大概 60~80 元。同时,与单独包装的海参及大包装海参相比,消费者更倾向选择小包装的海参,如每袋 3 头或 5 头的海参。

4. 观念因素

南北方消费者对海参的消费观念存在差异:北方的海参产业发展得比较早,市场也比较成熟,消费者对海参的营养价值、品类、食用方式等方面比较了解,由于距离原产地比较近,食用的品类和食用方式上比较多样。相比之下,南方海参市场发展得比较晚,消费者对海参的熟悉度还不是很高。同时由于技术限制,市场上新鲜的活海参也不如北方多。因此,现在已经进入南方市场的海参产品以即食海参和入味即食海参这两种为主。

(二) 消费者购买习惯分析

1. 购买渠道分析

大多数消费者选择去专卖店、超市等地购买海参,在他们的潜意识里,这里的海参质量更能得到保证。另一方面,大部分专营店都提供海参泡发服务,这在一定程度上能够吸引消费者,给消费者提供便利。近些年还出现了一种新的海参购买途径——网络渠道,这种途径比较适合年轻人和习惯网上购物的中年群体,网络渠道购买海参给很多消费者提供了便利、节省时间和花费。

2. 顾客忠诚度分析

大多数消费者都认为品牌很重要,认为品牌海参质量和口味较好,让人放心。针对消费者这种情况,塑造"野猪礁"自己的品牌就显得尤为重要。要想让消费者牢牢记住自己的品牌，对品牌拥有一定的忠诚度，首先要确立自己产品的准确定位和竞争力。

五、产品定位及开发

（一）市场细分

结合海参市场和企业自身实际状况采用新的市场细分变量，以购买人群、产品档次以及地域为细分变量，对海参市场采取立体交叉细分法。

1. 按购买人群进行细分

根据消费者年龄、家庭人口、收入、职业和购买力等方面，购买人群主要分为低端消费者和中高端消费者。第一类消费群体购买海参用于进补，多为中老年消费者；第二类消费群体购买海参除了用于个人食用进补以外，还用于礼品馈赠，多为收入水平较高的中高端商务客户或企事业单位。

2. 按产品档次进行细分

主要分为低档消费、中档消费以及高档消费。低档消费大多用于家庭食用，他们偏好简易方便的包装，注重性价比的比较，对品质的要求不是特别高；中高档消费者指收入较高，追求海参品质，对包装有较高要求的消费群体，而价格对他们而言不是考虑购买与否的决定性因素。

3. 按地域进行细分

由于产品认知及文化观念的不同，可按地域把海参市场细分为南方市场与北方市场，相比于已较为成熟、竞争激烈的北方市场（以大连为代表），南方消费者对海参的认知度、对品牌的认知度还不高，因此具有较大的市场潜力。

（二）目标市场选择

经过对消费者的分析，以及对各个细分市场的研究分析，结合企业的实际情况，我们将进军中高端市场，把中高收入水平的消费者作为主要的目标客户，主要以质量上乘的中高端海参作为主打产品。通过海参的高品质来征服市场上的消费者，建立起他们对企业的信任。

（三）产品定位

1. 品牌定位

坚持提供高品质的海参，全力打造"呵护我的Ta"的品牌定位。

2. 品质定位

坚持打造高品质、全程可溯源的优质辽参定位。通过"全程保质""产品溯源"和"私人定制"等特色服务，推广品质上乘、品牌独特的海参产品，在产品质量上严格把关，以百姓的口碑相传为品牌支撑点。

3. 包装定位

通过大气美观的外包装吸引顾客，外部整体采用玻璃罐装、木质镂空礼盒。同时内部的三大黄金卡（"野猪礁"企业文化介绍卡、产品质量证明卡、ID"参"份卡）有助于客户进一步了解品牌，增强客户对品牌的认同感和忠诚度。

4. 价格定位

市面上中端品牌海参的价格一般是 800～1 000 元 / 斤[⊖]，高端海参产品的价格则在 1 500 元 / 斤左右，在对市面上的海参价格进行调查后，企业将根据海参的质量制定相应价格。"野猪礁"的价格不是最便宜的，但是在同等价格下，"野猪礁"海参的品质却是最好的。

5. 宣传定位

结合"野猪礁"的品牌定位和目标市场的选择，我们对宣传渠道、方式、风格以及广告语的选择都要符合并集中体现中高端消费群体的特点与喜好。

（四）产品开发

根据市场细分与目标市场选择的结果，我们根据不同消费群体的消费特点，将"野猪礁"产品主要分为两个系列，以满足目标市场群体的消费要求，并促使其更好地实施购买行为。

1. 家庭消费系列

家庭消费海参系列主要面对大众消费市场的家庭式消费群体，满足其购买海参以方便自己、家人食用的小宗购买需求。而且为了满足大众的需求，不仅提供批量的购买服务，还可以提供单头海参的购买服务。

此外，"野猪礁"还将开发出海参新产品"片儿参"（即海参切片），将即食海参切片小包装化。而当前市面上鲜有此种切片，可作为差异化产品快速占据海参切片市场。

2. 礼品系列

礼品海参系列主要满足消费者购买海参送给亲朋好友的消费需求、企事业单位福利产品订购的需求，以及高端商务人士等对产品品质、包装具有较高要求的消费群体的消费需求，在海参品质上，礼品系列的海参必然是选用海参中质量最上乘的进行包装加工。

六、网络营销策划方案

随着海参市场的不断升温，大批新兴海参企业涌现出来，海参业风起云涌，品牌竞争日趋白热化，许多先进的营销手段和营销理念被不断应用到海参营销当中，促使海参市场格局发生了很大的变化。除了传统的渠道之外，"野猪礁"海参也应开拓其线上网络渠道，加强网络营销，才能在激烈的市场竞争中突破重围。

（一）网络渠道的建立

1. 第三方平台：电商渠道

"野猪礁"鲜活海参已经计划在天猫商城运营，网络销售正日趋火热。电商渠道将是企业未来打入市场重要的销售渠道之一。"野猪礁"海参网上商城可以在特殊节日期间开展试销"片儿参"等活动，为实体终端的销售提供有力补充，在销售初期达到开拓市场的目的。

2. 自建平台："野猪礁"鲜活海参网购商城

为了保证海参交易秩序和产品质量，大连荣昌大海水产经贸有限公司更是自己建立了

⊖ 1 斤 =0.5 千克。

海参网购行业全国最大最专业的网购平台——"野猪礁"鲜活海参网购商城。该网购商城是集合了企业服务平台系统、400全国热线支持系统、呼叫转移平台系统、客户数据库管理系统、公益海参知识解答论坛等的大型海参网购商城。

3. 微信二维码

现代生活中，手机的二维码应用正在越来越多地走进百姓日常生活。在上班的路上拿出手机扫描一个二维码，在你来到办公室前，美味的早餐就已经放在你的桌上了；游览观光扫描一个二维码，便能感受动态的现场讲解。这一切都表示"二维码时代"已经到来。如今，各行各业都加入了二维码潮流，海参行业当然也不能落后。各大海参品牌都在网购平台上角力，"野猪礁"海参品牌也应建立企业的公众号，顾客只要扫一下微信二维码就能通过微信跟企业联系，方便客户随时随地订购海参，参与企业互动。

（二）网络推广策略

1. 搜索引擎

主要采用搜索引擎付费点击广告以及搜索引擎优化排名的方法。

（1）搜索引擎付费点击广告

网络广告是常用的网络营销策略之一，在网络品牌推广、产品促销、网站推广等方面均有明显作用。网络广告的常见形式包括横幅广告、关键词广告、分类广告、赞助式广告、E-mail广告等。网络广告是中小型企业网络营销的首选，一次性投入小且见效快，是最快、最直接也最简单的方法。这种付费点击广告在我国市场占比最大的是百度竞价排名广告，其次是Google和Yahoo。据权威机构统计，百度占中文搜索市场的比例大约在60%，如果放弃百度，就等于放弃了来自搜索引擎60%的主流客户。

（2）搜索引擎优化排名

在百度搜索结果左侧文字链接后面显示"推广"字样的是竞价排名，而显示快照的则是自然排名。百度在关键词搜索结果中先显示竞价排名的结果，后显示自然排名，但竞价排名不管有多少家做，最多显示一页，右侧是做火爆地带或智能匹配的广告。Google则在搜索结果的右侧显示广告，左侧显示自然排名。自然排名可以通过优化的方法来提升排名。因为按中国人的阅读习惯先看左侧，因此在搜索优化中应首推Google优化。对企业网站来说，百度优化可以作为一种竞价排名的补充方法或替代方法。

2. 网络社交平台

利用微信、微博、博客等网络社交平台，广发一些营销软文，宣传"野猪礁"这一品牌，以引导和培养潜在客户，提高新产品的知名度。建立企业的微博、微信公众号，发布企业的产品信息及促销活动，和消费者形成双向互动，将更多的潜在客户转化为企业的实际顾客。

3. 网络视频、微电影

将海参的生产、加工全过程录制下来，做成宣传视频，同时针对"野猪礁"这一品牌制作专门的微电影，投放到优酷等热门视频网站，在吸引网民点击的同时，使其增加对

"野猪礁"品牌的了解，从而促进口碑营销。

4. "参ID"建立食品安全追溯信息平台

利用物联网技术建立统一的食品安全追溯信息平台，对海参育苗、养殖、加工及销售等生产经营环节实现全程追溯，采用RFID（射频识别技术）为每只"野猪礁"海参配发"参ID"（即电子身份证），通过"参ID"可以查询到这只海参从育苗到销售的详细信息，使消费者放心。同时，针对消费者对"私人定制"的需求，"野猪礁"借力网络的便捷性，对PC端"野猪礁"海参官网链接与信息进行推送，每天为限定数量的客户提供视频直播、现场料理、一对一服务及其他满足客户个性化需求的私人定制服务。

七、网络营销的组织保障

（1）网络市场开发部：通过研究市场情况、品牌宣传方式等，利用网络全面扩大品牌知名度，提升品牌价值。

（2）网络销售部：依据公司总体战略目标和规划，制定并完成销售的目标和计划，运用网络平台在市场一线与客户保持良好沟通，满足客户需求，实现企业战略目标。

（3）网络技术支持部：主要负责企业网络交易平台的开发和维护，提供网络技术支持。

（4）网络宣传部：主要负责品牌宣传，通过网络技术对品牌进行推广。

（5）客户服务部：主要负责解答客户疑问，协助顾客进行网上交易。

（6）订单管理部：主要负责处理客户订单，确保客户购买的顺利完成。

（7）物流运输部：将产品及时、准确地送至客户手中，完成购买过程。

（8）仓储部：通过对库存商品以及原料的合理规划，确保供销一体化，提高生产效率。

以上八项可通过图13-4表示。

图13-4　网络营销的组织保障

讨论题

1. 该网络营销案例体现出哪些与传统营销相同及不同的地方？请对本策划案做出简要评价。

2. 请对第六部分"网络营销策划方案"做出优化和细化设计。

相关链接　微营销的含义、特征及发展

自微博被饭否网于2007年自Twitter引入国内，到腾讯于2011年推出微信服务，随着通信技术的不断升级，从2G到3G、4G，再到现如今的5G，社交媒体已然成为人们生活中不可缺少的一部分。尽管微信推出时间比微博晚，但是依托于腾讯庞大的用户资源，QQ号、手机号、微信号三者的无缝整合，扫一扫等符合现代人追求的简单快捷生活方式的功能，再配合上二维码

的广泛应用，微信的使用热情持续高涨。社交媒体的兴起，彻底改变了人们的生活，也进一步影响了人们的消费。为适应这一全新环境和消费者行为的变化，企业开始了微营销的探寻之路。

一、微营销的含义

互联网的快速发展推动社交媒体不断演变，从早期 BBS、blog 到开心网、豆瓣网、人人网等社交网站，再到如今炙手可热的微博、微信，配合手机、平板等移动终端的更新升级，社交媒体的触角渗透到了人们生活的每一个角落，其得天独厚的营销传播载体属性受到很大关注，微营销也因此诞生。从狭义上来说，微营销是指通过微信、微博和微电影等一系列"微"字社交媒体所开展的营销。从广义上来说，只要符合"内容由用户主导生成"的 Web2.0 这一基本准则的社交媒体营销都可以称作是微营销。

二、微营销的特征

微营销可以用 SoLoMo 这一组合词来诠释其特征。SoLoMo=Social+Local+Mobile，即社交+本地化+移动。这个词最早是在 2011 年由美国风险基金公司 KPCB 合伙人 John Doerr 提出，最初用于描述互联网未来的发展趋势。在互联网思维的席卷下，SoLoMo 高度反映了网络营销的前沿动向，其试图表达的意图与微营销的特点高度吻合。

1. 社交媒体是微营销的传播平台

社交媒体也叫作社会化媒体，国外的 Instagram、Facebook 和 Twitter 等与国内的微博、微信等耳熟能详的社交媒体都是基于 Web2.0 技术，由用户创造内容，提供用户撰写、发布、分享与评论等社交服务。社交媒体的出现终结了只有社会或经济地位较高的个人和组织利用传统媒体才能享有发声权的历史，社交媒体已成为用户言论的集散地。因此，能够赋予普通人话语权被认为是社交媒体的一大重要贡献。

社交媒体受到越来越多目标消费者的青睐。以微博为例，截至 2013 年 3 月，新浪微博的注册用户已达到了 5.36 亿；新浪微博 2014 年第二季度财报显示，截至 2014 年 6 月，新浪微博月度活跃用户为 1.565 亿，日活跃用户为 6 970 万。在微博中消费者几乎只对自己感兴趣的事给予关注，只对自己喜欢的产品或品牌信息进行评论或转发。仅依靠在电视、报纸等传统媒体上投放广告，已经不可能再为企业带来实质的关注度，消费者在网络社交媒体环境下变得更难掌控。

尽管企业掌握话语权的地位遭到社交媒体的瓦解，但社交媒体也同时为企业带来了全新的机遇。社交媒体具备人际传播和双向互动的特征，使企业与消费者的距离拉近。企业能够针对消费者偏好与诉求与他们进行平等的交流并分享信息。只要企业能够充分利用社交媒体的优势，就可以大大增加企业和消费者之间的黏性，进而提高消费者的品牌忠诚度。

2. 微营销立足本地化

微营销突出 location-based services（LBS），即"基于位置服务"的运用，指通过提供定位和 check-in（签到）来开展营销活动。企业为了吸引用户到其经营地签到，会采取领取徽章、积分升级等荣誉激励（如"购物达人"的头衔），这样做可以增加商家或品牌的曝光率。LBS 更加深入的应用是将用户引至实体店内，协助进行产品促销与活动推广，如对拥有一定积分或徽章的用户提供折扣或优惠。为了产生可供分享的优质内容，企业还鼓励用户对光顾地点进行评价。可以说，LBS 通过确定用户的地理位置来提供各种与该位置有关的生活信息，从而达到线上线下整合互动的目的，这也是目前国内众多的社交应用（如大众点评、微信）都将 LBS 作为主要营销方式的原因。

作为微营销受追捧的平台之一，微信"查看附近的人"这一功能充分体现了微营销本地化的特性。点击"开始查看"，相邻的用户名称和个性签名内容都会显现，企业可充分利用这个免费的广告位，用简练的广告词突出企业经营业务或产品的特点，使目标消费者对企业或产品快速建立初步印象。除了被动地等待，企业还可以主动出击，派遣营销人员到人流密集度较大的区域，通过微信定位，进行微信用户的搜寻。较之传统媒体，借微信进行宣传的成本要小得多。

3. 移动终端是微营销的动力引擎

2014 年，在北京召开的移动互联网国际研讨会上，工业和信息化部总工程师张峰指出，截至 2014 年 6 月，国内的移动互联网用户总数已达 8.61 亿，该规模为全球最大。因为移动终端方便快捷，而且能很好地填补用户的零碎时间，在等候用餐或上下班途中等场合很受欢迎。移动互联网用户的活跃度是传统网络终端无法想象的。伴随国内 4G 的运用，流量消费告别了恐惧，智能手机推动了微营销的强劲发展。

三、微营销发展的困境与出路

1. 形式化现象较为普遍

企业微营销应该加强内容建设。为了争夺庞大的目标消费人群，国内企业纷纷入驻腾讯、新浪等门户网站开设官方微信、微博，但除去少数努力探索新媒体营销、积极寻求突破的企业（如星巴克中国），大多数企业平台只具象征性意义，缺乏有价值的信息内容的支撑。例如，将企业官网的内容简单复制到微博和微信公众号，语言机械，不符合网络社交简单轻松的表达方式，令人不想多看；信息内容缺乏逻辑主旨，令人不知所云；要么高度灌水，发布大量无实质内容的八卦信息，要么长期不更新。

为了杜绝微营销形式化，企业应该对开展微营销进行实质性的支持。在微营销初期，不强调营销效果立竿见影，允许试错和探索，但其职责权限应该清晰明确。同时，企业的官方微博和微信要以"内容为王"为运营思想，突出相关性、实用性和趣味性，信息表述既要遵循网络用语原则，又要精练、准确，更新频率也要适中。

2. 过度关注粉丝数量

拥有一定数量的粉丝是开展营销活动的基础，但过分追求粉丝数量，采用刷粉、买粉等手段试图尽揽消费者、打造海量平台，会导致企业整体营销计划脱节。尽管在短时间内可能会迅速增加粉丝，但也可能会事倍功半。粉丝数量是决定营销效果的重要因素，但不是唯一因素，粉丝的质量也非常重要。有些企业的官方账号看似粉丝数量众多，但互动者寥寥无几，缺乏实质的影响力，究其原因在于粉丝质量参差不齐，大量"僵尸粉"对微营销毫无价值，只有"真粉"才能够帮助企业对产品以及品牌信息进行有效的传播，并实现精准营销。

3. 营销创新不足

企业微营销创新不足主要表现在微营销的活动缺乏新意，参加活动送礼品、转发抽奖仍是企业官方微博或微信常采用的营销手段，但被吸引的粉丝有多少是潜在消费者，有多少只是来试试运气很难分辨，如若后者居多，此微营销活动则需重新进行评估。企业开展微营销，一味依靠短期内积聚人气的方式是不能长久的，要从众多粉丝中寻找、吸引以及培育潜在消费者，提高粉丝的忠诚度。

4. 缺乏整合营销思维，须全方位联动

微博、微信等新媒体的低成本、互动性强等优势很容易让企业走向另一个极端：一味注重新媒体营销，而忽视传统媒体营销；只注重线上营销，而忽视线下营销。不是任何产品都适合微营销，传统媒体也有新媒体不能比拟的优势，如受众面广、公信力强、到达率高、适宜传播深度信息等。只发展线上营销，而线下配合不恰当、不及时，导致用户体验差，则企业的产品和品牌形象难以塑造和巩固，线上营销又怎么能进一步推进呢？如今企业营销环境愈发复杂，从4P到4C再到4R、4S，无一不证明这点。舒尔茨的整合营销理论提倡将各个独立的营销方式或营销工具进行完美结合，以产生协同效应，发挥最大的营销效果。企业应该根据产品的特性、生命周期、短期（长期）的营销目标以及新旧媒体的优劣势等因素，对传统媒体和社交媒体用于营销的比重进行合理分配。同时，建议大力推行O2O（online to offline）模式，线上带动线下消费，线下促进线上扩张。多措并举，多管齐下，不断推进品牌渗透。

5. 商业气息过于浓厚，应巧打情感牌

从某种意义上，微营销可以被认为是关系营销。因为微营销是企业持续深化同目标消费者关系的过程，强调去中心化、平等和互动。但事实上很多企业进行微营销时并没有意识到精髓，仍旧停留在传统营销意识层面上——不是使消费者在潜移默化中感受产品或品牌信息，而是以企业为主导的灌输式、强塞式营销。企业官方微博、微信充斥广告链接，在粉丝圈内频繁发布商品图片，更有企业或商家成为标题党，变相广告，此外还存在利用"点赞"诱导用户分享，却不兑现承诺或临时增添附加条件以抵赖的行为。作为弱关系链的信息流工具，维系并巩固和粉丝的关系应该是企业官方微博和微信需要长期坚持的。以简单粗暴的方式投放硬广告、欺骗和误导粉丝等行为是不可取的，这样不仅会导致粉丝大规模流失，甚至可能将其推至企业的对立面。

面对愈加理性的消费者，企业在微营销的过程中应巧打情感牌。一方面，要让依托的社交媒体回归生活与新闻的基本属性，传递人文气息。对于广告宣传，切实把握"度"，既不泛滥发布，也不过分夸大。另一方面，要与目标消费者及时沟通，互动中热情又不失稳重，尽量以温馨幽默贯穿全程。微营销的立足点是每一个消费个体，和每一位目标消费者成为朋友是微营销的宗旨。只有用浓浓的人文关怀覆盖商业气息，才能赢得消费者对企业品牌的青睐，建立消费者对企业的信任。

资料来源：刘志坚，张辉. 微营销内涵、特征及发展——以微博、微信为例 [J]. 对外经贸，2014（11）.

策划实战

章燎原是一位来自安徽宣城的创业者，仅用了4个月时间，他就让一个刚起步的纯互联

网零食品牌在双 11 期间创造了 800 万元的成交额，这个品牌就是三只松鼠。2015 年 11 月 11 日，三只松鼠依旧保持前 3 年的销售奇迹，以 2.5 亿的销售额卫冕了休闲食品行业双 11 销量四冠王。作为一个依靠各大电商平台的互联网品牌，三只松鼠凭借树立品牌形象，以及最大程度地增强用户体验而取得了巨大的成功。

章燎原将目标客户锁定在喜欢网购的 80 后、90 后人群，为产品设计了一个可爱系的卡通松鼠形象，在目标群体中形成了头脑占位。最初推出产品之际，章燎原花费了大量资金在淘宝首页位置连续推广，以增大点击量从而有机会扩大市场占有率。三只松鼠只在线上销售，无线下实体店，因此增强客户体验成为至关重要的战术。线上销售使企业和顾客的互动得以充分实现，三只松鼠的客服也真正做到了放低姿态、放下身段，以交朋友的心态与客户进行沟通。同时，三只松鼠也在产品包装上下足了功夫。三只松鼠的包装盒印有体现品牌的卡通松鼠形象，而且每一个外包装上都附有方便划开纸箱的小工具，打开后，里面吃坚果的工具更是一应俱全：针对不同种类坚果的开壳器、果壳收纳袋、密封夹、纸巾等。另外，通过挖掘后台数据，三只松鼠可以精确地掌握客户二次购买的频率、购买的次数、购买打折商品的比例等信息，从而精确地实现一对一的客户服务。

根据三只松鼠线上营销的成功案例，你对于如何使传统品牌适应营销的线上化有哪些启示？通过哪些网络营销策略能增强企业的品牌形象？

本章小结

网络营销策划的一般过程包括确立策划目的、拟订策划计划书、市场调查与预测、编写策划方案、方案实施、效果测评。

网络营销产品在产品性质、产品质量、产品式样、产品品牌、产品包装、目标市场和产品价格等方面有自己的特点，因此在选择网络产品时应该充分考虑产品自身的特点、实物产品的营销区域范围及物流配送体系、产品生命周期。网络营销品牌策略包括互联网域名、网络品牌的建立策略等。

网络营销定价策略包括：个性化定价策略，自动调价、议价策略，竞争定价策略，拍卖定价策略，集体砍价策略，特有产品特殊价格策略，捆绑销售策略，声誉定价策略，产品循环周期定价策略，品牌定价策略，撇脂定价和渗透定价。

网络营销渠道分为网络直接营销渠道和网络间接营销渠道。生产企业通过互联网直接向消费者进行销售称为网络直接营销。通过网络交易中间商实现产品在生产企业和消费者之间移动的销售方式称为网络间接营销。一个完整的网络营销渠道应能完成订货、结算、配送功能。网络营销渠道的建设可以分为 B2B 的渠道建设和 B2C 的渠道建设两种。

网络促销策略包括网络广告、网络直销、网络销售促进、网络公共关系。

PART

行业篇

第 14 章
房地产营销策划

开篇案例

2018 年全国房地产市场回顾及 2019 年房价展望

2018 年国家颁布了很多政策,房地产市场正在经历着"房住不炒""限购、限售、限贷、限价、限商"等阶段,全国各地针对房地产的政策变得更加严格,调控措施更细、更全面。2018 年 3 月房地产购买政策出台之后,很多城市和地区提高了首付比例及调整贷款额度,提高了首二套的评价标准,加大了购房贷款资格的审核力度。但在 2018 年年末,少数地区政策有解绑迹象。同一时期,央行开始定向降准,缓解了银行业的流动性压力,利率方面也出现松动下调的迹象。两者都是房地产市场的利好消息。

2018 年房地产市场呈现以下几个特点。

(1) 2018 年住户中长期消费贷款总量上涨,增长的速度比之前略慢。2018 年的主题是控制房贷增速,房贷增速和之前相比也确实得到了有效放缓。2018 年住户中长期消费贷款增速有了下降,首先是因为政策指向调控的作用,其次市场中需求的变化也对增速有影响,增速总体有所下滑。得益于严格的政策控制,市场得到了净化,在去掉"水分"以后,刚需贷款需求基本上就是市场中真实的需求情况。

(2) 个人住房贷款余额同比上升,增速降低。个人住房贷款余额的历史数据显示,季度的余额和以前相比有明显上升,2018 年个人住房贷款余额 25.75 万亿元,同比增长 17.8%,增速比上年末低 4.4 个百分点。房屋价格上涨是住房贷款余额上升的主要诱因,销售火爆致使供需出现紧张,价格增长速度太快从而导致房屋贷款总额上升。单从同比的增长幅度来看,该涨幅在有了一个增长新高以后,开始逐渐波动式下跌。

(3) 住宅销售面积总量上升,现房销售面积下滑。2018 年度在抑制炒房、限购限售等诸多政策调控作用下,无居住需求的投资购房行为减少,政策的指向对于商品住宅销售产生了直接影响。在限制了炒房投资以后,房市中房屋销售量将主要由有居住需求的群体支撑,由于这些群体在短期内不会大量增长,销量肯定会出现下降,现房销售受到的影响最大。此外,各地保障性住房政策实施,很多保障性住房入市,其中以期房为主,使得期房的交易总量上涨。

(4) 房价指数出现分化,新房微涨,二手房下跌。市场政策总体趋于严格,新销售房屋价格趋于上涨。新房多以期房为主，新房价格上涨表明新房销量有所上升，供小于求，价格变高。同时又由于限售限购，新房交易主要以刚需为主，一线城市推出共有产权期房，缓解了供需不平衡的压力，避免新房价格大幅波动。

（5）房屋按揭贷款利率低速上涨，年末出现回落。2018年房贷利率一直在增长，但增长幅度不断缩小。年末时，随着央行降准、市场资金供应增多以及房地产政策的松动，房贷利率出现小幅回落。2018年年底更是出现均值下调的情况，以后更多银行大概率会向大行利率看齐，银行利率回调的次数会增多。

2019 年市场走势：房价走势稳字当头，房贷利率可能回调。

经历了一年多的政策调控，房地产市场过热的趋势得到了有效抑制。2018 年下半年很多重点城市房地产市场进入下降时段，一些城市的地产市场更加低迷，居民利用杠杆进行投资的势头得到初步遏制。此时，适度修正过度严格的行政管理政策有利于房地产市场恢复稳定运行。

从房贷利率走势来看，融 360 大数据研究院认为，2019 年大概率会下调利率。2018 年以来央行实施了五次降准，目前市场流动性充足，有利于扩大信贷规模。从承担风险的大小来看，个人住房贷款是比较安全稳定的资产，银行也有更多动力去扩大这方面的信贷规模。但由于央行的资金援助主要是针对民营企业、小微企业，并未放开对房地产的金融监管，因此银行对房地产的帮助也是有限的。购房需求得到了有效净化，加以资金流动性较高，有住房需求的群体的利益也有了保障。但是二线城市和一线城市仍有差距，一般来说一线城市的利率比二线城市低，主要受城市经济情况、银行数量、体量以及业务量的影响。而从现在的情况来看，一线城市的利率短期内也无法回落到优惠利率。

资料来源：明利.2018：中国房地产市场回顾与展望[EB/OL].(2018-01-18).https://m.jrj.com.cn/madapter/hk/2018/01/18100623966295.shtml.

14.1 房地产营销策划概述

14.1.1 房地产营销的概念

房地产营销是生产力发展和商品经济发达的必然产物，强有力的房地产营销活动不仅可以促进地区的经济繁荣，还有助于将计划中的房地产开发建设方案变成现实。房地产营销是市场营销的一个重要分支，是使房地产产品进入市场并转换为现金的经营活动，既是沟通和连接房地产开发、房地产流通以及房地产消费和使用的重要手段，又是连接土地和房屋产品的开发与生产者、消费者的关键纽带。

房地产营销是指房地产开发经营企业进行的创造性的适应房地产市场动态变化的活动，以及将综合形成的房地产产品、服务等从房地产开发经营者流向房地产购买者的社会过程，即通过市场调查，从市场的实际需求出发，提供给市场适当数量、质量的房地产产品，并通过适当的渠道和促销手段使其在符合供方、需方和社会利益的情况下，顺利到达适当的顾客手中的整个过程。

从以上概念我们可以看出，房地产营销蕴含着以下四层意思。

（1）它是以顾客需要为导向的营销。企业开展市场营销活动的目的，就是通过开展市场调查，了解和满足消费者的需要，从而实现企业的经营目标。房地产营销同样不例外。

（2）它是一个具有系统管理过程的营销。房地产营销通过进行整体营销，在企业外部将产品策略、定价策略、销售策略、促销策略四大要素在时间与空间上协调一致，实现最佳的营销组合，以达到最优的综合效果。并且，它不仅仅是房地产销售，还包括流通过程、产前活动和售后活动等。所以，房地产企业必须通过整体营销活动来满足顾客需要。

（3）它是兼顾社会各方利益的营销。房地产企业在进行营销决策时，必须要兼顾消费者需要、企业利润和社会利益，这样才能赢得社会公众的认同，树立良好的企业形象。

（4）它是一种含有创造性活动的营销。房地产企业不仅要了解和满足消费者的需要，还要创造消费者需要。经营者不仅要能够积极满足消费者现实的需求，更重要的是能够着眼于未来，只有对未来的市场需要有一个整体的把握，才能将消费者的潜在需要转化为现实需要。

14.1.2 房地产营销的特征

房地产营销作为市场营销的一个分支，除了具有市场营销的一般特征外，还具有其自身独特的性质，主要表现在以下几个方面。

1. 政府政策作用显著

我国政府对土地拥有最后的支配权，在房地产经营运行中，政府干预表现较多。并且，房地产业对国民经济起到重要作用，也决定了政府必须对房地产业加强宏观调控。房地产的消费中，住宅用途的房地产关系到社会的安定和经济发展，为了减少房地产市场上的投机交易，政府通过各种方式对房地产的市场交易进行控制。因此，房地产经济在运行过程中的政府政策导向，是房地产企业营销活动中应密切关注的要素。

2. 房地产营销是全过程营销

房地产业的综合性非常强，需要多种行业、多个企业的共同经营。从选址、设计、施工、竣工、销售到售后管理，全程涉及投资咨询机构、市场调查机构、项目策划机构、建筑设计机构、建筑施工机构、工程建立机构、销售推广机构、物业管理机构等。因此说房地产营销贯穿于经营的全过程。

3. 房地产营销风险性较大

房地产产品的生产不同于普通产品的生产。一般工业产品从原材料消耗、加工到产出，可以在一天、一小时甚至更短的时间内完成。房地产开发则不同，从项目的可行性研究到房地产建成，一般要用1～5年的时间；如果项目较大，时间会更长。企业的内外部环境在这样长的时间内大都会发生变化，从而加大了房地产营销的风险。此外，房地产投资大，又具有不可移动性，一旦环境变化或投资决策失误，将会给企业造成无法挽回的损失。

4. 房地产营销的效益要进行综合衡量

这是指企业在开展房地产营销乃至整个房地产开发经营活动中，不能仅追逐企业自身的经济效益，还要使这些活动的成果对多方面均有效，即有利于提高综合效益。这实质是对顾客至上观念的扩展和延伸，是对包括顾客在内的整个社会的要求的综合认同和尊重。具体包括：首先是经济效益，即企业在开展房地产营销活动中，扣除成本、费用、税金等能保证自身效益的增长；其次是社会效益，即在房地产设计、开发以及在售后使用中保证人们日益增长的物质和文化生活需要，主要表现在质量好、造价低、舒适美观等；最后是环境效益，即在房地产开发及使用过程中，做到污染少、安静、舒适、绿化能和周围的环境和谐，保持生态平衡等。

专栏14-1　　　　　　　　　　　　万达文化

一、思想体系

1. 核心理念

万达企业文化的核心理念是"国际万达，百年企业"。"国际万达"是指万达的企业规模、管理、文化层次达到国际级，成为世界一流的企业；"百年企业"是指万达要追求基业长青，赢得长远利益。

2. 企业使命

共创财富，公益社会。

3. 核心价值观

人的价值高于物的价值，企业价值高于员工个人价值，社会价值高于企业价值。

二、制度体系

万达集团为了保证企业文化的传承、传播、贯彻、执行，专门成立了企业文化中心，在基层配备专门的企业文化专员，形成一套完整的企业文化制度，保证做到：年初有计划，年底有总结；经费有预算，培训有考核。

资料来源：万达集团官方网站。

14.1.3 房地产项目策划的程序

一个完整的房地产项目策划主要包括以下程序。

1. 土地使用权的获得

一般来说，项目的策划是从土地使用权获取的那一刻开始的。开发商及其策划人员在充分把握城市规划和当地房地产市场的基础上，研究哪个地块具有开发价值，以及如何获得这个地块的使用权。

2. 房地产项目市场调查

目前，市场调查是开发商了解消费者心理以及竞争对手情况与楼盘信息的重要方法，主要内容包括市场环境调查分析、区域条件调查分析和同类产品竞争态势调查分析。在市场调查阶段，开发商及其策划人员要考虑采用何种具体调查方法获得有关信息和资料，即如何设计调查问卷，如何与市场调查机构打交道等。

3. 消费者行为心理分析

这一步主要是对市场调查结果进行分析研究，对消费者心理行为模式进行探讨。

4. 房地产项目市场细分、目标市场选择与市场定位

通过市场调查可以确定项目的市场定位，即项目主要销售给谁。同时，策划人员还要根据消费者的心理和行为，考虑导入什么样的概念，并明确项目的形象定位、产品定位、价格定位等，以适应目标消费者的爱好与习惯。

5. 房地产项目的产品策划

房地产项目的产品策划即项目的规划设计，一般是由开发商委托给设计单位来做。在设计单位进行具体的规划设计之前，开发商及其策划人员要依据市场调查的结果和项目的市场定位，给设计人员提出具体的建议和要求。

规划设计完成之后，开发商要选择承建商进行施工。这一步工作主要是由开发公司中的工程人员进行施工管理，不需要策划人员具体做什么。

当项目完工或即将完工时，策划人员就要考虑项目的销售问题。这一问题又可以分为价格策略、广告策略以及销售策略三项内容。

6. 房地产项目的价格策略

房地产价格犹如一把双刃剑，制定得好，可以挫败竞争对手，使自己开发的楼盘畅销；制定得不好，楼盘卖不出，企业就可能被对手打败。因此，制定合理的价格策略是策划人员的重要工作之一。价格策略主要包括定价目标、基本定价方法、单元价格确定以及定价技巧等。

7. 房地产项目的广告策划

策划人员为吸引大众的"眼球"，必须精心策划，认真实施有效的广告策略。这其中包括广告目标、广告费用预算、广告媒体选择、广告频率、广告设计技巧以及广告效果评价等。

8. 房地产项目的销售策划

在具体的销售过程中,开发商需要考虑项目是自行销售,还是委托代理;项目推向市场时,是以什么样的形象展现给消费者;售楼处怎么布置,楼书怎么制作。楼盘正式开卖前,要不要搞一个内部认购,试探一下市场的反应;楼盘销售中,如何营造卖场氛围。如果自行销售,开发商要考虑销售人员的培训问题。由于项目的销售要经历较长的时间,制订出一个完整的销售计划是必不可少的。销售过程中,还有一些具体的问题,需要开发商以及策划人员考虑。例如,销售进度的控制与节奏如何安排,尾盘如何销售,用什么样的促销方式吸引购房者,房地产项目销售中如何处理好与社会大众的关系等问题,都是需要策划人员认真考虑的。

9. 房地产项目物业管理的前期介入

物业管理工作虽然属于楼盘销售之后的事,但策划人员必须提前介入。这是因为良好的售后服务是楼盘销售的有力保证。策划人员应本着以人为本的思想,为购房者制定好完善的物业管理措施,为购房者"量身定做"物业服务。

14.2 房地产市场调查

14.2.1 房地产市场调查概述

房地产项目策划要做出正确的决策,就必须分析房地产市场,研究它的动因、情绪、市场参与者的相互作用、物业特征和影响房地产价值的外部因素等,故要进行房地产市场调查。

1. 房地产市场调查的定义

房地产市场调查就是以房地产为特定的商品对象,对相关的市场信息进行系统的收集、整理、记录和分析,进而对房地产市场进行研究和预测。由于土地和房屋位置的固定性(不动产),房地产市场调查有很强的地域特征。对房地产市场的调查,也习惯依据地域形态,由单个楼盘到区域市场,再由区域市场到宏观环境,最后从宏观环境恢复到单个楼盘、区域市场。只有这样不断地循环往复、融会贯通,才可真正把握市场的脉搏。

实际上,房地产市场调查是为了更好地了解和抓住市场,明确项目成败的原因或减少决策中的不确定性。针对这些目的而进行的市场调查成本低,并对决策者有明显的价值。这个价值既包括土地的环境价值(自然环境、人文环境、交通环境、商业环境、城市区位环境等),也包括项目的开发价值(功能定位、规划方法、容积率、建筑风格、景观设计、空间布局、建筑材料等);既注重项目的延伸价值(售后服务、品牌品质等),又强调项目的机会价值(市场客户定位、适应性价格比、入市时机、政策背景应用等)。

2. 房地产市场调查与一般耐用消费品市场调查的区别

房地产市场调查不同于一般耐用消费品的市场调查，它是以房地产为对象，对相关市场信息进行系统的收集、整理、记录和分析，对房地产市场进行研究与预测，并最终为营销决策服务的专业方法。对房地产市场调查和处理都有较高的难度。房地产市场调查与一般耐用消费品市场调查的不同之处，主要表现在房地产市场调查具有多样性和复杂性，贯穿整个房地产市场营销过程，每个阶段具有有限性，对访问者甄别的难度高，如收入水平的识别、计划置业面积的识别、计划置业年限的识别、购买决策人识别等，还有访问者的配合等问题。为了找到满足条件的被访问者，房地产市场调查需要访问的家庭数量经常是一般耐用消费品市场调查的数倍。房地产市场调查主体侧重对房地产市场产品的调查，如项目基地情况、交通信息和基础信息；一般耐用消费品的市场调查主体则侧重于消费者。

14.2.2 房地产市场调查内容

房地产业是一个综合性非常强的行业，所以房地产市场调查也是一个综合分析的过程。一般来说，按照调查对象的不同，房地产市场可以划分为以下几个方面。

1. 市场环境调查

（1）宏观环境调查。房地产市场调查最重要的任务，就是要弄清楚企业当前所处的宏观环境，为最终决策提供宏观依据。它主要包括：经济环境调查、政治环境调查、人口环境调查，还包括对文化环境、行业环境、技术环境以及城市发展状况的描述等。

（2）中观环境调查。中观环境调查主要调查房地产项目所在城市的建设与规划、房地产企业的情况、房地产的总供应量与总需求量，以及专业机构与中间商情况等。

（3）微观环境调查。微观环境调查又称项目开发条件分析，出发点在于分析项目的开发条件及发展状况，对项目自身价值提升的可能性与途径进行分析，同时为以后的市场定位做出准备。它具体包括：对项目的用地现状及开发条件进行分析，对项目所在地的周边环境进行分析，对项目的对外联系程度、交通组织情况等进行分析。

2. 消费者调查

市场调查是为了满足目标消费者的需要和欲望，而了解消费者并不容易，所以需要对消费者进行深入的调查。它大体上包括以下几个方面：①消费者的购买力水平。它直接决定了消费者的购房承受能力，而它的主要衡量指标是家庭年收入。②消费者的购买倾向。它主要包括品牌、偏好、价格、物业管理、环境景观等。③消费者的共同特性。它主要包括消费者的年龄、家庭结构、文化程度、职业等。

3. 竞争楼盘调查

对开发项目周边的竞争楼盘及当地甚至全国可参考的楼盘进行市场调查，是所有房地产市场调查报告都会涉及的一件事，通常由市场调查人员通过现场踩盘来填写预先设计好的调查表格，并分析所调查楼盘的特点、优劣势及可借鉴或注意的地方，通常包括以下六个方面的内容：了解楼盘的开发组织，分析楼盘的地理位置，分析楼盘的产品，分析楼盘的价格组合，分析楼盘的广告策略和业务组织，了解楼盘的销售情况。

4. 竞争对手调查

狭义的竞争对手是指以类似价格提供类似产品给相同顾客的公司。广义的竞争对手是指制造相同产品或同级产品的所有公司。在房地产市场中，对竞争对手的调查主要包括竞争对手的专业化程度、品牌知名度、开发经营方式、楼盘质量、成本状况、价格策略以及历年来的项目开发情况等方面。

14.3 房地产市场定位策划

14.3.1 房地产市场定位的概述

房地产市场定位是指在一定的房地产市场环境下，面向特定的顾客，根据企业自身的情况，针对一块土地或项目确定的市场发展方向和主线，使自己生产和销售的产品获得稳定的销路，树立一定的市场形象，在顾客心中形成一种特殊的偏爱。

所以说，房地产定位，不单单是围绕产品的内涵和形象的定位，更要针对市场，从顾客需求上发现产品的最佳切入点，使产品在消费群体中引起共鸣，并使顾客产生强烈的购买欲望，从而能有效地适应竞争激烈的市场，适应顾客的需求，有效地实现销售，获取利润和品牌声誉，建立企业的知名度与美誉度。

房地产市场定位的实质就是差异化，以使目标市场了解和赏识本企业产品与竞争对手产品不同的特点，适应顾客的一定需要，为本企业产品创造一定的特色，赋予一定的形象，形成一种竞争优势，以便在该细分市场上吸引更多的顾客。房地产企业进行市场定位时，通过创造鲜明的商品特色和个性，塑造出独特的市场形象。这种特色和形象可以是实物方面的，如"价廉""优质""物业管理优良"，也可以是心理方面的，如"舒适""豪华""气派"，或者是二者兼顾的。

14.3.2 房地产市场定位的准则

房地产市场定位是房地产市场营销的开端，要保证定位的可行性，我们就要明确它的准则。

1. 受众导向准则

房地产市场定位的关键点，是要把握消费者的心理特征，使其定位信息与消费者的预期相似或相近甚至吻合，这样才能突出各种房产信息的重围，把项目的准确信息有效地传递到消费者脑海里。

定位的重心在于消费者心理，对消费者的心理把握得越准，定位策略就越有效。营销所传播的信息越贴近目标群体的心理要求，越易给消费者留下亲切和美好的印象。不同层次的消费者产生不同的消费特征。比如，工薪阶层关心分摊的面积和物业管理费用、周边的公共交通线路情况、价格是否合理等；中等收入者更加关心小区的绿化和配套设施、物业服务水平、房型格局和小区环境质量；高收入阶层则要求住宅的面积较大、装修豪华、密度低、容积率低、住宅环境幽雅、配套设施齐全等。所以，不同的受众有不同的关注焦点，只有投其所好进行定位，才能赢得消费者的好感和认同。

2. 差异化准则

差异化的市场定位就是通过各种媒体和沟通宣传渠道向目标市场传达楼盘的特定信息，把与竞争对手的不同之处展现在消费者面前，从而引起他们的注意，做到"你无我有，你有我优，你优我异"。当这种暗示信息与消费者的潜在需求吻合时，产品的形象就会驻留在消费者的心中。

一般来讲，定位中的差异化主要来源于这几个方面。

（1）地段差异。地段差异涉及楼宇质量、户型、建筑风格、小区设计、绿化率和周边的环境等因素。这是消费者最为关心的内容，也是产品能否在竞争中取胜的关键。

（2）对象差异。在对消费者关系的处理中，服务渐渐被提到一个很高的地位，优良的服务比新奇的概念更加重要。服务包括销售过程中的服务、售后服务以及业主入住后的物业管理服务。良好的服务是消费者所期盼的，只有良好的服务才能树立良好的产品形象。

需要指出的是，项目的差异因素是多元化的，如现在很多投资型的消费者关注楼盘的升值潜力问题，有孩子的家庭主要考虑小区周边的人文教育因素等。在同品质的产品中，楼盘的差别越多，就越能显示出定位的优势，突出楼盘的形象。

（3）类型差异。类型差异是消费者关注的另一个关键。价格一般分成预计价格、心理价格和实际价格三方面。在价格因素相同的情况下，楼宇的质量越高就越有竞争力。不同的消费群体的价格要求是不同的，在不同的价格面前，也会有不同的购买心理。定价问题将在以后的章节进行论述。

3. 经济可行性准则

房地产项目的定位要考虑区域经济环境，以及区域内房地产物业的档次和品质，项目要同目标客户群的消费能力和特点相当。项目确立的原则要从企业自身的技术和管理水平出发，目的是在实现效益最大化的前提下，使产品有较高的性价比。企业要研究房地产市场的变化趋势，考虑项目实施的可行性，再根据项目规模、地块特性和本项目的SWOT分析确定入市的时机。同时，要运用微观效益分析与宏观效益分析相结合、定量分析与定性分析相结合、动态分析与静态分析相结合的方法，对项目进行经济评价，分析各经济评价指标的可行性。

4. 全局一致性准则

在挖掘多样化卖点的同时，要确保一个明确而统一的主题，即全局一致性。一个大主题可以分解为若干个小主题，小主题内容可以不一样，但都服务于大主题。在确立主题定位的基础上，以后的宣传和推广手段必须前后连贯，突出一个主题，切忌前后矛盾。同时，大主题还要与企业发展战略相一致，在企业发展战略的框架下进行项目的市场定位，体现企业的竞争优势，发挥企业的核心竞争力，构建企业品牌和产品品牌，使得企业的产品具有延续性和创新性，实现企业的发展目标。

14.3.3 房地产市场定位的策略

定位是前期工作的灵魂，贴切合理的定位是整个项目成败的关键环节。所以，定位要提出以后具体工作的主要方向和总体精神。

市场定位是对国家和地区的房地产市场进行分析判断，了解市场的变化趋势，熟悉相关的经济政策环境，研究目前市场的细分情况，参与某一细分市场的走向。市场定位一定要结合区域特点，正确地对项目所在区域的房地产市场进行分析、预测和判断，对消费群体、消费需求、消费能力及同一细分市场的竞争对手的状况等做出必要的定性和定量分析，对项目环境做出必要的评价。在详细的房地产市场调查和分析的基础上，通过市场细分选定目标市场，挖掘潜在消费群体，明确项目档次，确定建筑标准。即通过各种媒体和渠道向目标市场传达楼盘的特定信息，使之与竞争对手楼盘的不同之处凸显在消费者面前，从而引起消费者的注意。当目标定位所体现的差异性与消费者的需要相吻合时，你的楼盘或品牌就能长驻在消费者心中。房地产市场定位的策略有以下几种：填补定位、避强定位、迎头定位、重新定位等。

1. 填补定位

这种策略是企业通过市场细分发现有新的领域尚未被占领，同时又为许多消费者所重视。虽然这种策略难以把握，但在这种策略下企业很容易取得成功。这部分潜在市场即营销机会，有的企业虽能发现这种潜在市场，但没有足够的实力，最终仍然无法获得成功。

2. 避强定位

这种策略是企业为了避免与强有力的竞争对手发生直接竞争，而将自己的产品定位于另一市场区域内，使自己的产品在某些特征或属性方面与强势对手有明显区别。当企业意识到自己无力与同行业强大竞争对手相抗衡时，可突出宣传自己与众不同的特色，如前期特色规划设计、后期精心物业管理等方面，在消费者心中树立一定形象。由于这种做法风险较小，成功率较高，为多数企业所采用。

3. 迎头定位

这种策略是企业根据自身实力,为占据较佳的市场位置,不惜与市场上占支配地位、实力最强的竞争对手发生正面竞争,从而使自己的产品进入与竞争对手相同的市场位置。由于竞争对手强大,这一竞争过程往往相当激烈,企业及其产品能够较快地为消费者所了解,达到树立市场形象的目的。但这种策略极易引起恶性竞争,具有较大的风险。因此,企业必须知己知彼,了解市场容量,正确判断是否能依靠自己的资源和能力超越竞争对手,瓜分现有市场。只有当企业能够生产出比竞争对手更好的产品,该市场容量足够吸纳双方的产品,同时比竞争者拥有更多资源和实力时,才能与强势竞争对手一起在同一细分市场竞争。

4. 重新定位

这种策略是指企业对销路不广、市场反应差的产品进行二次定位。初次定位以后,如果消费者的需求偏好发生转移,市场对此企业产品的需求减少,或者由于新的竞争对手进入市场,选择与该企业相近的市场位置,这时,企业就需要对其产品进行重新定位。一般来说,重新定位是企业摆脱经营困境、寻求新活力的有效途径。此外,企业如果发现新的产品市场范围,也可以进行重新定位。

14.4 房地产品牌策划

随着房地产市场竞争日趋激烈,市场营销日趋差异化,品牌营销应运而生。对于品牌的运营,现代房地产开发企业已经将之上升到了战略的高度。品牌是产品战略中的一个重要课题。一方面,开发一个有品牌的产品需要大量的长期投资,特别是在广告、促销和包装等方面;另一方面,品牌对培育企业的核心竞争力、提高企业的经营效益和营销效果具有决定性作用。

14.4.1 房地产品牌策划的概述

1. 房地产品牌策划的内涵

品牌作为营销的有力武器,不是一朝一夕就能建立起来的。以产品作为载体的品牌,必须通过各种营销手段对资源进行整合,把握消费者的心理,使消费者对这一品牌产生一种积极的、正面的印象,在这之后他们才会逐渐形成品牌认同。在品牌战略的指导下,营销者通过研究市场、适应市场,提供以消费者为中心的具体服务和产品,提高房地产的营销水平,才能更好地满足消费者的需求。

房地产市场营销的品牌策划是指房地产开发企业通过对房地产产品品牌的设计、创立、塑造,在消费者心目中树立良好的品牌形象,进而期望在市场上获得竞争优势,获得竞争地位。

2. 房地产品牌策划的特点

房地产品牌策划的确立具有自身的特点。其一，它以楼宇作为特殊产品与消费者建立经济联系，它的营销行为直接关系到购房者的生活质量与经济利益；其二，房地产产品形象是企业房地产产品的外在服务与内在质量的综合反映，直接关系到房地产开发企业的品牌形象。其中，外在服务主要通过营销过程中的服务和物业管理来体现。房地产产品的品牌或商标，即楼宇名称，则是企业形象重要的外在表现，它以产品质量为后盾，在一定程度上成为产品形象和企业形象的标志。内在质量包括出奇的建筑构思、精心的总体设计、优质实惠的建筑材料、独到高雅的内外装潢，它们不仅关系到建筑物的质量，使房地产产品增值，而且是树立房地产产品形象的关键。

由于房地产产品的特殊性，房地产品牌具有很强的地域性。建立在区域消费和地段经济基础上的区域品牌，在房地产行业内比较普遍。但是，目前一些大型公司的品牌已经不局限于某一区域，比如万科已经成为产品质量和价值观的指向，吸引了大量消费者的关注。在一些房地产市场比较成熟的地方，项目的营销基本上依靠企业品牌，如我国香港地区的新鸿基、长江实业、恒基等都是香港消费者十分放心的品牌企业。

再者，在房地产行业内，品牌应是居住者（或未来居住者）与开发者价值观共鸣的产物。品牌能够营造一种氛围，是维系居住者与开发者的一条纽带。房地产业的品牌不是通过广告宣传就能建立起来的，它更多地体现在定位、设计、施工、销售等方面，体现在配套设施开发、物业管理、售后服务等一系列过程之中。在品牌塑造上，虽然房地产行业有其鲜明的特点，但在本质上与其他行业一样，都必须有适合其品牌定位的独特主张和差异化的竞争优势。比如，碧桂园的尊贵、富有，SOHO的现代、时尚，万科的亲情、温馨，奥林匹克花园的运动、健康等，无不体现和表达着自身独特的品牌主张。这种无形的品牌资本如同企业的名片一样，象征着企业的身份。

14.4.2　房地产品牌的提升方式

1. 注重产品的创新

多年来，房地产业存在着产品类型单一、千楼一式的状况，产品和服务的创新、升级换代比较困难。不断提升产品和服务的功能与效用，既符合品牌营销的需求，又能满足市场最根本的要求。例如，酒店式公寓的推出，将两类物业服务功能融合，受到了市场的欢迎。因此，房地产业的创新行为是值得推崇的，应始终将技术创新和新房型的开发作为两项最重要的任务。

2. 推动区域品牌跨区域发展

现阶段我国一些比较有实力的开发商，选择走出地域的界限，充分利用品牌资源，建立连锁品牌，通过跨区域的多个楼盘共用一个品牌，充分展示品牌的强大实力，以提升品牌的美誉度。这些品牌基本上运用两种策略：一种是单一品牌策略，如奥园，在全国复制了许多楼盘,都统一以奥园命名;另一种是副品牌策略,如万科开发了万科星园、万科青青家园、万科四季花城、万科城市花园等楼盘。

3. 提炼核心理念,坚持统一风格

提炼核心理念是衡量品牌经营是否成功的一个重要标志。奥林匹克花园以一句"运动就在家门口"的品牌理念一炮打响,提倡了一种运动、健康的生活方式,营造出强大的品牌效应。理念和风格不仅体现在建筑上,更体现在品牌形象上。品牌一旦确定,就要突破时间和地域的限制,始终如一地坚持下去。同样,万科地产委托专业广告公司,为其量身定制了一部以"建筑无限生活"为主题的品牌形象广告。万科的楼盘分布在全国各地,坚持着统一的理念、统一的形象,尽管名字不尽相同,但让人一看就知道出自万科。

4. 注重销售服务形象

销售服务形象由服务手段的现代化、售楼处的建筑风格、企业销售网络的完善程度、广告的促销力度、销售人员的素质等众多因素构成。它要求在售楼处建设新颖、令人心动的样板房,注重销售服务形象,销售人员要真实详尽地介绍楼盘,拥有完善的客户信息,留心收集、保存和使用信息,及时为客户办理相关手续,物业管理要注重周到的服务和快速反应等。如"万科"拥有一流的物业管理,就能比周围的楼盘要价高,这就是品牌资产的价值。

5. 培养品牌的延伸力

把品牌营销划分为两个层次,一方面是创造楼盘的多样性,另一方面是有一定的品牌延伸和风险抵抗能力。房地产由于其开发量大,常常对整体楼盘先进行总的品质定位,确定目标市场,即确立总品牌;再根据开发状况和市场情况细分目标市场,确定每一期工程的具体针对群体,即确立衍生品牌。总品牌所关心的对象是所有能够得到楼盘信息的人,其定位要有一定的高度,既要创造楼盘的个性,又要有一定的包容性。潜在顾客对产品的心理定位是总品牌,衍生品牌的延伸并不会影响潜在顾客对产品的心理定位;相反,由于品牌的延伸,楼盘可以吸引更多细分市场的潜在顾客。

6. 需要企业内部的整体配合

房地产项目的品牌营销需要依赖该项目各部门的共同努力,包括项目策划、区位选择、市场调查、规划设计、建筑、销售和物业管理服务等各环节。个别环节若出现失误,品牌声誉将受到影响。另外,要注意房地产项目的开发建设必须考虑项目的综合成本、市场前景,做好整体工作。严格控制工程与服务质量,以防负面影响的出现,及时妥善处理业主提出的问题。承诺要真实、准确,以便在顾客之中建立可信度。

7. 积极应用 CIS 战略

塑造完整、健全、独特的企业形象绝非易事,它是企业由内到外认识自我、展示自

我的过程，是一项艰巨的系统工程，必须借助 CIS 系统完成。CIS 战略以理念识别（MI）、行为识别（BI）和视觉识别（VI）为塑造企业形象的三大支柱，目前又发展了听觉识别（AI）和环境识别（EI）两个要素。只有通过对企业理念、行为、视觉识别进行"从头到脚"的重新改造，呈现在消费者面前的才是一个全新的企业，才能对其市场竞争力和营销效果的提高发挥不可低估的作用。

14.5 房地产营销渠道策划

14.5.1 房地产营销渠道策划概述

房地产开发企业在制定品牌策略之后，接下来要解决的一个问题是：如何将所开发建设的房地产产品迅速、有效地传送到消费者手中。

在房地产市场整体营销活动中，房地产开发企业在生产领域开发建设出各种房地产产品，只有通过流通领域将房地产产品送到最终消费者手中，才能最终实现房地产商品的价值和使用价值。因此，营销渠道策划是房地产市场营销的另一重要因素。同时，营销渠道又是企业一项关键的外部资源，它的建立通常需要若干年，而且不易改变，其重要性不亚于其他内部资源，诸如开发建设部门、研究部门以及辅助设备等。

房地产营销渠道策划是指房地产开发企业为了实现企业的经营目标和营销目标，使房地产产品快速、高效地从开发建设领域流向消费和使用领域而采取的一系列措施。市场营销渠道策略是房地产开发企业最重要的策略之一，企业所选择的渠道将直接影响所有其他营销策略的决策。

房地产开发企业的营销渠道策划在整个房地产市场营销中占有独特地位。第一，营销渠道的选择直接影响和制约着其他基本策略，比如房地产产品的价格不仅取决于生产该产品的单位成本，还取决于流通费用的补偿，取决于因代理商、经纪人的声誉、实力以及分布密度所带来的市场份额的大小；第二，营销渠道策划是相对长期的决策，因为分销渠道模式一经确定，即使市场情况有所变化，改变或调整原有的经销关系也会有很大的难度；第三，营销渠道策划的效果不直观。由于关系间接，信息反馈往往"滞后"，如代理商的营销状况并非房企的首要关注事项，但是，一旦房地产商品销售困难，不等房地产开发企业有所反应，就已造成巨大的损失。

14.5.2 房地产营销渠道的选择

1. 房地产营销渠道选择应遵循的原则

房地产企业在选择营销渠道时，要遵循以下几条原则。

（1）协同性原则。房地产企业在选择中间商时，不仅要考虑其管理水平、经营实力、信誉的高低、经验的丰富与否，还要考虑其合作意愿。协同性原则要求房地产企业要选择那些能够与企业真诚合作的中间商，这样才能产生合力。

（2）可控性原则。可控性原则反映了房地产企业对营销渠道的控制能力。可控性要求房地产企业在选择营销渠道时，对所选择的营销渠道要有一定的控制能力。控制能力一是反映在当房地产企业和中间商发生冲突时，房地产企业协调的难易程度；二是反映在当中间商之间发生冲突时，房地产企业协调的难易程度。对上述两种冲突能够比较容易地化解，说明房地产企业对营销渠道的控制能力强；反之，说明控制能力弱。

（3）适应性原则。适应性是指房地产营销渠道适应环境变化的能力。企业在建设营销渠道时需要花费大量的时间，同时也需要一定的投入。房地产企业在对其营销渠道做出决策后，不可能想变就变，但市场环境又是不断变化的，因此，房地产企业一开始就应选择那些对环境有较强适应能力的营销渠道。

（4）效益性原则。不同的营销渠道需要投入不同的成本，也有不同的产出。房地产企业在选择营销渠道时，一定要对各种可供选择的营销渠道进行综合选择，从中选择投入少、产出大（即经济效益高）的营销渠道。

2. 影响房地产营销渠道选择的主要因素

房地产企业在选择营销渠道时，不仅要遵循上述原则，还应该考虑一些其他相关因素，这些因素主要包括以下几个。

（1）企业自身因素

1）房地产企业对营销渠道的控制要求。如果房地产企业想要严格地控制营销渠道，则选择直接营销渠道；否则，可选择间接营销渠道。

2）营销力量和营销经验。如果房地产企业有足够的销售力量，或有丰富的营销经验，就可以少用或不用中间商；否则，就得利用中间商进行营销。

3）企业的规模、实力和信誉。如果房地产企业规模大、信誉好、实力强，在选择营销渠道时的灵活性就大，既可以采取直接营销渠道，也容易得到中间商的合作；如企业规模小、实力弱、信誉差，就应该主动争取中间商的合作与支持。

（2）产品因素

1）技术复杂程度。技术复杂的房地产营销渠道要短，最好采用直销方式，以便房地产企业为用户提供各种服务。

2）质量。有些房地产质量特别优良，市场反应非常好，有时甚至出现有业主预付部分甚至全部建设费用的情况，这样的房地产就可以采用直接营销渠道；反之，则采用间接营销渠道。

3）单位价值。房地产价值越高，营销渠道就应越短，如别墅、高级公寓应由房地产企业直销；房地产价值低，其营销渠道可以长些，如价格低、大众化的房地产可以借助中间商销售。

（3）竞争因素

营销渠道竞争已成为市场竞争的重要因素。房地产企业在选择营销渠道时必须考虑竞争因素。一是可以借鉴竞争者成功使用过的营销渠道，选择与竞争者相同的营销渠道，以降低营销渠道选择的风险；二是根据企业的优势和目标顾客的特点，选择与竞争者不同且更有效的营销渠道，以取得渠道竞争优势。

（4）市场因素

1）市场供求状况。如果房地产供不应求，出现卖方市场时，房地产企业可以采取直销；反之，宜采用间接营销渠道。

2）购买特点。如果目标顾客购买的批量大、频率低，适宜选择直接营销渠道；反之，如果顾客购买的批量小、多样化，适宜采用间接营销渠道。

3）顾客的数量及分布。如果目标顾客较多且地理分布比较分散，则营销渠道可以长些；如果目标顾客较少且分布比较集中，可以选择短渠道甚至直销。

4）环境因素。如果经济萧条，产业结构调整和投资方向有重大调整，银根紧缩，会造成目标市场需求下降，价格下跌。这时，房地产企业要尽量减少不必要的流通环节，降低流通费用，尽量采用直接营销渠道。

5）中间商因素。不同类型的中间商在执行分销任务时各有优势和劣势，房地产企业应根据中间商的特点做出选择。

3. 房地产营销渠道的基本类型

（1）开发商自行营销

自行营销是开发商自己组建营销队伍，从事项目营销的一种直接的渠道方式。由于委托营销代理需要支付一定的代理手续费，有时开发商为了节省这笔代理费宁愿自行营销。一般在下列三种情况下开发商可以考虑自行营销。

1）大型房地产开发公司经过多年的开发运作，建有自己专门的市场推销队伍，有地区性的、全国性的甚至世界性的营销网络，他们有十分丰富的推广经验。

2）房地产市场上扬，开发商所开发的项目很受投资者和置业者的欢迎，而且开发商预计项目在竣工后很快便能租售，如目前全国的微利商品房。

3）当开发商所开发的项目已有较明确的营销对象时，也无须再委托租售代理。

（2）委托代理营销

它是委托专业的营销代理公司进行营销的一种渠道方式。由于专业代理公司在长期的楼盘营销过程中建立了广泛的客户网络和客户档案，拥有训练有素的营销人员，它们往往能够站在市场的高度，从整体与全局上来把握营销。因为经手的楼盘较多，这些专业代理公司对市场信息的把握较为充分，拥有系统的营销模式和流程。考虑到与开发商的合同关系和企业自身的信誉问题，它们也会较好地组织营销。因此采取委托代理营销方式能相对地缩短营销周期，加快资金回笼速度，较好地处理时间与收益的关系。

根据代理商承担责任和风险的不同，委托代理营销又可以分为包销、风险代理和混合渠道三种方式。

1）包销。包销是指代理商与开发商按照一定的约定，由代理商承担市场风险，不论市场营销情况如何，代理商必须按照约定的条件向开发商付款。包销对于代理商和开发商都存在一定的风险，一般市场情况不好，市场价格处于稳定或波动下降时，代理商的风险较大；反之，则是开发商的风险较大，可能会失去价格上涨带来的超额利润。由于包销方式风险较大，一般来讲，开发商较少采取该渠道方式。

2）风险代理。风险代理是指代理商支付开发商一定的风险保证金，按照双方约定的条件进行营销的方式。如果按照条件顺利完成营销目标，风险保证金退还代理商；如果没有按照约定条件完成营销目标，开发商扣除全部或部分风险保证金。目前在沿海一些地区，风险代理应用得较多。

3）混合渠道。这是由开发商自行营销与委托代理营销相结合的一种方式。该方式较多应用于目标顾客分布区域比较广、营销难度比较大的项目，该方式的优点是可以集合两者的优势，但在管理和协调上有较高的难度，如果管理不力，不能形成合力，混合渠道的效果就会受到影响。

（3）网络营销

网络营销是信息时代和电子商务发展的产物，它也被运用到了房地产市场营销上，应时出现了一些以房地产为主要内容的网站，如搜房网、中房网等，它们为房地产企业和消费者提供了全新的信息沟通渠道；同时，许多房地产商也利用互联网的网络资源进行网络营销。通过互联网双向式交流，可以打破传统的地域限制，进行远程信息传播，面广量大，其营销内容翔实生动、图文并茂，可以全方位地展示房地产产品的外形和内部结构，还可以进行室内装饰和家具布置的模拟，为潜在购房者提供了诸多方便。随着电子商务的进一步发展，网络营销将成为房地产市场上一种具有相当潜力和发展空间的营销策略。

（4）房地产超市营销

房地产超市营销是近年来在浙江、上海等地出现的一种全新的营销渠道。它的出现表明中国房地产营销开始告别传统的开发商自产自销的单一模式，进入一个以超市为显著特征的商品零售时期。有专家认为，房地产超市是中国楼市营销理念、方式的一次改革和突破，为解决当前商品房营销困难带来了新的思路和转机。

14.5.3 房地产中间商的类型及职能

1. 房地产中间商的类型

房地产中间商是指在房地产从生产者向消费者转移的过程中，专门从事商品流通的企业或个人。按照中间商在房地产流通过程中是否拥有商品所有权，可将中间商分为房地产经销商和房地产代理商两种。

（1）房地产经销商。房地产经销商也称商人中间商，是指在房地产商品买卖过程中拥有商品所有权的中间商。因为它们拥有商品所有权，在买卖过程中要承担经营风险。中国的房地产经销商往往兼有批发和零售两种作用，它们向建筑企业投资建设房地产或大批量购置房地产，再批量地委托房地产代理商营销或出售给团体客户，也向个人消费者营销商品房。

（2）房地产代理商。房地产代理商又称房地产中介，是指接受房地产企业或经销商委托，从事房地产销售业务，但不拥有商品所有权的中间商。代理商为房地产企业或经销商寻找客户，介绍房地产，提供咨询，促成房地产交易。成交后，代理商向交易双方或一方（多为卖方）收取一定数额或比例的佣金。

随着中国房地产市场的发展，房地产代理商在房地产交易中的作用越来越突出，这是由房地产营销的特点和房地产代理商自身的特点决定的。第一，房地产的经销具有高度复杂性，需要大量资金，高回报必然伴随高风险。房地产代理商不需要事先购买房地产的所有权，不需要大量资金和银行信用，市场风险小。第二，房地产代理商在长期的代理业务中，掌握了大量专业知识，有丰富的推销经验。尤其是它们结交广泛，信息灵通，能很好地完成销售任务。房地产代理商又分为个人代理商和房地产企业代理商两种。前者是指从事中介代理的个人，又称经纪人；后者是由多人组成的、具有法人资格的代理机构。目前，在中国房地产交易中，房地产经纪人的作用还没有得到充分发挥。在大批量的房地产交易中很少有经纪人插手，经纪人推销的房地产主要是零散、老旧的房屋。将来，随着房地产市场的不断发展和完善，经纪人的作用一定会大大增强。

2. 房地产中间商的职能

房地产中间商是房地产企业和消费者之间的纽带与桥梁，在房地产交易中承担着重要职能，极大地推动了房地产市场的发展。房地产中间商的主要职能有以下几方面。

（1）销售产品。销售产品是房地产中间商最基本的职能。房地产中间商接受房地产企业的委托或购进房地产并及时地销售出去，从而实现房地产商品的价值，满足消费者需要。

（2）提供咨询。房地产交易是一项复杂的工作，房地产中间商由于具备丰富的专业知识和经验，可以为消费者购房提供各种咨询，还可以为房地产企业提供相应的咨询服务。

（3）促进销售。房地产中间商承担了房地产的销售任务后，就要开展各种促销活动，如开展广告宣传、举办讲座、邮寄宣传品、接待来访者、组织促销活动等。这些促销措施能有力地促进房地产企业的产品销售，还有助于提高房地产企业的知名度，树立房地产企业的形象。

（4）承担风险。房地产的价值高、投资数额大，经营风险也大。中间商购买了房地产的同时，也就承担了经营风险。

（5）融通资金。房地产投资和交易的资金数额巨大，中间商从房地产企业订购了房地产，也就是为后者提供了资金帮助；房地产中间商还可以利用自身良好的资信，帮助房地产企业向银行争取贷款，还可以帮助消费者融通资金。

（6）售后服务。房地产营销出去以后，需要开展各种售后服务工作，如房屋的维修、公共建筑的配套等。搞好售后服务工作，有利于提高消费者的满意度，树立良好的企业形象，增强企业的竞争力，而很多售后服务工作是靠中间商配合来提供的。

（7）沟通信息。房地产中间商在营销业务活动中接触面较广，能广泛地收集信息，能为房地产企业和消费者提供有关商品和市场方面的信息。这样可以促进房地产生产者按需生产，也可以更好地满足消费者的需要。

14.6 房地产促销策划

现代市场营销不仅要求房地产企业开发出优质的房地产项目，提供完善的营销服务，建立良好的品牌形象，制定有吸引力的价格，选择通畅的营销渠道，还要求房地产企业与消费者进行沟通，以便引起消费者的注意、兴趣和购买欲望，进而实现产品销售。房地产企业与消费者之间的信息沟通就构成了房地产促销。

14.6.1 房地产促销的概述

促销是促进营销的简称，它既是一种手段，也是一门艺术。房地产促销是指房地产开发商为了帮助消费者认识该房地产的性能、特征及潜在的好处，借助宣传、推广的方式，将房地产的信息传递给消费者，进而激发其购买愿望，直至实现其购买行为的一种手段。

房地产促销的实质是信息沟通活动。房地产的生产者、经营者和消费者之间由于存在信息上的分离，生产者将产品生产出来后不知道要卖给谁，而消费者又不知道到哪里去购买他所需要的产品，这就要求房地产企业将有关商品和服务的信息通过一定的沟通渠道传播给消费者，增进消费者对其商品及服务的了解，引起顾客的注意和兴趣，激发消费者的购买欲望，为消费者最终做出购买决策提供依据。

14.6.2 房地产促销的主要模式与特点

1. 代理商的独家销售代理模式

代理商的独家销售代理模式是指由一家代理公司代理整个楼盘的销售。这种销售模式是现今房地产市场的一种主流模式，也是市场的发展趋向，独家代理的楼盘占了大城市在售楼盘总量的70%以上。

它的特点在于分工明确，各展所长，可以较准确地把握当地市场和消费者的口味、消费者心理、消费者的消费习惯等一些在销售过程中起重要作用的因素，避免开发商盲目揣测市场和消费者的心理而导致偏离市场需求。

2. 代理商的联合销售代理模式

联合销售代理是指由多家代理公司代理楼盘的销售。这种销售模式最先在港澳等地区得到了应用，此后在内地的大城市被少数开发商所用，后来得到了广泛应用，直至最后慢慢消失。

它的优势主要表现在：充分竞争，推动销售。代理商为了自己的商业名誉，不遗余力去销售房屋，跟对手竞争。但缺点亦与之俱来，该模式导致恶性竞争时有发生，管理困难，最终损害代理商的利益。

3. 开发商的自产自销模式

开发商自产自销模式是指开发商负责开发楼盘和销售楼盘，这种销售模式是出现得最早的。开发商自产自销模式又分为两种情况：一是开发商自己成立销售部门，以成建制的形式进行销售；另一种是开发商创办一家销售代理公司，负责销售自家开发的楼盘，以成立子公司的形式进行销售。

它的优势在于降低成本，增加利润。因为在这种模式下，开发商直接管理销售人员，直接支付薪金，省去了中间部分的支出，该资金直接归开发商所有。最重要的是，开发商的销售理念能直接传达给每个销售人员，不受代理公司影响，不会在中间环节出现偏差。缺点是覆盖面太窄，不够专业，对市场的感知太弱，留不住人才。

4. 开发商与代理商协同销售模式

协同销售模式是指开发商进行两手准备，一方面组建自己的团队，另一方面也找销售代理公司帮助自己销售。该销售模式很少见，虽然和代理商的联合销售代理模式在某个方面有一些相同，但从根本来说相差较多。

它的优势主要表现在：存在内部和外部竞争，能激发出团队更大的潜力。这种销售模式和代理商的联合销售代理模式的相似之处是，能发掘出销售潜力，帮助自己的销售公司提高销售技巧和水平，但是恶性竞争依然存在，管理上较困难。

总体来说，每种模式各有优缺点，最终选择还是要依据自身实际情况来确定，但是仍需打破传统的单一销售方式，实现多元化的房地产销售模式，发挥各种模式的优势，灵活解决各种营销问题。

14.6.3 房地产促销的方式

1. 广告

广告作为房地产企业用来直接向消费者传递信息的最主要的促销方式，是企业通过付费的方式利用多种传播媒体进行信息传递，以刺激消费者产生需求，扩大房地产租售量的促销活动。

房地产广告的突出特点是广告期短、频率高、费用多。其诉求重点有：地段优势、产品优势、价格优势、交通便捷优势、学区优势、社区生活质量、开发公司的社会声誉等。房地产广告按其要达到的目的，大致分为如下三类：信息类、说服类和提醒类。信息类广告通过广告活动向目标消费者提供各种信息，如介绍新楼盘、提供房地产基础信息、说明付款方式等。说服类广告的目的是加深消费者的认知度,提高房地产的竞争力,说服消费者购买。这种广告通过建立选择性需求,使目标消费者的偏好从竞争者转向本企业。提醒类广告以提醒消费者、加深消费者的印象为目的,常用于房地产营销的后期,或用于新旧楼盘开发的间隙期。

广告利用其灵活的表现方式,可以将有关信息不知不觉地灌输到消费者的脑海里,从而影响消费者的购买决策,激发消费者的购买(或租赁)欲望。另外,广告也可以增加房地产的价值,国外的研究发现,消费者对房地产的认可价值与广告强度有很强的正相关关系。因此,房地产企业广泛使用广告进行宣传,以刺激消费者的需求。

2. 人员推销

人员推销是最古老的一种促销方式,也是四种促销方式中唯一直接依靠人员的促销方式。它是房地产企业的推销人员通过与消费者进行接触和洽谈,向消费者宣传介绍房地产商品,进而达到促进房地产租售的活动。在人员推销过程中,通过与消费者的沟通,可以了解消费者的需求,便于企业进一步地满足之;通过房地产营销人员直接与消费者接触,可以向消费者传递企业和房地产的有关信息;通过与消费者的接触,还可以与消费者建立良好的关系,使其也发挥推荐和介绍房地产的作用。

另外,人员推销还具有推销与促销的双重职能。由于房地产是价值量巨大的商品,一般消费者不会仅凭一个广告或几句介绍就随便地做出决定,因此,人员推销是房地产企业最主要的推销方式。但是,人员推销也存在接触成本高、优秀营销员少以及营销人员的流动会影响目标消费者的转移等缺点。

专栏14-2　　　　　房地产广告促销的几种类型

(1)告知型。这种类型一般出现在开盘之前和初期,目的在于提高楼盘的知名度和潜在消费者的认知感。如"××园"开盘广告,大幅字体"开盘"加上规划的小区情况介绍;"××花园"以一句"多层闪亮登场"做广告,并配以简单介绍。

(2)说服型。这种类型主要出现在销售中期,目的在于揭示楼盘的种种优点或卖点。如"××花园"一则广告在列举了种种优势后,以标题"您还在犹豫什么"发起进攻。

(3)提示型。这种类型贯穿于整个销售周期,目的是通过对各种事件的提示、传达,引起购房者的注意。如"××苑"之"封顶热销景观小高层";"××花园"之"示范屋全面完成,敬请参观";"××花城"之"艺术大师著名画家汇集××花城"。

(4)形象型。这种类型往往配合楼盘或开发商获奖情况而作,用以提升整体品质和形象。如"××苑"一则广告以"荣登2000年第一季度××楼盘销售榜第6名"为主打;"××苑"在获得鲁班奖后,打出一则"鲁班奖+住宅示范小区=建筑全优"的广告。

(5)促销型。这种类型多出现在节假日、喜庆活动中,采用的手段以价格为主,也有推出保留房型、赠送礼品等多种形式。如"五一"前夕,××集团推出迎"五一",看楼盘,

> 抓时机,买特价,"旗下各楼盘限量特价销售";"××大厦"开盘酬宾,为前10名购房者免一年物业管理费和车位费。

3. 销售推广

销售推广是指房地产企业通过各种营业(销售)方式来刺激消费者购买(或租赁)房地产的促销活动。销售推广是直接针对房地产商品本身采取的促销活动,刺激消费者采取租购行动,或刺激中间商和企业的销售人员努力营销房地产。房地产企业为在短期内引起消费者对其房地产商品的注意,扩大销售量,常采取这种促销方式。对于开发量比较少的房地产,这种方式相当有效,常能在短短几天内造成轰动效应,将房地产抛售一空,如上海某房地产中介代理公司采用"以租代售"的方式将某办公大厦在一个月内售出90%。需要指出的是,这种促销方式易引起竞争者模仿,并会导致公开的相互竞争,而且如果这种促销方式使用频繁或长期使用,会使促销效果迅速下降。

4. 公共关系

公共关系又称公众关系,是房地产企业在市场营销活动中正确处理企业与社会公众的关系,树立企业良好形象,从而促进销售的一种活动。公共关系促销是指房地产企业为了取得人们的信赖,树立企业或产品的形象,用非直接付款的方式通过多种公关工具所进行的宣传活动。公共关系促销与前面3种促销方式区别较大,主要体现在公关促销不是由企业直接进行的宣传活动,而是借助于公共传播媒体,由有关新闻单位或社会团体进行的宣传活动。公关促销不是以直接的促销宣传形式出现,而是以新闻等形式出现,因而颇受公众的信赖和注意,有利于消除公众的戒备。但公关促销往往不是针对房地产本身的促销,因而促销的针对性较差,并且房地产企业常难以对这种促销方式进行有效的控制。

房地产公共关系促销活动很多,根据公关活动内容的不同,可将其以分为以下几种。

(1)媒体事件策划。发现或创造对房地产企业或房地产本身有利的新闻,这是房地产企业公关人员的一项重要任务。一条有影响力的新闻,对增加房地产的租售量、树立企业形象具有不可估量的作用。如庆典、展览会等,都是可供利用的新闻素材。

(2)举办或参加专题活动。房地产企业经常举办或参加一些专题活动,以强化与有关公众之间的信息交流与情感联络。

(3)参与各种公益活动。公益活动为房地产企业开展公关促销创造了良好的机会,房地产企业也常常利用这类机会,以引起有关媒体的注意,树立良好的企业形象,并及时宣传报道自己,如捐助希望工程、教育及慈善事业等。

(4)企业形象识别系统建设。企业形象识别系统将企业的理念、管理特色、价值观等,用整合传播的方式(特别是视觉艺术)传达给社会公众,以塑造良好的企业形象,赢得社会大众和消费者的信赖与认可。

14.6.4 房地产促销组合

房地产促销组合是指为实现房地产企业的促销目标而将不同的促销方式进行组合所形成的有机整体。企业应根据促销组合的特点和影响促销组合的因素,对四类促销方式进行有效的组合,使企业能够以最少的促销费用达到所确定的促销目标。影响房地产促销组合的因素主要有以下几点。

(1) 房地产的类型。不同类型的房地产面对的消费者是不一样的,因此所使用的促销组合也不同,如人们用于基本居住的一般普通住宅与体现身价、讲究舒适享受的高级别墅所使用的促销组合差异就很大。对于前者,广告是最重要的促销方式,然后才是人员推销、营业推广、公共关系;而对于后者,最重要的推销方式则是人员推销,其次才是营业推广、广告、公共关系。

但这不是说人员推销对前者不重要,广告对后者不重要。实践证明,消费者对普通住宅这类价值量比一般消费品大得多、情况又复杂得多的商品,也需要人员推销来帮助做决定;同样,广告在高档房地产的市场营销中是进一步推动人员推销的有力工具,广告可使推销人员的工作难度降低、效率提高。这也说明了只有通过促销组合才可以最大限度地提高促销效益。

(2) 房地产建设的不同阶段。房地产的建设周期一般较长,房地产的租售期始于项目建设取得预售证,直到项目建成、达到入住条件为止。房地产建设各阶段都需要使用促销组合策略,而在每一阶段应使用不同的促销组合。一般来说,在项目开工的前期阶段,可多采用公共关系及广告的促销组合,以提高企业及房地产的知名度;在项目施工阶段,采用广告和营业推广相结合的促销组合进行促销,也要加强人员推销的力度;项目竣工以后,促销组合中人员推销起的作用将增强,同时广告、营业推广、公共关系等促销方式也要调整并组合使用。因此,在房地产建设的不同阶段,应选择不同的促销组合,以达到最好的促销效果。

(3) 推式与拉式策略。房地产企业选择推式策略还是拉式策略,对企业促销组合的影响很大。推式策略是指房地产企业对房地产中间商积极促销,并使其积极寻找客户进行促销,将房地产租售出去;拉式策略是指房地产企业针对消费者进行促销,以增进需求。由于两种策略下企业面对的促销对象不同,所使用的促销方法也不同。推式策略主要使用人员推销和针对中间商的营业推广方式,而拉式策略主要使用广告和直接针对消费者的营业推广方式。在房地产营销实践中,一般是两种策略结合使用。

(4) 促销预算。促销预算对促销方式的选择有很大的制约。促销预算不足的情况下,费用昂贵的促销方式(如电视广告、收费较高的报纸广告等)就无法使用。当促销预算较宽裕时,则比较灵活,可综合使用多种促销方式。因而房地产企业的实力、房地产本身的利润、市场的供求状况等决定了促销预算的大小,企业应根据促销预算,合理地选用促销方式,使促销费用发挥最大的效果。

(5) 政治与经济环境。房地产企业应随着政治与经济环境的变化,及时改变促销组合。比如在通货膨胀较严重的时期，人们对价格较为敏感，此时可以加大营业推广策略（价格折扣、优惠等方法）在促销组合中的分量，以促进销售。

14.6.5 商业地产营销问题

1. 商业裙楼营销认知有待提高

作为商业地产的重要组成部分，商业裙楼营销效果会对项目的盈利状况和楼盘质量产生直接影响，但目前其营销模式有以下问题。

第一，项目定价过高。一些开发商会过度看重商业中心的位置优势，对裙楼的定位过高，致使裙楼营销效果远远低于预期。

第二，营销方式过于同质化，一味地迎合市场需求，没有创新的营销方式，大大降低了裙楼的吸引力。

第三，营销目的不清晰，营销目的应该在销售之前就确定。没有确定的长期目标，销售的形式较乱，内部管理落后。

第四，经营管理水平不高，分散式经营，难以提高商业中心的综合实力。

由此可见，市场上的竞争对手云集，产品同质化现象严重，企业之间缺乏比较优势。而提供更好的服务才是吸引客户最根本的办法，故应采用服务差异化来创造竞争优势。

2. 营销策划有待优化

营销活动的成功与否很大程度上取决于营销策划方案，它是营销活动的核心。在进行策划时，企业需要树立起品牌形象，工作人员需要注重挖掘客户潜力。目前国内的营销策划主要存在两方面问题：一方面，缺乏市场调查。市场调查不够充分，会导致商业地产的开发略带盲目性，商业地产的同质化现象就会越来越普遍；另一方面，品牌意识淡薄。商业地产属于综合类的开发项目，地产所在地的经济、政策以及人文文化等因素都会影响销售情况，所以要因地制宜地进行营销策划的制定，而不能一味地模仿和一概而论。但部分开发商在制定营销策划时，并没有考虑这些特殊情况，大都是将现有的销售方案直接套用，造成营销的"水土不服"，这种结果就是品牌意识淡薄所带来的恶果。同时，一些开发商没有进行整体品牌营销，只是对局部优势进行营销，给项目的长期营销带来了不利影响，阻碍了企业的发展。因此，企业需要加强树立品牌意识，全面进行营销策划。

3. 中心物业管理有待完善

第一，物业管理的定位不够完善。一般来说，市场调查应该事先进行，对市场应该有全面的认识，这样才能更好地为后续工作的开展提供数据支持。

第二，项目产权不明确，容易产生纠纷。购物中心业主在进行经营时，容易因为利益而出现冲突，所以需要进一步完善产权的分散化管理。

第三，经营、销售存在矛盾，如果两者关系处理不当，很容易造成经济损失。若经济收益与长期规划工作的方向不一致，容易导致长期经营困难。

⊙ **策划案例与文案**   **万科养老型房地产营销策略研究**

随着我国人口的老龄化，国家对老年人的经济支出日益增多。2019年1月21日的数据显示，截止到2018年年底，我国60周岁及以上人口达24 949万人，占总人口的17.9%。在这种情况下，独生子女家庭的养老难更加突出，养老问题逐渐走入人们的讨论范围。但由于我国的养老机构数量较少，且人们对养老院的偏见较大，导致现在很多老年人不愿意在退休之后住到养老院中，对养老机构的服务和质量感到不满。

万科房地产看到了商机，趁机推出了可以满足老年人养老的创新型养老房地产。万科抛下了以往对住宅的设计，根据每个老年人的经济实力、个人爱好等实际情况，为有着不同需求的老年人提供合适的养老环境，使得老人既可以在家里养老，又可以享受社区为老人所提供的服务，这样的操作让社会变得更加有序。但是从目前来看，该模式的推广成为万科养老型房地产营销面临的最大困境之一。

一、万科养老型房地产的发展状况

万科从2009年开始涉足养老行业，已经发展了多年。最开始万科是设立观察点，当取得一定成效后开始铺开。从杭州万科的随园嘉树到青岛万科的怡园公寓，再到成都万科的幸福家，万科以多层次逐步展开，不断探索，不断开辟我国房地产养老的道路，最终研究出了三大类较为完善的以持续照料退休社区（continuing care retirement community，CCRC）、城市机构和社区中心为主的养老产品。

二、万科养老型房地产发展环境分析

（一）外部环境分析

1. 竞争者

养老型房地产作为新兴产业，市场上的蛋糕并未完全分割，多家公司铆足劲儿进入这一行业，但都处于探索阶段，各家企业在运营和规模等方面都有不足，存在差异。养老房地产一般分为3个类型：第一种是政府或保险公司设立的养老机构，如老年公寓等，很多人寿公司也积极投身于养老型房地产的建设。第二种就是单独由房地产开发商推出的养老型房地产。其中华润等房地产公司还建立了专业的养老护理团队，为老年人私人定制养老计划，不再走单一发展的房地产老路，而是将房地产与养老相结合，走转型之路。第三种是由医疗机构推出的养老项目，除了前边提到的两个服务提供者，各大领域的上市公司也开始进入养老房地产行业，但是从长期来看，公司的发展与其资金的多少有直接的联系。

2. 消费者

消费者才是上帝，只有得到了消费者的认同，公司才能健康持久地发展。时代在快速发展，消费者的消费需求、消费能力等都发生了翻天覆地的变化。房地产行业的飞速发展刺激了消费者的消费需求。目前，消费需求主要分为3大类：生理需求、投资性需求、投机性需求。随着经济的快速发展，房地产行业也取得了快速的发展，经济的发展使居民的收入水平有所提高，其购买力也随之增加。但是随着贫富差距的拉大，企业要针对不同的消费群体提供不同的营销策略，从而满足不同的养老需求。这对于养老地产公司来说，既是一个挑战，也是一个机遇。

3. 相关政策

我国是发展中国家，养老方面单靠国家支持难以做到尽善尽美。因此我国政府鼓励个人和公司进入养老行业，制定的相关政策也有利于养老型房地产公司的发展，例如推行的"以房养老"政策等，都说明了政府对养老领域的重视。这也大大激励了万科房地产公司，使其更加注重提高自己的服务质量，为老年人的生活提供更多的人性化服务，从而在竞争激烈的市场中脱颖而出。

（二）内部环境分析（SWOT分析）

1. 优势

（1）高收入地区有很多房地产公司，这对养老地产的开发是一个利好条件

（2）经验丰富，信誉较高

（3）物业管理团队专业性强，对业主负责

2. 劣势

（1）服务人员的个人素质参差不齐，专业性不足

（2）养老服务不够多样化，种类较少

（3）对产品的定位不够准确，对大部分居民来说收费过高

3. 机会

（1）人口老龄化严重

（2）国家房地产政策的变动

（3）传统的养老模式难以为继

4. 威胁

（1）新型养老模式人们难以接受，传统养老模式难以打破

（2）竞争对手众多，优势难以凸显

三、万科养老型房地产营销策略研究

（一）产品服务策略

营销方式有很多，但是提供好的服务才是好的营销。经过调查可知，消费者选择养老地产的决定性因素是产品质量和服务质量，所以努力提升品牌的价值才是增强竞争力的重要手段。但是要想获得竞争优势，仅仅提高硬件设施是不够的，还要提高软件设施："软硬兼施"在市场竞争的过程中才能取得优势。

1. 硬件产品方面

调查结果显示，万科一直有着较好的口碑，在房产的设计中注重细节关怀。考虑到老人都上了年纪，腿脚不灵活，所以为了防止老人磕桌子碰椅子，万科养老房设计的床角都是圆形的。桌子边缘也有扶手栏，方便老人扶桌起身和前行。万科养老房还有完善的预警

机制，每个房间都有拉响呼叫机的开关，物业管理人员会在呼叫后一分钟之内出现。这样完善的个性化服务使得客户群体对万科的评价比较高。

2. 软件服务方面

万科养老型房地产特别注重服务，为了提升服务的质量，相关人员做了大量的调查研究。调查结果显示，万科除了提供日常的服务给老人，还特别注重老人的身体健康和娱乐服务。如广州万科的城市花园为老人提供更多的体检服务，还在小区内部放置了许多健身器材。不仅如此，万科还特别关注老年人的心理状态，为老年人提供丰富的娱乐活动，如日常休闲场馆、粤剧厅、棋牌室、健身房、KTV、书画室、阅览室等，丰富老年人的日常生活。

（二）定价策略

定价策略对任何产品来说都具有巨大的影响。对于消费者来讲，产品的价格是决定是否购买产品的关键性因素。一般来说价格和购买力成反比，价格越高的产品，购买力就越低。但房地产并不是日常的消费品，而是一个综合类的商品，所以不能一味追求降低价格，这样只会使资金断流，降低服务的品质。

调查显示，目前万科养老型房地产的客户群体主要是中高收入群体，不适宜普通收入群体。而且部分养老社区存在"捆绑保险销售""捆绑地产销售"等现象，万科应该减少这种现象的发生。捆绑销售虽然短时期内会获利，但是长此以往会让公司失信于客户，自毁形象。

（三）促销推广策略

在促销推广方面，传统的房地产营销注重前期的广告投入，利用大量资金建设华丽的售楼部，对出售后的房屋却不闻不问，不管住户的居住感受。而万科不仅关注房子的售卖人群，还长期、持续地关注住户的居住体验，讲究养老住房，在推广过程中重视顾客的体验和口碑。万科城市花园的服务人员每逢佳节便会给业主送去礼物，颇具人情味，让业主充分感受到"家"的温暖，感受到物业的情谊。万科采取温情路线，用情感打动消费者，更能引起消费者的共鸣，进而促成交易。

讨论题

1. 你认为万科养老策划的创新点和独到之处体现在哪里？
2. 该策划还有哪些不足，如何完善？

资料来源：唐润娣，庞宇妮，王楚璇，等.万科养老型房地产营销策略研究 [J].经济研究导刊，2019(27).

相关链接 "足球+地产"再升级，复制恒大模式不可能

在广州恒大足球队取得成功后，一众房企看到了足球对品牌的巨大宣传作用，近些年纷纷涌入足球圈。

中超联赛2015赛季的16支中超俱乐部中，绝大多数拥有房地产的背景。这其中有像绿城、建业这样的资深房企"玩家"，也有近几年才进入足球领域的房地产企业，像富力、绿地

等。实际上，除了主业为房地产的企业之外，其他俱乐部的投资人大部分也涉足了房地产，像国安、鲁能等央企大佬。因此，中超联赛也被大家戏称为中国房地产业的足球超级联赛。

华夏幸福收购了河北中基足球俱乐部，征战中甲赛场，将"房企联赛"的战火烧到了下一级联赛。想当初恒大第一年也是从中甲起步进入足球领域的，并以中甲冠军的身份进入中超，仅仅用了575天便实现了中国版的"凯泽斯劳滕奇迹"。

事实上，这些标杆房企之所以心甘情愿拿着大把钞票进入足球圈，是因为广州恒大所取得的成功，以及成功背后难以测算的宣传效应，即足球对品牌的巨大传播效应。

基于此风向，中国体育科学学会体育新闻传播分会副会长郝勤曾表达过个人看法，在中国足球的上升阶段，赞助商的作用是不容小觑的，它们品牌价值的提升空间与速度也是相当大的。目前的中超俱乐部几乎是房地产企业的天下，之所以出现这样的现象，一方面是中国目前的经济结构造成的，另一方面也说明了房地产企业看好中国足球带来的正面效应。

一位喜爱足球的房企负责人对《证券日报》记者表示，他也同意很多市场人士想要借助足球提高企业知名度的看法，但想在今天复制恒大那样的成功，几乎是不可能的。因为恒大当时是用尽了自己的家底，早早进入了足球市场，并且已经成了广州的一张名片，恒大投入的几十亿元资金早就赚回来了。即使其他公司现在进入市场，并且投入比当时恒大投入的更多，也很难达到恒大那样的高度了。

俱乐部连年盈利，傲人战绩引阿里巴巴入股

如果问大家对恒大的最初印象，相信绝大多数人会说起足球。这不是说恒大房产不足以令人信服，而是说相较于房产业，足球才是恒大的点睛之笔。

恒大集团董事局主席许家印也曾说过，恒大在足球中所投入的每1分钱，都得到了10分的回报。恒大在投资足球之后，在媒体上的曝光率间接得到了巨大的提高，通过此种手段产生的宣传和推广效应远远强于简简单单的广告宣传。数据表明，恒大足球队在2013年总收入超过5亿元，盈利8 590万元，而同时期其他16支中超球队有14支亏损；2014年，虽然盈利的球队增至5支，恒大仍是其中总收入最高者。

正是因为恒大足球队赢得了以上的显赫战绩，吸引了阿里巴巴的青睐。在阿里巴巴入股后，广州恒大不仅投入较少的资金就可以轻松延续高投入高产出的模式，而且恒大在媒体上的曝光度丝毫未减。

在此之前，有机构对广州恒大的收入进行测算，数据显示广州恒大每投资足球1亿元，大约会有15亿元的经济效应回报。富力地产董事长助理陆毅也曾对相关媒体表达过自己的看法，投资足球带来的宣传效果约为一般广告的两三倍，其产生的叠加效应远远超越广告宣传。

足球助力主业，营销额年年攀升

事实上，相较于足球带来的收入，恒大集团的主业收入更为庞大。随着恒大足球队在中超夺冠和卫冕成功，恒大的知名度和营销业绩增幅巨大。调查显示，2009年其收入为303亿元，2010年为500亿元，2011年为803亿元，2012年为923.2亿元，2013年为1 082.5亿元，2014年为1 315.1亿元。恒大也连续多年保持在业界营销金额和营销面积的前三名。

当然，光靠广告宣传、足球带动并不能真正提升恒大的营销业绩。据调查，恒大的工作时间长而且工作规则严苛，年假较短，即使在春节，恒大员工也不一定有假期。但是对于节假日的红包，许家印表示"我从不吝啬给员工发放红包"。

不仅如此，许家印还表示，企业在发展壮大的同时，也要承担起社会责任。面对中国足球的现状，恒大作为一个特大型企业集团，理应承担起振兴中国足球的社会责任。为此，恒大不只是在恒大足球队上投入大笔资金，还特别重视对青年足球人才的培养。2015年1月28日，恒大足球学校在广州举行荷兰分校启动仪式。对于恒大的此次举动，不少业内人士竖起大拇指，声称恒大建立足球学校的这一战略，实在是高明。

资料来源：王峥．"足球+地产"再升级　业内称复制恒大模式几乎不可能[EB/OL].(2015-02-03).http://finance.ce.cn/rolling/201502/03/t20150203_4497011.shtml.

策划实战

1. 房地产营销的三个趋势是：①房地产营销互联网化，线上营销成为主流，线上线下结合越来越紧密；②房地产营销扩展到多个领域，采用更多的新技术；③利用直播平台进行房屋售卖，拍微录（vlog）介绍房屋买卖妙招成为新一代营销潮流。你认可这三个趋势吗？你认为房地产营销还有哪些趋势？

2. 房地产已经进入新媒体营销时代，万达宣称自己并没有被时代抛弃，将营销费用的70%用于新媒体，又成立了覆盖超过1.5亿粉丝的万达新媒体联盟。广州万达城结合时代潮流，研发出了备受瞩目又具有自家特色的卡通吉祥物万小熊，将营销手段人格化。派万小熊去喜茶排队、和大妈跳广场舞、和小朋友放风筝等，吸引无数顾客为之买单。假如你是一名策划人员，请问你将如何进一步改进此案例的策划，使万小熊更加深入人心？你又会如何开展市场定位？如何设定品牌形象？如何选择营销渠道？

本章小结

房地产营销是生产力发展和商品经济发达的必然产物，强有力的房地产营销活动不仅可以促进地区的经济繁荣，还有助于将计划中的房地产开发建设方案变成现实。

房地产营销是指房地产开发经营企业进行的创造性的适应房地产市场动态变化的活动，以及引导综合形成的房地产产品、服务等从房地产开发经营者流向房地产购买者的社会过程。本章在对房地产市场营销的特征进行有区分度的阐述后，强调了房地产品牌策划对培育房地产企业的核心竞争力，提高其经营效益和营销效果所能起到的决定性作用。最后，在渠道策划和促销策划中交代了如何将所开发建设的房地产产品迅速、有效地传送到消费者手中。

房地产营销的主要模式有四种：代理商的独家销售代理模式，代理商的联合销售代理模式，开发商的自产自销模式，开发商与代理商协同销售模式。

商业地产营销问题包括：商业裙楼营销认知有待提高，营销策划有待优化，中心物业管理有待完善。

第15章
医药保健品营销策划

> 开篇案例

互联网医疗在中国的实践：春雨医生

春雨掌上医生，后来简称为春雨医生，被定义为医疗健康在线平台，"身体不适问春雨"是春雨生存下来的价值所在。2011年11月，春雨医生移动客户端上线；2015年，春雨和中国科学院大学联合成立实验室，当时的春雨医生已经积累了5 000万条用户问诊数据；2017年，共有132 293名医生通过春雨医生平台向用户提供医疗服务，许多医生借用这片"工作地"进行学术交流，并利用春雨平台数据撰写健康科普文章，患者好评率达98.37%；2019年5月，春雨医生正式推出"健康小站"，实现了线上向线下扩展，以实际医护行动向社区居民宣传春雨的贴心。分析春雨的发展，可以看出春雨能在短时间内站稳脚跟，战胜竞争对手，源于以下几点。

一、明确产品业务

春雨医生的核心业务主要是为患者提供专业的各项在线轻问诊服务，咨询方式包括多种：图文咨询、电话咨询、视频咨询等。在咨询之后，医生会根据患者患病严重程度的不同开出不同的药方，并说明原因，必要时也会指导患者到指定医院找私人医生进行预约就诊。具体流程如下：

1. 通过急诊服务、症状自诊、找医生、找医院等方法帮助患者快速解决自己的问题。
2. 通过名医名院效应吸引患者关注，增加患者信服力，增加患者流量。
3. 通过科普生活健康知识、冷门文化以及进行热门问题一问一答等内容吸引并留住更多患者流量，提升平台下单量。
4. 通过健康工具收集患者健康数据，并进行健康测评。

二、增强自身优势

春雨医生是中国最早的移动问诊应用，改变了以往排队挂号的就诊模式，减少了患者的时间成本和金钱成本。春雨医生是典型的"O+O"（online+offline，线上＋线下）模式，其创始人张锐并没有在创立之后就止步不前，而是不断增加新的内容，丰富平台页面。2015年7月春雨医生推出私人医生服务，同时宣布开设线下医院，整体形成了"线上家庭医生＋线下专科医生"的"O+O"医疗服务布局。另外，春雨医生找保险公司作为自己的新支付方，合作推出健康险，保险公司为患者提供健康险，春雨医生为购买健康险的客户提供私人医生服务。

三、增强患者使用体验

春雨 App 设置形式主要是图文咨询，即将单独的图片或单独的文字或两者的组合发布到问题区，立马就能匹配出相对应的医生，准确度很高。比如输入月经不调能立马匹配妇科医生，输入大便干燥能立马匹配肛肠科医生。春雨追求的是用最短的时间，为患者提供最满意的服务，提高患者的健康意识，增加患者上线春雨的次数，增强其使用体验。

四、积极寻求合作

春雨和搜狗的合作大大提高了信息的搜索速度和可靠程度，为春雨医生提供了更多的患者信息，帮助春雨线上医生见识到更多症状的同时增大了线上医疗的准确程度，还上线了"三甲医生权威解读"的功能，由全国三甲医院中的头部医疗专家进行疑难杂症的详细解答，具有较高权威性、专业性；此外，搜狗积累的患者数据与春雨医生的医生资源可互相流动，搜狗的用户、流量资源可为春雨医生赋能，使得春雨医生的在线问诊服务变得更加普及。

五、抓住机遇

医疗需求和资源紧张是我国目前短时间内无法解决的问题。随着互联网的发展，线上问诊与线下抓药相结合给患者带来了非常大的便利。春雨抓住大数据、人工智能的潮流，通过全面、客观、专业的特点方便了更多人及时了解自己的身体状况，又能为线下引流、分流服务务做导航工具。

2020 年的新冠肺炎疫情，为线上就诊带来了新的挑战。春雨医生也通过既往业务，竭尽所能服务于疫情防控。2020 年 1 月 24 日，春雨医生上线了"共同抗击新冠肺炎"义诊页面，以直播课的形式帮助广大居民了解新冠肺炎的防控方法以及自身消毒妙招，并为广大用户提供免费在线问诊服务；在线下，春雨医生在上百个社区对社区居民进行量体温、测血氧等活动，协助物业进行公共卫生消毒、防疫。

资料来源：根据 https://www.zhihu.com/answer/68447072，https://zhuanlan.zhihu.com/p/92238959，https://cloud.tencent.com/developer/news/103347，https://zhuanlan.zhihu.com/p/111883707 整理而成。

15.1 医药保健品营销策划概述

15.1.1 医药保健品营销的概念

医药保健品营销是指医药保健品企业在对市场需求和环境进行分析与调查后，选择适当的医药保健品，进行深入研究和分析，运用科学有效的营销策略，将医药保健品传递给消费者，满足其现实和潜在的欲望，以达到良好的社会效益，促进企业自身发展目标的实现。相对于保健品而言，药品根据其品种、适应证、给药途径等的不同，又分为处方药与非处方药（OTC）。由于处方药必须凭执业医师或执业助理医师处方方可调配、购买和使用，营销受到严格限制，所以现在所指的医药保健品营销一般指 OTC 营销。

进入 21 世纪后，人们越来越感到国内市场竞争与国际市场竞争的差异，因此要用营销理论来指导医药保健品企业的营销活动，帮助企业树立新的营销理念，这是其生存和发展的关键。这就要求我们研究医药保健品市场的营销规律，从而制定相应的营销策略，使企业能在激烈的市场竞争中获胜。

15.1.2 医药保健品营销策划的发展

1. USP 时代

USP（unique selling proposition），即独特的销售主张，是由罗瑟·瑞夫斯（Rosser Reeves）在 20 世纪 50 年代提出的。明确的概念、独特的主张、实效的营销是 USP 的理论核心。一个好的 USP 对产品的传播、营销、品牌树立有着不可估量的拉动作用。

产品的独特卖点可以通过广告语来传播，比如海王金樽的"第二天舒服一点"，也可以直接体现在产品的名称或商标上，比如"脑轻松""胃炎平"等，都能够在消费者的脑海里留下深刻的印象。

早期的市场由于产品种类较少，竞争激烈程度较低，而且产品同质化市场尚未真正形成，因此消费者注重的是产品的实际效用，即能给他们带来的实际利益，此时的广告必须强调产品是独特的。

2. 品牌时代

随着同类产品的差异性减小，品牌之间的产品品质的同质性越来越高，消费者通过产品特性做出区分变得十分困难，因此，塑造并传播品牌形象比单纯强调产品的具体功能要重要。在这种情况下，品牌形象理论受到越来越多人的青睐，消费者在购买产品时追求的是"实质利益＋心理利益"，尤其注重运用形象广告满足其心理需求。

3. 定位时代

随着品牌竞争的加剧，定位理论在这个时候应运而生。定位理论是继 USP 理论和品牌形象理论之后最具划时代意义的理论，其基本要点主要有以下三个方面：从消费者的心理出发，使品牌在消费者心目中占据一定的位置；创造出有关品牌资讯的"第一"概念，比如第一位置、第一说法等；不去刻意表现产品的功能差异，而是要表现出品牌之间的区别。

4. 玄销时代

随着各种定位方式的大量使用，消费者已由最初的新颖、好奇转化为茫然和麻木。这时如何调动消费者的好奇心，使其主动寻找产品信息，就是玄销所要解决的问题。所谓玄销，就是通过突出体现产品的神秘感来吸引人们的注意力和满足人们的好奇心理，从而达到主动沟通和营销的目的，它在营销中发挥着重要的作用。

15.2 医药保健品营销渠道与终端策划

15.2.1 医药保健品营销渠道概述

1. 医药保健品营销渠道的概念

医药保健品营销渠道是指医药保健品从生产领域转向消费领域所经过的路线或通道。它有两层含义：一是指把产品从生产领域转送到消费者手里的所有经营环节或经营机构，如全国医药一级站、二级站及三级站，批发商，代理商等中间商；二是指产品实体从生产者到消费者手里的运输、储存过程。前一层含义是指一些机构组织，反映医药保健品价值形态变化的过程；后一层含义是一种活动，反映产品实体运动的空间路线。

2. 医药保健品营销渠道的类型

医药保健品存在着特殊的营销模式：一些企业将自己生产的药品或保健品通过自办零售店出售；一些医院向消费者直接出售按国家有关规定自制的药剂。由于这两种方式不具普遍性，我们不再将其作为研究对象。另外，药品又分为处方药和非处方药（OTC），它们在营销模式上也有所区别。

（1）OTC药品和保健品的营销渠道

OTC药品以及保健品与人民生活联系较为紧密。消费者大都是自己诊断、自己购买，因而零售店是OTC药品和保健品的主要营销场所。OTC药品和保健品的营销渠道类型主要有以下几种。

1）医药保健品生产企业→零售店→消费者。这是指生产企业将药品或保健品提供给零售店，然后由零售店直接营销给消费者。这是一种相对简单的营销渠道，由于只有生产企业和零售店，因而利润空间相对较大。这种渠道模式要求企业拥有雄厚的实力，能够处理面广量小的烦琐送货、铺货、回款等工作。目前OTC药品或普通药品常采用这种渠道模式。

2）医药保健品生产企业→代理商→零售店→消费者。在这种营销渠道中，生产企业通过代理商将药品或保健品转移给零售店，最后由各零售店营销给消费者。

3）医药保健品生产企业→代理商→医药保健品批发公司→零售店→消费者。这是最长、最复杂、营销环节最多的一种营销渠道，流通环节增多了，可能会相应增加流通时间和费用，但它对加速医药保健品流通和广泛推销都有积极的作用。这种营销渠道模式的缺陷是营销主动权掌握在代理商手中，企业无法直接接触市场，因而当企业有能力组建营销网络时，应及时向下一种营销模式过渡。

4）医药保健品生产企业→医药保健品批发公司→零售店→消费者。采用这种营销渠道，既可以节约生产企业的营销时间和费用，又可以节省零售店的进货时间和费用。同时，它可以最大限度地借助医药保健品批发公司的营销渠道和营销力量。这种营销渠道是OTC药品和保健品最常采用的一种营销模式。

（2）处方药保健的营销渠道类型

由于处方药必须凭执业医师或执业助理医师处方才能调配、购买以及使用，其营销地点主要集中在医疗单位（医院）里，在营销渠道类型上与OTC药品存在较为明显的差别。处方药的营销渠道类型主要有以下几种。

1）医药生产企业→医疗单位→消费者。这种方式是指生产企业直接将药品供应给医院，等病人就诊时，医院再出售给个人消费者。需要进入医院营销的新特药、进口药、处方药等都适合采用这种渠道模式。

2）医药生产企业→代理商→医疗单位→消费者。在这种渠道模式下，药品先通过合适的代理商进入医疗单位，再由医疗单位出售给消费者。企业的市场营销工作都由代理商负责，自己相当于一个生产基地。因此，这种模式适合营销能力不强的生产企业以及进口药等。

3）医药生产企业→代理商→医药商业批发公司→医疗单位→消费者。这是目前医药市场上药品营销中较为普遍采用的渠道类型之一，适用于整体实力较弱、不能在全国建立营销网络的企业。这种形式的渠道既能够弥补企业营销能力较弱的缺陷，又可满足医院对多种药品的需求，是一种较为理想的渠道模式。

4）医药生产企业→医药商业批发公司→医疗单位→消费者。这是目前处方药营销中最为普遍的营销模式。生产企业与商业公司签订营销合同，两者之间直接发生业务往来。这种方式能够保证药品的质量，同时可以使企业直接掌握药品的市场情况，必要时还可以通过自己的医药代表的促销工作来增加药品的销量。

专栏15-1　　医药保健品渠道的选择

1. 药店、专卖店——自用型产品

此类产品的特点是：价格较高，目标人群比较集中，功能比较单一。所以在产品宣传销售的时候，不仅要考虑购买人群的收入，还要考虑产品的质量，减少不必要的渠道费用。

2. 商场、超市——礼品型产品

礼品型产品可以通过多种渠道进行流通，因为这类产品将功能和产品的优点融为一体，无论是药房、超市还是商场的保健专柜，都能进得去。但是对于侧重占领礼品市场的产品来说，则应首选在商场、大卖场和超市进行销售，因为此类产品拥有广泛而且购买动机单纯的目标人群，这类人群最容易在商场和超市产生购买行为。

3. 会务营销、直销——概念模糊、功能广泛的产品

市场上概念模糊、功能广泛的产品数不胜数，如何才能凸显出自己的产品与众不同，说服消费者产生购买行为？会务营销就是一个不错的选择。会务营销不仅可以将目标人群集中在某一个地方，也扩大了产品功能，减少了渠道费用和广告费用。这种方式受到越来越多商家的青睐。"直销法"出台后，直销很有可能成为保健品的主流营销模式。

资料来源：吕一林.营销渠道决策与管理[M].北京：中国人民大学出版社，2005.

15.2.2 医药保健品营销的中间商选择

1. 医药保健品中间商的功能

（1）促进生产，保证流通。中间商直接与生产企业及用户发生经济联系，起到一个中间桥梁的作用。从生产环节看，医药保健品生产企业只有依靠中间商及时组织收购，才能将产品转化为货币资金，为扩大生产创造条件。从流通环节看，中间商可以将产品集中起来，进行储备、分配和供应，从而保证产品顺利流通。

（2）仓储与运输。生产企业的医药保健品进入中间商渠道的仓库进行仓储，可以降低生产者的风险和存货成本，而中间商也可以为消费者提供更为便捷的运送服务。

（3）简化交易关系，提高经济效益。中间商在生产者和消费者之间起到一个纽带作用，一个中间商可以连接很多生产者和消费者，可以用较少的人力和资金实现较大的商品流通量，有效地提高了经济效益。

（4）信息沟通功能。医药保健品生产企业和用户在产品的规格、品种等方面存在着矛盾，中间商可以将生产信息传递给市场，有效引发需求，又能将用户信息反馈给生产者，促进产品的改进。

2. 医药保健品中间商的类型

（1）批发商。医药保健品的批发商是指那些向生产企业或其他商业企业购进产品，继而转卖给零售商，以此为基本业务的商业企业。它处于营销渠道的起点或中间环节，是医药保健品营销渠道的重要组成部分。

按照批发商的活动区域，可以将它们分为全国性批发商、地区性批发商和地方性批发商。全国性批发商的业务范围遍及全国各地，负责全国医药保健品的调拨工作；地区性批发商负责省、市范围内的产品调拨和供应工作；地方性批发商的业务范围仅限于当地，负责对零售商供货。

按照批发商经营种类的不同，可以分为专业批发商、综合批发商和多功能批发商。专业批发商是指专门经营某一种或有限几种医药保健品的批发机构；综合批发商是指经营多种产品的批发机构；多功能批发商是指除了从事医药保健品的批发业务外，还从事推销宣传、邮购送货、信贷结算等业务的批发机构。

（2）零售商。医药保健品零售商是指向最终消费者提供医药保健品和服务的中间商，主要是各类医药保健品零售店及医疗单位（医院、诊所）。医药保健品零售商处于流通环节的终点，产品一旦与零售商联系，便标志着产品将很快进入消费领域，实现其社会价值。

根据医药保健品经营广度和深度的不同，可把零售商分为专业型和综合型两种。专业型零售商指专门经营某一类或有限几种相关医药保健品的零售机构，比如专门经营男科用品、滋补保健品的专卖店等；综合型零售商相对专业型零售商来说经营范围较广，经营种类也较多，比如北京同仁堂。

（3）代理商。医药保健品代理商是以代理卖方营销医药保健品或替买方采购医药保健品为主要业务，从中收取一定佣金的中间商。代理商与批发商的主要区别是，代理商没有医药保健品的所有权，主要功能在于促进买卖；与经销商相比其风险要小得多。

3. 选择医药保健品中间商的条件

（1）中间商的地理位置和信誉程度。选择中间商时，一方面要考虑中间商所处的地理位置是否接近消费者。比如对于普通药品，如果中间商处于是购买药品的消费者经常到达的地点，则更有利于产品的营销。另一方面要考虑中间商的信誉和协作意向，即是否愿意接受分销，并做最大努力来促销本企业产品。

（2）中间商的经济实力和管理水平。在选择中间商时，要充分考虑其经济实力，比如财务状况、销售业绩等。还要考虑中间商的管理水平，一般应选择管理能力较强、管理水平较好的中间商作为合作伙伴，否则会牵连到本企业和产品的信誉。

（3）中间商的销售能力和竞争状况。第一，中间商的销售能力如何直接关系到本企业的经济利益。销售能力强、转移速度快、对购买者影响大的中间商是理想的销售伙伴。第二，如果中间商是竞争对手的经销商，一般不宜作为本企业产品的中间商。如果本企业的产品有很强的竞争力，而且有把握胜过竞争对手，也可以选定此类经销商。

15.2.3 医药保健品营销渠道的设计

1. 医药保健品营销渠道的类型比较

（1）直接渠道与间接渠道

根据企业在营销环节中是否设置中间商，可将营销渠道分为直接渠道和间接渠道。

1）直接渠道。直接渠道是指企业在营销活动中不通过任何中间商，直接将产品销售给消费者的营销渠道。这是营销渠道类型中最短的一种营销渠道。我国有很多制药厂设有自己的营销部门，直接向消费者营销自己生产的各类产品。

2）间接渠道。间接渠道是指企业通过中间商环节把产品传送到消费者手中的营销渠道，是一种主要的营销渠道。

（2）长渠道与短渠道

按照医药保健品流通过程中中间环节的多少，可以把营销渠道分为长渠道和短渠道两类。

1）长渠道。在产品从生产领域向消费领域转移的过程中，有两个及以上的中间商加入，这样的营销渠道称为长渠道。其优点是分布广、触角多、能有效地覆盖目标市场，缺点是中间环节多、流通费用大。营销量大而面广、单位价值低的普通药品适合采用长渠道策略。

2）短渠道。在产品从生产领域向消费领域转移的过程中，没有中间商或只有一个中间商加入的营销渠道称为短渠道。其优点是中间环节少、流通费用相对较小，缺点是商品销售的地域伸展度较低。

（3）宽渠道与窄渠道

根据同一级别中间商数目的多少，可将营销渠道分为宽渠道和窄渠道两类。

1）宽渠道。宽渠道是指生产企业通过许多相同类型的中间商销售自己的产品。宽渠道的优点是借力多家中间商，分销广泛，消费者可以随时随地买到企业的产品；还能促使中间商展开竞争，提高产品的销售效率。缺点是同种类型的中间商较多，则各个中间商推销某一产品不专一，不愿为企业付出更多；生产企业与中间商是一种松散的关系，使得生产企业在交易中不断变换中间商，不利于长久合作。在目前市场条件下，OTC 药品和普通药品生产企业多采用这种渠道。

2）窄渠道。窄渠道是指生产企业选用较少的相同类型的中间商来销售自己的产品。这种渠道的优点是生产企业与中间商协作的关系密切，生产企业对中间商的支持力度相对较大，易于控制、管理中间商；缺点是双方的依赖性太强，一旦关系出现变化，生产企业将面临巨大的市场风险。这种营销渠道适用于单位价值高的处方药、进口药等的营销工作。

2. 影响医药保健品营销渠道设计与选择的因素

一个有效的营销渠道可以帮助企业顺利地把医药保健品及时地推销出去，因此，必须认真对待营销渠道的设计与选择，深入考虑影响营销渠道设计与选择的因素。影响医药保健品营销渠道的主要因素有以下几个。

（1）产品因素

产品因素主要包括以下几个方面。

1）产品的单位价值。一般来说，单位价值高的医药保健品，营销渠道的环节应少一些，可以选择短渠道或直接渠道；单位价值低的产品，如普通药品等，营销渠道可以长一些、宽一些，以增加市场覆盖面。

2）产品的重量和体积。产品的重量和体积与运输、储存费用有直接关系。对于体积大或过重的产品，渠道宜短，减少不必要的中间环节，以节约运费、储存费用并减少运输耗损。

3）有效期和易损性。对于有效期短或易损性高的药品，一般要选择最短、最迅速的营销渠道，以减少损失和浪费。

4）适用性。对于适用性较广的产品，比如常用药品，一般要经过批发商；反之，则可以采取直接渠道。

5）产品的技术服务程度。对于技术含量高或技术服务要求高的产品，尽量由生产企业直接供应用户并为用户服务，可以节约费用开支。

6）产品的生命周期。产品所处的生命周期不同，对渠道的要求也不同。如处于导入期的新产品往往需要制药商自己进行产品推广和市场开拓；处于成熟期的产品，为适应竞争及吸取更多顾客，则适合由各类中间商来销售。

7）新产品试销。若是新产品上市，为了尽快打开市场，企业宜采用直接渠道，直接向用户推销。

（2）市场因素

市场因素主要包括以下几个方面。

1）市场范围的大小和用户数量的多少。对于市场范围大、用户数量多的产品，需要依靠较多的批发商和零售商；反之则可以采用短渠道或直接渠道销售给消费者。

2）购买频率。购买频率高的产品，宜选用间接渠道和宽渠道；对于购买频率低的产品，可以少选用或不选用中间商，直接面向用户销售。

3）用户的购买习惯。对于一些常用药品，用户希望购买方便，因此应多设立一些销售点，可以采用宽渠道销售。

4）市场竞争。一般来说，同类产品尽量采取相同的渠道，以方便用户选择；企业也可以避开竞争者的渠道，开拓新的渠道。

5）市场的季节性。市场有淡季和旺季之分，淡季时，可用短渠道销售；旺季时可扩大销售范围，发挥中间商的作用，以增加销量。

（3）企业自身因素

企业自身因素可以从以下几个方面考虑。

1）企业的规模与资金实力。一般来说，企业规模大，资金力量雄厚，其市场范围、用户规模也大，对营销渠道有更多的选择余地，这样的企业通常自建营销网络来从事批发和零售，并有选择地使用必要的中间商。而规模较小、资金力量较弱的企业必须更多地依赖中间商。

2）企业的管理能力。一般来说，那些缺乏管理能力和营销经验的企业，更多地依靠中间商提供销售服务。

3）企业的声誉。声誉较高的企业，与中间商合作的能力较强，中间商也比较愿意为其提供服务。

4）企业的营销政策。企业现行的营销政策也会影响渠道的设计。例如，对购买者提供快速交货服务的政策，会影响到最终经销商的数目、采用的运输系统等。

（4）其他因素

除了上述的影响因素外，营销渠道还受一些其他因素的影响，比如政治、经济、法律等外部环境，国家对药品经营方面的法律法规，交通运输条件等，这些因素都直接或间接地影响着营销渠道的选择，应当认真考虑。

3. 医药保健品营销渠道的设计

对医药保健品企业来说，营销渠道的设计是一个重要的问题，它关系到产品能否顺利地从生产领域转向流通领域，最后到达消费者手中。企业应该考虑影响渠道选择的各种因素，做出一个适合自身的最佳决策。

（1）确定营销渠道的基本模式

医药保健品企业首先要确定使不使用中间商。是通过中间环节来实现产品的销售，还是企业自己向零售店或医疗单位供货，或者两种方法同时使用，这是企业必须弄清楚的。

如果决定使用中间商，企业就要确定有哪些类型的中间商能够销售本企业的产品，通常一种产品可以由多个类型的中间商销售。

（2）确定营销渠道的数量

当企业决定使用中间商以后，还必须决定每个渠道层次上使用多少个中间商，即决定渠道的宽度。一般根据医药保健品本身的特点、市场的容量、企业的目标等因素来决定，通常有以下三种类型可以选择。

1）密集型分销。密集型分销又称广泛型分销，是指尽可能多地使用中间商来营销企业的产品，积极扩大产品的销售网络。这种策略的特点是医药保健品企业对中间商的数目不加限制，只要具备相应资格都可以批准，尽量扩大分销网点，更多地触达消费者，以量取胜。医药市场中的常用药品、保健品、OTC药品都可以采取这种策略，给消费者提供最大的便利。

2）独家型分销。独家型分销又称专营型分销，是指医药保健品企业严格限制中间商的数目，在一个地区只选择一家中间商，授予其独家经销或代销产品的权利。一般来说，这些中间商要承诺不再经营同类竞争品牌的产品。

3）选择型分销。这是介于上述两种形式之间的一种分销形式，利用一家以上，但又不是让所有愿意经销的机构都来经营某一种特定产品，而是有条件地选择其中几家来经销。相对于密集型分销来说，它能够节省费用，降低成本，而且容易控制；相对于独家型分销来说，它的市场覆盖面较宽，有利于扩大市场占有率。总之，大多数医药保健品企业可以采用这种策略。

（3）确定渠道成员的权利和义务

医药保健品企业在确定了中间商的类型和数目之后，就要规定每个渠道成员的权利与义务，具体包括价格政策、销售条件、地区权利等。

价格政策要求生产企业制定价目表和折扣细目单，其制定的价格和折扣计划必须得到中间商认可，使双方均有利可图。

销售条件中最为重要的是付款条件和生产者保证。通常生产企业会给中间商一定的现金折扣、优先供货等奖励措施，鼓励中间商及早付款，还可能给中间商提供产品质量保证，解除中间商的后顾之忧。

地区权利指企业需要明确划定各个经销商的营销区域，以防止窜货，避免内耗。

（4）渠道设计方案的评估

医药保健品企业需要对已经设计好的营销渠道方案进行评估，从中挑选出最能满足企业长期目标的渠道形式。

评估标准有三个，即经济性、控制性和适应性。经济性主要是比较每个方案可能达到的销售额及花费的成本，企业从中选择最佳分销方式。在控制性方面，一般是渠道越短、越窄，就越容易控制。适应性与经销合同的内容和期限密切相关。市场是变化的，比如药品价格可能改变、品种可能调整，渠道也可能要调整以适应变化，生产企业应灵活选择策略，不签订时间过长的合约，以防陷入被动局面。

（5）营销渠道"窜货"的控制策略

窜货又称倒货或冲货，是指经销商不顾经销协议和制药商的长期利益，使所经销的产品跨地区降价营销。产生这种现象的原因主要有以下几个方面：一是某些地区市场供应饱和，导致经销商跨地区销售；二是企业给予渠道的优惠政策不同，致使经销商利用地区之间的差价进行窜货；三是企业管理混乱，对分销渠道监控不力。以上原因都有可能使经销商发生窜货行为。

窜货行为的控制措施主要有以下几种。[1]

1）严格划分区域。

2）价格管理严密，严格控制各个产品的批发价和统一零售价。

3）随时检查市场产品的代码，便于对窜货做出准确判断和及时反应。

4）实行奖罚制度。对于举报的经销商，给予一定奖励；对于窜货商，停止向其发货并对其进行一定处罚。

5）严格实行总代理制和总经销制，并加强监督。

15.2.4 医药保健品营销渠道的管理

在设计完渠道后，企业还必须对具体的中间商进行选择、激励与定期评估等。

1. 选择渠道成员

选择合适的渠道成员对医药保健品企业而言是至关重要的，它直接影响着药品或保健品在各地的市场营销工作。一般来说，选择渠道成员的标准包括中间商的综合实力、商业信誉、经营范围、预期合作程度以及未来营销潜力等。

2. 激励渠道成员

医药保健品企业对中间商的激励措施很多，常用的有以下几种。

（1）制定合理的药品、保健品价格与折扣政策。生产企业制定合理的医药保健品价格，同时给予中间商一定的价格折扣，可以使中间商获得相应利润，提高其营销本企业产品的积极性。

（2）对中间商返利。当中间商的产品销量达到一定数量后，给予它一定数量的返利，销量做得越大，返利比率越高；或者在中间商回款时给予其一定数量的返利，从而较大限度地提升中间商的营销积极性。

（3）放宽信用条件。许多中间商资金实力有限，较为关注付款条件，如果生产企业适当地放宽对付款方式的限制，甚至为其提供信用贷款，能够起到较好的激励作用。

（4）帮助渠道成员共同成长。医药保健品生产企业可以通过负担广告费用或与中间

---

[1] 杨文章.医药市场营销[M].北京：化学工业出版社，2006：88.

商合作广告等形式，促进药品和保健品的销售；生产企业还可以为渠道成员提供技术指导、宣传材料，指导商品陈列，对渠道成员培训等，来支持中间商开展工作，提高其业务水平，促进药品和保健品营销。

对中间商的激励要注意以下几个方面：一是对中间商的激励包括正激励和负激励；二是在进行激励时，注意采取多元化手段；三是激励方式的选择要具有针对性。

3. 定期评估渠道成员

生产企业除了选择和激励渠道成员外，还必须定期评估绩效。评估内容一般包括：营销配额的完成情况、回款情况、中间商的经营管理水平和开拓能力、中间商的区域优势、与生产企业促销和培训计划的合作情况等。当某一成员的绩效过分低于既定标准时，要找出原因，及时补救；当放弃或更换中间商将会导致更坏的结果时，企业只能维持原来的局面，但应当要求其对现状进行改进，否则终止合作关系。

4. 调整渠道

为了适应营销环境的不断变化，营销渠道应该适时调整。导致企业调整营销渠道的原因主要有以下几个方面：购买方式发生变化，市场销量急剧变动，国家相关政策变化（比如处方药品变成 OTC 药品），竞争环境变化，企业整体营销策略变动等。

（1）增加或减少某些渠道成员。在保持原有渠道模式不变的情况下，增加或减少某些中间商。比如某中间商推销不积极，难以与之继续合作，企业可中断与其合作；或者企业要开拓新市场，可能选用符合条件的中间商。

（2）增加或减少某些分销渠道。市场环境是不断变化的，企业应该不断考虑现有分销渠道的有效性，可针对具体情况，确定增加或减少某些分销渠道。

（3）调整整个分销渠道。企业对原有渠道进行部分调整已难以适应市场情况的变化和企业要求时，则要对渠道进行全面调整。

（4）开拓新的渠道。企业还可以开拓新的渠道，比如网络营销等新的渠道形式。

15.2.5　医药保健品的终端营销

1. 终端的含义

对医药保健品企业来说，终端在市场营销活动中主要指药店、医院、活动场所；在功能上主要指营销、宣传、服务；在具体操作上主要指硬终端和软终端。

终端工作是医药保健品营销工作中一个重要的宣传手段，良好的终端工作不仅可以向消费者传递商品信息和展示企业的良好形象，而且可以增强消费者对产品和企业的信任感、安全感，从而争取到更多的购买者。

2. 终端工作的方法

如何使终端工作发挥最大的作用，是医药保健品营销策划者必须认真考虑和解决的

问题。开展营销终端工作，可以从两方面入手。[注]

（1）硬终端

硬终端是指一经实施在一段时间内不会改变的设施，包括终端信息传播物的制作等。具体形式有路牌、车体、横幅、遮阳篷、灯箱、招贴画、海报、台卡、宣传材料、展示板、导购牌、价格表等。每一种形式的硬终端设施都有其特点，有不同的展示场所和展示内容，各有优势和不足。具体操作过程中，硬终端的设置应遵循以下原则。

1）统一原则。首先是形式统一。在设计时至少要在一个地区统一形式，甚至在一个省乃至全国。不仅每一种终端设置形式要统一，而且不同的终端设置也要协调统一，包括款式、规格、比例、色彩、图案、字体等。形式统一既可以形成产品差别，又有利于品牌的传播。

其次是内容统一。它不是指所有终端的宣传内容都必须完全一样，而是指各种终端的展示内容不能相互矛盾，否则会引起消费者的怀疑。宣传内容一般包括企业形象、产品品牌、药理作用、服用方法、效果、注意事项等。

再次是与环境统一。硬终端的建设必须和当地习惯、当地具体环境、人文风俗结合起来形成统一，充分展示产品的独特性。

最后是管理布置的统一。在终端操作上要统一管理和布置，形成整体氛围，特别是同一种终端包装必须统一布置，不同种包装要有计划地协调配合。在管理上，要有专人负责，对终端设施及时更换、补充以及妥善保管。

2）营造全方位、立体的宣传氛围。全方位、立体的宣传氛围可以多角度地刺激消费者的购买欲，达到促销的目的。例如，在繁华街道设置醒目的路牌，利用游动的车身做广告，门上安置遮阳篷或灯箱，门口放置展示板，橱窗内有放大的产品模型，室内有导购牌等。

3）定期开展，按计划实施。终端工作是一项长期性工作，要根据市场的实际阶段安排，有计划地实施。在市场启动初期，一般应注重宣传产品的机理、效果，让人们知道产品的定位和诉求，可多做条幅等宣传材料；在市场快速增长和成熟期，应该注重品牌宣传，利用路牌、车体等进行展示。

4）突出特色。每一种终端都要充分发挥其特点，突出特色，表达终端诉求。通过展示使人们对产品的特点、供销等一目了然，达到良好的营销效果。

（2）软终端

与硬终端相比，软终端的工作更加重要，难度也更大。软终端是指经常活动、变化的人，主要有促销小组、营业员及店领班、坐堂医生、护士等。其具体工作要求如下。

1）促销小组。促销小组的工作包括开展礼仪服务、导购服务，进行产品宣传，收集信息以及进行市场调查和家访公关。企业选择促销人员时必须把好人员素质关，严格要求，同时要进行培训，加强管理。

[注] 袁小琼．医药保健品营销全程策划 [M]．广州：广东经济出版社，2005：39-42．

2）药店营业员。药店是最基本的销售单位，是医药产品的流通主渠道。企业应当设法调动营业员的积极性和主动性，使其更愿意为其宣传产品，以此增强宣传效果，同时从他们那里获得反馈信息。要利用适当的机会与营业员加强沟通与情感交流，同时加强培训。

3）医生。医生在患者心目中的特殊地位使其成为药品企业争取的目标，因此医院工作成为医药保健品营销中的一个重点。医生的专业知识、地位与营业员不同，因此与医生的情感交流，除了要借鉴对营业员的策略，还应该有所变化。可通过专家讲座、座谈会、研讨会等形式加强与他们的情感交流，向其讲述产品知识。

终端工作是一项十分重要而又复杂的系统工程，无论是硬终端还是软终端，都必须与市场的发展相适应，与其他宣传手段相呼应，结合产品特点，创造性地开展工作，形成医药保健品营销的特色终端。

15.3 医药保健品促销策划

15.3.1 医药保健品的一般促销策略

1. 人员推销

人员推销是指企业的推销员直接与消费者见面，向他们传递信息，介绍和推广产品，引起消费者的关注和兴趣，促成购买的一种促销活动。在医药保健品促销过程中，人员推销与广告活动是相辅相成的，它的作用主要体现在以下几个方面。

（1）全面提供药品或保健品信息。推销人员除了口头介绍产品的情况外，还可以赠送介绍产品的宣传资料，把产品信息全面、及时、迅速地传递给消费者，使其对药品或保健品有一个深刻的印象和了解。

（2）获取及时的反馈信息。人员推销是一种双向的信息沟通方式，推销人员在向消费者推销本企业产品的同时，可以了解消费者的欲望、需求、动机和行为，了解相关的市场信息，及时地反馈给相关部门，进行产品的适当调整。

（3）发展新的医药保健品消费者。在人员推销过程中，推销员会不断地积累医药保健品消费者，或者将竞争对手的客户争夺过来，不断开拓和培养新的市场。

（4）积累经验。医药保健品推销人员经常接触市场，在推销过程中积累了丰富的经验，不仅有利于自身能力的提高，也为企业培养了一批优秀的销售人才。

2. 广告促销

广告促销就是企业通过各种媒体有目的地把各种产品信息传递到广大目标受众，以促进产品营销的一种付费宣传活动。同其他促销方式相比，广告促销具有以下特点。

（1）间接性。广告只能借助一定的媒体去影响消费者。企业只有选择消费者喜闻乐见的媒体，才能取得好的促销效果。比如对于治疗老年疾病的药品广告，在老年类报刊或电台传播的效果要好于其他媒体。

（2）公众性。广告是一种高度大众化的信息传播方式，传播范围十分广泛。在医药市场上，OTC药品、保健品适用于这种方式，可以把信息传播给广大消费者，创造宣传声势，扩大影响范围。

（3）单向性。广告不像人员推销那样具有人格性，它是一种单向的信息沟通，即企业的产品信息可以及时传递给消费者，却无法直接得到消费者的信息反馈。这就要求企业通过市场调查等方式来了解市场的反馈信息，促进促销工作的改进。

（4）表现性。广告是一种富有表现力的信息传播方式，它可以通过文字、色彩、音乐等的艺术化运用，增强产品广告信息的说服力、感染力和吸引力。

3. 营业推广

营业推广是指企业在某一时间内，为迅速地刺激需求和鼓励消费者购买而采取的一种促销措施。营业推广的目的在于通过较强的刺激来吸引消费者的注意力，激发购买欲望，从而使其在了解产品的基础上采取购买行为。按照促销对象的不同可将营业推广分为对消费者的促销、对中间商的促销和对推销员的促销。

4. 公共关系

公共关系是指企业在从事营销活动中，利用各种传播手段与公众沟通思想感情，以促使人们对企业及其产品产生好感，从而达到营销效果的一种活动。与其他沟通与促销手段相比，公共关系一般难以起到立竿见影的效果，它往往追求长远利益。

医药保健品公共关系的策略主要有以下几种。[一]

（1）消费者关系策略

该策略要求营销人员正确对待消费者的抱怨，并为其提供服务和健康知识教育。

1）正确对待消费者的抱怨。消费者抱怨实际上是信息反馈的一种形式，消费者购买了产品后不满意，但由于沟通渠道不畅，无法向企业反映，导致其不再购买该产品。企业应重视消费者的抱怨，并及时提出解决办法。

2）为消费者提供服务和健康知识教育。可以通过印刷品、电视、广播等视听手段与消费者交流，帮助他们了解相关知识，有利于他们做出购买决策。

（2）中间商关系策略

医药保健品企业与中间商进行沟通的主要手段有以下几种。

1）运用中间商期刊。它是与中间商沟通的重要工具，内容包括介绍产品的功能、特色、企业销售政策等。

2）召开中间商大会。一般一年举行一次，可以对中间商进行表彰或争取他们的意见等。

3）参与产品展览。邀请中间商来公司参观或参加相关产品展览会，向其展示产品。

[一] 侯胜田．OTC药品营销管理[M]．北京：化学工业出版社，2004：217-218．

（3）政府关系

医药保健品企业或营销商与政府的关系，主要指企业与国家有关部委如国家药品监督管理局、卫健委等的关系，主要涉及规范管理、OTC 药品批文等事宜。

15.3.2 医药保健品的特殊促销策略

医药保健品除了一般促销策略外，还有其特殊的促销方法，主要有以下 8 种。[①]

1. 义诊

三株药业在早期就运用过专家义诊模式，它指的是在节假日的时候，请各医院的医生在街道的重要位置摆摊，进行咨询、诊断活动，同时向消费者推销自己的产品。这种模式的优点是可以解决消费者对产品的信任度问题，将人们对医生的信任转移到产品上面。20 世纪 90 年代后期，义诊成为一种重要的营销模式，使很多产品取得了成功。

2. 规模义诊

随着大量义诊方式的兴起，乱发传单、乱贴广告带来的环境和市容市貌问题也逐渐突出，于是义诊逐渐被规范化，只有在相关部门登记后才能进行，而且不能大量散发传单等宣传资料。于是以"传单＋海报"为小范围配合，以电视、报纸为外围宣传的大规模义诊逐渐占据了上风。它不仅投入大，对专家的要求也越来越高，很多专家是从全国各地请来的。规模义诊逐渐成为一种具有代表性的营销模式，使得各个厂家竞相仿效。

3. 社区营销

在国家加大整顿医药保健品市场的背景下，进行义诊活动变得越来越困难，于是社区营销逐步兴起。社区营销是在社区进行义诊活动的一种营销模式，它借助传单、海报等宣传手段，同时借力社区居委会等内部组织，以免费看病和义诊为出发点，吸引消费者的注意和兴趣，逐渐提高产品在社区的营销力度。

4. "1+1" 捆绑营销

随着三株、巨人等保健品巨头的倒下，人们开始对医药保健品产生怀疑与不信任。与此同时，社区卖药出现的最大问题是售后出现问题无法与厂家联系。针对上述问题，"1+1" 捆绑营销应运而生。这种模式的具体做法是：与医院、药店开展联合活动，聘请专家到药店或医院专门坐诊，既解决了产品售后服务问题，又能增加产品的可信度和消费者的安全感。

5. 仪器营销

随着很多假药以及假大夫的曝光，消费者已经清楚了传统义诊模式"假看病真卖药"的实质，对传统的模式产生了不信任，于是仪器营销开始出现。它的基本模式是：为了

---

① 袁小琼. 医药保健品营销全程策划 [M]. 广州：广东经济出版社，2005：47-51.

满足消费者对科学知识的需求，即仪器的检测应该是真实可靠的，仪器营销免费为消费者做仪器检测，并与他们沟通，从而达到吸引消费者购买产品的目的。比如各类增高产品免费为消费者测试骨骺线是否闭合，以及补钙类产品测试骨密度等，都是实施仪器营销的例子。

6. 会议营销

会议营销的基本形式是举办科普讲座，以科普讲座吸引消费人群到现场，经现场灌输，最终达到购买的目的。具体运作模式是：先将目标消费者邀请到指定会议室，然后由医生讲述病理和药理，最后邀请长期使用本产品的患者讲述自己的康复经历，通过上面一系列活动来宣传产品，消除患者的怀疑态度，最终促使其购买。

7. 旅游营销

由于科普会议营销中各种假冒伪劣的医药保健品大量使用"药托"，会议营销逐渐遭到消费者的不信任和厌恶，很难达到预期目标，在这种情况下，又产生了旅游营销模式。

其核心思路是以健康旅游为由，通过旅游活动加深与消费者的沟通，培养与其的感情，然后通过洗脑式宣传达到营销产品的目的。旅游营销的具体模式是：通过海报宣传等吸引消费者，将消费者邀请到旅游地点，提供吃、住、行、玩的一整套服务，然后通过各种精心准备的活动对消费者进行灌输销售。当然，这种形式需要较高的费用，而且容易出现只旅游并不购买产品的患者，因此应谨慎使用。采用这一方式的有中脉、天曲等保健品品牌。

8. 数据库营销

数据库营销指企业通过大量途径收集消费者资料，在分析、整理后建立数据库，然后从中筛选出目标消费者，进行跟踪管理和定期沟通、回访，促进他们对产品的了解和信任，同时定期邀请医学专家举办现场讲座，最终达到促进销售的目的。这种方式的优点是具有针对性，而且可以与消费者进行双向沟通和灌输讲解。

15.3.3 医药保健品促销策划流程

1. 确立促销目标

医药保健品促销活动的策划是从确立活动目标开始的，这一目标受企业营销总目标的制约，表现为总目标在促销策略方面的具体化。

2. 选择促销工具

促销工具是多种多样的，厂商应根据这些促销工具的特点和适用范围，综合地加以选择和利用。选择促销工具时要考虑如下一些因素。

（1）市场类型。不同的市场类型所需要的促销工具也不同。比如OTC药品，不同的产品属性造成消费者市场的需求特点和购买行为也各异，此时选择的促销工具就应该与企业所处的市场类型的特点和要求相适应。

（2）促销目标。特定的促销目标可能对促销工具有明确的条件要求，制约着其选择的可能范围。

（3）竞争状况。企业具有的实力和条件以及竞争者的数量、实力、竞争策略等都会影响促销工具的选择。

（4）促销预算。市场营销费用中有多少用于促销，往往也制约着促销工具的选择。

3. 确定活动要素

确定促销目标和促销方法之后，还必须明确一下活动要素。

（1）促销范围。在进行促销活动策划时，首先要确定促销的产品范围，其次是促销活动所涉及的市场范围。一般根据不同产品在不同区域的营销情况、企业自身实力、经营目标、市场竞争状况等来决定。这种选择的正确与否会直接影响到最终的促销效果。

（2）促销时机。企业什么时机进行促销活动，对促销效果的影响是不同的。只有把握最适宜的促销时机，才能达到事半功倍的促销效果。比如，许多企业经常利用重大节日或新产品上市等有利时机来开展促销活动。

（3）激励规模。要使促销获得成功，一定程度的刺激是必不可少的。较高程度的刺激会产生较大的销售反应，但这种效应也存在递减的规律，因此，企业应考虑促销成本效益比以确定最佳的激励程度。

（4）促销对象。企业促销是面向目标市场的每一个人还是有选择的某部分人，受众范围有多大，哪类消费者是主要促销目标等，这些问题都影响着促销的效果。

（5）促销媒介。企业还必须决定使用哪种促销媒介，以及如何将促销方案传递给目标消费者。

（6）促销持续时间。持续时间过长或过短的促销可能都无法取得最好的效果。因此，企业必须综合考虑产品特点、消费者购买习惯、企业实力等因素，确定一个合适的促销持续时间。

（7）促销预算。企业应确定促销活动费用预算，然后将预算在各种促销工具和各个产品间进一步分配。

4. 计划行动细节

每一类促销活动都包含着很多细节，对这些具体细节的准确把握是获得成功的关键。因此，企业需要事先计划好活动的细节。

5. 评估促销效果

在促销方案执行完以后，企业应当对其进行一个总体有效评估，常用的方法是比较促销前后的销售变化或采用调查的方法来了解促销效果。

15.4 医药保健品广告策划

15.4.1 医药保健品广告策划的原则

1. 真实性原则

医药保健品广告策划的真实性，是指广告策划的内容必须真实准确，不能浮夸伪造。医药产品主要用于治病救人，广告信息必须真实可信，这也是坚持道德的一种重要体现。

2. 目的性原则

广告必须具有一定的目标，或是为了短期促销，或是为了提高品牌知名度，或是塑造企业形象，或是解决某些营销问题。没有目标的策划工作，无法进行合理规划，也无法达到既定的效果。

3. 科学性原则

医药保健品广告与其他商品广告一样，也要讲求科学性。首先是媒体选择的科学性，要用科学的方法与手段选择一种令人满意的媒体；其次是广告表现形式的科技化，电脑、摄像机、电视等科技手段为医药保健品广告设计的科技化提供了可能；最后是用一套规范的程序来设计和制作广告。

4. 艺术性原则

医药保健品广告的目的是将医药保健品信息及时传递给人们，但这种信息传播的方式往往是单向沟通，如何能以简洁、明快、全面和适当的力度，高效率地达到预期效果，这就涉及广告的艺术性问题。广告的艺术性要求广告不论是在内容上还是形式上，都要具有一定的感染力、吸引力以及魅力。

5. 效益性原则

对医药保健品企业而言，广告是一种投资行为，能够取得合理的收益回报是其本质所在。效益性是衡量广告策划成功与否的标准之一，比如哈药的"高钙片"广告、"金嗓子喉宝"广告等都是成功的广告。

15.4.2 医药保健品广告策略

1. 合理定位广告诉求点，树立产品独特个性

在进行广告策划时，先要进行市场细分和产品定位，然后根据某些特定消费群体的特性和他们对产品某种特定功效的需求，形成广告的诉求点。可以看到，成功的医药保

健品广告的目标市场都是十分明确的，比如太太口服液，它的目标市场为 25～45 岁的都市已婚女性。

有效的广告必须运用定位理论，寻找消费者重视而尚未被占领的定位，即寻找被忽视的市场空隙，在广告表现中突出与竞争者不同的诉求点，重点宣传产品的某一特性，使产品在消费者心目中占据独有的位置，将本企业产品与竞争者的产品相区别。一个成功的案例是"白加黑"，厂家在广告中突出了产品的特点："白天吃了不瞌睡"，这正满足了那些白天忙碌的人们的需求，取得了非常好的销售记录。

2. 选择有效的广告媒体，迅速而生动地传递产品信息

广告媒体是传递广告信息的载体，其形式多种多样。广告媒体的选择是否恰当有效，往往直接影响着广告效果的大小和广告活动的成败。因此，企业应该有效地选择和运用广告媒体，充分发挥各类媒体的作用，以取得理想的传播效果。

医药保健品广告的首选媒体是电视。首先，医药保健品直接面对消费者，而且广告受众广泛，而普及率高的电视媒体正好符合这一要求。其次，电视广告不仅具有生动地反映产品的特点，而且富有表现力和感染力，能够给受众以突出的印象并易于记忆。最后，电视广告形式的多样性也有利于提高企业信誉。

零售终端也是医药保健品的一种重要广告媒体。对许多消费者来说，医药保健品零售店是其购买产品的场所，也是其获得产品信息的地方，因此零售店中的 POP 广告可以对潜在购买心理和已有的广告意向产生强烈的诱导效果，促进消费者购买。

另外，由于医生在消费者心目中占据着特殊的位置，《药品医学》等专业杂志也成为一种非常重要的广告媒体。

3. 注重企业形象和品牌形象的宣传

药品关系着人民的生命安全，因此对生产厂商来说，声誉和形象至关重要，而消费者也希望将自己的生命健康寄托在值得信赖的品牌上。长期以来，大量的医药保健品广告都集中在产品的宣传上，在市场竞争日益激烈和产品日益同质化的今天，厂商必须注重自己形象的宣传。

许多大型药品制造商，由于其产品种类繁多，在广告中不可能对所有产品逐一介绍，传播形象也就成为必然的选择。形象的宣传不仅可以使消费者对品牌产生好感，而且可以影响医生并吸引渠道伙伴，这对企业来说都是有利的。

4. 将医生、药剂师等专业人士纳入广告诉求对象

医生、药剂师等专业人士的意见也能够得到消费者的高度重视，特别是药剂师，不仅销售药品，还向患者推荐药品。因此，吸引医生、药剂师等的广告可以达到事半功倍的效果。面向医生、药剂师等的广告活动可以多种多样，比如电视、店面广告、定期召开新产品发布会等，这些都有利于增加推广效果。

> **专栏 15-2　　　　　　　　　药品广告五大法则**
>
> **1. 双力法则**
>
> 产品力和品牌力是医药保健品广告中最基本的两个特点，广告只有赢得消费者对药品功能的认可和对药品品牌的信任，才会激发出强大的购买力。
>
> **2. 内核提升法则**
>
> 品名、适应证、机理、疗效等构成了医药保健品广告创作的内核。内核提升法是指广告要提升和展现内核价值，要从正面角度为医药保健品提供最有力的支撑，这是医药保健品企业快速提升业绩的根本捷径。
>
> **3. 异形法则**
>
> 如果产品不能从品名、适应证、机理、效果等正面角度突破竞争产品的围困，那就应该选择在产品剂型、生产工艺、包装设计、消费主张等侧面角度寻求创新，同时力争找到与竞争品牌的差异点并将其最大化。
>
> **4. 读解法则**
>
> 对面向大众消费的普药来说，创作的重要准则就是让老百姓看得明白，听得清楚。广告表现的内容一定要简洁易懂，要考虑到多数普通消费者的理解能力。
>
> **5. 逐级法则**
>
> 医药保健品的广告创作要以实际的营销方向和监管环境为基础，当产品面对不同的市场层级时，要对创作中的品牌元素和功效做适当的调整，在合理合法规避监管的前提下，放大投放效果。
>
> 资料来源：由海. 卖药广告五大法则 [J]. 市场观察，2007（1）.

15.4.3　保健品广告的定位策略

广告作为现代促销的一种手段，其定位非常重要。在保健品广告中，其定位就更为重要了，本书将对此进行专门探讨。在保健品广告中，常见的定位方法有以下几种。[⊖]

1. 以理服人的功能定位

功效永远是保健品立身的基础。从产品与消费者的关系来分析，消费者购买产品的主要动机就是希望产品能够给他们带来健康、美丽和自信，而这一切都是产品功效所要解决的问题。保健品实行功能定位，能够使消费者明确产品的功效，最后达成推销产品的目的。

运用功能定位的典型案例是娃哈哈儿童营养液。娃哈哈的广告语"喝了娃哈哈，吃饭就是香"，简洁明确地传达出了产品的功效。正是这样的定位，使其成为家喻户晓的品

⊖ 姚曦. 保健品广告的奥秘 [M]，广州：广东经济出版社，2004：92-120.

牌，取得了巨大的成功。在保健品广告中使用功能性定位的例子还有很多，比如排毒养颜胶囊、金嗓子喉宝等，都在消费者心目中留下了一定的印象。

2. 打动人心的亲情定位

赋予产品感情，以此推广自己的产品品牌，是广告人经常使用的一种方法。当保健品和情感联系在一起时，它所宣传的就不仅仅是产品的功能和带给消费者的利益，还在人们心目中建立了一份感情，减小了人们把保健品看作药品的高期待值，这种感情浸润在产品中，久而久之便形成了品牌。保健品和情感的结合，有利于建立产品与消费者的长期关系，有利于品牌的成长，这也是以功能定位为主的广告在停播后销量下滑的原因。

椰岛鹿龟酒就是一个运用亲情定位的很好的例子。椰岛鹿龟酒导入"父亲补酒"的概念，将对父亲的关怀、回报与椰岛鹿龟酒紧密地联系在一起，获得了送礼者——儿女对椰岛鹿龟酒的认同。这样的创意定位会使产品的品牌不断得到升华和丰富，有利于品牌的形成和发展。

3. 别出心裁的礼品定位

以前保健品是病人的滋补品，把它作为礼品送给病人是最合适和理所当然的。后来商家发现了保健品的魅力所在，加大了保健品市场的开发力度，保健品的内涵有了新的延伸，似乎成为一种必需品。如今在广告的指引下，人们开始流行送健康。豪华的包装、合理的价格，保健品正以其优势逐渐占领着原本属于烟酒的礼品市场。

"脑白金"以礼品定位引领消费潮流，准确地抓住了国人的送礼情结，坐上了礼品市场的第一把交椅。在公众印象中，"脑白金"就等于送礼，礼品已成为"脑白金"的代名词。"脑白金"的这种礼品概念的定位策略，可以看作营销领域的一个成功典范。

4. 入乡随俗的本土化定位

对保健品来说，如果做低端市场，走向农村，广告策略也必须入乡随俗，实现本土化定位，否则很难取得成功。

红桃K集团凭借对农村市场的深入分析和了解，以一款生血剂产品成为补血保健品市场的霸主，可以看作实行本土化定位的一个典范。在对农村的文化背景、生活环境做了充分了解的基础上，红桃K集团在广告宣传的内容和方式上也竭力适应农村消费者，使他们能够接受，以便为进一步开展营销工作打下基础。借由这样的一种本土化定位，红桃K在农村建立了知名度和美誉度，取得了巨大成功。

5. 网罗女人心的心理定位

女性美容保健一直是保健品市场的暴利板块。仅仅靠功能的宣传是不能网罗女人心的，因为女性对美容保健品的需求仍处于感性层面，更多追求的是一种使用保健品后心理上对美的体会。因此，美容保健品针对女性心理进行定位会取得意想不到的效果。当然，如果可以把心理定位和功能定位结合起来，效果会更好。

太太口服液诉诸"十足女人味"，这一利益点不仅使它能够满足女性对美的追求和期望，而且为品牌的持续发展赢得了有利的消费环境。太太口服液成功的关键是它抓住了女性的心理，而且很好地满足了这一心理。

15.5 医药企业网络营销特点及现状

15.5.1 医药企业网络营销的特点

1. 实现高效沟通

利用网络的便捷性和省时性，消费者可以随时随地进行咨询，不仅加强了对自身健康的敏感度，还可以及时地和多个医生进行交流沟通，获取更多的信息，确保了治疗的及时性和时效性。对于消费者而言，咨询沟通可以满足他们的心理需求，使他们得到尊重。对于医生而言，他们完全可以利用自己的闲暇时间积攒流量，积累人气，还能挣点外快。对于平台而言，不仅赚得了收入，还福利了社会，提升了企业价值。

2. 药品购买更为方便快捷

随着网络购买、网络支付的不断发展与扩大，网络买药也成了现实。网络售卖药品减少了实体店昂贵的租金，还丰富了售卖方式与药品种类。当今，消费者不仅可以从淘宝上购买到实惠的药材，还可以通过直播的方式，在体验娱乐之余刷到货真价实的优惠券。

3. 市场人群基数大

随着网络的迅猛发展，采用网络购物的群体仍在不断扩大，网络医疗、网上买药逐渐改变了人们的生活。线上加线下的双向营销模式拉长了医药营销行业的营销渠道，可以推动更多的消费者购买，满足更多人的消费需求。对企业而言，网络营销模式更有利于企业品牌的建立与维护，以及企业的长期发展。

15.5.2 医药企业网络营销现状

1. 网络营销意识不强，行业内部缺乏竞争意识

随着腾讯公司的 QQ 和微信软件的问世，电话和短信的服务业务大量减少；马云的淘宝和阿里巴巴让无数实体店无人问津；支付宝的发展让银行放下了身段……在互联网技术的冲击下，医药行业也迎来了新的发展机遇。随着人们生活水平的提高，人们对自身健康的关注度也越来越高，为了减少时间成本，网上健康咨询便成了中国医药行业最大的蓝海。到目前为止，虽然有平安好医生、好大夫在线、健康之路等线上 App 为广大患

者提供问诊，但是这些 App 普遍具有网络意识不强，平台管理不到位，平台和医生结合不到位，甚至出现同一问题不同答案的现象等，严重影响了患者的信赖程度。再加上互联网+医疗在中国的应用还不够成功，各个线上医疗 App 竞争压力较小，企业营销模式方面并没有较大的创新点，而且线上医疗无法提供详细诊断，这些缺点导致长期以来人们对企业的关注度下降，市场驱动力不足。

2. 网络环境的安全性和可靠性有待提高

网络世界不同于现实世界，网络世界的虚拟性较高、开放性大，部分消费者对网络医疗存有疑虑，担心问诊的大夫是否为三甲医生，担心自己是否真的将症状完整地告知大夫，担心自己的病症信息是否会被泄露。这种问诊手段令老年人无从措手，手机操作就是老年人的最大障碍。一系列的不安全担忧致使网上医疗的不安全系数提高。相对于实体营销，网络营销、网络问诊确实存在误诊或以次充好的情况，逐渐破坏了消费者对网上问诊的好印象。

3. 缺乏专业的网络营销人才

对于医药行业来讲，医生护士长于帮助患者答疑解惑，而不擅长营销药品或者推广自己，而医药平台创设者大都不是医学专业的，难以了解医护知识，这就导致平台管理者和医生即使在同一个社区工作，但仍然是两个独立的个体。一个合格的医药企业营销人才，既要了解相关的营销专业知识，又要了解更多的健康常识，最重要的是要熟悉网络。这三方面的结合可以为企业提供可参考的数据。医药网络平台对营销人才的高标准要求使得进入这个行业的专业人才数量变得更少。

⊙ 策划案例与文案　　　　　盘龙七"1+1"风湿组合营销策划

在医药界，陕西盘龙制药集团可谓无人不知、无人不晓。它的核心企业两次顺利通过国家 GMP 认证，其以主导品种盘龙七片为突破口，成功打造了"盘龙"这个家喻户晓的品牌。"缔造中国骨伤风湿第一品牌"成为盘龙制药集团矢志不渝的追求目标。

随着 OTC 市场的快速发展，陕西盘龙制药集团在盘龙七片传统配方的基础上开发了新品种——盘龙七"1+1"风湿组合，并希望借助外力把它成功推向市场。

一、初识产品

风湿骨病是中老年人群当中的一种常见病，轻者全身肿胀疼痛难忍，四肢屈伸不利；重者使患者致残致死。因为迁延难愈，又被人们习惯称为"不死的癌症"。

风湿骨病是目前医学界公认的疑难病症，某些病的患病原因至今仍不清楚，更别说彻底治愈了。当前，风湿患者大多采用药物保守治疗、手术等常规治疗的手段，也有一部分风湿骨病患者选择自购药物缓解症状，而市场上的风湿类药物大都只有祛风、拔毒、消除疼痛、缓解症状等疗效，产品配方也只有舒筋通络、活血化瘀、消肿止痛等功能，更有甚者加入违禁化学成分，虽然可以使患者解除一时之痛，却是以伤害人体的内脏器官为代价的。上述情况就预示着这是一片蓝海市场，存在着巨大的发展空间。

各大厂家经销商为了盈利不惜投入巨资进行海量的广告投放和市场运作，各种创新产品时有出现。再回头看盘龙七"1+1"风湿组合，尽管出身于陕西盘龙制药集团，但是它仍是一组针对风湿骨病的普通套装产品，产品原材料是采自秦岭深山的绿色药材盘龙七，功效亦和相似疗效的产品没有太大差异，所以导致陕西盘龙制药集团略显劣势。

二、路在何方

用"城头变幻大王旗"形容当前的风湿骨病用药市场最为恰当。在这个竞争激烈、企业云集的行业大背景下，你方唱罢我登场，每一个企业都抬高自己的身价来迎接竞争，你提倡"清除骨垃圾"，我宣传"破坏骨粘连"，他看好"骨里拔刀"，在电视报纸、广告等多条渠道进行不间断宣传，投入大量资金，但是效果并不佳。被广告忽悠惯了的消费者再也不会轻易地为任何一款新药激动欢喜，而是以不再信任的冷漠回应企业的各种强力宣传。在行业遭受季节性寒流的态势下，选择在此期间上市的盘龙七"1+1"风湿组合，它的最终出路将又会在哪里？

三、突破——背靠大树好乘凉

如果盘龙七继续走概念宣传的老路，必定难逃社会问责。目前最应该做的是要稳定盘龙七目前的市场地位，建立起消费者对产品本身的信任度，增强盘龙七的品牌价值。王家成是民间草药的一代宗师，曾经先后多次为多位国家领导人治疗伤痛，其医学思想被大量应用在现代风湿骨病科临床领域。国家曾拨专款在他所住之处修建了骨科大楼和"王家成大桥"，农业农村部和中央新闻纪录电影制片厂还曾经为他合拍了经典电影《草医王家成》。盘龙七"1+1"风湿组合是根据当年王家成所献药方研制出来的，因此，王家成就是盘龙七的一块金字招牌。

四、制定产品核心——寻求大树上的枝叶

产品有了宣传点并不意味着接下来的路就很顺利，随着消费者变得越来越理性，企业就应该为产品找到几个支撑点，让这棵大树枝繁叶茂。

枝叶一：概念突破

市场现状表明，消费者不是不喜欢新概念，而是反对企业过度的宣传，只要产品等达到说明书的疗效，概念的新旧往往并不会让人太在意。在概念定位上，盘龙集团要坚决摒弃虚假、夸大，应该用本色和真诚去打动消费者。为此，盘龙七一改往常产品定位上的花里胡哨，最大程度地和消费者所熟知的生活常识相融合，使传统概念更加先进、容易理解。核心概念被定位为："通双脉、拔痹毒"，喷剂主要是缓解疼痛，贴剂主要采用活性分子不间断地作用于患处，彻底拔毒痹毒，根治风湿骨病。

枝叶二：名山秦岭的重头宣传

在市场推广中，盘龙集团认为最不能忽略的是盘龙药材的采摘地——秦岭。秦岭是亚洲第一药谷，周围环境是深山茂林，森林覆盖率高达98%，产生的氧气含量高达40.6%。这里的野生草药没有污染，药性比普通药材的药性还要高出很多，药用价值更为丰富，建

立在这里的盘龙集团有着绿色工厂、绿色药材、绿色药物的优势。

枝叶三：名药盘龙七的独特宣传

盘龙七草药被称为"草中黄金"，只适合在秦岭的气候中生长，在世界上其他的任何地方都尚未发现盘龙七。这表明了药材的珍贵性，若在市场上大力宣传，必然会与大部分消费者的心理。

枝叶四：名药盘龙七组合剂型的突破

市面上很多风湿产品均是单一功效的，而盘龙七"1+1"风湿组合以"贴剂＋喷剂"全面上市，区别于传统的单一口服和外用剂型，一贴一喷，增强对消费者的说服力。

五、广告策略

1.电视广告：在重要卫视上增加电视广告的投入，可以拍一部关于王家成生活和工作的微电影，实地采风，更深层次地挖掘王家成所倡导的草医文化，让更多的人了解盘龙七，让更多的患者信服盘龙七产品。

2.报纸广告：盘龙七"1+1"风湿组合在报纸广告的制作过程中，充分借鉴以往宣传比较成功的特点，结合产品本身的特性，借用软文造势，让"为周总理治病的草医大师"的名号妇孺皆知。盘龙集团通过一系列的文章来全面阐述产品的功能、功效、价格、疗程、使用方法等，争取每一个说服消费者的机会。

3.电台广告：电台宣传虽然没有电视、报纸的宣传力度大，也是一块重要阵地。有时候看似不起眼的音频视频，可能会收到润物无声的效果。

六、服务策略

在当今残酷的市场竞争中，经销商往往要承受竞品的冲击、政策的限制、高额的广告投入等厂家难以想象的压力，任何一步计划失误，都将导致前功尽弃。为此，厂家要与经销商进行经常性的沟通，做到以下三点。

1.全面负责所有广告的创意和制作

经销商要做出正确的判断，需要经常考虑到报纸版面、阅读人群、发布时间、媒体特点的不同。对此，盘龙企业承诺：所有报纸的广告创意、设计、制作均由盘龙集团负责向经销商提供，涵盖从市场开发到产品上市推广，经销商即使对报纸广告改几个字，也要交由厂商来做。

2.每天进行信息沟通

对于各地经销商每天的营销情况和广告反馈，盘龙集团力争做到每天两次跟踪，了解消费者关注的问题、购买习惯、使用效果、竞品情况等，并及时做出正确判断，将结果传递给经销商，进行广告修正。

3.见招拆招，抗击抄袭

盘龙七"1+1"风湿组合在市场上的初步成功，必然会引起其他品牌的竞相模仿，因此抵御竞品是重中之重。在市场推广中，盘龙集团主要针对各地不同的竞品广告，以最快的速度量身定做出专门的打击方案，随时应对市场的变化。

资料来源：袁小琼.策划的秘密：医药保健品营销策划全程解密[M].广东：广东经济出版社，2009.

讨论题

1. 请你运用本章学到的知识，对盘龙七"1+1"风湿组合的营销策划做简要评述。
2. 假设现有还有一款类似的产品想要进入这一领域，与盘龙七"1+1"风湿组合竞争，你认为新的产品还可以考虑从哪些方面打败盘龙七"1+1"风湿组合？

相关链接　盘点我国医药营销六大成功模式

我国医药营销的模式和方法总是在不断地变化着，从以往"摸着石头过河"的混乱不堪进阶为现在"顶层设计"的战略模式构建，这些随着时代变化而不断变化的营销经验与学习态度非常值得我们学习。

哈药模式：密集广告强势拉动，大普药取得极大成功

2000 年，哈药集团砸出 12 亿元的广告费用来宣传哈药模式，最终实现营收 64 亿元，位居全国医药行业第一名。为了减少同质化竞争对手的竞争以及维系企业和社会的稳定，哈药集团制定了"使经营能力大于生产能力"的目标。由于比同行更先看到市场优势，更先发现蓝海市场，更先赢得观众的认可，哈药集团率先树立起属于哈药独特的品牌形象。即使相似企业进行模仿复制，也无法超越哈药集团的收入额。此后，哈药集团开始战略调整，2018 年 9 月哈药集团携手九州通集团。哈药集团秉承"做地道药品，做厚道企业"的经营理念恰好与九州通集团"医药通九州，健康送万家"的企业定位相互符合，双方借助对方资源优势，发挥自身市场优势，共同创造价值药品的协同效应。

修正模式：传播精准，高额空间，人海战术

面对竞争对手云集的市场，有的企业会选择避战，有的则会选择迎难而上。修正药业就属于后者。当三九胃泰、丽珠得乐、胃炎平、吗丁啉等一连串的胃药站稳市场的时候，修正药业推出了第一个明星单品——斯达舒。为了赢得多条销售渠道，修正药业选择在线上和线下同时进行药品宣传与销售。

相比哈药模式大面积做广告，修正药业在品牌传播上相对聚焦和精准得多。这主要体现在两个方面：一是选择相对聚焦的传播媒体，如主要在央视和重点卫视进行广告播放，增强可信程度；二是对疾病症状进行精准定位，做到症状清晰化，"胃痛、胃胀、胃酸，就用斯达舒"，简洁明了地告知消费者，满足消费需求，形成强大的购买指令。

与此同时，修正药业在线下实行了强大的人海战术，发动上万人排队购买，极大地调动了各级渠道的积极性。再加上线上广告的强力冲击、强有力的组织保障和丰厚的激励机制，修正斯达舒快速地在全国火热起来。

扬子江模式：产品集群进医院，同乡队伍高返利

扬子江药业与大多数本土医药企业相比较为专注，聚焦于产品集群的打造和医院终端的开拓。这种专注主要表现在扬子江药业可以在相当长的一段时间内抵制多元化和资本市场的诱惑，最终保持市场前列的地位。

扬子江模式占据较大市场份额主要受营销队伍以及激励机制的影响。它借用乡情纽带及利益共享机制将营销人员的积极性充分提高，竭尽所能为企业服务。在企业提供给医院的优惠政策以及对政府强大公关能力的掩护之下，扬子江药业的营销团队长驱直入，不断攻克省、市、县三级医院甚至乡镇医院，昂首进入百亿级俱乐部。

扬子江模式在取得巨大成功之后，其本身也惹来了一些诟病，甚至上升到道德批判的高度。随着国家对创新药品扶持力度的增加，扬子江药业受到了极大的冲击。有报道指出，在国家强行降低药价的几个月内，扬子江药业短时间内就蒸发了近8亿元的营销额。与此同时，近些年扬子江药业明显加大了自主科技产品的研发以及OTC产品的推广力度。改变已经成为扬子江药业的坚定选择。

江中模式：大广告打造OTC大品牌，渠道终端精耕细作

2013年9月江中集团研制出的猴头菇饼干，迅速冲到热卖饼干第一名，年销售额达数亿元。江中集团紧紧抓住年轻人"胃不好"的现状，在2016年10月又顺势推出了新的食疗产品——江中猴菇米稀，它是由专门用来养胃健脾的经典配方——参苓白术散，另加山药、人参、莲子共同熬制而成的。这种米稀也是针对当下工作压力较大、生活节奏被打乱、饮食不规律的年轻人，专门为"胃不好"的人群打造出的养胃早餐。相比于猴头菇饼干，猴菇米稀口感细滑、更易于消化。从猴头菇饼干到猴菇米稀的研发升级，江中集团无疑站稳了"养胃大师"的地位，将"养胃"与"食疗"的概念进行有力的倡导，并深入顾客之心。或许还是会有很多人疑惑：江中集团是怎样将"养胃"做到家喻户晓的？我认为江中集团紧紧抓住了以下几点。

1. 精准定位，打造品牌年轻化

随着80后、90后年轻人成为市场消费主体，各大企业纷纷开始研究年轻人的消费习惯。江中集团紧紧抓住时代潮流，根据"年轻人饮食不规律"进行重新定位，并与《一年级》《向往的生活》进行合作，大大增加了猴头菇系列的品牌认知度，让年轻上班族喝米稀成为一种习惯，而且迈出了用更时尚化的产品迎合当代年轻人的需求而使品牌年轻化的关键一步。

2. 产品升级，抢占市场先机

当药企纷纷开始玩跨界的时候，江中就已经提前开始关注食疗问题，先后出品的猴头菇饼干和猴菇米稀更让大部分人意识到食疗的重要性。在2018年6·18大促开始之前，江中集团提前抓住时机，利用阿里巴巴品牌数据银行，更精准地认知客户，找到客户。天猫榜单显示，6月1日～6月20日，江中旗舰店销售额排名居同类第一，比去年增长150%。

3. 制药标准，引领"食疗"新潮流

中医讲究慢慢调理，胃要三分治七分养。对于有胃病的人来说，治疗胃病的最好方法是"药物治疗+食物调养"。正是对胃病患者潜在市场的了解及预测，江中集团以制药的标准切入食疗领域，结合当代年轻人的饮食喜好、消费观念进行创新，前瞻性地在国内率先推出"养胃早餐"，打出"胃病人群在服用药物的同时如果坚持食用江中猴菇米稀进行调养，会对治疗胃病有更好的效果"的宣传广告。

蜀中模式：第三终端遍地开花，大普药规模化低成本

蜀中药业成立之初，根据企业产品的实际情况，将目光投向了以广阔的农村市场为主力战场的第三终端。在第三终端营销战略的指导下，蜀中药业一方面与安徽华源、湖北九州通等开展友好合作，一方面积极与县一级医药公司建立起新型联盟，利用其现有渠道和丰富经验对农村医药市场进行进一步的开发，确保蜀中药业对第三终端的广泛覆盖。

同时，企业不断扩大生产能力、提高生产效率，建成了年产 130 亿粒的中国最大空心胶囊生产线，其产量目前仍然稳占中国胶囊市场的 10%，单就这一个项目，即使胶囊剂生产成本下降 20%，每年可以节约成本费用 500 万元。

杨森模式：处方药与 OTC 并重，学术推广和品牌传播双举

西安杨森通过自主研发或营销许可转让等方式引进多个领域的新药，并且有很多优秀的处方药，主要涉足皮肤科、精神病、抑郁症、肿瘤和血液疾病等领域。更重要的是，西安杨森加大了国内产品研发与临床试验的同步力度，缩短了新药在中国市场与国际市场上市的时间差，专门组建了以处方药运营为优势的国际化团队。处方药与 OTC 并重，既为西安杨森赚取了大量的利润，又为其提供了充足的现金流，更受到了各大媒体以及广大顾客的关注。

同时，积极实施"让每一个中国医生了解西安杨森产品"的学术推广工作，通过召开各种类型的产品宣讲会、研讨会，与医务人员面对面进行交流，加大对青年医生的宣传力度。比如在对皿治林产品进行推广时，西安杨森专门邀请了北京、上海的四位国内知名教授，在上海、广州等四十多个城市举行巡回演讲，吸引全国将近 4 000 名医生来参会。对 OTC 品牌产品的打造，西安杨森更是巨资投入、不遗余力，全方位、高强度的广告推广，使各大 OTC 品牌在中国消费者的心中树立了良好的口碑。

资料来源：1. 中国医药联盟. 盘点我国医药营销成功模式六大典型 [EB/OL].(2015-01-08). http://www.chinamsr.com/2015/0108/83372shtml.
2. 江中猴姑米稀中都有哪些成分呢？_360 问答 [EB/OL].https://wenda.so.com/q/1534965908218656.
3. 从冠名《一年级》看江中如何进行品牌战略升级 [EB/OL].(2016-10-26).http://www.cinic.org.cn/zgzz/pp/344331.html.

策划实战

2018 年 1 月 10 日，广州医生谭秦东因为在网上发帖称"鸿茅药酒是毒药"，被内蒙古凉城警方跨省抓捕。此事件之后，人们开始了关于"鸿茅药酒是药还是酒"的争论。在这期间，谭秦东接受了心理和入院治疗。5 月 17 日，他发布道歉声明，承认因为个人用词不当、思虑不周给鸿茅药酒带来了舆论危机。在声明之后，鸿茅药酒公司接受了道歉，并撤回了报案。虽然鸿茅药酒在这一段时期销量有所下降，但是到 8 月底，公司在各大媒体开始恢复广告播放，并发文诉说这件事让职工生活受到影响。这次感情牌用得恰当其时，不久销量就稳步回升。

此案例对你有什么启发？如果是你，你将怎样对医药广告进行策划？你会注意到哪些问题?推荐观看《我不是药神》影片,思考和本案例有什么异同。

资料来源:盘点:2018年医药大事件你还记得几个? [EB/OL].(2019-01-04).https://med.sina.com/article_detail_103_2_58569.html.

本章小结

医药保健品渠道的设计与选择要考虑产品因素、市场因素、企业自身因素以及其他因素。营销渠道的设计决策包括:确定营销渠道的基本模式,确定营销渠道的数量,确定渠道成员的权利和义务,渠道设计方案的评估,营销渠道"窜货"的控制策略。在渠道设计完后,企业还必须对具体的中间商进行选择、激励与定期评估,必要时还要调整渠道。开展营销终端工作可以从硬终端和软终端两个方面入手。

医药保健品一般促销策略包括人员推销、广告促销、营业推广、公共关系;特殊促销策略包括义诊、规模义诊、社区营销、1+1捆绑营销、仪器营销、会议营销、旅游营销、数据库营销。医药保健品促销策划流程包括:①确立促销目标;②选择促销工具;③确定活动要素;④计划行动细节;⑤评估促销效果。

在进行医药保健品广告策划时需遵循真实性原则、目的性原则、科学性原则、艺术性原则和效益性原则。医药保健品的广告策略包括:合理定位广告诉求点,树立产品独特个性;选择有效的广告媒体,迅速而生动地传递产品信息;注重企业形象和品牌形象的宣传;将医生、药剂师等专业人士纳入广告诉求对象。在保健品广告中,常见的定位方法有以下几种:以理服人的功能定位;打动人心的亲情定位;别出心裁的礼品定位;入乡随俗的本土化定位;网罗女人心的心理定位。

医药企业网络营销现状为:网络营销意识不强,行业内部缺乏竞争意识;网络环境的安全性和可靠性有待提高;缺乏专业的网络营销人才。

第 16 章
快速消费品

> **开篇案例**

优衣库 KAWS 联名遭疯抢

2019 年 6 月 3 日零点，优衣库 KAWS 联名款在天猫上架，出乎意料的是，仅仅几秒钟的时间，这些联名款就被抢购一空。此外，优衣库线下实体店也迎来了一波抢购狂潮，甚至有人为了一件 T 恤大打出手，还有消息说一件 T 恤被炒到 300 元。为什么一件普通的衣服可以如此火爆，连续多天在各大媒体占据头条位置，刷屏的背后又有哪些营销"套路"？

经过分析有以下几点原因：第一，饥饿营销。这次是 KAWS 与优衣库的最后一次合作，对于消费者而言这件 T 恤不仅是用来穿的，而且有一定的纪念意义。"最后一次"营造出一种错过就无法挽回的感觉，而且优衣库还推出了限购，每一位消费者最多只能购买 2 件同一种花色的衣服。第二，低价诱惑。KAWS 与其他品牌的联名产品价格相对而言是有点高的，比如和迪奥的联名 T 恤要几百元，但是这一次和优衣库合作推出的 T 恤只需 99 元，这对于绝大多数消费者来说性价比非常高，此时不买更待何时。第三，紧跟潮流。90 后、00 后逐渐成为消费主力人群，他们追求个性、紧跟潮流，优衣库联名款 T 恤融合当下流行的卡通人物元素，能够满足这群消费者的需求。第四，明星效应。KAWS 本人通过 Instagram 官方账号宣传造势，提前宣布了这一次的联名款推出，更有倪妮、林允以及欧阳娜娜等明星的强势种草，引发粉丝的广泛关注。

资料来源：营销案例：被哄抢的优衣库联名款 [EB/OL].(2019-06-05). https://www.jz08.com/article/12563.html.

优衣库是快速消费品的巨头，了解该案例有利于我们更好地掌握理论知识，将理论与实践相结合。

16.1 快速消费品概述

16.1.1 快速消费品的概念

快速消费品（FMCG，fast moving consumer goods）指消费者消耗较快、需要不断重复购买的产品。快速消费品也被称为"包装消费品"(consumer packaged goods),顾名思义,即产品包装成一个个独立的小单元来进行销售。典型的快速消费品包括日化用品、食品饮料、烟草等,药品中的非处方药(OTC)通常也可以归入此类。与快速消费品概念相对应的是"耐用消费品"(durable consumption goods),通常使用周期较长,一次性投资较大,包括(但不限于)家用电器、家具、汽车等。

正因为快速消费品消耗较快,且需要不断重复购买,关系到所有人群的日常生活,因此快速消费品有着全球最为广泛的市场,以及全球每年最大的购买金额。所以,快速消费品市场是世界上最大也是最重要的市场;又因为其消耗快且技术门槛低,它无疑也是全球竞争最激烈的市场。

16.1.2 快速消费品的基本特征

快速消费品的基本特征是包括了产品周转周期、通路特征、市场生动化组织形态、销售组织特征、物流状况、售后服务着重点等各项特征的总和(见表16-1)。

表 16-1 快速消费品的基本特征

区别特征	特征内容
产品周转周期	短
通路特征	短而宽,进入市场时,稍长稍宽更有利于加强产品告知,刺激消费需求;建设市场时,应加强对通路的管理和控制
市场生动化组织形态	在人流量大、档次高的地段设立户外广告牌做产品形象广告,如机场、广场、大商场附近等;在卖场进行现场演示、促销、折价销售等活动
销售组织特征	分公司制
物流状况	在一个或临近几个区域设立库房
售后服务着重点	主要体现在对顾客投诉的迅速反馈和有效处理

16.1.3 快速消费品的消费者购买习惯

1. 快速消费品的消费特性

(1)便利品,消费者可以习惯性地就近购买。
(2)视觉化产品,消费者在购买时很容易受到卖场气氛的影响。
(3)品牌忠诚度不高,消费者很容易在同类产品中转换不同的品牌。

这些消费特征决定了消费者对快速消费品的购买习惯是:简单、迅速、冲动、感性。

2. 快速消费品的消费者购买决策

由于快速消费品的购买多属于感性购买,购买的频率较高,产品的价值较低,因此在购买时,消费者较少甚至不去收集有关产品的信息,经常跳过信息收集这一阶段,凭着感性或冲动选定某一品牌,迅速做出购买决策,购买后的行为表现也不是很强烈。快速消费品的购买决策可表示为:需求→购买欲望→品牌选择→购买决策→购买后行为。

3. 快速消费品在各生命周期的消费形态

快速消费品在生命周期的不同阶段的消费形态也具有与耐用消费品相区别的特点(见

表 16-2)。

表 16-2　快速消费品在生命周期各阶段的消费形态

产品生命周期	消费形态
导入期	产品入市，消费者对产品处于认知阶段，由于快速消费品的购买周期短、频率高，许多消费者会产生冲动购买
成长期	消费需求增多，购买人数和购买频率迅速增加
成熟期	消费者凭质量、品牌、口碑等进行品牌选择和界定；一部分消费者的购买频次较固定，另一部分消费者也可能转向购买其他产品，或同时使用多种品牌

16.2　快速消费品产品策划

对任何企业来说，产品一定是其经营活动的核心。产品的组合、定价、新产品的开发与上市构成了营销活动的基础和前提。相对于耐用消费品，快速消费品的市场生命周期日益缩短，消费需求波动大，且消费者对快速消费品的敏感度不高，产品的可替代性大，产品质量很容易被消费者直接感受和判断，品牌知名度对消费者的二次购买行为和忠诚度有决定性的影响。因此，快速消费品企业首先要研究的便是产品的营销策划。

16.2.1　产品组合策划

产品组合是指一个企业生产经营的全部产品的结构，即各种产品线及产品项目的有机组成方式。产品组合一般包括若干产品线，每一条产品线内又包括若干产品项目。产品的正确组合可以使企业在资源有限的条件下充分利用销售机会。

1. 产品组合的相关概念

与产品组合相关的概念有产品组合的深度、产品组合的长度、产品组合的宽度和产品组合的相关性。

2. 扩大产品组合策略

扩大产品组合策略是指开拓产品组合的宽度和加强产品组合的深度。开拓产品组合宽度是指增添一条或几条产品线，扩展产品经营范围；加强产品组合深度是指在原有的产品线内增加新的产品项目。

（1）扩大产品组合策略的方式包括：在维持原产品品质和价格的前提下，增加同一产品的规格、型号或款式；增加不同品质和不同价格的同一产品；增加与原产品相类似的产品；增加与原产品毫不相关的产品。

（2）扩大产品组合策略的优点有：满足不同偏好的消费者的多方面需求，提高产品的市场占有率；充分利用企业信誉和品牌知名度，完善产品系列，扩大经营规模；充分利用企业资源和剩余生产能力，提高经济效益；减小市场需求变动的影响，分散市场风险，降低损失程度。

3. 缩减产品组合策略

缩减产品组合策略是削减产品线或产品项目，特别是要取消那些获利机会小的产品的生产，以便集中力量经营获利最大的产品线和产品项目。

（1）缩减产品组合的方式包括：减少产品线数量，实现专业化生产经营；保留原产品线，削减产品项目；停止生产某类产品，外购同类产品继续销售。

（2）缩减产品组合的优点有：集中资源和技术力量改进保留产品的品质，提高产品品牌的知名度；生产经营专业化，提高生产效率，降低生产成本；有利于企业向市场的纵深发展，寻求合适的目标市场；减少资金占用，加速资金周转。

4. 高档产品策略

高档产品策略，就是在原有的产品线内增加高档次、高价格的产品项目。实行高档产品策略的好处主要有以下几点。

（1）高档产品的生产经营容易为企业带来丰厚的利润。

（2）可以提高企业现有产品的声望和市场地位。

（3）有利于带动企业生产技术和管理水平的提高。

需要注意的是，企业采取该策略也会承担一定的风险。因为企业习惯生产廉价产品的形象在消费者心目中不可能立即改变，以致高档产品难以很快打开销路，从而造成新产品项目的研制费用难以迅速收回。

5. 低档产品策略

低档产品策略，就是在原有的产品线内增加低档次、低价格的产品项目。实行低档产品策略的好处有如下三点。

（1）借高档名牌产品的声誉，吸引消费水平较低的消费者慕名购买该产品线中的低档廉价产品。

（2）充分利用企业现有生产能力，补充产品项目，形成产品系列。

（3）增加销售总额，扩大市场占有率。

与高档产品策略一样，实行低档产品策略能够为企业寻求新的市场机会，同时也会带来一定的风险。如果处理不当，可能会影响企业原有产品的市场声誉和名牌产品的市场形象。此外，这一策略的实施需要有一套相应的营销系统和促销手段与之配合，这些必然会加大企业营销费用的支出。

16.2.2　产品品牌策划

与其他行业不同，快速消费品公司如果想获取销售收入和利润，就要得到消费者对公司产品的认同，而消费者在很大程度上是通过品牌来认识产品的。品牌知名度对于快速消费品销售是非常重要的因素。消费者对快速消费品的敏感度不高，产品的可替代性大，产品质量很容易被消费者直接感受和判断，而品牌知名度对消费者的二次购买行为和忠诚度有决定性的影响。

1. 品牌战略

快速消费品的品牌战略包括以下方面。

（1）品牌定位。品牌定位即品牌差异化，是以产品定位为基础的。品牌差异化不应该只停留在产品、技术、广告等层面，而应将差异化的精髓植根于企业中，贯穿于企业活动的始终，最终传递给消费者。否则差异化没有持续性，对企业品牌的促进也仅仅是昙花一现，甚至造成负品牌效应。品牌定位可以用于新产品和老产品。对于新产品，可以实现全新的品牌定位；对于被过度推广的老产品，也可以从新的视角，运用新的独特思维，实现品牌重新定位。

（2）品牌创意。在快速消费品市场上，新产品层出不穷，而许多新产品的命名了无新意。事实上，企业往往很难有给新产品重新命名的机会，这时，就需要在原有的品牌定位上发掘新的创意，增加产品推广成功的可能性。

（3）资源整合。对快速消费品来说，只有具备合适的资源整合与传播形式，才会有新品牌。如果没有与新产品品牌相匹配的资源整合能力，就不可能有新产品品牌的诞生。

（4）产品市场。许多有创意的产品，由于多是一种实验室式的产品概念，难以获得市场销量和市场份额。这样的品牌概念再新也不能保证这种产品构成持续的品牌优势。

（5）品牌管理。企业如果只重视创造新品牌，而忽略品牌管理，就难以使现有品牌成为可持续发展的大品牌。

（6）品牌资产化。品牌资产化就是品牌公益化。品牌资产不同于固定资产和流动资产，可以由专门的机构来精准评估其价值。评估品牌价值的最佳机构是公益事业组织和受益群体，只要两者将品牌活化，社会的评估天平就会向其倾斜。当然，品牌资产化的前提是，企业品牌资产有相当的基础。否则，公益化就不是资产化，而变为沽名钓誉、哗众取宠，社会天平一旦反向倾斜，企业品牌将面临灭顶之灾。

2. 品牌模式

（1）功能品牌模式

所谓功能品牌，是指以功能为区分的品牌。在此品牌模式中，核心内容是对消费者价值的独特理解与把握，每个品牌都是一对一地针对消费者的需求建立起来的。

1）功能品牌的细分。针对消费者需求，通过独特的品牌经理制与产品细分策略，可将消费者价值清晰地"量化"，从而以产品功能来定位每个品牌。例如，在日化领域，宝洁一直信奉功能品牌模式，并对产品功能进行细分。比如针对洗发用品功能性强的特性，根据洗发的多种功能进行市场细分，分为具有柔顺功能的飘柔，具有去屑功能的海飞丝，具有营养功能的潘婷，具有专业发廊效果的沙宣以及包含草本精华的伊卡璐。一直以来，宝洁都依靠这种功能细分策略来给竞争者设置路障。

2）功能品牌的传播。随着功能品牌的发展，品牌定位应形成功能定位与情感定位的统一,并通过这种结合对功能品牌进行传播。传播的手段可以是营销管理活动中的促销组合,即广告、销售促进、人员推销和公共关系。需要注意的是,各种促销组合的运用应配合产品生命周期中不同阶段的市场需求状况。例如,宝洁的广告对于功能的描述十分直接,而在推广活动中,宝洁则十分重视运用公关等手段对品牌特性进行传播。

3)功能品牌的深化。一般而言,当某一品牌产品在市场获得较高的市场认同度,占有一定市场份额时,竞争对手便开始通过模仿品牌管理的做法、模仿产品形式及营销手段等与之竞争。此时,企业应突破简单的功能定位,通过氛围、个性、趋势、形象手段等形成品牌壁垒,让竞争者无法超越。

(2)价位品牌模式

所谓价位品牌,是指把"价格、档次"作为区分的标志而将产品线中的各品牌区别开来。在这种模式下,各个价位品牌相互独立、互不冲突,但又呈现相互补充的态势,能够扩大市场覆盖面。

价位品牌在竞争中有其独特的优势:一方面,所有同一档次的产品共用一个品牌,可以大大节省推广费用,对一个品牌进行宣传的同时可以惠及所有产品,而且众多品牌一同出现在货架上,可以彰显品牌形象;另一方面,由于原有品牌已经具有一定的市场地位,新产品的推出无须过多宣传便会得到消费者的信任。同时,新产品的宣传也可能同时提升已有产品的销量。

3. 品牌延伸策略

所谓品牌延伸,就是指一个品牌从原有的业务或产品延伸到新业务或产品上,多项业务或产品共享同一品牌。品牌延伸是企业多元化经营面临的最重要的战略问题,因为企业经营战略的核心和目的就是品牌战略,而品牌延伸是品牌战略的重要内容之一。

具体来说,品牌延伸战略可以应用在以下几个方面。

(1)新产品推介。当企业的某一品牌在市场上家喻户晓时,企业向市场推介新产品,就能提高新产品的市场认知率,减少新产品开发费用,并能很快赢得消费者的信赖。良好的信誉有助于打消消费者对新产品的戒备心理,有助于使新产品迅速为市场所接受。

(2)新产品定位。在进行产品定位时,如果企业采用品牌延伸策略,就能借助成名品牌推出新产品,使其能够沿袭成名产品在市场上的独特形象,新产品的定位也就更加容易了。

(3)新老品牌互动。一旦品牌延伸获得成功,就可以实现与原品牌产品之间的良性互动。一方面提高了该品牌的市场占有率,有更多的消费者使用该品牌的商品,扩大了原品牌产品的影响与声誉,提高了该品牌的知名度;另一方面,消费者使用延伸产品时的良好体验和感受,反过来会对原品牌产品的声誉产生积极影响,又使原品牌的地位得以上升。

4. 多品牌策略

所谓多品牌策略，是指企业决定在同一类产品领域同时经营两种或两种以上互相竞争的品牌。

多品牌策略不是把一种产品简单地贴上几种商标，而是追求同类产品不同品牌之间的差异，包括功能、包装、宣传等诸方面，从而形成每个品牌的鲜明特性。这样每个品牌都有自己的发展空间，不会发生市场重叠，使每个品牌都能在各自产业中拥有极高的市场占有率。

多品牌策略的核心就是深度细分。通过深度细分，可多层面、多角度、多视野构建成熟的多品牌战略。该策略的主要内容有以下几方面。

（1）深度细分区域市场。一般而言，某一产品的大市场由众多区域市场组成，因此产生了针对区域市场的细分品牌。深度细分区域市场是很多大品牌实施落地战略，消灭竞争对手的重要手段。因此，从事快速消费品品牌策略规划的专业人员，要有意识从深度细分区域市场出发，建立独特的区域市场品牌文化，从而实现新产品区域品牌战略。

（2）深度细分目标人群。对快速消费品来说，对目标人群进行深度细分后，消费人群每一个细微的变化都可以构成快速消费品细分产品的新品牌。深度细分目标人群的标准有职业、生活情调、经济收入、价值观、年龄、性别等。

从上述细分标准可以看出，单一要素变化本身可以构成快速消费品新产品与新品牌，这本身就为企业开创性地构建新产品、新品牌提供了巨大的空间；而且，新产品目标人群要素组合可以构成新的产品创新与品牌创造空间，这种策略性组合提供了更大的新产品与新品牌的创造空间。

（3）深度细分产品系列。一个品类产品诞生后，还要扩充产品组合，即新产品的长度、宽度、深度等，真正使新产品名副其实。通过深度细分产品系列，可以构成快速消费品新产品新的品牌战略。

（4）深度细分渠道结构。对快速消费品来说，不同渠道也可以构成产品的不同品牌，因此可以采用渠道作为划分产品的手段与方式，如白酒行业、乳制品行业等。企业可以根据不同渠道推出不同品牌，这样既可以杜绝渠道窜货，还可以获得一定的市场溢价。

专栏16-1　　　　　　　宝洁的品牌"瘦身"

一直奉行多品牌战略的世界日用消费品巨头宝洁日前宣布，计划出售、终止或淘汰近100个宝洁品牌，希望通过简化品牌架构来促进销售额的增长。宝洁的成功离不开它的多品牌策略及正确的品牌定位，如它的洗发水品牌：飘柔强调柔顺，潘婷主攻营养，海飞丝主打去屑，沙宣为专业美发。多种品牌面向不同细分市场合理定位，不仅给用户很多选择，而且为宝洁积累了大量的渠道、技术、品牌资源——所有的细分品牌都在为宝洁的主品牌服务。但是近年来，电商的兴起冲击了沃尔玛等传统零售渠道，宝洁由于多品牌和占

> 据庞大的市场份额遭到了后起的各大日化品牌的围剿。除了欧莱雅、联合利华这样的全球性竞争对手，本土品牌相宜本草、纳爱斯、立白等也在全力争夺市场。此外，缺乏创新、人才流失等同样成为宝洁持续高速发展的短板。内忧外患下，宝洁的市场空间被极大地压缩。
>
> 　　此次宝洁的战略变革和"瘦身计划"启示我们：在互联网化和全球化的时代，多品牌战略可能不会带动业绩的增长，更不能驱动价值的创新。宝洁若想成为一家更加简洁、更加专注的公司，确保其持续竞争优势，必须专注于核心业务，降低业务流程复杂度，将"瘦身"的智慧发挥到极致。

16.2.3　新产品上市策划

由于快速消费品的产品生命周期日益缩短，产品推向市场的速度加快，故企业要想在市场中获得持续的市场竞争力，就必须不断研究与开发新产品。

1. 快速消费品新产品上市前的论证

上市前的论证会使新产品上市的成功率大大提高。上市前的论证，往往为以下一些问题提供答案：产品的目标消费群是谁，应该实施何种差异化竞争优势去吸引消费者，如何争夺竞争品牌的市场份额或创造新的市场。

在产品上市之前，企业应该就产品的概念、消费者对该产品的市场需求、产品的定位、产品的工业化等进行详细研究，并根据这些研究结果进行产品的设计，为新产品的成功上市提供依据。上市前的论证过程主要包括：产品创意、概念开发、初期可行性筛选、概念测试、产品开发、产品测试、试销，最后做出是否推向市场的决策。

经过上述论证，企业在新产品上市前就能对其销售前景做好充分准备，并可以据此及时调整营销策略。

2. 快速消费品上市的频率与规模

快速消费品市场变化较快，新产品上市的频率比一般耐用消费品高很多。

（1）数量。一般的快速消费品企业，一年中可以正常推出4～5个新产品。很多大型的跨国快速消费品公司有时一年推出的新产品可以达到上百个，可见快速消费品市场新产品上市数量较多。

（2）上市时机。快速消费品市场处于一个动态变化的环境之下，企业不能按照自己单方面的设想做新产品上市准备，必须根据市场竞争环境的变化改变新产品推动的时间。可见，快速消费品新产品上市的时机需要判断与调整。

（3）资源投入。快速消费品企业对现金流要求很高，所以，快速消费品企业在刚刚进入市场时资源投入十分巨大，应该对一定时间的亏损期做好准备。

3. 攻击竞争对手获得快速入市的机会

该策略是指攻击竞争对手的弱点，利用最短的时间获得新产品快速入市的机会。快速消费品新产品上市攻击对手主要有以下几种方法。

（1）产品弱点。一种产品的弱点可能表现在产品品质、产品包装、产品价格、产品定位等方面。对竞争对手的产品某一方面的弱点进行攻击，可以占领市场空白领域或竞争对手无暇顾及的领域。

（2）渠道弱点。新产品利用竞争对手渠道覆盖的真空或薄弱区域来快速上市。

（3）传播弱点。全国性品牌的传播多选择全国性媒体，但如果新产品是区域性品牌，也可以使用区域性媒体，通过与消费者亲密接触打破全国性品牌的封锁，对区域性媒体的恰当使用也可以起到很好的阻止对手的目的。

（4）闪电策略。一般而言，全国性快速消费品企业比较注重借助经销商的力量打开全国性市场。新上市区域性品牌可以利用全国性品牌的这个特点，通过高效的执行力来打破竞争性品牌的市场节奏，通过闪电战让对手防不胜防。

4. 运用新型促销手段占领市场

快速消费品新产品上市的新型促销手段有如下几种。

（1）体验代替买赠。因为快速消费品有高频次购买、低单价销售的特点，新产品上市采用实物形态的促销可能会带来市场的恶性循环。体验营销是将用于广告传播的费用划出一部分，用于与消费者互动，以体验代替传统的买赠手段。

（2）媒体成为货架。媒体成为货架是未来快速消费品新产品促销的趋势，企业不再简单地进行说教式广告投放，而是与媒体讨价还价，通过与媒体结合，使其成为产品宣传的货架。

（3）品牌公关营销。从发展趋势看，中国社会越来越重视对可持续发展建设的重视，以事件为载体的事件营销将为越来越多的中国企业所接受，快速消费品企业越来越重视对事件营销的关注与利用。

（4）电子平台利用。随着互联网深入人心，电子交易平台日趋成熟，通过电子平台进行消费者营销将越来越普遍。

（5）一对一营销。快速消费品难以面对众多的目标人群做一对一营销，但可以有效利用针对快速消费品新产品市场调研中的数据库，以及超市销售数据。快速消费品企业可通过建立与超市销售系统连接的网络平台，获得消费者的消费需求数据。特殊的路系统也为快速消费品一对一营销创造了条件，如风靡酒店与酒吧的餐饮夜场洋酒通过一对一营销获得了良好的市场业绩。

5. 保护新产品占领的现有市场

（1）建立档案。这是指对新产品市场活动过程建立一套完整的档案，将新产品市场表现记录在案。通过对原始市场情况的阶段性分析，调整市场活动与市场行为，形成制度,并建立一套市场管理制度文本,在实践中不断修正。

(2)清晰流程。快速消费品新产品维护涉及非常多的关键环节,要制定新产品上市维护的清晰流程,通过流程来梳理产品维护的技术性环节。

(3)危机机制。建立新产品维护与建设的危机体系。随着中国消费者主体意识的提升,危机管理对中国快速消费品企业来说显得至关重要,即使是有百年历史的雀巢、宝洁也不断面临着产品危机的袭击。

16.3 快速消费品价格策划

在市场经济条件下,企业对其产品如何定价从来都是企业经营者最重要的决策之一,因为价格是市场营销组合中唯一为企业提供收益的因素,同时又是市场竞争的一种重要手段,定价是否恰当将直接关系到产品的销售量和企业的利润额。

16.3.1 快速消费品定价策略的影响因素

定价是长期困扰企业经营层的基本营销问题,对于快速消费品行业也是如此。随着市场发展和竞争的不断深入,企业也开始进行"战略定价",在制定价格时,不再单纯地考虑价格高低,而是充分考虑对价格具有决定性影响的因素,如市场、渠道、消费者和竞争者等。

从整体上来看,影响快速消费品定价的主要因素可以分为内部因素和外部因素两大类,内部因素主要就是产品成本;外部因素主要是市场需求(消费者需求)、市场环境(竞争者)。因此也可以说,价格是企业与消费者、竞争对手均衡博弈的结果,产品成本决定了价格下限,而消费者需求决定了价格上限。

1. 内部因素

(1)成本构成。成本主要由固定成本、变动成本以及其他相关成本构成。固定成本是指不随产品销量的增减而变化,相对稳定或固定不变的费用支付,如厂房设备月租金等。变动成本是指随生产更多的产品而变动的支出,如原材料等。其他相关成本如机会成本等。这里主要对机会成本进行分析,机会成本即企业从事某项产品的生产经营而放弃另一项生产经营的代价。机会成本分析要求企业在定价决策中,面对多种定价策略的选择,必须依据所选择方案的实际收益大于其机会成本,使企业投入的资源得到最大回报。这些成本综合起来,基本上决定了价格的下限。在定价策略中,成本是需要考虑的基本因素,成本和价格是相互关联和相互作用的。

(2)影响成本变动的因素。影响成本变动的因素有很多,主要有以下几个方面。

1)原材料、燃料等价格的波动。原材料价格的提升势必会引起产品成本上升。

2)企业管理水平和运营能力的变化。如果企业管理水平较高,运营能力较强,产品成本自然会有所下降,然而企业要想提高这些能力,需要较长时间的努力来进行内部改造。

3)工人工资水平等社会因素。如果社会因素的增长率总体上大于劳动生产率的提高，就会导致企业产品成本的提高。

4）劳动生产率和技术进步。二者都与成本价格呈反比，当劳动生产率和技术得到提高时，就会带来生产成本的相应降低。

（3）成本与价格的关系。成本不仅是价格的下限，还与价格有一定的互动关系。一般情况下，企业的生产数量与产品价格、成本是一种均衡关系。成本升高，产品价格就会升高，销量就会相应地下降，进而反作用于成本上升；产品价格上升，销量就会下降，导致成本上升，进而反作用于引起价格进一步提升。当然，这是一种理论状态下的因果关系，在现实中，有些时候价格上涨并不一定会带来成本上升，反而会引起成本降低，这是因为价格不只受到成本的影响，还受到其他诸多因素的影响，而且不同的定价策略也会给企业带来不同的效果。

2. 外部因素

影响价格的外部因素主要包括市场需求和市场环境。

（1）市场需求。市场经济条件下，市场导向是市场经济的基本游戏规则，产品销售最终还是要靠消费者的购买去实现，故消费者的需求就会影响价格的变化。影响产品价格的有需求价格弹性、消费者心理等因素。

（2）市场环境。市场环境，即竞争对手和企业本身所处的市场结构。而市场结构就是一个行业内部的卖方和买方的数量及其规模、产品的差异程度以及新企业进入该行业的难易程度，简单来说就是，某种产品或服务所面临的竞争状况和竞争程度。快速消费品行业基本处于垄断竞争市场，在这种市场条件下，企业的产品就会存在一定的差异性，既有实际质量、成分的差异，也有品牌、包装等形式上的差异，每个企业都可以控制其产品价格，成为价格的决定者，但也受到市场供求关系和竞争对手价格的影响。这种影响不仅体现在实际的销售价格上，竞争者的促销、广告等市场手段也会影响企业的产品价格。

根据产品成本、需求、竞争者三个因素发展出三种定价方法，即成本导向定价法、需求导向定价法、竞争导向定价法。这些将在后文进行具体论述。

16.3.2　快速消费品的定价原则

基于消费者对快速消费品购买习惯的特点，企业在制定价格政策时要遵循以下原则。

1. 使用低价原则

消费者对快速消费品的价格敏感度通常比较大，更热衷于价格折扣促销等低价策略。

2. 产品不同生命周期采用不同的定价策略

新上市的快速消费品品牌，大都会保证各级渠道足够的利润空间，以求更多的经销商经销其产品，其铺市率较高、渠道面较广，因此产品价格偏高。

而成熟的品牌，价格透明度较高，品牌的认知度、美誉度较高，选择经销商和终端较为容易，各级经销商的利润空间相对较小。从价格政策的制定上看，应促使其提高总销售量来获得利润。

3. 在很多特殊的销售渠道可制定高价

如宾馆、酒店、娱乐场所等，快速消费品的销售策略可以采用较高售价，其关键在于如何刺激销售商。

16.3.3 快速消费品的定价策略

1. "撇脂"定价

"撇脂"定价是指，与竞争产品的价格相比，企业为自有产品制定的价格往往比较高。这种定价策略有三个优点：有助于企业快速收回研发成本；有利于维护创新产品的独特形象；生产商可以控制市场对产品生命周期中导入期阶段的需求，从而调整生产能力以满足市场需求。其缺点是会吸引竞争者加入。

快速消费品的消费者多属冲动型购买者，这决定了企业可以在产品导入期采用"撇脂"定价来获得高额利润。

2. 渗透定价

渗透定价又称为市场减法定价，它以低价作为营销武器。当竞争者进入已有几十个竞争品牌的新行业时，其定价往往明显低于竞争对手。

3. 竞争性定价

大多数产品的定价会要受到竞争者价格的限制。在快速消费品市场上，新产品层出不穷，竞争激烈，竞争者的价格构成了价格的基本水平。采取竞争性定价策略时，企业还应考虑整体的市场形势、企业在市场上的地位以及企业与竞争者的价格之间的关系。

16.3.4 快速消费品的定价方法

1. 成本导向定价法

成本导向定价法以产品单位成本为基本依据，再考虑预期利润来确定价格，是企业最常用、也是最基本的成本驱动型定价方法。其基本公式为：价格＝单位成本＋加成。它之所以是最基本的方式，是因为卖方确定成本比估计需求更容易。从本质上说，成本导向定价法是一种卖方定价导向，定价决策所考虑的关键因素包括：变动成本、固定成本（如销售费用、固定资产折旧、管理费用的摊销）以及用以核算费用摊销的计划销售量。常用的成本导向定价法有以下几种。

（1）成本加成定价法。这是一种最简单的定价方法，即在产品单位成本的基础上，加上预期利润作为产品的销售价格。由于利润的多少是有一定比例的，这种比例就是人们俗称的"几成"，这种方法就被称为成本加成定价法。采用这种定价方式，一是要准确核算成本；二是要确定恰当的利润百分比（即加成率）。依据核算成本的标准不同，成本加成定价法可分为两种：平均成本加成定价法和边际成本加成定价法。

（2）盈亏平衡定价法。盈亏平衡定价法即根据盈亏平衡点原理设计定价。盈亏平衡点又称保本点，是指一定价格水平下，企业的销售收入刚好与同期发生的费用额相等，收支相抵、不盈不亏时的销售量，或在一定销售量前提下使收支相抵的价格。

（3）投资回收定价法。企业开发产品和增加服务项目要投入一笔数目较大的资金，而且在投资决策时总有一个预期的投资回收期。为确保投资能够按期收回并赚取利润，企业就要根据产品成本和预期的产品销量，确定一个能实现市场营销目标的价格。这个价格不仅包括在投资回收期内单位产品应摊销的投资额，也包括单位产品的成本费用。利用投资回收定价法必须注意产品销量和服务设施的利用率。

（4）目标效益定价法。目标效益定价法，是根据企业总成本和估计的总销量，确定一个目标收益率，作为定价的标准。此方法因其简单易用而被广泛采用。但其存在一定缺点：一是不考虑市场价格和需求变动的关系；二是不考虑市场的竞争问题。

成本导向定价法是通过一个个假想的期望销售数字计算出的定价，如果这些销售数字未能达到预期要求，就必然无法达到预期利润。

2. 需求导向定价法

需求导向定价法，即以消费者需求为基本导向，来确定和调整企业产品价格的定价方法。导致消费者需求变化的因素有很多，如需求价格弹性、消费者心理、消费者收入水平等，都会影响消费者对价格的反应。因此企业在制定价格时，要充分考虑消费者的接受程度及其购买能力等。

这种定价方法关键是要对消费者进行分类分析，找出目标客户群。根据对消费者的认知价格和价值的感受，可以把消费者分为价格型、便利型、关系型、价值型这四种。价格型喜欢寻找价格低的产品，对质量要求不高，不会为产品品牌、质量支付溢价；便利型喜欢方便的购买方式，对价格和品牌等不太关注；关系型对品牌的认知度较高，在可以接受的价格范围内，会形成较高的品牌忠诚度；价值型会对购买的产品进行综合判定，比较各种产品的价格和质量以及品牌等，而且能够支付一定溢价。需求导向定价法一般有两种定价方法，即认知价值定价法和反向定价法。

（1）认知价值定价法。认知价值定价法，即企业根据购买者对产品的认知价值来设计定价。为目标市场开发新产品时，企业在产品的质量、价格和服务等方面都需要体现出其特定的市场定位观念。企业首先要决定所提供的价值及价格，并估计在此价格下所能销售的数量，然后根据这一销量决定所需要的产能、投资及单位成本；此外，管理人员还要计算在此价格和成本下能否获得满意的利润。如能获得满意的利润，就继续开发这一新产品，否则，就要放弃这一产品概念。

认知价值定价的关键就在于准确地计算产品所提供的全部市场认知价值。企业如果过高地估计认知价值，便会定出偏高的价格；如果过低地估计认知价值，则会定出偏低的价格。故为准确把握市场认知价值，必须进行市场营销研究。

（2）反向定价法。反向定价法即企业按照消费者能够接受的最终销售价格，计算自己从事经营的成本和利润，然后逆向推算出产品的批发价和零售价。这种定价方法不以实际成本为主要依据，而是以市场需求为定价出发点，力求使价格为消费者所接受。分销渠道中的批发商和零售商多采取此种定价方法。

3. 竞争导向定价法

现在的市场是竞争的市场，快速消费品行业就处于竞争激烈的环境中。如在碳酸饮料市场中，百事可乐和可口可乐分别占据极高的市场份额，当然竞争也是不可避免的。市场环境和结构作为影响价格的外部因素，也决定了竞争导向定价法的存在。

竞争导向定价法，不以成本和需求来制定价格，而是以同行业的主要竞争对手的价格为主要依据来制定。其主要特点就是与成本和需求的关联较少，主要参考同业对手。这有利于企业增强应对竞争的能力和保护市场份额，还可以刺激企业不断加强管理、提高技术、降低成本。但这种方法着眼于应对竞争对手，容易陷入价格战，使企业减少利润。这种定价方法主要有以下几种。

（1）同业参考定价。同业参考定价，即企业在竞争激烈的行业中，根据市场竞争情况，跟随主要竞争对手价格或参考行业平均价格，来确定自己的产品价格。这种定价方法风险较小，有利于避免行业内的价格战，保持行业整体盈利水平；同时能够使企业获得行业的平均利润水平，不需要太多营销手段的介入。但这种定价方法的采用需要一定的条件：产品需要差异不大，成本是行业平均水平，主要竞争对手没有改变价格的意愿等。如果选择此种定价方法，企业很难突出自己的产品和优势，而往往是行业内的领导者品牌获利较多。

（2）竞争差异定价。竞争差异定价不是简单地降价，而是根据竞争对手的价格和产品，并结合自身情况，改变产品性能或其他差异化的措施，以达到变相降价或提价的目的。例如，在洽洽瓜子上市之初，瓜子市场正处于价格战，洽洽没有根据对手的价格制定较低价格来占领市场，而是推出纸袋包装，在产品形象上区别于同类，实现差异化定位，尽管其定价高于市场同类产品，还是一举成为瓜子行业的领军企业。而当其他企业纷纷效仿推出纸袋包装后，洽洽又推出煮瓜子，再一次与其他产品形成差异，得以继续在瓜子行业占据第一份额。

（3）竞争投标定价。这种定价方法主要用于投标中（工程类、项目类等），需要制定高于成本但低于潜在竞争对手价格的产品价格。快速消费品行业基本没有这类定价方式，这里就不再讨论。

16.4 快速消费品渠道策划

营销渠道是指由各种旨在促进商品和服务的实体流转以及实现其所有权由生产者向

消费者或企业用户转移的各种机构及其相互关系构成的一种有组织的系统。一般来说，营销渠道由制造商、分销商、零售商三部分构成。

16.4.1 快速消费品营销渠道特点

快速消费品企业必须首先识别真正的最终用户，确定同质顾客群体，然后根据顾客的渠道功能需要来区分企业现存的渠道能力和竞争对手的渠道能力。快速消费品的营销渠道有如下六个特点。

1. 市场覆盖面广

快速消费品购买人数众多，居住地分散，需要庞大的分销网络。在目前的中国市场，商业网点密度大，分布面广，营销渠道在快速消费品的销售中所占比重甚大。

2. 物流系统要求高

快速消费品种类繁多，结构复杂，需求总量巨大，其营销渠道承担着巨大的物流量。另一方面，快速消费品有着消费周期短的特点，对物流系统的周转速度也有很高的要求。

3. 购买频率高、数量少

快速消费品对消费者来说，每次购买的数量较少，但频次较高。目前对快速消费品的单件或少量购买是主流，故多采用密集型分销渠道。

4. 需要层次较多

不同消费者购买快速消费品的诉求不一样，客观上要求有较多层次的营销渠道和较多类型的零售方式与之相适应。

5. 结构长而宽

快速消费品需要深入至各个狭小的销售点，目前一般采用较长的渠道以进行渗透。快速消费品的终端零售商多表现为就近进货，而且根据消费者购买便利性的要求，多选择在住宅区附近，营销渠道也因此变得长而宽。

6. 渠道控制权存在竞争

生产商一般不参加快速消费品直接销售，而承担主要的促销推广任务。中间商多为独立运营，与生产商仅有合约关系，因此两者之间在渠道控制权上存在矛盾。

16.4.2 快速消费品营销渠道设计

营销渠道设计，就是指为了实现企业的营销目标而对各种备选的渠道结构进行深入的评估和选择，进而开发全新的营销渠道或对现有的营销渠道进行改进的过程。

1. 营销渠道的目标

设计营销渠道需要达到以下三个方面的目标：市场覆盖率、渠道控制度以及渠道灵活性。

（1）市场覆盖率，是由市场性质与企业的市场定位决定的。市场覆盖率按照从低密度的覆盖到高密度的覆盖可以分为独家分销、选择分销和密集分销三种类别。

（2）渠道控制度，就是指企业需要保持对渠道中间商销售行为控制的程度高低或大小。

（3）渠道灵活性，又称为渠道的可伸缩性，是指企业营销渠道结构变化的难易程度。渠道灵活性对于新产品的市场尤为重要。

2. 影响快速消费品营销渠道的因素

快速消费品行业的特点要求营销网络健全，渠道顺畅，要求产品无所不在，以便于消费者进行重复购买，甚至伸手可及。"重复购买"是快速消费品营销的灵魂，而灵魂的载体就是营销渠道。影响快速消费品行业营销渠道绩效的主要因素有以下几点。

（1）营销渠道的经济性。现在快速消费品市场激烈的竞争使企业在构建营销渠道时不得不首先考虑成本的问题。寻找有规模、资金雄厚、经验丰富、设施齐全的经销商是销售产品的有力保证。

（2）营销渠道的可控性。快速消费品产品的同质化很强，渠道成员很容易转向其他类似产品或品牌。另外，较宽的销售区域内折价的不同，使得经销商有机会获得较大的利差，这也是造成"窜货"的最根本原因。为了有效控制渠道，生产商往往从最开始选择渠道成员时就把可控性放在首要考核之列。

（3）营销渠道的服从度。服从度与可控性是两个不同的概念，有时候生产商通过强行要求，如通过返利要挟经销商等对渠道成员进行控制，但渠道成员的服从度并不高。选择一些较小的经销商是现在很多生产商的渠道策略。

（4）营销渠道的覆盖能力。因为快速消费品的广泛性和即时性要求，生产商在选择渠道成员时，特别是新产品上市时，特别需要渠道成员具有很强的快速市场覆盖能力。这种能力与渠道成员的专业性、拥有终端或用户的数量有直接关系。

3. 快速消费品营销渠道设计

（1）新产品上市。快速消费品大都采用较长的销售通路，以便更快地完成产品铺市、更有利于刺激消费需求。因为当地经销商、代理商更了解情况，能更好地处理当地各种复杂的关系，此时，利用它们的力量才有可能更快地完成产品的终端展示。

（2）相对成熟的产品。快速消费品品牌的销售渠道一般短而宽，更加多样化，更加复杂，更加注重立体的分销，但终端面积较小，故其更注重在人流量大、档次较高的地区设立户外广告牌做形象广告，在终端进行使用演示、促销、折价等销售活动。此时，它们会更加广泛地建立自己的分销网络，加大产品的覆盖率。

（3）区域分销模式。区域分销模式目前已经成为快速消费品行业的主要分销模式。根据一级批发商的背景和其他条件挑选出最合适的发展成为分销商，从而实现区域及当地分销，减少中间层次，将传统模式的二、三级合并，并通过与直销的结合提高销售的主动性。在此基础上，拥有多种产品、多种品牌的公司各下属企业采用统一的销售渠道，让客户实现一站采购，公司的区域分销中心和全国销售总部连成有计划、有组织、控制良好的体系，在销售中心与关键最终客户之间建立反馈，提高销售体系的反馈速度。这种联合分销模式广泛地被跨国企业所采用，如联合利华、可口可乐、百事可乐、宝洁等公司。

（4）中小型快速消费品企业。区域分销模式不适合中小型快速消费品企业，对它们而言，最佳方式是建立以分销商为核心的区域分销体系和核心客户体系，同时迅速进入新兴的分销渠道。

4. 销售组织结构设计

（1）分公司制的销售组织结构。根据其渠道设计、渠道发展状况及终端等不同，快速消费品品牌多采用分公司制的销售组织结构。面对庞大、立体的分销网络和更为繁杂、琐碎的销售工作，设立分公司制，加大分部权限，减少部分非必要的办事程序，这样对市场的反应速度就会提高。

（2）强调扁平化管理。扁平化管理一方面减少销售渠道的级数，一方面减少自身营销系统的层级，加大对市场的反应力度。企业在外地一般不设销售分部，其营销部直接面对省一级经销商或直接面对区域经销商。

16.4.3 快速消费品营销渠道管理

1. 快速消费品渠道成员的选择

快速消费品选择渠道成员应做两方面的考虑。

（1）目标市场。快速消费品企业的经营意图是将产品打入目标市场，让需要企业产品的最终用户能方便地购买。因此在选择渠道成员时不应将企业产品特性作为考虑重点，而应以消费者为依据，认清产品的目标市场及消费者购买习惯，以方便他们的购买为基本原则，以最快的速度、在最方便的场合将产品送到消费者的手上。

（2）运行效率。快速消费品行业的激烈竞争致使行业利润下降，如果渠道运行效率低下，必然会进一步增加企业成本、降低产品价格优势，会对产品的快速流通和销售产生极大阻力。所以在选择渠道成员时，一定要比较各个经销商的运营效率，选择能提高渠道运营效率的渠道成员。

2. 快速消费品渠道成员的激励和评价

（1）渠道成员的激励。渠道管理强调要不断增强维系双方关系的利益纽带。为使营销链高效运转，快速消费品企业应针对渠道成员的需求，持续提供激励，激发其产品推广热情。比如，给予物质或金钱奖励来肯定渠道成员在销量和市场规范操作方面的成绩；为渠道成员提供产品信息培训，帮助其提高服务水平等。

（2）渠道成员的评价。为确保营销渠道的高效运转，快速消费品企业还应定期对渠道成员进行绩效评价，要对绩效考评结果好的渠道成员给予物质或精神上的激励，同时对于绩效考评结果低于既定标准的渠道成员，快速消费品企业要尽力帮助它们分析原因，考虑可能的补救办法。如果发现原因是渠道成员缺乏应有的职业道德，不思进取，或跟不上企业步伐、缺乏长期合作意愿，快速消费品企业有必要对该渠道成员进行适当的调整，以保证整个营销链的正常运转。

3. 快速消费品渠道成员的管理

（1）推式管理

推式管理是指以渠道成员为营销努力的主要对象，通过刺激渠道成员的合作意愿，由渠道成员带头推动产品的流通。这种推式的渠道管理策略被快速消费品企业广泛应用。实施推式管理方式应从以下两方面考虑。

1）提升经销商盈利能力。在推式管理中，如何处理与经销商的关系是一个尤为突出的重点。企业通过对经销商的有效帮助，提升经销商的盈利能力，从而成功地处理好与经销商之间的关系，使经销商愿意与企业合作。

2）与经销商建立伙伴关系。在推式渠道管理策略以及客户导向的经营理念的指导下，企业的客户业务发展部门应专心致力于跟经销商一起改善管理，与其建立伙伴关系，从而使经销商与企业的业务发展达到双赢。

（2）数字化管理

随着业务的不断扩大和发展，以及网络时代电子商务的发展需要，制造商应推行数字化管理策略。这主要包括以下三个方面。

1）分销管理电子化。企业可以通过建立"分销商业务系统/分销商补货系统"来帮助分销商优化订货、收款和库存管理的流程。该系统将企业与各个分销商进行连接，通过这个系统，企业能够快速获得分销商的进销存、采购订单等信息，并对其发布新产品、促销、配额、价格、可用库存等信息，大大节约信息的传递时间。

2）专柜电子化。企业还可以在各个销售专柜进行电子化建设。企业通过与各个销售专柜搭建信息高速平台，可以使各种商业数据（进销存、消费者、积分等）每天通过这个平台在专柜与企业之间传递。

在这个平台的前端，专柜人员使用该信息系统进行日常业务管理（销售、库存、采购等）和消费者俱乐部管理等；在这个平台的后端，企业营销人员可以通过对发送到总部的专柜营销数据和消费者俱乐部的消费者信息的汇总分析进行数据库营销管理，从而对目标客户群进行个性化营销，分析市场机会，进行目标市场的选择，确定相应营销组合，进行有效的营销战役和活动效果反馈。信息平台的使用可以大大提高企业对客户和市场的反应能力与决策能力。

3）客户反应系统。为了更好、更快地满足分销商的需求，企业还可以向分销商介绍高效的客户反应系统，以期与分销商建立起战略性伙伴关系，共同进行高效的产品分类、补货、促销和新产品推介工作。

（3）零售终端管理

零售终端作为营销渠道的最后一环，直面消费者，是产品成为消费品的一道龙门，是厂商实际销量的源头；它是深度分销、优化市场结构、确保市场到位、提高市场占有率的有力武器。零售终端管理主要包括小店管理和大店管理两个部分。

1）小店管理。对快速消费品企业而言，小店是指那些主要以食品、日用杂品、药品等为经营品种的小型商店、商亭及各种货摊。

小店在终端结构中有着极其重要的作用，其作用性表现为：对消费者而言，他们可以很方便地在小店买到令其有购买冲动的产品，有效地改变消费习惯，提高生活质量；对分销商而言，广泛分布的小店是其稳定的销量来源及利润来源，可形成稳定而广泛的客户网络，是建立长久业务的基础；对企业而言，小店可以使产品知名度及可购买性达到最高，由此获得消费者的品牌忠诚，确保品牌的领导力地位。

快速消费品的小店管理策略包括以下几种。

第一，队伍建设与管理。销售队伍是小店管理的关键，其中以人员管理最为重要。具体途径有：建立一支稳定、高效的销售队伍来实现分销覆盖；建立一个完善、有效的后勤系统以支持分销覆盖。一个好的后勤支持系统，不仅可以节省销售人员的访问时间，提高工作效率，还可以避免很多因后勤系统不完善给工作带来的麻烦。

第二，四联单管理。在整个分销工作中，订单管理是非常重要的一环。对订单的管理可以采用四联单管理方法，即将订单分成四联，可以互相核对，主要包括：小店店主一份、业务员一份、财务部门一份、业务部门一份。四联单在整个业务过程中起着重要作用，它将财务部门、业务部门、业务员、小店通过文本化的模式有机结合起来，使业务运作科学高效，极大地避免了责任不清与分工不明等现象。

第三，物流及配送。物流及配送在整个业务流程中起着枢纽作用。如果在配送方面做得不好，小店可能会失去信心，工作成果也会大打折扣。

业务员对自己所负责的小店店主的订货，可以采取先填写订单，并由店主及当地业务员在四联单上签字的形式，然后统一上报，交由总部订单处理中心统一处理。企业还应根据各区订单的具体情况制定配送计划。计划做好后交给业务中心，业务中心登记后交给配送中心送货。整个程序简洁明快，避免了沟通及配送等环节上的浪费。

2）大店管理。所谓大店，是指大型零售店，它是重要的利润来源，也是生产商建立企业形象、品牌形象的有利场所。快速消费品的消费者多属于冲动型购买者，优秀的店内展示不仅是一种强有力的宣传，还是一种极有价值的促销手段，对于建立品牌的知名度，增加产品的适用场合有很大的益处。另外，大店还是巨大的潜在市场和最重要的分销渠道。因此，大店管理在终端结构中有着更为重要的战略意义。

大店的管理运作非常复杂，企业可针对不同的商店类型、不同的条件采取不同的处理方法。但是从普遍意义上讲，大店管理策略主要包括以下三点。

第一，严格的单一分销商供货政策。为了尽量避免多重覆盖的情况，企业应该严格执行单一分销商的供货政策。这一政策主要包括以下三个方面：根据商店生意背景和目前生意状况将每一家商店划给某一个具体分销商，同时其他分销商不得介入；明确分销商大店管理责任及考核标准，制定有关约束措施（比如三个月内大店形象很差，企业将鼓励其他分销商接受该商店）；控制商店唯一进货渠道，减少商店在谈判桌前的无理要求，为安全库存和回款等工作的顺利进行提供良好的保障。

第二，通过库存管理达到合理库存。同批发相比，零售店每笔销售额较低；此外，由于消费者冲动型购买，这就给零售店订货、库存管理带来较大困难。这意味着零售店必须降低成本、花色品种必须齐全，周转率必须提高。因此大店的库存管理应达到以下两点：一是要百分之百满足消费者需求；二是要尽量减少库存，扩大库存利用率。

第三，建立拜访制度。拜访制度是指企业对零售商的拜访的一系列相关制度。拜访是大店管理中不可缺少的重要环节，建立拜访制度对大店的管理具有重要意义。

16.5 快速消费品促销策划

广义促销是指各类组织营销当中具有明显促销性的职能和相关职能的潜在促销作用，包括广告、销售促进、人员推销、公共关系和其他具有潜在促销作用的营销策略。

16.5.1 快速消费品广告策划

1. 快速消费品广告

广告是生产商以付费的形式向广大消费者传播信息情报，介绍本企业的产品，以达到销售目标的一种行为。快速消费品的视觉化特点，使消费者很容易受到各种广告活动的影响，使其对产品的品牌忠诚度不高，很容易在同类产品中转换不同的品牌。

2. 快速消费品的广告传播方式

与其他产品类似，快速消费品可使用的广告传播方式多种多样，主要有报纸广告、杂志广告、电视广告、路牌广告、招贴广告和活动广告、橱窗和霓虹灯广告、网络广告等。

以上各种广告传播方式的选择，应根据企业产品的属性、宣传的需要、经费的多少而定。具体选择广告媒介应考虑：媒介能接触多少消费者或用户；媒介传播地区和对象是否与产品的销售需要相适应；根据产品的属性，采取最适宜的宣传方式。至于广告的规模，可以仅采用一种广告形式，也可以同时采用多种广告形式。

3. 快速消费品在不同市场阶段的广告策略

快速消费品在其产品市场导入期、成长期以及成熟期，其产品广告的创意策略是有区别的,而每个产品在市场的不同成长阶段所采取的广告创意策略是与产品的整体营销战略、品牌成长战略以及产品的独特销售主张密不可分的。就现实情况来看,快速消费品的广告创意主要有以下几种不同的策略。

(1)市场导入期的广告策略。一个新的快速消费品产品要想快速进入市场,并且被目标消费者所接受,那么它首先要解决的两个问题是:①如何进入终端;②如何在短时间内改变消费者的消费理念和经验,转而接受本企业产品。因此这个时候的产品广告要面对的受众其实是两部分人群,一类是目标消费者,另一类就是目标经销商或渠道分销商。对于一个业界的新进入者,市场导入期的广告更主要的是吸引经销商的眼球。因此这个时期的广告创意主要表现产品的独特销售主张,如养乐多的乳酸菌饮品概念;或是品牌的成长理念,如蒙牛进入市场之初提出的"向伊利学习,为民族工业争气,争创内蒙古乳业第二品牌"的阶段性品牌成长理念等。这样的广告创意有利于目标受众在短时间内强化产品认知,并且更容易被经销商理解为这是一个差异化较大、市场竞争力度小、而厂家又有清晰品牌战略的产品。这样就有利于产品在短时间内导入市场。

(2)市场成长期的广告策略。对处于市场成长期的产品来说,该阶段的主要市场目标是,一方面要有效规避市场领导者所设置的进入壁垒,另一方面要从深度和广度两方面深挖目标消费人群,从而不断扩大产品的市场份额,不断接近并挑战市场领导者的地位。因此,这个时期的广告创意主要着眼于"产品比较功能优势,以及可以借助的品牌资源优势、新闻事件营销"等方面。如五谷道场的"非油炸更健康"、乐百氏的"27层净化"、南孚电池的"聚能环,锁住六倍电量"等产品广告创意,在塑造产品的功能差异化上都起到了非常重要的作用,从而使消费者更愿意接受其产品。利用事件营销则是产品在市场成长期迅速提高产品知名度,扩大消费人群的重要手段。这方面比较成功的案例就是蒙牛借助"神六"事件而做的"航天员专用牛奶""每天一斤奶,强壮中国人"系列广告,它一方面说明了蒙牛产品过硬的产品质量,也增强了国人对产品的情感认同,起到了事半功倍的宣传效果。

(3)市场成熟期的广告策略。对处于市场成熟期的产品来说,维护自己的市场份额,提高品牌的美誉度,防止潜在竞争对手对自己市场地位的挑战,给消费者更多的让渡价值等是现阶段的主要市场任务。因此,处在市场成熟期的产品,其广告创意策略更多的是从提升产品的品牌价值、贴近目标消费人群价值取向的感性诉求以及公益广告为主。如百事可乐的"运动、激情"系列广告、农夫山泉的公益活动等广告创意,都对丰富品牌个性,提升品牌价值起到了重要的作用。

专栏16-2　　　　　　　　　**陈可辛导的《三分钟》**

一般来说,广告短片中会有产品的出境,但是《三分钟》短片反其道而行,没有任何苹果产品的露出,我们看到的仅是优秀的导演与真实感人的故事。短片的这种展现方式体现了苹果对自身产品的谦虚,"我并不想硬推给你推销色彩浓厚的品牌广告片,我只是想

> 表达我的真情实感"。苹果将 iPhone X 隐于幕后,变成了陈可辛导演手中的拍摄工具,变成了承载故事的容器,变成了你我记录生活的最好选择。
>
> 它向消费者传递的不是"视觉上优美的商业广告",简单地吸引你的注意力然后去消费。苹果注重的是"你可以拿起苹果与他们一样去创造独特的美",激发你使用苹果产品的热情与创造力。
>
> 资料来源:2018 优秀的 5 个广告案例,最不能错过的好创意![EB/OL].[2018-11-19]. https://www.jianshu.com/p/5f2014307f2c.

16.5.2 快速消费品销售促进策划

销售促进也叫营业推广,是各类厂商、中间商经常采用的促销活动,通常伴随着企业的业务活动有目的地进行。

1. 快速消费品的销售促进策略

(1)成立突破小组。挑选最优秀的人员组成若干销售突破小组,选择最有可能突破的市场,授予销售突破小组充分的权力、必要的资源和明确的销售增长目标。

(2)区域市场突破。在最有机会的区域市场,由销售突破小组全面负责当地销售,根据各个市场设计不同的渠道拓展策略,运用各种销售方式在短时期内大量铺货,促销主要以经销商促销为主。

(3)区域市场提升。筹建当地的办事处,销售突破小组仍然负责当地的销售工作,发展新的经销商,重点选择对农村市场有直接覆盖能力的经销商,在城市集中资源短期内大量投入广告和促销活动。

(4)区域市场稳固。区域市场的销量已经形成一定规模,选择少数几家经销商发展成为区域核心分销商,进行网络调整和优化,形成以分销商为核心的渠道体系,办事处全面负责当地的销售,工作重点由渠道拓展转为分销商管理和控制。

(5)突破重点转移。销售突破小组回到总部,进行总结和人员调整,选择新的区域进行销售突破,一般选择已攻克市场的邻近市场,先采用各种营销手段进行前期渗透,再进行市场突破。

2. 快速消费品销售促进的方式

(1)企业宣传

品牌对于耐用消费品企业和快速消费品企业都相当重要,但是快速消费品更能说明"广告只能将顾客引到购买现场",消费者对品牌的忠诚度不是太高,容易受到现场气氛的影响。快速消费品在宣传企业与品牌的同时,可注重对促销活动的策划,并在媒体及现场加大其宣传。

（2）折价促销

折价促销是快速消费品企业最常用、最有效的促销策略之一，也是在众多的促销策略中唯一用金钱直接促销的策略。有效地实施折价促销需要注意以下方面。

第一，奖励的金额。折价的奖励优惠，并非幅度越大效果就越好。视产品的不同，折扣的幅度也可能不一样。一般来讲，折扣率至少应达到10%～20%才会比较有效。如果是品牌知名度比较低、市场占有率较小的产品，其折扣率需要更大一些才能吸引消费者。

第二，活动的时间。如果活动运作正常的话，举办折价促销期间的销量应比平时增加20%以上，且活动初期销量增长最为明显，随着活动的进行，增长幅度会逐渐下降。因此，通常一个折价活动时间设定为4～6周为宜，一般不应超过两个月，否则消费者和零售商一旦习惯折价，就很难再将价格恢复至正常水平。

第三，宣传的设计。折价的奖励幅度要标示得越简单易懂、越醒目明了越好，并要用消费者喜欢的语句来表达。

（3）附赠促销

附赠促销是指企业在销售某种产品时，以奖品的形式将其他产品附加赠送给购买者。有效地实施附赠促销应该注意以下方面。

第一，成本费用。选择赠品时，除了应考虑其吸引力，还需顾及成本是否能为产品所负担。一般举办一个赠品促销活动需考虑费用：赠品本身的成本、赠品的包装费用、广告宣传的费用、通路展示的费用等。

第二，赠品管理。好的赠品若包装不当，容易引起偷盗或被批发商、零售商据为己有，因此对赠品的包装、仓储与收发管理要求较高。如果采用赠品随产品附送的形式，需对零售点的老产品补充赠品，以免造成赠品断货现象。

第三，活动时间。筹备一个赠品活动，从方案的诞生、赠品的选购到最终入市与消费者见面，这一连串的准备过程旷日累时，一般需8～16周，如果是利用包装本身作为赠品，则耗时更长。因此，赠品活动时间不宜过长，一般为8～12周，并要视产品、渠道状况及市场的不同做相应调整。

（4）免费促销

免费类促销的目的是创造高试用率及惊人的品牌转换率，促使试用者成为现实的购买者，扩大和建立既有品牌和新品牌的区域，提高促销业绩。有效地实施免费促销应该注意以下方面。

第一，成本费用。举办免费促销活动最主要的费用有赠品成本费、派发费用、宣传品印刷、促销广告费等。

第二，活动时机。旺季来临前举办免费促销活动，是最理想的时机，如能配合广告宣传进行派发则效果更佳。需要注意的是，应选择合适时机以接触派发对象。

（5）抽奖销售

抽奖销售是购买者在企业购买某种产品或累计购买达到一定数额时，可以参与企业的抽奖活动，企业从参与抽奖活动的顾客中抽出幸运者，给予奖金、奖品或旅游等的一种促销策略。有效地实施抽奖销售应该注意如下两点。

第一，成本费用。在策划一个抽奖促销活动时，必须在预算编制中考虑如下几个项目的费用投资：所有奖品的费用、推广此促销活动的媒体花费、辅助费用等。

第二，操作原则。抽奖活动规则必须清晰易懂，切勿为了增加抽奖的趣味性而使活动的说明过分复杂。一般来说，设计活动包括参加资格、奖励方法、时间限定和奖励公示等事项。

16.5.3 快速消费品人员推销策划

在商场、超市、餐厅等产品售卖场所，促销人员通过介绍、引导、激励等手段，直接向消费者推销自己所服务的品牌，使消费者产生购买兴趣，最终完成购买行为，这就是人员推销的促销方式。

1. 人员推销的优点

（1）进一步完备广告促销的信息沟通量。在信息爆炸、人们生活节奏加速的社会背景下，广告与促销的投入力度再大，也极易被目标受众忽视。另外，品牌广告所发挥的作用有其滞后性，促销广告又因对产品介绍不足而使消费者不敢轻易购买。而推销人员直接面对产品的目标消费者开展商品演示，介绍解答，进行充分的双向沟通，其针对性更强，自然力度更大，这是品牌与促销广告难以达到的。

（2）促成消费者完成购买行为。品牌与促销广告具有告知产品与诱导购买的作用，但最终消费者的购买达成会受许多不可测因素的干扰。人员推销可以在消费者的购买现场起到临门一脚的关键作用。

（3）提高产品在渠道中的竞争力。产品上市后，只有不断有消费者购买，才会不断有重复订单，形成良性循环。否则，中间商易对产品失去信心，制造商也会浪费大笔进场费。而人员推销能起到直接促成购买的作用，带动产品的销售。

2. 人员推销的缺点

（1）单位成本较高。在某一店内开展人员推销，除了推销人员的工资外，还需提供广告宣传物、促销奖励，有时还要支付零售商补贴，这些投入与该店多产生的销量相比成本并不低，有时候某一售点的销售额还不足以负担推销人员的工资。

（2）管理比较困难。分布在各个售点的推销人员给企业的管理带来一定的难度，这需要得到零售商的合作与配合，及帮助保管广告物的清洁与完好。企业还需设置固定的监察人员巡视售点，与售点建立良好关系，做好现场展售的辅助协调工作。

（3）对目标消费者的覆盖面不广。对大众日用消费品来说，其目标消费群比较宽广，使得有限的人员推销在整个营销沟通中的作用比较有限。

3. 人员推销的实施

人员推销的实施包括以下内容。

（1）促销点的选择。促销点的选择可以从以下几方面考虑。

第一，销量。增加销售量是人员推销最重要的选点因素，不但要考虑该店生意好坏，还应该考察本产品在该店是否有销售潜力。

第二，品牌。促销点是否符合品牌形象，是选择促销点时的另一重要因素。因为推销人员除了推动产品销售，另一大作用是品牌的宣传推广。并不是有产品销售的场所都适合做人员推广促销。

第三，投资效益。在考虑销售潜力的同时，也要考虑投资力度是否能与其产出均衡，即投资效益问题。

（2）促销活动的设计。一般来说，在零售店、餐饮店开展的促销活动应采取简单、直接的方式为佳，奖品也应明显地展示出来，以引起消费者的注意；在酒吧等娱乐场所的促销则可以增加一些游戏活动的色彩，甚至开展团体的比赛活动，增加娱乐气氛。

（3）实施、控制与评估。由于推销人员的言行代表了品牌的形象及企业声誉，除了应加强推销人员的培训外，建立有力的检查监督机制也是必不可少的。往往能力强、经验丰富、仪表较佳的推销员，其"自由性"也较强。因此，作为管理者不能仅凭销量的高低来考核推销人员，建立有效的考评、管理体系，有凭有据才能使推销人员心服口服。

16.5.4 快速消费品公关赞助策划

公关赞助是指企业通过赞助某项社会活动或体育运动，并围绕活动开展系列营销宣传，借助所赞助项目的良好社会效应，从而提高企业的品牌知名度与品牌形象，以获得社会各界广泛关注与好感，创造有利的企业生存发展环境。

1. 公关赞助的优点

（1）有助于建立品牌形象，提升品牌知名度。
（2）有利于企业与政府或社会团体建立更密切的关系。
（3）有利于产品销售。万众瞩目的热点能制造出许多商业机会，企业借此展开的刺激产品销售的行为较易被消费者接受。

2. 公关赞助的缺点

（1）公关赞助活动需特定机会。赞助活动需与其他组织协调共同进行，因此赞助活动有一定的时机性，需要企业及时抓住机会，甚至设法调动社会力量来制造机会。

（2）赞助活动对活动组织者要求更高。由于赞助活动规模较大，涉及的营销工具与宣传手段丰富，往往不是企业能单独承担的，故要求活动组织人员拥有更全面更专业的实际经验与组织能力，更需要获得各组织机构的支持与协力，使赞助活动得到最佳的社会效应。

（3）费用投资较高。仅赞助费通常就是一笔不小的投资，而要使赞助项目真正发挥效用，更需要企业投入资金开展系列推广来宣传促销活动。所以，企业往往应预先计划下一年度的赞助活动预算，投入相当的营销资源，才能使活动连续地进行。

3. 公关赞助的实施

企业的赞助活动必须有周密的计划，必须制定和遵循一定的基本步骤，一般而言，可分为调查研究、制订计划、执行实施、效果评估四个环节。

（1）调查研究。这个阶段的目标就是了解企业或品牌在公众心目中的形象，倾听公众对企业的意见，确认企业的差距与不足的根源，为制定或寻找合适的赞助项目提供信息依据。另外在该阶段，还需研究可赞助项目的社会效应，及公众对之的认知与态度，从而确立对本企业最有效的赞助项目。

（2）制订计划。计划的内容包括确定活动目标，选择活动方案，制订费用、人力和时间计划。

（3）执行实施。要想成功地开展赞助活动，需要在实施过程中做好以下方面的工作。

第一，统筹全局。赞助活动所包含的项目多种多样，往往在实施过程中会出现过分重视整个活动中的某一项目或某一方面的工作，而忽略整体目标的现象。应当提醒参与活动的工作人员，以实现整体目标为行动的指南。

第二，掌握进度。这是从量的方面统筹赞助活动目标和计划全局的需要。应随时注意在人力、物力、财力等方面予以协调，以求在总目标的引导下，使各方面工作按计划有序展开。

第三，调整计划。根据实施活动的反应，随时予以检验与调整，也是赞助活动开展过程中十分重要的内容。采用"滚动式计划修订法"可确保目标的最终达成。

（4）评估效果。评估内容包括：检查原定的活动目标是否达到；检查实施活动的所用人员、时间及费用，是否与原计划的预算基本相符，不足之处在哪里；对传播媒介做出评价。

⊙ 策划案例与文案　　　　　　**欧莱雅营销策划方案**

欧莱雅集团不仅是世界著名的化妆品生产厂商，而且是拥有着百年历史的全球500强企业之一，它是从当初的一个小型家庭企业跃居为世界化妆品行业领导者的。如今欧莱雅已经取得了前所未有的成就，这离不开它的营销战略。由于欧莱雅公司对中国市场分析到位、定位准确，其高品质受到中国消费者青睐，产品的多样化也造就了其良好的销售业绩。

一、在中国市场的产品策略

研究数据表明，欧莱雅产品卓尔不群的高品质是它博得中国消费者青睐的重要原因。此外，产品的多样化也是造就良好销售业绩不可忽视的关键因素。产品线的拓展全面满足了消费者的多种需求，并为欧莱雅赢得了市场份额。尽管售价较高，但消费者更愿意获得欧莱雅的承诺。

就中国市场而言，欧莱雅的四大产品类型各具特色，它们分别是：专业美发品、大众化妆品、高档化妆品、特殊化妆品。现今，欧莱雅在中国市场推出的品牌有：巴黎欧莱雅、巴黎兰蔻、纽约美宝莲、Vichy Laboratories、Ralph Lauren、Helena Rubinstein等。而且，欧莱雅坚信更多的产品将植根于中国市场，它们中不仅包括大众化妆品，还包括了高档化妆品。

1996年，欧莱雅与中国著名的苏州医学院共同成立了苏州欧莱雅化妆品股份有限公司。在与其的长期合作下，欧莱雅充分了解了中国顾客并获取了大量权威而及时的信息，使其研发部门能生产出满足中国顾客需求的化妆品。1997年2月，欧莱雅（中国）总部正式在上海成立。从那时起，欧莱雅成功地推出多类产品，包括皮肤护理产品、美发产品、彩妆、香水等。

二、在中国市场的促销策略

可以成功帮助企业迅速打开市场的是广告。和销售策略一样，欧莱雅的广告策略也是和品牌定位及目标客户相匹配的。不同的品牌和产品与其目标消费者和销售渠道相对应，广告策略也略有不同。面对庞大的产品线，欧莱雅的推广渠道也有效地针对着不同的目标群体，表现在以下几个方面。

（1）高档时尚杂志。如《瑞丽时尚美容》《时尚》等以中青年白领为主要群体的杂志，版面最好的位置往往被精美的兰蔻、薇姿、欧莱雅的广告所占据。魅力非凡的模特用她们晶莹剔透的肌肤，向消费者展示着欧莱雅产品的卓越品质。

（2）户外广告牌。中国各大城市遍布着欧莱雅的巨幅广告招牌。

（3）化妆品的主要推广渠道。美宝莲和欧莱雅两个品牌的广告最常在电视上出现。

（4）欧莱雅集团品牌的整体营销平台。2002年5月，欧莱雅与新浪网和《中国妇女》杂志共同创立了"伊人风采"女性频道，节目中请到专家为消费者提供专门建议、服务、工具等附加值，鼓励消费者购买产品后注册会员来和企业建立长远关系。

欧莱雅将美的产品和美的文化、艺术、理念相融合，带给全世界的人们。同时，欧莱雅选择了国际明星担任代言人，并从多个不同的角度告诉爱美之人，欧莱雅是值得拥有的，即使你不是明星，也可以拥有明星的美丽。

三、在中国市场的销售策略

1. 广泛的销售区域

欧莱雅的产品遍布整个中国，在立足于大城市的同时还不忘深入中小城市。通过过去几年销售记录的统计，欧莱雅总结道：中国人对现代美的追求愈发迫切，她们舍得在"美"上投资，在美容品上的花销越来越多。新产品很容易打开中国市场，中国消费者愿意接受高品质、新概念的全新产品。欧莱雅正准备逐步向中国消费者宣传在世界市场上畅销的产品。

近年来，欧莱雅的覆盖地区日益增多。早在1997年，当欧莱雅第一次出现在中国市场时，它的产品主要集中在大城市周边，而如今更多的销售增长则来自零碎的市场，因为这些市场里的消费者的购买力正不断增强。

2. 独特的销售渠道

（1）专业美发品。美发产品部是这一领域的领导者，它为专业发型师或通过美发沙龙这种单一渠道直接向消费者提供一系列美发产品。

（2）大众化妆品。大众化妆品部通过集中的市场分销和广告宣传，使欧莱雅的产品进入了普通消费者的生活。

（3）高档化妆品。香水和美容品部有选择性地在香水专卖店、百货商店、旅游商店为顾客提供各种高档品牌。

（4）特殊化妆品。特殊化妆品部通过指定药房和其他专门渠道销售皮肤护理产品。

四、在中国市场的组织策略

欧莱雅是全球化妆品的巨头，拥有500多个不同品牌，在100多个国家内成立品牌分部。在竞争激烈的市场中，欧莱雅不仅要充分利用整体竞争优势，还要兼顾各个品牌的相对独立性。为了解决这个问题，欧莱雅首先在中国采用矩阵式的组织结构，如果成功就向全世界推行。在这种矩阵式组织结构中，欧莱雅根据不同的产品种类规定不同部门相应的责权。由于当地的组织者直接与消费者建立联系，矩阵式组织结构可以更迅速有效地迎接竞争者或潜在竞争者的挑战。

作为一个新兴市场，中国引起了欧莱雅高层管理人员的注意。1997年，欧莱雅在上海成立了欧莱雅（中国）公司。起初，欧莱雅总部向中国派驻了三位管理人员，分别负责制造、财务和全面管理。为了更好地与当地员工沟通，欧莱雅任命了一名中国人为人力资源主管，任命三名在大众化妆品市场有丰富经验的法国人分别出任欧莱雅、薇姿、美宝莲和兰蔻的品牌经理。中层管理人员大多是具有诸如化妆品、日用消费品等类似跨国企业工作经验的当地人。近些年来，在完成组织结构设置后，欧莱雅不断发掘校园人才，并向他们提供各种各样的职业发展锻炼。事实证明，这群新生力量获得了迅速的成长。

基于不同管理层次的需要，欧莱雅是这样分配权力的。

（1）基层管理者：他们是欧莱雅（中国）业务与竞争力的基础，对业务范围内短期与长期的表现负责。

（2）中层管理者：他们主要负责资金、人力和信息资源的调配。

（3）高层管理者：他们更注重建立一个良好的组织整体。

在欧莱雅（中国），每个品牌都有自己的市场及销售部，而普遍没有研发部，由设在日本、法国等地的实验室进行全面的研发工作。针对不同的品牌和具体的市场情况，欧莱雅（中国）在营销领域适当地调整了广告策略。

在中国的高层管理者组成了欧莱雅（中国）执行委员会，他们定期开会商讨决策。与此同时，欧莱雅（中国）也举行部门会议等较低层次的会议。在每次会议上，高层管理者都会强调组织结构变革的重要性，并收集对执行的建议。这些会议使欧莱雅（中国）作为一个整体和谐地运转。

作为一个法国公司，欧莱雅注重组织的灵活性和适应性，鼓励企业员工参与决策，并向其提供机会表达自己对职业发展的需求。同时，公司的任命也充分考虑员工的个人意见。此外，公司鼓励员工提出独到的见解。公司认为，由分歧引起的冲突能保持创新的能力，继而激发新的创意。再者，各个层级的管理者通过多种渠道与下属经常交流，当员工与他的直接领导产生分歧时，员工可直接向更高层汇报。公司鼓励那些有才华的员工放弃盲从而学会大胆勇敢。在化妆品行业，想象力和创造力是成功的催化剂。

过去10年间，欧莱雅用于研发的费用高达32亿美元，超过它所有的竞争对手。这些研究费用使欧莱雅每三年更新近一半的生产线，平均每年申请300项专利。在不断需要创新的化妆品行业，这是欧莱雅的一项优势。欧莱雅将在上海筹建研发中心以加强产品的竞争力，并使之更加贴近中国的顾客。

促使欧莱雅进行创新的途径之一是令不同品牌在不同地区相互竞争。欧莱雅赞许旗下不同品牌之间的相互竞争。它建立一个研究中心与另一个比拼，建立一支营销团队与另一支抗衡。它们至今彼此争斗，在这一过程中同时也打倒主要竞争对手。欧莱雅通过不断向中国市场开发新的品牌以加强自我竞争。

资料来源：冯建军. 欧莱雅化妆品营销策划 [EB/OL]. (2009-03-25). http://www.globrand.com/2009/204353.shtml.

讨论题

1. 某产品要想在市场取得成功，你认为最重要的因素是什么？
2. 请指出欧莱雅市场营销策略中的成功与不足之处。如果可以对此进行改进的话，请提出你的改进意见和想法。

相关链接　快速消费品行业市场发展与趋势思考

快速消费品市场

在快速消费品市场存在着"三个月规律"的现象，这是指当一个新的竞争对手进入某行业时，如果三个月内无法在销售量上取得突破性的增长，那么极有可能退出该行业。由此可见，企业要想在快速消费品市场中存活，销量是关键性因素。随着经济的发展、人民生活质量的改善，我国快速消费品市场活跃度随之提高，各行业取得突破性发展，并带动快速消费品市场销售规模的稳步上升，其中食品饮料行业（尤其是食品与白酒）增长显著。但从总体来看，我国的快速消费品市场仍处于发展阶段，尚未成熟。

我国快速消费品行业市场发展阶段

（一）自由竞争阶段

20世纪80年代至90年代中期是我国快速消费品市场的发展初期。由于受计划经济的影响，此时的市场发展还处于"卖方市场"的局面，卖家提供什么买家就买什么，资金雄厚的企业可以投入大量的广告提升品牌知名度，从而抢夺市场先机。消费者缺少多样化需求，无法引导更多的企业进入该行业。此外，由于快速消费品市场投入低、见效快，我国快速消费品行业进入自由竞争阶段。

（二）系统组织化阶段

20世纪90年代后期是我国快速消费品市场的成长期。受改革开放的影响，我国市场经济初步形成。市场上的快速消费品种类越来越丰富，商品总量越来越大，供过于求的市场局面开始出现，卖方市场逐渐转变为买方市场，我国快速消费品行业正式进入系统组织化阶段。

（三）资本介入阶段

21世纪初，我国快速消费品市场逐步走向成熟，进入资本介入阶段。业内并购呈井喷之势，整个行业可谓硝烟弥漫，一着不慎，满盘皆输。在这一阶段，资本对于一个企业的生存与发展起着至关重要的作用。从众多并购重组案中可以看到，本土品牌正不断被跨国品牌以收购股份的形式"蚕食"，如汇源果汁有了外资股东，法国的达能集团购入22.18%的股权。此外，很多本土品牌为了提高对内及对外的市场竞争力不断合并重组。总体来说，资本介入是企业壮大的关键条件，在这一时期，快速消费品行业的巨头基本产生，如日化行业中的联合利华、宝洁，食品饮料行业中的娃哈哈、康师傅、统一。

未来国内快速消费品行业市场发展趋势与方向

我国快速消费品行业正逐渐走向成熟，此时行业内已经实现规模化生产，产品种类基本稳定，主要的龙头企业之间势均力敌。在这期间，企业不仅要巩固自身品牌，而且要在经销这一环节努力。经销是与购买者最密切相关的一个环节，所以站在经销的角度分析我国快速消费品市场的发展趋势极为重要。

（一）物流专业化

在经销过程中，经销商需要不断提高自身的物流配送能力，当配送规模达到一定程度时，可以采用专业化技术作为辅助，完成普通物流向专业化物流的过渡。此外，企业若想扩大规模，可成立物流公司。例如，香港利和经销集团物流专业化技术已经趋于成熟，在同行业内具有较强的竞争力，它的成功经验值得我们借鉴。

（二）市场专业化

市场专业化主要体现在新产品的开发与推广。经销这一环节是最接近市场的，企业能够轻而易举地从经销商处了解市场需求，从而开展产品设计、产品研发等一系列环节，使新产品满足市场需求，在此基础上稍加宣传推广，便可获得大规模的购买量，还能通过经销商的反馈，不断对产品进行完善。

（三）品牌化模式

"品牌"这一词并不是制造商所特有的，在经销环节，经销商也可以塑造自己的品牌。消费者在购买过程中，除了会关注产品的自身价值之外，往往还注重每一次的消费体验。所以，经销商可以通过有效方式来树立自己的品牌形象，提高消费者对品牌的忠诚度，提高销量，扩大经销规模。在某些行业，经销商的品牌效应已经大大超过了制造商的品牌效应。

（四）整合化模式

事实上，并购重组等整合行为不仅发生在快速消费品行业的生产环节，而且发生在产品经销环节。此外，行业内部激烈的竞争促使企业间整合的范围不断加大及整合的速度不断加快，以更好地适应市场发展需求。随着经销渠道的不断设计再造，在将来可能会出现跨区域的超级经销商，从而不断整合各个渠道的产品资源，使资源得到最大化利用，打破竞争壁垒，使产品的销售量朝着更大规模发展。

（五）与企业发展同步

经销商不仅要在自己的经销领域花心思，还要紧跟企业的发展节奏，根据企业的相关要求调整自身的组织结构以及市场运营模式，力求与企业同步发展。这不仅需要经销商在思想上与企业同步并对企业忠诚，还要根据企业的发展情况来不断调整自身的未来规划。

结语

快速消费品行业与人们的生活息息相关，密不可分，本文分析了快速消费品行业发展至今所经历的三个阶段，以及在产品经销这一环节中快速消费品行业未来的发展趋势，希望能帮助相关企业提高竞争力和影响力。

资料来源：姜素英.快速消费品行业市场发展与趋势思考[J].现代食品，2018(19):39-41.

策划实战

1. 在附送赠品的策略中，随商品一起的附送赠品，根据需要和大小可置于产品包装内，或捆扎在包装上，甚至放在产品包装外，在销售的同时配赠。其中，包装内赠品，是将赠品放在包装内附送。此类赠品通常体积较小、价位较低，如嘉年华公司举办了只要买"乖乖"粟米脆条，即可在其产品包装内获赠精美、好玩的乖乖童话迷宫图1张（共有24款）。集齐产品中随包赠送的迷宫图任意6款，邮寄到指定地点，即可换取大型迷宫图1张（共有10款）。

2. 在中国目前的奶粉市场上，国产品牌和外资品牌营销手段的差异化越来越明显，两者在实现销售增量上的途径更是截然相反。国产品牌靠促销员→赠品→买赠（特价）→广告陈列（终端形象）→医务。外资品牌的顺序则为：医务→终端形象→电视广告→杂志→特卖→赠品→导购员。简言之，国产品牌把更大的精力放在了导购员和赠品上，而外资品牌却在淡化这两项推广手段甚至完全不用这两项手法。

如果你有开一家小公司的想法，你准备在刚开业之际怎样对你的产品进行捆绑销售呢？

资料来源：消费品的附送赠品策略[EB/OL]. https://www.docin.com/p-457731865.html.

本章小结

快速消费品指消费者消耗较快、需要不断重复购买的产品。

快速消费品的产品策划包括产品组合策划、产品品牌策划和新产品上市策划。

价格对消费者的购买行为和忠诚度都有着比较重要的影响，它是快速消费品销售中非常重要的因素。影响快速消费品定价的主要因素可以分为内部因素和外部因素两大类，内部因素主要就是产品成本；外部因素主要是市场需求（消费者需求）、市场环境（竞争者）。根据影响快速消费品定价的三个因素，又衍生出三种定价方法，即成本导向定价法、需求导向定价法、竞争导向定价法。成本导向定价法包括成本加成定价法、盈亏平衡定价法、投资回收定价法、目标效益定价法。需求导向定价法包括认知价值定价法、反向定价法。竞争导向定价法包括同业参考定价法、竞争差异定价法、竞争投标定价法。

快速消费品营销渠道的特点有市场覆盖面广，物流系统要求高，购买频率高、数量少，需求层次较多，结构长而宽，渠道控制权存在竞争。快速消费品营销渠道设计要达到三个目标：市场覆盖率、渠道控制度、渠道灵活性。影响快速消费品营销渠道的因素有营销渠道的经济性、营销渠道的可控性、营销渠道的服从度和营销渠道的覆盖能力。

快速消费品促销策划分为广告策划、销售促进策划、人员推销策划和公关赞助策划。

参考文献

基础篇部分

[1] 菲利普·科特勒，凯文·莱恩·凯勒.营销管理（原书第14版·全球版）[M].王永贵，等译.北京：中国人民大学出版社，2012.

[2] 汤姆·海斯，迈克尔·马隆.湿营销：最具颠覆性的营销革命[M].曹蔓，译.北京：机械工业出版社，2010.

[3] 加里·L.利连，阿温德·朗格斯瓦米.营销工程与应用[M].魏立原，等译.北京：中国人民大学出版社，2005.

[4] 小罗曼·赫宾，斯科特·库珀.营销计划手册（原书第3版）[M].周鹏，译.北京：中国财政经济出版社，2005.

[5] 马尔科姆·麦克唐纳.营销策划：理念·步骤·方法[M].张雪，译.北京：中国铁道出版社，2016.

[6] 高丽华，丛珩.广告策划[M].北京：机械工业出版社，2009.

[7] 郭国庆.营销管理[M].北京：首都经济贸易大学出版社，2005.

[8] 胡继承.市场营销与策划[M].北京：科学出版社，2006.

[9] 胡其辉.市场营销策划[M].大连：东北财经大学出版社，2006.

[10] 霍亚楼，王志伟.市场营销策划[M].北京：对外经济贸易大学出版社，2008.

[11] 李怀斌.战略营销学[M].北京：科学出版社，2005.

[12] 吕一林，岳俊芳.市场营销学[M].2版.北京：科学出版社，2010.

[13] 钱旭潮，等.市场营销管理：需求的创造、传播和实现[M].2版.北京：机械工业出版社，2009.

[14] 王方.市场营销策划[M].北京：中国人民大学出版社，2006.

[15] 王军旗，等.市场营销——基本理论与案例分析[M].北京：中国人民大学出版社，2004.

[16] 王学东.营销策划——方法与实务[M].北京：清华大学出版社，北京交通大学出版社，2010.

[17] 吴灿.策划学[M].北京：中国人民大学出版社，2004.

[18] 叶万春，叶敏.营销策划[M].北京：清华大学出版社，2005.

[19] 张大亮，范晓屏，戚译.营销管理：理论、应用与案例[M].北京：科学出版社，2002.

[20] 庄贵军.企业营销策划[M].北京：清华大学出版社，2005.

[21] 姜旭平.网络营销[M].北京：中国人民大学出版社，2012.

专题篇部分

[1] 阿尔文·C.伯恩斯，罗纳德·F.布什.营销调研：网络营销调研的应用（原书第4版）[M].梅清豪，

等译. 北京：中国人民大学出版社，2007.

[2] 范云峰. 营销调研策划 [M]. 北京：机械工业出版社，2004.

[3] 简明，金勇进，蒋妍. 市场调查方法与技术 [M]. 北京：中国人民大学出版社，2004.

[4] 魏炳麟. 市场调查与预测 [M]. 大连：东北财经大学出版社，2005.

[5] 欧阳卓飞. 市场营销调研 [M]. 北京：清华大学出版社，2006.

[6] 唐·舒尔茨，海蒂·舒尔茨，唐·舒尔茨论品牌 [M]. 高增安，赵红，译. 北京：人民邮电出版社，2005.

[7] 余明阳. 中国品牌报告 2011 [M]. 上海：上海交通大学出版社，2011.

[8] 乔春洋. 品牌定位 [M]. 广州：中山大学出版社，2005.

[9] 戴维·阿克. 创建强势品牌 [M]. 吕一林，译. 北京：中国劳动社会保障出版社，2004.

[10] 罗子明，高丽华，丛珩. 现代广告概论 [M]. 北京：清华大学出版社，2005.

[11] 艾·里斯，杰克·特劳特. 定位 [M]. 王恩冕，等译. 北京：中国财经出版社，2002.

[12] 卫英军. 现代广告策划 [M]. 3 版. 北京：首都经济贸易大学出版社，2004.

[13] 张金海，龚轶白，吴俐萍. 广告运动策划教程 [M]. 北京：北京大学出版社，2006.

[14] 印富贵. 广告学概论 [M]. 北京：电子工业出版社，2006.

[15] 姜玉洁，宗清辉，陈静宇. 促销策划 [M]. 北京：北京大学出版社，2005.

[16] 俞立平. 网络营销 [M]. 北京：中国时代经济出版社，2008.

[17] 刘芸. 网络营销与策划 [M]. 北京：清华大学出版社，2011.

[18] 郭笑文，裴艳丽，曹鸿星. 网络营销 [M]. 北京：机械工业出版社，2006.

[19] 田玲. 网络营销理论与实践 [M]. 北京：清华大学出版社，2008.

[20] 朱迪·施特劳斯，雷蒙德·弗罗斯. 电子营销 [M]. 李欣，刘薇，译. 北京：社会科学文献出版社，2003.

[21] 戴夫·查菲，等. 网络营销：战略、实施与实践（原书第 2 版）[M]. 吴冠之，译. 北京：机械工业出版社，2004.

[22] 陈先红. 公共关系学原理 [M]. 武汉：武汉大学出版社，2007.

[23] 马成. 事件营销 [M]. 北京：中国经济出版社，2005.

[24] 栗玉香. 公共关系 [M]. 大连：东北财经大学出版社，2005.

[25] 郭惠民. 危机管理的公关之道 [M]. 上海：复旦大学出版社，2006.

[26] 沈周俞. 企业微营销 [M]. 北京：中华工商联合出版社，2014.

[27] 王易. 微信营销与运营 策略、方法、技巧与实践 [M]. 北京：机械工业出版社，2014.

[28] 石江华，宋剑涛. 营销策划学 [M]. 成都：西南财经大学出版社，2016.

[29] 张存明，陈超，李娟. 市场营销策划 [M]. 北京：清华大学出版社，2018.

[30] 朱华锋，朱芳菲. 营销策划理论与实践 [M]. 4 版. 合肥：中国科学技术大学出版社，2017.

[31] 黄聚河. 营销策划：理论与实务 [M]. 2 版. 北京：清华大学出版社，2017.

[32] 毕克贵，孙宴娥. 市场营销策划 [M]. 北京：中国人民大学出版社，2019.

[33] 谭俊华. 营销策划 [M]. 2 版. 北京：清华大学出版社，2016.

行业篇部分

[1] 李飞. 奢侈品营销 [M]. 北京：经济科学出版社，2010.

[2] 顾松林，菲利斯.消费品营销策略[M].上海：上海远东出版社，1999.
[3] 王义.中国直销运营模式[M].北京：民族出版社，2004.
[4] 侯胜田.OTC药品营销管理[M].北京：化学工业出版社，2004.
[5] 胡天佑.药品广告理论与实务[M].北京：中国医药科技出版社，2003.
[6] 鲁国庆.基于渠道管理的快速消费品定价策略研究[D].上海：上海交通大学，2009.
[7] 罗国海.医药市场营销学[M].郑州：郑州大学出版社，2005.
[8] 杨文章.医药市场营销[M].北京：化学工业出版社，2006.
[9] 姚曦.保健品广告的奥秘[M].广州：广东经济出版社，2004.
[10] 袁小琼.医药保健品营销全程策划[M].广州：广东经济出版社，2005.
[11] 祖立厂，王召东.房地产营销策划[M].2版.北京：机械工业出版社，2019.
[12] 彭加亮.房地产市场营销[M].2版.北京：高等教育出版社，2006.
[13] 于颖，周宇.房地产市场营销[M].大连：东北财经大学出版社，2005.
[14] 袁术彬，曹越玮等.探究商业地产营销的问题与发展策略[J].现代商业，2019（16）.
[15] 唐娣，庞宇妮，王楚璇，赖剑龙，余家威，彭华东等.万科养老型房地产营销策略研究[J].经济研究导刊，2019（27）.
[16] 张玉琪，童彤，毛思懿，刘东明，张珮等.互联网技术对传统医药营销模式的影响研究[J].中国管理信息化，2019（20）.
[17] 徐婷等.医药企业网络营销策略研究[J].商讯，2019（19）.

营销教材译丛系列

课程名称	书号	书名、作者及出版时间	定价
网络营销	即将出版	网络营销：战略、实施与实践（第4版）（查菲）（2014年）	65
销售管理	978-7-111-32794-3	现代销售学：创造客户价值（第11版）（曼宁）（2011年）	45
市场调研与预测	978-7-111-36422-1	当代市场调研（第8版）（麦克丹尼尔）（2011年）	78
国际市场营销学	978-7-111-38840-1	国际市场营销学（第15版）（凯特奥拉）（2012年）	69
国际市场营销学	978-7-111-29888-5	国际市场营销学（第3版）（拉斯库）（2010年）	45
服务营销学	978-7-111-44625-5	服务营销（第7版）（洛夫洛克）（2013年）	79